Th. Lachmann · Überlinger Sagen, Bräuche und Sitten

Volkskundliche Quellen

Neudrucke europäischer Texte und Untersuchungen

Herausgegeben von

Hermann Bausinger, Mathilde Hain,
Gerhard Heilfurth, Wilhelm Heiske,
Will-Erich Peuckert †, Kurt Ranke
und Bruno Schier

IV
Sage

Herausgegeben von Will-Erich Peuckert †

1979
Georg Olms Verlag
Hildesheim · New York

Theodor Lachmann

Überlinger Sagen, Bräuche und Sitten

1979
Georg Olms Verlag
Hildesheim · New York

Dem Nachdruck liegt das Exemplar der
Badischen Landesbibliothek Karlsruhe zugrunde.

Signatur: 058 A 397

Die fehlerhafte Paginierung wurde beibehalten.

Nachdruck der Ausgabe Konstanz 1909
Mit freundlicher Genehmigung der Buchhandlung Ernst Ackermann, Konstanz
Printed in Germany
Herstellung: Strauß & Cramer GmbH, 6945 Hirschberg 2
ISBN 3 487 06872 9

Überlinger Sagen, Bräuche und Sitten

mit geschichtlichen Erläuterungen.

Ein Beitrag zur Volkskunde der badischen Seegegend

von

Medizinalrat Theodor Lachmann
in Überlingen.

Konstanz.
Verlag von Ernst Ackermann, Großh. Hofbuchhändler.
1909.

Gewidmet

den Manen meines lieben Sohnes

Clodwig,

der mich zu diesem Werke stets

aufgemuntert.

Vorrede.

Seit Jahrzehnten beschäftige ich mich in meinen freien Stunden mit geschichtlichen und naturwissenschaftlichen Studien, wozu Stadt und Gegend reichen Anlaß geben; große Vorliebe aber brachte ich der Volkskunde entgegen, auf deren Wichtigkeit für unsere Zeitgeschichte der mir sehr befreundete Professor Dr. Birlinger in Bonn mich noch besonders aufmerksam gemacht hatte.

Indem ich mir nun, anläßlich der Ausübung meines Berufes, bei jedem schicklichen Anlaß von den Leuten in Stadt und Land — solche „alten Geschichten" erzählen ließ, — brachte ich ohne allzuviel Mühe allmählich eine ganz ansehnliche Sammlung von Sagen, Sitten und Bräuchen zusammen, die ich nun hier — meist in derselben Form, in welcher sie mir zu Gehör gelangten, — dem Urteil der Oeffentlichkeit unterbreite. — Erfreulich war es mir hierbei, die Wahrnehmung zu machen, wieviel Sinn für Heimatgeschichte doch gerade noch in den gewöhnlichen Volksklassen steckt, der nur eines geringen Anstoßes bedarf, um geweckt und auf dem vorhandenen Nährboden zur Entwicklung gebracht zu werden. — Bei den einfachsten Leuten (Dienstboten, Taglöhnern, Arbeitern) fand ich ein warmes Interesse für vergangene Dinge und Zeiten, — gerade diesen Volksschichten danke ich allerlei schätzenswerte Beiträge; — viel teilnahmsloser, gleichgültiger und kühler derartigen Dingen gegenüber erwiesen sich die sogen. Gebildeten. Mit löblichen Ausnahmen allerdings zeigten sie neben diesem Mangel an Verständnis — vielmal sogar eine Art von Geringschätzung für die Heimatkunde, wiewohl gerade hier Ersprießliches geleistet und erreicht werden könnte, wenn z. B. Beamte, insbesondere die Angehörigen der Bezirksstellen, Lehrer, Pfarrer, Förster, Ärzte u. a., welche dem Volke näher zu treten soviel Anlaß haben, für die forschende bezw. erhebende Tätigkeit in müßigen Stunden, anläßlich ihrer Berufsausübung, gewonnen werden könnten.

Wie würde die Volks- und Heimatkunde in der Form gewöhnlichen Gesprächs, bezw. Unterhaltungsstoffes oder gar in der Form kurzer Vorträge fruchtbar gemacht werden können für die Veredelung der Sitten, der religiösen und politischen Anschauungen, wie auch der Heimat- und Vaterlandsliebe! — und zwar in der Stadt, wie draußen auf dem Lande, zu einer Zeit, wo die zunehmende Verrohung, insbesondere der Jugend, tagtäglich bedenklichere Auswüchse zeitigt! — Das Eintreten der Tagespresse hierfür hat sich nicht als ausreichend erwiesen, eben weil sie politischen oder konfessionellen Parteiinteressen dient. —

Es liegt ein tiefer, ethischer Gehalt in der Heimatgeschichte, der Heimatsage, der Heimatgebräuche; — die Volkskunde erklärt in einfachster Form, warum so vieles anders geworden in unseren Tagen — und leider nicht immer besser. — Zu welch mächtiger Wirkung würde sich nun dieser Stoff verdichten lassen können, wenn er eines Tages, einmal für die sittliche und geistige Hebung des Volkes, anderseits aber auch für die allgemeine Ausgestaltung der V o l k s k u n d e zu einer „Urkunden-Sammlung", zu einer Art „geschichtlichen Testaments" der deutschen Stämme in Nord und Süd des großen Vaterlandes verwertet werden könnte! — Denn die Volkskunde ist eine n e u e Wissenschaft, deren Ergebnisse heute noch nicht zum Abschluß gelangt sind.

In den Jahren 1816/18 gaben die Gebrüder Grimm mit ihrem tiefen Verständnis für alles Volkstümliche die „Kindermärchen" und „Deutschen Sagen" heraus, nachdem schon 1777 Herder, „der Vater der neuern Geisteswissenschaft", verlangt hatte, daß man Märchen und Sagen sammle. Von dieser Grimm'schen Sammlung sowie vom „Wunderhorn" Achim v. Arnims und Klemens Brentanos nahmen die Bestrebungen für die deutsche Volkskunde ihren Ausgang. Aber die Nachfolger der Genannten gerieten auf Abwege: in jeder Sagen- und Märchengestalt witterten sie eine altgermanische Gottheit, in jedem schlichten Volksbrauch ein altgermanisches Opfer. So war die Volkskunde zur Mythologie geworden und die Gelehrten wandten sich von ihr ab. Lange ruhte sie nun, bis sie endlich im letzten Viertel des vergangenen Jahrhunderts, infolge verschiedener günstiger Umstände, neu belebt wurde. Die Völkerkunde war erwacht, welche die Menschheit in allen ihren Teilen kennen lernen will, die fortgeschrittensten Völker wie auch die bisher vernachlässigten tieferen Schichten, und zwar nicht bloß ihr Sein, sondern auch ihr Werden. Mit der Völkerkunde aber erstarkte auch die Volkskunde, welche uns einführt in die Grundzüge des Volkscharakters, in das Wesen der Volksseele, in des Volkes Sitten und Bräuche, Lieder und Sagen, in die Volksüberlieferung und den Glauben des Volkes, wie sich dies alles jahrhundertelang von Geschlecht zu Geschlecht fortpflanzte und einen Teil seines Seelenlebens ausmacht. Wesentlich trug zu diesem Aufschwung der Volkskunde die neu aufblühende Kultur- und Ortsgeschichte bei, die folkloristischen Arbeiten der Engländer und anderer Völker.

Nun kam die Volkskunde auf den richtigen Weg und wurde, was sie sein soll, die Darstellung des echten, unverfälschten Volkslebens. Zugleich erhielt sie auch den richtigen Betrieb: den Laien, die sich bisher mit der Sache beschäftigt, wurde das Arbeitsgebiet auf das Sammeln beschränkt, die Gelehrten aber bauten die Volkskunde als Wissenschaft aus und erwirkten ihr die ihr gebührende Stellung als Teil der Kulturwissenschaft. Seitdem hat die Volkskunde das akademische Gewand angelegt: an den Universitäten werden Vorlesungen über volkskundliche Stoffe gehalten, allerorten in Deutschland sind Vereine für Volkskunde ins Leben getreten.

Diese wissenschaftlichen Arbeiten sind hervorgegangen aus dem Drang des Gelehrten nach der Rückkehr zur Natur seines Volkes, zur Poesie von dessen Jugend. Ein großer Teil der Gebildeten hat kein rechtes Verständnis mehr für das Denken und Fühlen, für die Neigungen, für den Ideenkreis des einfachen Volkes. Erziehung und Beschäftigung haben ihn diesen Kreisen entfremdet. „Diese Entfremdung der gebildeten Klassen vom Volke — sagt Professor Dr. Mogk in Leipzig — erklärt zum guten Teil die Erfolge der vaterlandslosen Sozialdemokratie in unserm Vaterlande. Die Besten unsrer Nation haben das auch klar erkannt; sie suchen wieder Fühlung mit dem Volke und rechnen mit seinem Fühlen und Denken. Auch viele Männer der Wissenschaft stellen sich in den Dienst dieser Bestrebungen."

Aus ihnen heraus sind auch die zahlreichen volkskundlichen Schriften entstanden, die Märchen- und Sagensammlungen, die Schilderungen der Volksbräuche und Sitten, die Werke über das Volksleben, die Beschreibungen der alten Trachten, städtischen und Bauernhäuser usw., wie sie jetzt überall in Deutschland auftauchen und zu einer Literatur angewachsen sind, die bereits unübersehbar ist. Es sei hievon namentlich nur weniges angeführt, so vor allem die trefflichen Werke von Professor Dr. Fl. Meyer in Freiburg i. B. über „Badisches Volksleben im 19. Jahrhundert" und „Deutsche Volkskunde", Professor Dr. Pfaff-Freiburg „Volkskunde im Breisgau", Dr. Drechsler über „Sitte, Brauch und Volksglauben in Schlesien", „Sagenbuch des Königreichs Sachsen", „Rügensche Sagen und Märchen" von Dr. Haas, „Sagenbuch des Erzgebirges" von Köhler, „Bergische Sagen" von Otto Schell usw. usw.

Hier sei mir denn auch gestattet, diese meine eigene Arbeit über „Überlinger Sagen, Bräuche und Sitten" einzureihen, wobei ich ausdrücklich hervorheben muß, daß ich nur niedergeschrieben, was und wie mir die Leute erzählten; ich habe nichts dazu und nichts davon getan. Stets habe ich — was ja auch die Gebrüder Grimm als Erstes verlangen — „Treue und Wahrheit im Auge behalten, Treue und Wahrheit der Erzählung, wie sie in der Heimat erzählt wird, selbst in Ton und Wort". Es ist deshalb manches darunter, was keinen besonderen Wert zu haben scheint und von vielen wohl auch für ganz wertlos gehalten wird, wie ja auch unter Weizen viel Spreu ist. Allein ich glaubte auch das Minderwertige aufnehmen zu sollen, denn ich beabsichtigte nicht, ein gelehrtes Werk dem Publikum zu bieten, sondern ich wollte ein treues Bild geben vom Denken und Fühlen, von den Anschauungen und Bedürfnissen des Volkes. Deshalb habe ich auch in der Ausdrucksweise und dem Stil nur das Allernötigste verbessert, im übrigen alles so wiedergegeben, wie es mir mündlich oder mitunter auch schriftlich mitgeteilt wurde. So habe ich auch hie und da ein derbes Wort durchgehen lassen, eben weil ich die Sprache des Volkes treu und unverfälscht zum Ausdruck bringen wollte. Aus dem gleichen Grunde brauchte ich zuweilen den Dialekt, die Volksmundart, entweder in ganzen Redensarten oder in einzelnen Worten, weil damit ja die Eigenart des Volkes am deutlichsten zutage tritt. Dabei vermied ich möglichst Fremdwörter und bestrebte mich, rein deutsch zu schreiben.

Wie bezüglich der Treue und Wahrheit, so war ich auch bestrebt, dem Grimm'schen Verlangen nach genauer Angabe der Quellen zu entsprechen. Bei den Sagen war mir dies fast immer möglich; weniger dagegen bei Beschreibung der Bräuche und Sitten. Hier mußte ich den Stoff bei den verschiedensten Persönlichkeiten und oft auch in allerlei Ortschaften zusammensuchen und dann zusammenstellen. So konnte ich nicht für jeden Brauch oder auch für eine kurze Bemerkung und Ergänzung eine Anzahl Namen beifügen, die mehr oder weniger überall hätten genannt werden müssen. Soweit möglich, faßte ich die Mitarbeiter aber in einem Gesamtverzeichnis am Schlusse zusammen, wobei ich bemerke, daß ich manche wertvolle Notiz oder auch ganze Abhandlungen den Zeitungen entnommen, so namentlich der „Konst. Zeitung", dem „Schwäb. Merkur", der „Karlsr. Ztg.", der „Bad. Landeszeitung", der „Straßb. Post", der „N. Zürch. Ztg.", der „Frankf. Ztg." usw.

Weitere Quellen und Hilfsmittel waren vor allem die große „Reutlinger'sche Chronik", Dr. Kutzle's „Beiträge zur Geschichte der Stadt Überlingen" und andre handschriftliche Chroniken Überlingens, ferner „Überlingische Belagerung", Magistratsbericht an Kaiser Ferdinand II., Dr. F. Schäfer, „Wirtschafts- und Finanzgeschichte der Reichsstadt Überlingen", die „Ratsprotokollbücher", die Schriften des „Vereins für Geschichte des Bodensees und seiner Umgebung", **O. Schönhuth, „die Burgen, Klöster, Kirchen und Kapellen** Badens und der Pfalz", G. Schwab, „Der Bodensee", L. Reich, „Die Insel Mainau", Staiger, „Überlingen, Salem, Meersburg und Markdorf", Dr. Sevin „Häuserbuch", „Zur Geschichte des Schulwesens in der ehemal. freien Reichsstadt Überlingen" von Professor Dr. Ziegler, „Universallexikon vom Großherzogtum Baden", Krieger „Topograph. Wörterbuch des Großherzogtums Baden", Birlinger „Allemannia", und „Aus Schwaben", Pfeiffer „Germania", Jos. Bader „Das bad. Land und Volk", „Korrespondenzblatt des Gesamtvereins der deutschen Geschichts- und Altertumsvereine", Waibel „Bad. Sagen", Ratzel „Völkerkunde" usw.

Schließlich sage ich noch allen aus Stadt und Land, welche mich mit Rat und Tat, mit schriftlichen oder mündlichen Beiträgen und Auskunftserteilungen oder sonst auf irgend eine andre Art bei diesem Werke unterstützt haben, von Herzen Dank! Aus der großen Zahl meiner hiesigen Mitarbeiter und Mitarbeiterinnen seien nur folgende genannt: die Herren Stadtrat Alpin, Münstermeßner Arnegger, Frau Ratsdiener Auer, Herr Stadtrat Nik. Bader und Frau, Herr Privatier Bachstein und Frau, Frau Metzgermeister Baur, Benz Witwe, Herr Stadtrat Bergler, Faktor Fr. Bernhard, Chirurg Bettinger, Bürgermeister Betz, Landwirt Franz Beurer, Motorbootbesitzer J. Beurer, Landwirt Mart. Beurer und Frau, Werkmeister Brehm und Frau, Frau Kaufmann Biesinger, Frau Bäckermeister Blaser, Herr Brunnenmeister Th. Blersch, Frl. Hilda Blersch, Herr Steinmetzmeister Brecht, Frau Metzgermeister Brielmayer, Herr Feldhüter K. Bumann, Frau Landwirt Burgermeister, Herr Landwirt Jos. Buser, Bäckermeister Jul. Buser, Zimmermeister K. Buser, Rektor Dr. Cathiau, Schreinermeister Dehmer, Privatier Mich. Dreher, Schmiedemeister J. G. Eberle, Bildhauer J. Eberle, Obergrenzkontrolleur Engelmann, städt. Arbeiter Frid. Fenker, Landwirt J. Flach, Fräulein Marie Flach, Frau Schuhmachermeister Fleig, Herr Landwirt Freibler und Frau, Frau Assessor Frei Witwe, Frl. Teres. Gaudermann, Herr Stiftungsrechner Geiger, Frl. Marie Gratwohl, Herr Hafnermeister Fr. Gresser, Frau Schiffwirt K. Gresser, Frau Gresser Witwe, Hr. Schneidermstr. Gresser, Fr. Gerbermstr. Gretsch Witwe, Herr Sattlermeister Eduard Günthert, Drechslermeister Haas, Frau Gärtner Hafen Witwe, Fr. Apotheker Halm, Kaufmann Hartmann, Stadtrat J. B. Heberle, Privatier J. Hehl und Frau, Landwirt Stefan Hirn, Finanzamtsdiener Rich. Hirn, Güteraufseher Hoch und Frau, Stadtgärtner Hoch, Frl. Hopfauf, Herr Konditor Wilh. Hummel, Frau Bäckermeister Hummel Witwe, Herr Metzgermeister G. Jäger, Stadtrat Ilmensee, Frau Werkmeister L. John, Herr Kaufmann K. John, Hutmacher

Kast und Frau, Herr Privatier Bened. Keller und Frau, Spitalverwalter Keller, Frl. Keller, Industrielehrerin, Herr Schreinermeister Keller alt, Frau Flaschnermeister Raim. Keßler, Herr Kustos Fr. X. Kimmicher, Goldarbeiter Kohler, Kustos Kragler, die Ehrw. Krankenschwestern Amalia, Irenäa und Gerarda, Hr. Amtsregistrator Greuther, Kaminkehrermeister Kuhn, Photograph A. Lauterwasser, Spitalverwalter Lezkus, Frau Buchbindermeister Loh, Herr Gastwirt Lohr, Waldhüter K. Mädler, Schuhfabrikant Maier, Ratschreiber A. Mayer, Landwirt G. Mayer, Ratschreiber Melbert, Maler Fr. Merk, Hauptlehrer Metz, Kunstmaler Mezger, Versicherungsinspektor Möhrle, Kaufmann Gottfried Müller und Frau, Gärtner Jos. Müller, Stadtrat G. Munding, Frau Marie Näher, Metzgermeister Nipp Witwe, Herr Örle jg., Güterbestätter, Feldhüter J. B. Regenscheit, Friseur Riede, Frau Werkmeister Ruder, Herr Hofrat Dr. Roder, Herr Landwirt K. Schellinger und Frau, Altengelwirt K. Schiele, Kürschner Schreiber, Zimmermeister Schuster, M. Specht z. Schäpfle, Apotheker Staab, Altbürgermeister Steib, Frau Bräumeister Stetter, Schriftsetzer Nik. Stork, Fischer Stork, Landwirt G. Sträßle und Frau, Fischer Strobel, Frau Strobel z. Traube, Herr Flaschnermeister Sulger, Bäckermeister Thum, Stiftungsverwalter Fr. X. Ullersberger, Polizeidiener Vogler, Frau Landwirt J. Ullmann, Herr Metzgermeister Waldvogel, Wachtmeister Wiedenmaier, Kaufmann Wolfstriegel, Notar Wolfstriegel und Frau, Landwirt Ed. Widenhorn, Schriftsetzer Fr. Wiehler, Frau Hofmaler Zwickelmaier usw.

Von auswärts und zwar aus Altheim: Herr Straßenwart Mägerle; Bermatingen: Frau Witwe Knoblauch; Bodman a. S.: Herr Wend. Knecht; Dingelsdorf: Herr Schiffsmann Clemens Baumann und Math. Hamm, sowie Altbürgermeister Maier; Hödingen: Frau Schwarzwälder Witwe, Herr Landwirt Lambert Bauknecht; Höllwangen: Herr Landwirt Niedermann; Karlsruhe: Herr Geh. Hofrat Dr. A. Holder, Oberbibliothekar der Hof- und Landesbibliothek; Lippertsreute: Frau Altbürgermeister Vögele; Nesselwangen: Herr Ratschreiber A. Beck; Neufrach: Herr Bernhard Bitzenhofer; Ludwigshafen a. S.: Herr Postexpeditor Merk; Roggenbeuren: Herr Gastwirt Hasen; ferner aus Freiburg i. B.: Herr Kaminfegermeister K. Specht und Frau; Zuzenhausen, A. Sinsheim: Herr Hauptlehrer J. Schmitt; Sigmaringen: Herr Sanitätsrat Dr. A. Bilharz; Darmstadt: Herr Apotheker Ramdohr; Barmen: Herr Professor Schmalholz usw.

Überlingen, im März 1909.

Theodor Lachmann.

Inhalts-Angabe.

I. Sagen von Überlingen und Umgebung.

Überlingen.

		Seite
1.	Geschichte der sieben Schwaben	4
2.	Der Reiter und der Bodensee	26
3.	Die Überlinger Pistole	30
4.	Der unterirdische Schatz in Überlingen	32
5.	Herzog Gunzo und seine Tochter Friedeburga	34
6.	Der Geist der Gunzo-Burg	38
7.	Das Kind im Löwenrachen	39
8.	Die Geschichte vom guten Ulrich	40
9.	Das schwarze Haus in Überlingen	42
10.	Die Gründung des Überlinger Schwerttanzes	44
11.	Der Muttergottestritt in Überlingen	44
12.	Wie die Buchhorner in Überlingen schön Wetter holen	45
13.	Das gespenstische Kalb am Kesselbach	46
14.	Die faule Magd in Überlingen	47
15.	Der Spuk im Aufkircher Harthölzle	48
16.	Das Grab des Hunnenkönigs	48
17.	Der Ochsensprung vom St. Katharinafelsen	49
18.	Der Spuk bei Besserers Bild in Rogenbach	51
19.	Die Spinnerin und das Mäuslein	52
20.	Der Seewein	54

Sipplingen.

21.	Der dankbare Schwede	55
22.	Hildegard von Hohenfels	56
23.	Das Armband	58
24.	Das goldene Kegelspiel im Abtsberg	60
25.	Der Schatz in der Burghalde	61

Seite

Ludwigshafen (Sernatingen).

26. Der Stättelberger von Sernatingen 62
27. Die Klausenburg 64
28. Verrufene Gewanne auf Gemarkung Ludwigshafen . 65

Bodman am See.

29. Das Nebelmännlein von Bodman 67
30. Die treue Amme auf Bodman 73
31. Glockenläuten ruft zum Eintritt ins Kloster . . 78
32. Das Fräulein von Kargeck und der Ritter von Haldenburg 79
33. Das leichte Schneiderlein 80

Espasingen.

34. Der Geist bei Espasingen 80

Raithaslach.

35. Der Hungerbrunnen bei Raithaslach 81

Dingelsdorf.

36. Die Gründung der Heiligkreuz-Kapelle in Oberdorf bei Dingelsdorf 82

Mainau.

37. Die Träne des Seraphs oder die Entstehung der Insel Mainau 83
38. Die Maid von Bodman 84
39. Das Schwedenkreuz bei der Mainau 86

Meersburg,

mit Hagnau, Immenstaad und Umgegend.

40. Das zugemauerte Tor oder Zwingtor 87
41. Meersburg versinkt einstens 88
42. Wendelgard von Halten 89
43. Die feindlichen Brüder von Kirchberg . . . 89
44. Das Tiergespräch in der Harlacher Mühle . . 91
45. Der Haslemann bei Stetten 91
46. Der schwarze Peter 92
47. Der gehobene Schatz bei Daisendorf 94
48. Der Göhrenlöchner 94

Seite

Markdorf,

mit Gehrenberg und Höchsten.

49. Das weiße Fräulein im alten Schloß zu Markdorf . 96
50. Sterbender verspricht als Geist zu erscheinen . . 98
51. Das Bockmünster in Hallendorf 98
52. Die geheimnisvolle Trauung in den Höhlen von Bermatingen 99
53. Ziegel werden zu Gold 102
54. Der Spuk im Bermatinger Hochwald 102
55. Der schwarze Hund beim Ahauser Käppele . . 103
56. Der Kugelgeist bei dem Münchhof 103
57. Der Waldteufel im Waldgrein 104
58. Die Galgenwiese bei Oberradrach 106
59. Das Heidenschloß auf dem Weierberg . . . 106
60. Der Kau-Jodler bei Ittendorf 108
61. Der Hexenbann in der Mulde bei Hepbach . . 109
62. Konrad Waibel von Wattenberg und seine Söhne . 110
63. Der Kohlreiter bei Homberg 112
64. Der Drängser bei Homberg 113
65. Das Gabelmännle bei Glashütte 114
66. Die Geldkiste im Fuchstobel 114
67. Der bayerische Hiesel im Fuchstobel bei Urnau . 115

Das Kirchspiel Seefelden.

68. Die Knabenlöcher bei Unteruhldingen . . . 117
69. Der Spuk im Unteruhldinger Streuried . . . 118
70. Der Wilderer von Oberuhldingen 120
71. Der Geldkessel im Kesselbrunnen zu Uhldingen . 120
72. Der Geist in der Storchenscheuer zu Oberuhldingen 121
73. Die Deisendorfer Totengasse 122
74. Der Spuk bei Gebhardsweiler 123
75. Der geistende Ritter von Oberriedern . . . 123

Das Salemertal mit angrenzenden Orten.

76. Die Schätze des Klosters Salem 124
77. Der ermordete Poltergeist im Salemer Kloster . 125
78. Das große Faß im Salemer Klosterkeller . . . 125
79. Goldkäfer werden zu Goldstücken 127
80. Der Spuk am Killiweiher 127

Seite
81. Der Kirchenbau von Altheim und der St. Ottmarsfand 128
82. Der Burgstall bei Frickingen 130
83. Der Drachenstein im Höfler Tobel 131
84. Das Wuotesheer (Wildes Heer) oder die fahrenden Schüler 131
85. Die Totenhand bei Gailhöfe 133
86. Die Bachkatze im Kellmayerhölzle 135
87. Der Schimmelreiter auf der Bruckfelder Aachbrücke . 137
88. Die Teufelsküche in der Linzer Aach 138
89. Der Scharfrichter von Baufnang 139
90. Das Hartweible 141
91. Das Bachtier in der Deggenhauser Aach 147
92. Der Spuk bei Wehhausen 149
93. Der Steitzemann 149
94. Der Taufzug in den Neufracher Wiesen 150
95. Das geschossene Bild im Finkenhauser Hölzle . . 151
96. Der Sägegeist bei Beuren 152
97. Die Erlösung des Waldgeists bei Beuren 153
98. Der Waldstern im Faulental 154
99. Der Waldgeist im Hepsack bei Roggenbeuren . . 154

Owingen

mit seinen Filialen Bambergen und Hohbodman.

100. Der Schatz im Owinger Schloßbühl 155
101. Der vergrabene Schatz in Bambergen 156
102. Die Erlaubnis zu sterben 156
103. Das Totengässele bei Bambergen 157
104. Der Minkreiter bei Bambergen 158
105. Der Wilderer am Heidenlocher Weiher 159
106. Das Ritterfräulein von Hohbodman 160
107. Die Burg Kappellinz 161
108. Der Saumichel vom Simonshof 163

Billafingen

mit seinen Filialen, den Hohenzollern'schen Ortschaften Höllsteig und Heggelbach, sowie Neu-Hohenfels.

109. Der bodenlose Brunnen bei Billafingen 164
110. Die Zwingenburg bei Billafingen 164
111. Der St. Jörgenritt bei Heggelbach 167

Seite

112. Der gespenstische Hase und das goldene Kegelspiel am Fürstenberg bei Höllsteig 168
113. Der Burggeist auf Neuhohenfels 169

Hödingen.

114. Der Kilbegeist und anderer Spuk bei Hödingen . 170
115. Der schwarze Pudel im Walde Haslen . . . 175
116. Goldene Blätter 175

Nesselwangen.

117. Der Schloßbühl bei Nesselwangen 176
118. Der Goliathsberg bei Nesselwangen 177
119. Die hohe Mark beim Reuthehof 177

Stockach.

120. Die Gründung der Nellenburg 178

Pfullendorf.

121 Die feurigen Eheleute von Kirnbach 181
122. Der Schatz auf der Burg Ramsberg 181
123. Das Geistertöbele zwischen Berghof und Heimatsweiler 183
124. Das Bodemännle im Rickertsweiler Walde und der Holzmacher im Walddistrikt „Tiergarten" . . . 184
125. Das Frauenlicht bei Röhrenbach 185
126. Der Burggeist auf Altlichteneck 186
127. Kaiserin Hildegard in Großstadelhofen 187
128. Der schwarze Ochs in Kleinstadelhofen und anderer Spuk in dortiger Gegend 189
129. Die versenkte Glocke in Illmensee 190
130. Die Gründung Heiligenbergs 191

II. Überlinger Sitten und Bräuche.

Seite

1. Die Überlinger Nachbarschaften und der Nachbarschafts-Trunk 193
2. Der Schwerttanz in Überlingen 202
3. Die Überlinger „Greth" und der Fruchtmarkt . . 206
4. Die Überlinger Schützengesellschaft 214
5. Die Überlinger Studenten 236
6. Die 7 jungen Schlemmer in Überlingen 247
7. Das Überlinger Bürgermilitär 249

Seite

8. Der Überlinger Kuhreigen 254
9. Das Überlinger Krippele 255
10. Kreuze, Kruzifixe und Bildstöcke im Felde . . . 261
11. Spinnerei-Bräuche 279
12. Handwerksbräuche 297
13. Schifferbräuche und Segelschiffahrt 327
14. Felchenfischerei und Fischerbräuche 346
15. Hochzeitsbräuche 367
16. Ortsneckereien 386
17. Aberglauben, Hexerei, Bauernregeln, Lostage u. dergl. 390
18. Das Neujahrstrommeln in Meersburg 404
19. Die Hunderteinser in Meersburg 405
20. Die Kästräger in Hagnau 410
21. Der Dreikönigstag 412
22. Fastnachtsbräuche 414
23. Das Narrengericht in Stockach 423
24. Der Funkensonntag 427
25. Der Palmsonntag 431
26. Das Eierlesen an Ostern 434
27. Der Heiligkreuztag in Oberdorf 437
28. Die erste Ausfahrt aufs Feld und die Menebuben in Hödingen 441
29. Die Felderbenediktion am Auffahrtstage und die Kinderprozessionen 443
30. Die Viehfeiertage im Linzgau 446
31. Johannisfeuer 449
32. Das Pfingstspiel in Altheim, Ebratsweiler und Meersburg 454
33. Das Eulogifest (Eulogiusritt) in Aftholderberg . 457
34. Die Nußdorfer Dorfwache 463
35. Die Kräuterweihe und andere Weihen . . . 464
36. Die Sichelhenke, die Flegelhenke und das Bohnenfest 465
37. Herbstbräuche 468
38. Altbirnau und die Altbirnauer Kirchweih . . . 485
39. Das Fischrecht „Huno“ der Freiherren von Bodman 496
40. Der Tugendpreis von Hagnau 501
41. Der Klausentag 502
42. Überlinger Redensarten und Sprüche 504

Nachträge und Berichtigungen 513
Orts-, Sach- und Namen-Verzeichnis 515

I.

Sagen

von Überlingen und Umgebung.

Überlingen.

1. Die Geschichte der sieben Schwaben.

Vor uralten Zeiten ging in allen deutschen Ländern, besonders in Schwaben, die schauerliche Sage, daß in der Gegend des Bodensees ein schreckliches Ungeheuer hause: tagsüber liege es ruhig im Wald, bei Nacht aber sei es fürchterlich anzusehen, wenn es über Berge und Täler galoppiere mit einem donnerähnlichen Geschrei, seine Augen seien so groß wie der Rachen und sprühen solches Feuer, daß nachts die ganze Gegend erhellt sei und man nie wisse, wann der schöne Wald und die gute Stadt Überlingen in Feuersgefahr kämen. Das Tier sei so stark, daß es schon oft die größten Eichen entwurzelt habe, und die Zähne so scharf, daß es einen Menschen oder ein Tier von Wolfsgröße mit einem Biß zerteile; dabei habe es einen kurzen Schwanz, ganz kleine Vorderfüße und doppelt so lange Hinterfüße, daher überpurzle es, wenn es eine Anhöhe hinunterrenne; die Ohren in dem dicken Katzenkopf aber sehen zur Nachtzeit wie Hörner aus.

Eines schönen Abends schritt in die Stadt Überlingen ein Mann eilends hinein, durchlief keuchend die Straßen und gelangte endlich zu einem Wirtshaus, in das er eintrat. Die Stube war mit Gästen wohl gefüllt, und nach etlichen kräftigen Schlücken, wie es die Schwaben überhaupt und besonders in der Seegegend tun, erzählte er, wie das vermaledeite Ungeheuer ihm begegnet, wie er aber, was in solchen Affären am ratsamsten sei, Reißaus genommen, denn der Gescheidste gibt nach; also sei er hieher gekommen, um sich zu stärken. „Ihr Leute!“ fuhr er fort, „wie wär's, wenn etliche ehrsame Bürger zusammenständen und gegen das Untier zu Felde zögen?“ Es wollte sich jedoch niemand hiezu verstehen. Da sprach der Stadt- und Gerichtsschreiber den Anwesenden zu, sie sollten nicht die Schande auf sich laden und ihre Vaterstadt von anderen befreien lassen, setzte noch eine Belohnung aus, und schloß mit den Worten: „Denket an die alten Griechen und Römer, ihr Bürger von Überlingen!“ Nach längerem Hin- und Herreden trat ein Mann zum Gerichtsschreiber, den Filzhut und einen langen Spieß in der Hand, von bäuerischem Aussehen; sein Haar war über dem Schädel ganz kurz abgeschnitten und hinten war es länger, so daß es ungefähr fingerlang über den Kragen an der Zwilchjacke hinunter hing. Es war der Waldschütz, mit Namen Hannes oder auch Jokele, vulgo: „Seehas“. „Ich will's wagen,“ erklärte er; „es gibt ein Sprichwort in hiesiger Stadt: ‚Gott verläßt keinen ehrlichen Schwaben nicht!‘“ Der Gerichtsschreiber freute sich ob dieses Entschlusses des Seehasen, gab ihm die versprochenen 50 fl., auch die anderen ehrsamen Bürger legten noch beinahe 50 fl. zusammen und gaben sie dem kühnen Helden. Nun nahm der Seehas gerührt Abschied von seinen Mitbürgern auf Leben und Tod, tat wacker Bescheid aus den ihm zur Stärkung von allen Seiten gebotenen Kannen und ging dann ab.

Unterwegs aber fiel es ihm siedendheiß ein, wo er denn eigentlich hin wolle? Da dachte er aber wieder an sein Sprichwort: „Gott verläßt keinen ehrlichen Schwaben nicht!“ Das gab ihm neuen Mut, er raffte sich schnell auf und eilte weiter und immer weiter. So kam er endlich in die Gegend von Hechingen. Er hatte sagen hören, die Hechinger seien unternehmender als die am Bodensee droben rum. Gegen Abend langte er vor Hechingen an und traf auf einem Acker einen Bauersmann, der statt der Knöpfe an seinen Kleidern „Nestle“ oder „Steckle“ hatte, nämlich kleine Zweiglein von Ästen in die Knopflöcher steckte. Er knüpfte mit ihm ein Gespräch an und merkte bald, daß er den rechten Mann gefunden; denn dieser war nicht der Bauer, sondern nur des Bauern Mennebub und hieß Marli. So machte nun der Seehas demselben den Vorschlag, er solle sein Knecht werden und ihm sein Bündel nachtragen; er dürfe weiter nichts tun, als wenn er etwas erzähle, dazu sagen: „Jo, jo, so ist's“. Wegen seiner kuriosen Knöpfe wolle er ihn „Nestleschwab“ heißen. Dieser war mit Allem einverstanden, und nun zogen die Beiden einträchtig ihres Weges, wobei der Seehas dem Nestleschwab von dem großen Ungeheuer am Bodensee erzählte, und wie er sich vorgenommen, noch mehr Mannen zu werben, um das Untier zu erlegen. Da machte ihn der Nestleschwab auf einen Mann in Bopfingen aufmerksam, der wohl auch mitzöge.

Nach langem Wandern kamen sie in die Gegend von Bopfingen; die dortigen Bewohner wurden damals „Gelbfüßler“ genannt. Sie mußten nämlich ihrem Herzog alljährlich eine Abgabe von Eiern liefern, und legten einmal die Eier in einen Kratten-Wagen, traten dann, damit recht viele Eier hineingehen, da sie ihrem Herrn sehr zugetan waren, solche mit den Füßen zusammen; das gab natürlich gelbe Füße, und daher der Name. In Bopfingen führte nun der Nestleschwab den Seehas zur „Gelbfüßler-Post“, d. h. zum Bopfinger Boten, dem sein einförmiges Leben verhaßt war und Soldatenleben besser gefallen hätte. Der Seehas trug sofort sein Anliegen vor, worauf der Gelbfüßler sagte: „Er könne zwar nicht fechten; wenn's aber mit dem Laufen getan sei, so wolle er den Teufel auf dem freien Felde fangen.“ Sagte der Seehas, so einen Mann könne er brauchen; der Gelbfüßler schlug ein und packte sein Ränzle. Sie zogen also weiter und wandten sich gegen das Ries, unter allerlei Gespräch und kamen so in jene Gegend des Schwabenlandes, wo man fünfmal ißt, und zwar fünfmal Suppe und zweimal dazu Knöpfle oder Spätzle, daher man auch die Leute in der dortigen Gegend Suppen- oder „Knöpfleschwaben" nannte; man sagte ihnen auch nach, daß sie zwei Mägen hätten, aber kein Herz; das wußten die drei Gesellen und machten sich lustig über diese Leute. Unterdessen kamen sie in ein großes Dorf. Da hörten sie aus einem Haus ein mörderisches Geschrei und sahen sofort ein Weib herausspringen. Sie gingen nun in's Haus, um Frieden zu stiften. Da trafen sie den Mann in der Küche am Herde stehend bei einer großen Pfanne, gerade Knöpfle kochend. Der Seehas fing gleich an, vom schrecklichen Tier am Bodensee zu erzählen, und bat den Mann um der Landsmannschaft willen, ihm mit Rat und Tat beizustehen und ihm zu helfen, tüchtige Gesellen zu werben. Der Knöpfleschwab aber sagte: „Fechten sei zwar seine Leidenschaft nicht, aber wenn sie einen brauchen, um Knöpfle zu kochen, so gehe er mit los auf das Abenteuer." Als nun der Seehas meinte, „ungegessen könne man doch nicht sein, zumal wenn man immer im freien Felde sei, er solle also mitgehen," da packte der Knöpfleschwab Häfen und Pfannen auf und zog mit den Anderen. Sie wandten sich gegen das Lechfeld, denn dort hofften sie jemand zu finden, der mit ihnen gehe, und kamen endlich in die Stadt Meitingen, wo sie auf den Marktplatz gingen. Aus einem Wirtshaus sahen die Gäste die sieben Schwaben heranziehen und dachten gleich, das müssen lustige Gesellen sein, und da sie selbst gern lustig waren, so rief einer von ihnen, ein kleiner, untersetzter Bursche, dieselben herauf, was sie sich nicht zweimal sagen ließen. Die sieben hungrigen Gesellen erhielten nun Bier und Würste vorgesetzt und ließen sich's trefflich schmecken. Der Knöpfleschwab aber ging in die Küche und machte sich Knöpfle. Unterdessen fing der Seehas an zu erzählen vom fürchterlichen Tier am Bodensee. „Potz Blitz!" sagte der Kleine — von seinen Nachbarn wegen dieses Lieblingsfluches „Blitzschwab" genannt —, „das möcht' ich einmal sehen, ich ließ mer's beim Teuxel zwei Dreibätzner kosten!" Da sagte der Seehas: „Er könne es umsonst sehen, er solle nur mit ihm kommen und ihnen beistehen beim Abenteuer." — „Fechten ist zwar nicht mein Handwerk," meinte der Blitzschwab, „aber schimpfen kann ich wie ein Rohrspatz, und fluchen wie ein Heid." Der Seehas meinte, man wisse nicht, wozu ein Ding oft nützen könne, er solle also nur mitkommen. Das tat nun auch der Blitzschwab, der ein gar lustiger Vogel war, wie die anderen auch sogleich merkten, denn er machte allerlei lustige Sachen und Witze. Der Seehas bezahlte die Zeche, und die fünf Gesellen zogen weiter. Andern Tags früh kamen sie nach Memmingen und machten vor einer Schenke Halt; unter der Tür stand ein schmutziger Kerl mit langem roten Bart, der sie grimmig ansah. Der Blitzschwab sagte, als er den Kerl sah und seinen Spiegel auf dem Ärmel, der in der Sonne glitzte: „Das ist gewiß a ‚Spiegelschwob!'" Schrie der Kerl: „Wie er ihn kenne?" Sagte der Blitzschwab: „Er hab's an seinem Zeichen gesehen auf dem Ärmel." Da lachte der Spiegelschwab und sagte: „Er habe gut geraten." Der Spiegel auf dem Ärmel aber kam daher, weil zur selbigen Zeit die Nastücher noch nicht Brauch waren, sondern Einige das Ding wegschneuzten, Andere es da und dort hin schmierten, so an die Vorderärmel, wo es sich zum Spiegel ansetzte. Der Seehas brachte sein Anliegen vor. Der Spiegelschwab sagte: „Rat könne er geben, aber mit der Tat sähe es schlecht aus, denn er könne nicht einmal sein Weib meistern; er wisse aber Einen, der es mit dem Teufel aufnehme, und das sei der Allgäuer." Das freute die Gespanen, und als sie gegessen hatten, gingen sie mit dem Spiegelschwaben zum Allgäuer, der nicht weit von der Schenke wohnte. Sie trafen ihn gerade vor dem Stall, schimpfend und fluchend, denn er wollte gerne essen und sein Weib hatte ihm nichts gekocht. „Hol' Euch der Teuxel, heut gang i no fort, Bygoscht! Wenn nu ebber käm und tät mi mitnemma!" sagte der Allgäuer. Das hörte der Seehas und ging gleich zu ihm hin und teilte ihm sein Vorhaben mit. Der Allgäuer war auch sofort bereit, obgleich der Seehas das Ungeheuer noch schrecklicher als bisher schilderte: „es sei so groß wie ein Haus, habe Augen wie Mühlräder, die im Umschwung Feuer auswürfen rc." — „Bygoscht," sagte der Allgäuer, „es wird halt doch nur ein Vieh sein, und der Mensch ist mit Gottes Hilfe stärker als alles Getier auf Erden!" — „Ja!" sagte der Seehas, „und es geht ja das Sprichwort: Gott verläßt keinen ehrlichen Schwaben nicht!" Durch solche erbaulichen Reden bekamen die Anderen viel Mut, sie gaben sich gegenseitig die Hand und gelobten feierlich, einander beizustehen als Freunde und Landsleute in allen Nöten und Gefahren des Leibes und der Seele. Der Seehas hielt nun ihre Anzahl stark genug zur Erlegung des Ungetiers; er zählte sie und brachte sieben heraus: „Das ist eine heilige Zahl, Sackerlott! und ganz g'schickt verwischt! Das ist g'wiß a gute Bedeutung," meinte er. Auf des Allgäuers Vorschlag beschlossen sie, nach Augsburg zu einem Waffenschmied zu gehen und sich dort mit Streitzeug zu versehen.

Feierlich zogen nun die sieben Schwaben in der weltberühmten Stadt Augsburg ein, unter Führung des Allgäuers, den sie zum Hauptmann der Mannschaft erhoben. Er wußte sich auch den gehörigen Respekt bei ihnen zu verschaffen. Bald fanden sie einen Waffenschmied. Der Allgäuer bestellte sich einen Spieß von sieben Mannslängen. Der Blitzschwab sagte: „Allgäuer! Ich merke wohl Deine Meinung: Wie alle Sieben für Einen, so Einer für alle Sieben!" Dann nahm der Allgäuer noch eine Sturmhaube mit einer roten Feder drauf, sowie ein altes kurzes Schwert. „Das g'hört zum Ganzen," meinte er. Der Knöpfleschwab kaufte einen Bratspieß, „denn der Mensch lebt nit nur von Knöpfle"; der Gelbfüßler langte sich ein Paar Sporen, „denn sie seien auch zum Hintennausschlagen gut." Dem Seehasen mußte man einen Harnisch bringen, „denn Vorsicht sei besser als Nachsicht." Auch der Spiegelschwab wollte einen Harnisch haben, aber nicht vorn auf der Brust, sondern auf dem Hintern. Der Seehas hielt dies für Fopperei, wogegen der Spiegelschwab erklärte: „Hab' i Muat und geh' vorwärts, so brauch' i koin Harnisch vorn; wenn aber 's Kuraschi in d' Hosa geht, und i dreh' mi um, so hab' i den Harnisch nötig, und tu' i den hinta na, an sein rechta Platz." So ließ er sich auch den Harnisch zurecht machen, der aber nur ein großes altes Barbierbecken war. Der Blitzschwab wählte sich ein Schwert, und der Nestleschwab ein Laternle mit Öl, „damit wir im dichten Wald besser sehen und uns dem Tier nit so arg nahen." Als sie sich durch einen Imbiß gestärkt, schritten sie durch die Stadt; der Allgäuer als Hauptmann voran, den Spieß unter'm Arm, dann folgte der Seehas, auf den der Nestleschwab, dann der Blitzschwab, hinter ihm der Spiegelschwab, dann der Gelbfüßler und zuletzt der Knöpfleschwab. So trugen sie Mann für Mann den Spieß, und der ganze Zug glich einem Weidle gespießter Lerchen. Getrost marschierten sie weiter. Bei Mindelheim kamen sie in Streit mit einem bayerischen Brauer, der sie ausgelacht und auf Befragen: Ob er noch nie Schwaben gesehen, geantwortet: O freilich, in seiner Küche seien mehr als tausende — worauf alle Sieben über ihn herfielen und ihn prügelten, bis er Abbitte leistete. Dann zogen sie weiter, und kamen zu einem frommen Klausner, von dem sie sich segnen und dem Tode weihen lassen wollten. Derselbe aber hielt sie für Faxenmacher und Possenreißer, und jagte sie fort.

Nun zogen die sieben Schwaben kecken Muts dahin und nahmen ihren Weg über eine Wiese, als die Dämmerung bereits angebrochen war. Da flog ganz in ihrer Nähe eine Hummel von einer Blüte auf und sang — wie es die Hummeln tun — in tiefem Baß ihr Abendlied. Als die sieben Helden das Gesummel und Gebrummel vernahmen, erschraken sie mächtiglich, und dem Allgäuer schoß der Angstschweiß aus allen Poren, daß er aus Leibeskräften schrie: „Horcht! Horcht! Der Feind trommelt schon!" — „Ja, ich riech' schon das Pulver!" rief der Jokli. Und der Allgäuer ließ den Spieß fahren, nahm Reißaus und sprang mit einem Satze über den Wegzaun und damit gerade auf einen Rechen, der seine Zähne aufwärts gekehrt hatte und nun in die Höhe fuhr, so daß Herr Schulz einen gewaltigen Schlag erhielt, und glaubte, der Feind haue auf ihn ein. „Gib Gnade!" rief der Schwab, „ich ergebe mich." Die sechs Andern aber waren dem Allgäuer nachgesprungen und baten nun ebenfalls um Gnade. Aber kein Feind zeigte sich. Da faßten sie sich endlich wieder und schämten sich und versprachen sich gegenseitig, diese ihre erste Heldentat keinem Menschen zu erzählen. Als sie nun weitermarschierten, kamen sie durch einen Hohlweg, wo sie mit ihrem Spieß einen toten Bären anrannten. „Bigoscht! — Ein Bär!" schrie der Allgäuer. Seine Gesellen aber waren vor Schreck fast ohnmächtig zu Boden gefallen, und erst als sie hörten, daß der Bär tot sei, sprangen sie frisch wieder auf, fielen über den Bären her, stießen ihm die Faust in den Rachen und riefen: „'s ist ein Glück für Dich, daß Du tot bist, sonst müßtest Du hin sein!" Dann zogen sie dem Bären das Fell ab und trugen es frohlockend als Siegeszeichen mit sich. Nun kamen sie durch einen Wald, der immer dichter wurde, so daß sie kaum mehr durchkommen konnten. Da blieb der Allgäuer wie ein störrischer Ochs stehen und schrie: „Durch muß i!" und stieß den Spieß mit großer Gewalt gegen einen Baum, traf aber daneben, so daß der Spieß in den Boden fuhr und der Knöpfleschwab zwischen Spieß und Baum eingeklemmt wurde und nun jämmerlich ächzte: „Mein Bauch, mein Bauch! O Kameraden, helft mir aus der Klemme!“ Da zerrten und zogen sie am Spieß, aber es half alles nichts, der Knöpfleschwab saß wie angenagelt. „Bigoscht!“ rief der Allgäuer endlich, „dem Spaß muß ein End' gemacht werden. Hui Ochs!“ — packte den Baum und riß ihn samt der Wurzel mit Stumpf und Stiel aus der Erde, daß die Anderen nur so die Augen aufrissen und vor dem Allgäuer großen Respekt hatten. Als sie endlich den Wald hinter sich hatten und wieder auf die Landstraße kamen, ging eben der Mond auf. Da sagte der Spiegelschwab: „Jetzt haben wir's g'wonnen, Memmingen ist nicht mehr weit!“ Der Blitzschwab fragte ihn, wie er das wissen könne? Da sagte der Spiegelschwab: „Werd' doch den Memminger Mau kenne!“ — „Potz Blitz, wie blitzdumm!“ platzte da der Blitzschwab lachend heraus. Da hatte er aber schon seine Dachtel vom Spiegelschwaben, der nichts weniger leiden konnte, als wenn man ihn für dumm hielt. Auf dies hin rauften sich die Beiden wie zwei Metzgerhunde und die Anderen hatte ihre Freude daran. Endlich aber forderte der Seehas den Allgäuer auf, Frieden zu stiften, was dieser sofort tat: er hielt am Hosenbändel den Blitzschwaben in die Luft und den Spiegelschwaben an der Gurgel, bis Beide einander das Wort gaben, wieder gute Freunde zu sein. Und das sind sie dann auch geblieben bis an ihren Tod. Nach kurzem Marsche kamen die Sieben nun wirklich nach Memmingen. Der Spiegelschwab aber wollte nicht durch das Städtchen durchgehen. „Mer wollet — sagte er — lieber um d' Mauer laufe, denn wenn mi mei Weib sehen tät, die tät mer d' Auge auskratze.“ Also gingen sie insgesamt um die Stadtmauer herum, um am anderen Ende wieder auf die Heerstraße zu kommen. Da sie aber durch die an der Stadtmauer gepflanzten Hopfenfelder strichen, sprang ein fuchsteufelswildes Weib, eine rechte, echt böse Sieben, auf den Spiegelschwab los und schrie: „Du Strolch! Du Schlingel! Du Galgenstrick!

Bist Du wieder da? Wo bist Du die ganze Zeit g'steckt? Wart', Dich will ich vertrommeln." Der Spiegelschwab aber sprang rasch über den Zaun in den anderen Hopfengarten und warf flugs das Bärenfell, mit dem ihn die Andern beladen hatten, sich über den Kopf, schlupfte mit den Händen in die Tatzen und lief nun auf allen Vieren, wie wenn er ein leibhaftiger Bär wär, dem Weib brummend entgegen, umfaßte es und drückte es so herzhaft an sich, daß ihr Hören und Sehen verging, und es froh war, als es dem Ungetüm wieder entrinnen konnte. Der Spiegelschwab aber wanderte hierauf mit seinen Gesellen ruhig weiter. Da kamen sie auf ihrem Gang um die Stadtmauer zu einem Tor. „Da müssen wir also hinaus," meinte der Nestleschwab, und gingen auch alle geradeaus nach ihrem Grundsatz; so kamen sie zwar durch's Tor, aber anstatt vor die Stadt hinaus, in dieselbe hinein. Doch kein Unglück ohne Glück! Das erste Haus, das ihnen auffiel, war ein Wirtshaus, vor dem ein Maienbaum stand, und ob der Tür war zu lesen: Hier schenkt man Märzenbier aus. „Bigoscht," sagte der Allgäuer, „geschenktes Bier kann man schon mitnehmen!" Der Blitzschwab meinte auch so. Darauf stürmten sie in die Gaststube. Der Wirt, der sie mit dem großen Spieß hatte anrücken sehen, meinte nichts anderes, als die Sieben seien von der schwäbischen Kreisregierung abgesandt, um das Bier zu untersuchen — was wohl auch oft not täte in unseren Zeiten —, machte deshalb viele Bücklinge und holte ein ganzes Faß voll vom besten herauf. Die Gäste wollten nun auch wissen, was unsere Helden mit einem solch langen Spieß. mit Schwertern, Pfannen, Laternen rc. anfangen täten, worauf der Seehas haarklein erzählte vom fürchterlichen Tier im großen Walde am Bodensee. Als dies der Wirt hörte, ließ er die guten Gesellen ohne Bezahlung weiterziehen und bat nur noch, sie sollen sofort zum Bodensee ziehen, daß das fürchtig Tier bald nimmer lebe. Auch die Gäste lobten die sieben Schwaben wegen ihres Heldenmuts, legten Geld zusammen und gaben es denselben, welche darob sehr froh von dannen zogen.

Unsere Sieben aber hatten allzutief in den Krug geschaut und mit schwankenden Schritten waren sie vom Wirtshaus fortgegangen und hatten sich in den Hopfengärten verirrt. Da kamen sie plötzlich an einen jähen Abhang und drunten in der Tiefe sah man in der Dämmerung einen See seine bläulichen Wellen bewegen. Lange standen sie unschlüssig und starrten auf das Wasser hinunter. Endlich sagte der mannhafte Allgäuer: „Na' müsse mer, gang's no hot oder hist; empfehlet uire Seel' uirem Schutzengel und kommt mir nach!" Darauf juckte er in einem Satze über den Abhang hinunter, die Andern ihm nach; und siehe da, sie plumpsten auf einander hin und lagen im See. Als sie aber merkten, daß ihre Glieder noch ganz waren, ruderten sie mit Händen und Füßen und schwammen glücklich an's jenseitige Ufer. Da sagte der Nestleschwab: „Das ist a Anstrengung gsei und a Schwimmerei." Aber der pfiffige Blitzschwab hatte bald herausgebracht, daß sie gar nicht durch das Wasser, sondern über ein blühendes Flachsfeld geschwommen; da sagte der Spiegelschwab wohlgefällig: „Je nun, g'schwomma ist g'schwomma, gang's durch Wasser oder Flachs." Bald aber gerieten die tapferen Gesellen gar arg in die Patsche, denn sie wurden vom Burgvogt des Junkers zu Kronburg als Landstreicher festgenommen. Der Seehas, der den Wortführer machte, versicherte zwar, daß sie allesamt ganz ehrliche Männer und ausgezogen wären, das Vaterland vom grausamen Tier am Bodensee zu befreien; das glaubte aber der gestrenge Herr Junker nicht und steckte sie ins Loch. Nun kannte der pfiffige Blitzschwab den Junker als Filz und Geizhals und gründete darauf den Rettungsplan, der von Allen gutgeheißen wurde. Als mittags der Büttel eine Pfanne voll Milchspätzle brachte, sagte der Blitzschwab zum Knöpfleschwab: „Das ist wohl Dein Essen?“ — „Nein, für Alle!“ meinte der Büttel. Der Knöpfleschwab jedoch entgegnete: „Ich will sehen, ob's für mich langt,“ setzte sich hin und verzehrte Alles allein. Der Büttel meldete dies dem Junker, der aufgebracht rief: „Ihr Lumpenkerl freßt mich bettelarm,“ und Alle aus dem Gefängnis ziehen ließ mit einem Warnungsbrief vor deren Gefräßigkeiten für andere Ortspolizeien. Da zogen nun die sieben Schwaben weiter; plötzlich sagte der Knöpfleschwab: „Mei' Seel, da 'rum muß irgendwo d' Landstraß nach Biberach und Ravensburg liege.“ Alle sahen einen weißlichen Streifen, der sich weithin durch die Landschaft schlängelte. „Potz tausend!“ schrie der Allgäuer, „der Knöpfleschwab hat Recht, das ist ja die Landstraß!“ lief eilends auf die vermeintliche Straße zu und die Andern ihm nach. Als sie ganz nahe waren, wollte der Allgäuer mit einem Sprung die Straße erreichen, die Anderen sprangen nach und — Potz Teufel! — da lagen sie Alle im Wasser, denn es war die Iller. Diesmal hatten sie alle Not, herauszukommen; der mannhafte Allgäuer war zuerst aus dem Wasser und mit dem langen Spieß fischte er die Übrigen aufs Trockene. Eine Zeit lang standen sie unbeweglich und starrten einander ganz dumm an. Endlich sagte der Spiegelschwab bedächtig: „'s ist halt doch nicht einerlei, ob ma durch Flachs oder durch Wasser schwimmt.“

Die Sieben wanderten nun weiter und gelangten zu einem Dorf und einer Herberge, wo sie einkehrten. In der Zechstube saß ein Student, mit dem der Allgäuer ein Gespräch anknüpfte und nun erfuhr, daß derselbe Adolphus heiße und ein geborener Schwabe sei, der lange im Norden studiert und jetzt im Süden umherziehe, um Geschichten von den bekannten Schwabenstreichen zu sammeln und dann dem Druck zu übergeben. Darauf meinte der Seehas, „er solle mit ihnen gehen, da könne er genug erfahren“. Als sie zu Nacht gegessen, legten sie sich auf die Streu, und der

Allgäuer kam gerade neben den Studenten zu liegen, welcher vor dem Einschlafen zu Ersterem sagte: „Er möge nur nicht erschrecken, wenn er nachts mit der Faust um sich schlage, es sei dies blos eine Disputation und habe nichts zu bedeuten.“ Darauf sagte der Allgäuer: „Disputation sei ja nichts Unrechtes, er tue es auch oft im Traume mit seinen Ochsen, wenn sie nicht vorwärts wollten.“ Nun legten sie sich auf's Ohr und schliefen bald ein. Aber mitten im Schlafe kam der Student Adolphus in's Disputieren und versetzte hierbei dem Allgäuer einen derben Nasenstüber, daß er erwachte. „Bigoscht!“ — dachte er — „der hat schwere Träume! Wenn ich Ruhe haben soll, muß ich ihm sie vertreiben,“ langte von der Wand eine Geißel herunter und peitschte mit den Worten: „Hott Bräunle! Wist Bläßle! Oh! Hott! Wist!“ derart auf den Studenten Adolphus los, daß dieser Zeter und Mordio schrie und sich eilends durchs Fenster flüchtete. Die Anderen waren ob des Lärms aufgewacht, muckften sich jedoch nicht. Am folgenden Morgen aber lachten sie über den Studenten, der so übel weggekommen und zogen fröhlich weiter.

Unterwegs sahen sie auf einem Hügel einen Galgen, an dem ein Gehenkter schwebte. Da erzählte der Gelbfüßler seinen Kameraden, er habe von seiner Großmutter selig gehört, daß der Daumen oder die Zehe eines Gehenkten unsichtbar machen könne, und meinte nun, das könne man bei der schweren Bekämpfung des Ungeheuers schon brauchen. Die anderen stimmten ihm bei und wählten gerade ihn dazu aus, dem Gehenkten ein Glied abzuschneiden. Nach längerem Sträuben ging er bei eben aufgehendem Monde ans Werk, während die Sechs den Galgen umstanden. Da der Gelbfüßler aber klein war, mußte er in die Höhe jucken, um die Zehe des Gehenkten zu erreichen. Hiebei brach der Strick und der Gehenkte fiel dem Gelbfüßler auf die Schultern. Als dies seine Kameraden sahen, flohen sie in Todesangst über das Feld dahin, und in

Todesangst schrie der Gelbfüßler um Hilfe und eilte den Fliehenden nach, und je rascher er sprang mit seiner Last, desto schneller eilten sie dahin, weil sie meinten, der Gehenkte verfolge sie wegen der Verstümmelung seines Körpers. Bei einem gewaltigen Satze des Gelbfüßlers fiel der tote Reiter herab und der Gelbfüßler holte nun seine Kameraden ein, die höchst verwundert waren, daß er lebend davongekommen.

Nun gings stracks dem Bodensee zu, geradewegs durch Markdorf. Da saß am Brunnen eine Frau, zu der die sieben Schwaben hingingen. Sie schaute einen nach dem andern an und rief plötzlich voll Freude: „Rudeli, mein liebs Söhnli!" Der Nestleschwab merkte, daß dies seine Mutter sei, lief auf sie zu und tröstete sie: „O Mammeli! Da bin i ja!" Da sagte das Weib zornig: „Chezer! Wo bisch denn so lang gsi?" — „In der Welt," sagte der Nestleschwab, und gab aus seiner Tasche einen Zipfel Wurst seiner Mutter. Darauf bat sie ihn, er solle bei ihr bleiben. Der Seehas aber redete es ihm aus und dieser sagte deshalb: „Er müsse zuerst noch Taten tun, und dann wolle er kommen; sie soll nur hier auf ihn warten, dann geh' er mit ihr zurück in's Schweizerland!" Trotz seiner Mutter Bitten ging Rudeli mit den Gesellen des Weges weiter. Unterwegs fragte ihn der Seehas, „ob er ein Schweizer sei?" — „Mei Mutter ist aus der Schweiz," sagte der Nestleschwab, „und hat unter den Rotmäntlern als Markedenterin gedient." Heutigentags weiß man noch nicht, was der Nestleschwab für ein Landsmann war, ob er aus der Schweiz keinen Verstand mitgebracht, oder ob er solchen in Schwaben verloren hat.

Noch manch Stücklein wäre von den Begegnissen und Abenteuern der sieben Schwaben zu erzählen, doch das sparen wir für ein andermal. Als nun die Sieben noch einige Stunden weiter gegangen, erblickten sie den Bodensee, den ihnen der Seehas zeigte. Alle blieben stehen und sperrten Augen und Maul auf. „Bigoscht!“ sagte der Allgäuer, „das ist eine Lache so groß, man könnte den Gründten d'rinn ersäufen.“ Der Spiegelschwab fragte, „ob das wilde Enten seien, was man dort in der Ferne sehe?“ worauf der Seehas lang und breit auseinandersetzte, es seien Schiffe, und von allerlei Fragen bestürmt, erklärte: „Der Bodensee habe einen Umfang von wenigstens hundert Meilen, und habe gar keinen Grund und Boden, darum heiße er Bodensee; bei hellem Wetter sehe man versunkene Schlösser und Städte darinnen, auch Wassernixen in Menge; wenn der See aber stürmisch sei, so werfe er Wellen wie der Säntis, welcher ein großer Berg sei.“ „Potzblitz!“ sagte der Blitzschwab, und alle schauten sich fast die Augen aus vor Verwunderung. Endlich aber mahnte sie der Seehas an ihr Vorhaben. „Gesellen!“ schrie er, „hier hauset das schreckliche Ungeheuer, habt wohl acht, daß es uns nicht überrascht!“ Darüber fiel allen das Herz in die Hosen, da man nicht wußte, war's ein gefährlicher Lindwurm oder ein feuerspeiender Drache oder sonst ein Teufelsvieh. Sie machten Halt und zündeten ein Feuerle an, auf daß der Knöpfleschwab zu guter Letzt — denn wer konnte wissen, ob das Untier sie nicht alle samt Haut und Haar verschlingen werde, — ihnen noch gebratene Knöpfle machen konnte, und stellten während des Essens Todesbetrachtungen an. Da seufzte der Allgäuer tief auf: „'s ist e Sach,“ sagte er, „wenn man bedenkt, daß man zum letztenmal in seinem Leben zu Mittag ißt.“ Dann seufzte er noch einmal „'s ist e Sach!“ und wie er das sagte, weinte der Knöpfleschwab helle, dicke Tropfen, vergaß aber doch das Essen nicht; als aber der Allgäuer zum dritten Mal seufzte: „'s ist e Sach!“ da flennten und heulten sie Alle wie die Kettenhunde. Als sie sich satt geweint hatten, brachen sie auf und begannen sich in Reih und Glied zur Schlachtordnung aufzustellen, wobei es aber allerlei Span und Zwietracht gab. „Jetzt bin ich aber lang genug vorausgange,“ meinte der Allgäuer, „Blitzschwab, geh' Du an der Spitze." Der Blitzschwab aber dankte für die Ehre, „er wisse den Weg nicht, das verstehe der Allgäuer viel besser." Der Spiegelschwab machte den Vorschlag, da es doch wohl besser sei, wenn Einer für Alle sterbe, so solle der Knöpfleschwab ihnen den kleinen Gefallen tun. Der aber schrie Zeter und Mordio, als ob ihn das Ungeheuer schon am Schlafittig habe.

So stritten sie sich noch eine Weile hin und her, bis sie sich endlich friedlich und Alle am Spieß langsam und vorsichtig gegen den Busch bewegten, welcher nach des Seehasen Aussage der Schlupfwinkel des Tieres war. Und siehe! Da saß ein Has und machte ein Männle und streckte die langen Löffel in die Höh'; das war graulich anzuschauen. Die tapferen Schwaben wußten nicht, ob sie vorwärts oder rückwärts gehen sollten, und hielten auf der Stelle Kriegsrat. Da der Gelbfüßler, der Veitli, ganz hinten am Spieß in Nummero Sicher war, fand er die Courage zuerst wieder und rief:

„Ei Schwaben, Schwaben, frisch d'rauf los,
Und wär' das Tier auch noch so groß!"

Da spottete sein der Hans, der Knöpfleschwab, der sein Vordermann war, und sagte:

„Du Narr! Wie kannst Du so was sage,
Dich kriegt das Tier zuletzt am Krage!"

Der Michel, Spiegelschwab, aller Todesfurcht unbewußt, schaute gar nicht nach dem Ungeheuer, sondern sprach mit abgewandtem Gesicht, indem er sich die Nase am Jackenärmel putzte:

„Das grause Tier ist ohne Zweifel
Der Drache oder gar der Teufel!"

Jergli, der Blitzschwab, der in der Mitte ging, stimmte kleinlaut zu, indem er sagte:

„Blitz! Wenn das nicht der Teufel wär',
Forcht' ich mich net, bei meiner Ehr!"

Dem Nestleschwab Marle, der ziemlich weit vorn war, gefiel sein Platz am Spieß auch nicht; darum drehte er sich herum, um das Ungetüm nicht zu sehen, und rief dem Veitli Gelbfüßler zu:

„Gang Veitli, gang, gang Du voran,
Ich will dahinten vor Dir stah'n!"

Aber der Veitli hielt sich die Ohren zu, tat, als ob er nicht hörte und sagte zum Seehasen Jockli:

„Gang Jockli, gang, gang Du voran,
Du hoscht jo Sporen und Stiefel an,
Daß Dich der Drach nit beißen kann!"

Jockli aber setzte alle Hoffnung auf den Allgäuer, der an der Spitze des Spießes stand, und sprach:

„Herr Schulz, der ging just stets voran,
Und führte uns vortrefflich an,
D'rum muß er auch der Erste sein,
Denn ihm gebührt die Ehr' allein!

Da drehte sich der Schulz Allgäuer herum, faßte sich ein Herz, guckte Jedem einmal fest in's Gesicht und rief:

„Auf denn, Gesellen, laßt uns rennen,
D'ran will ich tapf're Schwaben kennen!"

Und nun gings in Gottesnamen und im Sturmschritt auf das Ungeheuer los, und als dem Schulz das Herz boperte, konnte er sich der Angst nicht erwehren und schrie: „Hau, hurle au, hau, hauhau!" Und die Anderen stimmten ein und erhoben ein schreckliches Kriegsgeschrei. Da erschrak der Has und gab spornstreichs Fersengeld querfeldein und lief was er laufen konnte. Jetzt rief Schulz Allgäuer voll Freuden:

„Potz Veitli, luag, luag, was ischt das?
Das Ungetüm ischt nur a Has'!"

„Hascht's gesehen! Hascht's gesehen!" fragte Einer nach dem Andern. „Potz Blitz, ein Ding wie ein Kalb!" rief der Blitzschwab. Der Nestleschwab aber fluchte: „Daß Dich das Mäusle beiß'! Ein Tier wie ein Mastochs!" „Oho!" rief der Knöpfleschwab: „Ein Elifant ist nur eine Katz' gegen das Untier!" „Bigoscht!" sagte der Allgäuer zuletzt, „wenn das kein Has gewesen, so weiß ich den Mond von keinem Fastenbretzele zu unterscheiden." „Nun ja, Has hin, Has her," vermittelte der Seehas, „ein Seehas ist halt größer und grimmiger als alle Hasen im heiligen römischen Reich!" „Schad', daß wir das Ungetüm nicht erlegt haben," klagte der Allgäuer. „Aber wir haben's doch verjagt und über die Grenze gebracht, und das ist ebensoviel wert und dem Vaterland zum guten Dienst geschehen," tröstete der Knöpfleschwab. Nun nahm der Seehas das Wort und sagte: „Liebe Landsleute! Wir wollen jetzt von unsern Abenteuern ausruhen. Die Welt wird einmal darüber staunen, ganz besonders aber über die letzte Heldentat. Darum laßt uns ein Siegeszeichen aufpflanzen. Und so wollen wir denn die Bärenhaut samt dem Spieß in meiner Vaterstadt Überlingen aufstellen, in deren Nähe die Heldentat vollbracht ist. Ist's Euch recht, so hebt die Hand auf und sagt: Ja!" Und da Alle „Ja" sagten, zogen sie in Frieden und Freuden, unter Singen und Pfeifen in das weltberühmte Städtchen Überlingen ein, wo der Rat ihnen entgegenkam und sie in Prozession auf's Rathaus führte. Dann begaben sie sich in's Münster; da lobten und dankten sie nochmals Gott für die glücklich überstandene Gefahr. Nachher aber gingen sie in's Wirtshaus zum goldenen Kreuz, um auch ihren Leib wieder einmal ordentlich zu erquicken und zu laben. Diesmal tranken sie kein Bier, sondern Seewein. Denn sie hatten gehört, daß Helden meistens Wein trinken. Die Zeche wurde von der Stadtkasse entrichtet.

Die Überlinger aber wollten die Heldentat ihres Landsmannes durch eine fromme Stiftung ehren und erbauten am See eine Kapelle, worin der Spieß und die Bärenhaut zum ewigen Andenken aufgehängt wurde. Der Schutzpatron dieser Kapelle sollte der Welterlöser sein. Es wurde nun ein Bildhauer beauftragt, einen schönen Herrgott aus Holz zu machen, und zwar sieben Fuß hoch. Die Ratsherren besahen das Bild, lobten an ihm Alles, obgleich sie es nicht verstanden, und taten überhaupt wie die Ratsherren alle, nämlich gescheiter als sie sind. Dagegen tadelten sie die Inschrift „Heiland der Welt" und verlangten sofort, es müßte heißen „Schwäbischer Heiland", da dieser Herrgott den sieben Schwaben geholfen habe. Und so mußte es der Künstler dann machen. Der Seehas aber baute sich ein Hüttlein neben die Kapelle und wurde ein Klausner. Als nachher die Tat der sieben Schwaben überall bekannt geworden, kamen aus aller Herren Länder Pilger nach Überlingen, denen der Klausner die Geschichte der sieben Schwaben bis in's kleinste unter Vorzeigung der Siegeszeichen, Waffen und Geräischaften erzählte, weshalb noch jetzt die Welt davon voll ist. Der „Schwäbische Heiland" wurde hiedurch damals so berühmt wie der „große Herrgott" in Schaffhausen. Die Kapelle ist aber von den Schweden zerstört worden, welche auch die Siegeszeichen mit sich genommen haben; und damit schließt die Geschichte der sieben Schwaben. (Frei zusammengestellt nach „Neue Volksbücher" Nr. 110, Reutlingen. Enßlin u. Laiblin's Verlagsbuchhandlung. „Deutsches Märchenbuch von L. Bechstein". „Es war einmal". Eine Sammlung der schönsten Märchen, Sagen und Schwänke von P. Arndt. „Das Buch der schönsten Kindermärchen" u. a. Märchenbüchern.)

Die Geschichte der sieben Schwaben kennt ein Jeder aus seiner Schulzeit; sie steht in allen Märchenbüchern. Aber mit Unrecht: denn sie ist kein Märchen, sondern eine Sage. Märchen und Sage sind allerdings nahe verwandt und haben Vieles gemeinsam: beide sind Erzählungen, welche im Volke entstanden und im Munde des Volkes umgehen, und zwar Erzählungen von meist seltsamen Begebnissen, in denen Riesen und Zwerge, Hexen und Zauberer, Gespenster und Erscheinungen, Feen und gute Geister, verborgene Schätze und sprechende Tiere, überhaupt allerlei wunderbare Gestalten auftreten. „Es war einmal . . ." so fängt sowohl das Märchen wie die Sage an. Aber doch ist ein großer Unterschied zwischen beiden. Während sich das

Märchen im Reiche der reinen Erfindung bewegt und spielender Phantasie seinen Ursprung verdankt, knüpft die Sage immer an geographische oder geschichtliche Gegenstände an, sie ist also an eine bestimmte Örtlichkeit oder an irgend etwas Geschichtliches, sei es ein Ereignis oder eine Persönlichkeit 2c., gebunden. Schneewittchen, Aschenbrödel, Rotkäppchen, Dornröschen, Ritter Blaubart 2c. sind Märchen, dagegen der Rattenfänger von Hameln, Herzog Ernst von Schwaben, der hörnerne Siegfried, Genovefa 2c. gehören zu den Sagen. Ist der Gegenstand der Sage religiösen Inhalts, so erhalten wir die Legende. Dagegen hat die Mythe das Götterleben der Heidenzeit zum Gegenstand der Darstellung, und es gibt hienach griechische, römische, germanische, orientalische und andere Mythen. Nach neueren Forschungen stammen die bekanntesten unserer Märchen aus dem Orient und sind größtenteils volkstümlich umgestaltete Mythen Egyptens, Indiens 2c., also Sagen, welche den geographischen oder historischen Boden verloren und dadurch zu Märchen wurden.

Doch kehren wir nach dieser Abschweifung wieder zurück zu unserer Geschichte der sieben Schwaben. Es ist diese Sage sehr alt und erschien, nachdem sie jedenfalls mündlich schon längst umgegangen, erstmals gedruckt im Jahre 1562 im Schwankbuch „Wendunmuth“ von Wilh. Kirchhof unter dem Titel „Von neun Schwaben ein Histori“, und beginnt folgendermaßen: „neun Schwaben leset man im Buoch der alten ungeschehenen Ding, wollten auch die Welt erfahren und unseres Herrgott rock zu Trier, darnach fürter das Heiligthumb zu Ach besuchen und Ablaß holen.“ Um sicherer zu wandern, ließen sie sich einen langen Spieß machen, an dem alle Neune, der Kühnste und Mannlichste geharnischt voran, einhermarschierten. Sie traten im Juni, zur Zeit der Heuernte, ihre Fahrt an, und als sie eines Tages weit marschiert waren, und abends in der Dämmerung über eine Wiese zogen, flog hinter einer Staude ein großer Roßkäfer oder eine Horniß auf und brummte feindlich. Darob erschrak der Vorderste so sehr, daß er fast den Spieß fallen ließ, und sagte zu seinen Gefährten: „Losend, losend, Gott! Ich höre eine Trommel!“ Die Anderen sagten, auch ihnen komme es so vor, und derjenige, welcher zunächst hinter dem Anführer stand, vermeinte einen eigentümlichen Geruch zu verspüren und sagte: „Etwas ist jedenfalls vorhanden, denn ich schmeck' das Pulver und den Zündstrick.“ Alsbald begann der Geharnischte zu fliehen, sprang über einen Zaun und hiebei gerade auf die Zinken eines Rechens, der vom Heumachen daliegen geblieben war, so daß der Stiel aufschnellte und ihm gegen die Nase schlug. „O weh, o weh! — schrie er — ich ergebe mich.“ Die andern Alle stürzten ihm nach und riefen: „Gibst Du Dich, so geben wir uns auch!“ Als sie aber endlich merkten, daß sie sich getäuscht, verschwuren sie sich, damit sie darob später nicht geneckt und gehenselt würden, solange davon zu schweigen, bis einer unverhofft das Maul auftäte. — Nach etlichen Tagen führte sie der Weg über ein Brachfeld, wo ein Has in der Sonne saß und sich mit den Vorderfüßen den Kopf putzte. Als sie das sahen, blieben sie stehen und ratschlagten, was hier am ungefährlichsten zu tun sei. Einer von ihnen, der hinterste, sprach ganz beherzt: „Ragenörle, gang anher, Ragenörle!“ „O Gott! — sagte der Vorderste — wenn Du hier stündest, wo ich stehe, würdest Du nicht sagen, Ragenörle gang anher!“ Damit begann er sich zu segnen und bekreuzen, rief Gott um Hilfe an, und als schließlich Alles nichts fruchten wollte und der Has ruhig sitzen blieb, schrie er in seiner Todesangst: „Hau, hau, hurle hau!“ Über diesen Ruf erschrak der Has so sehr, daß er davon lief. — Als sie nun im weiteren Verlauf ihrer Fahrt an die Mosel, ein sumpfig, still und tief Wasser kamen, über das nicht viele Brücken gehen, sondern über das man sich an verschiedenen Stellen in Schiffen muß übersetzen lassen, riefen sie einen Mann an, der auf der andern Seite des Wassers seiner Arbeit nachging, „wie man hinüberkommen könne!“ Der aber verstand wegen der Weite, auch der Sprache halber nicht, was sie wollten und fragte auf Trierisch: „Wat, wat?“ (Was, was?). Da meinten sie, sie sollten durch den Fluß waten, und es schickte sich der Vorderste an, hinüberzugehen; wegen des Schlammes und der Tiefe vermochte er aber nicht, sich lange aufrecht zu halten, sondern sank unter und ertrank. Als die Andern seinen Hut, den der Wind ans jenseitige Ufer hingetrieben hatte, sahen, und ein Frosch dabei saß und quackte, meinten sie, weil es gerade so klang, als ob er in ihrer breitmäuligen Sprachweise das Wort „wate“ ausspräche, ihr Gesell rief ihnen, sie sollten ihm nachkommen, und sagten zu einander; „Kann er hinüberwaten, warum wir nicht auch?“ Und so sind alle neun ertrunken und durch die Unkenntnis der Sprache und den leidigen Frosch elendiglich ums Leben gekommen.

Dies ist also die ursprüngliche Darstellung der Geschichte der sieben Schwaben. Dann kommt die Sage im Jahre 1593 in einem Lustspiel des Herzogs H. J. von Braunschweig „Von einem Wirte“ vor, in dem u. a. ein Diener und ein schwäbischer Bauer auftreten, die sich des Dialektes wegen nicht verstehen können; Ersterer foppt und hänselt den Bauern wegen des Abenteuers mit dem Hasen, dem Frosch und der Heugabel. Auch ist schon in der ersten Hälfte des 16. Jahrhunderts diese Geschichte der neun Schwaben in einem Liede besungen, das unter dem Titel „Die schwäbische Tafelrunde“ in „Des Knaben Wunderhorn“ abgedruckt ist und bereits einige der Helden mit Namen anführt. Endlich erzählt diese Sage Montanus in seinem Schwankbuch „Der

Wegkürzer," zu Straßburg zwischen 1560 und 1599 erschienen, jedoch mit der merkwürdigen Änderung, daß er statt der neun Schwaben jetzt neun Bayern auftreten läßt.

Im 17. Jahrhundert nimmt die Sage allmählig eine andere Gestalt an: die Erzählung beschränkt sich auf das Hasenabenteuer, statt neun Schwaben sind es nur noch sieben, die einzeln mehr hervortreten und jene Namen erhalten, welche noch heute geläufig sind. Dies schon in der Sprichwörtersammlung (Proverbiorum copia) des Eycharius Eyring in Eisleben 1601—1604. Ferner in fliegenden Blättern mit gereimtem Text und Illustrationen, so in einem Nürnberger fliegenden Blatt, das von den Gebr. Grimm in ihren Kinder- und Hausmärchen benützt wurde und bereits die Namen Veitli, Hans, Michel, Marli 2c. anführt. Auch in monumentalen Bildern wurde die Geschichte der sieben Schwaben um diese Zeit dargestellt, so auf einem von 1674 stammenden Gemälde an einem Haus auf dem Anger in München, ebenso auf einem Bild an einem Haus in Wien 2c. Auf letzterem sind es aber nur drei Helden, welche dem Hasen den Spieß vorhalten mit der Unterschrift:

„Veitle, gang Du voran,
Denn Du hast Stiefel an,
Daß er Dich nicht beißen kan."

Im 18. Jahrhundert hat die Volkspoesie sich nicht mehr selbständig mit der Sage von den sieben Schwaben beschäftigt, sondern blos nacherzählt, wie u. a. der schwäbische Volksdichter Sailer in seinen „Schriften in schwäbischem Dialekt", sowie eine weitere 1765 zu Nördlingen erschienene Schrift unter dem Titel: „Heldenmäßige und weltberühmte Hasenjagd der sieben Schwaben, beschrieben von einem unwürdigen Landsmann schwäbischer Nation von Riamgis aus dem Ries."

Dem 19. Jahrhundert gebührt das Verdienst der Wiedererweckung des Andenkens an die ruhmwürdigen Taten der sieben Tapfern aus dem Schwabenland, und da ist es zunächst Professor Aurbacher aus München, welcher in seinem „Volksbüchlein" (2. Auflage, München 1835) ihre Abenteuer in getreuer Anlehnung an die Überlieferung ächt volksmäßig beschrieben; es ist eine Dichtung, aber eine Dichtung im Sinne jener Zeit, eine Ausgestaltung des ihm von der Überlieferung überwiesenen Stoffes mit Verwendung guter und ächter volkstümlicher Züge (als Phantasieschöpfung). K. Simrock hat dann in seinen Volksbüchern diese Aurbacher'sche Erzählung in freien Versen bearbeitet.

Überblicken wir nun die verschiedenen Gestalten, in denen die Sage von den sieben Schwaben uns entgegentritt, so müssen wir zwei Fassungen unterscheiden, nämlich diejenige des 16. und diejenige des

17. Jahrhunderts, aus denen sich nach und nach der gewöhnliche, jetzige Text herausgebildet hat. Beide Fassungen weichen ganz deutlich von einander ab. Die ältere gliedert die Handlung in drei Teile — Abenteuer mit dem Roßkäfer (oder Hummel), Hasenjagd und die tragikomische Entscheidung in der Gegend von Trier — und hat einen bestimmten Zweck, eine Wallfahrt nach den Heiligtümern von Trier und Aachen; sie kennzeichnet die Helden nicht näher und stellt sie nicht einzeln dar; sie läßt sie vielmehr unterschiedslos, gleichsam im Chorus, an ihrem langen Spieße, geführt von einem Gewappneten, einherziehen; dagegen hat die Handlung und die Gegend ein bestimmtes Gepräge, man kann den Weg der neun Tapfern verfolgen und wir sehen zum Schluß ein ganz bestimmtes Landschaftsbild vor uns, ja noch mehr, der Ausgang wird durch den Gegensatz von Landessitte und Landessprache herbeigeführt. Ganz anders in der spätern Darstellung: Der ursprüngliche Zweck der Reise ist ganz vergessen, ebenso die bestimmte Örtlichkeit; statt des Flusses Mosel wird allgemein und unbestimmt ein See genannt; statt der Wallfahrt handelt es sich jetzt um einen Umzug im eigenen Land; je mehr die Örtlichkeit verblaßt, desto schärfer und lebendiger treten die einzelnen Gestalten hervor, sie haben besondere Namen wie Jergli, Michel, Veitli rc., ja sie erscheinen mit ihren besonderen Merkmalen und Gewohnheiten, so der Nestleschwab, Spiegel- und Knöpfleschwab, der Seehas und die übrigen; auch der Ton wird ein andrer, der spöttelnde Zug geht zwar durch die ganze Überlieferung, aber statt des Hohns ist es jetzt harmlose Neckerei und zuletzt behaglichbreiter, volksmäßiger Humor.

Der ganzen Geschichte der sieben Schwaben liegt selbstverständlich Spott und Spöttelei zugrunde. Man würde aber sehr irren, wenn man meinte, es sei hier die angeblich dumme Gutmütigkeit der Schwaben verspottet. Denn die Schwaben galten auch in früherer Zeit nicht für dumm, sondern eher für verschmitzt und zurückhaltend. Die Prügelknaben jener Tage waren die Bayern, die als dumm, ungeschlacht, räuberisch und gefräßig verschrien waren, dagegen die Sachsen als wild, die Hessen als blind (tollkühn?). Die Schwaben standen im Gegenteil im Rufe, besonders milde, weise und von feiner Zucht und Rede zu sein, ihre Tapferkeit verschaffte ihnen die Ehre des Vorgefechtes in den Reichskriegen. Allerdings änderte sich diese gute Meinung über die Schwaben nach dem Untergange der Hohenstaufen und namentlich nach dem Niedergang des schwäbischen Herzogtums. Jetzt mußten nach dem alten beliebten Volksbrauch, sich mit Spott- und Necknamen eins anzuhängen und gegenseitig sich Dummheit und Trägheit vorzuwerfen, die Schwaben die Rolle der Dummen übernehmen, man hängte ihnen das, was längst überall an Schalks- und

Narrenstreichen erzählt wurde, als „Schwabenstreiche“ an, und gestaltete den alten deutschen Rechtssatz, daß mit dem 40. Jahr, d. h. dem Abschluß der Jugendjahre, die eigentliche Volljährigkeit des Mannes beginne, dahin um, daß die Schwaben erst mit dem 40. Jahre gescheit werden. Jetzt erzählte man wohl zum erstenmale von den Abenteuern der neun Schwaben, mit dieser Erzählung einen Kern schaffend, den man humoristisch weiter ausgestalten und an den man alle möglichen Schwaben- und sonstigen Narrenstücklein angliedern könnte. Übrigens sind die sogenannten „Schwabenstreiche“ und „die sieben Schwaben“ streng auseinander zu halten. Erstere sind Schwänke, die sich gegen das kleinstädtische Wesen und Treiben, gegen die Zustände in den kleinen Reichsstädten und Reichsflecken richten, und von eingebildeten Schulzen und beschränkten Bauern berichten, die den Städter spielen und mit städtischer Bildung prunken, daher sich höchst lächerlich mit ihrer Amtswürde brüsten 2c. Diese Schwänke sind an keinen Ort gebunden; was man derartiges von den Schwaben erzählt, erzählt man andernorts von den Westfalen (Dulken), oder von den Niedersachsen (Krähwinkel), von den Obersachsen (Schilda) 2c. Ja man hat schließlich alle diese Schwänke zusammengestellt, um jede partikularistische Eifersucht niederzuhalten, und ihnen ein gemeinsames gesamtdeutsches Obdach in dem mythischen Schildburg oder Lalenburg gegeben. Anders die Sage von den sieben Schwaben: sie bewahrt ihren besonderen Charakter auch in der spätesten Ueberlieferung.

Gegen was richtet sich nun der Spott? — Die Sage ist entstanden zwischen 1501 und 1545, vorher kommt sie nicht vor. Mit dem Niedergang des Herzogtums Schwaben mußten die Schwaben die Rolle der Dummen übernehmen. Um genannte Zeit erfolgte ein ähnlicher Niedergang — der des Schwäbischen Bundes.

Betrachten wir nun die Helden unserer Geschichte etwas näher! Da ist einmal der Seehas, der aus Überlingen stammt und die ganze Sache angezettelt hat, also der Rädelsführer, der auch die übrigen Helden angeworben und stets den Wortführer macht. Der zweite Held ist der Nestleschwab. Woher dieser stammt, weiß niemand. Er findet auf dem Zuge seine Mutter in Markdorf, wo dieselbe in Diensten ist; aber Markdorf ist weder die Heimat seiner Mutter noch seine eigene. Seine Mutter war bekanntlich Marketenderin und zog als solche dahin und dorthin; es ist also ganz unbekannt, wo er geboren ist. Möglicherweise ist er ein Schweizer. Dagegen ist die Heimat des Gelbfüßlers das württembergische Städtchen Bopfingen an der württembergisch-bayerischen Grenze. Der Knöpfleschwab stammt aus dem Nördlinger Ries, einem Landstrich im bayerischen Schwaben, östlich von Nördlingen, und der Blitzschwab aus dem bayerischen Städtchen

Meitingen am Lech. Er ist die lustige Figur des Stückes, der Spaßmacher. Der Spiegelschwab ist in der Stadt Memmingen zu Haus und die Heimat des Allgäuers sagt sein Name. Der Allgäuer ist der stärkste unter den Sieben, und deshalb auch der Führer, dem sich alle unterordnen. Auffallend ist es, daß kein einziger echter Schwabe, kein Württemberger, sich unter unseren Helden findet. Schwäbische Reichsstädte und das bayerische Schwaben sind deren Heimat, also solche Gebiete, welche nicht zum alten Herzogtum Württemberg, dem Kern Schwabens, gehören. Dagegen waren die Reichsstädte Überlingen, Bopfingen, Memmingen und Nördlingen, wie auch das Herzogtum Bayern, Mitglieder des „Schwäbischen Bundes," in dem der Bayern-Herzog die Feld-Hauptmannschaft führte. Nicht gegen die Schwaben, sondern gegen den Schwäbischen Bund richtet sich also der Spott unserer Sage. Dies ist auch klar ausgesprochen in dem oben angeführten, zwischen 1500—1550 erschienenen Liede „Die Schwäbische Tafelrunde", das das Hasenabenteuer der neun Schwaben spöttisch schildert und dabei sagt:

„Der Haas erwacht ob ihrem Streit
Ging in den Wald hinschweifen
Der schwäbisch Bund thät als ein Beut
Das Haasen Panner ergreifen. — —"

Desgleichen geht es klar hervor aus der damaligen politischen Lage. Bekanntlich wurde 1519 Herzog Ulrich von Württemberg, ein jähzorniger, tyrannischer Fürst, wegen Landfriedensbruch geächtet, infolgedessen vom Schwäbischen Bund von Land und Leuten vertrieben, und brachte nun 14 Jahre im Ausland zu. Während dieser Zeit trat ein Umschwung der Stimmungen und Verhältnisse zu seinen Gunsten ein, der Schwäbische Bund löste sich auf und Ulrich erhielt 1534 wieder sein Herzogtum.

Fassen wir nun diese Darlegungen noch einmal kurz zusammen, so ergibt sich Folgendes: Die sogenannte Geschichte der sieben Schwaben ist kein Märchen, sondern eine Sage, welche in der ersten Hälfte des 16. Jahrhunderts entstand und aus einer Erzählung betr. eine Wallfahrt von neun Schwaben zu den Heiligtümern in Trier und Aachen hervorging. Bald aber verblaßte der ursprüngliche Zweck der Reise und die Zeichnung der durchreisten Landschaften mehr und mehr, dagegen traten die einzelnen Gestalten der Schwaben, deren es jetzt nur noch sieben sind, scharf hervor als Angehörige von Reichsstädten und Gebieten, welche zum Schwäbischen Bunde gehören. Der Spott, der dieser Sage zu Grunde liegt, ist nicht gegen Schwaben gerichtet, sondern es ist die sog. Geschichte der sieben Schwaben eine Verspottung des Schwäbischen Bundes. (Vergl. Feuilleton d. „Frkf. Ztg." von 1890).

2. Der Reiter und der Bodensee.

(Mündlich.)

Der Reiter reitet durchs helle Tal,
Auf Schneefeld schimmert der Sonne Strahl.

Er trabet im Schweiß durch den kalten Schnee,
Er will noch heut an den Bodensee;

Noch heut mit dem Pferd in den sichern Kahn,
Will drüben landen vor Nacht noch an.

Auf schlimmem Weg, über Dorn und Stein,
Er braust auf rüstigem Roß feldein.

Aus den Bergen heraus, ins ebene Land,
Da sieht er den Schnee sich dehnen, wie Sand.

Weit hinter ihm schwinden Dorf und Stadt,
Der Weg wird eben, die Bahn wird glatt.

In weiter Fläche kein Bühl, kein Haus,
Die Bäume gingen, die Felsen aus;

So flieget er hin eine Meil' und zwei,
Er hört in den Lüften der Schneegans Schrei;

Es flattert das Wasserhuhn empor,
Nicht anderen Laut vernimmt sein Ohr;

Keinen Wandersmann sein Auge schaut,
Der ihm den rechten Pfad vertraut.

Fort gehts, wie auf Samt, auf dem weichen Schnee,
Wann rauscht das Wasser, wann glänzt der See?

Da bricht der Abend, der frühe, herein;
Von Lichtern blinket ein ferner Schein.

Es hebt aus dem Nebel sich Baum an Baum,
Und Hügel schließen den weiten Raum.

Er spürt auf dem Boden Stein und Dorn,
Dem Rosse gibt er den scharfen Sporn.

Und Hunde bellen empor am Pferd,
Und es winkt im Dorf ihm der warme Herd.

„Willkommen am Fenster, Mägdelein,
An den See, an den See! wie weit mag's sein?"

Die Maid sie staunet den Reiter an:
„Der See liegt hinter Dir und der Kahn.

Und deckt ihn die Rinde von Eis nicht zu,
Ich spräch', aus dem Nachen stiegest Du."

Der Fremde schaudert, er atmet schwer:
„Dort hinten die Ebne, die ritt ich her!"

Da recket die Magd die Arm' in die Höh':
„Herr Gott! so rittest Du über den See:

An den Schlund, an die Tiefe bodenlos,
Hat gepocht des rasenden Hufes Stoß!

Und unter Dir zürnten die Wasser nicht?
Nicht krachte hinunter die Rinde dicht?

Und Du wardst nicht die Speise der stummen Brut?
Der hungrigen Hecht' in der kalten Flut?"

Sie rufet das Dorf herbei zu der Mähr',
Es stellen die Knaben sich um ihn her;

Die Mütter, die Greise, sie sammeln sich:
„Glückseliger Mann, ja, segne Du Dich!

Herein zum Ofen, zum dampfenden Tisch,
Brich mit uns das Brod und iß vom Fisch."

Der Reiter erstarret auf seinem Pferd,
Er hat nur das erste Wort gehört.

Es stocket sein Herz, es sträubt sich sein Haar,
Dicht hinter ihm grins't noch die grause Gefahr.

Es siehet sein Blick nur den gräßlichen Schlund,
Sein Geist versinkt in den schwarzen Grund.

Im Ohr ihm donnerts, wie krachend Eis,
Wie die Well' umrieselt ihn kalter Schweiß.

Da seufzt er, da sinkt er vom Roß herab,
Da ward ihm am Ufer ein trocken Grab. (G. Schwab.)

Die Begebenheit, aus der diese Sage — wonach ein Reiter in der Abenddämmerung und im Nebel über den zugefrorenen See geritten, ohne es zu wissen — hervorgegangen, wird von den Einen ins Jahr 1595 verlegt, von Anderen in ein anderes Jahr. Bekanntlich weilte G. Schwab, dessen „Bodensee nebst dem Rheintal von St. Luziensteig bis Rheinegg" 1827 erschien, längere Zeit am See, namentlich auch in Überlingen, woselbst er die städtische Bibliothek besuchte und Einsicht in die Reutlinger'sche Chronik nahm. Daselbst findet sich folgende Erzählung von einem Reiter, der über den gefrorenen Bodensee geritten:

„— — Anno 1573. Auf Zienstag d. andern Tag Januarii ist der ganz Bodensee alhie zu Überlingen von Uhldingen bis hinab ghen Bodman überfroren; den andern Tag hinumb, daß ist der viert Tag Januarii, ist ain Burger allhie genant Jakob Molle vor dem Imbiß vom Gstad allhie über den See gehn Dingelsdorff gangen, auch dargegen der Pfarrherr von Dingelsdorff . . . Denselben Tags war eben Sonntag sünd über 500 Personen alt und jung hinüber und herüber gangen — den fünften Tag bin ich Georg Han samt einem Burger allhie genant Schinbain auch über den See bis zur Linden jenseits beim Capelle gangen u. solches ist beschehen umb 10 Uhren umb Mittag, u. gleich darauf angefangen gar lösch u. warm worden, u. da wir baid ab der Linden zu einem S:Zaichen auch Zweyg gebrochen. Da haben wir in Gottes Namen unsern Gang gegen der Stadt herüber genommen, u. alß wür ain wenig für h. Niclaußen Bild auf dem See hinein kommen, sahe ich Georg Han hinter mich. Im selbige sihe ich ainen von Dingelsdorff am Landt herabe reuthen — Darauff ich den gemeldten Schinbain zu mir, dan wür etwas weit von ainander gangen — In Ansehung daß das Eyß anfieng von wegen der Lösche u. Wärme knallen — u. sagt zu ihm, daß ain raißiger Knecht dort hervor an See von Dingelsdorff rütte, den nun er auch sahe — Also stunden wür still biß er zum Fahr kame, da stund er ab u. begehrt hinüber ghen Überlingen zu reiten. Da sagt ich zum Schinbain: Lieber Schinbain! gang zu Ihme u. sag Ihme, u. zaig Ihm an: wir lassen ihn warnen, insonders Ihm auch sagen: daß erst heut der drit Tag sey, daß der Bodensee überfroren — er wolle den Weeg den Bodensee umb reithen, u. mit dem Pfert nit herüber ziechen — u. als es Schinbain guotwillig u. sämliches verricht, hat er Ihme geantwurt: Er hab den Klepper über den Reyn zwaimalen, u. über den Zellersee ainmahl gezogen, allda sey Ihm nie nichts widerfahren. Es werd ihm ob Gott will, allda auch Nichts beschehen, wolle es also im Namen Gottes wagen. Also kam Schinbain widerum zu mir, u. zaigt an, was der Reuter Im geantwurt, darauf ich gesagt: so wöllen wir etwas weiters von ainander gehn — und als wir auf Mitte des Sees kommen, hab ich mit meinem Waydmarx in das Eyß ain Loch gestochen, u. sehen wöllen, wie dick es sey — und also hab ich befunden, daß es nicht meerer den zween Zwerchfinger oder nah zu dritthalben dick geweßen, hernach etwan weiter wieder in das Eiß gestochen, u. befunden zween Zwerchfinger dick, und je näher der Stadt, je dünner das Eyß geweßen.

Weyl dan nun vielgedachter Reiter anfing gantz nache zu uns kommen, füngen wir an den Gstad zu rucken, da nun vil Leut stunden, da es mit dem Pferdt ain wunder war, u. weil nun die Sonn so haiß u. schön, hat sich maniglich ab uns verwundert (wie den schon um ailf Uhr geweßen), daß wir ain Pferdt mit uns brachten. Zaigten also Jederman wie es mit dem Reuter ergangen, den Handel allen an. Nit gar lang wo ainer ain Ay hab geessen, war dieser Reuter auch am Landt vorm Spital, u. kehrt sich umb u. sah über See — schwitzt heftig, wie auch das Pferdt daß es vor Nässe tropft auf den Boden — u. als er sich selbsten von Ängsten wiederumb erholet, sagte er: O wol ist das Eyß so haiß! zog also mit dem Roß in die Krone und aß da zum Imbiß. Dieser ist geweßen meines gnädigen Herrn Graf Carolus von Hohenzollern Landvogt im Elsaß, u. hat gehaißen Andreas Egglisperger von Enßißhaimb, so vorgemelt Herrn Grafen Postvockt u. Dyener geweßen.

Volgends ging ich zuo dem Imbiß; als ich geessen, ging ich wieder an das Gstad, da gieng ain lawer Luft, u. in Mitten des Sees brach das Eyß von ainander.

Nota. Oben hab ich vergessen: Ich hab auch dem Schinbain befolchen, diesem Reuter anzuzaigen, daß er ainen langen Zügel mache, und weit vor dem Pferdt hergange; aber es nichts helfen wollen, dan das Pferdt für u. für mit sainem Zaum u. Halß Ihme Postvockten auf den Achseln gelegen.

Morndrigs am hayligen Drey König Tag kam ain Wind, der brach alles Eyß von einander. Es sind auch auf diesem Eyß und Gfrörne gar vil Leuth untergangen. Sonderlich bey der Stadt allhin umbher. Zunächst wayß ich umb drey Personen. Gott wolle Ihnen Allen gnädig seyn. Amen."

3. Die Überlinger Pistole.

Gar mancher Kaiser hat die alte deutsche Reichsstadt Überlingen besucht und wurde jederzeit festlich empfangen. Einmal aber erhielt die Stadt den Besuch des Kaisers gänzlich unerwartet, so daß keine Empfangsfeierlichkeiten mehr getroffen werden konnten. Und doch wollten die Überlinger, die stets treu zu Kaiser und Reich hielten und den Kaiser immer hoch ehrten, auch diesmal ihre Liebe und Anhänglichkeit dem Reichsoberhaupt durch feierliche Begrüßung zeigen. Da war aber guter Rat teuer; denn jeden Augenblick konnte der Kaiser vor dem Tore eintreffen. Wohl war der Magistrat in aller Eile zusammengerufen worden, allein alle Vorschläge erwiesen sich als undurchführbar wegen mangelnder Zeit. Da sagte endlich ein Ratsherr: „Ein großartiger Empfang ist nicht mehr möglich, aber wir können doch etwas Besonderes tun: Der Kaiser soll diesmal nicht auf dem harten Pflaster in die Stadt einreiten, sondern wir wollen die Straßen mit hübschen Teppichen belegen, auf denen er einzieht. Das kann man sofort machen, hiezu reicht noch die Zeit, und es wäre dies eine ganz neue Ehrenbezeugung, die noch nie dagewesen." Allgemeinen Beifall fand dieser Vorschlag und wurde gleich ausgeführt. Man schickte in die Häuser der Patrizier und anderer besserer Bürger, um Teppiche zusammenzubringen. Aber zu jener Zeit waren schöne Teppiche noch sehr rar und von den gesammelten Teppichen war der eine zu schmal, der andere zu kurz, der dritte allzu verbraucht, und so blieben schließlich nur noch zwei Stück übrig, welche zum würdigen Empfange des Kaisers als geeignet befunden wurden. Man mußte sich also mit diesen zwei Stücken behelfen, und beschloß, die Sache folgendermaßen zu machen: Die zwei Teppiche werden dicht aneinander gelegt; sobald der Kaiser den ersten überschritten und den Fuß auf den zweiten setzt, wird der erstere weggenommen und sofort vor den zweiten gelegt, so daß der Kaiser also wiederum auf einem Teppich geht; und so wird es fortgemacht, die Teppiche werden fortwährend gewechselt, und der Kaiser wandelt so auf dem ganzen Wege auf Teppichen. Und so geschah es! Mit dem Teppichwechseln wurden die Grethknechte beauftragt. Nun waren zu jener Zeit die Überlinger Grethknechte nicht gerade berühmt wegen Gewandtheit und Höflichkeit, ebensowenig später. Soll es doch in der Fruchthalle bei starkem Markt nicht selten vorgekommen sein, daß ein durch's Gedränge mit schwerem Fruchtsack dahinschreitender Grethknecht in der Eile einen Bauern beiseite warf und nur sagte: „Gib Sorg!", das heißt „gib Acht", aber erst, wenn jener schon zu Boden lag. Die Grethknechte machten nun beim Kaisereinzug die Sache mit den Teppichen so gut sie konnten und mit allem Eifer, und Alles schien gut von Statten zu gehen. Aber einmal wurde der hintere Teppich weggezogen, während das Pferd noch mit den Hinterfüßen daraufstand, wodurch es zu Fall kam und der Kaiser zur Erde stürzte. So sehr sich auch der Bürgermeister und Magistrat entschuldigten und die Grethknechte Abbitte leisteten, den Kaiser wurmte dieser Unfall sehr. Beim Abschied von Überlingen übergab er dem Bürgermeister eine geladene Pistole mit den Worten: „Er habe schon viele unhöfliche Leute getroffen, aber so grobe wie in Überlingen noch nie. Wenn einmal gröbere gefunden werden, so soll diese Pistole abgeschossen werden."

Die Pistole wurde im Archiv verwahrt, sie soll aber immer noch nicht abgeschossen sein. (Mündlich.)

4. Der unterirdische Schatz in Überlingen.

Überlingen war ehedem eine freie deutsche Reichsstadt und als solche wohlbewehrt mit Türmen, Mauern und Gräben. Noch jetzt steht mancher alte Turm als grauer Zeuge der früheren Wehrhaftigkeit, da und dort sind auch noch Überreste der Schutzmauern, und die alten, die Stadt ringsumgebenden Festungsgräben, welche aus dem Molassefels gehauen sind, wurden zu hübschen Anlagen und Spaziergängen umgewandelt und bilden jetzt eine Zierde der Stadt.

In den Mauern und in den Gräben trifft man mitunter eingefallene Gewölbe oder auch zugemauerte Tore, welche dereinst in unterirdische Gänge führten, deren es viele gab; denn die einzelnen Festungstürme sollen auf diese Weise miteinander wie auch mit anderen wichtigen Punkten der Stadt in Verbindung gestanden sein. So ist im Graben am Barfüßertore in der Nähe der Bestlemühle noch eine Maueröffnung, durch die man mittelst eines Ganges zur sogenannten „Burg“, der ehemaligen Residenz des Alemannenherzogs Gunzo, gelangen konnte. Andere heimliche Gänge sollen unter der Stadt hinziehen bis an den See hinab und da und dort mit Häusern in Verbindung stehen. So soll im Münster eine geheime Treppe beim hl. Dreikönigs-Altar in ein unterirdisches Gewölbe hinabführen. In diesen unterirdischen Gängen — so erzählen noch heute alte Leute — sind seit unvordenklichen Zeiten ungeheure Schätze aufgehäuft, welche in Kriegsjahren dahin geflüchtet wurden, und zwar in solcher Menge, daß die ganze Stadt, wenn sie dreimal verbrennte, dreimal wieder aufgebaut werden könnte. Nur wenige Mitglieder des Magistrats, der sogenannte Geheime Rat, kannte den Ort, wo der Schatz geborgen lag; allen Anderen war er unbekannt. Heutzutage sind die unterirdischen Gewölbe und Gänge größtenteils verschüttet und die Zugangstore zugemauert.

An der Krummbergstraße, oberhalb des Rosenobelturms, findet sich ein solch' zugemauerter Torbogen, dem die Jahreszahl 1674 eingemeißelt ist; von hier aus zieht ein unterirdischer Gang mitten unter der Stadt hin. Vor etwa hundert Jahren gingen drei Überlinger Knaben namens Nepomuk Hehl, Josef Kimmacher und Student Spiegler in der Absicht, den unterirdischen Schatz zu suchen, mit brennenden Wachskerzen durch diesen Torbogen, der damals noch offen war, in den Gang, schritten immer weiter vorwärts und gelangten nach langem Wandern, als sie nach ihrer Schätzung etwa unter dem Münster waren, an ein großes Gewölbe, welches mit einem schweren Eisengitter verschlossen war und viele eiserne Kisten enthielt. Um die Gegenstände besser zu sehen, hielten sie die brennenden Kerzen durch das Gitter. Da erblickten sie einen aus Stein gemeißelten Ritter mit erhobener Waffe, wie wenn er als Wächter hier aufgestellt wäre. Erschrocken bebten die Vorwitzigen zurück, da erloschen ihre Lichter und Dunkelheit herrschte ringsum. Die Bürschlein fürchteten sich nun sehr, sie schrien um Hilfe, aber vergebens. Sie wollten umkehren, fanden jedoch den Rückweg nicht mehr, verirrten sich und tappten nun, mit den Händen an den Wänden tastend, weiter und weiter, bis sie nach stundenlangem Irrgange einen Schimmer in der Ferne wahrnahmen. Sie gingen der Helle nach und erreichten den Ausgang aus ihrem unterirdischen Gefängnisse, welcher — wie sich zeigte — im ehemaligen Garten des Kapuzinerklosters am See sich befand. Ein Kapuziner machte nämlich gerade zu dieser Stunde einen Spaziergang im Klostergarten; da hörte er zu seinen Füßen ein Hilfegeschrei, als ob es aus der Erde käme. Erwartungsvoll hob er eine Steinplatte auf; da krochen die drei Knaben todesbleich, voll Spinngeweb, Staub und Moder, aus dem Boden hervor. Auf Befragen erzählten sie dem erstaunten Mönch ihre Abenteuer. Einer der Knaben, der Student Spiegler, starb nach einigen Tagen infolge dieser Erlebnisse, während die beiden Andern sich von ihrem Schrecken bald wieder erholten. Noch heute erzählen deren Nachkommen von diesem Besuche in der Unterwelt Überlingens. (Mündlich.)

---

5. Herzog Gunzo und seine Tochter Friedeburga.

In Überlingen wohnte einst ein Frankenherzog namens Gunzo. Er war von den heidnischen Bewohnern am See aufgehetzt, welche gegen den ersten Glaubensboten, den hl. Gallus, erzürnt waren, da er ihren Götzendienst störte, und ihre heidnischen Bilder in den See warf. Nach Gottes Fügung sollte aber auch hier das Volk zum einzig wahren Glauben geführt werden, und zwar durch Gallus, welcher von Gunzo hierher berufen wurde. Dieser hatte eine einzige Tochter von wundervoller Schönheit, namens Friedeburga, welche mit dem Frankenkönig Siegbert, Theoderichs Sohn, verlobt war. Allein sie fiel in eine schreckliche Krankheit, aß nichts, und warf sich oft schäumend auf dem Boden umher, ja tobte so sehr, daß sie kaum von drei Männern gehalten werden konnte. Dreißig Tage nach dem ersten Anfalle stieß sie die fürchterlichsten Worte aus. Ihr Vater und alles Volk glaubte, daß Friedeburga von einem bösen Geist besessen sei. Der schwer bekümmerte Vater schickte Boten an Siegbert, die ihm die Krankheit seiner Braut anzeigten. Er sandte sogleich zwei Priester von seinem Hofe, welche die kranke Braut zu heilen versuchen sollten; als sie bei Gunzo ankamen und in das Gemach der Kranken eintraten, fanden sie dieselbe gerade in ihrem schrecklichsten Zustande, und Eltern, Verwandte und Hausgesinde weinend und von Kummer niedergedrückt um sie versammelt. Sie beteten über die Leidende, aber es half nicht. Der böse Geist in der Kranken schalt und verhöhnte zuerst die beiden Priester, und erklärte sie für unmächtig, ihn zu vertreiben. Gunzo hatte sich aber schon an Gallus durch den hl. Willimar zu Arbon gewendet, ehe die zwei Priester erschienen. Gallus war gerade bei Willimar auf Besuch und sprach zu seinem Freunde: „Geh' Du und laß mich, denn was hab' ich mit dem Fürsten der Welt zu tun?" Willimar aber entgegnete: „Nein, ehrwürdiger Vater, gehe doch mit mir, denn ich fürchte, der Herzog, den das Leid um die Krankheit seiner Tochter zu Boden beugt, möchte, wenn Du nicht gutwillig gehst, seine Diener senden und Dich mit Gewalt nach Überlingen bringen lassen." Als Willimar so sprach, verließ ihn Gallus unter dem Vorwande, noch einmal in seine neuerbaute Zelle, jetzt St. Gallen, zurückzukehren, um das Nötige für seine dort wohnenden Brüder zu besorgen; aber von dort entwich er über die Waldberge in die Sennische Einöde im Rheintal, jetzt Sennwald, und weiter hinein nach Churrätien bis Quaradaves (Grabs), wo er einen Christendiakon, namens Johannes, fand und sich bei ihm in einer Höhle verbarg. Willimar fuhr zu Gunzo und meldete den ganzen Hergang. Da bestimmte ihn Gunzo noch dringender, den frommen Gottesmann aufzusuchen und ihn herzubringen; ja er versprach ihm, er wolle dem heiligen Manne das eben erledigte Bistum Konstanz übertragen und ihn mit Geschenken überhäufen, wenn er durch Gebet seine Tochter heilen würde. Willimar suchte lange, bis er seinen Freund fand, und ließ jetzt nicht mit Zureden ab, bis sich Gallus endlich entschloß, an den See zurückzukehren. In Arbon fanden sie einen Boten des Herzogs, welcher meldete, daß Friedeburga schon seit drei Tagen keine Speise mehr zu sich nehme. Als Gallus zu Gunzo kam, führte man ihn am frühen Morgen in das Gemach der Kranken; sie lag im Schoße ihrer Mutter mit geschlossenen Augen, kaum geöffnetem Munde und ausgestreckten Gliedern, so daß sie wie tot schien. In Gegenwart des Herzogs und seines Hausgesindes warf sich nun der hl. Gallus vor der

Kranken nieder und betete innig, unter heißen Tränen. Als er gebetet hatte stand er auf, ergriff die Rechte des Mägdleins und sprach zu ihm: „Im Namen Jesu Christi befehle ich Dir, Du unreiner Geist, daß Du ausfahrest aus diesem Leibe!“ Auf diese Worte des frommen Mannes schlug das Mägdlein die Augen auf, blickte ihn an und der böse Geist in ihr rief also: „Bist Du es, Gallus, der mich aus meinen ersten Wohnungen vertrieben? Aus Rache für das Unrecht, das der Herzog Dir und Deinen Gesellen angetan, bin ich in seine Tochter gefahren, und jetzt treibst Du mich auch hier aus — wenn ich von da ausgehe, wo soll ich hingehen?“ Gallus erwiderte: „Dahin, wo Dir in der Hölle ewige Strafe bereitet ist.“ Alsbald flog aus dem Munde des Mägdleins ein ganz schwarzer, häßlicher Rabe, und Friedeburga stand auf und der Gottesmann führte sie freudig in die Arme der überseligen Mutter. Nun ließ Herzog Gunzo dem hl. Manne jene Geschenke herbeibringen, welche Siegbert seiner Braut durch die beiden Priester überschickt hatte, und wollte ihm das Bistum Konstanz übertragen; das letztere weigerte sich aber Gallus anzunehmen, bevor er seinen Vater Columban darüber um Rat befragt hätte; im Herzen bestimmte er aber seinen Schüler Johannes zu Grabs für diese Würde, welcher sie später auch erhielt. Der fromme Apostel schied von dem Herzoge und ging nach Arbon zurück. Dort verteilte er an Arme und Dürftige alle Geschenke des Herzogs. Der Dank desselben folgte ihm auch nach Arbon, da er seinen Beamten befahl, mit allem Volke nach der Galluszelle aufzubrechen und nach des frommen Apostels Wunsch Alles zu bauen und einzurichten.

Indessen hatte König Siegbert erfahren, daß seine Braut von ihrer Krankheit genesen sei; alsbald tat er dem Herzoge zu wissen, daß er die Genesene zu sehen wünsche. Gunzo ließ seine Tochter, begleitet von einer großen Menge von Töchtern und Jünglingen, an den Rhein und von da nach Metz bringen. Siegbert erfuhr jetzt von Friedeburga ausführlich die Geschichte ihrer Heilung und schickte nun, von Dankbarkeit bewogen, noch weitere Geschenke an Gallus, und begabte seine geistliche Niederlassung mit den ersten Freiheiten. Sein langgehegter Herzenswunsch ging aber nicht in Erfüllung. Als Siegbert wenige Tage darauf mit Friedeburga sich vermählen wollte, erbat sie sich eine Frist von einer Woche, um sich völlig erholen zu können, und als diese Zeit verflossen war, trat sie morgens früh, begleitet von ihrer Dienerschaft, in die Kirche des hl. Stephan, legte ihre kostbaren Gewänder ab, hüllte sich in einen Nonnenschleier und warf sich unter herzlichem Gebete vor dem Altare nieder. Dann stand sie auf, ergriff die Hörner des Altars und bat den hl. Stephan flehentlich, er möge doch das Herz des Königs wenden, daß er nimmer diesen Schleier der Himmelsbraut von ihrem Haupte nehme. Die Männer, welche mitgekommen, meldeten dem Könige, was sie eben gesehen. Da beriet sich der König mit seinen Geistlichen, aber der fromme Cyprian von Arelat sprach: „Du darfst das Gelübde ihres Herzens nicht brechen!“ Siegbert folgte ihrem Rate, trat in die Kirche, ließ sich das für seine Braut bestimmte Hochzeitskleid und die Königskrone bringen, rief dann die Jungfrau herbei, welche aber die Hörner des Altars noch festhielt, da sie befürchtete, man wolle sie aus der Kirche ziehen. Da redete ihr Siegbert freundlich zu und sprach: „Noch heute sollst Du alle Deine Wünsche erfüllt sehen!“ Jetzt erst beugte Friedeburga, zwischen Furcht und Angst schwebend das Haupt auf den Altar hin und sprach: „Herr, siehe, ich bin Deine Magd, mir geschehe nach Deinem Willen!“ Und der König ließ sie durch die Priester zu sich führen und ihr das königliche Hochzeitskleid anlegen. Als dies geschehen war, sprach er, indem er sie innig anschaute: „Siehe, Du bist bereit, Dich mir anzuvermählen; ich trete Dich aber dem himmlischen Bräutigam Jesu Christo ab.“

Dies sprechend, faßte er ihre Rechte und legte sie auf den Altar. Hierauf verließ er die Schwelle des Tempels, aber Tränen verrieten die Bewegung seines Herzens. Am andern Tage ließ er sie nochmals rufen; sie mußte im Palast sich ihm zur Seite setzen; dann begleitete er sie in ein Nonnenkloster zu Metz, wo Friedeburga die einsame Zelle dem Leben im Königspalaste vorzog. Ihr Vater Gunzo aber ließ in Überlingen auf der Höhe ein Nonnenkloster erbauen und widmete es dem hl. Gallus. Es geschah dies um das Jahr 618 bis 630 nach Christus. Lange stand dieses Kloster dahier, hatte dort oben gegen die Stadt seinen eigenen Gottesacker, wo man jetzt noch Steine findet; die Herzoge aber erbauten sich in der Stadt ein eigenes Schloß im oberen Teile derselben, noch jetzt „die Burg“ genannt. Im Jahre 1534 wurde wegen Kriegsbedrängnis das stille Kloster abgebrochen und in die nahe Fischerhäuser-Vorstadt verlegt, wo es bei der Säkularisation im Anfange dieses Jahrhunderts sein Ende erreichte. (Nach Vita St. Galli von Walafr. Strabo aus „Mineralquell- und Seebad-Anstalten in Überlingen am Bodensee“ von Dr. Müller.)

---

6. Der Geist der Gunzo-Burg.

In der Oberstadt Überlingens, dem sogenannten Dorf, steht ein altes Haus, welches die „Burg“ heißt; denn der Alemannenherzog Gunzo soll hier gewohnt haben. Überlingen war nemlich ursprünglich der Sitz der Herzoge von Alemannien. Über dem Tor des Hauses ist noch jetzt das Bild eines geharnischten Ritters zu sehen mit der Inschrift: „In dieser burg residierte im Jahre 641 Gunzo Herzog von Schwaben und Allemanien.“ Jetzt gehört das Haus einem Landwirt. In frühern Zeiten erschien den Hausbewohnern bisweilen ein großer, über sechs Fuß hoher schwarzer Ritter mit geschlossenem Visier; er kam plötzlich und verschwand ebenso. Auch manchen Leuten, welche hinter dem Haus das sogenannte „Burggäßchen“ hinaufgingen, begegnete er, verfolgte sie und warf sie in den Stadtgraben hinab. Als aber unter die Dachtraufe an der unteren Hausecke gegen das Gäßchen ein Kreuz unter Ziegelsteinen vergraben worden war, konnte der Geist nicht mehr herunterkommen. Im Hause jedoch zeigte er sich noch von Zeit zu Zeit. Vor etwa fünfzig Jahren kam er abends in das Zimmer, wo die hochschwangere Frau des Hausherrn bereits zu Bette lag: die Tür öffnete sich geräuschlos, ein schwarzer, gewaltig großer Ritter mit unkenntlichem Gesichte trat herein, in der Hand ein Kohlengefäß, aus welchem Feuerfunken sprühten. Nachdem er im Zimmer umhergegangen, beugte er sich über das Bett der Frau und schüttete das Flammengefäß aus, so daß sich das Feuer über das Bett ergoß, ohne jedoch den geringsten Schaden anzurichten. Die Frau aber brachte bald darauf ein Kind mit schwarzen Brandmälern zur Welt. (Mündlich.)

7. Das Kind im Löwenrachen.

Zu Überlingen stand noch vor wenigen Jahren im Turmgäßchen, in der Nähe des Barfüßertores, ein altes, baufälliges Haus (Nr. 297), über dessen Tor ein aus Sandstein gemeißelter Löwenkopf mit einem Säugling im Rachen zu sehen war. Jetzt ist das Haus umgebaut, modernisiert, der Löwenkopf mit dem Kinde ward weggenommen und befindet sich nun im Kulturhistorischen Kabinett. Über den Ursprung dieses Steindenkmals wird Folgendes erzählt:

Vor alter Zeit lebte in diesem Hause eine Frau, welche ein einziges Kind hatte, das sie zärtlich liebte. Eines Morgens, als sie in ihrem trauten Stübchen saß, neben sich die Wiege mit dem schlummernden Kleinen, und gerade mit dem Strählen ihrer Haare beschäftigt war, kam zur ostenstehenden Tür ein gewaltiger — wohl einer Menagerie*) entsprungener — Löwe herein, ging auf das Kind in der Wiege los, erfaßte es mit seinen Zähnen und trug es eilends fort. Die Mutter, anfangs starr vor Schrecken, da sie das Entsetzliche sah, raffte sich auf, stürzte mit aufgelösten Haaren dem Löwen nach, welcher ob der plötzlichen Erscheinung stutzte, entriß demselben das Kind und trug es unversehrt in ihr Haus zurück. Zum bleibenden Andenken an diese wunderbare Errettung ihres Kindes ließ die Frau den Löwenkopf über dem Haustor anbringen. (Mündlich.)

8. Die Geschichte des guten Ulrich.

Den 1. März war allhie zu Überlingen durch die Juden einem Bürger und Rotgerber, der Frey genannt, ein Knäblein mit Namen Ulrich aufgefangen und gestohlen, und in einem Haus an dem krummen Luzenberg, welches dieser Zeit J. Adam Besserer inn hat, gemartert und jämmerlich umgebracht, und ließen die Juden solches ermordete Kind durch einen Juden in einem Sack für die Stadt hinaus über den Mühlinberg an das Ort, da jez St. Ulrich Kapell stehet, tragen und in einen Sumpf werfen. Der Thurmblaser hat solchen Juden aus obgemeldtem Haus einen Sack, darin dieses Kind gewesen, tragen sehen. Da aber der Sack ziemlich schweißig von vorgemeldtem Kind gewesen, hat er gleich nichts Gutes geahndet, und zog dem Juden

*) Schon in früheren Zeiten gab es bei uns Menagerien und ließen herumziehende Leute fremde Tiere um Geld sehen. Auch hielten sich bisweilen weltliche wie kirchliche Herrscher ausländische Tiere als Luxusartikel, so 1489 der Graf von Geroldseck einen Affen, desgleichen der Bischof von Straßburg. Auf der Reichenau war schon 1591 eine Menagerie. (Vergl. Zeitschrift für Geschichte des Oberrheins, herausgegeben von Mone, XII, S. 383.)

nach, und da er sah, daß er solches in die Pfützen geworfen, offenbart er solches, und man fand es an der nemlichen Stelle. Darauf empörte sich die ganze Bürgerschaft wider die Juden, trieb dieselben — da sie vernommen, daß man wegen diesem Fall Großen Rath hielt — zusammen in ein gemauert Haus, welches noch jetzt die Bäcker- und Müllerzunft heißt (Haus Nr. 168). Hier zündeten die Bürger einen im Erdgeschoß heimlich aufgethürmten Scheiterhaufen an; die Juden flüchteten von Stock zu Stock; einige kletterten sogar auf's Dach. Doch vergebens! Das ganze Haus ging mit den Unglücklichen, die voll Verzweiflung Steine, Messer, Schwerter und Balken des brennenden Hauses auf die gaffende Volksmenge herunterschleuderten, in den Flammen auf. Einige stürzten sich aus dem Brande zu den Fenstern hinaus; sie wurden vom Volk aufgefangen und vollends niedergemetzelt. So sollen der Juden jung und alt, Weib und Mann, bei 300 verbrannt worden und umgekommen sein. Das entleibte und gefundene Knäblein aber hat man auf dem Barfüßer Kirchhof, wo das schöne steinerne Kreutz gestanden, welches auf dem Gottesacker neben der Kirche jetzt steht und 1518 dort aufgerichtet worden, begraben. Darauf haben Bürgermeister und Rath der Stadt Überlingen obbemeldten Platz und Pfütze, darin das Knäblein gefunden, räumen und eine Kapelle — zu St. Ulrich genannt — bauen lassen, welche später Kaplan Mezger mit einer Pfründe versah. In der Kapelle aber wurden die Überreste des Knäbleins beigesetzt in einem Särglein, das in einem ausgehauenen Stein verschlossen war. Am 13. Juli 1606 wurde dieser Stein mit Hilfe des Pfarrherrn Dr. Gerumb, mit den beiden Bürgermeistern Jak. Reutlinger u. Jak. Kessering u. fast des ganzen Rats geöffnet, und am 17. Vormittags von gen. Stadtpfarrer in St. Ulrichs Kapelle ein Amt gesungen und eine Predigt über die Reliquien gehalten, worauf dieselben dem Volke gezeigt, dann in ein roth taffetnes Tüchlein gewickelt und wieder in den Stein gelegt wurden sammt Pergamentbrief, in welchem die ganze Geschichte des Knäbleins wie auch die Namen aller damaligen Rathsmitglieder gezeichnet sind. Im 30jährigen Krieg wurde die Kapelle durch die Schweden zerstört und damit auch die Gebeine des guten Ulrich zerstreut. Das Kirchlein wurde später wieder aufgebaut und blieb bis 1826, wo es verkauft und zu einer Wohnung (Haus Nr. 206) umgebaut wurde. Innen an der Hausthüre befindet sich die Jahreszahl 1484. (Zusammengestellt nach Überlinger Chroniken, nach Dr. Müller „Die Mineralquell- und Seebad-Anstalten zu Überlingen am Bodensee", X. Staiger „Die Stadt Überlingen am Bodensee sonst und jetzt" ꝛc. ꝛc.)

9. Das schwarze Haus in Überlingen.

Am Krummenberg befindet sich ein altertümliches Haus (Nr. 320), in das man durch ein steinernes, rundbogiges Törchen eintritt. Im Erdgeschoß ist die Wohnung, worunter eine Stube mit einer Fensternische von einfacher Stützenbildung. Die Zimmerdecke besteht aus Rundbalken mit Verzierungen. An der Rückseite des Hauses, wo noch Spuren von Freskomalereien, dehnt sich der große Garten bis gegen das Luziengäßchen aus. Unter dem Haus war früher ein Gewölbe, das bei einem Kellerbau einstürzte. Von hier aus soll ein mit einem Eisengitter verschlossener Gang einerseits zum Rosenobelturm, und andererseits bis unter das Münster geführt haben. In diesem Haus, welches vom Volke „das schwarze Haus" genannt wurde, soll durch die Juden ein Christenknäblein, der „gute Ulrich", umgebracht worden sein (vergl. oben die „Geschichte des guten Ulrich"). Seitdem war es in diesen Räumen nicht geheuer und wurde noch im vorigen Jahrhundert von den Bewohnern allerlei Spuck erlebt. Gar oft wurden Lärm und Spektakel im Hause wahrgenommen, bald da, bald dort, auf der Bühne oder im Hausgang, auch in den Zimmern, und zwar nicht blos nachts, sondern auch bei Tag. Ging man dem Lärm nach, dann wurde nichts gesehen. Manchmal aber erschien ein schwarzer Mann, öffnete und schloß die Türe und verschwand. Auch ein Mann ohne Kopf zeigte sich bisweilen. Einmal kam ein schwarzer Mann, während die Familie beim Essen saß, ins Nebenzimmer, öffnete und schloß die Tür geräuschlos, und als ihm die Hausfrau nachging, verschwand er mitten in dem Zimmer. Hie und da schien es auch, wie wenn Etwas an den Füßen der Dasitzenden vorüberhusche, aber gesehen wurde nichts. In der Zeit zwischen Advent und Weihnachten war der Spektakel am ärgsten. Jede Nacht war ein Gepolter im Hause, auf der Bühne oder auf der Treppe, oder im Hausgang, als ob ein Holzblock herumgeworfen würde, oder als ob im Torkel des Erdgeschosses gemostet würde. In der Regel währte der Lärm stundenlang. Auch am Johannistag wurde allerlei Spuck verspürt. Da war es einmal abends, wie wenn Jemand mit hölzernen Füßen im Zimmer umherliefe, dahin und dorthin, sogar unter das Bett, und ebenso wieder hinausginge, aber gesehen wurde Niemand. Ebenfalls an einem Johannistage wurde abends zwischen neun und zehn Uhr ein Mädchen in schneeweißem Kleide bemerkt, das den Garten hinaufging und neben einem Buchsbaum plötzlich verschwand. Manchmal schien bei einbrechender Dunkelheit das ganze Haus hell beleuchtet zu sein, aus allen Fenstern drang greller Lichtglanz, so daß das gegenüberliegende Spitalverwaltungsgebäude im feurigen Widerschein erstrahlte. Wenn dann ein Vorübergehender ins Haus trat oder nur anläutete, erlosch plötzlich alles Licht und das ganze Haus lag im Dunkeln. Derartige Geschichten wurden noch zu Ende des vorigen Jahrhunderts von Vielen erzählt. (Mündlich.)

10. Die Gründung des Überlinger Schwerttanzes.

Die Uberlinger mußten einst in den Krieg ziehen und stellten dem Kaiser hundert Mann. Am Morgen des Ausmarsches besuchten sämtliche hundert Krieger den Gottesdienst in der St. Jodokkirche und ließen sich segnen, mit Ausnahme eines einzigen Mannes, der nicht in die Kirche ging. Vor dem Eintritt in die Kirche wetzten sie nach altem Brauch an den Steinsäulen des Portals ihre Schwerter, um sie dadurch zu weihen. Noch jetzt sieht man am Portal die Spuren dieses Waffenschleifens; es sind sog. „Rillen“, d. h. napf- und schiffchenförmige Vertiefungen, wie man sie an den Eingängen auch anderer Gotteshäuser manchmal trifft. Im Kriege selbst zeichnete sich aber die Überlinger Mannschaft aufs rühmlichste aus, und sämtliche Soldaten kehrten wohlbehalten zurück mit Ausnahme desjenigen, welcher vor dem Ausmarsche die Kirche nicht besucht, denn er war im Kampfe gefallen. Der Kaiser aber verlieh hierauf den Überlingern für ihre im Feld bewiesene Tapferkeit das Privilegium des Schwerttanzes. (Mündlich.)

11. Der Muttergottestritt in Überlingen.

Oben auf dem ehemaligen Festungswalle der Ostseite Überlingens war früher eine Steinplatte, auf welcher man den Eindruck zweier Füße bemerkte. Nach der Äußerung unzähliger Bewohner dieser Stadt soll hier, als der Kampf gegen die Schweden im Jahre 1634 da unten am Hölltor am heftigsten war, die hl. Maria mit dem Jesuskind auf dem Arme erschienen sein, den Szepter in der Rechten gegen die Schweden gewendet und laut gerufen haben: „Zurück! Zurück!“ Die Bürger, im Kampfe entbrannt, verstanden aber: „Drückt! Drückt!“ drangen von Neuem auf den Feind ein, und dieser stand vom Sturme ab, der Sieg war errungen. Zum Andenken an dieses Ereignis ließ die

Bürgerschaft ein silbernes Madonna-Bild in jener Stellung fertigen, wie sie gesehen worden sei*), was zur Stunde noch im Kirchenschatz aufbewahrt und an feierlichen Prozessionen, insbesondere bei der sog. Schwedenprozession, die alljährlich im Mai zur dankbaren Erinnerung an diesen Sieg stattfindet, von Jungfrauen herumgetragen wird. (Nach Dr. Müller: Bad Überlingen.)

---

12. Wie die Buchhorner in Überlingen schön Wetter holen.

Die Überlinger freuten sich lang ob ihres guten Wetters. Die Buchhorner nicht — sie waren sehr böse hierüber, denn sie, so dachte Jeder, könntens gerade so gut brauchen. Einstmals kam Einem im Gemeinderat der Mut, und er fing an: es wäre doch auch recht gut, wenn man schönes

*) Im Bericht des Magistrats der Reichsstadt Überlingen an Kaiser Ferdinand II., betr. die Belagerung der Stadt durch die Schweden ist bemerkt: „. . . Wir können und sollen bey Beschreibung des heutigen ernstlichen Verlauffs zu der Ehren GOttes unvermeldt nicht lassen, daß gleichwie vor zwey Jahren beschehen, wie diesen Morgen nach gehaltener Predig durch den Prediger GOTT dem HErrn, und der Himmels-Königin Mariä, als unserer erkißten Fürbitterin, in Volckreicher Gegenwart der Burgerschafft ein abermahliges Votum aufgeopffert, für uns, und unsere Nachkommende zu ewigen Zeiten versprechende, wann uns der Allmächtige aus dem Rachen des grimmigen Feinds erretten wolte, und wurde, daß wir, und unsere Nachkommende den jenigen Tag daran der Feind seinen Abzug zu nemmen, aller Jährlich mit einer Proceßion, dem Lob-Gesang Te DEUM Laudamus, und anderm GOtts-Dienst heiligen und feyrlich halten, auch die Bildnuß der Jungfrauen Mariä nach der Figur (wie solche gestern zwischen 9. und 10. Uhren vormittag von etlichen frommen Gottsförchtigen Persohnen ob der Stadt in den Lüfften gesehen worden) nemlich mit ihrem geliebten Kindlein in einem Krantz eingeschlossen, von lauterem Silber nach Ertrag- und Möglichkeit unseres erarmten Statt-Weesens machen: Und als ein offen beständiges Sieg-Zeichen in besagter jährlichen Proceßion umtragen lassen sollen, und wollen.“

Wetter hätte. Es wäre ihnen ja so geschickt wie den Überlingern drüben. Jetzt wurde beschlossen, eine Deputation nach Überlingen zu schicken, um gutes Wetter zu holen. Dort erhielten sie kurzen Bescheid: „wenn die ‚Breama flieget', gibts gut Wetter." Nicht faul, fingen sie eine Bream (Bremse) und taten sie in ein Lädlein. Wie sie auf dem See heimfuhren, stach sie die Neugierde gewaltig, was doch 's schön Wetter mäche? Machten ordentlich das Lädlein auf; aber pffff! die Bream heraus und Überlingen zu! Wie die Buchhorner das sahen, schrien sie aus Leibeskräften: „Gut Wetter, Buchhorn zu! Buchhorn zu!" — —

Übrigens dürfen darob die Konstanzer nicht zu anzüglich werden, denn die Buchhorner wissen auch von ihnen etwas: sie hätten einstmals, als der Bodensee ganz zugefroren war, das Ereignis ins Eis eingeschrieben, um es der Nachwelt in Erinnerung zu bringen. (B. Baader 1859. Nr. 1, Alemannia, S. 106.)

---

13. Das gespenstische Kalb am Kesselbach.

Als zur Kriegszeit die Stadt Überlingen belagert wurde, mußten die Wälle, die Gräben und Tore eifrig bewacht werden, damit kein Feind hereindringen konnte. Regelmäßig wurden die Wachen besichtigt und pünktlich wurde darauf gesehen, daß Alles in Ordnung war. Einer der Offiziere war besonders wegen seiner Strenge und Härte gegen die Soldaten gefürchtet. Eines Abends — es war schon dunkel — kam den Kesselbachweg herab gegen das Wachthaus am Wiestor eine sonderbare Gestalt — man wußte nicht, war es ein Tier oder ein Mensch — und wollte durch das Tor in die Stadt. Die Schildwache rief: „Wer da?" und gab, da keine Antwort erfolgte, einen Schuß auf den fremden Gast, welcher sofort lautlos niederstürzte. Als man hinzueilte, erkannte man in dem

Daliegenden den strengen Offizier, welcher, um die wachstehenden Soldaten zu täuschen, sich in ein Kalbsfell gehüllt und so umgekommen. Seitdem mußte er umgehen. Oft sahen nachts Leute ein Kalb auf dem Weg am Kesselbach hin- und hergehen, und manchmal läutete der gerade dort vorübergehende Nachtwächter deshalb an einem Hause an, aber Niemand vermißte ein Kalb. Einmal nahm auch ein Landwirt das Kalb in seinen Stall und band es an; aber als er umschaute, war kein Kalb mehr zu sehen und der Strick hing leer an der Krippe. (Mündlich.)

14. Die faule Magd in Überlingen.

An einem hübschen Samstag im Heumonat wurde einmal nach dem Mittagessen ein Dienstmädchen vom Meister nach der vor dem Obertor liegenden Wiese mit einem Grasbogen geschickt, um Futter zu holen. Nachdem das Mädchen das Gras geschnitten und in den Bogen gepackt, legte es sich, von der Arbeit und dem heißen Wetter müde, auf das Gras hin, um auszuruhen, schlief jedoch bald ein und wachte erst am anderen Tage auf, als die Glocken vom Münster zum Sonntagsgottesdienst riefen, was die Magd, welche nur eine kurze Weile geschlafen zu haben meinte, für das gewöhnliche Dreiuhr-Geläut hielt. Sie nahm die Burde Futter auf den Kopf und ging in die Stadt hinab. Als die zum Hochamt gehenden Leute das Mädchen mit dem Grasbogen und im Werktagsanzug daher kommen sahen, lachten und spotteten sie es aus, worauf dasselbe erst merkte, daß es von Samstag Nachmittag bis Sonntag Vormittag unausgesetzt geschlafen, und eilte nun beschämt nach Hause. Seit diesem Vorkommnis aber hat das betr. Gelände den Namen „Faule Magd“, wie es noch heute auf der Gemarkungskarte verzeichnet steht. (Mündlich.)

15. Der Spuk im Aufkircher Harthölzle.

Eine kleine halbe Stunde nördlich von Überlingen liegt der Weiler Aufkirch mit alter Kirche, einst Mutterkirche der Stadt. An ihm führt die Landstraße Überlingen-Stockach vorbei. Einige hundert Schritte von Aufkirch, rechts der Straße, zieht sich das Harthölzle an der Halde empor, auf deren Höhe sich eine „Mardelle" befindet. In diesem Wäldchen ist es nicht geheuer. Früher sah man bisweilen eine weiße Gestalt hier umgehen. Nachts ging den vorüberfahrenden Wägen manchmal ein Fohlen voran bis gegen Nesselwangen, wo es plötzlich verschwand. Auch ein schwarzer Hund mit feurigen Augen sprang oft vor den Pferden her und verschwand wieder auf einmal. Einmal gingen Nachts drei Nesselwanger von Überlingen nach Hause. Da sah plötzlich einer derselben einen großen Mann neben sich hergehen und machte die Anderen darauf aufmerksam, aber keiner von diesen sah die hohe Gestalt, welche dann auf einmal nicht mehr da war. (Mündlich.)

---

16. Das Grab des Hunnenkönigs.

Im Überlinger Walde Sigmundshau, in der Nähe des uralten Hofgutes Höllwangen, steht ein kegelförmiger Berg, mit Erdwall umgeben. Es ist dies ein sogenannter Ringwall oder eine Völkerburg und heißt noch jetzt beim Volke nur die „Burg". Wenn man auf dem Gipfel des Berges wandelt, tönt es unter den Füßen, als ob der ganze Berg hohl wäre. In diesem Berge ist das Grab des Hunnenkönigs. Der Leichnam ruht in einem Diamantsarge, welcher wieder von einem goldenen Sarg umgeben ist; der goldene Sarg aber befindet sich in einem silbernen Sarg, der silberne in einem kupfernen, dieser in einem zinnernen; dann folgt ein eiserner und zuletzt ein eichener. So ist in sieben

Särgen die Königsleiche verwahrt. Niemand aber kann die rechte Stelle finden, obgleich schon da und dort nachgegraben wurde. Denn Diejenigen, welche das Grab gemacht, hatten mit verbundenen Augen arbeiten müssen, damit die Stätte nicht verraten würde. (Mündlich.)

17. Der Ochsensprung vom St. Katharina-Felsen.

Eine halbe Stunde westlich von Überlingen erhebt sich das Molassegebirg fast senkrecht und turmhoch aus dem See und steigt landeinwärts als breite Hochebene mit fruchtbaren Feldern, Rebgeländen und Wiesen gegen den Wallfahrtsort Hödingen empor. Die höchste Felswand am See heißt der St. Katharina-Felsen. Am Fuße desselben war früher eine Einsiedelei mit einer Kapelle eingehauen, in der sich uralte Bilder im byzantinischen Stil befanden. Noch in der zweiten Hälfte des 17. Jahrhunderts war die Klause bewohnt. Eine Abbildung dieser Kapelle ist im Kulturhistorischen Kabinet zu Überlingen.

Auf einem Acker genannter Hochebene, gerade über dem St. Katharina-Felsen, pflügte dereinst ein Landmann mit einem Paar Ochsen, die von seinem fünfzehnjährigen Töchterchen geführt wurden. Der Tag war heiß, die Tiere unruhig, von Hitze und Mücken geplagt. Da fiel plötzlich ein Schwarm Bremsen die Ochsen derart an, daß sie scheu wurden und mit dem Pfluge davonrannten, das Mädchen mit sich schleppend, das sich in den Strang verwickelt hatte. Vergebens suchte der Bauer die Tiere zurückzuhalten, er holte sie nicht mehr ein, sie waren schon am Abhang angekommen; mit Schaudern sah er, daß das rasende Gespann mit seinem Kind über die turmhohe Felswand in den See hinabstürzte. Als er händeringend in die schauerliche Tiefe hinabschaute, da leuchtete ihm ein Hoffnungsstrahl: die Ochsen schwammen samt dem Pflug auf dem See dahin, mit ihnen das Mädchen, welches am Pfluge sich haltend, mitgeführt wurde. Staunend verfolgte er das seltsame Schauspiel, wie die Stiere mit dem Pfluge und dem Kinde auf dem Wasser dahinruderten, weiter und immer weiter; sie durchschwammen die ganze Seebreite und gelangten glücklich am jenseitigen waldigen Ufer an. Bald darauf hatte der glückliche Vater sein Kind und seine ganze Habe fast unversehrt wieder, und stiftete aus Dankbarkeit gegen die hl. Katharina, deren Hilfe er angerufen, ein Votivbild in die St. Katharina-Kapelle am jenseitigen Gestade, gerade gegenüber dem St. Katharina-Felsen des diesseitigen Ufers. Später baute das Kloster Reichenau in die Nähe eine Propstei mit hübschem Garten, wo der Abt sich im Sommer gerne aufhielt.

Längst ist diese Propstei samt der auf der höchsten Spitze eines Felsens wohlgebauten St. Katharina-Kapelle — worin noch vor 100 Jahren der Pfarrer von Langenrain Gottesdienst hielt — zerfallen und abgebrochen, und der Garten, worin ehedem Reichenauer Mönche unter edlen Obstbäumen wandelten, wieder zu Wald geworden. Auch die alte St. Katharina-Kapelle am diesseitigen Ufer fiel dem neuen Straßenbau zum Opfer und ist nun durch eine in den Sandsteinfelsen gehauene Nische mit der Statue der hl. Katharina und Betbank ersetzt. Aber die Namen sind noch geblieben und im Munde des Volkes leben die alten Geschichten fort. Eine Abbildung des erzählten Vorkommnisses befindet sich noch heute im Landwirt Kramer'schen Hause zu Wallhausen, welche ehedem in der St. Katharina-Kapelle unter der Burg gewesen, dann nach Abbruch derselben in den Kargegger Hof kam, von wo die Eltern des jetzigen Besitzers sie an ihren heutigen Standort brachten. Ein ähnliches Gemälde ist zu Brünnensbach im Hause des Landwirts Konrad Beurer. Beide Bilder stellen das Ereignis in gleicher Weise dar: vom Felsen herab stürzen die Ochsen samt dem Pflug, das Mädchen hält sich an den Pfluggeuzen, hoch oben steht der Vater, die Hände gegen Himmel schlagend; unten am Ufer ist die St. Katharina-Kapelle zu sehen; am jenseitigen Strande ebenfalls eine Kapelle. Über dem Ganzen thront links auf Wolken die Jungfrau Maria mit der hl. Katharina. Das Gemälde hat folgende Inschrift: „Wahrhafte histori, welche sich zugetragen ungefähr anno 1562, da ein Bauer auf stollen Berg bey St. Katharina mit zwey Ochsen zu Acker ginge und die Ochsen verwildet, sammt dem Pflug und einem Mädchen über den Felsen hinunter gestürzt, auch ohne einigen Schaden über das Wasser geschwummen, und bei St. Katharina unter der Burg zu allem Glück angeländet, außer daß dem Mägdlein die Gürtel versprungen und einem Ochsen das Horn abgebrochen." (Mündlich. Vergl. auch „Die Burgen, Klöster, Kirchen und Kapellen Badens und der Pfalz" von O. Schönhuth.)

18. Der Spuck bei Besserer's Bild in Kogenbach.

Auf dem Platz, wo heute das Wirtshaus in Kogenbach steht, befand sich früher ein Bild, wie ungefähr das Hochbild in Überlingen. Es war von der Überlinger Patrizierfamilie v. Besserer gestiftet worden und hieß deshalb des „Besserersbild". Über die Veranlassung teilt der Überlinger Chronist Kutzle Folgendes mit: „Anno 1330 sollte H. Hans. Besserer Vogt zu Hohenbodma am Kogenbach ein Ungelöster begegnet sein, dahin er alsdann ein Bild Setzen lassen, das man Nände des Besserers Bild, dieses ist hernach von Hr. Jo Jacob Besserer und Vrsula Moserin seiner Hausfrauven anno 1577 von grund auff renoviert worden."

Aber auch sonst war es auf diesem Platze nicht geheuer und allerlei sonderbare Sachen kamen hier vor.

Auf einem Bauernhof in Kogenbach lebte in früherer Zeit in der Familie des Hofbauern dessen jüngerer Bruder, der „nicht recht im Kopf" war und manche Gebresten hatte. Um seiner los zu werden, gaben nun die Verwandten den jungen Menschen für aussätzig aus. Der Aussatz (Lepra), welcher mit den Kreuzfahrern aus dem Orient nach Europa gebracht worden, war die schrecklichste aller Krankheiten, dabei sehr ansteckend und unheilbar. Deshalb wurden solche Kranke von den übrigen Einwohnern abgesondert und in besonderen Häusern, sog. Leprosenhäusern, verwahrt. Diese Häuser befanden sich von den bewohnten Orten entfernt auf freiem Felde (daher auch Feldsiechenhäuser genannt) mit einer Kapelle und dem Friedhof; das Ganze war mit einer Mauer umgeben. Hier mußten nun diese Unglücklichen, die gewissermaßen aus der menschlichen Gesellschaft ausgestoßen waren, ihr Leben zubringen und durften das Haus nicht verlassen. In Überlingen stand das Leprosenhaus da, wo jetzt der Farrenstall ist. Hieher wurde nun der unglückliche junge Mensch verbracht und verblieb daselbst bis zu seinem Tode, ohne daß sich seine herzlosen Verwandten weiter um ihn kümmerten. Aber sie traf dann die gerechte Strafe. Als sie gestorben, fanden sie selbst im Grabe keine Ruhe; sie mußten umgehen. Oft sah man nächtlicherweile Lichter vom Andelshofer Weiher her über den Kiebelesberg gegen das Besserersbild schweben, meist waren es zwei bis drei solcher Lichtchen, manchmal aber bot es den Anblick einer ganzen Prozession von Lichtern. Fuhrwerke, welche vorüber wollten, blieben bisweilen hier plötzlich stehen und konnten trotz aller Anstrengungen nicht weiter, bis der Fuhrmann vor dem Gespann das Zeichen des Kreuzes auf der Straße mit der Geißel machte. Ebenso wurden hier Pferde plötzlich scheu und gingen durch. Auch sonst gab es hier allerlei Unglücksfälle. (Mündlich.)

---

19. Die Spinnerin und das Mäuslein.

Auf dem Friedhof zu Überlingen befindet sich links am Hauptweg in der Nähe des Eingangstores auf einem Grabe ein alter Grabstein mit der Inschrift: „Hier liegt begraben

Frau Marie Gertrud Baumann, geb. Wocheler. Sie starb am 30. Okt. 1825, ihres Alters im 63. Jahr." Darüber ist eine spinnende Frau mit einem Spinnrocken, an dem ein Mäuslein emporsteigt. Es ist die Grabstätte der Schwester des noch jetzt in Überlingen hochverehrten Dekans Fr. S. Wocheler. Hiezu wird Folgendes erzählt: In der traulichen Stube des alten Pfarrhofs saß an einem Oktobertage — es war ein Samstag — noch am späten Abend die hochbetagte Schwester des Stadtpfarrers, welche dessen Haushalt führte, mit den Dienstboten beim Spinnen beisammen. Nun ist der Samstag ein Tag, der früher beim Volke als nicht geheuer galt. Man spann an diesem Tag in der Regel nur bis Betläuten, denn „nachher — hieß es — spinnen die Hexen." Hieran mochte wohl eines der Mädchen denken und sagte nun: „Um diese Zeit sollte man eigentlich nicht mehr spinnen. Es ist Samstag, und da muß man sich auf den Sonntag vorbereiten." — „Ich bin eben das Schaffen von jeher gewöhnt und kann ohne Schaffen nicht sein!" entgegnete die Haushälterin. Kaum hatte sie dieses gesagt, so sprang ein Mäuslein über sie weg und am Spinnrocken hinauf. Zu Tode erschreckt stieß sie einen lauten Schrei aus und sank dann, von einem Schlaganfalle gerührt, tot vom Stuhle. Hierin erblickten die Anderen die Strafe für die Arbeit am Samstag Abend. (Mündlich.)

Diese Erzählung zeigt deutlich, wie manchmal Sagen entstehen. Das Bild auf diesem Grabstein der M. Gertrud Baumann stellt deren Namenspatronin, die hl. Gertrud, dar. Diese wird abgebildet als Äbtissin; ihr vorzüglichstes Kennzeichen aber ist die Maus, deren oft mehrere an ihrem Äbtissinstab auf- und ablaufen; sie soll solche durch ihr Gebet von den Feldern vertrieben haben. Sie war auch Patronin der Garten- und Feldfrüchte und kann deshalb dieses Attribut erlangt haben. Im Volksmunde heißt sie darum „Gertrud, die Gärtnerin"; mit ihrem Tage pflegen auch die Gartenarbeiten zu beginnen. Auch mit Spinnrocken und Mäusen wird sie mitunter dargestellt; wer an ihrem Festtage arbeitete, dem zernagten die Mäuse das Garn.

Diese letztere Darstellung findet sich nun auf dem Grabsteine: Die hl. Gertrud als Äbtissin mit Heiligenschein ums Haupt am Spinnrocken, an dem eine Maus emporsteigt. In Überlingen aber sah man in dem Bilde der Spinnerin die Schwester des Stadtpfarrers und übertrug auf sie allmählig die Legende von der hl. Gertrud am Spinnrocken mit dem Mäuslein.

20. Der Seewein.

Als Jesus Christus mit seinen Jüngern auf seinen Wanderungen einst gen Überlingen kam, so da liegt an dem herrlichen Bodensee, rief Petrus voll Begeisterung aus: „Herr, hier ist's schön, hier laßt uns Hütten bauen; Dir eine, mir eine 2c.“ Allein die Überlinger von damals betrachteten die Fremdlinge mit mißtrauischen Blicken, weil sie barfuß umherliefen. Dies verdroß Petrus derart, daß er seinen Herrn und Meister aufforderte: „Laßt uns ziehen!“ Jesus aber lächelte und sprach: „Hier gibts Arbeit genug für uns, sieh' nur das Volk an!“ Und sie blieben.

Als nun Jesus anfing zu lehren, zu predigen, Kranke heilte und Wunder wirkte, ja sogar aus Wasser Wein machte, da kannte die Begeisterung keine Grenzen mehr und sie baten den Herrn kniefällig, daß er sie doch die Kunst, aus Wasser Wein zu machen, lehren möchte, und meinten, das viele Wasser im Bodensee gäbe Wein genug für Kinder und Kindeskinder. Jesus aber lächelte und sprach: „Mit nichten! Ihr sollt lernen beten und arbeiten. Würde ich Euch die Kunst lehren, aus Wasser Wein zu machen, so würdet Ihr den ganzen Tag an den Ufern herumliegen, Kreuzmariagen und Sechsundsechzig spielen und das wäre vom Übel. Ich werde Euch den Weinstock geben und den pflegt. Ich werde meinen Segen dazu geben, so daß er tausendfältigen Ertrag liefern soll.“ Und so geschah es auch.

Als nun Jesus mit seinen Jüngern von dannen zog und sich Sipplingen zuwandte, machte Petrus unterwegs seinem Herrn und Meister Vorwürfe wegen seiner allzugroßen Freigebigkeit: „Du hast,“ sagte er, „dem groben Volk auch noch den Weinstock verliehen dafür, daß sie uns mit Mißtrauen behandelt haben.“ Jesus klopfte Petrum leise auf die Schulter und sprach: „Sei nur ruhig, Petrus! Der Wein, den ich denen gegeben habe, ist auch darnach, und sie werden an mich denken.“ Und so war es.

Seit jener Zeit und noch Jahrhunderte hindurch konnten nur die Eingeborenen, welche vollständige Naturmenschen waren, diesen Wein vertragen. Ja, er soll so sauer gewesen sein, daß die Schweden unter Gustav Adolf 1634, als sie Überlingen belagerten, mit diesem Wein vertrieben worden sind — Tatsache. Auch ist nachgewiesen worden, daß dieser Seewein zur Zeit der Inquisition vielfach verwendet wurde, statt der Folter. Die Namen Rekrutenwein, Katzenwein, Strumpfwein, Siebenmännerwein ꝛc. waren nicht umsonst.

Doch wie Alles vorwärts schreitet und nach Veredelung strebt, ist auch diesem Seewein große Aufmerksamkeit zugewandt worden, so zwar, daß besagter Wein heutzutage noch auf dem Herrentisch in verschiedenen Wirtschaften, sowie in dem alten, ehrwürdigen Überlingen als perlender Schmuck die Tafel ziert.

Schreiber dieses ist mit Seewein großgezogen worden und ist bis auf den heutigen Tag gesund geblieben.

„Dem Petrus tut kein Zahn mehr weh,
Und drum gedeiht der Wein am Bodensee.“

(Aus einer alten Zeitung.)

Sipplingen.

21. Der dankbare Schwede.

In Sipplingen stand noch in der Mitte des vorigen Jahrhunderts unten am See, etwas zurück von der Straße, ein altes, baufälliges Haus, das älteste Haus des Ortes.

Auf steinernem Sockel ruhte der zweistöckige Fachwerkbau, gedeckt mit Hohlziegeln, die Dachlatten mit hölzernen Nägeln befestigt. Am vorderen Eck war eine Hand mit einem Becher und einem Weinkrug gemalt, darunter der Spruch: „Seid barmherzig, dann wird auch euch Barmherzigkeit erwiesen werden"; über der Haustüre die Jahrzahl 1599. Es war dies das einzige Haus, welches im dreißigjährigen Kriege von Plünderung und Brand verschont blieb. Als damals die Schweden den ganzen Ort plünderten und niederbrannten, und eben daran waren, an dieses Haus Feuer anzulegen, trat ein schwedischer Soldat hervor und bat den General um Schonung, indem er erzählte, „er sei dereinst als armer Handwerksbursche müd und hungrig nach Sipplingen gekommen und habe überall vergebens um Aufnahme gefleht, nur in diesem Hause habe er barmherzige Leute gefunden, welche ihn mit Speise und Wein erquickt und über Nacht beherbergt hätten." Durch diese Erzählung ließ sich der General bewegen und befahl die Schonung des Hauses. So blieb es stehen bis zum Jahre 1855, wo es so baufällig war, daß es abgebrochen werden mußte. Der letzte Besitzer hieß Maier, dessen Schwiegersohn Konrad Regenscheit baute auf dem gleichen Platz ein neues Haus, das noch steht und von der Familie Fr. Wiedenhorn bewohnt wird. Die Frau Wiedenhorn ist eine Enkelin Maiers.

Nach andern Mitteilungen wurde in dem alten Hause einst im Schwedenkriege ein flüchtiger Soldat beherbergt, welchem es die Rettung zu verdanken hat. (Mündlich.)

---

22. Hildegard von Hohenfels.

Hinter dem am See gelegenen Dorfe Sipplingen erhebt sich ein hoher Berg, dessen Gipfel in der Vorzeit eine stolze Burg gekrönt. Hier war der Sitz des berühmten Rittergeschlechts von Hohenfels. Längst ist die Burg zerstört, ihre Trümmer blicken traurig von der Höhe herab; das einst weithin herrschende Rittergeschlecht ist seit Jahrhunderten ausgestorben. Der letzte Sprößling desselben war Fräulein Hildegard, welche einen mißgestalteten Kopf mit einem Schweinsrüssel hatte und deshalb aus einem silbernen Tröglein aß. Was aber die Natur ihr an körperlichen Vorzügen versagte, gab sie ihr um so reichlicher an Edelsinn und Tugend. Das Burgfräulein Hildegard war die Wohltäterin der ganzen Gegend und unterstützte namentlich die unten am See wohnenden Ansiedler auf jede Weise, gab ihnen täglich ihre Suppe oder ihr „Süpple", woher auch der Name Sipplingen stammt; denn es hieß ursprünglich „Süpplingen", wie es noch in Stumpf's Chronik von 1586 geschrieben ist. So tat Hildegard den Sipplingern nicht blos während ihres ganzen Lebens alles Gute, sondern sie vermachte ihnen auch noch durch letzte Verfügung den größten Teil ihrer Besitzungen als Gemeindeeigentum. Ebenso gedachte sie auch der übrigen Hohenfels'schen Ortschaften; es erhielten Seelfingen, Liggersdorf, Kalkhofen 2c. vom Fräulein von Hohenfels viele Waldungen; Liggersdorf und Kalkhofen haben deshalb noch jetzt großen Gemeindenutzen; in Kalkhofen erhält jeder Bürger 20 Ster Holz, die Liggersdorfer oft noch Geld aus der Gemeindekasse. Die Mahlspürer gingen jedoch leer aus, denn sie kamen zu spät, „weil sie gerade eine Milchsuppe aßen." Dagegen gewannen noch die Überlinger ein schönes Stück von der Hohenfelser Hinterlassenschaft. Das ging folgendermaßen zu: Noch zu Lebzeiten Hildegards hatten die Überlinger mit den Sipplingern verabredet, daß sie gemeinsam nach Hohenfels gehen und das Fräulein Hildegard bitten wollten, beiden Orten etwas zu verschreiben. Als nun die Stunde gekommen, warteten die Sipplinger vergebens auf die Überlinger; denn diese waren schon auf der oberen Straße, über Nesselwangen und Bonndorf, nach Hohenfels gegangen und so den Sipplingern zuvorgekommen; sie hatten deshalb auch bereits die zwei herrlichsten Wälder von Hildegard erhalten, nämlich die Gewanne Eisenholz und Schnorrenberg. Als die Sipplinger nun eingetroffen, schenkte ihnen das Burgfräulein sämtliche Hohenfels'schen Güter um Sipplingen und Hohenfels. Diese Verschreibung erfolgte im Jahre 1540. Noch jetzt halten die Sipplinger das Andenken Hildegards in hohen Ehren: alljährlich wird in der Kirche am 14. August ihr Gedächtnis durch eine hl. Messe gefeiert. Bei der Austeilung des Gabholzes Ende Dezember oder anfangs Januar wird derselben ebenfalls öffentlich gedacht, indem der Bürgermeister von Sipplingen im Rathaussaal die versammelten Bürger jeweils auffordert: „Lasset uns noch unserer Wohltäterin, der Gräfin Hildegard von Hohenfels im Gebet gedenken!“ worauf fünf Vaterunser von Allen laut gebetet werden. (Mündlich. Vergl. auch Dr. Magg „Grundrisse zu Holzschnitten“, ferner Staiger, Dr. Müller 2c.)

23. Das Armband.

Dieser reizende Schmuck, mit dem Sie, schöne Leserin, Ihre weißen Arme schmücken, war nicht immer ein Toilettegegenstand. Das Armband war in früheren Zeiten vielmehr ein Marterinstrument; ein trauriger Ursprung für ein so anmutiges Kleinod.

Seht diesen Unglücklichen, den irgend ein siegreicher Cäsar bei seinem Einzuge in Rom mitschleppt, damit er seinen Triumph verherrliche! Seine nackten Arme umschließt ein eiserner Ring, das Armband, an welches die Ketten befestigt werden sollen, die ihn an den Triumphwagen des Siegers fesseln. Und sind die Ketten entfernt, so bleiben doch die Ringe an den Armen des Gefangenen als Zeichen der Sklaverei zurück. Dies war der erste Anfang der Armbänder. Im Mittelalter finden wir das Armband am Arm des Ritters wieder, abermals als ein Symbol der Sklaverei. Ist die Liebe nicht die Sklaverei des Herzens?

Der Ritter Walter von Hohenfels rüstet sich zum Kreuzzuge in das heilige Land. Vorher aber nimmt er Abschied von der schönen Gertrud, der Dame seines Herzens die ihn mit Trauer scheiden sieht. „Wird er auch wiederkehren?“ fragte sie sich. „Werde ich ihn jemals wiedersehen? Und wird er auch mir treu bleiben?“

Dieser Zweifel entlockte ihr bittere Tränen, aber Walter beruhigte sie durch eine einfach-rührende Handlung. Auf einen Wink von ihm tritt der Waffenschmied in die steingepflasterte Halle, ihm folgten zwei Knechte, die einen Ambos zwischen Walter und Gertrud niedersetzten; nun ergreift der Waffenschmied eine frischgeschmiedete stählerne Klinge und legt sie um den Arm des Ritters.

„Gertrud,“ sagt dieser, „dieses Armband ist das Unterpfand meiner Liebe. Ich bin der Sklave Deiner Schönheit, es sind Deine Fesseln, die ich trage. So lange diese Stahlspange um meinen Arm sich schlingen wird, so lange wirst Du auch die Dame meines Herzens sein, und ich schwöre Dir, daß dieses Armband mich nicht eher verlassen soll, als bis ich als Sieger über die Ungläubigen aus dem heiligen Lande zurückkehre, um meine heiße Liebe und unverbrüchliche Treue Dir, holde Herrin, zu Füßen zu legen.“ Bei diesen Worten des Ritters ergriff der Waffenschmied seinen Hammer und schmiedete den stählernen Reif fest um den markigen Arm.

Jahre vergingen, ohne daß Walter wiederkehrt. Gertrud's himmelblaue Augen hatten schon zahllose Tränen um den fernen Geliebten vergossen, als eines Tages mit düsterem Angesicht ein Knappe vor ihr erschien. Es war Welf, ein treuer Knappe ihres Ritters, der ihr die trübe Kunde brachte, daß Walter von Hohenfels bei der Belagerung von Jerusalem sein Leben verloren. Ihr Name war das letzte Wort, das seine erbleichenden Lippen flüsterten und seine Hand hatte dabei die Armspange, das Pfand der reinsten Liebe, erfaßt. Welf hatte den stummen Befehl seines sterbenden Herrn wohl verstanden; den Reif, den er von dem Arm des tapfern Ritters entfernt, brachte er nun als letztes Andenken der Dame seines Herrn.

Die Verzweiflung Gertrud's war grenzenlos. Tage, Wochen, Monate, schloß sie sich in ihr Betkämmerlein ein, nur ihrem Schmerz lebend. Als sie endlich nach langer Zeit wieder bei den Festen und Turnieren erschien, trug sie am Arm die stählerne Spange Walter's, in welche sie die Worte hatte graben lassen: „Treu bis in den Tod.“ Auch sie hatte geschworen, sich bis zum Tode von dem Reif nicht zu trennen. Die andern Damen und Burgfrauen bewunderten den seltenen Schmuck. Er hatte etwas Kriegerisches, was zum ritterlichen Geist jener Zeit gut paßte — und dann hob er auch noch die blendende Weiße des Armes. Obgleich das Armband nur von Stahl war, machte es doch Furore. Später ahmte man es in Silber und Gold nach, und heute zieren Perlen und edle Steine mit ihrem Glanz und ihren strahlenden Farben dieses Kleinod, das die Damen um so mehr lieben werden, wenn sie sich daran erinnern, daß es einst das Symbol reiner und beständiger Liebe war. (Aus einer alten Zeitung.)

24. Das goldene Kegelspiel im Abtsberg.

Zwischen Sissenmühlen und Sipplingen zieht sich längs der Straße ein steiler, ziemlich hoher Bergrücken hin, welcher Abtsberg heißt. Am Fuße desselben steht ein alter Feldbrunnen, der sogenannte „Schwarze Brunnen“. Eine Felsspalte des Berges soll in eine Höhle führen, in der sich ein goldenes Kegelspiel befindet, das durch ein großes eisernes Gitter verwahrt ist. Schon mehrmals wurde versucht, das Kegelspiel zu holen, aber es ist noch Niemanden gelungen. Nachts aber hört man manchmal, wie im Berg Kegel gespielt wird; das Rollen der Kugeln und das Fallen der Kegel wird mitunter ganz deutlich wahrgenommen. (Mündlich.)

25. Der Schatz in der Burghalde.

In der Nähe von Sipplingen liegt auf schroffem Felskegel die Ruine der Haldenburg, vom Volke die „Burghalde" genannt. Niemand weiß, wer die Burg dereinst erbaut; auch sonst ist von ihr und deren ehemaligen Besitzern wenig bekannt*). Soviel aber erzählen die Leute, daß von dieser Burg nach dem benachbarten Hohenfels ein unterirdischer Gang führe, und daß sowohl diese zwei Burgen unter sich wie auch den am jenseitigen Ufer gelegenen Burgen Kargegg und Bodman durch Sprachrohre sich in den Zeiten der Not Zeichen gegeben und von einander Hilfe verlangt haben. Daß die Ritterburg auf Burghalde einst ein mächtiger, stattlicher Bau gewesen, deuten schon die gewaltigen Gewölbe, Gänge und Verließe an, die sich unter der Ruine befinden. Jeder Schritt und Tritt, der auf dem Berge gemacht wird, tönt dumpf und hohl; wenn man ein Steinchen durch eine Kelleröffnung in die Tiefe fallen läßt, dann hat man lange zu warten, bis man dasselbe aufschlagen hört. In diesen ausgedehnten, unterirdischen Gewölben, welche mit einer eisernen Türe verschlossen sind, ist ein reicher Schatz verborgen, den zu heben sich jedoch Niemand getraut; denn er wird von Basilisken bewacht, und wer ein solches Tier sieht, ist sofort des Todes. (Mündlich.)

*) Nach Professor Dr. Roder in Überlingen war dies die Burg der Herren von Hüneberg, die bis ins 12. Jahrhundert zu den Dienstmannen des Klosters Reichenau und dann der Grafen von Heiligenberg gehörten. In Urkunden der Abtei Salem kommen sie häufig vor, hauptsächlich als Zeugen. In der ersten Hälfte des 14. Jahrhunderts scheint das Geschlecht am Bodensee erloschen zu sein und es geriet die Burg allmählig in Zerfall und damit ging auch der Name der Burg beim Volke verloren. Jedoch hat er sich in den Gewannamen erhalten. So heißt ein Gewann am nördlichen Bergabhang „Himberg" und eines am südlichen „Unterhimberg" noch heute. Auch führt noch eine Sipplinger Familie Wiedenhorn den Beinamen „Himberger". (Siehe „Geschichte und Burg der Herren von Hüneberg am Überlinger See von Dr. Roder" im Feuill. der „Karlsr. Ztg." von 1900.)

Ludwigshafen (Sernatingen).

26. Der Stättelberger von Sernatingen.

Am Westende des Überlingersees liegt das große Pfarrdorf Sernatingen, welches einst zum Gebiete der Freien Reichsstadt Überlingen gehörte; ein Amt des Spitals Überlingen befand sich hier, die Einwohner waren Untertanen von Überlingen. Im Jahre 1802 fiel mit Überlingen auch Sernatingen an das Haus Baden, und 1826 ließ Großherzog Ludwig von Baden hier einen Freihafen errichten, machte dadurch den Ort zu einem Hauptstapelplatz des See's und nannte ihn „Ludwigshafen“. Infolge der durch die Eisenbahnbauten veränderten Verkehrsrichtung verlor jedoch Ludwigshafen wieder seine Bedeutung für den Transithandel zwischen Italien und Westdeutschland und ward in seinem weiteren Emporblühen gehemmt.

Noch jetzt ist mehr als ein Drittel der Gemarkung von Ludwigshafen, Waldungen, Äcker und Wiesen, verschiedene Bauernhöfe rc. Eigentum des Überlinger Spitals und wird von diesem verpachtet. Im Orte selbst befindet sich ein Anwesen, das sogenannte „Schlößle“, ein ansehnliches Haus mit angebauten Ökonomiegebäuden, welches früher von einem Weiher umgeben war, über den eine Fallbrücke führte. Dieses „Schlößle“ war ein Filialspital von Überlingen, wo die Sernatinger armen Kranken, Waisen rc. Aufnahme und Verpflegung erhielten. Hier wohnte auch ein Waldhüter namens Ziriak Keßinger, welcher die auf Sernatinger Gemarkung gelegenen Forsten des Überlinger Spitals zu beaufsichtigen hatte. In einem Rechtsstreite zwischen der Freien Reichsstadt Überlingen und dem Dorfe Sernatingen schwur derselbe als Zeuge einen falschen Eid zu Gunsten Überlingens. Es handelte sich nämlich um den Besitz des

Sernatinger Walddistrikts „Stättelberg", den beide Teile als ihr Eigentum beanspruchten. Eine Eidesleistung auf dem streitigen Grund und Boden sollte die Sache entscheiden. Nun ging Keßinger auf wirkliches Spitalgut, nahm Erde vom Boden und schüttete sie in die Stiefel, bis die inneren Sohlen völlig damit bedeckt waren; zugleich verbarg er seinen Eßlöffel, mit dem er täglich die Suppe schöpfte, in seinem Hut. So vorbereitet erschien er auf dem streitigen Walddistrikte und leistete mit erhobener Hand folgenden Eid: „So wahr der Schöpfer über mir ist, stehe ich auf spitälischem Grund und Boden." Infolge dieses Schwures verlor Sernatingen den Wald. Den Frevler aber traf die Strafe des Himmels, denn bald darauf fiel der meineidige Waldhüter, vom Volke „Stättelberger" genannt, auf dem Gange zur Kirche an der oberen Stiege plötzlich tot um, und mußte nun als Geist umgehen. Hierin erkannte das Volk, daß der Schwur ein Meineid gewesen, und für die Seele des Unglückseligen ward alljährlich eine hl. Messe gelesen. Manchmal wurde nun der „Stättelberger" im Walde gesehen im grünen Rocke mit einer Axt unter dem Arm. Besonders im Advent und in der Fastenzeit war er den Leuten aufsäßig, welche nachts zwischen dem Abend- und Morgengebet-Läuten den Weg vom Gewann Männertal bis zum Schlößle passierten. Wenn solch ein einsamer Wanderer fluchte, husch! saß der Stättelberger auf dessen Rücken und wich erst in der Nähe des Schlößles oder wenn das Gebetläuten anfing. Auch im Schlößle trieb der Stättelberger, der bekanntlich dort gewohnt, sein Unwesen und rumorte oft gewaltig. Namentlich aber machte er, wenn je einmal die Lesung der für seine Erlösung gestifteten hl. Messe unterblieben, ein solches Spektakel im Hause, daß die Bewohner desselben die ganze Nacht keine Ruhe hatten. (Mündlich.)

27. Die Klausenburg.

Westlich von Althohenfels auf Gemarkung Ludwigshafen ist ein Hochwald mit einem Gewann, das „Lausburger" heißt. Mitten drinn befindet sich ein Hügel, auf dem vor alter Zeit das kleine Schloß Klausenburg gestanden. Der Besitzer desselben soll sehr reich gewesen sein und nebst vielen anderen Schätzen auch ein vollständiges Kegelspiel aus purem Golde im Besitz gehabt haben. Bei seinem großen Reichtum war er aber ein abscheulicher Geizhals, der keinem Armen ein Almosen gab, und überdies ein Tyrann und Plagegeist seiner Angehörigen, so daß diese ihn gänzlich verließen. Endlich verfiel er in eine garstige Krankheit und wurde von Läusen gefressen, woher dann der Name „Lausburger". Niemand jedoch getraute sich mehr, seine Schätze zu berühren, weil Fluch daran haftete. Einer seiner Verwandten wußte sich aber doch die Schlüssel zum Schatzgewölbe zu verschaffen und machte sich entschlossen bei hellem Sonnenschein auf den Weg zur verlassenen Burg. Kaum hatte er den Wald betreten, so brach ein fürchterliches Gewitter los. Trotzdem verfolgte er sein Ziel, erreichte die Burg, ging in das Gewölbe und fand dort eine große, eiserne Kiste; zu seinem Entsetzen aber sah er auf derselben eine ungeheure, schwarze Kröte sitzen. Während er nun den Schlüssel in das Schlüsselloch der Kiste stecken wollte, langte die Kröte mit ihrem Vorderfuß nach ihm, der Schlüssel entfiel seinen Händen, die Kiste samt Kröte versank vor seinen Augen in den Boden; er selbst aber wurde zur Burg hinausgeschleudert. So erzählen alte Leute. Aber selbst noch in neuerer Zeit wurde nach diesen angeblichen Schätzen im „Lausburger" gesucht, weil Manche auch noch glaubten, in früheren Kriegszeiten seien hier allerlei wertvolle Sachen verborgen worden. Im Jahre 1820 trafen hier Knaben, welche Leseholz sammelten, zwei Männer mit geschwärzten Gesichtern, nach Schätzen grabend. Auf das Geschrei der erschreckten Knaben kam ein in der Nähe befindlicher Forstbeamte herbei, der die Schatzgräber verhaftete. Seitdem hat man nichts mehr von Schatzgräbern daselbst gehört. — Im Ludwigshafener Gemeindewald finden sich noch Reste einer anderen Burg, des „Knorrenschlosses“, woselbst auch schon Schatzgräber ihr Glück versucht haben. (Mündlich.)

28. Verrufene Gewanne auf Gemarkung Ludwigshafen.

Zwischen Ludwigshafen und Bodman dehnt sich vom Seeufer bis gegen das Dorf Espasingen ein sumpfiger Landstrich aus, welcher den Gewannamen „Hangen“ hat und von der Stockacher Aach, die hier in den See mündet, durchflossen wird. Über diesen Bach führt eine Brücke, die sog. „Hutbrücke“. Der Name „Hangen“ soll daher rühren, weil ehedem bei der Brücke der Galgen gestanden. Deshalb ist es auch in diesem Gelände nicht geheuer; allerlei Spuck wird da getrieben. Eines Abends wollte einmal ein Knabe aus Ludwigshafen auf einem der Nußbäume, die hier am Ufer standen, Nüsse holen. Während er auf dem Baume saß, kam über das Feld her eine weiße Gestalt, in weißem Gewande und mit weißem Strohhut, ging dreimal um den Baum herum und dann wieder zurück über das Feld. Dem Knaben ward es unheimlich, er ließ die Nüsse im Stich, ging rasch vom Baum herunter und eilte heim. Ein ander Mal wollte nachts beim Mondschein ein Jäger in einem Entenstand, den er hier am Strande errichtet, Enten schießen. Aber es kam ein Fuchs über das Feld daher, ging immer am Ufer hin und her und ließ so die Enten nicht näher kommen. Da schoß der Jäger auf den Fuchs, der alsdann plötzlich verschwunden war. Folgenden Tags erfuhr der Jäger, daß man im benachbarten Bodman einer alten Frau, welche allgemein als Hexe galt, Schrotkörner aus dem Leib hat schneiden müssen.

Der „Holder“ — Gewann beim Buehof — ist schon lange verrufen, weshalb die Leute den Platz nachts meiden. Oft sah man hier Lichter hin und her tanzen, wie auch anderen Spuck. In einer sehr kalten, mondhellen Winternacht kam einmal der Stockacher Metzger, welcher Geld mit sich führte, zum Waldhüter in Sernatingen und bat ihn, er solle ihn nach Stockach begleiten. Sie gingen nun miteinander. Da stand mitten auf der Straße eine alte Frau; sie gingen an ihr vorbei, ohne etwas zu sagen, auch die Frau sprach sie nicht an. Dann gestand aber der Metzger doch, daß es ihm heiß geworden und er sich gefürchtet habe, worauf der Jäger erklärte, daß er nichts von Furcht verspürte. In Stockach wollte der Metzger den Jäger bei sich behalten, dieser ließ sich aber nicht halten und ging heimwärts. Unterwegs aber traf er — es war etwas nach 12 Uhr und sehr hell — die Frau noch an der gleichen Stelle und sagte zu ihr: „Du bist noch nicht weit gekommen,“ worauf sie nur leis und fein erwiderte: „Gut Freund.“ Das kam dem Waldhüter doch unheimlich vor und er sprang in Furcht und Bangen nach Hause.

Ein gleichfalls unheimlicher Ort ist eine an der Straße gegen Stockach an einem Bach gelegene Wiese; das Gewann heißt der „Schelmenwinkel“. Ein Knabe ging von hier einst mit seinem Vater, der ein Jäger war, vom Anstand heim. Da sah er einen Reiter auf einem Geißbock und sagte dies seinem Vater, der aber ganz barsch erwiderte: „Halt's Maul und lauf zu.“ Nachher sagte der Vater zu dem Knaben: „Wenn Du wieder Etwas siehst, dann sagst gar nichts und laufst zu.“

Auf dem Gewann „Briel“ (Prül) — links an der Stockacher Straße — haben im Bauernkriege die Überlinger nach Niederwerfung des Aufstandes etliche angesehene Männer von Sernatingen und Umgegend sofort als Rädelsführer enthauptet ohne alle Barmherzigkeit und ohne genügende Untersuchung. Deshalb behauptete das Volk, den

Hingerichteten sei Unrecht geschehen. Auch soll auf diesem Platze der Frühmesser Heuglin von Sernatingen als Aufrührer und Ketzer ungerechterweise verbrannt worden sein*). Seitdem wächst auf diesem Platze, der vorher eine treffliche, gute Wiese gewesen, weder Gras noch Laub. Auch ist es manchmal hier nicht geheuer. So spielten einmal nach Betläuten hier eine Schaar Kinder; da kam ein weißgekleideter Mann, wie mit einem Meßgewand oder Chorhemd angetan, langsam auf die junge Schaar zu, worauf Alle davonsprangen und schrien. (Mündlich; vergl. auch Zimmern'sche Chronik II, 529.)

Bodman am See.

29. Das Nebelmännlein von Bodman.

Ein Ritter von Bodman wollte die Welt ausreiten. Er nahm von seiner Gemahlin Abschied, mit dem Bedeuten, daß, wenn er binnen sieben Jahren nicht zurückkehren werde, sie ihn für tot halten und, wenn es ihr beliebe, sich wieder verheiraten dürfe. Von ein paar Knappen begleitet, machte sich der Ritter auf den Weg; er zog über's Meer in un-

*) Im Bauernkrieg besiegten die Überlinger unter ihrem Bürgermeister Jakob Kessering bei Sernatingen die aufständischen Bauern am 25. Mai 1525, nahmen die Rädelsführer gefangen, ließen sieben auf dem Briel enthaupten, und zwei Tage darauf noch acht auf dem Marktplatze zu Überlingen. Unter den Hingerichteten war jedoch keiner von Sernatingen und Umgegend. Joh. Heuglin, geb. zu Lindau, Priester und Frühmesser in Sernatingen, erlitt bekanntlich nicht in Sernatingen, sondern in Meersburg den Feuertod. Er wurde hauptsächlich auf Betreiben des damaligen Pfarrers Schlupf von Überlingen als angeblicher Verbreiter lutherischer Irrlehren und Anhänger der aufrührerischen Bauern dem geistlichen Gericht des Konstanzer Bischofs überwiesen, das am 10. Mai 1527 auf dem Marktplatz zu Meersburg zusammentrat und ihn als Ketzer zum Tode verurteilte. Dieses Urteil wurde ebendaselbst sofort vollzogen.

bekannte, ferne Länder. Nachdem er schon viele Jahre gereist war, kam er in eine wilde Einöde, wo er abends auf einem hohen Berge ein Licht schimmern sah. Er schickte einen Knappen hinauf, um zu erfahren, ob Menschen da wohnten, bei denen man eine Herberge finden könnte. Der Diener ging, kam aber nicht wieder; ebenso der zweite und der dritte. Endlich nach langem Harren machte sich der Herr selbst auf den Weg. Oben angekommen, findet er in einem kleinen Haus ein Weiblein, das ihn mit bedächtiger Miene begrüßt und ihm sagt, ihr Mann sei das Nebelmännlein und ein grausamer Feind der Menschenkinder; wolle er das Schicksal seiner Diener nicht teilen, so müsse er sich schleunigst von hinnen machen. Während sie aber noch sprach, hörte man Jemand kommen, und das Weib sagte, ich will Euch verbergen, schlupft da hinunter in den Keller. — Der Ritter folgte dem Wink. Das Nebelmännlein aber ließ sich nicht täuschen. Ich wittere einen Menschen! schnaubte es sogleich beim Eintritt — ein Mensch muß da verborgen sein! und näherte sich dem Kellerloch. Der Ritter, der sich entdeckt sah, trat heraus. Aber wie erstaunte er, als ihn der Alte nicht unfreundlich mit Namen begrüßte. — Woher wißt Ihr, wie ich heiße? fragte verwundert der Ritter. — Ich weiß noch mehr, sagte der Nebelmann, morgen früh wird Eure Gemahlin getraut in der Schloßkapelle zu Bodman; die sieben Jahr, die Ihr bedungen habt, sind längst verflossen. — Den Ritter traf dies Wort wie ein Wetterstrahl; das Nebelmännlein aber fuhr fort: Ich will einen Vertrag mit Euch abschließen — wißt, ich bin der Nebelmann vom Bodensee, und die Nebelglocke, die jeden Abend in Bodman geläutet wird, schlägt mich jedesmal bummelnd um den Kopf — wenn Ihr mir versprecht, das leidige Ding für ewige Zeiten in den Bodensee zu versenken, so will ich Euch noch vor Tagesanbruch in die Heimat schaffen. — Der Ritter willigte ein, worauf das Nebelmännlein einen seiner dienstbaren Geister berief und ihn fragte: wie schnell bist Du? — Wie der Pfeil vom Bogen! lautete die Antwort. — Du bist zu langsam, versetzte der Nebelmann und zitierte einen zweiten: wie schnell bist Du? — So schnell wie der Wind — erhielt er zur Antwort: zu langsam — hieß es, und ein dritter wurde gerufen, der auf die Frage, wie schnell er sei, zur Antwort gab: So schnell wie des Menschen Gedanken! — Gut, versetzte das Nebelmännlein, Du bist der Rechte — auf mit ihm und davon. —

Der Ritter wußte nicht, wie ihm geschah. — Als er erwachte, lag er auf dem „Gänsriedersteg“ bei Bodman. Lieblich von der Morgensonne beschienen, glänzte der See und die hohe, heimatliche Burg; — die Glocken riefen zur Kirche. Bei dem Festmahle, das der Trauung folgte, wird dem fremden im Schloßhof stehenden Pilgrim hereingerufen und ihm ein Ehrenplatz angewiesen; die Braut selbst kredenzt ihm den üblichen Trunk. Der Ritter läßt seinen Ehering in den Wein fallen, und die gute Frau, als sie Bescheid tun will, sieht das Zeichen auf des Bechers Grunde liegen — sie wird aufmerksam — und erkennt in dem Gaste den totgeglaubten Gemahl — und alles endet in Freude, der Ritter aber löst getreulich sein Versprechen wegen des Nebelglöckleins.

Noch soll zuweilen bei niederem Wasserstand die versenkte Nebelglocke gesehen werden. Das Nebelmännlein aber hat seinen Sitz im „Löchle“, einer angeblich unergründlichen Tiefe des See's bei Bodman, welcher Fleck bei größter Kälte niemals zugefriert. In stillen Nächten steigt der silberbärtige Alte auf, beirrend die Schiffleute und beschädigend mit kaltem Reife die Reben. (Aus „Die Insel Mainau und der badische Bodensee“ von Lucian Reich.)

Diese Sage vom Nebelmännlein wird von Anderen mit verschiedenen Abänderungen erzählt. So stellt eine Handschrift aus dem 17. Jahrhundert im Hausarchiv Bodman dieselbe folgendermaßen dar: Herr Hans von Bodman, welcher die ganze Welt durchreisen wollte, und deshalb der Landfahrer hieß, hat bei seiner Abreise in fremde Länder seinen goldenen Ehering vom Finger gezogen, entzweigebrochen und das eine Stück seiner Gemahlin gegeben, damit es ein Kennzeichen seiner Person sein solle, wenn er wieder nach Hause käme; den anderen Teil behielt er für sich. Als er nun lange Jahre ausgeblieben und auf dem Meere auf eine Insel verschlagen worden war, von der er nicht mehr fort konnte, so daß er an seinem Leben verzweifelte, da kam ein wildes Männlein zu ihm und fragte ihn nach seiner Traurigkeit, worauf er ihm sein Schicksal erzählte, und nun von diesem Männlein erfuhr: seine Frau sei im Begriff, sich mit einem Anderen zu vermählen und morgen werde die Hochzeit sein; wenn er ihm jedoch verspreche, daß er in seiner Herrschaft ewiglich nicht mehr gegen den Nebel läuten lassen wolle — weil es seine beste Nahrung aus dem Weinberg „Herrenstein“ der Herrschaft habe —, so werde es ihn ohne allen Schaden aus seiner gefährlichen Lage bringen, so daß er morgen bei seiner Gemahlin sein könne. Nachdem der Herr von Bodman Solches zugesagt — wie es auch bis auf den heutigen Tag gehalten wird -- kam dieses Männlein mit ihm am anderen Tag, als sich die Hochzeitsgesellschaft gerade beim Festmahl lustig eingefunden, zu Bodman an. Herr von Bodman verstellte sich als ein Armer und bat um einen Trunk. Als er solchen erhalten, nahm er einen Schluck aus dem Becher, warf dann seinen halben Goldring hinein und bat, ihn der Hochzeiterin zu präsentieren. Diese erschrak, als sie ihn erblickt, und ließ gleich ihren halben Goldring vom Schreibtisch zur allgemeinen Verwunderung herbeiholen. Da sie nun beide Stücke zusammengefügt, ließ sie den Armen zum Tische führen, wo sie einander als liebe Ehegemahle wiedererkannten und herzlich begrüßten, und diese wunderbare Geschichte nun große Freude erweckte.

Wieder etwas anders gestaltet sich diese Sage, die O. Schönhuth in „Die Burgen, Klöster, Kirchen und Kapellen Badens und der Pfalz“ mitteilt. Hienach wohnte auf der Burg Bodman gegen Ende des 12. Jahrhunderts ein wackerer, stattlicher Ritter, Rudolf von Bodman, welcher mit Kaiser Friedrich I. von Hohenstaufen zur Befreiung des heiligen Landes auszog. Beim Abschied von seiner kurz vorher ihm angetrauten Gattin sagte er zu ihr, wenn er nach Jahresfrist nicht wiederkehre, so solle sie nicht mehr seiner harren. Dann eilte er hinweg und schloß sich mit der hegauischen Ritterschaft dem stattlichen Heere des Kaisers an. Aber der Kreuzzug, so hoffnungsreich begonnen, endete nach dem jähen Tode Barbarossas in den Fluten des Kalykadnus sehr traurig: durch die Streiche der Seldschuken und noch mehr durch das Wüten der Pest ging der größte Teil des einst so bedeutenden Heeres zugrunde, die Wenigen, die noch übrig blieben, mußten umkehren, ohne ihr Ziel erreicht zu haben, und strebten einzeln oder in kleinen

Gruppen der Heimat zu. Unter diesen Wenigen befand sich auch Rudolf von Bodman, traurig, einsam und von Allem entblößt. So zog er eines Tages durch eine öde Gegend, matt und müde, bis er endlich unter einem Palmbaum sich zur langersehnten Ruhe niederlegte und einschlief. Da wurde er von einem kleinen Männlein mit langem weißem Barte geweckt, das ihn in sein unterirdisches Schloß mitnahm und in einen prachtvollen, hellerleuchteten Saal führte. Daselbst stellte es ein ganzes Heer krystallener Krüge auf, gefüllt mit den kostbarsten Weinen aller Länder, worunter auch Weine vom See und Hegau, und reichte dem Ritter auf dessen Verlangen einen Krug mit Königswein von Bodman, den er begierig trank. Dies gab Veranlassung, von der Heimat, von der zurückgelassenen Gemahlin und von der Heimkehr zu sprechen. Da aber die Frist zur Heimkehr längst vorüber war und der Weg so weit, befiel den Ritter eine große Traurigkeit. Nun erbot sich das Männlein, Rat zu schaffen unter gewissen Bedingungen. Hiezu verstand sich sofort der Ritter, der schon längst gemerkt, daß dasselbe kein gewöhnlicher Mensch sei. Da sagte das Männlein: Ihr habt gesehen, Herr Ritter, daß ich ein Liebhaber von Weinen bin, daran ich einen guten Vorrat von allen Arten besitze, den ich nur dem Nebel verdanke; denn was in den Reben aller Länder durch diesen zu Grunde geht, das fällt in meinen Keller; darum nennen mich die Leute insgemein das Nebelmännlein, weil ich vom Nebel meinen Unterhalt ziehe. An Seeweinen bekomme ich bei Weitem am Wenigsten, weil die Leute dort gewöhnt sind, den Nebel durch Läuten zu vertreiben. Das kümmert mich bei den meisten dieser Weine freilich nicht; aber von eurem Königswein möchte ich doch mit Hilfe des mir dienstbaren Nebels mehr erhalten. Wollt ihr nun meine Bitte gewähren, und in eurem Königsgarten nicht mehr läuten lassen, wenn mein Freund Nebel seinen dichten Mantel über denselben ausbreitet, damit auch mir Etwas von seinem köstlichen Rebensaft zufällt?“ — „Von Herzen gern,“ erwiderte Rudolf von Bodman; „es soll von nun an sowohl von mir als von meinen Nachkommen bis auf ewige Zeiten so gehalten werden, wie Du es wünschest, man soll kein Läuten mehr im Königsgarten hören; aber erfüllen mußt auch Du mir, was Du verheißen hast, Freund Nebelmännlein! Hier mein Ritterwort und Handschlag!“ — „Von mir ein Gleiches,“ sprach das Männlein, indem es des Ritters kräftigen Handschlag erwiderte. Zur Besiegelung des Vertrags wurde nun dem Wein beiderseitig wacker zugesprochen, und noch mancher Humpen geleert. Bei Rudolf äußerte sich bald die Kraft dieses edlen Saftes, während das Männlein noch manchmal den Becher führte. Freund Nebel stellte sich ein und wiegte unsern Ritter in süßen Schlummer. — — — Als er andern Morgens erwachte, lag er am Ufer des heimatlichen Sees.

Er glaubte noch zu träumen, aber deutlich sah er vor sich die Burg Bodman. Nun erhob er sich und schritt empor. Da hörte er von der Höhe herab lustige Musikweisen und traf festlich gekleidete Leute. Niemand wollte ihn durch das Burgtor einlassen; er aber drängte sich gewaltsam ein und trat ungehindert in das wohlbekannte Gemach der Burgfrau. Diese saß trauernd da, denn heute sollte sie einem zudringlichen, schon oft abgewiesenen Freier die Hand vor dem Altare reichen. Als der Fremdling in armseligem Gewand eintrat und erklärte, er komme aus Palästina, da frug sie gleich nach ihrem Gemahl und gab dem Gaste zur Labung einen Becher edlen Königsweins. Dieser trank und ließ dann seinen Ehering in den Becher fallen. Kaum erblickte Adelheid das Kleinod, als sie mit freudigem Erstaunen fragte, woher der Ring sei? und stürzte, da der Ritter sich hierauf zu erkennen gab, in seine Arme. Plötzlich drang der Bräutigam herein und überhäufte die Glücklichen mit Schmähungen, worauf sich zwischen beiden Männern ein Zweikampf entspann, der mit der Niederlage des Freiers endete. Dieser erkannte hierin ein Gottesurteil und die bisherigen Gegner schlossen Frieden und Freundschaft. Nun kamen sämtliche Burgleute voll Freude ob der Wiederkehr ihres geliebten Herrn und der Tag endete in allgemeiner Freude. (Nach O. Schönhuth „Die Burgen rc.“)

In einer andern Überlieferung aus dem Volksmund kommt der Ritter von Bodman auf seiner siebenjährigen Reise bis an's Ende der Welt durch eine weite Wüste zu einer hohen Mauer. Um zu erfahren, was dahinter sei, hilft er seinen zwei Dienern nach einander hinaufsteigen; sie springen aber auf der andern Seite hinab und kehren nicht wieder. Die Mauer führt um den Paradiesgarten. Allein kann der Ritter nicht hinaufklettern. Bald kommt er zum Hause eines kleinen Menschenfressers, des Nebelmännleins. Das Weitere ist dasselbe wie in der Hauskronik erzählt wird. Als der Herr von Bodman heimkommt, erkennt ihn Niemand, selbst seine Frau nicht, welche gerade ihre Hände im Waschwasser wusch. Da zieht er seinen Ehering vom Finger und läßt ihn hineinfallen rc. (E. Meier, Volksmärchen aus Schwaben; vergl. auch Waibel's badisches Sagenbuch.)

Wie zu ersehen, haben alle diese Darstellungen der Sage vom „Nebelmännlein“ einen befriedigenden, heiteren Schluß, Alles endet in Freude. Aber es gibt auch noch einen ernsten, einen tragischen Ausgang — ebenfalls im Volksmunde, wie auch in schriftlichen Überlieferungen — indem an die Sage vom „Nebelmännlein“ ein Jahrhunderte späteres Ereignis, nämlich der Schloßbrand vom Jahre 1307 und die wunderbare Errettung des jüngsten Bodman'schen Sprößlings durch die treue Amme angeknüpft wird, wie Solches in der folgenden Sage geschildert ist.

30. Die treue Amme auf Bodman.

Im Jahre 1307 brannte die Burg Bodman nieder, als in Abwesenheit des Burgherrn Hans von Bodman die meisten Glieder und Anverwandten des Hauses bei einem Gastmahl auf der Burg versammelt waren. Ein schreckliches Gewitter war losgebrochen, ein Blitzstrahl hatte in den Saal eingeschlagen, wo die Gäste versammelt waren, und in wenig Augenblicken war der ganze Bau in Flammen gestanden. Alle, die darinnen waren, kamen im Feuer um. So viel ist geschichtlich — die Sage aber erzählt auch von der Rettung des noch minderjährigen Söhnleins des abwesenden Burgherrn.

Unter den Bewohnern des brennenden Schlosses befand sich die Amme des jüngsten Sohnes des Burgherrn, Namens Adelheid. Während nun Allen der sichere Tod vor Augen schwebte, war diese treue Amme nur darauf bedacht, den ihr anvertrauten Säugling und gleichsam die letzte Hoffnung des uralten Bodman'schen Geschlechts zu retten. In aller Eile und Aufregung nahm sie aus der Küche einen kupfernen Kessel, legte das Kind hinein, wickelte es in die Bettlein, machte hierauf das Geschirr fest zu, jedoch nur soweit, daß das Kind noch Luft schöpfen konnte, eilte zum Fenster und schrie der unten stehenden Volksmenge, welche zwar helfen wollte, aber wegen der brennenden Stiegen und Zugänge nicht konnte, mit lauter Stimme zu: daß sie dieses Kind dem Schutz der Allerheiligsten Dreifaltigkeit und des hl. Johannes des Täufers, dessen Namen es führte, hiemit befehle, und ließ es den steilen Berg hinabgleiten. Bald darauf wurde das Schloß samt allen Inwohnern von dem wütenden Feuer verzehrt. Das Kind aber wurde durch die Hand des Allerhöchsten wunderbar am Leben erhalten. Der Kessel blieb im Gestrüpp des Berges hängen, — noch jetzt zeigt ein Bildstöcklein am Berghang diese Stelle — das Kind wurde von den unten stehenden

Leuten gefunden und weggetragen, und dann von den auf der benachbarten Burg Kargeck wohnenden Seitenverwandten des Geschlechts erzogen.

Als nun der Burgherr Hans von Bodman wieder in die Heimat zurückkehrte und von dem Unglück, das sein Geschlecht und seine Burg betroffen, auch von der wunderbaren Errettung seines jüngsten Söhnleins hörte, da ließ er auf der Stelle des Schlosses eine Kapelle zu Ehren „Unser lieben Frauen“ erbauen, weshalb der Hügel von nun an Frauenberg genannt wurde. Vorerst machte er eine Stiftung, wonach er den Grund, auf dem das Schloß gestanden, nebst allem Zugehör an Wiesen, Gärten und Wäldern dem Kloster Salem übergab mit der Bestimmung, daß zwei Salemer Mönche ständig daselbst wohnen und in der Kapelle täglich Messe lesen sollen zum Gedächtnis und für das Seelenheil der anno 1307 durch den Blitz umgekommenen Glieder der Familie von Bodman. Diese Stiftungsurkunde — deren Ächtheit allerdings fraglich — ist noch vorhanden, ebenso der eherne Kessel, in dem das Kind gerettet worden. Er ist von eigentümlicher Form und verengt sich oben; sein Umfang ist nicht bedeutend, aber doch so groß, daß man bequem mit beiden Füßen hineinstehen kann. Nach mündlicher Überlieferung war dieser Kessel im Laufe der Zeit in verschiedene Hände gekommen, bis ihn später ein Herr von Bodman wieder erwarb, und zwar soll ein ganzer Bauernhof der Kaufpreis gewesen sein. Gäste des Schlosses werden jeweils eingeladen, in diesem Kessel stehend, einen gläsernen Humpen voll Weins auf das Wohl des Geschlechtes Bodman zu trinken. (Vergl. das Gedicht von G. Schwab: „Im kupfernen Kessel von Bodman zu singen“.) In der Kapelle auf dem Frauenberg ist die Rettung des einzigen Stammhalters der Bodman'schen Familie auf einer Tafel abgebildet, mit vielen Figuren in Lebensgröße. Ebenso findet sich noch ein sehr altes Gemälde des Schloßbrandes im Salemer Kloster bezw. Schloß. Auch ist bekannt, daß seit jenem

Ereignis jedes Glied der Freiherrlichen Familie von Bodman neben dem Taufnamen noch den Namen Johannes führt. Diese Tatsachen verleihen der Sage eine geschichtliche Begründung, wie denn überhaupt in den verschiedensten Darstellungen des Schloßbrandes und der Errettung des jüngsten Sprößlings von Bodman Geschichte und Sage mit einander vermengt sind.

Vielleicht gleichzeitig mit diesem Muttergotteskirchlein wurde auf dem gegenüberliegenden, durch eine tiefe Schlucht vom Frauenberg getrennten Hügel ein neues Schloß, darin eine ganz „vergüldete Stube“, als nunmehriger Sitz des Geschlechts erbaut, welches die „neue Burg“ oder auch kurz „Neubodman“ hieß. Im dreißigjährigen Krieg wurde diese neue Burg zerstört; am 15. August 1643 ließ der französische General Graf Corval, Kommandant von Überlingen, dieselbe niederbrennen, nachdem er zuvor mit seinen Offizieren daselbst ein Zechgelage abgehalten hatte. Sie blieb nun eine Ruine und wurde als solche später „Altbodman“ genannt zur Unterscheidung von dem unten im Dorf unweit der Kirche im Anfang des 18. Jahrhunderts erstellten stattlichen Herrenhaus mit zwei vorspringenden Flügeln, das noch heute der Wohnsitz des Geschlechts Bodman ist. (Frei zusammengestellt nach O. Schönhuth: „Die Burgen, Klöster, Kirchen und Kapellen Badens und der Pfalz“, G. Schwab: „Der Bodensee 2c.“, „Apiarium Salemitanum“, „Geschichte der Freiherrn von Bodman“, Schriften des Vereins für Geschichte des Bodensees, „Badisches Sagenbuch“ von Waibel 2c.)

Auch von dieser Sage gibt es verschiedene Darstellungen, und zwar ebenfalls in schriftlichen Überlieferungen wie auch im Volksmund.

So ist in der Chronik dieses Ereignis folgendermaßen erzählt: Anno Domini .... lebte ein Ritter von Bodman, welcher drei verheiratete Töchter hatte und zwei Söhne, von denen der eine Konrad hieß und unverheiratet war, der andere Hans. Letzterer war kaum ein Vierteljahr alt, als die Mutter starb. Solches nahm sich der Ritter derart zu Herzen, daß er sich vornahm, in die Welt hinaus zu reisen und erst nach Jahren wieder zu kommen. Deshalb befahl er seine beiden Söhne, auch Haus und Hof, dem allmächtigen Gott und seiner lieben Mutter, und zog fort in fremde Lande, wo er Allerlei erlebte, auch viel ritterliche Taten beging. Einmal traf er auf seiner Reise, weitab von aller menschlichen Wohnung, ein kleines Männlein, das ihn ansprach, dann mit sich in seine Behausung mit lauter Laub und Gras überwachsen führte und allda mit Speise und Trank wohl hielt. Mancherlei Wein wurde ihm vorgesetzt, worunter eine Sorte ihm wie Bodmaner Wein schmeckte. Hierüber befragt, gestand das Männlein: es sei kein natürlicher Mensch, sondern der Nebel, darum könne es von den meisten Ländern Wein bekommen, denn was vom Nebel in den Weinländern verdirbt, das komme ihm zu Nutz; dabei hat es ihn belehrt: so er zu ewigen Zeiten seine Reben zu Bodman vor Nebel und Schaden behüten wolle, so solle er nicht mehr im Flecken Bodman wider den Nebel läuten lassen, um ihn zu vertreiben; dann werde seinen Reben zu Bodman kein Nebel mehr Schaden tun. Dies versprach ihm der von Bodman, worauf sie von einander schieden. Zum Abschied sagte ihm noch das Männlein, es sei Zeit, daß er wieder der Heimat zu gehe. Das versprach Herr Hans und führte es auch aus. Mittlerweile aber ist im Schloß zu Bodman Lorenz Keller gewest, wie denn geschieht, wenn die Katz aus dem Haus, so tanzet die Maus. Da sind die Tochtermänner und Schwäger samt ihren Weibern mehrmals nach Bodman gekommen und war alles Trauern um die liebe gute Mutter vergessen. Insonderheit kamen dahin auf St. Johannes Sonnenwende Abend, es war ein Samstag, Ritter Hans von Schellenberg mit seiner Hausfrau Anna geborene von Bodman, Heinrich von Blumeneck mit seiner Hausfrau Adelheid geborene von Bodman und Gottfried von Krähen samt seinem Weib Catharina geborene von Bodman. Diese alle drei waren Schwestern und des alten Herrn Hans von Bodman Töchter. Sie wurden von ihrem Bruder und Schwager Conrad von Bodman gut empfangen und aufgenommen, und waren den Abend ganz fröhlich, fingen nach dem Nachtessen zu tanzen an und trieben allerlei Kurzweil. Unterdessen kam ein großes Unwetter mit Donner und Blitz über das Schloß. Gegen Abend spät zeigten sich feurige Kugeln und Strahlen über dem Schloß. Dieses Wunderzeichen meldeten die Wächter den Edelleuten, welche sich jedoch in ihrem Vergnügen nicht stören ließen, sondern weiter tanzten. Bei angehender Nacht aber ließen sich die feurigen Kugeln herab und schlug der Donner mit Blitz dermaßen ins Haus, daß gleich der obere Teil des Schlosses voll Feuer war, und da die alten Schlösser größtteils hochgebaut und nur hölzerne Stiegen hatten, ohne irgend einen weitern Ausgang, da war auf einmal

Jammer und große Not, denn nirgends war mehr eine Rettung. Da gaben Alle die Hoffnung auf, baten Gott um Gnad und Verzeihung und ergaben sich geduldig in den Tod. Alle verbrannten zu Asche samt dem Schloß, desgleichen noch die Frauen, worunter Adelheid, die Säugamme des jungen Hans von Bodman, der noch in der Wiege lag. Diesen hat sie in allem Jammer in viel Windeln und Lumpen eingewickelt und in einen großen ehernen Hafen, der gerade bei der Hand, gesteckt und im Namen des allmächtigen Gottes und unsrer lieben Frauen zum Laden hinausgeworfen, und so gerettet. Denn er ist gleich von den Nachbarn und seinen Verwandten erzogen worden. Diese Geschichte ist geschehen an einem Samstag St. Johannis des Täufers spät gegen Nacht 1307. Bald nach dieser traurigen Geschicht ist der alte Herr Hans von Bodman zurückgekehrt, aber zuerst ins Salemer Kloster gegangen, wo die von Bodman ihr Familienbegräbnis gehabt, überdies ihm der Abt sehr bekannt war. Da er nun nicht länger bleiben wollte, erzählte ihm der Abt schonend das Unglück und bat ihn, daß er Alles Gott befehlen und ihm danken solle, daß er seinen jungen Sohn so wunderbar erhalten. Mit großem Schmerz vernahm der alte Herr Hans von Bodman diese Geschichte, ging dann nach Haus, nahm seinen jungen Sohn zu sich und erzog ihn getreulich. Und von diesem Hans von Bodman stammten alle spätern Bodman ab. (Nach O. Schönhuth: Die Burgen, Klöster, Kirchen und Kapellen Badens und der Pfalz 2c.“)

Auf sehr abweichende Weise bringt das schweizerische Heldenbuch von 1624 den Schloßbrand mit der Nebelsage zusammen: Um das Jahr Christi ein tausend drei hundert und acht lebte Johann von Bodmann, des uralten adelichen Geschlechts am Bodensee, welcher in seiner Jugend ganz wunderlich bei dem Leben erhalten worden, so sich also zugetragen. Es kam ein Schwarzkünstler und fahrender Schüler an diesen Ort, welcher dem Herrn zugesagt und versprochen, er wolle durch seine Kunst zuwege bringen, daß forthin in derselben Gegend um den Bodensee herum kein Nebel oder Reif den Weinreben mehr Schaden bringen solle, welches man ihm aus vorgehenden Thaten geglaubt und große Freud gehalten. Als nun das ganze Hausgesind mit samt den Junkherrn fröhlich getanzt, schlug unversehens ein feuriger Strahl in das Schloß, also daß es an allen Orten anfing zu brennen. Daselbst sind sieben Edelmänner mit sammt dem Hausgesind, Knechten und Mägden, jämmerlich zu Grund gangen. Zu dieser Stund erbarmet sich die Säugamme gar sehr ihres jungen Kindes, und weil sie bessers nicht mögen, erwischte sie einen ehrnen Hafen, setzt das Kind darein, machte viel Tücher zu Ring um es, damit es wohl befestigt wurde, und warf es von einem hohen Thurm über das Schloß hinaus, da es dann auch am Leben erhalten, und von dem zulaufenden Volk erkennet und hingetragen worden. Dergestalten war Johannes allein von diesem Geschlecht damalen überblieben, auch in allen Tugenden auferzogen. Sobald er auch erwachsen, ist er dem kaiserlichen Feldlager nachgezogen und hat sich dermaßen wohl gehalten, daß er zum Ritter geschlagen worden. Nach diesem kam er wieder heim, erneuerte seiner Vorfahren Wohnung, und hielt sich dergestalt löblich, daß ihn mäniglich sehr geliebet. Es sind seine Nachkommen alle von ihm her Johannes geheißen und in dem Kloster Salmannsweiler ehrlich zur Erden bestattet worden, da dann diese Historien an eine Tafel gemalet.

Wiederum anders stellt der Mund des Volkes diese Sage dar: Die Burgfrau — heißt es da — will den durch lange Jahre und Mühseligkeiten gealterten Gemahl bei seiner Rückkehr nicht mehr erkennen, worauf dieser des Himmels Strafe und Verderben über die Ungetreue und das ganze Haus herabruft. Sogleich erfüllt sich die Verwünschung. Ein Gewitter zieht am Himmel auf und ein Blitzstrahl entzündet die Burg, in welcher Alle den Tod finden, mit Ausnahme des jüngsten Sprößlings eines anwesenden Ritters von Bodman, der durch die Geistesgegenwart der Amme gerettet wird. (Aus „Lucian Reich: Die Insel Mainau 2c.“)

---

31. Glockenläuten ruft zum Eintritt in's Kloster.

Auf dem Hofe des Königs Pipin am Bodensee befand sich ein Mann, Namens Grimold. Er war in einer Nacht außen, um mit andern Wächtern die Pferde zu hüten. Als er abgelöst worden und sich zur Ruhe niedergelegt hatte, hörte er im Schlafe Glockenklang. Wie er sich umschaut, erblickt er einen lichtgekleideten Jüngling. Diesen fragt er: „Wo ist o Herr, dieses so süße Geläute von Glocken, das ich höre?“ Jener spricht: „Zu Ellwangen.“ Grimhold erwacht und denkt ängstlich nach, wo dieser Ort sein möchte.

Nun lebte damals auf dem Hofe ein Bruder Hariolfs, Franco, der die Abtei Ellwangen gestiftet; der bemerkt, wie Grimold sich von Tag zu Tag mehr umwandelt; endlich fragt er ihn, ob er wohl Mönch werden wolle. Da erzählt ihm Grimold seinen Traum, und als er gehört, daß der von Hariolf gegründete Ort Ellwangen heiße, machte er sich sehnsüchtig auf den Weg dahin und wurde zum Mönch geweiht. (Uhland, Bodman in Germania IV, S. 39. Mon. Germ. XII, 13.)

---

32. Das Fräulein von Kargeck und der Ritter von Haldenburg.

Am jenseitigen Ufer des Überlingersees hebt sich vom waldigen Ufer ein steiler Fels ab, auf dem die Burg Kargeck gestanden. Vor vielen Jahren lebte auf dieser Burg ein Ritter mit seiner Tochter Fortunate, welche den Besitzer der gegenüberliegenden Haldenburg liebte. Der Vater des Fräuleins aber wollte diese Minne nicht dulden, weshalb die Liebenden eine List ersannen, um trotz dem Verbot des Vaters zusammen zu kommen: jeden Abend, wenn das Burgfräulein allein war, stellte sie ein Licht an's Fenster; sobald der Ritter von Haldenburg dieses Zeichen sah, schwamm er über den See zu seiner Geliebten. Wenn dann der Himmel zu dämmern begann, kehrte er auf gleiche Weise zurück. Lange ging es so ganz gut. Als aber eines Morgens der Jüngling heimkehren wollte, überraschte ihn mitten auf dem See ein heftiger Sturm, vergebens kämpfte der Schwimmer gegen die gewaltigen Wogen; die Kräfte verließen ihn und die Fluten zogen ihn hinab. Nach kurzer Zeit gab der See sein Opfer zurück. Das Fräulein aber entsagte der Welt und ging ins Kloster. Sie war die Letzte ihres Stammes. Burg Kargeck ward im Bauernkrieg zerstört.

Dieselbe Sage geht auch von den diesen benachbarten Burgen Bodman und Hohenfels: ein Ritter von Hohenfels schwamm mit einem brennenden Licht auf dem Kopf, als Wegleuchte und zugleich als Signal, zu einem Fräulein von Bodman über den See; einst aber ward er vom Sturme überrascht, welcher das Licht auslöschte und den Ritter in der Tiefe begrub; das Fräulein nahm den Schleier. (Mündlich. Auch in X. Staiger: „Die Stadt Überlingen“; Dr. Müller: „Die Mineralquell- und Seebade-Anstalten in Überlingen“; Dr. Magg: „Grundrisse zu Holzschnitten“.)

33. Das leichte Schneiderlein.

Der Halbmond ist eine schroff ansteigende Felswand unweit der Kargeck. Ein harmloses Schneiderlein aus einem nahen Dorfe suchte einst hier im Walde nach Haselnüssen. An der dicht bewachsenen Felswand macht er einen Fehltritt und stürzt in die Tiefe. Als er aus der Betäubung erwacht, ist er völlig unverletzt. Da gelobt er eine Wallfahrt nach Einsiedeln, um dort dem Gnadenbilde so viele Pfund Wachs zu opfern, als sein eigenes Körpergewicht betrage. Am fernen Gnadenort angekommen, läßt er sich wägen. Und siehe! sein Gewicht beträgt kaum zehn Pfund. Mißtrauisch besteigt er die Wagschale zum zweiten Mal. Da zieht er gar bloß noch fünf Pfund. Jetzt merkt er, wie gut es die Muttergottes mit ihm meine. Er opfert gläubig nach Maßgabe des reduzierten Gewichts und zieht fröhlich von hinnen. (L. Reich: Insel Mainau, S. 234.)

Espasingen.

34. Geist bei Espasingen.

Dem Abte Hans von Petershausen, der das herabgekommene, überschuldete Kloster durch weise und sparsame Verwaltung wieder emporgebracht, ist einstmals etwas Sonderbares begegnet. Als er zur Herbstzeit in Petershausen früh aufgebrochen, um im Hegau seinen Geschäften nachzugehen — wie er überhaupt meist Alles selbst getan, wenn es auf dem Land etwas zu schaffen gab — und bei Nacht durch die Wälder kam und bei dem Dorf Espasingen über ein Moor reiten wollte, sah er, als eben der Tag anbrach, wie ihm dünkte, einen Menschen neben sich gehen, konnte ihn aber doch wegen des Nebels nicht recht sehen. Der Abt war so sehr in seine Gedanken vertieft, wie er des Klosters Nutzen schaffen, die Schulden bezahlen, auch die zerfallenen und abgegangenen Gebäude wieder ausbessern wollte, daß er dessen, so neben ihm ging, nicht achtete. Als sie nun beide schier bis zur Mitte des Moores kamen, wo der Weiher am tiefsten war, da ergriff der, der neben ihm ging, den Zaum des Rosses und führte es mit Gewalt bis zum äußersten Rand gegen den Weiher. Der Abt merkte immer noch nichts; aber als der Geist das Roß, welches stutzte, ins Wasser stürzen wollte, gab der Allmächtige dem Abt die Gnade, daß er den Trug wahrnahm. Weshalb er überlaut schrie: „Hilf, Herr Gott! Hilf, heiliger Gebhard!" Und konnte er anfangs bloß das Roß so weit herumbringen, daß er mit ihm nicht tiefer ins Wasser geriet. Der böse Geist war verschwunden; aber Abt Hans ist desselbigs Tags wohl ermuntert gewesen, ihm war die Lust zum Phantasieren vergangen. (Nach der Zimmern'schen Chronik. II. 482.)

Raithaslach.

35. Der Hungerbrunnen bei Raithaslach.

Raithaslach, ein kleines Dorf des Amtsbezirks Stockach, ist sehr alt, und wird urkundlich schon 1146 genannt; es gehörte bis 1805 zur vorderösterreichischen Landgrafschaft Nellenburg, war 1805—1810 württembergisch und kam dann an Baden.

Auf der Gemarkung Raithaslach ist eine Quelle, welche nur fließt, wenn ein allgemeines Unglück — Hungersnot, Feindeseinfall und dergl. — das Land trifft. Das letzte Mal floß die Quelle im Jahre 1848, da der Bürgerkrieg ausgebrochen; dagegen floß sie im Jahre 1870 nicht. Deshalb sagten damals die Raithaslacher: „Die Franzosen kommen nicht, denn der Hungerbrunnen fließt nicht." (Mündlich.)

Dingelsdorf.

36. Die Gründung der Heiligkreuz-Kapelle in Oberdorf bei Dingelsdorf.

Eine halbe Stunde von Dingelsdorf liegt einsam am Walde auf der Höhe, von der man eine prachtvolle Aussicht auf den See und das schwäbische Ufer genießt, der Weiler Oberdorf, der schon 1165 urkundlich genannt wird, Filial von Dingelsdorf ist und bis 1805 der Deutschordens-Kommende Mainau gehörte. Auf freiem Rasenplatz steht ein kleines, einfaches Kirchlein mit einem Türmchen auf dem vorderen Dachfirst und darunter eine nach Außen gerichtete Kanzel. Es ist dies die „Heiligkreuzkapelle", so genannt nach einem alten Prozessionskreuz, das auf dem Altar hinter Glasverschluß aufgestellt ist.

Dieses Heiligkreuz von Oberdorf wurde vor alter Zeit auf wunderbare Weise gefunden: auf dem Platze, wo jetzt die Kapelle steht, weidete eine Herde Vieh; da wühlte ein Stier mit den Hörnern den Boden auf und scharrte aus der Erde ein seltsam geformtes, etwa ein Meter großes Kreuz heraus, von dem Niemand vorher etwas gewußt. Das Volk erblickte hierin ein Wunder und verehrte das Kreuz wie ein Heiligtum. Auf der Stelle, wo das Kreuz gefunden wurde, baute man eine Kapelle und stellte das Kreuz darin auf, zu dem nun viele Leute wallfahrten. Die Dingelsdorfer wollten das Kreuz in der Pfarrkirche aufstellen, da dort mehr Platz für die Leute sei; eines schönen Tags holten sie deshalb mit Kreuz und Fahnen aus der Oberdorfer Kapelle das „Heiligkreuz" und verbrachten es in die Dingelsdorfer Kirche; andern Tags aber war dasselbe wieder wie bisher auf dem Altar der Oberdorfer Kapelle, wo es von nun an unbehelligt blieb. Nur zu Prozessionen, die von der Mutterkirche Dingelsdorf ausgehen, wird das „Heiligkreuz von Oberdorf" dahin gebracht und geht mit der Prozession, nach deren Beendigung es wieder an seine alte Stelle kommt.

Übrigens sollen — nach andern Mitteilungen — weder die jetzige Kapelle noch das Kreuz die ursprünglichen sein; die alte Kapelle soll schon längst zerstört und an deren Stelle die jetzt bestehende erbaut, und das ursprüngliche Kreuz dereinst geraubt und statt dessen das jetzige hergestellt worden sein. Sei dem wie ihm wolle! Das „Heiligkreuz von Oberdorf", wie es noch jetzt auf dem Altar der Kapelle steht, ist ein altertümliches Kreuz in Deutsch-Renaissance mit späteren Zutaten, etwa ein Meter hoch, mit Messingblech überzogen und mit Rankenornamentsilberbeschläg eingefaßt. Die Vorderseite trägt an der Kreuzung ein großes Ornamentmedaillon und darüber wie auch an den Kreuzarmen kleine Medaillons aus farbigen Glasperlen; die Rückseite hat auf dem Kreuzmittel ein kleines Silberrelief „Madonna mit dem Jesukind auf der Mondsichel", desgleichen geflügelte Engelsköpfchen in den Kreuz-Enden und dazwischen wieder allerlei Glasperlenmedaillons. Das Kreuz ruht auf breiter Holzbasis, deren obere schwarz angestrichene Hälfte hohlkehlenartig geschnitzt ist, während die untere braunfarbige karniesförmig. Das Ganze ist in einem Rokokoschränkchen aufbewahrt. Zum Mitführen bei Prozessionen u. s. w. ist ein besonderer Tragapparat vorgesehen.

Mainau.

37. Die Träne des Seraphs oder die Entstehung der Insel Mainau.

Als einst die schöne Erde geschaffen ward,
Und der Gebirge Lasten sich türmeten,
Und in der heil'gen Luft der Vogel
Flatterte, leise sein Loblied zwitschernd;

Als in den Meeren Fische sich tummelten,
Und in der Wildnis tönte das erste Mal
Des Löwen Ruf, in stiller Eintracht
Jedes Geschöpf sich des Lebens freute:

Da sah der Menschheit Seraph erstaunend drauf,
Und freudig lächelnd preiset er Gottes Macht
Einstimmend in den Chor der Engel,
Welche erhoben des Schöpfers Güte.

Doch als aus toter Erde der erste Mensch
Erstund auf Gottes mächtiges Schöpferwort,
Da perlte an des Seraph's Auge
Dankend die heilige Zähr' der Freude.

Und sie entfiel ihm, fiel in den Bodensee,
Und blütenduftend tauchte die Mainau auf.
Und seither glänzt sie wie ein Demant
In des azurenen See'es Fläche.

Im jungen Frühling bist du ein Blumenfeld,
Im Herbste glühet golden die Traub' auf dir.
O schönes Eiland! möchten immer
Tränen des Dankes dich sanft befeuchten.

Sigmaringen. Dr. Theodor Bilharz. 1840.

---

38. Die Maid von Bodman.

Ein Fräulein von Bodman, eine Waise, hatte von ihrer Mutter große Güter am Bodensee, und unter denselben auch die Mainau, mit Dörfern, Weilern und Höfen erhalten. Sie war einem jungen Ritter von Langenstein mit Liebe zugetan, dessen Vater solche billigte. Schon war die Zeit nahe, welche Beide für immer verbinden sollte, als plötzlich der alte Ritter von seinem Lehensherrn, dem Abt in der

Reichenau, zu einem Kreuzzuge nach Jerusalem aufgefordert wurde. Da er aber wegen seiner Gebrechlichkeiten diesem Rufe keine Folge leisten konnte, so trat sein Sohn für ihn in das Heer der christlichen Kämpfer.

Im Kampfe gegen die Sarazenen wurde er verwundet, gefangen und tief in's Land der Araber geschleppt. Jahrelang hatte er schon alle Leiden einer harten Sklaverei ertragen, und fast auf jede Hoffnung einer Befreiung Verzicht geleistet, als ihm einstmal im Traume der Gedanke kam, sich selbst und seine Geliebte Gott aufzuopfern. Sogleich tat er bei sich selbst das Gelübde, in einen geistlichen Orden zu treten, wenn ihm das Glück zu Teil würde, das Vaterland wieder sehen zu können.

Sein Wunsch erfuhr eine schnelle Erfüllung; denn schon am folgenden Abend fand er seine Gefängnistüre offen. Mit wenigen Lebensmitteln beladen, flüchtete er unter namenlosen Entbehrungen durch die Wüste dem Ufer des Meeres zu, wo ihn ein christliches Schiff aufnahm und an dem heimatlichen Strande an's Land setzte.

Jetzt kannte er keine heiligere Pflicht, als zum Landkomthur von Altshausen zu eilen und um Aufnahme in den Orden zu bitten, dessen vorzüglichste Aufgabe der Kampf gegen die Heiden war. Als gebildeter und tapferer Ritter ward er gerne aufgenommen und auf sein eigenes Verlangen mit mehreren jüngeren Ordensbrüden nach dem heidnischen Preußenlande gegen ein tapferes, seinen vaterländischen Boden verteidigendes Volk geschickt.

Als die Kunde von Langensteins Rückkehr auch zu seiner früheren Braut gedrungen war, kehrte diese aus dem Kloster, wohin sie sich vor den Liebeserklärungen vieler Bewerber geflüchtet hatte, in ihre Burg Bodman mit der süßesten Hoffnung einer baldigen ewigen Verbindung mit dem Auserwählten ihres Herzens zurück. Aber sie sollte bitter enttäuscht werden. Ein Jugendfreund ihres Geliebten überbrachte ihr den letzten Gruß desselben.

Für sie nun hatte das Leben keinen Reiz mehr. Ihr ganzes Sinnen und Trachten ging fortan nur noch dahin, dem einst so heiß Geliebten ein Zeichen ihrer ewigen Anhänglichkeit zu geben. Sie begab sich deshalb zum Landkomthur nach Altshausen, und stellte an denselben die Bitte, Hugo von Langenstein zum ersten Hauskomthur in der Insel Mainau zu ernennen, welche sie dem deutschen Orden schenken wolle.

Dieser wies sie mit ihrem Gesuche an den obersten Meister des Ordens, der ihre fromme Bitte gewährte. (Aus dem altdeutschen Gedichte von Littower von Meister Sepp von Eppishausen [Frhr. v. Laßberg]. Vergl. das gleichnamige Gedicht von G. Schwab in „Der Bodensee nebst dem Rheintal 2c. Stuttgart und Tübingen 1827“.)

39. Das Schwedenkreuz bei der Mainau.

An der Westseite des vom Ufer nach der Insel Mainau führenden Dammes steht mitten im Wasser das sog. „Schwedenkreuz“. Es ist dies eine in vorzüglichem Bronzeguß ausgeführte Kreuzigungsgruppe „Christus zwischen den beiden Schächern“, in Lebensgröße, sehr naturalistisch gehalten, auf einem Spätrenaissanceständer. Auf beiden Seiten des mittleren Kreuzes steht die Jahrzahl 1577 und eine Inschrift, wonach „der Deutschordens-Komthur Werner Schenk von Stauffenberg — reg. 1569—1577 — dieses Denkmal zum Lob und zur Ehre unseres Heilandes und Erlösers hat errichten lassen,“ laut mündlicher Ueberlieferung nach einer glücklich vollbrachten Meerfahrt.

Als die Schweden die Insel Mainau eingenommen hatten, warfen sie diese Kreuzigungsgruppe um, zogen sie dann wieder aus dem See heraus, luden sie auf einen Wagen mit zwei Pferden und fuhren damit fort. Am Berg von Litzelstetten hielt der Wagen und war nicht mehr von der Stelle zu bringen, obgleich die Schweden zuletzt zwölf Pferde daran gespannt hatten. Sie ließen ihn nun mit seiner Ladung, aber ohne die Bespannung, stehen, worauf Bauern ihn mit zwei Pferden ganz leicht zurückführten und das Kruzifix nebst den Schächern am vorigen Platz wieder aufstellten. (Nach Fr. X. Kraus „Die Kunstdenkmäler des Kreises Konstanz"; L. Reich „Die Insel Mainau"; B. Baader „Volkssagen aus dem Lande Baden").

Im Ried zwischen Mainau und Egg, oberhalb der von Litzelstetten nach Allmannsdorf ziehenden Landstraße, geistet es. Manchmal wurden dort feurige Erscheinungen beobachtet. (Mündlich.)

Meersburg

mit Hagnau, Immenstaad und Umgegend.

40. Das zugemauerte Tor oder Zwingtor.

„Meersburg ist ein gar alter Platz" sagt Stumpf in seiner Schweizer Chronik. Schon zur Zeit der Kaiserin Helena (um 300) soll auf dem Stein am tiefen See eine heilige Frau Clareta gelebt haben, die oft Erscheinungen hatte. Einer solchen zufolge riet sie den Kranken der Umgegend auf den „Heiligen Berg" zu pilgern, damit sie wieder geheilt würden. Ihr Rat wurde befolgt und die Kranken genasen. Den hohen, viereckigen, aus Findlingsblöcken auf dem einzeln stehenden Felsen aufgeführten Turm — dem ältesten Teil des alten Schlosses — soll der merowingische König Dagobert zum Schutz der Schiffahrt erbaut haben. Nachher soll der fränkische Majordomus Karl Martell diese Felsenburg bewohnt haben, als er gegen die aufrührerischen Allemannen zog, worauf die ehedem am Turm eingehauenen Buchstaben C. M. deuteten. Unter den Hohenstaufen kam Meersburg an das Bistum Konstanz. Aus der Schiffslände hatte sich allmählig ein größerer Ort entwickelt, eine Stadt, welche durch Gräben, Türme und Tore geschützt war. Heute sind die Gräben größtenteils ausgefüllt, die meisten Tore abgebrochen.

Oberhalb der Stadt, in der Nähe der Kirche, stand dereinst das sog. „Zwingtor" oder das „zugemauerte Tor", welches seinen Namen daher hatte, weil außer dem Bischof Niemand hier durchgehen durfte. Einmal wollte nun ein Ritter durch das Tor gehen, ein Bürger aber verwehrte es ihm. Darob kam es zum Streit, wobei der Ritter den Bürger niederschlug. Dem Unterlegenen eilten Männer zu Hilfe, worauf der Ritter sich in die Burg des Bischofs flüchtete, die hinter ihm sofort verrammelt wurde. Die Bürger, über den Tod ihres Mitbürgers empört, und jetzt durch den Schutz, den der Ritter im Schlosse fand, mehr erbittert, verlangten die Auslieferung des Mörders, die jedoch verweigert wurde, worauf sie das Schloß erstürmten. Aber der Bischof samt dem Ritter hatte sich bereits durch einen unterirdischen Gang, der vom Schloß herab durch den Domkapitelstorkel, von da durch den hintern Seetorturm zum Kapitelshof (jetzt Gasthof zum „Schiff") und dann an den See führte, geflüchtet und nach Arbon hinüberschiffen lassen. Der Bischof erklärte hierauf die Stadt in Acht und verlegte seine Residenz nach Konstanz. Das Zwingtor wurde nun zugemauert. Als man im Jahre 1820 das Tor abbrach, fand man mehrere Bündel Armbrustpfeile, wovon noch 4 im Stadtarchiv aufbewahrt sind. (Nach Staiger „Meersburg am Bodensee. Konstanz 1861. J. Stadler.")

---

41. Meersburg versinkt einstens.

Meersburg steht nach der Sage auf dem Wasser. Nur eine dünne Erdschicht trennt die Straßen und Plätze vom

Wasser. So wollte einmal Jemand einen Brunnen graben, aber bald darauf brach das Seewasser aus der Tiefe hervor. Kommt einmal ein großes Erdbeben, fällt Meersburg ins Wasser. (Aus „Birlinger, Volkstümliches aus Schwaben").

42. Wendelgard von Halten.

Eine Viertelstunde östlich von Meersburg liegt am See das alte Maiergut Haltnau, ehem. dem Kloster Weingarten, jetzt dem Spital Konstanz gehörig. Es hatte ursprünglich ein eignes Adelsgeschlecht; urkundlich wird 1243 ein Ulrich von Haltnau genannt. Die letzte Besitzerin Haltnaus war Wendelgard, ein mißgestaltetes Fräulein mit einem Höcker und einem Kopf wie ein Schweinskopf; sie wurde wegen dieser Mißbildung gemieden, obgleich sie sonst mild und gut war. Als sie älter und dadurch noch häßlicher geworden, so daß es sogar ihren Dienstboten vor ihr ekelte, wollte sie sich in einem Spital verpfründen, um einsam und in Ruhe leben zu können. In Meersburg wurde sie nicht aufgenommen, dagegen in Konstanz, wo ihr überdies noch eine besondere Magd zur Bedienung gegeben wurde. Als Letztere nun starb, erklärte Wendelgard der Spitalverwaltung, sie wolle ihr ganzes Gut dem Stift vermachen, wenn man ihr nebst der Dienerschaft noch eine Kutsche zu Ausfahrten zur Verfügung stelle. Dies wurde bewilligt, und nun lebte sie ganz nach Wunsch; täglich fuhr sie in Begleitung ihrer Dienerschaft aus, die reich beschenkt sich bald an sie gewöhnte. Als sie dann starb, vermachte sie dem Spital Konstanz noch ihr sonstiges Vermögen. So kam Haltnau an das Spital Konstanz. (Nach „Staiger: Meersburg am Bodensee.")

43. Die feindlichen Brüder von Kirchberg.

An der Landstraße von Meersburg nach Friedrichshafen liegt eine Viertelstunde von Hagnau auf der Höhe Schloß Kirchberg mit einem Pachthof und einer Wirtschaft. Kirchberg war ursprünglich Sitz eines Rittergeschlechtes und wird urkundlich schon 1229 erwähnt. Es kam später an das Stift Kempten und 1288 an die Abtei Salem, welche ein neues Schloß erbaute und das ganze Anwesen zu einem Kameralgut machte. Seitdem war Kirchberg oft der Sommeraufenthalt der Salemer Äbte. Seine jetzige Gestalt erhielt das Schloß Ende des 18. Jahrhunderts durch Abt Anselm II. Das Reichsstift Salem fiel 1803 an Baden und wurde nun aufgehoben. Der letzte Abt Kaspar Oechsle erhielt Kirchberg als Wohnsitz und lebte daselbst in Stille als Wohltäter der ganzen Gegend bis zu seinem 1820 erfolgten Tod. Dann kam es an die Markgrafen von Baden. Im Jahre 1880 hat der damalige Besitzer Prinz Wilhelm von Baden das Schloß bedeutend erweitert und umgebaut.

Über den Ausgang des Geschlechtes der Ritter von Kirchberg (Kilchberg, Killiberg) wird Folgendes erzählt: Die letzten zwei Brüder entbrannten in heißer Liebe zu einer holden Maid und waren sehr eifersüchtig auf einander. Diese Eifersucht ging in Haß über, und infolge dessen wurde der jüngere Bruder vom ältern ins Gefängnis geworfen, wo er starb. Nun befiel tiefe Reue den ältern Bruder; er tat Buße, baute eine Klause, und vermachte als der letzte des Kirchberger Rittergeschlechts sein Eigentum dem Stift Kempten.

Auch wird von einem Geist erzählt, der bei Kirchberg umgeht. In früherer Zeit lebte nämlich ein Prälat auf Kirchberg, der die Leute drückte und quälte, weßhalb er nach seinem Tode umgehen mußte. Bisweilen sah man ihn in feurigem Wagen ausfahren. Ebenso wurde er als schwarzer Hund gesehen. Oft gehen Wanderer in dieser Gegend irre, ebenso sollen Pferde auf dieser Straße scheu werden. Auch der Geist des Abtes Anselm (gest. 1778) fährt manchmal in sechsspännigem Zuge von seinem Kloster nach Kirchberg. Dieser Abt lebte mit dem Kardinalbischof Roth von Konstanz in beständigen Gebiets- und Rangstreitigkeiten, infolge dessen letzterer dem Abte, als dieser einmal sechsspännig von Salem über Meersburg nach Kirchberg fahren wollte, zwei Pferde am Wagen ausspannen ließ. (Nach L. Reich: „Die Insel Mainau und der badische Bodensee“. Staiger: „Meersburg am Bodensee“.)

---

44. Das Tiergespräch in der Harlacher Mühle.

In der Christnacht sprechen um Mitternacht die Tiere im Stall. In der Nähe von Meersburg liegt am Abhang die Harlacher Mühle, die ehedem dem Kloster Weingarten gehörte, und seit 1822, wo sie allodifiziert worden war, der Familie Keller. An Weihnachten war vor vielen Jahren der Müller einmal neugierig, was seine Rinder mit einander sprachen, und legte sich deshalb abends unter die Krippe seines Viehstalles. Um Mitternacht hörte er, wie ein Stier zum andern sagte: „Du, Horn! Was tun wir mor'n?“ „Den Müller auf den Kirchhof führen!“ war die Antwort. Als die draußen Stehenden dies hörten, liefen sie erschrocken fort. Andern Morgens aber fand man den Müller tot unter der Krippe liegen. (Mündlich.)

---

45. Der Haslemann bei Stetten.

An der Meersburger Landstraße liegt zwischen Stetten und Breitenbach ein Wald, der den Namen Haslewald führt. In demselben trieb vor ungefähr 60 Jahren der Haslemann sein gespenstisches Wesen. Dieses Männlein war zu Lebzeiten ein Korbflechter und Besenbinder und hielt sich Sommers wie Winters fast unausgesetzt Tag und Nacht im Walde auf. Da er ein armer Mann war und selbst keine Waldungen hatte, so schnitt er sich seine Ruten und Reiser ab, wo er gerade die schönsten fand, unbekümmert, wessen

Eigentum sie waren. Infolge dessen waren die Förster schlecht auf ihn zu sprechen und die Waldbesitzer hätten den kleinen Mann gern einmal für seine Diebereien gezüchtigt. Aber Niemand konnte ihn auf frischer Tat ertappen. Als nun wieder einmal einem Bauern die besten Reiser abgeschnitten waren, machten sich mehrere Leute auf, um die Spur des Diebes zu verfolgen. Und wirklich, in einer mondhellen Nacht vernahm man im Walde ein Knacken, welches von dem Korbflechter ausging. Doch als man hinzuschlich, um ihn zu ergreifen, erkletterte er mit unglaublicher Schnelligkeit eine hohe Tanne, so daß ihm Keiner nachzukommen vermochte. Da beschloß man, den Baum umzuhauen. Als die Tanne fiel, stürzte der Haslemann mit zu Boden und war auf der Stelle tot. Zur Strafe aber für seinen unehrlichen Lebenswandel mußte das Männchen viele Jahre lang des Nachts in jenem Walde als Gespenst umherirren. Oft hörte man sein Johlen und Jammern und das Krachen eines niederstürzenden Baumes. Auch wurden Wanderer und Fuhrleute irre geführt, so daß sich dieselben bemühten, noch vor der Betzeit an der unheimlichen Stelle vorüberzukommen. Später hat dann der Haslemann Ruhe gefunden. (Mündlich.)

46. Der schwarze Peter.

Bekanntlich stand im Anfang des vorigen Jahrhunderts der Schmuggel in Blüte, und ältere Leute wissen sich noch gut zu erinnern, daß bis in die zwanziger Jahre am See tüchtig geschmuggelt wurde, namentlich Kaffee, Zucker und Seidenstoff, welche Waren in der Schweiz um die Hälfte billiger kamen, als bei uns zu Lande. Meist wurde der Schmuggel mittels Segelschiffen nachts über den See betrieben, am schwunghaftesten von den Schweizerorten Keßweil — Güttingen nach den diesseitigen Uferorten Hagnau und Immenstaad. Die Schiffe, welche die verbotenen Waren führten, konnten der Gefahr wegen, entdeckt zu werden, nicht bis ans Land herankommen, sie hielten in einiger Entfernung vom Ufer an Stellen, welche sie mit den Schmugglern genau verabredet hatten. Diese mußten dann durch das Wasser an die Fahrzeuge heranwaten, die Lasten auf den Rücken nehmen und bei dunkler Nacht ans Land in die Verstecke verbringen. Am nächsten Abend wurden dann auf Schleichwegen die Waren an ihren Bestimmungsort weiter befördert. Nicht selten trugen die Schmuggler ihre Lasten bis Tettnang und Ravensburg und wurden für ihren schweren und gefährlichen Dienst gut bezahlt. Öfters benützten die Schmuggler auch Fuhrwerke, welche über die Grenze fuhren, um ihre Waren hinüberzubringen.

Ein Fuhrmann, der „schwarze Peter“ genannt, war es besonders, der geschmuggelte Waren nach Ravensburg mitnahm. Er hatte oft sehr schwer geladen, aber Alles mit Stroh und Heu zugedeckt, so daß man nichts Verdächtiges bemerken konnte. Der „schwarze Peter“ aber war ein unehrlicher Geselle und brachte häufig das anvertraute Gut gar nicht an den richtigen Ort, sondern verkaufte es bald hier bald dort um einen Spottpreis und steckte den Erlös in die eigene Tasche. Wenn er hernach gefragt wurde, wo er die Waren gelassen, so sagte er: die Grenzjäger haben sie mir abgejagt. Auf diese Weise kam es, daß die Warenlieferanten vielfach durch ihn arm wurden. Schließlich aber erreichte den schwarzen Peter auch sein Schicksal. Er war auf einer Fahrt nach Ravensburg, da wurde er verraten, die Grenzwächter hielten ihn an. In der Angst hieb er aber wie toll auf seine Pferde, so daß sein Wagen im vollen Lauf davon fuhr. Er selbst aber stürzte herab und war auf der Stelle tot. Nach seinem Tode hörte die Schmuggelei auf. Indessen konnte der „schwarze Peter“ im Grab lange keine Ruhe finden. Von Zeit zu Zeit hörte man ihn Nachts auf der Landstraße zwischen Markdorf und der Grenze mit seinem Fuhrwerke fahren, laut knallen und oft auch rufen: „Kommt doch, und helft mir!" Leute, welche dem Ruf nachgingen, verirrten sich. Manchmal sah man ihn auch mit glühendem Wagen und feurigen Pferden durch die Wiesen und Felder längs der Landstraße bis an die württembergische Grenze mit furchtbarem Gerassel dahinjagen. Fuhrleute hielt er an, zog ihnen die Räder von den Wagen und spannte die Pferde aus, so daß sie bis zum Anbruch des Morgens nicht weiter konnten. Auch in neuerer Zeit wird in jener Gegend das unheimliche Treiben des „schwarzen Peters" noch verspürt. (Mündlich.)

47. Der gehobene Schatz bei Daisendorf.

Zwischen Meersburg und Daisendorf traf einmal ein Bauer aus letzterem Ort auf dem Hertbachweg vier Männer, welche eifrig unter einem Weißdornbusch, der Misteln trug, in der Erde nach einem Schatz gruben. Er lehnte sich an einen Hag und schaute ihnen stillschweigend zu. Dann sah er nach einer Weile, wie die Schatzgräber einen Sack füllten, den einer derselben auf den Rücken nahm, und mit den Anderen in den nahen Wald ging. Er schloß daraus, daß sie den Schatz gehoben; denn wenn man beim Schatzgraben kein Wort spricht, findet man unter einem „Weißdornboschen mit Misteln" immer einen Schatz. (Mündlich.)

48. Der Göhrenlöchner.

Zu Anfang des letzten Jahrhunderts trieb in der Gegend von Ittendorf und Kluftern der „Göhrenlöchner" oder auch „Hopp" genannt, nächtlicherweile sein Unwesen. Derselbe war zu Lebzeiten ein Feldmesser. Damals gab es noch keine genauen Meßwerkzeuge wie heutzutage, sondern die Waldungen und Felder wurden meist mit Ketten abgemessen, wobei als Signal der Ruf „Hopp! Hopp“ gebraucht wurde; auch waren damals die Feld- und Waldbesitzer noch nicht im Gebrauch von Karten und Plänen bewandert. Man mußte einfach den Feldmessern auf Treu und Glauben und auf ihren Diensteid glauben. Zur Kontrolle der Markensetzer wurden oft drei rote Ziegelbröckchen unter die Steine gelegt. Der Göhrenlöchner war für seine Feldmesserei schlecht bezahlt, wenigstens in barer Münze, und so kam es, daß er häufig an deren Stelle Naturalien wie Fleisch, Wein, Kirschwasser 2c. annahm; derjenige Bauer, der ihm am meisten Naturalien lieferte, wurde von ihm begünstigt und brachte so leicht ein schönes Stück Wald oder Feld in seinen Besitz. Doch den unredlichen Feldmesser ereilte die wohlverdiente Strafe. Denn als er gestorben, konnte er im Grab keine Ruhe finden. In den Waldungen von Ittendorf, Kluftern und Immmenstaad hörte man Nachts häufig sein schauerliches „Hopp! Hopp!“ rufen. Auf der Kreuzmark beim Eschenbrückle war er jede Nacht zwischen 12—1 Uhr anzutreffen. Leute, die in der Nacht zwischen Ittendorf und Kluftern hinwanderten, liefen häufig, wenn sie etwa scherzten oder sangen, Gefahr, in den Eschengraben gestoßen zu werden. Bis an die württembergische Grenze trieb der Göhrenlöchner seine Spukereien, wo er überhaupt am ärgsten hauste, insbesondere am sog. Lipbach. Wenn Leute auf dem Fußweg von Immenstaad nach Kluftern während der Nacht gingen, so blieb keiner von dem unheimlichen Gast verschont; er führte sie oft bis zum Betläuten andern Morgens umher. Auch das Mühlfuhrwerk von Kluftern wurde öfter angehalten. Endlich aber fand der Göhrenlöchner seine Erlösung. Als er einstens in der Nacht wieder rief: „Wo soll ich den Pfahl hinstecken?“ — antwortete ihm ein Mann, der ihm begegnete: „Wo du ihn hergenommen hast!“ Seit dieser Zeit war der Geist verschwunden. (Mündlich.)

Markdorf mit Gehrenberg und Höchsten.

49. Das weiße Fräulein im alten Schloß zu Markdorf.

Am Fuße des Gehrenberges, unweit des Gewannes „Schlicher", erhebt sich gegen Südwesten in einem engen Talkessel des Bilbachs ein ziemlich hoher kegelförmiger Hügel, den man „Rundbühl" oder auch das „alte Schloß" nennt, denn es soll hier dereinst ein Schloß gestanden sein, oder nach Anderen eine Burg, weshalb der Hügel auch die „Burg" heißt. Trümmergesteine liegen noch in Menge auf diesem Molassefelsen, auch kleine Mauerreste sind noch vorhanden, rings um den Bühl zieht sich ein ehedem mit Wasser gefüllter Graben, der sogenannte „Burggraben", über den eine Zugbrücke führte. Unterirdische Gänge befinden sich unter dem Berg; ein solcher Gang soll zu einem Schatz führen, ein anderer südlich zur Stadt Markdorf, und einer westlich zur Mutterkirche Bermatingen. In letzterem unterhalten sich der Sage nach die alten Burgherren bei goldenem Kegelspiel. Jetzt ist der Bühl mit dichtem Gras bewachsen, der Graben aber längst wasserleer und mit Bäumen bepflanzt.

Seit uralter Zeit wurden allerlei Erscheinungen im alten Schlosse wahrgenommen. So ging dereinst eine Frau mit der Sichel auf den Rundbühl, um Gras zu mähen. Da sah sie ein Fräulein im weißen Gewande und mit blonden Locken, das auf dem Bühl lustwandelte. Ein andermal wurde das weiße Fräulein gesehen, wie es auf dem Bühl glänzendes Silbergeld ausstreute, eine Hand voll nach der anderen. Am folgenden Tag fand man noch da und dort ein Geldstück.

Einmal wollten zwei Männer den unterirdischen Schatz heben. Sie gingen in den Berg hinein und kamen durch drei Pforten, welche sich von selbst öffneten. An der zweiten stand eine Jungfrau, welche sie befragten. Dieselbe wies ihnen den Weg zum Schatze und sagte ihnen, der Schatz sei in einer Kiste, auf der ein großer Hund liege; sie sollen den Hund wegheben und dann den Schatz nehmen, dürfen aber bei der ganzen Arbeit und auf dem Weg nichts sprechen. Es war so, wie das Fräulein gesagt: In einem großen Gewölbe fanden sie den Schatz in einer Kiste und darauf einen Hund. Sie nahmen den Hund weg, öffneten die Kiste und füllten in Säcke, die sie mitgebracht hatten, soviel vom Schatze, als hineinging, ohne ein Wort dabei zu sprechen. Darauf traten sie den Rückweg an; aber sie waren noch nicht draußen, da sagte einer der Männer zum andern ganz leise: „Ich ginge nicht mehr zum Schatz, wenn ich noch nicht dagewesen wäre, denn es ist gar zu schauerlich und unheimlich!“ Kaum hatte er dies gesagt, so waren die Säcke mit Allem verschwunden, und die Beiden standen vor dem Bühl, ohne zu wissen, wie es zugegangen.

An einem Charfreitag, dem Tage, an dem sich die Schätze sonnen, wurde einmal eine Magd nach dem alten Schloß geschickt, um Flugsand zu holen. Als sie ihren Kübel gefüllt hatte und wegtragen wollte, konnte sie plötzlich denselben vor Schwere nicht mehr heben. Da schalt sie über den bösen Schloßgeist und schüttete unwillig den Sand wieder aus. Doch siehe: aus dem Kübel rollten statt Sand eine Menge Goldstücke. Jetzt will sie diese behende sammeln; aber sie verschwinden zauberisch unter ihren gierig zugreifenden Händen, worüber das arme Mädchen den Verstand verliert.

Vor Jahren kamen einmal mehrere Fremde, welche nach dem Schatz gruben. Man erfuhr aber nicht, ob sie ihn gefunden. Denn sie verschwanden wieder, wie sie erschienen.

Niemand wußte, woher und wohin sie gekommen. (Mündlich; Einiges nach „Schedler: Das frhl. Geschlecht der Ritter von Marchtorf“ im XII. Heft der Schriften des Vereins für Geschichte des Bodensees und seiner Umgebung.)

50. Sterbender verspricht als Geist zu erscheinen.

Bei einem Meister in Markdorf haben ums Jahr 1445 zwei Handwerksburschen gearbeitet. Da wurde einer derselben unversehens krank und starb. Vor seinem Absterben aber hatte er seinem Mitgesellen, der von Neustadt auf dem Schwarzwald gebürtig war und Schwarzwälder hieß, auf dessen vielfältiges Verlangen versprochen, ihm nach seinem Tode wiederum zu erscheinen, falls es möglich sei, und ihm anzuzeigen, wie es ihm im der andern Welt gehe. Wenige Tage nachher ist der Geist bald untertags, bald nachts, in feuriger und schrecklicher Gestalt, jedoch im Aussehen wie bei Lebzeiten, dem Schwarzwälder erschienen und hat dabei gemeldet, „er sei ewiglich verloren.“ Dieses Abenteuer hat er soviel getrieben und solche unaufhörliche Unruhe gemacht, daß er den jungen Mann fast von Sinnen brachte. Da hat kein Beten geholfen, bis endlich ein alter Mönch aus St. Gallen mit vielem Beschwören den Geist hat bannen können. (Zimmern'sche Chronik I 328.)

51. Das Bockmünster in Hallendorf.

Hallendorf ist ein kleiner Weiler, der aus zwei Höfen besteht, zur Pfarrei Seefelden gehört und eine Viertelstunde von Schiggendorf unweit der Aach liegt. Früher soll der Ort ein Dorf gewesen sein und wegen seiner Lagen Haldendorf geheißen haben, woraus dann später Hallendorf geworden. Hier war ein Adelsgeschlecht von Halendorf.

Früher stand hier eine Kapelle. Einmal soll ein Geißbock in diese Kapelle gesprungen sein und dabei die Türe zugeschlagen haben, so daß er nicht mehr herauskonnte und verhungern mußte. Die Kapelle wurde deshalb von der Nachbarschaft spottweise nur das „Bock-Münster" genannt. Zuletzt wurde sie wegen Baufälligkeit abgebrochen. (Aus Staiger: „Salem.").

52. Die geheimnisvolle Trauung in den Höhlen von Bermatingen.

Bermatingen, ein ansehnliches Dorf an der alten Straße Ravensburg-Markdorf-Stockach, eine halbe Stunde westlich von Markdorf, kommt urkundlich bereits im 8. Jahrhundert vor und hatte einen eigenen Adel; ein Heinrich von Bermatingen wird schon 1226 genannt. Bermatingen ist einer der ältesten Orte des Linzgaues; zu seinem Pfarrsprengel gehörten im Mittelalter die jetzigen Pfarreien Ittendorf, Kluftern, Immenstaad und Fischbach. Bermatingen war im Besitz des Reichsstifts Salem, bis es 1803 an Baden kam.

Nördlich vom Ort befinden sich vorgeschichtliche Höhlen, ähnlich den Heidenlöchern von Goldbach und Zizenhausen. Als im Jahr 1841 Ochsenwirt Fr. J. Hohenadel von Markdorf im sogenannten „Nahenhart" bei Bermatingen einen Bierkeller herstellen ließ, stieß man auf eine Höhle, welche im Auftrag der damaligen Seekreisregierung der Altertumsforscher Dekan Eitenbenz von Biethingen untersuchte und genau beschrieb. Hiernach sind hier in den weichen Molassesandstein, der bekanntlich die Grundlage der ganzen Seegegend bildet, verschiedene Höhlen und Gänge mit dem Meißel mehr oder minder kunstgerecht und regelmäßig eingehauen. Eine dieser Höhlen ist sieben Meter lang, über zwei Meter hoch und etwas weniger breit. Sie hat die Richtung von Westen nach Osten, wie fast alle christlichen Kirchen; auf der westlichen Seite ist ein Altar von Stein, und in die Wand ein byzantinisches Kreuz eingekratzt, sowie rechts und links davon der Namenszug Jesu. Auf beiden Seitenwänden sind vierzehn Nischen eingehauen, die von Öldampf stark geschwärzt sind. Rechterseits ist eine kleine Seitenhöhle angebracht, etwa ein Meter hoch und zwei Drittel Meter breit; südlich angebaut ist eine gegen drei Meter lange und über einen Meter breite Höhle. Auf die Mitte einer Höhle leitet ein fast fünf Meter langer und ein Meter breiter Gang. Der erstgenannten Höhle gegenüber liegt eine weitere fast gleichgroße und ebenso eingerichtete und gezeichnete quer nach Nordosten. Nach der Ansicht von Eitenbenz wurden diese Höhlen hauptsächlich zu religiösen Feierlichkeiten von den ersten Christen der Gegend etwa am Ende des dritten Jahrhunderts während der Christenverfolgung unter Diocletian, oder im fünften Jahrhundert, zur Zeit des Einfalls der Allemannen benützt.

Über eine geheimnisvolle Trauung in diesen Höhlen berichtet uns die Sage Folgendes:

In Schiggendorf, einem kleinen zur Gemeinde Baitenhausen und Pfarrei Seefelden gehörigen Dorfe, stand vor Zeiten auf der Höhe, dem sogenannten „Schloßberg“, gleich ob dem Wirtshaus zur „Linde“, ein festes Ritterschloß, wovon noch Gräben und Wälle vorhanden sind. Dort saß ein Ritter Riuhle, genannt Schick, der ein böser gefährlicher Raubritter gewesen und sehr verwegene Streiche mit vielem Glück ausgeführt hatte. Zu seinem Helfer hatte er den Nachbar ob Bethenhausen (Baitenhausen), ein schlauer Fuchs, mit dem er auf vertraulichem Fuße stand. Riuhle war Witwer und kinderlos, daher er sich wieder zu vermählen beschloß; aber eine nach der andern von den adeligen Töchtern der Gegend schlug seine Hand aus. Nun lebte auf der Burg Ittendorf ein holdes Fräulein; dieses erkor er zu seiner Lebensgefährtin. Zur Ausführung half ihm sein Freund. Da dieser oft zum Schenk von Ittendorf kam, so bat er einmal das Fräulein, als eben der Vater abwesend war, ihm doch die schönen Blumen im Garten zu zeigen, welche das Fräulein vom Schlosse Waldburg zum Geschenke erhalten hatte. Sie gingen in den Garten, wo ihm das Fräulein die Blumen zeigte. Als sie aber an der äußeren Gartenmauer angelangt waren, sprangen plötzlich vermummte Männer aus dem Gebüsch hervor, nahmen das Fräulein fest, brachten dasselbe auf Leitern über die Mauer, setzten die mit einem Tuch um den Mund verbundene Schenkin unten am Hügel auf ein Roß und sprengten mit ihr auf und davon. Während dem wurde es Abend und ein heftiges Gewitter zog über den See her: Der Donner rollte, furchtbare Blitze durchkreuzten den Himmel und noch fürchterlicher tobte und krachte es im Walde. Sie kamen zur Höhle bei Vermatingen; diese war glänzend erleuchtet: festlich gekleidete Ritter waren beisammen; im Hintergrunde stand ein Altar. Hierher wurde das Fräulein geführt und von einem Mönch mit Riuhle getraut. Aller Widerstand war vergeblich. Nach der Trauung setzte man sich an den Tisch und als das Hochzeitsmahl vorüber war, wurde das Ehepaar zu den Rossen hinaus begleitet und frühmorgens beim Mondschein verließ man den Ort. In die Höhle zog wieder Ruhe und Stille, der Glanz verschwand, der Altar, und alle Spur an das Fest wurde vertilgt. Riuhle zog mit seinem Weib in eine andere Gegend; das Schloß Schiggendorf ward ein Burgstall, zerfiel und wurde zuletzt abgetragen, das Raubschloß Baitenhausen aber unter Kaiser Maximilian I. zerstört; jetzt steht dort eine schöne Wallfahrtskirche. (Aus Staiger's „Salem oder Salmansweiler, ehemaliges Reichskloster Cisterzienser-Ordens." — „Die Höhlen zu Vermatingen bei Salem — Zufluchtsstätte verfolgter Christen zur Feier der Gebräuche und Geheimnisse ihrer Religion. Das höchste christliche Altertum in Deutschland. Engen 1842.")

53. Ziegel werden zu Gold.

Als das Schloß Schiggendorf längst nicht mehr bestand, ging einmal ein Mann aus Daisendorf, Michael Heimgärtner, in den Wald auf den Schloßberg, um sich Holz zu holen. Da sah er auf dem Schloßplatz zwei große aufgerichtete Ziegelbeigen. Verwundert, wie diese auf einmal dahin kamen und ob es auch wirklich Ziegel seien, nahm er zwei Stücke nach Hause. Den andern Tag ging er wieder dahin, aber keine Spur war mehr von den Ziegeln zu sehen. Er schaute nun nach den seinigen, und welch ein Anblick! — Sie waren zu Gold geworden. Nun verkaufte er den Schatz an einen Juden, gründete sich dafür vor etwa hundert Jahren einen Hof, den man den „Neu-Bauern-Hof" hieß, und dieser Hof soll es sein, der jetzt dem Johann Matt in Daisendorf gehört. Weitere Geisterspenden sind nicht bekannt; doch glaubt man noch heute in der Umgegend, daß es zur Adventszeit beim alten Schloß spuke, und meidet deshalb den Platz. (Aus Staiger „Salem".)

54. Der Spuk im Bermatinger Hochwald.

Im Hochwald bei Bermatingen wurden oft Scherben mit Goldbuchstaben und Goldblümle bemalt gefunden. Man glaubte, ein Geschirrhändler sei hier mit seinen Waren unglücklich gewesen. Als aber die Leute, die es gesehen und erzählten, die Scherben holen wollten, — nachdem man ihnen gesagt, sie hätten dieselben für ihre Kinder mitnehmen sollen, die darob eine große Freude gehabt hätten, — war nichts mehr da.

Oberhalb Bermatingen, zwischen Autenweiler und Weppach stand ein Schloß, und auf dem Platz ist ein Schatz vergraben. Da sah man oft einen Haufen Spreu und darauf eine Otter wie ein Teller geringelt. Und dann war oft das Ganze wieder auf einmal verschwunden. (Mündlich).

55. Der schwarze Hund beim Ahauser Käppele.

Auf der Straße zwischen Bermatingen und Ahausen ging einmal ein Schäfer; bei der Ahauser Kapelle („Käppele“) kam über die Aach daher ein schwarzer Hund ihm entgegen und begleitete ihn bis zum „Rank“. Da fürchtete sich der Schäfer und ging wieder zurück nach Ahausen, wo er sehr blaß und übel aussehend ankam; es war ihm so schlecht, daß der Arzt aus Markdorf geholt werden mußte. Am andern Tag starb der Schäfer. (Mündlich).

---

56. Der Kugelgeist bei dem Münchhof.

Östlich von Markdorf lag ehedem der noch im achtzehnten Jahrhundert zur Pfarrei Bermatingen gehörende Münchhof, auf welchem eine Gastwirtschaft betrieben wurde. Dieselbe war namentlich ein Absteigequartier für Fuhrleute, die von Ravensburg kamen. Auch der Tuttlinger Bote pflegte im Münchhof einzukehren. Doch außer diesen gewöhnlichen Gästen trieb zu jener Zeit ein Dieb, dessen man nie habhaft werden konnte, in dem Wirtshaus sein unheimliches Wesen. Zur Nachtzeit schlich er sich in den Hof, wo die bepackten Wagen der Fuhrleute standen, und stahl von der Ware allerlei Gegenstände, ja selbst die Pferde aus dem Stalle, sodaß den Fuhrleuten des Morgens beim Einspannen oft die Rosse fehlten. Den größten Schaden von diesen Diebereien hatte der Wirt. Die Fuhrleute suchten sich eine andere Herberge und mieden den Münchhof.

Da plötzlich hörten die Diebstähle auf, kein Gegenstand verschwand mehr von der Ware, im Gegenteil, es kam manchmal unverhofft noch etwas hinzu. Diesen neuen Zauber brachte man mit einer Erscheinung in Zusammenhang, die sich auf dem Platze vor dem Hause zeigte. Dortselbst lag hart an der Landstraße ein großer Steinhaufen. Wer um Mitternacht an demselben vorbeiging oder aus dem Wirtshause kam, erblickte auf dem Steinhaufen eine große schwarze Kugel. Wenn man sich derselben näherte, hatte man einen schauerlichen Anblick, die Kugel sah dann aus wie eine menschliche Gestalt, die ohne Kopf war und einen Stecken in der Hand hielt. Manchmal auch vernahm man ein Jammern und Wehklagen, welches die unheimliche Gestalt ausstieß, und wenn die Fuhrleute vom Wirtshaus abfuhren an dem Steinhaufen vorbei, bäumten sich die Pferde vor Angst und schnaubten. In späteren Jahren brannte der Münchhof nieder, und die Flammen scheinen auch den unheimlichen Spuk hinweggetilgt zu haben, denn hernach vernahm man nie mehr etwas davon. (Mündlich.)

57. Der Waldteufel im Waldgrain.

Zwischen Bergheim und Radrach liegt ein Wald, der den Namen „Waldgrain“ hat. In demselben hauste in früherer Zeit ein unheimlicher Spukgeist, „Waldteufel“ oder auch „Johle“ genannt. Dieser war zu Lebzeiten ein Wilddieb und Räuber, vor welchem sich die ganze Gegend fürchtete. Er bewohnte eine verborgene Höhle mitten im Walde, die kein Mensch ausfindig machen konnte und wohin er seinen Raub zu bringen pflegte. Der Vorsicht halber betrieb er seine Wildereien meistens weit entfernt von seinem Schlupfwinkel, streifte bis an die bayerische Grenze und wurde im Allgäu öfters gesehen. Sein Schuß galt nicht allein den Rehen und Hasen, sondern auch den Jägern, so oft ihm einer in die Quere kam. Manchmal mußte er auch vor ihnen die Flucht ergreifen, aber gefaßt wurde er niemals. Da er auf seinen Streifzügen Weg und Steg in den Wäldern kennen lernte, wußte er auch ganz genau, wo Kaufleute oder sonst Wanderer mit Waren oder Geld durchzogen, und in seinem räuberischen Sinne machte er sich nichts daraus, dieselben, ja selbst Fuhrwerke anzugreifen, zu berauben und im Falle der Gegenwehr die Leute zu ermorden. Wenn es ihm gelang, ein Fuhrwerk zu überwältigen, so spannte er oft die Pferde aus und ritt mit der Beute eiligst davon. In benachbarter Gegend verkaufte er dann die Rosse wieder. So brachte er in Ravensburg manches Tier an den Mann.

Doch mit der Zeit wurden seine Schandtaten so bekannt im ganzen Umkreise, daß man allseitig das Verlangen hegte, von dem Räuber befreit zu werden. Zu dem Ende wurde ein Streifzug gegen ihn unternommen. In weitem Bogen schlossen Bewaffnete einen Kreis, der sich immer mehr verengte. Da an ein Durchbrechen nicht mehr zu denken war, flüchtete sich der „Waldteufel“ in seine Höhle. Aber er war bemerkt worden, und nun stürmten seine Verfolger von allen Seiten auf ihn ein. Da er keine Möglichkeit, zu entkommen, mehr sah, nahm er sich, um nicht lebendig den Verfolgern in die Hände zu fallen, durch einen Schuß selbst das Leben.

Die ganze Gegend atmete auf und freute sich, von dem Räuber erlöst zu sein. Doch diese Erlösung war keine vollständige. Wenige Wochen schon nach seinem Tode vernahm man nachts im „Waldgrain“ ein fürchterliches Heulen und Johlen, so daß die Leute manchmal glaubten, es schreie Jemand um Hilfe. Eilte man hin, so war Niemand zu finden, aber vom rechten Weg kam man ab und mußte dann oft bis zum Morgengrauen umherirren, ohne sich zurecht zu finden. Auch Fuhrleute, welche in der Nacht durch jenen Wald fuhren, wurden angehalten. Nicht selten kam der Johle als Jagdhund auf die Riedwiesen und verscheuchte abends den Hirtenbuben das Vieh, so daß es öfters die ganze Nacht im Walde umherirrte.

Doch endlich wurde die Gegend auch von dieser Plage erlöst. Es wurde von frommen Menschen ein Opfer für seine Erlösung gebracht, worauf der Spuk sein Ende nahm. (Mündlich.)

58. Die Galgenwiese bei Oberradrach.

Das kleine Dorf Oberradrach, zur Pfarrei Berkheim gehörig, liegt südöstlich von Markdorf, nahe der württembergischen Grenze, auf einer Anhöhe mit prachtvoller Aussicht auf den Bodensee und Umgebung. Hier stand dereinst die Burg des Rittergeschlechts von Radrach, welches dieselbe im dreizehnten Jahrhundert an das Hochstift Konstanz verpfändete, das später ganz in deren Besitz kam. Fast mitten im Dorf, unweit der Kapelle, war ein sehr tiefer Brunnen, bei dem noch im Jahre 1836 eine große Linde stand, weshalb der „Platz zum Lindenbaum“ genannt wurde. Früher wurde das sogenannte „Mallgericht“ auf dieser Stätte gehalten, von wo aus man die zum Tode Verurteilten am Schlosse vorbei auf der sogenannten „Armensünderstraße“ hinab zum „Hochgerichtsacker“ oder der „Galgenwiese“ führte, wo der Galgen stand.

In alten Zeiten waren die Menschen roher als heutzutage, namentlich aber die Gerichtsleute. So war auch der damalige Henker von Radrach ein äußerst roher und gewinnsüchtiger Patron, welcher möglichst viele, ob schuldig oder unschuldig, an den Galgen zu bringen suchte, da er ja für jede Hinrichtung seine bestimmte Bezahlung erhielt. Durch solche Bosheit belastete er aber sein Gewissen derart, daß er in Schwermut verfiel und sich selbst am Galgen aufknüpfte. Doch auch nach seinem Tode fand er keine Ruhe. Noch Jahrhunderte lang mußte er als Gespenst auf dem Richtplatz umherirren. Wer dort vorüberkam, hörte gar oft, wie er jammerte und nach Hilfe rief. Auch wurden durch ihn häufig Wanderer und Fuhrwerke irregeführt. (Mündlich.)

---

59. Das Heidenschloß auf dem Weierberg.

Am Wege von Efrizweiler nach Oberradrach liegt ein Gewann, welches den Namen „Judengräber“ führt, weil daselbst vor ungefähr 300 Jahren die Efrizweiler Juden ihre Grabstätten hatten. Nicht weit von den „Judengräbern" erhebt sich der sogenannte „Weierberg", auf welchem in früheren Zeiten ein Schloß gestanden haben soll. Zu demselben führten unterirdische Gänge, auch befand sich dort eine Kegelbahn mit goldenem Kegelriß, auf welcher heidnische Männer vor vielen hundert Jahren dem Kegelspiel obgelegen haben sollen.

In früheren Zeiten vernahm man oft im Weierberg ein wunderbares Rumoren. Namentlich in der Advents- und Fastenzeit dröhnte es aus der Erde herauf, als wenn Kobolde oder die Geister jener Heiden zur Mitternachtsstunde ihre Kegelkugeln rollen ließen, was für den vorüberziehenden Wanderer unheimlich anzuhören war. Es soll auch vorgekommen sein, daß auf einmal am hellen, lichten Tage zur Mittagsstunde, das goldene Kegelriß sich zeigte. Wenn dann ein Neugieriger, dem das funkelnde Gold in die Augen stach, hinzuging und das Kegelriß ergreifen wollte, so verschwand dasselbe, sobald seine Hände es berührten. Einmal aber waren drei Männer so glücklich, es festzuhalten. Als sie dasselbe — es war am Charfreitag — im herrlichen Glanze blinken sahen, erfaßten sie es schnell, schoben es in ihre Säcke, luden die schwere Last, ohne ein Wort zu sprechen, auf den Rücken und schleppten sie voller Freude an ihren Wohnort, den sie halbtot erreichten. Doch sie hatten in der Hast die Kugel vergessen und als sie ihre Säcke öffneten, hatten sie statt des blinkenden Goldes Kieselsteine darin.

Einstmals — es war im Jahre 1813 — hat auch ein Hirtenbube von Radrach den wunderbaren Zauber des Schlosses im Weierberg verspürt. Derselbe hütete in der dortigen Riedweise allabendlich das Vieh, welches er vor 10 Uhr nachts nie heimtreiben durfte. Als er nun einmal seine Herde zu genannter Stunde heimführen wollte, ging ein starkes Gewitter unter heftigem Blitz und Donner nieder. In der Angst und Dunkelheit verfehlte er den Weg, verirrte sich und kam nimmer aus dem Walde wieder heraus. Er weinte und rief laut um Hilfe, aber Niemand erschien zu seiner Rettung. Da vernahm sein lauschendes Ohr plötzlich eine wunderbare Musik und Gesang, ein unwiderstehlicher Zauber zwang ihn, den herrlichen Tönen zu folgen, und als er einige Schritte gemacht hatte, stand er auf einmal vor einem prachtvollen, hell erleuchteten Schlosse. Vor Übermüdung schlief er ein. Als man ihn am andern Morgen fand, lag er auf dem Platze, auf welchem in alten Zeiten das Heidenschloß gestanden hat. (Mündlich.)

60. Der Kau-Jodler bei Ittendorf.

Zwischen Ittendorf und Bermatingen liegt ein Wald, welcher den Namen „Kau" führt. Hier trieb in früherer Zeit ein Geist sein Unwesen. Wenn man durch diesen Wald kam, hörte man oft ein fürchterliches Heulen, Jammern und Johlen, das durch die stille Nacht bis Ittendorf, ja sogar bis Dixbach schallte. Deshalb hieß man den Geist „Johler", „Jodler" oder auch „Kaujodler". Auch wurden Fuhrwerke, die nachts am Wald vorbeifuhren, angehalten und Wanderer irregeführt. Namentlich hatte es der Kaujohle auf den von Meersburg nach Markdorf fahrenden Postwagen abgesehen. Oft konnten ihn die Pferde nicht vorwärts bringen, als ob er mit schweren Steinen belastet wäre. Auch anderer Spuk wurde noch wahrgenommen. So sah im Bermatinger Unterwald im Jahre 1874 in der Nähe der Straße am Waldausgang Bürgermeister Riether von Ittendorf eine Flamme plötzlich auf dem Boden, die dann in die Höhe gegen Ahausen zuging. Andern Tag ging er wieder in den Wald und suchte, da ihm die Erscheinung ganz unerklärlich war, auf den betreffenden Stellen nach den Spuren der Flamme, fand aber nichts.

Der Kaujohle war zu Lebzeiten ein Forstmann, ein sehr hartherziger, grausamer Mensch. Das mußten besonders die armen Leute erfahren. Wenn sie zur kalten Winterszeit Holz sammelten, fuhr er sie hart an und hetzte seinen großen Hund auf sie, so daß sie oft halb tot und zerfetzt heim getragen werden mußten. Doch den hartherzigen Mann ereilte bald ein jähes Ende, eine gräßliche Krankheit raffte ihn dahin und als Strafe für seine Grausamkeit mußte sein Geist nun viele Jahre lang ruhelos in jenem Walde hausen, bis endlich seine Erlösung kam. (Mündlich.)

61. Der Hexenbann in der Mulde bei Hepbach.

An der Ravensburger Straße nahe bei der Brunnisaach im sogenannten Leimbach bewohnte im vorigen Jahrhundert eine alte Frau ein Haus. Dieselbe war nicht allein wegen ihres häßlichen Aussehens gefürchtet, sondern auch wegen ihres unheimlichen Lebens und Treibens. Wer mit ihr in Berührung kam, war sicher, irgend einen Schaden zu erleiden. Nächtlicher Weile trieb sich das Weib im Orte umher, schlich sich in die Stallungen und tat den Leuten Schaden am Vieh. Bei den Kühen verhexte sie oft die Milch, so daß die Hausfrauen nicht mehr buttern konnten. Den Pferden verwickelte sie Schweif und Mähne, so daß die armen Tiere am andern Morgen im Schweiß gebadet halb tot dalagen 2c. 2c. Aber trotz allen Aufpassens konnte das böse Weib niemals ertappt werden. Auch als Wetterhexe wurde sie gefürchtet. Zur Erntezeit pflegte sie auf den Feldern Ähren zu sammeln, und zwar ohne Erlaubnis. Jagte man sie fort, so sagte sie drohend zu dem Besitzer: „Wart', Du sollst Deinen Lohn erhalten!" und dann bohrte sie schnell mit ihrem Handstock ein Loch in den Acker, sprang im Kreise um dasselbe herum und murmelte dabei allerlei unverständliche Zauberformeln. Der Erfolg blieb nicht aus.

In kurzer Zeit stand ein heftiges Gewitter am Himmel, der Regen goß in Strömen hernieder und verwüstete das Feld dermaßen, daß ganze Matten hinweggeschwemmt wurden. Ebenso vermochte sie Wirbelstürme und Windsbraut heraufzubeschwören, welche in der Erntezeit ganze Fruchthocken und Garben in die Höhe hoben und forttrieben.

Endlich kam ihr schon lange von den Leuten herbeigesehntes Ende. Als sie beerdigt wurde, konnte man ihre Leiche nicht in dem Zuge, der freilich nur klein war, mitführen, sondern mußte sie weit hinter demselben nachfahren lassen wegen des abscheulichen Geruches, der von derselben ausging. Die ganze Bevölkerung atmete auf, als das alte Weib nicht mehr unter den Lebenden weilte. Nur die Leute, welche ihr Haus nachher bezogen, fanden keine Ruhe. Des Nachts krachte und polterte es im ganzen Gebäude, Türen wurden aufgerissen und zugeschlagen, kurz es war ein Lärm, wobei kein Mensch Ruhe finden konnte. Man versuchte alles Mögliche, um den Spuk zu bannen. So verbrannte man ein altes Zauberbuch, das man im Hause fand. Als die Flammen dasselbe ergriffen, erfolgte ein donnerähnlicher Knall, sodaß die Umstehenden entsetzt davon sprangen. Endlich brachte ein frommer Priester, der sich auf Exorzismus verstand, den Geist aus dem Hause. Ganz erlösen konnte er denselben freilich nicht, er bannte ihn in eine Essigflasche! So wurde derselbe dann in die Mulde bei Hepbach getragen. Dort vernimmt man noch heutzutage sein Toben. (Mündlich.)

---

62. Konrad Waibel von Wattenberg und seine Söhne.

Wattenberg ist ein kleiner Weiler, der zur Gemeinde Homberg gehört. Ein Gerold von Wattenberg wird schon zwischen 1151 und 1160 urkundlich genannt. In der Mitte des 14. Jahrhunderts lebte hier Konrad Waibel mit seinen Söhnen Heinrich und Kuno. Konrad war Landrichter zu Schattbuch bei Untersiggingen. Viel Unglück hatte er zu erdulden. Erst hatten ihm die „Hewstaffel" Wies und Waid zerstört und abgenagt; dann starb sein Sohn Konrad, und als die Pest kam, nahm sie ihm seine Frau.

Einige Stunden von Wattenberg stand auf einer Anhöhe die kleine Burg Warth, welche deren Besitzer mit seiner Tochter Gertrud, der Verlobten Kuno Waibels, bewohnte. An einem Herbsttage hatten die Brüder Heinrich und Kuno von Wattenberg im Gebiete des Herrn von Warth gejagt, aber nichts erlegt. Ohne Beute wollten sie nicht heim, und deshalb gingen sie noch nach der Schlucht der Teufelsmühle bei Winterbach, obgleich ein Gewitter drohte. Unter einem vorspringenden Felsen fanden sie Schutz vor Sturm und Regen, als plötzlich ein Blitzstrahl einen neben ihnen befindlichen Baum zersplitterte. Erschreckt sprang ein Reh hervor und auf Konrad zu, dem es sich zu Füßen legte. Voll Jagdeifers schleuderte Heinrich seinen Speer trotz der Bitten des sanfteren Bruders nach dem Tiere, traf aber unglücklicherweise seinen Bruder Konrad, der, schwerverletzt kaum nach Hause gebracht, starb. Der Vater, aufs tiefste ergriffen, überlebte ihn nicht lange. Kunos Braut aber ging ins Kloster, denn auch ihr Vater war auf die Nachricht von Kunos Tod infolge Schlaganfalles plötzlich gestorben. Verödet war nun ihr Schlößlein und soll im Bauernkriege vollends zerstört worden sein. Heute steht dort der Hof Warth.

Auf Heinrich von Wattenberg aber war jener Unglücksfall von bedeutendem Einfluß. Das stürmische, leidenschaftliche Wesen war ganz von ihm gewichen; statt dessen wurde er ruhig und wohlwollend, Rechtschaffenheit und Gerechtigkeitssinn beseelten ihn und erwarben ihm allgemeine Achtung, so daß er zum Landrichter in Schattbuch ernannt wurde. Er hatte auf der Unglücksstelle ein Steinkreuz errichten lassen, das im Schwedenkrieg zu Grunde ging.

Schattbuch ist die uralte Mall- oder Gerichtsstätte Schwabens an der freien Reichsstraße vom Schwabenland nach Überlingen und liegt am Ufer der Aach am Ausgang des Hardtwaldes unweit von Untersiggingen. Der Vollzug des Urteils fand auf dem sogenannten „Galgenbühl" statt, einer bewaldeten Anhöhe über der Straße, oberhalb der Aach. Die Ortlichkeit ist als Wallfahrt bekannt und wird häufig von Leuten der Umgegend besucht, welche hier für die armen Seelen beten. An den ringsum stehenden Tannen hängen eine Menge Heiligenbilder, Täfelchen 2c.

Nachts wird der Platz möglichst gemieden, da es dann nicht geheuer sein soll. Wenn Fuhrwerke in der Nähe vorbeifahren, bleiben manchmal die Pferde heftig schnaubend plötzlich stehen und ziehen keinen Strick mehr an; beten helfe da nicht — sagen die Bauern — aber ein tüchtiger Fluch vertreibe die bösen Geister und bringe das Gefährte wieder in Gang. Fast in allen dem Galgenbühl benachbarten Höfen wird noch heute nach dem Abendgebet ein besonderes Vaterunser für die armen Seelen unter dem Hochgericht gebetet. (Nach Staiger im „Wanderer am Bodensee 1880".)

63. Der Kohlreiter bei Homberg.

Der Wanderer, welcher vor sechzig Jahren bei Nacht den Weg von Oberweiler über Azenweiler nach Homberg ging, wurde häufig von einem Reiter auf einem Schimmel oder auch Rappen verfolgt und derart geängstigt, daß er ganz außer Atem und schweißtriefend die Flucht ergriff. An einer bestimmten Stelle der Straße war jedesmal der unheimliche Reitersmann verschwunden.

Dieser war zu Lebzeiten ein Köhler, der den Schmieden der Umgegend Kohlen lieferte. Er hatte im Walde, das Kohlholz genannt, eine Hütte sowie Stallung für ein Pferd, mit dessen Hilfe er sein Geschäft besorgte. Indessen war der Köhler nicht immer ehrlich. Wenn er auch manchmal von den Bauern da und dort Holz kaufte, so verschaffte er sich das meiste doch auf unehrliche Art und brachte es mit seinem Rosse an seine Hütte. Zur Strafe für diese unehrliche Handlungsweise mußte er nach seinem Tode als ruheloses Gespenst umherreiten.

Der unheimliche Reitersmann führte auch Leute irre. Das mußte vor etwa dreißig Jahren einmal ein Schuster mit seinem Gesellen von Limpach erfahren, als sie im Winter in aller Frühe ausgingen. Sie kamen vollständig von der Straße ab. Der Meister aber, welcher ortskundig war, wußte genau, wo das Haus, in welches sie auf Arbeit gehen wollten, stand. Dasselbe war nämlich hart an den Felsen gebaut und an dieser Seite völlig mit Schnee verweht. Der Meister schlug nun diese Richtung ein. Da aber Alles von Schnee bedeckt war, konnte er sich nicht genau orientieren, trat aus Versehen auf die Kaminplatte und fiel samt Kiste, Stuhl und Leisten, sowie nachfolgendem Gesellen durch den Kamin hinunter. Die Hausfrau, welche gerade am Feuer stand und kochte, bekam einen fürchterlichen Schrecken und ergriff die Flucht. Der Schuster aber, der unversehrt geblieben, rief ihr zu: Nur keine Angst haben, Frau! Es sind nur die Schuster. (Mündlich.)

---

64. Der Drängser bei Homberg.

In früherer Zeit wohnte unweit Homberg ein Mann, der sehr habgierig und eigennützig war. Namentlich ging er darauf aus, seinen Waldbesitz nach der württembergischen Grenze hin immer weiter auszudehnen, und zwar dadurch, daß er nächtlicherweile die Grenzsteine im Wald versetzte. So gewann er ein schönes Stück Wald, ohne von seinem Anstößer deshalb gestört worden zu sein. Nach seinem Tode aber wurde von den Erben des geschädigten Nachbars ein Prozeß angestrengt, der jedoch erfolglos ausging, da keine Waldkarte mit genauen Grenzen vorhanden war. Aber den Betrüger ereilte die Strafe doch. Viele Jahre hindurch hörte man an jener Stelle des Nachts ein fortwährendes Jammern und Stöhnen, wie wenn Jemand mit größter Mühe die Marksteine versetzte; auch vernahm man Rufe: „Wie soll ich die Grenze ziehen?“ Daher gaben die Leute dem Verstorbenen den Namen „Drängser“. Einst kam ein junger Mann um Mitternacht an dieser Stätte vorüber, und hörte auch die Frage: „Wie soll ich die Grenze ziehen?“ Da antwortete er sofort: „Wie sie zuerst gewesen ist!“ Seit der Zeit verspürte man vom Drängser nichts mehr. (Mündlich.)

65. Das Gabelmännle bei Glashütte.

Im Walde zwischen Glashütte und Homberg sah man oft einen Mann mit einer Gabel, welcher die Leute erschreckte. Dann wenn man ihm begegnete und ganz nahe stand, war er auf einmal verschwunden. (Mündlich.)

66. Die Geldkiste im Fuchstobel.

In düstrer Waldgegend, wo Fuchs und Hase einander „Gutnacht“ sagen, liegt der kleine Weiler Fuchstobel, der zur Gemeinde Homberg gehört. Die Abgelegenheit des Orts war Ursache, daß hier in früheren Zeiten alle Gauner und anderes Gesindel der Umgegend zusammenkamen. Auch gehen allerlei Sagen über diesen Ort.

So soll hier in einer Höhle ein Schatz — eine Geldkiste — sich befinden, auf der ein großer schwarzer Hund liegt. Wer ihn herunterlupft, kann die Kiste öffnen und Geld herausnehmen, soviel er braucht. Dann aber muß er den Hund wieder auf die Kiste hinauflupfen. Deshalb sagt man zu Einem, der Geld braucht: „Geh in die Höhle von Fuchstobel!“ (Mündlich.)

67. Der bayerische Hiesel im Fuchstobel bei Arnau.

Im vorigen Jahrhundert trieb im Bayerlande ein Wilderer und Räuber, Hiesel genannt, mit seinen Spießgesellen sein Unwesen, so daß viele Geschichten von ihm in Umlauf waren. Kurz vor seinem Tode verlegte er den Schauplatz seiner Taten vorzugsweise nach Oberbayern, in den sogenannten Hieselwald, einen dunklen, weitläufigen Walddistrikt in der Nähe von Tölz an der Straße nach Kaufbeuren. Dort fand der Wilderer ausgiebige Gelegenheit, im Dickicht die unerlaubte Jagd auszuüben und Raubanfälle auszuführen. Bei letzteren sah er es meistens nur auf wohlhabende Leute ab, die anderen ließ er unbehelligt gehen. So kam einmal ein armes 17jähriges Mädchen an einem Herbstabend von Tölz, wo sie ihre Base besucht hatte, durch jenen Wald. Da sie von dem unheimlichen Treiben des Hiesels gehört hatte, geriet sie in große Angst und verdoppelte ihre Schritte. Mitten im Walde kam dann ein großer, kräftiger Mann mit Flinte und Jägerhut auf sie zugeschritten, begrüßte sie und fragte, woher sie komme und wohin sie gehe. Als das erschreckte Mädchen seine Fragen beantwortet hatte, meinte der Jägersmann, sie fürchte sich wohl vor dem Hiesel, worauf sie zitternd erwiderte, daß sie froh sein werde, glücklich aus dem Walde zu kommen. Der Fremde sprach ihr in freundlichen Worten Mut ein, trug ihr das Armkörbchen und begleitete sie durch den Wald, so daß sie völlig beruhigt neben ihm herschritt. Als dann der Wald hinter ihnen lag und die Heimat des Mädchens nahe war, gab der Jäger den Korb zurück und wünschte seiner Begleiterin gute Nacht, indem er hinzufügte, daß er der Hiesel sei und sie vor einem Überfall im Walde beschützt habe.

Der Wilderer schlug sich darauf in die Büsche, um seine Spießgesellen aufzusuchen. Er fand sie im Dickicht schlafend und schalt sie, daß sie nicht besser gewacht hätten. Damit sie nicht wieder einschliefen und er selbst einige Stunden der Ruhe pflegen könnte, führte er sie zu einer dicken Eiche, an der man noch heutzutage eine Hieseltafel sehen kann, und hieß sie, dieselbe zu besteigen. Der Vorsicht wegen mußten alle ihre Flinten laden, weil er fürchtete, das Mädchen werde ihr Zusammentreffen mit ihm erzählen und es würden dann alle Jäger gegen ihn aufgeboten werden. Er selbst stellte sein geladenes Gewehr an den Baum und legte sich zum Schlafe nieder. Derselbe sollte aber nicht von langer Dauer sein. Zwei Jäger, welche die Straße daher kamen, sahen ihn, gingen zu ihm heran und freuten sich, auf so leichte Weise den gefährlichen Mann in ihre Macht zu bekommen. Der eine ergriff seine Flinte und der andere zupfte ihn am Ohr, um ihn zu erwecken. Der Hiesel erwachte, fürchtete sich aber durchaus nicht, sondern trieb durch allerlei kecke Redensarten sein Gespött mit den Jägern. Als diesen dann die Geduld ausging und sie ihn unsanft anfassen wollten, gab er seinen Gesellen oben im Baum das Kommando, ihre blauen Bohnen herabzusenden. Erschrocken blickten die Jäger empor und fielen darauf, von den Kugeln tötlich getroffen, zu Boden. So gerettet, nahm der Wilderer die Habseligkeiten der Getöteten zu sich und zog sich mit seinen Genossen in den dichten Wald zurück.

Indessen erregte diese letzte Tat des Hiesel sehr großes Aufsehen und man beschloß, energisch gegen ihn vorzugehen. Eine Abteilung Soldaten von München wurde aufgeboten und durchstreifte den Wald, sodaß sich Hiesel immer weiter zurückziehen mußte. Um dies desto gefahrloser tun zu können, nahm er nur zwei Gesellen zu sich, kaufte sich ein Pferd und einen Karren, steckte seine Waffen in Säcke und zog bei der Nacht über Kaufbeuren, Kempten bis nach Ravensburg, wo er sich für einen Roßhändler ausgab und sein Pferd umtauschte. Doch konnte er sich dort nicht lange halten und schlug sein Quartier im sogenannten Fuchstobel am Gehrenberg auf. Der dortige Wirt, der selbst Roßtäuscher war, nahm den Wilderer freundlich auf. Hier lebte er nun bis zum nächsten Frühling, teils mit der Jagd, teils mit dem Handel beschäftigt, und machte sich gute Tage. Rehbraten und Wein durften auf seinem Tische niemals fehlen. Da erfaßte ihn die Sehnsucht nach seiner alten Heimat, dem Hieselwalde. Er glaubte sich sicher und brach mit seinen beiden Gesellen dorthin auf. Aber er hatte sich getäuscht. Es war strenger Befehl bei Todesstrafe ergangen, den Hiesel festzuhalten. So ereilte ihn denn auch sein Schicksal in Kempten, woselbst ihn zwanzig Soldaten gefangen nahmen. Er mußte dann seine Taten mit dem Leben büßen. Noch heutzutage aber gilt er bei den Wilderern als ein berühmter Jägersmann. (Mündlich.)

Das Kirchspiel Seefelden.

68. Die Knabenlöcher bei Unteruhldingen.

Am nördlichen Ufer des Überlingersees, zwischen Überlingen und Meersburg, gerade gegenüber der Insel Mainau, liegt das Dorf Unteruhldingen, das einst ein großer stattlicher Ort gewesen und Oveltingen geheißen. Es war aber auch sehr reich, denn in seiner Nähe fanden sich Goldminen. Dies war auch die Ursache, daß Oveltingen an das Hochstift Konstanz verpfändet wurde. Den traurigen Bann zu lösen, kam der Fürst von Heiligenberg. Er scheute nicht den Spuk der bösen Geister, ihr trügerisch Spiel. Tag und Nacht grub er nach Gold. Er fand es auch; wie er es fand, kann Niemand wissen.

Noch jetzt sieht man in dem östlich von Unteruhldingen ansteigenden Hügelland als Überreste der eingegangenen Bergwerke in den Molassefelsen getriebene Gänge, welche „Knabenlöcher“ oder „Zwerglöcher“ genannt wurden. Das untere Knabenloch, am Fußweg nach Meersburg, ist etwa 23 Meter lang, 2 Meter breit und über 1½ Meter hoch, und hat am Ende eine Steinbank; das obere Knabenloch am neuen Waldweg mit einem portalartigen Eingang und einem in den Sandsteinfelsen gemeißelten Engel enthält drei Gänge, die sich nach hinten zu einem Gang vereinigen, der 10 Meter lang, 1 Meter breit und etwa 1½ Meter hoch ist. Dieses Knabenloch wird auch „Schustershöhle" genannt, weil um 1817 eine arme Schustersfamilie sich darin aufhielt. Beide Höhlen sind die Überreste eines alten, wahrscheinlich vom Fürsten Ant. Egon von Fürstenberg-Heiligenberg († 1716) angelegten Bergwerks, in dem Goldsand ausgebeutet wurde, der dann im Goldhäusle bei der Heinrichsquelle zu Heiligenberg geschmolzen wurde. Der Name „Knabenloch" rührt von „Knappen", d. h. Bergknappen, her, woraus später „Knaben" wurde. Zu bemerken ist noch, daß der Berg, in dem die „Knabenlöcher" sind, den Namen „Zielbühl" erhielt, weil von ihm aus im 30jährigen Krieg nach der Mainau hinübergezielt wurde (?), ferner, daß man hier die Pfähle holte, welche rings um die Insel Mainau eingeschlagen wurden, um das Eindringen der Feinde zu verhindern. (Nach J. C. H. in Waibels Bad. Sagenbuch und Staigers Salem.)

69. Der Spuck im Unteruhldinger Streuried.

Von Unteruhldingen zieht sich ein sumpfiges Wiesengelände, welches von der Aach durchflossen und bei Hochwasser überschwemmt wird, gegen Seefelden hin, es ist dies das „Streuried", sogenannt, weil in diesem Boden mehr Riedgras und Schilf als gutes Gras gedeiht. Hier war es früher nicht ganz geheuer. So ging einmal der Pächter der Seejagd abends auf den Anstand auf Wildenten. Er war noch nicht lange auf dem Platze, da hörte er im Rohr ein Knistern und Krachen, als ob Alles zusammenbrechen würde; der Jäger glaubte zuerst, es könnte ein Kollege von ihm sein und rief: „Franz Sepp, bist Du's?", erhielt aber keine Antwort. Als das Geräusch nicht nachgab, meinte er, der Anstand sei für diese Nacht nichts, und wollte der Heimat zu. Da er nun weiter ins offene Land hinausging, sah er etwas auf der Straße, konnte aber nicht unterscheiden was? Auf einmal bewegte es sich vorwärts und wurde immer größer, daß es zuletzt wie das größte Faß aussah, blieb dann wieder mitten auf der Straße stehen, wo er vorbei sollte. Rückwärts wollte der Mann nicht und schritt nun vorwärts, um zu sehen, was es sei. Aber plötzlich war es verschwunden. Nicht weit von dieser Stelle war ein langer hagenbuchener Zaun voll dürren Laubes, an dem er vorbei mußte. Da sah er im Hag ein kleines Licht, und als er näher dazu kam, stand der ganze Hag in Flammen. Er schützte das Haupt mit dem Ärmel, fürchtend, Gesicht und Hände zu verbrennen. Andern Morgens ging er wieder in aller Frühe zu dem Hag, in der Meinung, derselbe sei ganz abgebrannt; aber man sah keine Spur vom Feuer. Derartige Geschichten gab es in diesem Streuried gar manche. Auch in der Fastenzeit konnte man alle Abend Lichter vom sog. „Kogenhäule" her dem Ehebach entlang hin- und herfahren sehen. Niemand wollte darum um diese Zeit jene Gegend passieren; selbst herzhafte Leute kehrten voll Schrecken um.

Einmal ging auch in der St. Nikolausnacht eine Frau von Unteruhldingen heim nach Seefelden. Da gesellte sich am Aacher Steg ein großer schwarzer Mann mit Gaisfüßen zu ihr und ging neben ihr her, ohne etwas zu sprechen; auch die Frau, welche sich sehr fürchtete, redete kein Wort. Er begleitete sie bis an ihr Haus, in das sie rasch hineinsprang.

Bisweilen wurde auch ein Mann ohne Kopf hier gesehen, oder auch eine weiße Gestalt, welche aber jeweils am Aachsteg verschwand. (Mündlich.)

70. Der Wilderer von Oberuhldingen.

In Oberuhldingen wohnte früher ein Wilderer, der von der ganzen Gemeinde gefürchtet war, noch mehr aber von den Forstleuten, denen er manchen Schabernack spielte. Daß er sich in einen Rehbock verwandelte, war ihnen nichts seltenes, daß er sich einmal zu einem Stock machte, mußte ein Jäger zu seinem Leid erfahren, der sich auf diesen Stock um auszuruhen hinsetzte, dabei seine Tabakspfeife ausklopfend gerade das Ohr des Wilderers traf, und vom umstürzenden Stocke weggeschleudert wurde, so daß er mehrere Stunden bewußtlos liegen blieb. Ein andermal schoß auf ihn ein Forstgehilfe, der jedoch, nachdem das Gewehr in tausend Stücke zerrissen worden, mit solcher Wucht zu Boden stürzte, daß er drei Tage besinnungslos war. Einmal schnitt er einem ihm begegnenden Jägerburschen die Ohren ab und lief dann davon. Wie man erzählt, soll er sogar beim Killiweiher einen Jäger aus Haß erschossen haben. Da es nun bei dem Wilderer zum Sterben kam, sagten die Leute unter sich: „Dem sein Ende möchten wir nicht haben!“ Und in der Tat war seine Kammer mit einem pestartigen Gestank erfüllt und ein gräßliches Röcheln wurde von ihm gehört, so daß es mehreren Personen übel wurde. Auch nach seinem Tode fand er seine Ruhe nicht, denn ob seinen Freveltaten mußte er als Geist umgehen; Leute, welche am Killiweiher vorbeigingen, sahen oft ein Licht auf dem Wasser, oder hörten ein Gerassel, als ob ein Wagen vorbeifahre; im dortigen Walde aber wurden Fuhrwerke und Menschen oft irre geführt, so daß sie oft die ganze Nacht keinen Ausgang mehr fanden. (Mündlich.)

---

71. Der Geldkessel im Kesselbrunnen zu Uhldingen.

Im Gewann Kaltbrunnhalden ist der sogenannte Kesselbrunnen, von dem die Sage ging, daß in dessen Tiefe ein Kessel voll Geldes sei. Da versuchten es einmal drei un=

erschrockene Männer, den Kessel mit Sympathie zu heben; aber es sollte keiner ein Wort dabei reden. Sie unternahmen das Geschäft in einer Nacht zwischen 11 und 12 Uhr, und brachten wirklich den Kessel an die Oberfläche hervor; da sagte aber einer derselben: „Jetzt haben wir ihn!“ Im selben Augenblicke aber fiel der Kessel samt dem Gelde mit donnerähnlichem Getöse wieder in die Tiefe hinab. Die drei Männer aber stürzten ohnmächtig zu Boden und waren längere Zeit schwer krank, und als sie wieder hergestellt waren, gingen sie wie verscheucht umher. (Mündlich.)

72. Der Geist in der Storchenscheuer zu Oberuhldingen.

In Oberuhldingen steht gegenüber dem Wirtshaus zum „Storchen“ eine dazu gehörige Scheune, das ehemalige Wirtshaus, das großartig eingerichtet und dreistöckig war, wie heute noch von außen recht gut zu ersehen. Der Wirt hatte zugleich die Schiffahrt und war sehr reich, so daß er — wie die Leute sagen — das Geld mit Scheffeln messen konnte. Er galt aber als Wucherer, denn er benützte die Not der Leute, sich zu bereichern. So kaufte er einmal zur Zeit der Teuerung um einen Laib Brot einen ganzen Acker. Auch das Wirtshaus hatte er auf unrechtmäßige Weise von dem damaligen Storchenwirt an sich gebracht. Schon einige Jahre darauf aber wurde dieser Wucherer von einer bösartigen Krankheit befallen, starb eines schrecklichen Todes, und mußte zur Strafe für seine Untaten als Geist in diesem Hause wandeln, wo er nun allerlei Spuk trieb. Deshalb verließ der neue Besitzer den unheimlichen Bau und benützte ihn bloß noch als Scheune. Aber trotzdem dauerte der Spuk fort, namentlich in der Advents- und Fastenzeit, wo jeden Freitag die Pferde und sämtliches Vieh los wurden, und durch heftiges Gepolter Jedermann erschreckten. Die Pferde kamen überdies in dieser Zeit wie auch in der Christnacht zum neuen Hause. In große Angst wurden namentlich die Dienstboten versetzt, welche in der Scheune übernachteten, so daß viele wegen des Spektakels nicht mehr in die Scheune gingen, sondern lieber den Dienst verließen. Da wurde vor etwa 60 Jahren dem damaligen Besitzer von einem Geisterbeschwörer angeraten, er solle, um den Spuk zu vertreiben, am Giebel drei Löcher gegen Norden machen lassen, was er auch sofort tat. Als nun bald darauf an einem Sonntag in der Adventszeit mehrere Männer nachts zwischen 11 und 12 Uhr heimgingen, da hörten sie vom Giebel der Scheune her ein Geschrei, und als sie hinblickten, nahmen sie ein Licht wahr, das unter fürchterlichem Geheul und Brausen in der Luft verschwand. (Mündlich.)

73. Die Deisendorfer Totengasse.

Von Deisendorf führt durch den Wald ein Weg nach dem Pfarrorte Seefelden; am Eingang des Waldes liegt nächst der Straße ein Acker, der „Gottesacker" heißt. Auf diesem Waldwege werden die Leichen der Verstorbenen Deisendorfs hinunter nach dem Friedhof von Seefelden geführt, weshalb er die „Totengasse" oder das „Totengässele" genannt wird. Der Weg wird von der Landstraße Maurach-Oberuhldingen gekreuzt. Auf dieser Kreuzstraße geistet es. Leute und Fuhrwerke werden hier verwirrt, so daß sie nicht mehr vorwärts kommen. Mehrere hundert Schritt entfernt befindet sich auf der Höhe, in der Nähe des Oberhofs, ein Walddistrikt, der „Salvatorwald" heißt; am Waldweg steht ein altes Steinkreuz. Auch hier passierte früher oft einem Wanderer oder einem Bauer mit seiner Habe das gleiche: sie blieben stehen, konnten nicht weiter kommen und keinen Ausweg finden. Noch in letzter Zeit kam solches vor. (Mündlich.)

74. Der Spuk bei Gebhardsweiler.

Gebhardsweiler, ein kleiner Ort am Wege von Meersburg nach Oberuhldingen auf der Höhe, wird schon im 12. Jahrhundert genannt; ein Konrad von Gerboltswiler kommt urkundlich 1289 vor. Es soll von einem Ritter Gebhard von Oberriedern, der seine Burg in der Nähe hatte, gegründet worden sein, und gehörte bis 1803 zum Gebiet des Reichsstifts Salem.

In der Nähe von Gebhardsweiler ist ein Walddistrikt „Härleholz“. Hier wurden oft Lichter gesehen, und es ist hier überhaupt nicht geheuer. Manchmal hörte man hier eine Stimme: „O Härleholz am Bodensee, wie tust im Herzen mir so weh!“ In früherer Zeit sollen in diesem Gewann oft Grenzstreitigkeiten vorgekommen sein.

Von Gebhardsweiler nach Seefelden führt der Weg über eine Halde, die sog. „Holge“ („Hoalge“), wo es ebenfalls nicht geheuer ist. Eines Abends wollte einmal ein Mann aus einer Gesellschaft von Seefelden nach Gebhardsweiler und kam bis zum „Hoalge“. Hier sah er plötzlich eine Gestalt vor sich; er erschrak und ging sofort wieder zurück. Erst als seine Gesellschaft sich dann auf den Heimweg machte, ging er mit ihr wiederum heimwärts. Aber es war jetzt nichts besonderes mehr zu sehen. (Mündlich.)

75. Der geistende Ritter von Oberriedern.

Oberhalb von Oberuhldingen, in der Nähe von Gebhardsweiler, befindet sich der weithin sichtbare Schloßberg, ganz vom Wald umgeben. Hier stand dereinst eine Burg, welche der Sitz der Herren von Oberriedern war. Ein Burcardus von Oberriedern wird urkundlich schon 1134 genannt. Gebhardus von Oberriedern gründete 1200 den Ort Gebhardsweiler; die Vetter Ulrich und Rudolf von Oberriedern ermordeten 1267 den Frh. Walter von Castell, weil er in einem Streit ihren Vetter, einen Edlen von Grieß, erschlagen hatte. Die Besitzungen des Rittergeschlechts von Oberriedern, welches Ende des 14. Jahrhunderts ausstarb, kamen an Salem; die Burg wurde im Schwabenkrieg gebrochen und im Bauernkrieg ganz abgetragen. Jetzt ist alles überwachsen, nur einzelne Gräben sind noch vorhanden. Das Wappen der Ritter von Oberriedern war ein schwarzes Schiff mit zwei braunen Rudern auf bewegter See.

Nach altem Schifferglauben geht der letzte Ritter von Oberriedern hier um. Bei Schiffersnot auf stürmischem See rufen die Schiffsleute gern hinauf zum Berg und bitten um Hilfe, und nicht selten soll ihnen der Geist des umgehenden Ritters geholfen haben. (Nach Staigers „Salem“ und Reichs „Mainau“.)

Das Salemertal mit angrenzenden Orten.

76. Die Schätze des Klosters Salem.

Vor etwa hundert Jahren schnitt ein Knecht in der Scheune des damaligen Zisterzienser Klosters Salem „Brietz“ (Mischung von Heu und Stroh) für das Vieh, und zwar drei volle Wochen lang. Nach vollbrachter Arbeit sagte er zum Klostervogt: „Seht diesen gewaltigen Haufen an!“ „Jawohl, ein riesiger Haufen,“ war die Antwort, „aber doch lang nicht so groß als der Geldhaufen, den das Kloster hat.“ Als der Knecht dies nicht glauben wollte, verband der Vogt ihm die Augen, führte ihn durch lange Gänge und löste ihm dann endlich die Binde. Sie standen in einem großen Gemach, wo eine kolossale Menge Geld lag, allerdings weit mehr, als der Haufen Brietz. Auf gleiche

Weise wurde der Rückweg gemacht; der Knecht hörte auf dem ganzen Weg die Aach rauschen. (Mündlich. Eine ähnliche Sage geht vom Kloster St. Blasien.)

77. Der ermordete Poltergeist im Salemer Kloster.

Unter den ehemaligen Wohltätern des Klosters Salem waren auch die Grafen von Montfort, die u. a. bei einer ihrer Schenkungen die Bedingung machten, daß jeder reisende Ritter und Edelmann eine Nacht unentgeltlich im Kloster beherbergt werden sollte. Um nun Reisende soviel als möglich abzuschrecken, beunruhigte ein als Teufel vermummter Mönch die Übernachtenden, und sogar einen Grafen von Montfort, der sich um die verbreiteten Gerüchte von Unsicherheit nicht kümmerte. Als aber diesen in der Nacht ein ungewöhnliches Poltern über seinem Bett beunruhigte, so stach er mit seinem Schwert durch diejenige Stelle der Decke seines Schlafzimmers, über der der Poltergeist zu sein schien, so mächtig hinauf, daß er den daselbst liegenden Mönch, der den Lärm verursachte, durchbohrte und damit den Ruf der Unsicherheit aus der Welt schaffte. In der Folge wußten aber die Mönche obige Stiftung für Reisende sich doch vom Halse zu schaffen. (Nach Crusius 558, Allemannia IV, S. 170.)

78. Das große Faß im Salemer Klosterkeller.

Um die Fronfasten oder in der Adventszeit ist es im Salemer Klosterkeller nicht richtig; da schleicht ein leibhaftiges Gespenst wie auf Sandalen in Winkeln umher und kratzt an den Reifen des großen Fasses. Die Geschichte des Gespenstes aber ist folgende:

Zur Zeit, als der Abt von Salmansweiler noch nicht „gnädiger Herr“ hieß, sondern „ehrwürdiger Vater“, war der Pater Großkellner eine fast ebenso angesehene Person wie der Prälat; denn einen guten Wein nach dem Horas trank jeder Mönch gerne, vom Novizen bis zum Prior. Da baute einmal ein Pater Großkellner ein Faß so groß, daß man den Keller erweitern mußte, es unterzubringen, und füllte es mit den Zinsweinen und Gülten des besten Jahrgangs, der seit langer Zeit erlebt wurde. Nur wenn es Duplex war, in hohen Festzeiten, füllte er daraus die steinernen Krüge der Mönche, aber die Schlüssel zum Keller trug er stets sorgfältig bei sich.

Da traf es sich einmal, als er fest schlief, daß ein trinklustiger Mönch den Schlüssel ihm vom Gürtel löste und abdrückte in gestohlenes Kirchenwachs. Danach machte er einen Haken und schlich nach der Mette oft in den großen Keller, während seine Mitbrüder das harte Lager suchten, und erlabte sich an Gott Bacchus Gaben.

Doch einmal fand er, vielleicht weil der Großkellner Argwohn hatte, den Hahnen durch einen Zapfen ersetzt, den er nicht drehen konnte. Nahm eine Leiter, stieg zu dem Faß hinan, und siehe! — auf dem ungeheuren Spundloche war die Türe nur angelehnt. Er öffnete sie und zog mit einem Heber soviel des köstlichen Saftes in sich, daß ihm schwindlig wurde, stürzte hinab und fand dort sein Grab. Nach einigen Tagen verwunderte sich der Pater Großkellner über das offene Spundloch, dachte aber kaum mehr an den Mönch, weil der ganze Konvent ihn entsprungen wähnte. Doch als er mit der Stange nachforschte, um zu sehen, wie viel Wein noch im Fasse, stieß er auf den weichen Körper des Mönchs. Da erfaßte der Geizteufel seine Seele, und damit nicht das schöne große Faß als verunreinigt ausgeschüttet werde, zog er den ersoffenen Trunkenbold aus demselben und begrub ihn heimlich. Erst auf dem Sterbebette gestand er seine Schuld, bevor er aber die Stelle bezeichnen konnte, wo er ihn vergraben, lähmte der Tod seine Zunge. Und ruhelos wandert er seitdem dort im Keller herum, bis ein Zufall des Mönches Grab entdeckt, und ihm ein ehrliches Begräbnis wird. (Dr. Fickler nach Bruschias.)

79. Goldkäfer werden zu Goldstücken.

Am Morgen des Charfreitags kam ein Mimmenhauser Mädchen zu einem Nußbaum, in dessen hohlem Stamm eine Menge Goldkäfer umherkroch. Weil sie so schön glänzten, nahm sie eine Hand voll in ihre Schürze und rief einer Frau in der Nähe, herbeizukommen und die prächtigen Käfer im Baum zu sehen. Da waren dieselben im Augenblick verschwunden, und als das Mädchen der Frau die Käfer in ihrer Schürze zeigen wollte, hatte sie, statt ihrer, große, alte Goldstücke darin. (Aus „Volkssagen aus dem Lande Baden von B. Baader".

80. Der Spuk am Killiweiher.

Etwa eine halbe Stunde vom ehemaligen Zisterzienser-Kloster Salem entfernt liegt, umgeben vom Walde, der Killiweiher mit einer Insel, auf der sich ein Jägerhaus mit Kapelle befindet. Hier soll das Kloster in Kriegszeiten seine Schätze verborgen haben, denn unter der Kapelle sind, wie die Leute erzählen, verborgene Räumlichkeiten; auch der obere Brunnen habe in der Tiefe eine Türe, durch die man in ein großes unterirdisches Gewölbe gelange.

Dicht am Ufer des Weihers zieht sich die Landstraße hin. Die einsame Lage, der dunkle Wald, der düstere Weiher mit seinem schwärzlichen Wasser machen auf den Wanderer einen unheimlichen Eindruck. Oft wurden nachts Lichter gesehen, welche auf dem Wasserspiel tanzten oder auch blitzschnell über die Straße huschten; besonders in der St. Andreasnacht und in der St. Nikolausnacht wird Allerlei bemerkt, und deshalb um diese Zeit die Straße gemieden. Denn oft kam es vor, daß Leute, welche in den genannten Nächten am Killiweiher vorübergingen, neben sich schwarze Gestalten sahen, die sie bis ans Ende des Weihers begleiteten, ohne jedoch einem etwas Leides zuzufügen. Manchen Personen gesellte sich auch ein schwarzer Mann ohne Kopf zu, mit einem Stecken in der Hand, und verschwand wieder, wenn sie am Weiher vorüber waren. Oder ein Wanderer spürte im Vorübergehen eine schwere Last auf seinem Rücken. Einmal schritten zwei Reisende längs des Ufers hin; da war es dem einen, als ob er zu Boden gedrückt würde, er stöhnte und schwitzte und konnte kaum weiter kommen. „Komm' doch in Gottes Namen!" rief ihm sein voranschreitender Gefährte zu. Da war derselbe plötzlich von seiner Last befreit und konnte ganz leicht gehen. An einem Abend ging eine Frau am Killiweiher vorüber und sah vor sich zwei schwarze Männer denselben Weg gehen; sie eilte, um mit den Männern gehen zu können und schritt, nachdem sie dieselben erreicht hatte, neben ihnen her. Dieselben gingen schweigend weiter. Da stieß die Frau einen an, um mit ihm zu sprechen. Plötzlich aber waren beide verschwunden und die Frau allein auf dem Wege. Einst in dunkler Nacht schritt ein angesehener Metzgermeister von Überlingen hier vorbei. Da stieß ihn eine dunkle Gestalt gegen das Gewässer und erfaßte ihn zuletzt, um ihn in den Weiher zu schleudern. Als der Morgen graute, erwachte der Mann aus tiefer Betäubung am jenseitigen Weiherrande. (Mündlich; letztgenanntes Vorkommnis aus L. Reich „Die Insel Mainau".)

81. Der Kirchenbau von Altheim und der St. Othmarssand.

An das etwa drei Stunden landeinwärts von Überlingen gelegene Dörfchen Altheim stößt in der Nähe des Schulhauses ein Feld, auf dem ein einfaches Steinkreuz ohne Inschrift und Jahrzahl steht; es soll zum Gedächtnis der hier erschlagenen Franzosen (oder Schweden) errichtet worden sein.

Auf diesem Felde wollte man dereinst die Kirche bauen. Schon lagen Mauersteine und Holzwerk bereit auf dem Platze. Aber jedesmal, wenn man mit dem Bau beginnen wollte, war das gesamte Baumaterial verschwunden und lag jeweils des Morgens auf einem kleinen Bühl im Orte. Um nun der Sache auf die Spur zu kommen, ward ein Mann beauftragt, nachts auf dem erwählten Bauplatze zu wachen. Am folgenden Morgen aber ward der Wächter erdrosselt auf der Stätte gefunden, die Bausteine und das Balkenwerk fehlten wieder und lagen wie immer auf dem kleinen Bühl. Nach andern wollte ein Zimmermann, der über die Sache spottete, selbst sehen, wer das Bauholz hole, legte sich deshalb abends darauf und wurde andern Morgens tot auf dem Platz gefunden. Nun sahen die Leute ein, daß die Kirche auf den Bühl sollte zu stehen kommen. Man gab deshalb den bereits bestimmten Bauplatz ganz auf und baute die Kirche auf der Stelle, wo man jeweils die Baumaterialien frühmorgens getroffen. Der Bau ging hier rasch und ohne Störung vorwärts, und es erstand die jetzige, dem hl. Pankratius und hl. Othmar geweihte Pfarrkirche mit weithin sichtbarem Turme.

In dieser Kirche war früher hinten im Eck eine Grube, welche einen eigentümlichen gelben Sand enthielt, sogen. St. Othmars-sand. Der hl. Othmar ist mit dem hl. Pankratius Schutzpatron der Kirche; er soll den Sand aus dem weiten Aermel seines Gewandes geschüttelt haben. Eine Barockstatuette des Heiligen findet sich in der Kirche. Der St. Othmarssand wurde früher gegen allerlei rheumatische Leiden gebraucht; man nähte etwas in ein Säckchen ein und trug es auf der leidenden Stelle. Der Meßner gab den Leuten jeweils vom St. Othmarssand und erhielt stets ein gutes Trinkgeld. Mit der Zeit artete die Sache jedoch aus, weshalb der Pfarrer die Grube zuschütten und mit einer Steinplatte decken ließ, aber ohne Erfolg; denn bald war die Steinplatte wieder fort und die Grube offen, und dies immer wieder, so oft auch der Pfarrer die Grube schließen ließ. Zuletzt aber wurde auf seine Anordnung ein eisernes Gitter darüber angelegt, so daß Niemand mehr hinzukommen konnte, und seitdem blieb die Grube geschlossen. (Mündlich. Ähnliche Sagen über den Kirchenbau gehen auch in Roggenbeuren und Seelfingen.)

---

82. Der Burgstall bei Frickingen.

Am Abhang des Heiligenbergs liegt gegen Westen das ansehnliche Dorf Frickingen. Es hatte ein eigenes Adelsgeschlecht, das schon im 11. Jahrhundert urkundlich genannt wird. Auf einem waldigen Bühl oberhalb des Orts sind noch die spärlichen Trümmer des ehemaligen Edelsitzes zu sehen; es ist dies der sogen. „Burgstall", der 1356 von Konrad von Homburg zerstört worden sein soll. Nördlich vom Burgstall liegt an steiler Halde die sogen. „Schwedenschanze", eine vorgeschichtliche Ringburg mit Mardelle (Trichtergrube).

Im Burgstall soll ein Schatz vergraben sein; der Berg soll hohl sein und noch allerlei Gänge und gewölbte Keller enthalten. Der Besitzer, ein Landwirt, wollte früher einmal nach dem Schatz graben, aber es wurde ihm wegen Baufälligkeit der Gewölbe verboten. Aus dem Burgstall sah man manchmal eine Feuersäule plötzlich hervorschießen und ebenso rasch wieder verschwinden. Auch wurde schon oft beobachtet, daß ein Licht von Frickingen bis zum Burgstall sich bewegte und dann auf einmal verschwand. Früher soll im Burgstall in der Tiefe ein Tempel gewesen sein, den alte Leute noch gesehen. (Mündlich.)

---

83. Der Drachenstein im Höfler Tobel.

Am Fuße des mit Wald bewachsenen Bergabhanges im Gailhöfler Tobel, linkerseits der „langen Wiese“, liegt ein ungeheuer großer Stein, welcher vielleicht schon vor Jahrtausenden von den dort emporragenden hohen Felswänden sich abgelöst und in die Tiefe gestürzt. Es ist dies der „Drachenstein“. In früherer Zeit soll nämlich — wie man sich in der Gegend von Frickingen und Altheim erzählt — zur Nachtzeit bisweilen ein feuriger Drache vom Burgstall oberhalb Frickingen in die Berge bei Hohbodman gefahren sein und unterwegs auf dem betreffenden Stein ausgeruht haben, wo er manchmal von Leuten gesehen worden. Einmal sahen auch zwei junge Burschen von Gailhöfe, die in einer Sonntagnacht von einer Tanzmusik zu Hohbodman nach Hause zurückkehrten, ein feuriges Faß oberhalb der Albsteig, das sich durch die Lüfte in die gegenüberliegenden Hohbodmaner Waldungen bewegte. (Mündlich.)

---

84. Das Wuotesheer (Wildes Heer) oder die fahrenden Schüler.

Das Wuotesheer sollen diejenigen Kinder sein, die ohne Taufe von dieser Welt scheiden. Es sind böse Geister, welche mit Lärmen und Spektakel durch die Lüfte dahinziehen. Denn während sie in der Luft dahinschweben, lassen sie allerlei Töne und Sänge erschallen, das eine Mal wie schreckliches Geheul, dann wieder wie lieblicher Gesang, manchmal wie Schweinegrunzen, oft auch wie Jammern und Weinen. In der Adventszeit, in der hl. Nacht und in der Neujahrsnacht wurden sie in früheren Zeiten mitunter zwischen Weildorf und Frickingen gesehen. Am meisten Gewalt hatten sie in der Fastenzeit. War nun gerade zur Zeit, da der Zug vorüberfuhr, Jemand auf der Straße, so mußte man sich auf das Gesicht zu Boden werfen und die Arme seitwärts gerade ausstrecken, so daß der Körper ein Kreuz bildete, oder man mußte sich quer über die Wagengeleise ausstrecken, sonst wurde man vom Wuotesheer erfaßt und in die Lüfte mitgenommen. Oft aber ließen sich die bösen Geister auf einzelne Wanderer herab, welche sich dann auf die Erde hinlegen mußten. Gar mancher wurde aus Schrecken krank, besonders solche, welche nichts glaubten. Wer aber auf einer Kreuzstraße vom Wuotesheer überrascht wurde, dem konnte dasselbe nichts anhaben. (Mündlich.)

Am 15. Juni 1538 — so erzählt eine Chronik — gingen vier Männer abends von Salem gegen Birnau. Als sie nun auf den Kreuzweg beim Bettelplatz kamen und zwei von ihnen, ein Pater mit dem jüngsten, vorausgingen, da kam ein solches Getöse, Getümmel, Schreien, Johlen, wie wenn ein Wuotesheer vorhanden wäre und wie wenn im Walde gejagt würde, und viele Rosse mit Wagen, Spieß und Stangen durch den Wald jagten. Und man hörte allerlei Stimmen, welche schrieen: Oh wehe! Oh wehe! Oh wehe! Drauf! Drauf! Ho! Ho! Ho! Ho! Duri! Duri! Duri! Duri! Aber der Schrei: Oh weh! übertraf alle anderen Stimmen, und es war wie ein grausiger Sturmwind. In der gleichen Nacht hat der böse Geist und schwarze Kaspar eine Kindbetterin um jene Stunde von ihrem Bett hinweggeholt und, wie der Turmwächter meldete, auf den See hinausgetragen und morgens vor Tagesanbruch vor ihrem Haus tot in den Graben fallen lassen. (Aus Seb. Bürsters Beschreibung des schwedischen Krieges.)

Zur Zeit des römischen Königs Albrecht war ein sonderbarer Schnapphahn im Lande Schwaben, welcher Schreiber hieß und von Adel war. Der war einstens vom Wuotesheer vor einem Feind gewarnt. Er wollte deshalb dem Tode entfliehen und entschloß sich, beim Abt von Salmansweil eine Pfründe zu kaufen, und größerer Sicherheit wegen in Laienbruder zu werden. Während er nun mit dem

Abte darüber verhandelte, kam sein Feind ins Kloster und sah des Schreibers Roß im Stall. Als jener nun nach gepflogener Unterhandlung mit dem Abte aus dem Kloster ging und sich nichts schlimmes versah, ward er von seinem Feind erstochen, so daß er wenige Tage nachher mit großer Reu und ganz christlich gestorben. (Zimmer'sche Chronik IV, 223.)

Als besonders entweihte Abende, wo die Geister spukten, galten vor allem der St. Andreasabend, der St. Nikolausabend und die Adventszeit. Am St. Andreasabend trieben die sogenannten „Müederle“ ihr Unwesen. Bei Nachtzeit kamen sie zu viert, zu fünft und oft sogar zu zwölfst miteinander durch die Dörfer und warfen mit Steinen und Scherben die Fenster ein. In Leustetten, Frickingen, Altheim und Umgebung wurde oft schlimm von diesen Geistern gehaust. Was nach Betläuten noch auf der Straße angetroffen wurde, ward unbarmherzig verkratzt und verprügelt. (Mündlich.)

85. Die Totenhand bei Gailhöfe.

Vor kaum hundert Jahren war es. Die Franzosen hausten auf ganz schreckliche Weise in unserer Gegend. Sie kannten keine Rücksicht auf das Eigentum und Leben der Einwohner, nicht einmal die wehrlosen Frauen und Kinder schonten sie. Mitten in der Nacht überfielen sie plötzlich die Ortschaften, drangen unvermutet in die Häuser und durchstießen mit ihren Bajonetten die Wände und Decken zwischen Stuben und Kammern, worauf dann die zu Tode Geängstigten aus ihren Betten stürzten und den maßlosen Forderungen der rohen Haufen bis aufs Äußerste entsprachen, Fleisch und Wein, kurz, alles Eß- und Trinkbare mußte bis zum letzten Bissen und Tropfen beigeschafft werden. Waren nun diese Unholde voll und toll, so machte die Bosheit ihr Recht geltend. Sämtliches Geschirr wurde in Trümmer geschlagen, die Früchte von den Schütten geholt und im Hofe herumgestreut, und Alles verdorben und verwüstet. Solch Gebahren erbitterte die Leute aufs Tiefste und sie sannen auf Rache.

In dem etwa zwei Stunden von Überlingen entfernten, im Salemertal gelegenen Gehöfte „Gailhöfe" hatten die Franzosen ebenfalls unmenschlich gewütet und die Rache blieb nicht aus. Noch vor etwa zwanzig Jahren konnte man Zeugen des Racheaktes auf dem Hofe finden. Beim Abzug der Franzosen verspäteten sich nämlich zwei Marodeure und blieben zurück. Da gab der Bauer seinen Knechten den Auftrag, diese zwei Franzosen aus der Welt zu schaffen. Als Letztere eiligst davongingen, um zu ihren Kameraden zu kommen, wurden sie etwa 300 Schritte vom Hofe von den Knechten eingeholt. Sie baten flehendlichst um ihr Leben, suchten durch Worte und Geberden ihren Verfolgern verständlich zu machen, daß sie Frau und Kind zu Haus hätten, man möge doch ihnen das Leben lassen. Die Knechte aber, durch das ruchlose Benehmen der Franzosen aufs Heftigste gereizt, kannten kein Erbarmen. Mit Axthieben machten sie den zwei um ihr Leben flehenden und wimmernden Menschen ein Ende und, aus Furcht vor der Rückkehr der bereits abmarschierten Feinde, gruben sie rasch ein Loch in die Erde und warfen die Leichen hinein. Derjenige aber, welcher oben zu liegen kam, hatte seinen Geist noch nicht ganz ausgehaucht; noch einige Mal hob er, während die Knechte Erde auf ihn warfen, die rechte Hand empor, bis der Tod ihn von seinen Leiden befreite. Aber mehrere Jahre lang nach dieser Bluttat sah man bisweilen, besonders in heiligen Zeiten, die Hand drohend aus dem Boden gegen die Unglücksstätte der Schuldigen gewendet, emporragen. Und so oft sie auch wieder mit Boden bedeckt wurde, war sie doch wieder von Zeit zu Zeit sichtbar. So blieb es lange.

Auf dem Hofe selbst aber ging ungefähr dreißig Jahre lang Alles in bester Ordnung und ohne besondere Störung vor sich. Da war es an einem Mittwoch, daß sich der Bauer mit seinem Fuhrwerk auf den Überlinger Fruchtmarkt begab. Auf dem Heimweg kehrte er zu Lippertsreuthe im „Adler“ ein und traf daselbst seinen Nachbar. In fröhlicher Stimmung blieben sie bis Mitternacht beisammen. Vor der Abfahrt schlug in seinem heitern Zustand der Erstere eine Wette vor: „Wer von uns beiden ist zuerst in der Wirtschaft zu Bruckfelden? Du fährst den geraden Weg direkt auf Bruckfelden zu, ich fahre über Ahäusle und bin doch vor Dir in der genannten Wirtschaft.“ Die Wette wurde angenommen, worauf man die Fahrt antrat. Der Gailhöfebauer kam mit seinem Fuhrwerk alsbald an die Aachbrücke, wo die Pferde sich sträubten, dieselbe zu überschreiten, aber mit wuchtigen Hieben angetrieben, über die Brücke hinab in den Bach stürzten. Wunderbarerweise blieben Pferde und Fuhrwerk unversehrt, aber der Bauer wurde als Leiche aus dem Wasser gezogen.

Rasch verbreitete sich die Kunde von diesem schrecklichen Unglücksfall in der ganzen Gegend, und sofort gedachten die alten Leute der Ermordung der zwei Franzosen im Garten des Verunglückten und erblickten in dessen Tod das Strafgericht Gottes. So wurde die Erinnerung an jene Untat wieder aufgefrischt. Noch vor einigen Jahrzehnten waren in Gailhöfe und Umgegend eine größere Anzahl „Bildstöckle“ zu sehen, welche alle Gedenkzeichen aus der Kriegszeit für daselbst beerdigte Franzosen sein sollten; dasjenige, welches am längsten stehen geblieben, bildete für das Volk das Andenken der zwei ermordeten Franzosen, über deren Grab sich lange Zeit weder ein Gräslein noch sonst Grünes entwickelte. Nach dem Tode des Bauern aber schloß sich allmählich das Franzosengrab, die Hand des Toten blieb bedeckt. Doch jetzt noch ist die betreffende Stelle tief eingesunken, und soviel man auch schon Boden aufgeschüttet, er sinkt immer wieder ein. (Mündlich.)

---

86. Die Bachkatze im Kellmayerhölzle.

Zwischen Altheim und dem Felderhof liegt ein Walddistrikt, der „Kellmayerhölzle“ oder „Hahnenbank“ heißt;

schon längst aber ist das Gewann abgeholzt, in dem es früher nicht ganz geheuer war. Im vorigen Jahrhundert hatten nämlich zwei Knechte eines benachbarten Bauern sich in ein Mädchen verliebt; einer derselben lauerte nun hier Nachts auf seinen Nebenbuhler und erschlug ihn mit einem Prügel. Nach der Untat aber überfiel ihn eine große Angst vor der Strafe und er erhängte sich noch in derselben Nacht an einer Tanne, die am Waldsaum nächst dem Stege stand, der über den vorbeifließenden Riedbach oder „Nagelbächle“ führte.

Bald darauf wollte nun ein Mann in diesem Wäldchen Holz stehlen. Als er zur Nachtzeit über den Steg ging, sah er darunter eine große Katze sitzen, er schritt jedoch, ohne sie weiter zu beachten, ins Gehölz hinein, um sein verbrecherisches Vorhaben auszuführen, denn er glaubte weder an Gott, noch Teufel. Bei jedem Axthieb, den er machte, sah er nun immer wieder eine Katze mehr, welche sich zu ihm setzte. Als er etwa ein halb Dutzend solch' schwarzer Tiere mit unheimlich leuchtenden Augen um sich herum sah, wurde es ihm sehr bang, und er wollte die Katzen mit der Axt vertreiben. Auf einmal aber stürzten alle Katzen auf ihn los, rissen ihm die Kleider vom Leibe, den sie ganz zerkratzten und übel zurichteten, so daß er niederstürzte und bei jedem Versuch, sich wieder zu erheben, von den schrecklichen Tieren wieder niedergeworfen wurde. Am folgenden Morgen fand der Waldhüter den zu Tode ermatteten und erschreckten Dieb, welcher aus dem Wald hinaus auf die freie Wiese geführt, jetzt den ganzen Sachverhalt erzählte, und wegen seiner ausgestandenen Leiden straflos davonkam. Aber dem sonst so gesunden Mann blieb zeitlebens eine Wunde im Gesicht, welche nie zuheilte. Er bekehrte sich zu Gott und starb als bußfertiger Mensch. Die schwarze Katze unter dem Steg — „Bachkatze“ oder „Hölzlegeist“ genannt — wurde noch öfters gesehen und das Katzengeheul noch lange Jahre gehört, und Alles fürchtete sich und mied bei Nacht jene Gegend. Auch sollen Vorübergehende oft von einer tanzenden Frau hier belästigt worden sein, welche aber dann auf einmal verschwunden war.

Zur Erlösung solcher Geister bedurfte es stets gewisser Fragen und Anreden. Bezüglich der schwarzen Erscheinungen wußte man, daß sie nicht mehr zu erlösen sind; die weißen dagegen mußten folgendermaßen angesprochen werden: „Ich und alle guten Geister loben Gott den Herrn! Im Namen des dreieinigen Gottes sage mir: Was du begehrst?“ worauf der Geist seinen Wunsch äußerte. Einmal wußte ein Mann in der Angst die richtige Frage nicht mehr und sagte blos: „Ich lobe Gott den Herrn!“ Der Geist fuhr ihn zornig an „und ich den Teufel!“ und streckte ihm die Hand zum Gruß entgegen, worauf dieser nur den Stock hinhielt. Als er den Stock nachher besah, war derselbe an der Stelle, wo der Geist ihn angefaßt, ganz verbrannt und schwarz. (Mündlich.)

87. Der Schimmelreiter auf der Bruckfelder Achbrücke.

Wenn man von Lippertsreuthe nach Gailhöfe geht, kommt man im Weiler Bruckfelden auf eine Brücke, welche über die Linzer Ach führt. In der Nähe der Brücke befindet sich eine Mühle, welche längst als Kunstmühle umgebaut wurde. Der Besitzer der alten Mühle war dafür bekannt, daß er seinen Kunden zu tief in den Sack gegriffen, und deshalb mußte er nach seinem Tode umgehen. Um Mitternacht sah man oftmals einen weißen Reiter auf einem Schimmel auf die Brücke sprengen, bald von der Wasserstube der Mühle aus, bald von der Lippertsreuther Straße oder auch von Gailhöfe her. Dabei ließ er samt seinem weißen Pferde einen weißen Staub zurück, so daß der Weg dicht davon bestreut war; jeweils Nachts zwischen 11—12 Uhr kam er auf die Brücke. Deshalb stellten sich einmal Nachts um diese Zeit drei beherzte Männer daselbst auf. Es dauerte nicht lange, so hörten sie von der Wasserstube her ein Geplätscher in der Aach und auf einmal war der Schimmelreiter auf der Brücke. Sie gingen auf die Erscheinung zu, strichen mit ihren Händen dem Schimmel über den Leib, und sahen dabei, wie unter ihren Fingern Funken emporschlugen, so daß sie nun erschreckt zurückwichen. Reiter und Schimmel aber waren mit einem Satz über die Brücke hinab im Wasser verschwunden. Zugleich wurden die Männer von einer Staubwolke eingehüllt, daß ihnen das Atmen schwer wurde. Als sie heimkamen, zeigte sich, daß sie mit feinstem Mehl dicht besät waren. Noch lange Zeit wurde der Schimmelreiter auf der Brücke gesehen; endlich aber soll er durch Wallfahrten erlöst worden sein. (Mündlich.)

---

88. Die Teufelsküche in der Linzer Aach.

Am Ausgang der Auwiese zwischen dem Gailhöfler und dem Taisersdorfer Tobel befindet sich in der Linzer Aach, wo sie sich gegen den Wald zuwendet, die sogen. „Teufelsküche“. Der Bach ist hier ungefähr 1 ½ Meter tief und fließt träge dahin; die angrenzenden Wiesen geben nur wenig Gras, so daß nur ein Schnitt gemacht und dann abgehütet wird.

In früheren Zeiten hütete eine Frau aus dem benachbarten Ort Taisersdorf in einer dieser Tobelwiesen allabendlich ihre Ziegen, obgleich der Wiesenbesitzer ihr solches strengstens verboten hatte. Deshalb nahm sich der Bauer vor, die Tiere einfach wegzuschießen. Als nun an einem Samstagabend die Frau ihre drei Geißen wiederum auf dessen Wiese weidete, lauerte er in einem Gebüsch auf die günstigste Gelegenheit, mit einem Schuß gleich zwei Ziegen auf einmal wegzuknallen, drückte ab, und sofort stürzte eine derselben zu Boden. Aber — o Schrecken! — zugleich fiel auch die Frau, mit den Händen noch in die Luft schlagend, rücklings tot ins Gras. Das hatte allerdings der Schütze nicht gewollt. Voll Angst und Gewissensbissen sprang er in den gerade hochgehenden Aachfluß und ertränkte sich.

Kurze Zeit nachher sahen Hirtenbuben allabendlich nach dem Betläuten einen schwarzen Jäger mit einer feurigen Geiß die Aach entlang gehen und plötzlich in der Wassertiefe verschwinden. Eines Abends wollte ein Mann aus dortiger Gegend Wachholderreis zum Fleischräuchern in den Bergeshängen bei Taisersdorf holen und nahm den Weg über die Auwiesen. Da hörte er in der Richtung des Platzes, wo sich das Unglück zugetragen, ein Sieden und Braten in der Aach, als würde er einer Wirtsküche zulaufen. Zugleich erblickte er den schwarzen Jäger und die feurige Geiß am Ufer, welche aber beide bei seinem Herannahen auf einmal in der Tiefe verschwanden. Da eilte der Mann in sein Gehöft zurück und konnte die Aussagen der Hirtenbuben vollständig bestätigen. Die Leute alle glaubten von nun an, der Bauer müsse zur Strafe für seine Missetat als Geist umgehen, und jede Nacht der so unschuldig ermordeten Frau ein Opfer darbringen, weshalb man das Kochen an der betreffenden Stelle bei Nachtzeit so oft höre.

Noch vor etwa 50 Jahren befand sich an einer alten Eiche bei der Unglücksstätte eine morsche Tafel mit dem Bild eines Bauern, der eine Flinte auf dem Rücken trug und eine Geiß an der Seite führte. Den Ort aber, wo sich das Erzählte zugetragen, nannte man die „Teufelsküche". (Mündlich.)

---

89. Der Scharfrichter von Baufnang.

An der Straße von Überlingen nach Lippertsreuthe zweigt sich vor letztgenanntem Orte in der Richtung gegen Salem ein Weg ab, welcher zunächst nach dem nahen Weiler Baufnang führt. In dem von beiden Straßen gebildeten Winkel, abseits von Baufnang, lag ehedem das einsame Wohnhaus des Scharfrichters; der Richtplatz mit Galgen aber war etwa eine Viertelstunde südöstlich beim jetzigen Bauerngut Berghof. Längst ist das Haus des Scharfrichters abgebrochen, statt dessen ward von den Nachkommen ein Wirtshaus näher an die Landstraße gebaut, welches zur Erinnerung an das Gewerbe der Urahnen das Schild „zum Schwert" führt. Hier wurde auch noch bis in die letzte Zeit das Richtschwert aufbewahrt und dasselbe erst kürzlich von einem Antiquitätenhändler angekauft, welcher es außer Landes brachte.

Vor etwa 150 Jahren wohnte noch im alten Hause der Scharfrichter Fidel Krieger, welcher streng und gewissenhaft seines schaurigen Amtes waltete. Nachts ward er einmal mit der Aufforderung geweckt, „sein Schwert zu nehmen und mitzukommen". Mit verbundenen Augen ward er in eine Kutsche gesetzt, die mit ihm fortfuhr, er wußte nicht, wohin? Als nach geraumer Zeit die Kutsche hielt und man ihm die Binde abnahm, befand er sich in einem großen Gemach, wo eine Anzahl Geistlicher versammelt waren. Hier ward ihm nun der Befehl gegeben, mehrere Todesurteile zu vollstrecken. Alsdann ward Krieger wieder mit verbundenen Augen in einen etwa viertelstundenlangen Gang geführt, an dessen Ende eine Steinplatte sich öffnete. Nach Lösung der Binde erkannte er, daß er in einem unterirdischen Gewölbe war, vor sich 12 Mönche, die zum Tode Verurteilten. Nun vollzog er mit dem Richtschwert an sämtlichen das Todesurteil, wobei das vergossene Blut seiner Opfer ihm bis an die Knöchel reichte. Den letzten Streich konnte er kaum vollenden, denn der dem Tode Geweihte nahm, die Hände im Gebet faltend, sein Geschick mit solcher Sanftmut und Ergebung hin, daß der Scharfrichter von tiefstem Mitleid ergriffen ward. Auf gleiche Weise, wie Krieger gekommen, ward er wieder heimgebracht, ohne jedoch erfahren zu haben, wer die Hingerichteten waren und was sie mit dem Tode gesühnt. Auch später konnte er nie Näheres erforschen; nach seinem Dafürhalten aber geschah die Verkündigung des Todesurteils im Kloster Salem und die Hinrichtung in einem der unterirdischen Gänge, deren es von Salem bis gegen Heiligenberg und anderseits bis an den Heidenlocher Weiher verschiedene gibt. Auch in Baufnang und Umgegend glaubte man dieses. Einige erzählen sogar ganz bestimmt, Krieger habe beim Hinaustreten ins Freie mit seinen blutigen Händen das Tor berührt und so nachher die Stätte wieder gefunden, wo er die Hinrichtung vollstreckte.

Nach einer andern Mitteilung waren die Verurteilten nicht Klostergeistliche, sondern rebellische Bauern, und ihre Zahl hundert, welche Tags vorher gefangen genommen und ins Kloster geschleppt, zum Tode verurteilt und in einem unterirdischen Gang enthauptet wurden bis auf den hundertsten, dem man das Leben schenkte. (Mündlich. Ähnliches wird von Finkenhausen erzählt.)

---

90. Das Hartweible.

Zu der Zeit, da man noch nicht einmal etwas vom Pulver wußte und man die Bücher noch nicht druckte, lebte auf dem Schlosse zu Heiligenberg eine Witwe, welche nebst einem reichen Erbteil vier Kinder von ihrem Gemahl selig hatte — ja, ja, es war ein schönes Schloß mit vielen Dörfern, Wäldern und Feldern als Zubehör, aber da hatte die Frau eine Tugend an sich, die bei ihr zum sündhaften Fehler wurde und viel, viel Sorge, Jammer und Elend auf das Geschlecht der Heiligenberger brachte, und das bestand darin, daß sie Alles herschenkte. Wer sie um etwas bat und ein wenig dazu weinte und winselte, der bekam's gewiß. So verschwand, wie der Schnee, wenn der Lenz kommt, nach und nach all' die schöne Habe, und die Kinder, die allmählig heranwuchsen und verständig wurden, mochten bitten und flehen wie sie wollten, es half Alles nichts, und wenn sie gleich in diesem Augenblick versprach, ihrer Neigung Einhalt zu tun, in der nächsten Minute war es wieder vergessen. So blieb ihr endlich nichts mehr übrig als ihr Schloß und ein Roß, drei Juchart Feld und der Hartwald, der damals Langenbühl genannt wurde. Eines Tages — es war gerade zur strengsten Winterszeit — wurde sie vom Abte des Stiftes Salem eingeladen, an seiner Tafel ein Mittagssüppchen zu nehmen. So ritt sie also auf einem Klepper, dem man die Freigebigkeit seiner Herrin nicht im mindesten ansah, in das Kloster hinab. Man setzte sich zu Tische; aber hier hatten die geistlichen Herren einen argen Streich gespielt, denn obgleich sie Holz und Waldung im Überfluß besaßen, feuerten sie doch das Kamin nicht; wir werden bald sehen, warum? Die Gräfin, welche vor Frost an Händen und Füßen zitterte, beklagte sich deshalb bei dem Prälaten. Dieser warf sein Gesicht in traurige, kummervolle Falten und antwortete, die Achsel zuckend: „Ach, hochwohlgeborene Frau, wie leid tut es uns, Euere Klage vernehmen zu müssen, ohne ihr abhelfen zu können, aber seht, so leiden und dulden wir den ganzen Winter über, denn wir haben kein Holz, als was wir dürftig zum Kochen brauchen; wahrlich! es tut mir in der Seele wehe, Euer Hochwohlgeboren so frieren zu sehen; ich habe nicht daran gedacht, als ich Euch eingeladen habe, und wir Mönche sind ja die Not gewohnt und den Frost! Nehmt es mir daher nicht böse auf!" — „Hm, wenn es bloß daran fehlt, Euer Hochwürden, so kann ich ja helfen!" antwortete die Gräfin. „Ich habe ja noch den Langenbühl, und den will ich Euch schenken, er ist ohnedies nicht weit weg vom Kloster und Ihr könnt deshalb das Holz leicht und schnell hereinbringen." Diese Worte brachten allgemeine Freude in den Konvent. Einer um den andern der Mönche kam heran und küßte der Gräfin ehrerbietig die Hand, im Herzen aber trugen sie den Schalk. Nach aufgehobener Tafel wurde in aller Form Rechtens die Schenkungsurkunde aufgesetzt und sogleich unterzeichnet, worauf die Gräfin, geleitet von den Segenswünschen der Mönche, heimwärts ritt. Als sie zu Hause anlangte, versammelte sie voller Freude ihre Kinder um sich und erzählte ihnen glänzenden Auges das Erlebnis. Diese aber fingen an zu weinen, und der älteste Sohn, Joachim benamset, sah der Mutter recht ernst ins Auge und sprach: „Wo sollen nun Deine Kinder ihre Hände wärmen? Sollen wir betteln gehen an den Häusern, die Du reich gemacht, um uns schnöde und höhnisch abweisen zu lassen? Bist Du nicht unsere Mutter, ist es vor Gott und den Menschen nicht Deine erste Pflicht, für uns zu sorgen? Und jetzt gibst Du auch das Letzte hin! Mutter, Mutter, das ist hart!“ „Wenn es hart ist“, sagte die Gräfin mit bewegter Stimme — denn sie fühlte, daß ihres Sohnes Vorwürfe gerecht seien — „Wenn es hart ist, so soll der Wald, den ich den Mönchen geschenkt, fortan bis zum spätesten Enkel der „Hartwald“ heißen!“ Nicht lange nachher starb die Gräfin aus Gram, daß sie sich jetzt, da sie arm war, von Allen verlassen sah, die sie reich gemacht, und seit der Stunde ihres Todes muß ihr Geist ruhelos umgehen im Hartwald. Viele haben das Weibchen schon gesehen im himmelblauen Röckchen mit Goldborten, dem roten Mieder mit Spitzenärmel, den roten Strümpfen und dem Schnallkäppchen oder einem roten Tuch um den Kopf als kleines, altes, runzeliges Weibchen, aber Keinem war es eine willkommene Erscheinung, denn alle Wanderer, die in sein Bereich kamen, führte es irre. Manchmal soll es auch ohne Kopf gesehen worden sein. Andere wiederum beschreiben es als eine weiße, schleierverhüllte Gestalt. Aber nicht Jeder, der geneckt wurde, sah das Weibchen; es ließ überhaupt Diejenigen, die es erblickten, ruhig gehen; wer es gesehen, kam glücklich aus dem Wald. Wenn man es jedoch nicht zu Gesicht bekam, so vernahm man bisweilen seine Stimme. Manche hörten es klagen: „O das ist hart! Das ist hart, daß ich den Wald hab' müssen fahren lassen!“

Noch heute leben gar mancherlei Begegnisse mit dem Hartweible aus alter Zeit im Munde des Volkes. So gingen einmal zur Winterszeit zwei Bauern Nachts durch den Hartwald, konnten aber den Ausweg nicht mehr finden und irrten lange umher; im Schnee sahen sie immer wieder ihre Fußstapfen. Als nun der eine fragte: „Welche Zeit ist es jetzt?“ hörte er plötzlich neben sich eine Stimme: „Gleich 1/2 5 Uhr!“ Da schrie er fluchend: „Du Malefizhartweible!“ und im selben Augenblick waren sie am Waldrand und auf dem richtigen Weg. Eine Magd von Schapbuch ging einstmals durch den Wald, als sich eine große, weiße Frau zu ihr gesellte und mitging, aber nicht so nahe, daß deren Gesicht zu erkennen war, denn es schien wie die ganze Gestalt von einem Schleier umhüllt. Die Erscheinung sprach nichts und war beim Ausgang des Waldes plötzlich verschwunden. Ein Salemer Jäger wollte einmal nach Neufrach und wurde vom Hartweible irregeführt; obgleich er den Weg ganz genau kannte, fand er sich nicht mehr zurecht, und gelangte nach langem Irrgang am entgegengesetzten Ende bei Mimmenhausen heraus. Ähnlich erging es einem Wanderer, der nach Wehausen wollte und bei Buggensegel aus dem Walde kam. Eine Frau namens Selgaier ging dereinst mit ihrem Bruder in einer Frühlingsnacht durch den Hartwald und stieß überall, wo sie lief, auf Tannen, so daß sie nicht vorwärts kam und ihren Bruder um Hilfe herbeirufen mußte. Besonders aufsässig war das Hartweibchen den Fuhrwerken, welche es gerne stellte. So blieb ein Knecht mit einem vierspännigen Fuhrwerke mitten im Walde stecken, die Pferde konnten nicht von der Stelle, der Knecht mußte um Hilfe rufen, worauf Leute kamen und ihm heraushalfen. Einst fuhr ein junger Bursch mit vier Pferden Nachts durch den Wald; plötzlich blieben die Pferde stehen, keuchten und schnoben, zogen wieder an, aber der Wagen war nicht fortzubewegen, der Fuhrmann mochte Alles versuchen. Da nahm er eine geweihte Treibschnur, welche er stets bei sich hatte, machte an die Geißel einen Schneller und knallte; plötzlich fuhr es wie ein feuriger Garbenbaum von den Pferden, welche jetzt den Wagen mit Leichtigkeit dahinzogen. In einer Winternacht fuhr vor Jahren ein Lehrer mit Frau und Schwägerin in einem Schlitten durch den Wald, kam ab dem Wege und die ganze Nacht nicht aus dem Wald; erst Morgens beim Betläuten gelangte er bei Stefansfeld wieder auf die Straße. Acht Tage war er krank und die Pferde fraßen zwei Tage nicht. Ein ander Mal wollte ein Bauer von Markdorf mit seinem Fuhrwerk nach Neufrach; als er in den Wald kam, sagte er zu seinem Knechte: „Gibt acht, daß wir nicht letz fahren, sonst kommt das Hartweible!" Da hörte er plötzlich ganz in der Nähe eine Stimme: „Fahrt nur zu, ich sitz' schon auf!" Nun zogen die Beiden mit schweißtriefenden Pferden die ganze Nacht im Walde umher und konnten keinen Ausgang finden, bis der Morgen anbrach. Einmal hörte ein Fuhrmann, der durch den Hartwald fuhr, immer den Schrei: „O je, o je!" Er hielt an und sah das Hartweibchen auf einem Baumstumpf sitzen, welches so gerufen. Auf seine Frage, „was es wolle", erhielt er keine Antwort, dagegen hörte er fortwährend „o je, o je!" rufen. Er fuhr nun weiter, hielt dann wieder an, als der gleiche Schrei wieder erscholl und sagte zum Weiblein: „Komm', fahr mit!" Auf dies war der Wald wie von einem Feuerschein beleuchtet und das Hartweible verschwunden. An einem Sonntag nach dem Klausentag ging dereinst eine Frau mit ihren Töchtern in aller Stille durch den Hartwald, keine sprach ein Wort; als sie jedoch fast am Ende des Waldes waren, sagte eines der Mädchen: „Mutter! Jetzt sind wir gottlob entronnen, jetzt kommt das Hartweible nimmer!" Sofort flog der

Mutter der Korb, den sie trug, vom Kopfe und fiel in den Straßengraben, ohne daß sonst was gesehen wurde. Bürgermeister Bendele von Weildorf war ein Mann ohne Furcht und ging Nachts allein durch den Wald; allein auf einmal war das Hartweible da und tänzelte vor ihm her; blieb er stehen, so blieb es auch stehen, ging er weiter, so tänzelte es ebenfalls weiter vor ihm her. Nun wurde dem einsamen Wanderer die Sache doch unheimlich, so daß er schwitzte. An der Brücke zwischen Mimmenhausen und Stefansfeld ging das Hartweible seitwärts ins Feld, da hier sein Gebiet zu Ende war. Dem alten Ziegler von Schapbuch, der das Hartweible oft sah, tat es nie was zu leid. Oft machte das Hartweible im Walde ein Getöse, als ob Musik gespielt würde. Auch in anderer Weise zeigte sich der Spuk. So wollten an einem Nikolausabend drei Männer in Schapbuch den St. Nikolaus spielen. Als sie durch den Wald dahingingen, waren es plötzlich ihrer fünf, auf jeder Seite noch ein weiterer. Da fürchteten sich die drei sehr und blieben die ganze Nacht in Schapbuch; erst am folgenden Tag kehrten sie nach Hause zurück. Die Kleidung und Gestalt des Hartweibles wechselte häufig; in der Regel trug es zwar einen blauen Rock und rote Strümpfe, sonst aber die verschiedensten Trachten.

Der Hartwald, welcher früher viel größer war und von Salem bis Weildorf, Altenbeuren und Schapbuch reichte, überdies sehr dicht und ohne rechte Wege und Stege war, mochte schon deshalb unheimlich sein, insbesondere aber auch durch den Richtplatz am Ostende. In der Nähe der Schapbucher Ziegelhütte, links von der Straße nach Mennwangen, liegt nämlich der sog. „Galgenbühl“, wo ehedem die Hinrichtungen des Heiligenberger Jurisdiktionsbezirks stattfanden. Von den Schlössern und Burgen Heiligenberg, Altheiligenberg, Hohbodman, Kappelinz 2c. hatte man einen freien Ausblick auf diese Stätte. Jetzt ist der am rechten Ufer der Aach, nächst der Landstraße aufsteigende kleine Bühl ringsum mit Tannen bewachsen. Oben auf dem Gipfel steht eine schmucklose Holzbank; da und dort an den Tannen hängen verblaßte Heiligenbilder und Kruzifixe, ein verrostetes Kreuz liegt am Fuße eines Tannenbaums, ein altes Gebetbuch unter einem Heiligenbild. Früher stand hier eine Kapelle oder vielmehr eine mit einer Bretterwand geschützte Betbank, welche vor mehreren Jahren abbrannte. Von jeher fanden sich hier die Umwohner ein, ursprünglich wohl nur, um für die armen Seelen der Hingerichteten zu beten. Als diese eigentümlichen Wallfahrten jedoch nach und nach zu Mißbräuchen führten, wurden sie von der Geistlichkeit verboten. Trotzdem hörten sie nicht ganz auf. Noch jetzt trifft man nicht selten einzelne Landleute im Gebet am „Galgenbühl". (Die erste Hälfte aus der Erzählung „Die Schweden am Bodensee von W. R . . . . . ch [Ruckmich], Druck von F. S. Gulde". Die zweite Hälfte mündlich.)

---

91. Das Bachtier in der Deggenhauser Aach.

Wenn man in der ersten Hälfte des vorigen Jahrhunderts das Tal von Deggenhausen über Wittenhofen und Untersiggingen bis Mennwangen durchwanderte, dann hörte man gar oft ein Geschrei, das eine Mal wie Kindergeschrei, ein ander Mal wie Entengeschnatter, dann glichen die Laute wieder dem Grunzen eines Ferkels. Besonders in heiligen Zeiten soll das Geschrei viel stärker gewesen sein. Dasselbe rührte her vom sog. Bachtier, Bachtierle, auch Bachfrauele genannt, welches zu seinen Lebzeiten eine bildhübsche Nonne des Frauenklosters Rubacker (Rugacker), Gemeinde Homberg, gewesen. Dieselbe gab sich aber mit sehr unheiligen Dingen ab, welche nicht ohne Folgen blieben. Sie hatte mehrmals heimlich geboren und die Kinder dann in die Aach geworfen.

Zur Strafe für ihre Untaten mußte sie nach ihrem Tode im Bache umgehen. Ging man nun den Jammertönen und dem Geschrei nach, so sah man ein Tier, das auf dem Bach davonschwamm. Oft hörte man auch ein Geheul, das weder mit den Stimmen von Menschen noch Tieren Ähnlichkeit hatte. Ebenso nahm man bisweilen ein Rauschen und Plätschern im Wasser wahr, wie wenn ein Gegenstand fortgeschwemmt würde, oder ein Vogel über den Bach herflöge. Manchmal sah man auch ein Licht unter dem Bachsteg durchfahren. In der am Bach befindlichen Mennwanger Kapelle hörten bisweilen Leute, die vorübergingen, laut beten, ohne Jemanden zu sehen. Einmal fuhren zwölf Schlitten mit je einer weißen Dame längs des Baches blitzschnell an einem allein dastehenden Mann vorüber. Derartige Erscheinungen wurden meist von Mennwangen bei der Kapelle bis abwärts nach Altenbeuren beobachtet. Einst hatten drei Männer von Mennwangen eine nächtliche Begegnung mit dem Bachtier. Von einem Köhler, welcher in der Nähe seine Hütte bewohnte, hatten sie von dem Spukgeiste vernommen. Zu ihm begaben sie sich, und zwar mit einem scharf geladenen Gewehr. Als sie nun in der Nacht gegen halb 2 Uhr in der Tat das Plätschern im Bache hörten, welches der Hütte immer näher kam, gingen sie hinaus dem Bache zu. Und richtig erblickten sie in demselben ein großes, unheimliches Tier mit langen Flügeln. Einer der Männer, welcher das Gewehr führte, rief das Unwesen an. Da dasselbe aber keine Antwort gab, feuerte er nach nochmaligem Anruf seinen Schuß ab. Aber das Gewehr versagte und das Bachtier kam aus dem Wasser gegen die Männer herangeflogen und trieb sie mit heftigen Flügelschlägen in die Hütte zurück. Die genannte Klosterfrau mußte solange im Bach umgehen, bis in demselben kein Beinchen mehr von den Kindern zu finden gewesen. Dann wurde sie von einem Geistlichen erlöst. (Mündlich.)

92. Der Spuk bei Wehhausen.

In der Nähe des sehr alten zur Gemeinde Buggensegel gehörigen, einsam gelegenen Bauernhofs Wehhausen (schon 1273 in Salemer Urkunden genannt) ist es nicht geheuer. Oftmals wurden in den Wiesen gegen Wespach Lichter gesehen und versetzte Feldmarken wahrgenommen.

Ein Geist soll hier umgehen. Während des Winters wurde einmal gegen Mitternacht ein Knecht des Hofs von einem Müllerburschen aus Altenbeuren geweckt, welcher von Ahausen nach Haus gewollt und unterwegs auf einmal als Begleiter neben sich einen großen Mann ohne Kopf gesehen. Als der Knecht dies gehört, weigerte er sich, den Müller zu begleiten, trotzdem dieser, der sich allein zu gehen fürchtete, ihm Geld angeboten. Der Müllerbursche ging nun allein weiter, aber nicht den nächsten Weg, Altenbeuren zu, sondern gegen Buggensegel, wo er seinen Begleiter nicht mehr fand. Dasselbe passierte einem Schuster von Grasbeuren, welcher von Neufrach herkam und heim wollte: an der Aachbrücke in den Neufracher Wiesen traf er einen großen Mann ohne Kopf, welcher mit ihm ging, bis der Weg gegen den Wehhauser Hof abzweigte, wo er verschwand. Aber draußen vor dem Hofe war der Geist wieder da und ging mit ihm bis auf die Buggensegel-Ahauser Straße. Im Hof selbst wurde der Geist nie gesehen.

Bei der Wehhauser Mühle an der Aach wurde häufig ein Irrlicht beobachtet, und zwar vom Hofbauer, wenn er allein nach Hause ging; hatte er einen Gespanen, dann sah er es nie. Oft war es 10 Schritte vor ihm in Form eines spanischen Kreuzes (Maltheser Kreuzes), blieb er stehen, so schwenkte es auf die Seite, ging er weiter, so folgte es ihm wieder getreulich. (Mündlich.)

---

93. Der Steitzenmann.

Südöstlich von dem zur Herrschaft Salem gehörigen Killenweiher, in dem eine kleine Insel mit einem Försterhaus liegt, befindet sich der Wald „Steitzen". Mitten im Wald kreuzen sich die Straßen Buggensegel-Hallendorf und Grasbeuren-Mühlhofen. Die ganze Gegend ist sehr wildreich und war deshalb früher ein beliebter Aufenthalt für Wilddiebe. Diesen war aber der damalige Förster vom Killenweiher sehr aufsässig und drum verhaßt, so daß sie ihm blutige Rache schwuren und nach seinem Untergang trachteten. Als einmal dieser Forstbeamte auf seinem Heimweg noch ein Glas in Grasbeuren trank, lauerten ihm im Salem'schen Pachthofe daselbst die Wilddiebe auf. Eine Magd auf dem Sommergang des Hofs sah ihn herannahen und sagte zu den Wilderern: „Jetzt kommt er!" Da fielen dieselben über den arglos daher wandelnden Mann her, banden ihn und hingen ihn verkehrt an einer Buche der ehemaligen Waldwiese „Holzacker" auf. Seit dieser Missetat geistet es im Walddistrikt „Steitzen". Oft wurde ein Rufen oder ein dreimaliges Pfeifen, oder auch ein Knacken, wie wenn jemand über dem Knie Holz abbricht, und dergleichen gehört. Leute, welche durch den Wald wollten, verirrten und kamen nicht mehr heraus; Fuhrwerke und Pferde blieben stehen und konnten nicht von der Stelle. Niemand wollte mehr Nachts durch den unheimlichen Wald „Steitzen". An einem Abend sollte einmal ein Knecht von Ahausen einen Mann aus Grasbeuren zu dessen sterbenden Bruder holen, er irrte aber die ganze Nacht im Wald umher, kam bald halbwegs Hallendorf, dann wieder halbwegs Mühlhofen, bald in die entgegengesetzten Richtungen. Erst als es Tag war, fand er den Ausgang und kam nach Grasbeuren, aber so müde und halbtodt vor Anstrengung, daß ihm gleich ein Bett zugerichtet werden mußte. (Mündlich.)

---

94. Der Tanzzug in den Neufracher Wiesen.

In den Neufracher Wiesen, von der Aachbrücke bis an die Landstraße nach Unterstenweiler, wurde früher häufig ein Taufzug längs der Aach hin und her sich bewegend, beobachtet. Einst wollte ein Waldarbeiter am Weihnachtsabend von Wehhausen nach Bermatingen gehen und traf zwischen 8—9 Uhr den Taufzug, Pate und Patin mit dem Kind im Arm. Er sprach den Zug an und bat, man möchte ihm das Kind zeigen, was auch geschah; er sah, daß es ein schönes, gesundes, wohlgebildetes Kind im Taufkissen war. Plötzlich erhielt er eine Ohrfeige, daß ihm der Hut vom Kopfe flog und er ihn nicht mehr finden konnte. Zugleich war der Spuk verschwunden. Der Arbeiter ging aber nun diese Nacht nicht weiter, sondern blieb im Wehhauser Hof über Nacht und ging erst anderen Morgens heim. Manch Anderes wurde in dieser Gegend noch wahrgenommen. So fuhr einmal ein seltsamer Glaswagen von Markdorf über Wehhausen nach Neufrach und begegnete einem anderen Fuhrwerk, welches auszuweichen suchte, aber plötzlich in den Graben stürzte. (Mündlich.)

95. Das geschossene Bild im Finkenhauser Hölzle.

Zwischen Leustetten und Beuren liegt das Finkenhauser Hölzle, das von einer Kreuzstraße durchschnitten ist. An dieser steht ein Waldkreuz mit einem Christusbild und darunter eine Tafel mit Inschrift.

In längst vergangener Zeit fuhren eines Abends zwei Bauern dortiger Gegend einmal durch diesen Wald der Heimat zu. Der eine derselben, welcher eine Flinte bei sich hatte und ziemlich angeheitert war, sagte beim Vorüberfahren am Kruzifix zu seinem Gefährten: „Halt' mit dem Fuhrwerk an, mußt sehen, was ich für ein geschickter Schütze bin". Zugleich legte er an, zielte, drückte ab und schoß das Christusbild mitten durch. Dem anderen wurde darob ganz bang, und erschrocken sagte er zu seinem Genossen: „Wenn uns nur nichts während der Fahrt passiert; das hättest Du nicht tun sollen!", worauf dieser nur lachte.

Unversehrt kamen sie nach Hause. Noch in derselben Nacht aber wurde der frevelhafte Schütze von heftigen Leibschmerzen befallen und konnte anderen Tags das Bett nicht verlassen; dann traten große Gliederschmerzen ein, welche ihn nicht mehr verließen. Von seinen Leiden wurde er erst nach einigen Jahren durch den Tod erlöst.

Kurze Zeit nachher hörte man öfters im Finkenhauser Hölzle Schüsse fallen, oder vernahm auch manchmal ein Jammern und Weinen, auch kam es vor, daß Leute, die bei Nacht den Wald passierten, plötzlich eine schwere Last auf ihrem Rücken fühlten und erst am Ende des Waldes dieselbe los wurden; desgleichen wurden bisweilen Fuhrwerke wie von unsichtbaren Händen festgehalten und konnten erst bei beginnendem Morgen den Ausgang aus dem Walde finden. So mußte der vermessene Mensch nach seinem Tode zur Strafe für seine Untat als Geist im Finkenhauser Hölzle sein Unwesen treiben. Das Christusbild aber nannte man von nun an das „geschossene Bild"; eine Tafel unter dem Bilde, welche noch in jüngster Zeit vorhanden war, erzählte von der Tat des gottlosen Schützen. (Mündlich.)

96. Der Sägegeist bei Beuren.

Der Weg von Finkenhausen bis Beuren, unterhalb Heiligenberg, wurde noch im letzten Jahrhundert vielfach zur Nachtzeit gemieden; denn Leute, welche diese Straße wanderten, wurden irre geführt. Auch sah man allwöchentlich wiederholt eine Männergestalt Nachts bis zur Sägemühle schreiten, welche dann dort das Mühlewerk abstellte. Ging der Mühlebesitzer erschrocken hinaus, um nachzusehen, war Alles wieder in Ordnung. Ebenso kam es vor, daß der Geist das Mühlewerk, das stille stand, in Bewegung setzte. Nach der Erzählung alter Leute war dieser Ruhestörer bei Lebzeiten ein Holzhändler, der sich auf unrechte Weise Baumstämme aneignete; durch einen jungen Mann, der sich aufs Geisterbeschwören verstand, wurde später der Unhold vertrieben. (Mündlich.)

Beuren, Altenbeuren und Bäche sollen nach alter Überlieferung früher zusammengehört und eine Stadt gebildet haben, welche aber zerstört wurde. Noch jetzt stößt man bisweilen bei Erdarbeiten in der Umgegend auf alte Mauerreste; auch wurden schon alte, kleine Hufeisen ausgegraben. Im Schwedenkrieg wurde Beuren niedergebrannt bis auf ein Haus, welches jetzt noch in ursprünglicher, altertümlicher Gestalt mitten im Ort vorhanden ist. Bei Beuren soll auch einmal eine Schlacht geschlagen worden sein.

97. Die Erlösung des Waldgeists bei Beuren.

Wenn man noch vor ungefähr 80 Jahren Nachts den Fußweg von Heiligenberg nach Beuren durch den Wald einschlug, begegnete man oft einem Manne, der wie eine Geistergestalt lautlos vorbeischlich. Auf dem Kopf trug derselbe einen großen Hut, auf dem Rücken einen Zwerchsack, und in der Hand einen knorrigen Stecken. Schaute man dem unheimlichen Gesellen nach, so verschwand er öfters plötzlich und man sah an seiner Statt einen großen, weißgefleckten Hund heulend davonspringen. Wer dieser Geist bei seinen Lebzeiten gewesen und was er getrieben, konnte nie recht ermittelt werden. Wohl aber weiß man, daß er von seiner Ruhelosigkeit erlöst worden ist. Dies hat sich folgendermaßen zugetragen:

In jener Gegend lebte damals ein frommer Mann, der den Meßnerdienst im kleinen Kirchlein in Egg zu versehen hatte und hiebei mehrfach Gelegenheit hatte, den Geist anzutreffen. Als der Meßner nun wieder einmal Nachts ihm begegnete, faßte er sich ein Herz, redete das Gespenst an und fragte: was er zu dessen Erlösung tun könne? Der Angeredete erwiderte: die Zeit seines nächtlichen Umherwanderns sei bereits abgelaufen, nur noch ein kleines Opfer in der Kapelle sei zu seiner Erlösung nötig. Der Meßner versprach ihm diesen Dienst zu erweisen und führte es auch alsbald aus. In der dritten Nacht darauf trafen sich die

Beiden wieder; die Gestalt des Geistes war fast schneeweiß; er sprach den Meßner an und bat ihn, ihm die Rechte zu reichen. Der Meßner aber streckte ihm seinen Stock hin, welcher durch die Berührung mit der Geisterhand schwarz gebrannt wurde, so daß die fünf Finger derselben deutlich am Stock zu sehen waren. Der Geist aber war dadurch erlöst worden. Der Meßner ist bald darauf gottergeben und in Frömmigkeit gestorben. Der betreffende Stock mit den eingebrannten Fingerspuren wurde im Jahre 1846, da eine Feuersbrunst das Haus, in dem er aufbewahrt wurde, einäscherte, mitverbrannt. Die Stätte, wo dies geschah, ist noch heute durch eine Tafel mit Abbildung bezeichnet. (Mündlich.)

98. Der Waldstern im Faulental.

Noch Mitte des vorigen Jahrhunderts sah man Nachts, besonders zur Fastenzeit, neben der Straße, die von Beuren nach dem Sennberg und Bethenbrunn führt, ein helles Licht wie einen Stern glänzen. Oft erschien es dem Wanderer sehr nahe, manchmal sah es aus, als ob es gegen Bethenbrunn zu schwebe und dann im sog. Lindenösch oder Faulental verschwinde. In diesem Wald wurde in früherer Zeit ein Mann erschlagen und beraubt; der Mörder wurde nie entdeckt. Seiner Strafe entging er jedoch nicht; denn ruhelos irrt sein Geist als flackerndes Licht umher und gar oft vernimmt man dessen Wehklagen und Jammern. (Mündlich.)

99. Der Waldgeist im Hepsack bei Roggenbeuren.

Zwischen Roggenbeuren und Wendlingen führt die Straße durch den Wald Hepsack. Wer noch Mitte des vorigen Jahrhunderts nach der Betzeit diesen Weg ging, mußte erfahren, daß es in jenem Wald nicht geheuer war: Fußgänger wurden irre geführt oder glaubten, eine Zentnerlast auf ihren Schultern zu tragen, Fuhrleute wurden angehalten und konnten oft mit leerem Wagen nicht weiter kommen, oft wurde auch ihr Gefährt umgeworfen. So fuhren im Jahre 1834 einmal 14 Fuhrwerke, die von einer Hochzeit aus Limpach kamen, bei der Nacht durch diesen unheimlichen Wald und stürzten sämtlich die Straßenböschung hinab. Zu Zeiten hörte man Nachts auch im Walde Peitschenknallen und Wagenrasseln, auch vernahm man bisweilen Rufe, wie „Hott, hu, oha, helfet doch!“ 2c. Manchmal glaubten die Leute, es sei ein Fuhrmann mit seinem Gespann stecken geblieben; ging man dem Geräusch nach, so fand man nichts und mußte acht geben, um nicht selbst irre zu gehen.

Wie alte Leute erzählen, lebte hier dereinst ein Fuhrmann, der seine Pferde aufs grausamste quälte und unbarmherzig auf sie losschlug, wenn sie die schwersten Lasten ziehen mußten, so daß ein derart mißhandeltes Tier oft umfiel und die Böschung hinabstürzte. Für diese Tierquälereien mußte er nach seinem Tode auf jenem Wege nächtlicherweile umgehen. (Mündlich.)

Owingen

mit seinen Filialen Bambergen und Hohbodman.

100. Der Schatz im Owinger Schloßbühl.

Von Billafingen dehnt sich gegen Osten ein breites Tal aus, das von zwei mächtigen Höhenzügen eingeschlossen ist, deren südlicher bis in die Nähe des Dorfes Owingen mit einigen waldigen Bergkegeln reicht. Einer dieser Waldberge heißt „Schloßbühl“, denn auf seinem „Kapf“ (Gipfel) soll früher ein Schloß gestanden sein, in dem Raubritter gehaust. Jetzt ist nichts mehr davon zu sehen. Aber ein Schatz soll hier vergraben sein. Einst wollten einige Leute den Schatz heben; sie gruben und gruben, bis sie auf eine Kiste kamen, auf welcher eine schwarze Katze saß. Da sagte einer: „So, jetzt haben wir's" — und plötzlich waren Kiste und Katze verschwunden. Sie hätten eben sollen kein Wort sprechen. Einmal sah ein Jägerbursche auf dem „Kapf" sehr schöne Tannenzapfen liegen und nahm sie als Seltenheit zum Spiel für seine Kinder mit. Am anderen Tage waren die Tannenzapfen lauter Gold. (Mündlich.)

101. Der vergrabene Schatz in Bambergen.

Eine Stunde nordöstlich von Überlingen liegt das kleine Dorf Bambergen, das zur Pfarrei Owingen gehört und ehemals im Besitz des Rittergeschlechts Stadgun war, von dem es 1352 der Spital Überlingen kaufte. Da wo jetzt das Schulhaus ist, stand das Ritterschloß mit Turm, ringsum von Wasser umgeben. Dasselbe war von einem Ritterfräulein bewohnt. Mit der Zeit zerfiel die Burg und wurde 1820 gänzlich abgebrochen, die Mauersteine wurden zu Häuserbauten verwendet und der Weiher ausgetrocknet.

Auf diesem Platz soll ein Schatz begraben sein und von einem Geist bewacht werden. Von dem gegenüberliegenden Haus sah man oft frühmorgens ein Lichtlein über dem Platz. Es soll dies der den Schatz bewachende Geist sein. Nach anderen Mitteilungen stand das Schloß an der Stelle der Klotz'schen Schmiede. (Mündlich.)

102. Die Erlaubnis zu sterben.

In der ersten Hälfte des 16. Jahrhunderts lebte zu Bambergen, einem damals der Stadt Überlingen gehörigen Hofe, ein gar sonderbarer Mann. Unter den Eigenheiten, welche er an sich hatte, befand sich auch diese, daß er sich scherzweise manchmal tot stellte, den Atem unterdrückte, keinen Laut von sich gab, keine Spur von Bewegung bemerken ließ usw. Dies führte er öfters aus, um ein kleines Geschenk oder Nachlaß der Zeche im Wirtshaus zu erhalten. Wie die regierenden Herren in Überlingen hiervon Anzeige bekamen, äußerten sie ihr Mißfallen über dieses Benehmen und gaben dem Bauern unter Androhung einer Strafe von 15 Pfund Pfennig auf, sich hinfürder solchen Unwesens zu enthalten und mit dem Tode keinen Scherz zu treiben. Der Mann kam diesem Befehle nach und unterließ das Gaukelspiel. Einige Jahre später wurde er nun gefährlich krank, so daß er selbst fühlte, es werde diesmal ernst gelten. Er schickte deshalb zu dem Stadtrate nach Überlingen und ließ daselbst vortragen: da er diesmal mit dem Tode keinen Scherz treibe, sondern umgekehrt, der Tod mit ihm ernst machen werde, bitte er, das ergangene Verbot aufzuheben und ihm gnädigst zu erlauben, sterben zu dürfen. „Das hat ein Rat, gleichwohl mit etwas Verwundern an den Bauern getan.“ (Aus „Vor 300 Jahren. Nach der Zimmern'schen Chronik“ von Jak. Barth, Lehrer in Geisingen.)

103. Das Totengässele bei Bambergen.

Von Bambergen führt gegen das Pfarrdorf Owingen ein ziemlich steiles Sträßchen, welches das „Totengässele“ heißt. Dieser Name stammt aus der Zeit, da die Pest hier herrschte. Damals wurden die Toten, welche herumlagen, hier haufenweis hinaufgeführt nach dem Friedhof in Owingen. Der Umherliegenden waren es so viele, daß man ohne weitere Untersuchung und ohne Sarg alle zusammen auf den Wagen lud und fortschaffte. Bei einem solchen Leichentransport fiel einmal einer der Aufgeladenen vom Wagen; der Fuhrmann, der es wohl bemerkte, aber nicht anhalten wollte, fuhr weiter mit den Worten: „Den lassen wir liegen und nehmen ihn morgen mit!“ Der

Herabgestürzte war aber nur scheintot, kam wieder zu sich, und am anderen Morgen war der Fuhrmann tot und wurde nun von dem Totgeglaubten, welcher jetzt dessen Stelle einnahm, mit den übrigen Leichen das Gässele hinaufgefahren.

Nach Anderen rührt der Name „Totengässele“ von einer Mordtat her. Oberhalb des Sträßchens steht ein verwitterter Stein, auf dem eine Scheere eingemeißelt ist. Er soll zum Gedächtnis einer Näherin, die vor vielen Jahren hier umgebracht worden, gesetzt worden sein und seither der Weg das „Totengässele“ genannt werden. (Mündlich.)

---

104. Der Minkreiter bei Bambergen.

Die alte Straße von Überlingen über Lippertsreuthe ins Salemertal führt in der Nähe von Bambergen, oberhalb des „Hefhäusles“ in bedeutender Steigung durch den Wald gegen den Schönbucherhof und wird hier von einem Waldweg gekreuzt. Dieser Waldweg heißt der „Minkweg“; der Name soll von einem ehem. Stift Salem'schen Förster herrühren, welcher auf einem Schimmel-Wallachen („Mink“, Mönch) und begleitet von einem schwarzen Hund seine Forsten von Salem über Owingen bis nach Münchhof bei Stockach durchritt. Er war ein Tyrann seiner Untergebenen, plagte die Waldarbeiter, namentlich Bannwarte und Holzhauer aufs Schändlichste, fluchte gräulich und führte überhaupt gottlose Reden. Deshalb mußte er nach seinem Tode umgehen.

Oft in der Nacht hört man den Minkreiter im Walde fluchen und krakeelen; noch jetzt verwirrt er die Leute, die die Steige hinaufgehen, so daß sie den Weg nicht mehr finden und schließlich da aus dem Wald herauskommen, wo sie hineingegangen; oder er macht die Pferde scheu, daß sie ihr Fuhrwerk umwerfen; bisweilen hemmt er auch einen Wagen derart, daß er nicht mehr weiter gebracht werden kann und umkehren muß. Gar Mancher fürchtet sich, nachts allein durch den Wald zu gehen; Frauen namentlich holen häufig aus dem Hefhäusle einen Mann, der sie bis zum Ausgang des Waldes begleiten muß. Ein Bauer fuhr einmal Nachts mit zwei Pferden den Berg hinauf, da hörte er aus dem Wald Roßgewieher und hielt an, um das Tier an sich vorbeikommen zu lassen; allein es kam Nichts, obgleich das Gewieher fortdauerte. Nun fürchtete er, es sei der „Mink" und fuhr rasch von dannen. Einstens ging ein Knecht aus einem benachbarten Hofe schimpfend und fluchend mit seinem Meister durch den Wald; beim Minkweg angekommen, rief er: „Mink! Jetzt komm' einmal!" Da stand plötzlich ein großer Mann neben ihm und gab ihm eine solch' kräftige Ohrfeige, daß er zu Boden stürzte. Dann war der Mann wieder verschwunden. Alles dieses ward auch vom Meister wahrgenommen. Seitdem ging aber der Knecht nie mehr, weder bei Tag noch bei Nacht, durch diesen Wald. Vor mehreren Jahren schritt ein beurlaubter Soldat bei Mondschein heimwärts durch den Wald und bemerkte auf einmal hinter sich einen großen schwarzen Hund, der ihm folgte, und stehen blieb, wenn der Soldat solches tat, und weiter ging, wenn jener ging. Der Soldat hielt seinen Säbel bereit; der Hund tat ihm jedoch nichts zuleid, ja er murrte gar nicht, sondern folgte ihm ruhig bis auf die Höhe, wo der Minkweg die Straße schneidet. Hier verschwand der Hund plötzlich. (Mündlich.)

---

105. Der Wilderer am Heidenlocher Weiher.

Eine Stunde nordöstlich von Überlingen liegt der Heidenlocher Weiher in einem enggeschlossenen Waldtal, an dessen Südostseite der Molasse-Sandstein als hohe mit Gestrüpp und Tannen bedeckte Felswand sich erhebt, während auf der anderen Seite der mäßig ansteigende Forst sich hinzieht. Der Weiher mit dem anstoßenden Sumpfland wird vom sog. Hennenbach bewässert. In obengenannter Felswand sind zwei Löcher bemerkbar, welche die Eingänge zu zwei viereckigen, kammergroßen Höhlen, sog. „Heidenlöchern", bilden, dem kleinen und dem großen „Heidenloch", woher der Weiher seinen Namen hat. Über den Ursprung und Zweck der Höhlen ist nichts bekannt, auch wurde nichts darin gefunden, was darauf hindeutete.

Einst hauste hier ein berüchtigter Wilddieb; er stellte im Walde dem Wilde nach und im Weiher den Fischen und war überall gefürchtet. So trieb er lange sein Unwesen, bis er erschossen wurde. Aber auch nach seinem Tode fand er keine Ruhe, denn er mußte wegen seiner Freveltaten umgehen. Man sieht bisweilen einen nackten Mann aus dem Wasser auftauchen oder im Walde jagen; sobald man ihn aber erblickt, ist er verschwunden. Seitdem die neue Landstraße, welche am Ufer des Weihers vorüberführt, erstellt worden, hat man jedoch von der Erscheinung nichts mehr gehört. (Mündlich.)

---

106. Das Ritterfräulein von Hohbodman.

Anderthalb Stunden nördlich von Überlingen befindet sich das hochgelegene Dorf Hohbodman und nahe dabei auf kleinem, waldigem Hügel ein runder, weithin sichtbarer Turm, von dessen Zinnen aus man eine prachtvolle Rundschau auf die ganze Gegend wie auf See und Alpen hat. Dieser einsame Turm, dessen Anlage man ins 11. Jahrhundert setzt, ist der einzige Überrest einer ehemaligen Ritterburg, der Stammburg der Freiherren von Bodman, deren Geschlecht noch heute in Bodman am See blüht. Die Burg wurde im Juli 1642 von den „Hohentwielischen" verbrannt; der Turm ist heute noch im Besitze des Spitals Überlingen und wird als Aussichtspunkt von Fremden und Einheimischen viel besucht.

In früheren Zeiten wurde manchmal, namentlich um die Fastenzeit, eine Frauengestalt in weißem Gewande um den Turm spazieren gehen gesehen. Andere sahen öfters einen feurigen Mann oder auch ein Licht um den Turm wandeln, wenn sie aber auf die Erscheinung zugingen, war sie plötzlich verschwunden. Wie erzählt wird, hatte dereinst ein Ritterfräulein von Hohbodman ein Liebesverhältnis mit einem Burschen der Gegend, also tief unter ihrem Range. Bei einem Stelldichein mit dem Geliebten wurde sie von den Zwingherren, ihren Brüdern, getroffen und von denselben auf der Stelle ermordet.

Unter dem Turm soll ein Keller mit Schätzen sein, namentlich ein goldenes Kegelspiel. Aber Niemand kann es finden. Auch soll ein unterirdischer Gang, der gegen Salem führt, unter dem Turm sein. Als in den 60er Jahren, da der Blitz in den Turm geschlagen, das Gemäuer ausgebessert wurde, wobei manchmal ein Mauerstein herabfiel, tönte es dann dumpf und hohl, als ob unter der Erde große Gewölbe wären. Wiederholt wurde schon versucht, die Schätze zu heben. So kamen einmal zwei Fremde nach Hohbodman und begaben sich auf den Schloßbühl zum Turm. Der eine derselben hatte eine Gerte (Wünschelrute?) in der Hand und sagte zu seinem Gefährten: „Hier unten ist viel Geld vergraben!" Die Erlaubnis zum Schatzgraben soll ihnen von der Behörde aber nicht erteilt worden sein, so daß die Beiden unverrichteter Sache wieder fortgingen. (Mündlich.)

107. Die Burg Kappellinz.

Links an der Straße von Owingen nach Hohbodman steigt in der Nähe des Wiedemann'schen Hofes aus dem Wald der Molassefels zu bedeutender Höhe empor. Der Gipfel desselben heißt Kappellinz (Kap-Linz, Cappellinz,

Kappellinz) und soll dereinst eine Burg getragen haben, worüber aber Niemand etwas bestimmtes weiß. Es ist jedoch eine Urkunde vom 22. Februar 1222 vorhanden, welche sich unzweifelhaft auf diese Burg bezieht. Hiernach hatte nämlich Rudolf von Ramsberg sich auf der Höhe hinter Pfaffenhofen (Owingen) einen Burgsitz erbaut. Diese Veste aber war dem Salemer Kloster ein Dorn im Auge, da sie das Owinger Tal und die Landwege, welche aus demselben nach Überlingen und nach Salem führten, auf weithin beherrschen konnte. Man hatte auch damals schon zu viele Beispiele, wie verderblich für das umliegende Land der Adel seine Burgen mißbrauchte, als daß die Klöster und Städte nicht Alles versuchen sollten, die Errichtung solcher Zwinghäuser an ihren Gebietsgrenzen zu verhindern. Dem Stift Salem stand einiges Eigentumsrecht am Pfaffenhofener Berge zu, welches es nun geltend machte, und mit Klagen und Drängen nicht nachließ, bis es den Ritter von Ramsberg gegen eine Geldentschädigung zum Verzicht auf Berg und Veste, wie auch zum eidlichen Versprechen gebracht, im ganzen Bezirk zwischen Stockach, Deggenhausen, Markdorf und dem See niemals eine andere Burg errichten zu wollen. Die Burg Kappellinz, kaum erbaut, wurde also wieder abgebrochen, und so ist es erklärlich, daß hierüber soviel wie Nichts bekannt ist. Nur im Volk erzählt man sich noch, daß hier ein Schloß gestanden und Schätze begraben seien, die von einem Drachen gehütet werden. Von hier soll auch ein unterirdischer Gang ins „Käppele" (St. Josefs-Kapellchen) hinter dem Häuslemaier'schen jetzt Wiedemann'schen Hof führen. Einst wollten einige Burschen durch den unterirdischen Gang, kamen aber nicht weit, da er teilweis verschüttet war. Zur Bezeichnung der Stelle, wo die Burg gestanden, stehen jetzt noch drei hohe, weithin sichtbare Forlenstämme, welche beim Durchforsten des alten Waldes auf Befehl des Markgrafen Wilhelm von Baden stehen gelassen wurden.

In der Nähe von Hohbodman, oberhalb des Böhlerhofs, ist ein Gewann, das „Kunnemanns Hermersberg“ heißt. Hier soll ebenfalls dereinst ein Schloß gestanden sein. (Mündlich.)

108. Der Saumichel vom Simonshof.

Bei Hohbodman liegt ein einsamer Hof, der Simonshof. Dort diente einmal ein Knecht, welcher Michael hieß und die Schweine zu besorgen hatte. Die Leute nannten ihn deshalb „Saumichel“. Er arbeitete nicht viel, hatte aber doch den Sack immer voll Geld, jedoch nicht aus Sparsamkeit, denn er warf das Geld mit vollen Händen hinaus, vertrank es oder verspielte und verkegelte viel. Es nahm die Leute Wunder, woher er das viele Geld hatte. Endlich kam man dahinter, daß er sich dem Teufel verschrieben. Dies geschieht dadurch, daß man einen kleinen Schnitt in den Finger macht und mit dem Blut seinen Namen unter den mit dem Teufel abgeschlossenen Vertrag setzt. Deswegen wurde nun der Saumichel von den meisten Leuten gemieden und hatte überhaupt wenig Umgang. Alle Samstag Nachts 11 Uhr stand er auf und ging auf die Kreuzstraße, wo er mit dem Teufel zusammen kam und mit ihm ringen mußte; dann wurde der Vertrag wieder erneuert und der Saumichel erhielt wieder Geld. Oft sagte die Meisterin zu ihm: „Michel! Mach' Dich los, denk' an die Ewigkeit!“ Dann verhieß er es, erklärte aber, er werde nur frei, wenn er einen Anderen bringe, und das sei ihm bis jetzt nicht möglich gewesen. Oft schon wollte er drum einen von seinen Mitknechten, die mit ihm in der gleichen Kammer schliefen, mitnehmen, aber er brachte keinen dazu. Nach Betläut ging Saumichel sonst nie mehr aus und wenn er um diese Zeit noch im Wirtshaus saß und Niemanden traf, der mit ihm heimging, dann übernachtete er im Wirtshaus. Einmal war ihm auch bei einer Trinkerei das Geld ausgegangen; da sagte er zum Wirt, am Sonntag werde er alles bezahlen, was auch in der Tat geschah. Später verließ Saumichel den Simonshof und suchte in der Markdorfer Gegend einen Dienst; genau wußte aber Niemand, wohin er gegangen. Auch über seinen Tod wußte man nichts Näheres oder erzählten die Leute nicht gern; nur soviel erfuhr man: „Es sei nicht recht dabei hergegangen. Der Leichnam soll „beerschwarz" gewesen sein und Niemand habe ihn in den Sarg tun wollen." (Mündlich.)

Billafingen

mit seinen Filialen, den Hohenzollern'schen Ortschaften Höllsteig und Heggelbach, sowie Neu-Hohenfels.

109. Der bodenlose Brunnen bei Billafingen.

Etwa zwei Stunden nordwestlich von Überlingen liegt das ehemals Frhr. v. Schreckenstein'sche Dorf Billafingen. Auf der Westseite des Ortes befindet sich im Wiesengelände eine Quelle, deren Wasserbecken ungefähr 1 Meter Durchmesser hat. Senkrecht empor aus der Tiefe quillt die Quelle. Noch niemals soll man auf den Grund gestoßen sein, weshalb die Quelle „bodenloser Brunnen" heißt. Die alten Leute erzählen, daß dereinst zu Kriegszeiten die Kirchenglocke in diesen Born versenkt worden, um sie vor dem Feinde zu retten; sie wurde aber nie mehr aufgefunden. (Mündlich.)

110. Die Zwingenburg bei Billafingen.

Ungefähr anderthalb Stunden landeinwärts von Überlingen zieht sich fast parallel mit dem Überlingersee das fruchtbare Billafinger Tal hin, zu beiden Seiten von hohen Bergzügen eingerahmt. Der südliche Bergzug ist mit dichtem

Tannenwald besetzt, aus dem westlich vom Dorf Billafingen ein runder Hügel hervorschaut, welcher von einem Erdwall umgeben ist, der steil gegen die Talseite abfällt. Es ist dies ein sogen. „Ringwall“, eine „Völkerburg“, und heißt wie das ganze Gewann „Zwingenburg“.

Nach den Erzählungen des Volkes stand auf diesem Hügel dereinst ein Schloß, dessen Besitzer, die „Zwingherren“, einen sehr üppigen, ausgelassenen Lebenswandel führten. Sie bedrückten ihre Untertanen aufs Schändlichste; auch kein Mädchen war vor ihnen sicher: die Bräute des Tales mußten vor ihrer Hochzeit jeweils vier Wochen lang auf der Burg zubringen. Der letzte der Zwingherren trieb es noch am Schlimmsten; seine Gräueltaten machten ihn überall verhaßt. Um deshalb seine Wege zu verbergen, ließ er sein Reitpferd verkehrt beschlagen, sodaß, wenn er weggeritten, man glauben mußte, er sei heimgekehrt, und wenn er nach Hause gekommen, die Spuren nach auswärts führten. Auf seiner Burg hielt er oft unsittliche Tanzbelustigungen. Das Maß seiner Laster war aber nun voll. Als am Weihnachtstage seine Frau in die Kirche nach dem benachbarten Billafingen gegangen, war bei ihrer Rückkehr das Schloß spurlos verschwunden. Die wenigen Bewohner, die sich noch zu flüchten gewußt, erzählten der Schloßherrin: während des Gottesdienstes habe der Herr mit dem Dienstmädchen einen ganz schamlosen Tanz aufgeführt und da sei die Burg in die Tiefe versunken. Auch ein Kind war noch gerettet worden, da es die Wärterin in einem irdenen Topf hatte den Berg hinab rollen lassen.

Andere erzählen dagegen den Untergang des Schlosses folgendermaßen: An einem Sonntage ward während des Vormittagsgottesdienstes bei lustiger Musik ein unsittlicher Ball in der Burg gehalten. Da ereilte die Frevler die gerechte Strafe. Der Himmel verfinsterte sich, schwarze Wolken zogen sich zusammen, ein heftiges Gewitter mit schrecklichem Blitz und Donner brach plötzlich los und ein

Blitzstrahl traf das Schloß, welches mit Mann und Maus niederbrannte. Die Großmutter wohnte gerade dem Gottesdienst in Villafingen bei; da kam der Schloßhund, welcher sich losgerissen, mit der Kette zu ihr in die Kirche und die Greisin wußte nun das Schicksal der Burg.

Von einem Gebäude finden sich jedoch auf dem Bühl keine Reste, nur lose Steine liegen umher; ebensowenig sind irgendwo Brandspuren zu entdecken. Dunkle Tannen bedecken den Berg und zahlreiche Fuchslöcher schauen an den Abhängen vor und zeigen, daß der ganze Hügel unterminiert ist. Die Leute aber behaupten, daß tiefe Verließe weit unter der Erde hingehen und einen Schatz bergen. Noch jetzt suchen am Karfreitag bisweilen Knaben hier nach Geld und sollen solches schon gefunden haben. Auch der Großvater des benachbarten Hofbauern soll hier einst Goldmünzen in großer Menge gefunden haben und sei dadurch reich geworden. Einst gingen Kinder auf die Zwingenburg und sahen erstaunt unter einer Tanne einen ganzen Haufen „Zugören“ (Röhrenknochen von Schafen, Ziegen, welche zum Befestigen der Zugstränge am Roßkummet dienen). Sie erzählten dies zu Haus, worauf ihr Vater auf den Berg ging, aber nirgends war mehr etwas zu sehen. Hätten die Kinder die Nadeln gleich mitgenommen, so hätten sie viel Gold nach Hause gebracht.

Ein andermal besuchten Knaben die Zwingenburg und sahen ein glänzendes Kegelspiel samt Kugeln daliegen, sie setzten die Kegel auf und kugelten nach Herzenslust; plötzlich aber rollten Kegel und Kugeln den Abhang hinab und waren nicht mehr zu finden. Zu Hause erfuhren die Buben, daß es ein goldenes Kegelspiel gewesen.

Vor mehreren Jahren begaben sich einige Männer aus dem Tal auf die Zwingenburg, um den Schatz zu heben. Beim Graben stießen sie auf eine eiserne Kiste und wollten sie eben herausnehmen, da sagte einer der Schatzgräber: „Schau! da springt eine Haselmaus herüber!“ Auf dieses versank plötzlich die Kiste, denn beim Schatzgraben darf kein Wort gesprochen werden. Eine Stimme aber ließ sich vernehmen: „Der Schatz ist nun soweit hinabgesunken, als das Billafinger Tal tief ist.“ Jetzt liefen die Schatzgräber erschrocken davon und ließen sich nie mehr zum Weitergraben herbei.

Bisweilen sieht man am Fuße des Berges einen schwarzen Mann umherwandeln.

An Weihnachten soll schon öfters während des Vormittags-Gottesdienstes Tanzmusik von der Zwingenburg herabgetönt haben. (Mündlich.)

---

111. Der St. Jörgenritt bei Heggelbach.

In dem zum badischen Kirchspiel Billafingen gehörigen Hohenzollern'schen Zinken Heggelbach befindet sich eine alte Kapelle, die ehem. Burgkapelle der Edlen v. Heggelbach, welche dem Ritter St. Georg und dem hl. Eulogius geweiht ist. Noch zu Anfang des vorigen Jahrhunderts wurde von den Landleuten der Umgegend der sog. Eulogiusritt nach dieser Kapelle gemacht, wie es jetzt noch alljährlich Ende Juni in Aftholderberg gehalten wird. Vor der Kapelle stand eine gewaltige Eiche, welche vor mehr als 30 Jahren umgehauen wurde; unter ihr wurde ein Skelett gefunden; auch bei Grabarbeiten unterhalb der Kapelle wurde eine Menge Gerippe aufgedeckt. Am St. Georgs- und St. Eulogiustag ist hier jeweils Gottesdienst.

Von Heggelbach aus soll der St. Jörgenritter in drei Sätzen bis in den Reuthehof oberhalb Nesselwangen geritten sein, eine Entfernung von etwa einer Stunde. Den ersten Sprung machte er bis ins Naegelestal (Dietesle), den zweiten bis auf den St. Jörgenbühl oder Glöckler, und den dritten bis auf den Reuthehof. (Mündlich.)

---

112. Der gespenstische Hase und das goldene Kegelspiel am Fürstenbühl bei Höllsteig.

Oberhalb Billafingen liegt der Hohenzollern'sche Weiler Höllsteig, in dessen Nähe ein bewaldeter Bergkegel sich befindet, dessen Gipfel abgeflacht und eingesunken ist. Es ist dies der Fürstenbühl, auf dem früher ein Schloß gestanden sein soll, von dem aber keine Spur mehr vorhanden ist. Man erzählt sich Allerlei von diesem einsamen Bergkegel.

Einmal soll hier ein Jäger einen Hasen geschossen haben, welcher sofort wie tot niederstürzte, aber als der Jäger ihn aufheben und in die Jagdtasche stecken wollte, sprang er plötzlich wieder auf und eilte davon. Da schoß der Jäger wieder, der Hase fiel wieder zu Boden und rührte sich nicht, bis der Jäger ihn wegnehmen wollte, wo er dann wieder davon lief. So feuerte der Jäger 14 Schüsse auf den Hasen ab, und stets mit demselben Erfolg. Da merkte der Schütze, daß es kein rechter Hase sei und daß es hier überhaupt nicht mit rechten Dingen zugehe; er rief deshalb nach dem letzten Schuß dem Hasen nach: „Geh' Du in Gottes Namen hin, wo Du willst!", worauf der Hase sofort im Wald verschwand. Dem Jäger aber war es unheimlich und er ging heimwärts.

Einige Knaben trieben einst am Fürstenbühl Vieh auf die Weide. Da fanden sie ein goldenes Kegelspiel, das sie sofort aufsetzten, und unterhielten sich nun mit Kegeln. Mittlerweile aber hatte sich das Vieh in fremden Wiesen verlaufen und die Hirtenbuben mußten es alsbald wieder zurücktreiben. Als sie nun zu ihrem Kegelspiel zurückkehren wollten, fanden sie weder Kegel noch Kugeln wieder; Alles war verschwunden. Dagegen kroch aus dem Busch eine Kröte hervor über den Platz.

Ein ander Mal stießen am Fürstenbühl zwei Knaben auf eine goldene Kugel, welche sie alsbald zum Kegeln benützen wollten; statt der Kegel steckten sie Reisen nach

Keglerart auf die bestimmten Punkte und warfen mit der gelben Kugel darauf. Auf einmal sagte der eine Kegler: „Wo ist denn die Kugel?" — „Du selbst hast sie ja!" war die Antwort. Aber keiner von Beiden hatte die Kugel, welche sie nun allenthalben suchten, aber die Kugel war und blieb verschwunden. Zu Haus erzählten die Knaben den Vorfall und erfuhren, daß es eine goldene Kugel gewesen sei, welche sie hätten gleich heimbringen sollen.

Früher wurde das Vieh am Fürstenbühl bis spät in die Nacht geweidet. Oft sahen dann die Hirten ein wunderbares Glänzen am Bühl, wie wenn ein Hochaltar feierlich beleuchtet sich erhöbe. Auch Lichter, welche den Berg auf- und abgingen, wurden wahrgenommen.

Einmal traf eine Frau am Bühl einen gewaltig dicken, aber kleinen Mann, der keinen Kopf hatte. Plötzlich war er dann wieder verschwunden. (Mündlich.)

113. Der Burggeist auf Neuhohenfels.

In der Nähe von Seelfingen, an der Straße von Owingen über Billafingen nach Stockach, liegt in waldiger Landschaft das einsame Bergschloß Neuhohenfels, das von den Rittern von Hohenfels am Ende des 13. Jahrhunderts gegründet, zu Anfang des 15. Jahrhunderts durch Kauf an die Deutschordensritter kam und 1809 nach Aufhebung des Ordens an den Fürsten von Hohenzollern-Sigmaringen, in dessen Besitz es jetzt noch ist. Das Schloß bietet das Bild einer mittelalterlichen Ritterburg mit Türmen und Zinnen und ist teilweis noch wohlerhalten.

Man zeigt noch ein Türmchen der Ringmauer, in welchem vor alter Zeit ein Deutschordensritter zur Strafe für seinen lasterhaften Lebenswandel eingemauert wurde. Seitdem geht sein Geist um. Gar oft zur Nachtzeit wandelt er als ein schwarzer Mann neben den Leuten, die auf dem Schloßweg gehen, still dahin, bis ans Schloß hinauf oder an den Waldrand, wo er dann ebenso plötzlich wie er erschienen wieder verschwindet. Auch im Schloß selbst wurde früher schon oft ein stattlicher Mann im Deutschordensritter-Gewand gesehen, der in der Hand einen großen Humpen trug. Diese Erscheinung soll namentlich zur Adventszeit wahrgenommen und jeweils durch Lärmen, Klopfen, Gepolter rc. angekündigt worden sein. (Mündlich.)

Hödingen.

114. Der Killbegeist und anderer Spuk bei Hödingen.

Eine kleine Stunde nordwestlich von Überlingen liegt auf der Höhe am Nordabhang der „Beehalde" das Dörfchen Hödingen mit alter, dem hl. Bartholomäus geweihten Wallfahrtskirche, in der sich das Gnadenbild der hl. Jungfrau Maria befindet. Der Ort gehörte dem Spital Konstanz, das hier große Güter hatte, ebenso wie die Spitäler Überlingen und Pfullendorf und das Kloster Salem. So ist ein ansehnlicher Teil der Gemarkung in fremden Händen, und deshalb haben die Leute schwer zu tun und der Ort ist nicht wohlhabend. Zu dem kommt, daß Hödingen auch sonst schlimme Schicksale zu erdulden hatte. Wenn es auch zu Anfang des Schwedenkriegs verschont geblieben, indem die Feinde durch den Nebel irregeführt wurden und deshalb nicht nach Hödingen kamen, so wurde es doch später von den Schweden wiederholt verwüstet und verbrannt, nur das Haus des Gemeindsrechners blieb stehen.

Mit Überlingen herrschte in früherer Zeit ein langwieriger Streit wegen der Gemarkungsgrenze in den Gewannen „Längenfeld" und „Killben", da beide Teile Ansprüche an die betreffenden Gewanne machten. Es kam zum Prozeß. Die Gemeinde Hödingen hatte nur eine alte Bannkarte, auf welcher die Grenze genau eingezeichnet war und das Recht der Hödinger auf das streitige Gebiet klar nachgewiesen werden konnte. Der Gemeindevorstand von Hödingen gab jedoch diese Karte den Überlingern, welche sie nun für sich behielten und so den Prozeß gewannen. Seitdem ist es nicht geheuer im Grenzbezirk, wo die Gemarkungen Überlingen und Hödingen zusammenstoßen. Das Gewann „Killben“ (oder „Einöde“) liegt östlich von Hödingen, nordwestlich von Überlingen, auf der linken Seite der von Überlingen und Aufkirch nach Nesselwangen ziehenden Landstraße und hat den Namen von dem beide Gemarkungen scheidenden Grenzbach „Killbach“, der sich aus den Wiesenbächen unterhalb des Höllwanger Hofes ansammelt und in gewundenem Lauf das Wiesengelände durchfließt, dann durch den Spetzgarter Tobel gegen Goldbach hinuntereilt, wo er sich in den See ergießt. Das Gewann „Längenfeld“ ist östlich vom „Killben“, nördlich des zu Aufkirch gehörigen „Hartwäldle's“, rechts der Landstraße, welche hier von der Straße Hödingen-Andelshofen gekreuzt wird. Am Kreuzungspunkt steht ein „St. Jörgen-Bildstöcklein“ (hl. Georg, den Drachen tötend). Nach der Überlieferung soll ehemals hier ein großer Ort „Längenfeld“ gestanden haben. Jetzt ist das Gelände Acker- und Wiesfeld.

Dies ist nun das Gebiet, wo allerlei Spuk getrieben wird. Oftmals sah man im „Längenfeld“ nachts auf dem Gelände Feldmesser arbeiten. Ein alter Hödinger Bauer — ein „Heiligtagkind“, das am Sonntag zur Welt gekommen und mehr sieht, als andere Menschenkinder — ging einst früh morgens auf's Feld und sah beim St. Jörgen-Bildstock drei Männer mit einer Karte dastehen und lebhaft mit einander hantieren; er ging näher, um zu hören was sie sprechen; als er an den Platz kam, waren die drei Männer verschwunden und es stand nur noch ein brennendes Licht da. Auch wurde oftmals zu nächtlicher Zeit eine gespenstische

Kutsche mit vier Schimmeln im „Längenfeld" gesehen oder auch nur ihr Gerassel gehört. Vor ältesten Zeiten sei hier eine große Schlacht geschlagen worden, und es werde in den spätesten Zeiten nochmals eine solche geschlagen, so blutig, daß der Goldbacher Müller vom Blutstrom ein ganzes Malter Korn mahlen könne.

Im Gewann „Killben" sahen in einer hellen Mondsnacht zwei heimkehrende Mädchen einen Mann Roggen mähen; sie riefen ihm zu: „Wir sagen es der Bäuerin, daß Ihr Roggen stehlt." Der Mähder schaute auf und stützte sich auf die Sense, sagte aber kein Wort, worauf die Mädchen nach Hause eilten und es erzählten. Da sagte man ihnen, daß auf diesem Felde gar kein Roggen stehe, daß es Brachfeld sei. Andern Morgens sahen die Mädchen selbst, daß hier kein Roggen gestanden. Sie wußten nun, daß es der „Killbengeist" gewesen. An einem anderen Abend fuhr ein Landmann mit seiner Frau heimwärts am „Killben" vorbei. Da streckte plötzlich ein Mann seinen Kopf in die Kutsche herein, worauf der Bauer ihm mit der Peitsche drohte. Die Frau aber sagte erschrocken: „Laß ihn gehen, es ist ja der Killbengeist." Noch lange sahen sie im Weiterfahren die unheimliche Gestalt am Wege stehen. Bisweilen sah man drei weiße Männer Karten spielen, wenn man aber näher hinzuging, waren sie verschwunden. Auch Lichter wurden hier oft beobachtet. So sollen schon Feldmesser bei Feuer arbeitend beobachtet worden sein. Ein älterer Mann von Hödingen ging eines Abends spät noch in die Stadt und sah im „Killben" drei Männer um ein Feuer stehen; der eine schaute gegen Stockach und hatte eine Meßlatte, der andere gegen Markdorf und hatte ein großes Buch unter dem Arm, der dritte sah nach Überlingen und hatte eine Kreuzscheibe bei sich. Der Hödinger hatte aber nicht den Mut, sie anzureden. Ein anderer Hödinger sah ebenfalls beim Heimgehen am „Killben" drei Männer um ein Feuer, der eine war ein Bauer, der andere ein Forstmann und der dritte ein Herr in einem Frack mit einem Buch in der Hand. Der Heimkehrende ging nun eilends nach Haus, andern Tages aber fand er nirgends eine Spur von Feuer. Ein ander Mal soll der gleiche Hödinger Morgens zwei Uhr über den „Killben" gegangen sein, da mußte er mit großer Angst sehen, wie mehrere Spukgestalten mit Spießen auf einander losgingen und sogar bis zu ihm hersprangen. Einem andern nachts Vorbeiwandelnden soll eine feurige Strohwelle nachgeflogen sein. Einem Nesselwanger soll der „Killbegeist" zwei Mal erschienen sein; das erste Mal, als er nach dem Tode seiner ersten Frau abends vom Felde nach Hause zurückkehrte. Von Ferne erblickte er ein Licht im „Killben", das immer näher kam und beim Reiter St. Jörg, wo der Weg sich kreuzt, bei ihm war. Es war eine Gestalt, wie ein Mann, mit einer Laterne in der Hand. Der Nesselwanger glaubte, es sei ein gewönlicher Mensch und grüßte ihn; da er jedoch keine Antwort erhielt, ging er mit großer Angst neben ihm weiter bis zum Kruzifix mit den drei Linden in der Nähe des Hohenlindenhofes, wo der Geist mit einem sausenden Pfeifen in den nahen Wald fuhr. Nach der Hochzeit mit seiner zweiten Frau sah der Nesselwanger den „Killbegeist" wiederum unter den gleichen Umständen, nur daß diesmal der Hochzeiter die ganze Nacht nicht nach Hause kam, sondern erst gegen Morgen, aber ohne Stock und Hut; als er dann am darauffolgenden Vormittag nachschaute, fand er das Verlorene neben einem Kreis, in dem er nachts über Stunden lang herumgegangen. Einen andern Nesselwanger soll der „Killbegeist" als Pudel begleitet haben auf der gleichen Strecke.

Im „Killben" steht ein bemooster Eichbaum und daneben ein Dornbusch mit Liebesäpfeln. Unter diesem Dornbusch soll ein Schatz vergraben sein.

An den „Killben" stößt eine Baumwiese mit einem Grenzstein, welche das „Hofgärtle" heißt. Hier hört man manchmal nachts schreien und Kutschen fahren bis zum Weg nach Spetzgart, wo's plötzlich aufhört; auch soll hier schon mancher verirrt sein oder habe auf einmal nicht mehr weiter können.

Ähnliches ist Diesem oder Jenem schon im Spetzgarter „Tobel" begegnet, indem in mondheller Nacht auf einmal eine schwarze Wolke sich vor ihm niedersenkte, so daß er nichts mehr sehen konnte und stehen bleiben mußte. Erst nach geraumer Zeit schwand der Nebel und der Wanderer konnte den Weg wieder sehen und weitergehen.

Oberhalb des „Killben" und jenseits der Nesselwanger Landstraße liegt der aus zwei Bauernhöfen bestehende Weiler Höllwangen, der sehr alt ist, lang vor dem Schwedenkrieg. Urkundlich kommt Helwanc schon 1513 vor. Der Stall des Keßler'schen Bauernhofes steht auf einer uralten Stockmauer. Ein Schatz soll auf diesem Hofe vergraben sein. Unterhalb des Hofes, beim Gemarkungsstein auf den Höllwanger Wiesen, wurden oftmals drei Männer mit einem Buch gesehen, ein Feldmesser, ein Jäger und ein Offizier.

Auf andern Plätzen der Umgegend ist es auch nicht geheuer. Unterhalb Hödingen gegen den See hin, wo der Weg nach Sipplingen führt, stiegen dereinst drei Knaben auf einen Kirschbaum und aßen Kirschen. Auf einmal stand ein feuriger Wiesbaum an demselben in die Höhe, was die Knaben in große Angst versetzte. Dann fiel er zusammen und gestaltete sich zu einem Hund. Die Burschen getrauten sich nicht vom Baum herabzusteigen, bis sich der Hund entfernte. Dann eilten sie mit Schrecken nach Hause.

Im Dorf selbst wurde einmal eine seltsame Beobachtung gemacht. Die alte Wallfahrtskirche steht auf einem kleinen Bühl, der ehemals Friedhof war und mit einer Mauer umgeben ist. In einer Nacht wurden hier drei Männer gesehen, ein jeder an einem Mauerpfeiler stehend. Der Eine sagte: „O wie ist der Neid so häßlich!" Der Andere: „Ach wie ist der Tod so gräßlich!" Der Dritte: „Am schrecklichsten ist das Gericht!"

Im Hause des G. Schwellinger zu Hödingen verspürte ehedem man einen Geist, welcher sich durch Hin- und Herspringen, Gepolter ꝛc. bemerklich machte, und zwar nur Nachts auf der obersten Bühne. Beherzte Leute, welche der Sache auf den Grund kommen wollten und hinaufgingen, glaubten einen weißen Hund zu sehen, welcher jedoch bei Annäherung sofort verschwand. Warum es in diesem Hause spukte, weiß niemand sicher; manche wollen es auf einen Mord oder dergleichen zurückführen. Das Haus stand lange leer und wurde vom benachbarten Bauer nur als Scheuer benutzt. Seitdem es nun wieder bewohnt ist, hat man nichts mehr vom Geist gehört. (Mündlich.)

115. Der schwarze Pudel im Walde Haslen.

Im Wald Haslen bei Hödingen, in welchem eine Reihe Alemannengräber sich befinden, geht ein Geist um, der in Gestalt eines schwarzen Pudels erscheint und die Leute irreführt. Wer Abends den Wald betritt, kommt die ganze Nacht nicht mehr aus demselben heraus, denn der Wanderer folgt immer dem Pudel, der vor ihm hin- und herspringt. Erst wenn der Tag anbricht, findet der Umherirrende den Weg aus dem Walde. Viele meiden deshalb zur Nachtzeit den Weg durch den Wald und gehen lieber die längere Landstraße. (Mündlich.)

116. Goldene Blätter.

Einstens ging beim Hödinger Torkel eine arme Frau, die hier auf dem Felde sich müde gearbeitet hatte, Abends bei untergehender Sonne ihrer Hütte zu; soeben läutete es zum Abendgebete und sie bekreuzte sich und betete recht herzlich. Als sie zu einem alten Nußbaume kam, der an der Straße stand, sah sie prächtig leuchtende Blätter am Stamme desselben liegen, von denen sie eine Hand voll in ihre Schürze legte, um sie ihren Kindern zum Spielen nach Hause zu bringen. Je mehr sie gegen ihre Hütte kam, desto schwerer wurden die Blätter, und als sie dieselben zu Hause auf den Tisch leerte, waren es lauter alte Goldstücke. Groß war ihre und der Ihrigen Freude und rasch eilte die Frau wieder zum Nußbaume, um mehr Blätter zu holen; als sie aber dort ankam, war die Sonne untergegangen und die glänzenden Blätter alle verschwunden. (Aus „Volkssagen aus dem Lande Baden" von B. Baader. Karlsruhe 1851.)

Nesselwangen.

117. Der Schloßbühl von Nesselwangen.

Das kleine Dorf Nesselwangen liegt nordwestlich von Überlingen, an der Straße nach Stockach, und gehörte bis 1803 zum Gebiet der Reichsstadt Überlingen. Im anstoßenden Wald befindet sich der Schloßbühl (Schloßberg) mit steil abfallendem Bergvorsprung, der durch Graben und Wall vom Bergrücken getrennt und von einer Terrasse umgeben ist. Es ist dies ein vorgeschichtliches Erdwerk, eine sog. Ringwallburg.

Wie sich das Volk erzählt, stand hier in alten Zeiten eine Ritterburg. Der Schloßherr führte jedoch ein sehr ausschweifendes, lasterhaftes Leben, hielt nackte Tänze mit seinen Mägden 2c. Aber die Strafe des Himmels für diese Freveltaten blieb nicht aus. Während die Frau des Burgherrn den Gottesdienst besuchte, senkte sich das Schloß und versank mit allen Insassen. Als die Frau zurückkehrte, suchte sie vergebens das Schloß, der Schloßplatz war leer, von der Burg nichts mehr zu sehen. Der Geist des Ritters aber mußte nun umgehen. Oft sah man im

Tal Weihersau am Fuße des Schloßbergs eine schwarze Gestalt hin- und herwandeln, oder ein Licht auf- und abschweben.

Westlich vom Schloßbühl liegt der Berg „Kaien“, auf dem früher ebenfalls ein Schloß gestanden sein soll. (Mündlich.)

118. Der Goliathsberg bei Nesselwangen.

In der Nähe des Dorfes Nesselwangen liegt mitten im Tale ein länglicher, wie ein ungeheurer Grabhügel eigentümlich geformter hoher Berg, vom Volke der „Goliathsberg“ genannt; denn hier soll das Grab des Riesen Goliath sein. Man zeigt noch am Berge die Lage des Riesen: der höchste Teil gegen Nordwesten birgt das Haupt, dann kommt der breite Bergrücken mit dem Rumpf und zuletzt gegen Südosten am gestreckten niederen Ausläufer die Füße. (Mündlich.)

119. Die Hohe Mark beim Reuthehof.

Im Hochwald oberhalb Nesselwangens, links ab dem Wege vom Reuthehof zum Bischofshaus, steht auf einer Bergspitze ein etwa 1½ Meter hoher Markstein, welcher auf einer Seite das Heiligenberger und auf der anderen das österreichische Wappen mit der Jahrzahl 1592 zeigt und ehedem die Hoheitsgrenze zwischen der Landgrafschaft Nellenburg und der Grafschaft Heiligenberg bildete. Dieser Grenzstein heißt die „Hohe Mark“, wie auch der ganze Walddistrikt von ihm diesen Namen hat.

Von jeher wird von vielen Leuten die „Hohe Mark“ namentlich in der Dunkelheit gemieden. Bisweilen wurden Nachts hier Lichter gesehen. Auch sonst ist die Stätte nicht geheuer. So stand einmal ein Waldhüter vor dem Stein und betrachtete ihn aufmerksam; plötzlich drehte es ihn gewaltsam um, er kam ins Springen und rannte eilends den Abhang hinunter. Seitdem getraute er sich nie mehr, am Stein stehen zu bleiben, oder an ihn anzulehnen, oder auf ihm seine Notizen zu schreiben, wie er es bisweilen getan. (Mündlich.)

Stockach.

120. Die Gründung der Nellenburg.

Ein Ausläufer der Liptinger Höhe erhebt sich etwa $^3/_4$ Stunden südwestlich von Stockach noch zu einem ansehnlichen Hügel, dem sog. „Nellenberg“, der im Norden bewaldet ist, im Süden aber zwei Hofgebäude trägt und allmählig in flaches Getreideland übergeht. Auf dem Gipfel dieses Hügels stand dereinst die Nellenburg, wovon noch unbedeutende Trümmer vorhanden sind; sie soll auf den Grundmauern eines römischen Wartturms erbaut sein, und wurde, nachdem sie in verheerenden Kriegen vielfach Not gelitten, im Jahre 1782 vollständig abgebrochen. Hier thronte dereinst ein mächtiges Grafengeschlecht, das zu den angesehensten und reichsten in Oberschwaben gehörte, mit den Zollern und den Grafen von Württemberg verwandt war, und der ausgedehnten Landgrafschaft Nellenburg den Namen gab. Die Grafen selbst sollen dem Stamm der Burkharde, Herzöge von Allemannien, entsprossen sein.

Über die Entstehung der Nellenburg wird Folgendes erzählt. Als Gunzo, Herzog von Allemannien, im Jahr 613 in Überlingen seinen Sitz hatte, wurde dessen Tochter Friedeburga durch den hl. Gallus von einer schweren Krankheit geheilt, worauf er selbst Christ wurde und das Christentum unter seinem Volke ausbreitete. Um diese Zeit befand sich an seinem Hofe ein Graf Namens Gangolf, ein trefflicher junger Mann von hoher Bildung, ebenfalls Christ und eifrig seiner Religion zugetan. Derselbe begab sich eines Tages auf die Jagd, verirrte sich aber im dichten Forste. Endlich schimmerte ihm auf einer Anhöhe durch das Laub ein Feuerschein entgegen. Er ging darauf zu und sah nun um einen brennenden Holzstoß eine Schar Männer mit Druiden (Götzenpriestern), die dem Harfenspiel und Trauergesang einer Jungfrau lauschten. Es war eine heidnische Totenfeier. Von heiligem Eifer ergriffen, stürzte er mit gezücktem Schwert auf die Götzenpriester, wurde jedoch überwältigt, gefesselt und in die nahe Burg geschleppt, wo er drei Tage eingekerkert lag. Am vierten Tag kam er vor Gericht: im Kreise von Edeln saß auf erhöhtem Stuhl eine holde Jungfrau in weißem Gewande, mit wallenden Haaren, in der Hand einen Lindenzweig, das Antlitz schmerzbewegt. Die Richter verurteilten den Jüngling zum Tode. Mit feierlichem Ernst aber sprach die Jungfrau: „Fremdling! Du hast die Asche meiner Eltern entweiht, die der Tod mir an jenem Tage raubte; du hast Gewalt gegen Friedfertige gebraucht; du bist ein Christ, ein Feind meiner Götter, und nun in meiner Gewalt. Ich könnte dich bestrafen und Vergeltung üben. Aber ich will entsagen," und verkündete dann, indem sie sich erhob, in Hoheit: „Nella verzeiht dir, ziehe hin in Frieden, du bist frei!" Doch Gangolf zog nicht fort, denn sein Herz war in Liebe zur schönen Jungfrau entbrannt und zugleich fühlte er, daß auch sie ihm geneigt war. Wohl machte er sich Vorwürfe, daß er seine Liebe einem Heidenmädchen zugewandt, und wollte dann von hinnen ziehen. Allein er konnte sich nicht so rasch losreißen. Als er ihr endlich seinen festen Entschluß mitteilte, zur herzoglichen Burg nach Überlingen zurückzukehren, da erzählte ihm Nella, es sei ihr im Traum ein Jüngling erschienen, der ihr gesagt: „Du wirst durch mich Christin und Gangolfs eheliches Weib werden." Gangolf erklärte ihr, daß dieser Jüngling ein Engel des wahren Gottes gewesen, und erkannte in diesem Traum einen Wink des Himmels, blieb deshalb in der Burg zurück und unterrichtete sie im Christentum. Sie ließ sich dann zu Überlingen in einem Bächlein taufen, das unterhalb des Hellwangerhofs entspringt, durch das liebliche Feigentälchen fließt und in der Nähe der Gunzoburg vorbei schließlich beim Bad in den See fällt, wovon dasselbe noch heute „Nellabach" heißt. Nun nahm Gangolf sie zur Ehe und wurde damit Herr ihrer Güter. Die Burg ließ er alsbald umbauen und vergrößern und nannte sie zu Ehren seiner Gemahlin „Nellenburg". Während der Bauarbeiten hatten sich die Neuvermählten nach Überlingen an den Hof Gunzos begeben, wo sie aufs liebenswürdigste aufgenommen wurden, und Nella an dessen frommen Tochter Friedeburga, die später Äbtissin im Kloster St. Peter zu Metz wurde, eine treue Freundin fand. Nella und ihr Gemahl lebten nun, auf ihre Burg zurückgekehrt, ein gottseliges Leben in Gottesfurcht und Werken der Nächstenliebe, und nachdem Nella, reich an Tugenden und Nächstenliebe, in das ewige Leben eingegangen, widmete Gangolf sich ganz der Verbreitung der christlichen Lehre, leuchtete Allen voran in Tugend und Weisheit, und wurde nach seinem Tode als Heiliger verehrt. Seine aus der Ehe mit Nella entsprossenen Söhne aber wurden die Stammhalter der Landgrafen von Nellenburg.

Der hl. Gangolf ist Schutzpatron verschiedener Kirchen und Kapellen, so zu Kluftern bei Markdorf; ja sogar Heilquellen tragen seinen Namen, wie das Gangolfiusbad zu Wochentsschwende bei Regensburg. (Nach X. Staiger „Die Nellenburg, Geschichte und Sage", J. Bach „Geschichte der Stadt Stockach", Waibel „Badisches Sagenbuch".)

Pfullendorf.

121. Die feurigen Eheleute von Kirnbach.

Kirnbach ist ein kleiner Weiler der Gemeinde Hattenweiler und sehr alt; er wird urkundlich schon im 13. Jahrhundert genannt und hatte ein eigenes Adelsgeschlecht, Ulrich von Kirnbach wird in einer Urkunde von 1276 angeführt. Der Ort gehörte bis 1803 zum Gebiet der Reichsstadt Überlingen und zwar zur Vogtei Ramsberg.

In Kirnbach hat man früher oft gesehen, wie ein Mann und sein Weib feurig an einander hinaufgefahren sind. Das Ding ist so gegangen: es hat einmal die Gemeinde Einöden gemacht und da hat der Mann viel Gut unrechterweis an sich gezogen. Als er dann krank wurde und auf dem Totenbett lag, hat man schreckliche Sachen erzählt: der Mann hat keinen Pfarrer wollen und ist ganz verstockt gewesen; unter seinem Bett sei ein schwarzer Pudel gesessen, und das sei der Teufel gewesen, und dieser habe ihm nachgeholfen zum Sterben. In 1½ Jahren darauf ist das Weib auch erkrankt. Da kam die Person, um deren Gütle der Mann sie gebracht, zu der Kranken und bat sie um Jesu Christi Willen, sie möchte ihr doch deren Sache geben, erhielt aber zur Antwort: „Was mein Mann behauptet hat, behaupt' ich auch!“ Darauf ist sie gestorben. Die Knechte, die im Garten beschäftigt waren, haben dann gesehen, wie Mann und Frau als feurige Gestalten an einander in die Luft hinauf gefahren sind, und haben die Geschichte verraten. (Nach A. Berlinger: „Aus Schwaben. Sagen, Legenden, Volksaberglauben.“)

122. Der Schatz auf der Burg Ramsberg.

Ungefähr drei Stunden nordöstlich von Überlingen, in der Nähe vom Pfarrdorf Großschönach, steigt ein steiler

Bergkegel empor, der Ramsberg genannt. Er trägt auf seinem Gipfel die Ruinen der ehemaligen Stammburg der Grafen von Ramsberg, die im 11.—13. Jahrhundert vielfach genannt werden. Im Schwedenkrieg wurde die Burg zerstört, und nur die Burgkapelle, dem hl. Wendelin geweiht, blieb vor gänzlicher Verwüstung verschont. Ein Haus, in dem der Meßner wohnt, ist an die Kapelle angebaut. In diesem Meßnerhaus geht ein Geist um, der bisweilen Nachts die Schlafenden an den Haaren reißt, ihnen die Nachthaube vom Kopf zieht und dergleichen Schabernack mehr treibt. Eine uralte Türe ist im Haus, welche nicht geöffnet werden kann; wenn man sie einschlägt, schließt sie sich sofort wieder; der jetzige Besitzer läßt auf den Rat des früheren Pfarrers Niemand mehr an die Türe rühren oder sie öffnen. . Auf dem freien Platz, wo ehedem die Burg gestanden und jetzt ein schmaler Weg hinaufführt, ist ein Schatz vergraben. Vor mehreren Jahren kehrte einmal Nachts 1 Uhr der Sohn des Meßners nach Haus. Da sah er plötzlich eine schwarze Katze vor sich, er ging ihr nach und kam auf den freien Platz, auf dem es nun wie ein Feuer hervorsprühte: „der vergrabene Schatz sonnte sich!" Eilends ging er ins Haus, weckte seinen Vater und seine zwei Brüder, welche mit ihm hinausgingen, um den ihnen sich offenbarenden Schatz zu heben. Da sprang ihnen auf dem schmalen Felsweg ein schneeweißes Schäfchen entgegen, sie glaubten, es sei der Geist, und kehrten, von Furcht ergriffen, wieder ins Haus zurück. Dann sahen sie weder Katze noch Lamm mehr, aber der Schatz funkelte immerfort bis gegen Morgen, wo er allmählig verblaßte. Als sie bei Tagesanbruch wieder sich auf den Platz hinausbegaben, war von Schatz und Feuer keine Spur mehr wahrzunehmen; der Platz war wie sonst. Hätten sie sich nicht gefürchtet und dem Schatz Nachts gleich nachgegraben, so hätten sie ihn gehoben und zugleich den Geist erlöst. — Von Ramsberg soll ein unterirdischer

Gang nach dem ehemaligen Nonnenkloster Hermannsberg, Gemeinde Hattenweiler, führen. (Mündlich.)

123. Das Geistertöbele zwischen Berghof und Heimatsweiler.

Zwischen Berghof und Heimatsweiler liegt eine Schlucht, welche das „Geistertöbele" heißt und allgemein gemieden wird. Denn hier sollen in früheren Zeiten, namentlich am Samstagabend, Geister in größerer Zahl zusammengekommen sein. Man will oft zehn bis zwölf solcher feurigen Gestalten bei einander gesehen haben, welche sich zu einem Kreis zusammenschlossen, der dann mit Blitzesschnelle sich drehte. Je mehr der Morgen heranrückte, desto mehr nahm die Zahl der Geister ab; einer nach dem anderen löste sich aus dem Ringe ab und zerstob in lauter feurige Funken, bis zuletzt noch einer übrig blieb, welcher dann bis zum nächsten Geistertag seinen Spuk im Töbele forttrieb. Die Hirtenbuben, welche in der Nähe das Vieh weiden mußten, hatten stets große Angst vor dem Geistertöbele, und mit Recht. Denn vor alten Zeiten büßte einmal ein solcher Dienstbube sein Leben ein, der dort an einem Samstagabend die Ochsen eines Bauern von Gailhöfe hütete. Er hatte den Auftrag, um ³/₄ 10 Uhr einzutreiben. Kurz vor dieser Zeit sah er eine Hundsgestalt mit feurigen Augen auf einem Ochsen reitend gegen ihn kommen. Der Bub fing entsetzlich an zu schreien und wollte entfliehen. Er kam aber nicht weit, denn plötzlich wurde es ganz hell hinter ihm, und der in der Nähe weilende Dienstbub des Bärenweilers sah nun das Entsetzliche: wie die feurige Gestalt auf den Hirtenbuben losging, der Ochse denselben auf seine Hörner aufspießte und in die Luft schleuderte, so daß er tot zu Boden stürzte. Des Bärenweilers Hirtenbube hatte eine geweihte Schlinge an seinem Geißelstock. Denn er hatte schon oft gehört, daß man durch das Knallen mit einer solchen Geißel die Geister vertreiben könne. Er knallte nun so gut er vor Schrecken noch konnte. Da hörte er einen furchtbaren Knall und sah, wie der feurige Hund in tausend Stücke auseinander fuhr. Die Ochsen des Bauern aber wurden die ganze Nacht im anstoßenden Walde gesucht und größtenteils erst anderen Tags gefunden; einer derselben hatte auf dem Rücken die Haare verbrannt; jedenfalls war es derjenige, welcher den feurigen Hund auf dem Rücken getragen. Noch vor etwa 25 Jahren konnte man ein Bildstöckle im Töbele sehen, welches die Stelle bezeichnete, wo der arme Knabe so schrecklich umgekommen. Einmal mußte auch ein Bauer mit seinem vierspännigen Wagen wieder umkehren und heimfahren, weil die Pferde beim Geistertöbele nicht mehr vorwärts gingen, sondern ihre Nüstern aufsperrten und zu scheuen und schäumen begannen. (Mündlich.)

---

124. Das Bodemännle im Rickertsweiler Walde und der Holzmacher im Walddistrikt „Tiergarten“.

Von Heiligenberg zieht ein stundenlanger Weg durch den Hochwald nach Rickertsweiler. In diesem Wald haust ein Geist, welcher „Bodemännle“ genannt wird, denn der betreffende Distrikt heißt „Bodeholz.“ Nachts wird der Weg womöglich gemieden. Der Geist erscheint häufig als Ritter zu Pferd und verzaubert den Wald derart, daß die Bäume umherwandeln; dann verschwindet der Ritter, sobald die Bäume verzaubert sind. Durch das Wandeln der Bäume werden nun die Leute, die gerade diesen Weg gehen, so verwirrt, daß sie nicht mehr aus dem Wald kommen, bis es betläutet; dann hört der Spuk plötzlich auf. Auch sah man hier bisweilen eine ganz hellerleuchtete Stelle, von einer Tanne flogen feurige Späne nach allen Seiten, ohne daß jedoch Holzhauer, welche die Späne abhieben, bemerkt wurden, noch sonst Jemand. Manchmal wurde auch ein feuriger Hase auf einem Markstein gesehen. Einmal ging ein Mann von Röhrenbach bei Mondschein durch diesen Wald und sah neben sich eine schwarze Gestalt; blieb er stehen, so stand auch diese Gestalt still. Erst am Orte war sie verschwunden. Oft wurde auch eine etwa drei Fuß große weibliche Figur mit einem Licht im „Bodehölzle“ gesehen.

Auch im Walddistrikt „Tiergarten“ bei Heiligenberg ist es nicht geheuer. Daselbst treibt zu verschiedenen Zeiten bei Nacht ein Holzmacher sein Handwerk. Die ganze Nacht haue derselbe darauf los, und wenn man des andern Tages nachschaute, war keine Spur vorhanden. Sogar ganz kürzlich behauptete ein Mann, denselben Morgens 3 Uhr dort gehört zu haben. Er schaute deshalb am folgenden Tage nach, jedoch ohne Erfolg. (Mündlich.)

125. Das Frauenlicht bei Röhrenbach.

Auf der Straße von Heiligenberg nach Röhrenbach bemerkte man noch vor fünfzig Jahren in der Nähe des Bildstöckles in mancher Nacht eine merkwürdige Lichterscheinung: bald glühte es rot, bald gelb, bald blau. Auch sah man dort öfters eine Frauengestalt. Wie man erzählt, hat eine Frau vor langer Zeit auf dem betr. Wege ihren Mann Nachts meuchlings ermordet, einem Andern zu Gefallen, und mußte nun nach ihrem Tode zur Strafe als Geist die Stätte ihrer Untat nächtlicherweise besuchen. Bisweilen sah man die Mörderin auch auf einer Brunnensäule in Röhrenbach sitzen, so daß Vorübergehende einen großen Schrecken bekamen. Um den Spuk los zu werden, wandte man sich an einen frommen Priester, der dann auch den Geist in einen abgelegenen Torkel bannte, wo er seine Strafe weiter verbüßte. (Mündlich.)

126. Der Burggeist auf Altlichteneck.

Auf der Höhe bei Altlichteneck stand vor etwa 800 Jahren ein Schloß, oder sogenannte Zwingburg, auf welcher seit Jahrhunderten Zwingherren wohnten. Erst im Schwedenkrieg wurde die Burg zerstört. Die Zwingherren behandelten ihre Untergebenen, welche Leibeigene waren, äußerst grausam und barbarisch, so daß nach ihrem Tode zur Strafe für ihren Lebenswandel ihre Geister in dem Keller der Schloßruine lange ihr spukhaftes Unwesen trieben.

Ein unterirdischer Gang führte zu diesem Keller, in welchem eine eiserne mit Gold gefüllte Kiste war. Es stand Jedermann frei, in das Gewölbe hinabzusteigen und sich von dem Golde zu holen. Aber ein solcher Gang war mit Gefahr verbunden. Auf dem Deckel der Kiste saß nämlich ein schwarzer Pudelhund mit feurigen Augen, der zuvor entfernt werden mußte. Wollten dies Wagstück etwa bösartige oder ungläubige Menschen versuchen, so wurden sie von dem Pudel zerrissen.

Vor ungefähr 40 Jahren wollten nun sechs Ziegelknechte, welche auf einer Ziegelei in der Nähe in Arbeit standen, aus Übermut das Wagstück unternehmen. Sie gingen in den Keller hinein auf die Kiste zu, aber keiner von ihnen hatte den Mut, sich derselben zu nähern, weil darauf der schwarze Pudel saß und mit gesträubten Haaren gewaltig knurrte. Schleunigst traten die Knechte unverrichteter Sache den Rückzug an.

Der unheimliche Burggeist trieb auch noch außerhalb des Kellers sein Wesen, und zwar auf dem Weg, der von der Ruine zu einem Bauernhaus führte, welches dort vor Jahren noch stand, nun aber abgebrannt ist. Vor etwa 30 Jahren lag in dem Hause eine Kindsleiche und die Verwandten und Nachbarn kamen gemäß einer alten Sitte, um des Nachts unter Gebet die Leichenwache zu tun. Der Sarg stand auf der Stubenbank, der Türe gegenüber, welche in die Kammer führte, worin die Mutter des gestorbenen Kindes als Wöchnerin krank darniederlag. Während nun die Nachbarn wachten, rief die Mutter auf einmal durch die halbgeöffnete Tür, es möchte doch Jemand zu ihr hineinkommen. Der Mann begab sich sofort in die Kammer und fragte nach den Wünschen seiner Frau. Diese sagte, er möchte doch zuschauen, wer wohl der Mann sei, der neben dem Sarg sitze, den Kopf mit der rechten Hand stützend. Der Mann begab sich wieder in die Stube, schaute selbst umher, sah aber nichts, und als er die Wachenden fragte, wollte von ihnen auch Niemand etwas gesehen haben. Gegen 2 Uhr sah auch die Wöchnerin den Geist nicht mehr und die Wächter hörten, wie die Haustür auf- und zuging, als ob Jemand sich entferne.

Derselbe Geist verfolgte auch oft Nachts in der Gestalt eines Pudelhundes die Menschen, welche auf der genannten Straße wanderten. Die Haare des Hundes flammten wie ein loderndes Feuer, oder er sah aus wie ein Licht und dabei erblickte man eine menschliche Gestalt ohne Kopf. Oft geschah es auch, daß Leute, welche vor der Glashütte vorbei an der Burgruine nach Bethenbrunn zur Frühkirche gingen, den Ruf hörten: „Ihr kommt zu spät!“ Und das traf dann auch wirklich ein. Auch den Jägern, welche Nachts in dortiger Gegend auf dem Anstand waren, erschien der Geist, und zwar in der Gestalt eines Hasen, der vor dem Jäger sein Männchen macht. Und wenn einer auf ihn zu schießen wagte, so warf der Geist denselben unsanft zu Boden. Noch heutzutage empfindet der Wanderer eine gewisse Scheu, wenn er Nachts an jener Burgruine vorüberkommt. (Mündlich.)

---

127. Kaiserin Hildegard in Großstadelhofen.

Nach alter Volkssage wohnte Hildegard, die Gemahlin Karls des Großen und Schwester des Grafen

Gerold v. Bussen — welcher auf diesem schwäbischen Berge ein Kloster gründete und es später nach Beuron im Donautal verlegte — bei Großstadelhofen nicht weit von Pfullendorf; noch sieht man einzelne Trümmer einer alten Burg daselbst. Sie vergabte der Kirche zu Pfullendorf Güter, und der Gemeinde Stadelhofen einen Wald, den Espan, nach einer Überlieferung, die erst im 17. Jahrhundert aufgeschrieben wurde. Hier waren also die Stammgüter der Geio oder Geroldischen Familie; in der Nähe befindet sich der Gerenberg. Ein Graf Ulrich v. Linzgau soll ein Bruder Gerolds und der Kaiserin Hildegard gewesen sein. Graf Ruodpert v. Argengau (Buchhorn) war ein Neffe Hildegards, der Mutter des Kaisers Ludwigs des Frommen, Ruodperts Nachkommen sehen wir noch im Grafen Ulrich v. Buchhorn und seiner Gemahlin Wendelgart v. Linzgau und ihrem Sohn Burkhard, Abt zu St. Gallen. (Nach G. Schwab „Der Bodensee nebst dem Rheintale von St. Luziensteig bis Rheinegg". S. 140 Anmerk.)

Hildegard stammte aus sehr edlem schwäbischen Geschlecht, sie war eine Tochter des Herzogs Gottfried, Urenkelin des Allemannenherzogs Gottfried, und wurde die Gemahlin Kaiser Karls des Großen. Sie vermählte sich in ihrem 14. Lebensjahr 771 und starb 783, im 13. Jahre ihrer Ehe, erst 26 Jahre alt. Sie hatte neun Kinder geboren, vier Knaben und fünf Mädchen, und starb infolge der Geburt des jüngsten Mädchens Hildegard, das ebenfalls bald starb. Ihre Söhne sind Pipin, Karl und Ludwig (der Deutsche). Begraben liegt sie zu Metz. — Hildegard war eine durch Schönheit, Güte und Klugheit ausgezeichnete Frau und allgemein verehrt. Von ihrer Mildtätigkeit gegen Arme und Kranke erzählt man sich rührende Beispiele. Sie kam nach ihrem Tode in den Ruf der Heiligkeit und wurde wie eine Heilige verehrt; auch wurden ihr viele Wundertaten zugeschrieben, wie Krankenheilungen ꝛc., so u. a. die Wiederherstellung des kaum siebenjährigen Söhnleins eines Kriegsmanns Robert von Pfullendorf, das gelähmt und von heftigen Schmerzen gequält war. (S. Acta Sanctorum.) Sie soll auch an der Stiftung des Klosters Kempten hervorragend beteiligt gewesen sein und dasselbe reichlich begabt haben.

Deshalb wissen auch die Kemptener Chroniken viel von ihr zu erzählen; aber alle diese Erzählungen sind reine Erzeugnisse der Dichtung und augenscheinlich anderen Sagen nachgebildet, insbesondere derjenigen von der Pfalzgräfin Genovefa. So erzählen sie, wie Kaiser Karls Stiefbruder Taland sie zu verführen suchte. Da sie ihn aber schroff zurückwies, beschuldigte er sie des Ehebruchs, weshalb Karl sie zu töten befahl. Sie wurde aber wunderbar gerettet, und zog dann in Begleitung einer Edelfrau Namens Rosina von Bodman nach Rom, und übte daselbst die Heilkunde, die sie ihr Lebtag gelernt und getrieben hatte, so glücklich aus, daß sie bald in großen Ruhm kam. Unterdessen hatte Gott den gottlosen Taland mit Blindheit und Aussatz gestraft. Niemand konnte ihm helfen. Da hörte er, daß zu Rom eine berühmte Heilfrau sei, welche diese Krankheit heilen könnte. Als nun Kaiser Karl nach Rom zog, ging Taland mit, suchte dann die Frau auf, nannte ihr seinen Namen, wußte aber nicht, daß sie die Kaiserin sei, und erbat ihre Hilfe. Hildegard gab ihm zunächst auf, seine Sünden zu beichten und Besserung zu geloben: Taland befolgte dies, worauf sie ihn gesund machte. Über diese Heilung wunderten sich Papst und Kaiser über die Maßen, und wollten die Ärztin sehen. Sie stellte sich ihnen in der St. Petrikirche vor und erzählte ihrem Herrn alsbald die ganze Geschichte, wie man sie verraten hatte. Karl nahm sie mit Freuden wieder zu seiner Gemahlin, aber seinen Stiefbruder verurteilte er zum Tode. Doch auf Hildegards Bitten wurde er von der Todesstrafe frei und bloß ins Elend verwiesen. Aus Dankbarkeit für ihre Rettung stiftete sie das Kloster Kempten. (Nach Baumann „Geschichte des Allgäus“; „Germania“ von Fr. Pfeiffer; „Deutsche Sagen“ von den Brüdern Grimm, u. a.)

---

128. Der schwarze Ochs in Kleinstadelhofen und anderer Spuk in dortiger Gegend.

Alte Leute erzählen, daß in einem Garten in Kleinstadelhofen alle Nacht ein schwarzer Ochse geweidet habe; trotz aller Versuche der Leute war es ihnen nie gelungen, denselben aus dem Garten zu treiben.

Im gleichen Orte stand eine Scheune, welche jetzt abgebrochen ist; von dieser sagen die Leute, daß man alle Nacht dort hämmern gehört habe, gerade als ob man Nägel in den Boden schlug. In diesen beiden Fällen war jedoch des andern Tags nie eine Spur mehr vorhanden.

Ein Schmiedgeselle, welcher in Kalkreuthe arbeitete, und alle Samstag Abend nach Kleinstadelhofen heimging, behauptet, sobald es Nacht geworden sei, habe sich jedesmal ein schwarzer Pudelhund zu ihm gesellt, und habe sich nicht mehr vertreiben lassen, bis er heimkam.

Weiter erzählt man, daß an dem Wege nach Pfullendorf früher eine Kapelle stand, wo jetzt noch eine große Linde steht. Fuhrwerke, welche nun des Nachts diesen Weg fuhren, kamen bis zur Kapelle und konnten alsdann trotz aller Bemühungen ihre Pferde nicht mehr weiter bringen, bis man den Bauer vom nächstliegenden Hofe holte, welcher ihnen alsdann wieder weiter half. (Mündlich.)

129. Die versenkte Glocke in Illmensee.

Im Kirchturm von Illmensee befand sich vor dem Schwedenkrieg eine große herrliche Glocke, welche aus dem feinsten Metall gegossen war, so daß sie einen prachtvollen Ton hatte und man ihre feierlichen Klänge weit in der Runde vernehmen konnte. Als nun die Schweden ins Land kamen, war man sehr besorgt, die kostbare Glocke würde von ihnen weggeführt werden. Daher wurde der Beschluß gefaßt, die Glocke vom Turm herabzuholen und im Illmensee zu verbergen; in ruhigern Zeiten könnte man sie dann wieder an ihre Stelle zurückbringen. Der Beschluß wurde ausgeführt und die Glocke in den See versenkt. Die Schweden erfuhren nichts von der versenkten Glocke; sie blieben jedoch länger im Lande, als man gedacht; viele Leute starben darüber hin, und als man nach dem Abzug der Schweden die Glocke wieder auf den Turm bringen wollte, lebte Niemand mehr, der die Stelle im See wußte, und Schriftliches war darüber auch nicht vorhanden. So mußte man sich nun mit den geringeren Glocken behelfen. Da kam eines Tages ein „fahrender Schüler" in den Ort. Demselben fiel das schwache Geläut auf, und auf sein Befragen erzählten ihm die Leute, wie es ihnen mit ihrer großen Glocke ergangen sei .Nun erbot sich der „Fahrende", die

Glocke ausfindig zu machen und wieder heraufzubringen; hierzu brauche er aber 30 starke Männer mit eisernen Haken, bei der Arbeit dürfe aber kein Wort gesprochen werden. Alles wurde nach den Anordnungen des „Fahrenden“ bereit gehalten und andern Morgens ging man an das Aufsuchen der Glocke. Das Glück war den Männern hold, bald war die Glocke gefunden. Als man sie schon zur Hälfte aus dem Wasser gezogen hatte — es war gerade Mittags 12 Uhr und auf dem Turme wurde geläutet — forderte einer der Männer voll Freude die anderen zum Dankgebet auf. Während dieser Rede aber sank plötzlich die Glocke wieder in die Tiefe hinab und konnte bis auf den heutigen Tag nicht wieder gefunden werden. Nur Nachts hört man bisweilen wundervolle Töne und Klänge, die aus den Fluten des Sees emporsteigen. (Mündlich.)

130. Die Gründung Heiligenbergs.

Zur Zeit, als die Kaiserin Helena († 328) eine Kirche über der Stätte erbaute, wo das Kreuz Christi gefunden worden, kam ein Edelmann, namens Emerius aus dem Geschlecht der Marpach von Trier zu ihr nach Rom; sie bat ihn, in deutschen Landen eine Stätte zu suchen, wo sie einen Teil der Heiligtümer aus Palästina zur Verehrung hinsenden könnte. Emerius unterzog sich willig diesem Auftrag und kam zuletzt in Schwaben auf einen Berg, wo es ihm sehr gefiel. Nachdem er hier eine Kapelle zu Ehren des hl. Kreuzes erbaut, zog er wieder zur Kaiserin Helena und sagte, was er gefunden und getan und bot sich an, daß er mit Weib und Kindern dahin ziehen wolle. Darüber freute sich die Kaiserin und gab ihm allerlei Reliquien, so ein großes Stück vom hl. Kreuz und dem Stuhl, auf dem Jesus gekrönt ward, von der Krone, der Säule, der Geißel, vom Schwamm, dem Haar Marias, ihrem Mantel und Kopftuch, vom Stein, auf dem Christus am Ölberg gekniet, und sonst noch mancherlei Heiligtümer sowie viel Gut an Gold und Silber. Nun zog Emerius wieder aus und baute auf dem Berg in Schwaben eine Veste und bewahrte daselbst die zahlreichen Reliquien auf. Da kam eine Krankheit über die Welt, daß die Leute niederfielen und schrieen und Geifer aus ihrem Munde floß, und viele starben. Es lebte aber damals auf dem Felsen am tiefen See (Meersburg am Bodensee) eine heilige Frau namens Clareta. Diese gab nach einer nächtlichen Erscheinung den Rat, die Menschen sollten auf den neuen Berg gehen, dann würde die Krankheit ein Ende nehmen. Unter großem Zulauf verkündete nun Emerius seine Reliquien, und wer dahin wallfahrtete, der ward gesund. Dazumal wurde der Berg mit der Veste der „Heiligenberg“ genannt und die Söhne des Emerius „die von Heiligenberg“. So groß war nun der Ruhm des „Heiligen Berges“, daß der Papst einer Frau von da, die nach Rom gewallt war, erklärte, sie bedürfe Rom nicht, sie habe zu Haus Heiligtums genug, und ihr gebot, daß sie ihm zur Buße vom Erdreich des „Heiligen Berges“ geben solle. So wurde der Zulauf immer größer und Emerius immer mächtiger, denn viel Volk wurde ihm untertänig. Dies erregte jedoch den Neid, so daß zwei Herren, Amelang von der Vils und Gilg von Kelmünz, ihn bekämpften. Da wurde ihr ganzes Heer blind, aber auf Claretas Rat schlossen sie Frieden und wurden in die Veste vor das Heiligtum geführt, und waren von Stund an wieder sehend. Der Stammhalter von Heiligenberg aber vermählte sich mit der Tochter des Burggrafen von Nürnberg.

Nach einer andern Sage hat Heiligenberg seinen Namen von den Heiligen Felix und Regula, die hier durch den Rhätischen Statthalter den Martyrertod erlitten oder doch hier bestattet wurden. (Nach „Th. Martin: Heiligenberg einst und jetzt“, und „Fickler: Heiligenberg in Schwaben.“)

II.

Überlinger Bräuche und Sitten.

1. Die Überlinger Nachbarschaften und der Nachbarschaftstrunk.

Überlingen gehört zu jenen Städten, welche aus der Vergangenheit gar Manches herübergerettet in unsere Tage und noch heute treu bewahren. Wir treffen hier nicht nur altertümliche Häuser mit Staffelgiebeln und Erkern, mit Wappenschildern und Inschriften, desgleichen Kunst-Denkmäler und Geräte aus alten Zeiten, um die uns Kunstkenner und Altertumsfreunde beneiden. Es gibt hier auch noch allerlei Bräuche und Einrichtungen, die sich aus frühester Zeit bis jetzt forterhalten haben, so der Schwerttanz der jungen Rebleute, der bei besonderen Veranlassungen noch aufgeführt wird. Nach altem Herkommen aber feiern auch die Hausbesitzer einer Straße noch jetzt ihren Nachbarschafts-Trunk regelmäßig jedes Jahr, wie es auch zu Rottenburg in vorderösterreichischer Zeit Übung war, aber heutzutage sonst wohl nirgends mehr vorkommt.

In Überlingen bilden nämlich seit Jahrhunderten die Bewohner einer Straße eine sogen. „Nachbarschaft", mit dem ursprünglichen Zwecke: gute Nachbarschaft und Eintracht zu halten, sich gegenseitig in Not beizustehen, und etwaige Zwistigkeiten bei einem Glase Wein zu schlichten.

Jede Nachbarschaft hat als Vorstand einen sogen. „Gassenpfleger“, welcher zugleich Vermögensverwalter ist, die Kasse in Verwahrung hat und die Rechnung führt. Ihm steht als Gehilfe und Diener der sogen. „Nachbarschaftsmeßner“ oder „Gassenmeßner“ zur Seite, der dessen Aufträge, wie Einladungen zum Nachbarschaftstrunk, Ansagen von Stiftungsmessen ꝛc. besorgt. „Gassenpfleger“ und „Nachbarschaftsmeßner“ werden in der „Abred“ gewählt auf Lebensdauer. Meist erhält das jüngste Mitglied der Nachbarschaft letztere Stelle.

Um Johanni wird immer der „Nachbarschaftstrunk“ gehalten. Am vorhergehenden Sonntag lädt der „Gassenpfleger“ die Nachbarn in sein Haus zur „Abred“ ein, legt die Kasse mit der Jahresrechnung vor, teilt Neuanmeldungen von Hausbesitzern mit, und bringt überhaupt Alles zur Besprechung, insbesondere die Abhaltung des „Nachbarschafts-Trunkes“. Zunächst wird berechnet, wie viel Geld zur Verteilung kommt, dann wird Tag und Ort der Festlichkeit ausgemacht. Am Johannistage (24. Juni) selbst, oder am darauffolgenden Sonntag, manchmal auch am Peter- und Paulstag wird der „Nachbarschaftstrunk“ gehalten, wenn immer möglich in einem Wirtshaus der Nachbarschaft, bei günstiger Witterung im Wirtschaftsgarten. Abends 7 Uhr kommen dann die Nachbaren mit ihren Frauen und Kindern hier zusammen, zu gemütlicher Unterhaltung und Schmauserei. Jedes Mitglied erhält sofort seinen Anteil aus der Kasse ausbezahlt. Die Beträge, welche dann für Speise und Trank an diesem Abend verbraucht werden, belaufen sich je nach dem Nachbarschafts-Vermögen auf 40 Pfg. bis 2 Mk. In der Nachbarschaft zur „Kanzleistraße“ erhält außerdem noch jedes anwesende Kind vom 2. Jahre an bis zu seiner Schulentlassung 10 Pfg; diese Kinder gehen abends vor dem Nachbarschaftstrunk mit dem Meßner in das Münster und beten vor dem Rosenkranzaltar drei „Vaterunser“ und den „Glauben“ für die Abgestorbenen; dann gehen sie zum Nachbarschaftstrunk. Hier bleiben nun sämtliche Familien in fröhlichster Stimmung beisammen, essen und trinken, und unterhalten sich auf's lebhafteste. Es werden dann Reden gehalten, Toaste ausgebracht, gesungen und deklamiert, dies oder jenes Mitglied gibt ein witziges Gedicht zum Besten oder hält einen erheiternden Vortrag, auch Kinder tragen Sprüche und Gedichtchen vor. Ist ein Klavier im Haus, so wird es von kundigen Händen, mitunter von ganz jugendlichen Kräften, zu allgemeiner Belustigung gespielt. Oft hat auch der Eine oder Andere eine Guitarre, eine Zither oder eine Handharmonika mitgebracht und läßt seine Kunst hören. Aber auch ohne Instrument kommt der musikalische Teil zu seinem Recht: Solovorträge, Duette, ja sogar Quartette sind nichts Seltenes beim Nachbarschaftstrunk. Wird dann ein Tanz aufgespielt, so finden sich die Paare bald zusammen, und es wird nun auch dem Tanzvergnügen gehuldigt. Auf solche Weise gehen die Stunden in Spiel und Scherz, in Tanz und lebhaften Gesprächen rasch dahin, und gar oft währt die Festlichkeit bis Mitternacht und darüber. Es ist dieser Nachbarschaftstrunk noch heute ein ächtes Volksfest und findet allgemeine Beteiligung Bisweilen wird er nicht im Wirtshaus, sondern in einem Privathaus abgehalten, in ganz ländlicher Weise, so namentlich in der Oberstadt, dem sogen. „Dorf", wo größtenteils die Landbau treibende Bevölkerung wohnt. Der betr. Hausbesitzer richtet nun seine Tenne als Festplatz her und sorgt für die nötigen Tische; die Teilnehmer aber bringen ihre Stühle mit, desgleichen Krüge und Gläser für den Trank, und zum Essen Würste oder Käse nebst Brod. Von einem der Nachbarn wird ein Faß Wein bezogen und derselbe zu gleichen Teilen an die Familienhäupter gegeben. So ausgerüstet sitzen nun die Festgenossen zusammen und feiern auf's Gemütlichste ihr Nachbarschaftsfest ebenso fröhlich wie die Unterstädter im feinsten Gasthaus.

Über die Gründung der Nachbarschaften wird Folgendes mitgeteilt: In den Jahren 1610 und 1611 herrschte in Überlingen die Pest in schrecklicher Weise und raffte viele Menschen hin. Ein altes Denkmal in der Gottesackerkapelle berichtet hierüber Näheres, wie auch die Überlinger Chronisten. So sagt Dr. Joh. Kutzle, Ratskonsulent in Überlingen, in seinen Beiträgen zur Geschichte Überlingens: „Anno 1611 ist der große Sterbendt gewesen und seindt hier in der Stadt 337 Personen (Mann, Weib, Kinder, Jung und Alt) gestorben innerhalb einer Jahresfrist, welcher in der Kunkelgasse in eines Mezgers Haus (um Nikolai) angefangen. Umb Michaelis hat es zum ärgsten gewüttet und seindt offt in einem Tag 40—50 Menschen gestorben, worunter auch Herr Dr. Joh. Oschwald Probst und Jak. Reutlinger alter Bürgermeister den Rayen geführt.“ Nach Aufhören der Pest sollen dann die Bürger, welche nach den damaligen Begriffen in dieser Krankheit eine besondere Strafe des Himmels erblickten, feierlich gelobt haben, in Frieden und Eintracht zu leben, sich gegenseitig in Not und Gefahr beizustehen, und zum Gedächtnis dieses Jahres und des Gelöbnisses jeweils am Tag Johannes des Täufers ein Versöhnungsfest zu halten und hier etwaige Streitigkeiten in Güte beizulegen. Die Festkosten wurden anfänglich gemeinsam bestritten; später stifteten diese und jene „Guttäter“ bei einer Nachbarschaft „teils per testamentum und teils noch in vivis“ „gewisse Summen Geldes“ für hl. Messen und verordneten, daß hiebei „sämtliche Nachbarschaft erscheinen“ und alsdann den Zinsenüberschuß nach den Intentionen der Stifter „in Liebe, Fried und Vertraulichkeit mit- und bei einand verzeren.“ So erhielten die Nachbarschaften ihr Vermögen, wozu dann noch das Einkaufsgeld — „der Einstand“ — der Neueintretenden kam, das früher einen Taler bis einen Kronentaler betrug, gegenwärtig 3 bis 6 Mark je nach der Nachbarschaft.

Jetzt sind hier noch folgende Nachbarschaften: 1. Fischerhäuservorstadt. 2. Untere Seegasse. 3. Obere Seegasse („zum Beckerbrunnen"). 4. Obere Marktgasse. 5. Hofstatt („Grödtplatz"). 6. Kanzleistraße. 7. Höllgasse. 8. Hinter dem Kirchhof (Münsterplatz). 9. Zum Krummen Berg. 10. Auf Sanct Lucii Berg. 11. Zum Wiestor (früher „beym Wiesthor und Wolf"). Ferner in der Oberstadt: 12. St. Jodok oder zum „Mittleren Brunnen"). 13. Zum Obern Brunnen (früher „am Kellhofer Brunnen". 14. Ganze Gasse. 15. Goldbach. Früher bestanden noch zwei weitere Nachbarschaften, welche jedoch seit Jahren eingegangen sind, nämlich die zur „Kunkelgasse" (jetzige Hafenstraße), welche infolge Vermögensverlustes bei der Gant eines Nachbarschaftsmitgliedes in den 60er Jah en aufhörte, und die zur „Krone", welche in den 70er Jahren ihr Gesamtvermögen dem Schulfond übergab und sich dann auflöste.

Über die ursprünglichen Verhältnisse der Nachbarschaften, deren Zweck und Einrichtung, geben die Nachbarschaftsbücher Auskunft. Jede Nachbarschaft führt nämlich ein Buch, das im Wesentlichen Kassenbuch ist, denn es bringt hauptsächlich die jährlichen Einnahmen und Ausgaben und das Mitgliederverzeichnis, manchmal auch die Angabe des Umfangs der Nachbarschaft mit den dazugehörigen Gassen und Gäßchen nebst einem Vorbericht über Zweck und Aufgaben der Nachbarschaft, m tunter auch noch Nachrichten über besondere städtische Vorkommnisse 2c. So bilden diese Bücher in gewisser Beziehung keineswegs wert'ose Urkunden zur Geschichte und insbesonders zur Kulturgeschichte Überlingens.

Es sind jedoch nicht mehr alle ursprünglichen Nachbarschaftsbücher vorhanden, die meisten stammen aus dem 18. Jahrhundert, enthalten jedoch noch hie und da frühere Urkunden oder auch Auszüge aus früheren Büchern. Es seien hier nur einige aufgezählt. Von 1723 datiert das Nachbarschaftsbuch vom „Krummenberg", von 1744 das vom

„Wiestor" (mit Urkunden von 1730), von 1747 das von St. Jodok, von 1756 das der „Kanzleistraße" (mit Urkunden von 1719—56), von 1787 das der „Fischerhäuservorstadt", von 1788 das vom „Münsterplatz" (oder „hinterm Kirchhof"), von 1828 das der „Ganzen Gasse" (mit einer alten Beilage „Erinnerungen über die Absicht unsrer verehrungswürdigen Voreltern bei Errichtung der Nachbarschaft"); aus dem Jahre 1850 ist das Nachbarschaftsbuch der „Untern Seegasse".

Das älteste dieser Bücher ist das „Nachbarschaftsbuch der Obern Marktgasse". Es hat auf der ersten Seite die Inschrift: „Nachbarschaft Register aufgerichtet Ao. 1662" und enthält einen weitläufigen Vorbericht mit Angabe des Umfangs der Nachbarschaft, deren Ober- und Untergassenpfleger, der Stiftungen und Satzungen. Die Vorberichte der andern Nachbarschaftsbücher sind meist Auszüge aus diesem Vorbericht und enthalten mitunter wörtlich die gleichen Bestimmungen. Wir geben nun einen solchen Vorbericht aus einem Nachbarschaftsbuch vom Jahre 1732. Derselbe lautet im Wesentlichen: „Das Ziel und End, warum unsere nunmehro in Gott ruhenden hoch- und liebwertheste Vor-Eltern die Zusammenkünfte der Nachbarschaften auf das Fest des Hl. Johannes des Täufers eingeführt haben, ist hauptsächlich Ursache, alldiweilen in der Geburt dieses Heiligen der höchste Gott große Miracul und Wunder gezeiget, also daß darob selbige Nachbarn und Befreundete vor Freuden zusammengesprungen, Gott gelobt und gepriesen, große Liebe und Freundschaften mit einander gepflogen, auch angefangen, die ganze Welt in erwünschten Ruhestand und Frieden gesetzt zu werden, und mithin durch Einigkeit den Weg des Herrn zu bahnen. Diesem heiligen Exempel zu folge, und damit männiglich in einer guten, dem Allerhöchsten lieb und angenehmen Harmonie Fried' und Liebe, bei uns nebeneinander stehen möchte, ist dann solch' unser Zusammenkunft auch angesehen worden, damit nemlich ein Jeder so etwa in verwichenem Jahr mit seinem Nachbar in eine Zerrüttung und Unwillen gerathen wäre, an dem hiezu bestimmten Ort sich mit ihme und demselben bei einem Glas Wein wird versöhnen und also die alte gute Freund und Nachbarschaft wird herstellen und anmit den reichen Segen Gottes auf sich und uns alle herunterziehen könne; zu dem Ende dann selbige auch anmit sammt- und sonders anerinnert werden, daß so etwa (welches jedoch der allgütige Gott gnädig abwenden wolle) Feinds-, Feuer- oder Pestgefahr sich eindringen allda ereignen sollte, daß keiner den Andern verlassen, sondern soviel möglich nachbarlich beispringen und verhilflich sein, auch sofern in unsrer Nachbarschaft eine kranke Person mit der hl. Wegzehrung des hochwürdigen Sakraments des Altars versehen werden sollte, auf vorheriges, des Kranken Befreundten Beschehenes Ankünden aus jedem Haus wenigst eine Person dabei erscheinen und das hl. hochw. Sakrament aus- und wieder in die Kirche mit aller Andacht, Reverenz, Zucht und Ehrbarkeit begleiten helfen sollen; also und damit dann allvorstehendes um desto ehrender beobachtet und bewirkt werden möchte, haben sich bei unserer löblichen Nachbarschaft ehevorhin ein und anderen Guttähter hervorgetan, welche gewisse Summa Geldes dem Allerhöchsten zu Ehren und ihren abgeschiedenen Seelen zum Trost gestiftet und verordnet haben, damit man ihn zugleich allerjährlich gewisse hl. Messen nachhalten, wobei sämtliche Nachbarschaft mit ihrem hl. Gebet und Opfer erscheinen, und alsdann den Zinsüberschuß von sothanen Capitalien und obangeführte den Stiftern löblichen Intentionen in Liebe, Fried, Vertraulichkeit mit- und bei einand verzehren, diejenige aber, welche bei Haltung der gestifteten Messen ohne erhebliche Ursach ausbleiben, sollen auch von dem Genuß — Brod und Wein — excludiert und ausgeschlossen sein.“ (Es folgen nun die Namen mehrerer Stifter und die Beträge ihrer Stiftungen, und es schließt dann das Schriftstück mit Folgendem:) „Ein welches dann einer löblichen Nachbarschaft, um sich männiglich dar nach richten zu können, dem Herkommen gemäß (alljährlich am Johannistag bei der Zusammenkunft) verlesen werde, in der Hoffnung, es werde dieselben sammt und sonders zu Vollziehung sowohl der Stiftern als unsern lieben Voreltern heiligen guten Meinung in Beibehalt all nachbarschaftlichen Vertrauens, Liebe, Fried' und Einigkeit zu continuiren sich äußerst lassen angelegen sein.“

Wir wollen nun aus diesen Nachbarschaftsbüchern noch einiges Erwähnenswertes anführen. Hierher gehört vor Allem, daß die Nachbarschaften neben ihren besondern Gesellschaftszwecken mitunter auch im allgemeinen, im städtischen Interesse gewirkt haben. So wurden im Jahre 1833 von den Nachbarschaften zur Hofstatt, zur Kanzleistraße und zur Ganzen Gasse je 1—2 Straßenlaternen im Werte von 36 fl. bis 56 fl. angeschafft. Im Jahre 1868 ließ die Nachbarschaft zur Hofstatt einen neuen Baldachin zur Fronleichnamsprozession um 50 fl. machen und richtete 1844 eine Eingabe an den Gemeinderat wegen Wiederherstellung der Straße vom sog. Scherentor bis zum Gottesacker, und ebenso 1845 wegen der Straßenbeleuchtung. Im Jahre 1831 stifteten alle Nachbarschaften miteinander zur Erinnerung an den Besuch des Großh. Paares in Ueberlingen die ansehnliche Summe von rund 6300 Mk. (3679 fl.) zum neuorganisierten Schulfonds, wofür ihnen der Großherzog seine Freude und Anerkennung laut Ministerialerlaß vom 17. Mai 1831 aussprechen ließ. Hiemit hatten sie zu edlem Zwecke einen großen Teil ihres Vermögens hingegeben. Heute besitzt keine Nachbarschaft mehr nur 1000 Mark. Die reichste hat noch ein Vermögen von 868 Mk.; es ist dies die zur Kanzleigasse; dann kommt die Fischerhäuservorstadt mit 861 Mk., die Obere Seegasse mit 750 Mk., St. Lucii Berg mit 729 Mk., die Ganze

Gasse mit 662 Mk., der Krumme Berg und der Kirchhofplatz mit je 513 Mk., St. Jodok mit 500 Mk.; unter 400 Mk. besitzen die Untere Seegasse, nämlich 350 Mk., die Höllgasse 342 Mk., die Hofstatt 325 Mk., Goldbach 274 Mk., die Obere Marktgasse 205 Mk. ꝛc.

Der Nachbarschaftstrunk wurde ursprünglich in der Wohnung des Gassenpflegers, in einem Zunfthaus ꝛc. in einfacher Weise gehalten: man kaufte von einem Mitglied ein Faß Wein, jeder Nachbar bekam 2 Maß Wein und für 2 kr. Brod, eine Witwe oder einzel stehende Frau 1½ Maß Wein, so 1718 die Nachbarschaft zur Obern Seegasse im Zunfthaus der Müller und Bäcker (jetzt Goldarbeiter Bernhard'sches Haus Nr. 168), 1663 die Nachbarschaft zur Obern Marktgasse im Steinhaus (sog. Salmannsweilerhof), wobei jeweils der Gassenmeßner bezw. der Stubenknecht die Gäste bediente. Allmählig aber begnügte man sich nicht mehr mit dieser bescheidenen Verköstigung, man schaffte Fleisch und Gebäck an, und um die Mitte des 18. Jahrhunderts war der Nachbarstrunk da und dort eine große Festlichkeit, namentlich in den wohlhabenden Nachbarschaften, so in der Krummbergstraße, wo Patrizier, geistliche Herren ꝛc. wohnten. Da gab es auch zweierlei Tische, einen „Herrentisch" und einen „gemeinen Tisch" und selbstverständlich wurden auf den „Herrentisch" feinere Weine und Speisen gebracht als auf den „gemeinen Tisch", neben Braten und Salat mit Eiern noch Hühner, Wildbret, Schinken, Zungen, Torten und andere Süßigkeiten wie Eingemachtes, Hippen, dann Käs, Kaffee und Zucker ꝛc. Ähnlich wurde es bei der Nachbarschaft zur Obern Marktstraße gehalten Höchst selten wurde noch Musik beigezogen, so 1850 von der Nachbarschaft zur Untern Seegasse. Von allen Nachbarschaften hält nur Goldbach den Nachbarschaftstrunk nicht um Johanni, sondern an Sylvester, dem Tag des Kirchenpatrons, aber nur alle 2 Jahre, und zwar in der dortigen „Wirtschaft zu den Heidenhöhlen".

So gibt uns jedes Nachbarschaftsbuch ein getreues Bild des Nachbarschaftslebens wie es früher war und teilweise noch jetzt ist. Jede Nachbarschaft bildet eine Gemeinschaft mit Vorstehern, welche fest zusammenhält in Freud und Leid, in Ernst und Scherz, welche Zank und Streit schlichtet, sich gegenseitig unterstützt und beispringt in Not und Gefahr, in Krankheit und im Sterben, welche aber auch frohe heitere Stunden gemeinsam verbringt und gemütlich genießt.

---

2. Der Schwerttanz in Überlingen

ist ein uralter Brauch, der zu reichsstädtischen Zeiten regelmäßig jeden Fastnacht-Donnerstag von den ledigen Rebleuten der Neustadt, welche eine Gesellschaft mit gewähltem Vorstand (bestehend aus vier Platzmeistern, einem Fähndrich und einem Säckelmeister) bildeten, gegeben wurde, später nur alle 10 Jahre oder bei besonderen Veranlassungen, so z. B. nach einem guten Weinjahr.

Ursprünglich wurde der Schwerttanz folgendermaßen gehalten: vor der Fastnacht holten die zwei ältesten Platzmeister beim Magistrat die Bewilligung zur Aufführung des Schwerttanzes ein, worauf der jüngste Platzmeister die Mitglieder zu einer Versammlung einlud, welche nun das Weitere beschloß und die etwa erledigten Ämter neu besetzte; zugleich wählten die vier Platzmeister den sog. „Hänsele“ (der am Tanze nicht teilnimmt, sondern während desselben die Gaben einsammelt und an den Säckelmeister abliefert.) Endlich wurden noch 4 Spielleute — 2 Trommler und 2 Pfeifer — bestimmt, welche zum Tanz aufspielen. Die übrigen Mitglieder waren die eigentlichen Schwerttänzer. Waren so die Rollen verteilt, so wurden die Proben abgehalten, die Kostüme 2c. hergerichtet. Diese bestanden aus langen blauen Röcken, roten Westen, kurzen Leder- oder schwarzen Samthosen, langen Strümpfen, Schnallenschuhen und dreieckigen schwarzen Filzhüten; außerdem trug jeder Teilnehmer einen Degen und einen großen Strauß aus künstlichen Blumen, die Platzmeister und der Fähndrich zudem noch Schärpen. Der „Hänsele" hatte das Kostüm eines gewöhnlichen Überlinger Fastnachtshänsele. Die Fahne, welche jetzt noch vorhanden ist und im Kulturhistorischen Kabinet aufbewahrt wurde, stammt aus dem Jahre 1798/99 und wurde von einem Franziskanerpater geweiht; sie ist gefertigt aus einem dreieckigen karmoisinroten Seidentuch, worauf der zweiköpfige Reichsadler mit Krone und ein Reblaubkranz mit der Jahreszahl 1799 gestickt ist.

Am Morgen des Fastnachtsdonnerstags besuchten vor der Aufführung zuerst sämtliche Teilnehmer — mit Ausnahme des „Hänsele", der unterdessen mit knallender Peitsche die Straßen durchzieht — die hl. Messe in der St. Jodokkirche. Dann begann vor der Wirtschaft zur „Neustadt" aus der Umzug unter Trommel- und Pfeifenspiel durch die Stadt. Der erste Tanz wurde vor dem Rathaus aufgeführt, der zweite vor dem Pfarrhof, die folgenden Tänze vor den Häusern des Magistrats und anderer angesehener Personen.

Die Aufführung des Tanzes ging jeweils und geht jetzt noch folgendermaßen von Statten:

Die Schwerttänzer stellen sich in einer Linie mit den Gesichtern gegen das Rathaus auf. Dann treten die zwei ersten Platzmeister ins Haus, sprechen vor und legen das Kompliment ab: „Wir haben die Ehre, den altehrwürdigen Schwerttanz auszuführen und bitten um Ihre Genehmigung und lassen uns rekommandiert sein." Dann begeben sie sie sich wieder zur Gesellschaft und der erste Platzmeister kommandiert: „Ergreift das Gewehr! Gewehr auf! Achtung! Präsentiert das Gewehr! Gewehr ab! Scheiden abnehmen! (Diese werden unterdeß abseits aufbewahrt.) Rechts um!" Die Tänzer stehen nun hinter einander und unter dem Schwertletanzmarsch kommt die erste Figur zur Darstellung: Unter gestrecktem Spitz und Griff (point and hilt) gehen sie von rechts nach links in großem Bogen, dann in Schlangenlinien, darauf in Achterfigur (der erste Mann gleich hinterm letzten vorüber, zwei mal). Zweite Figur: Der Maschen. Nach einem Bogengang bleiben die zwei letzten Platzmeister stehen und halten die Degen gekreuzt in die Höhe, die zwei ersten Platzmeister gehen unter diesen Degen durch, ebenso die folgenden Tänzer; immer bleibt wieder ein Paar stehen mit gekreuzten Degen, bis alle Gesicht gegen Gesicht aufgestellt sind. Nun springt der Hänsele in den Maschen, d. h. unter die gekreuzten Degen, und der Fähndrich schwingt die Fahne über der Gruppe, die Musikanten schlagen einen Wirbel und der erste Platzmeister bringt ein Hoch auf den Bürgermeister aus. Der Maschen löst sich in derselben Weise wieder auf wie er sich gebildet hat. Dritte Figur: wieder zwei Achtertouren wie in der ersten. Vierte Figur: Der Degensprung. Die zwei hinteren Platzmeister bleiben stehen und halten den Degen in Kniehöhe horizontal. Die zwei vorderen Platzmeister führen den Zug zurück und springen über den Degen und alle anderen Tänzer nach. Fünfte Figur: Wieder eine bis zwei Achtertouren, darauf kommandiert der erste Platzmeister: „Halt! Front! Rührt Euch!", die Scheiden werden den Schwerttänzern wieder gebracht, und der Zug geht weiter zu einem anderen Haus. Zwischen den einzelnen Figuren findet keine Unterbrechung statt. So wird vom Morgen bis zum Abend getanzt. Der Hänsele geht unterdessen in die Wohnungen und erhält hübsche Gaben.

Nach diesem Waffentanz holte wohl Einer und der Andere der Mannschaft aus der Zuschauermenge oder aus den benachbarten Häusern ein Mädchen zum fröhlichen Reigen, so daß nach dem ernsten Waffenspiel ein munteres Tanzvergnügen auf der Straße den Schluß des Ganzen bildete. Hierauf zog die Schar wieder ab, wie sie gekommen: die Fahne wurde geschwenkt, die Abziehenden grüßten mit den Hüten, die Musik spielte und weiter ging der Zug, um vor einem anderen Hause das gleiche Schauspiel zu bieten.

Fragen wir nun über die Entstehung und den Zweck des Schwerttanzes, so wird uns nur ungenügende Antwort gegeben. Wohl ist ein „Ordnungs-Buch für die ledigen Reebleith“ vorhanden, allein dies datiert aus dem Jahre 1789, während der Schwerttanz schon Jahrhunderte vorher aufgeführt worden, und enthält bloß die „verbesserten“ Satzungen, spärliche Notizen aus den Jahren 1573, 1578, 1764, 1766, 1784—1788 („anno 1786 ist man wieder nicht umgezogen und ist uns wie anno 85 der Wein gegeben worden.“) Von 1789 an kommen regelmäßige Aufzeichnungen über die Aufführungen und die wichtigen Ereignisse der Gesellschaft. Auch das Archiv und die Ratsprotokolle geben keine weitere Aufklärung; letztere enthalten nur Beschlüsse über Genehmigung oder Versagung der Aufführung („den ledigen Reebleiten ist der sog. Schwerdtle-Tanze gl. gestattet. Act. in Sen. Lun. den 28. Jenner 1732“ oder „. . . Weilen in letzterem Herbst gar wenig Wein gemacht worden: so wird den ledigen Reebleuten der sog. Schwerdtle-Tanz für dieß Jahr nicht gestattet, nichts desto weniger aber Ihnen von Stadt und Spittal das Gewöhnliche (2 Aymer Wein) abgegeben werden. Act. in S. L. den 24. Jenner 1785“). Aus den schriftlichen Aufzeichnungen geht wenigstens soviel hervor, daß der Schwerttanz ein „Zeugnis von der Tapferkeit und dem Heldenmut unserer Vorfahren ist,“ wie es im Platzmeisterspruch heißt.

Nicht auf Urkunden gegründet ist die Behauptung, daß die Schwerttänze, welche früher weit verbreitet waren, und u. a. auch in Straßburg bis in die neue Zeit gehalten wurden, Ueberbleibsel des germanischen Volksschauspiels seien und zu Ehren des Schwertgotts aufgeführt wurden (vergl. 5. Heft des Vereins für Geschichte des Bodensees), oder daß sie den römischen Gladiatoren-Spielen nachgeahmt seien. (Über die „Gründung des Schwerttanzes“ s. oben „Sagen“.)

3. Die Überlinger „Greth“ und der Fruchtmarkt.

Überlingen hatte als Reichsstadt seit frühesten Zeiten nicht bloß das meiste Rebgelände der ganzen Seegegend, sondern auch den größten Fruchtmarkt am Bodensee, ja in ganz Oberdeutschland — wie nach der Besetzung der Stadt im Jahre 1644 der bayrische Kommissär an den Kurfürsten Maximilian berichtet — und übertraf selbst die Ulmer Schranne. Diesen günstigen Stand verdankte Überlingen einerseits seiner Lage mit bedeutendem kornreichen Hinterland, getreidearmen Nachbarn, den Schweizern, und dem billigen und sichern Wasserweg; anderseits aber dem Marktprivileg Karls V. vom 20. Februar 1547, wornach innerhalb eines Umkreises von zwei Meilen kein neuer Fruchtmarkt errichtet werden durfte. Diese Begünstigung erhielt Überlingen, weil es „vor andern Ständen und Städten als eine gehorsame Reichsstadt sich erzeigt und erwiesen.“ Das Hinterland umfaßte zunächst das ehem. Landgebiet der Reichsstadt, nämlich die städtischen Vogteien: 1. Hohbodman mit Altheim, Höllwangen, Beuthemühle, Reuthe ob den Bergen rc. samt den zugehörigen Weilern und Höfen; 2. Ramsberg mit Großschönach, Heiligenholz, Rickertsweiler, Hattenweiler rc. samt den zugehörigen Weilern und Höfen; die spitälischen Vogteien: 1. Bambergen; 2. Ernatsreuthe; 3. Deisendorf mit Scheinbuch; 4. Rickenbach; 5. Sohl mit Aftholderberg, Kleinschönach, nebst 5 Weilern und Höfen; 6. Denkingen mit 6 Weilern und Höfen; 7. Ebratsweiler; 8. Seelfingen mit Mahlspüren und 4 Weilern und Höfen; 9. Nesselwangen mit 2 Höfen; 10. Bondorf mit 6 Weilern und Höfen; 11. Sernatingen mit 5 Weilern und Höfen. Die Bauern dieser Ortschaften waren Untertanen von Überlingen und mußten feiles Getreide auf den Überlinger Markt bringen.

Außerdem aber brachten die Landwirte der Grafschaft Heiligenberg, des benachbarten Donautals und südlichen Hohenzollern's, des Südteils der Rauhen Alb, wie auch der Ravensburger Gegend all ihre Frucht nach Überlingen. So war jeden Mittwoch eine Menge Getreide hier aufgestapelt, welches meist von Schweizer Händlern aufgekauft, auf große Segelschiffe verladen und über den See an's Schweizer Gestade geführt wurde. Es kamen Händler aus den Kantonen St. Gallen, Aargau, Basel, Bern, Solothurn, Luzern, Graubünden 2c., ferner aus dem Bregenzer Wald, aus dem bayrischen Allgäu, den Städten Lindau und Konstanz, welche in bessern Tagen insgesamt mitunter bis zu 5000 Zentner (2000 Säcke) wegführten. Eine umsichtige Marktordnung sorgte für geregelte Brotpreise und verhinderte alle künstlichen Preistreibereien und unzeitigen Massenankäufe, verbot alle geheimen Käufe, desgleichen die sog. Kornringe 2c. Gleichzeitig war dafür Sorge getragen, daß jeder Überlinger seinen Hausbedarf an Brotfrucht leicht erhalten konnte durch sein Vorkaufsrecht. Nur die hiesigen Bürger und Einwohner durften nämlich Mittwoch früh, sobald mit dem Aushängen des Stadtfähnleins das Zeichen des Marktbeginns gegeben war, sich mit den nötigen Lebensmitteln versehen; Händler, überhaupt Fremde waren ausgeschlossen. So konnten also die Überlinger Geschäftsleute, Bäcker und Müller, wie auch Privatleute, ohne jede Konkurrenz ihren Bedarf bequem decken. Erst wenn diese ihre Geschäfte abgeschlossen hatten, fing auf ein Zeichen der Grethglocke der Markt für die Händler und Fremden, der eigentliche Getreidemarkt an. Jetzt aber waren die Überlinger vom Markt ausgeschlossen; sie durften bei strengster Strafe — Einziehung der Waren, Freiheits- und sogar Leibesstrafen — sich nicht an diesem Markt beteiligen. Alle diese Bestimmungen waren gesetzlich festgelegt.

Die Überlinger Grethordnung (Marktordnung) war im Wesentlichen denjenigen der anderen Fruchtmärkte der Seegegend gleich; denn in allen wichtigen Fragen des Verkehrslebens gingen die Nachbarstädte Hand in Hand, traten mit einander ins Einvernehmen, einigten sich jeweils über die Grundzüge und nahmen alle paar Jahre eine Durchsicht vor, änderten dann was nötig war. Da Überlingen den größten Fruchtmarkt weit und breit hatte und deshalb der Vorort war für die benachbarten Kornmärkte Konstanz, Lindau, Radolfzell und Stein a. Rh., so war auch die Überlinger Grethordnung für die andern Fruchtmärkte maßgebend. Zu ihrer Durchführung wie auch zur steten Hebung des Markts bedurfte es selbstverständlich eines tüchtigen geschulten Personals. Dieses bestand aus dem Grethmeister und dem Grethschreiber, 3 Marktversehern, 4 Unterkäufern, 30 Kornmessern, 8 bis 10 Kornschüttern, 12 Kornträgern (Trögel) 2c., im Ganzen wohl etwa 100 Bedienstete. Unter solchen Verhältnissen war der Fruchtmarkt eine Haupteinnahmequelle für die Stadt, und zwar nicht bloß für die Haushaltungen der ärmeren Bürgerschaft, aus der natürlich die Marktdiener hervorgingen, sondern noch mehr mittelbar; denn an jedem Markttag kamen viele Käufer und Verkäufer wie auch sonst noch eine Menge Leute in die Stadt, nicht bloß des Handels wegen, sondern auch zur Besorgung von allerlei Geschäften. Alle diese Leute brachten Geld herein, sie aßen und tranken und kauften ein, die Wirte und Kaufleute, Metzger und Bäcker, Händler und Handwerker, kurz alle Geschäftsleute hatten ihren Verdienst und die Straßen wogten von lebhaftestem Verkehr.

Als Überlingen aufhörte, Freie Reichsstadt zu sein und Hauptstadt des gleichnamigen badischen Amtsbezirks wurde, änderten sich allmählig die Verhältnisse und paßten sich der neuen Zeit an. Aber noch in der ersten Hälfte des vorigen Jahrhunderts stand der Überlinger Fruchtmarkt auf der Höhe und jeden Mittwoch herrschte ein äußerst bewegtes Leben und Treiben in der ganzen Stadt und besonders lebhaft ging es in und bei der „Greth"*) zu. So heißt

*) Das Wort „Greth", Gret, Gred, Gräth kommt von gradus her, weil sich früher bei diesen Häusern Stiegen befanden, um je nach

das stattliche, zweistöckige, achttorige Gebäude mit mächtigem Walmdach am Landungsplatz, in dem der Fruchtmarkt abgehalten wird. Es wurde Mitte des 18. Jahrhunderts vom Baudirektor der Deutschordens-Komthurei Altschhausen, Anton Bagnato, erstellt, der auch das Kornhaus in Rorschach, das neue Schloß in Meersburg und das Schloß auf der Insel Mainau erbaute. Der ganze untere Raum der „Greth“ ist durch hölzerne Querwände in 4 gewaltige hohe Hallen geteilt, deren jede mit einem Tor gegen die Stadt, dem gegenüberliegenden gegen den Landungsplatz, sich öffnet, und mittels Durchgangs mit den anstoßenden Hallen verbunden ist. Die östliche Halle heißt die „Mainauer Greth“, die daranstoßende die „Mittelgreth“, hierauf die „Habergreth“ und als die letzte gegen Westen die „Schmalzgreth“. Über diesen Hallen — im oberen Stockwerk - befinden sich die „Schütten“ nebst den Geschäftsräumen und der Wohnung des „Grethmeisters“. An die Westseite der „Greth“ wurde in den sechziger Jahren eine offene Halle mit Steinboden angebaut. Vor der „Greth“ stand im See auf Pfählen die sog. „Grethlaube“, eine viereckige gegen die Stadt offene Halle mit Holzwänden, wo die mit den Schiffen abgehenden und einlaufenden Frachtgüter aufgestellt wurden und die Passagiere die Boote erwarteten. Sie war also gewissermaßen Güterhalle und Wartsaal.

Das städtische Personal des Fruchtmarkts bestand — wie teilweis noch jetzt — aus dem Grethmeister mit Grethschreiber und 24 Grethknechten mit einem Obmann. Der Grethmeister hat die Oberaufsicht und Verwaltung des Marktes, er sorgt für Beobachtung der Marktordnung und trifft bezügliche Entscheidungen; alle Beschwerden und Streitigkeiten des Personals wie auch der

dem Wasserstand die Waren aus- und einladen zu können. Vielleicht auch von Gerät (mobilia), Gerätshaus, Vorratshaus von Segeln, Rudern, Waren ꝛc. F. X. Konr. Staiger, Meersburg St. 50.

Käufer und Verkäufer werden durch den Obmann dem Grethamt unterbreitet. Häufig entstehen Streitereien über die Qualität des Getreides; der Käufer behauptet beispielsweis, die Frucht eines Sackes sei nicht gleichmäßig; die oben liegenden Körner seien besser als die unteren 2c., was der Bauer bestreitet; dann hat jede Partei einen Sachverständigen zu wählen, nach deren Anhören der Grethmeister entscheidet und hierüber ein Protokoll aufnimmt. Die Grethknechte werden vom Gemeinderat angestellt, es sind städtische Bedienstete. Es ist dies ein Dienst, der sich gewissermaßen in der Familie forterbt d. h. vom Vater auf den Sohn übergeht, und lange Zeit sehr gesucht und streng gehütet wurde. Die Grethknechte sind meist sog. „Dorfer", d. h. sie wohnen in dem Landwirtschaft treibenden obern Stadtteil, in der sog „Neustadt" oder dem „Dorf". Sämtliche Grethknechte mußten früher während des ganzen Marktes auf dem Platze sein, aus- und einladen, messen, überhaupt den ganzen Markt bedienen. An den Tagen, wo kein Markt war, hatten abwechselnd je zwei Grethknechte ständig bei dem Grethgebäude bereit zu sein, besonders zum Abladen mitunter einlaufender Frucht und sonstigen zufälligen Geschäften. Denn nicht allein am Mittwoch, sondern schon 2—3 Tage vorher, überhaupt vereinzelt die ganze Woche wurde Getreide zugeführt, so daß bisweilen am Vorabend des Markts die „Mainauer Greth" bereits mit Säcken angefüllt war, meist aus der Ostracher Gegend. Außer der Besorgung des Fruchtverkehrs hatten die Grethknechte auch noch die mit Segel- und Dampfschiffen zugeführten Frachtgüter zum Zollamt zu bringen, wie auch den Geschäftsleuten und Privaten in der Stadt zuzuführen, und anderseits deren abgehende Waren auf die Schiffe zu transportieren. So waren sie gewissermaßen die Spediteure. Die Kleidung der Grethknechte bestand noch bis in die letzte Zeit aus grobem Zwilch, einem kleinen runden Lederkäppchen und gewöhnlichen Lederschuhen. An starken Märkten hatten alle Grethknechte vollauf Arbeit, und zwar nicht bloß am eigentlichen Markttag, am Mittwoch, sondern auch noch am folgenden Tag, ja manchmal noch am Freitag mit Verladen und Abführen der Säcke.

Die 24 Grethknechte waren in 4 „Warten“ mit je 6 Mann abgeteilt; der älteste der „Wart“ hieß „Stange'ma'“, der jüngste „Wage'ma'“; dieser stand beim Abladen auf dem Wagen und „lupfte“ den Sack, worauf der „Stangema“, der zur Seite des Wagens stand, die sog. „Abladestange“ unterschob und den Sack mittelst Hebelbewegungen herabgleiten ließ; dann nahmen ihn 2 Grethknechte auf ihre sich gegenseitig umfassenden Arme und trugen — als sog. „G'spa“ (Gespann) — denselben zu den andern reihenweis aufgestellten Säcken. Eine weitere Obliegenheit der Grethknechte war das Messen. Hiezu brauchte man vor Allem große, etwa 3 Maltersäcke fassende Standen, deren 24 in einander geschachtelt vor der Greth lagen. Der älteste Grethknecht maß zuerst und holte die erste Stande, dann die übrigen Grethknechte der Reihe nach. Beim Messen leerte der „Schütter“ mit Hilfe des Grethknechts den Sack in die Stande; hierauf schöpfte derselbe (der „Fruchtmesser“) mittels eines Sestermaßes (für Haber Doppelsestermaßes) die Frucht in den vom „Fasser“ offen gehaltenen Sack bis zu 10 bezw. 15 Sester und schnürte ihn dann zu. Der Fasser und der Schütter verzeichneten für sich die Fruchtmenge, den Preis 2c. Während des Umleerens füllte der Grethknecht sein Lederkäppchen mit der betr. Frucht eben gestrichen und zeigte sie alsdann auf dem Grethamt als sog. „Schaufrucht“ vor, worauf daselbst der Kauf eingetragen wurde, Fruchtart, Preis, Menge, Käufer, Verkäufer 2c., wie auch der Schein („Grethschein“) ausgefertigt. Die Schaufrucht selbst aber kam in einen mit Fächern versehenen Trog, jede Fruchtgattung hatte ihr besonderes Fach. Seit Einführung der neuen Maß- und Gewichtsordnung wird die Frucht nicht mehr gemessen, sondern gewogen, wofür in jeder Grethhalle eine Wage mit einem Wagmeister und dessen Stellvertreter aufgestellt ist; letzterer besorgt das Wägen, ersterer stellt den „Wagschein“ aus.

Zu den in der Greth beim Fruchthandel mitwirkenden Persönlichkeiten gehörten und gehören noch jetzt die sog. „Fasser“ und die „Schütter“. Sowohl der Käufer als der Verkäufer trieben nämlich das Marktgeschäft gegewöhnlich nicht selbst, sondern ließen es durch andere besonders beauftragte Vertrauensmänner besorgen; es waren dies die „Schütter“ für die Bauern, und die „Fasser“ für die Händler. Jeder Bauer hatte ständig seinen bestimmten „Schütter“, ebenso jeder Händler seinen „Fasser“. Es waren dies sachkundige Überlinger Landwirte, welche den Kauf bezw. Verkauf der Früchte für ihre Auftraggeber besorgten und deren Interessen überhaupt in jeder Hinsicht wahrten; sie empfingen ihre Herren bei deren Ankunft in der Greth, berichteten denselben über den Stand des Marktes und über die Aussichten des Handels, und machten ihnen auch sonst alle nötigen geschäftlichen Mitteilungen. Sie erledigten auch die Geldgeschäfte, zahlten die Spesen und Gebühren an Grethamt und Grethknechte. Wenn der Schütter verkaufte, nahm er vom Händler das Geld in Empfang und gab es dem Bauer bezw. dessen Fuhrknecht oder schickte es durch die Post, wenn nötig. Ein Schütter hatte oft 10—12 Bauern zu bedienen und brauchte dann noch Gehilfen und Knechte.

Der Fruchtmarkt begann jeweils vormittags 10 Uhr auf ein Zeichen der Grethglocke und verlief in den guten alten Zeiten, d. h. noch in der ersten Hälfte des vorigen Jahrhunderts auf folgende Weise. Zuerst fand der sog. „Habermarkt“ statt, d. h. der Verkauf von Haber und Gerste, der sog. „rauhen Früchte“ im Gegensatz zu den „glatten Früchten“, Korn, Roggen, Weizen 2c., welche erst mittags zum Verkauf kamen. Denn sobald das Dampfboot mit den Bäckern und Händlern aus Konstanz und der Schweiz angelangt war, wurde wiederum mit der Grethglocke geläutet und nun fing erst der eigentliche Fruchtmarkt an. Zu Wasser und zu Land kamen Käufer und Bauern herbei, zu allen 8 Grethtoren fuhren Fruchtwagen ab und zu, in allen 4 Grethhallen war Sack an Sack aufgestellt und nur ein schmaler Weg für den Verkehr freigelassen. Bei seinen Säcken stand der Bauer oder Schütter, während Händler und Fasser musternd hin- und hergingen. Bisweilen herrschte in den großen Hallen ein Gewog und Gedränge, daß man kaum durchkommen konnte, dabei ein Lärmen vom Markten und Feilschen, daß man sein eigenes Wort nicht hörte; ebenso war es vor dem Grethgebäude. Denn bei starkem Markt, namentlich im Juni, wenn der Ölsamen kam, standen in langen Doppelreihen durch alle Straßen bis an die Tore hinaus Wagen an Wagen und harrten der Einfahrt in die Greth. Sobald dann ein Wagen abgeladen war und abzog, rückte ein weiterer Wagen nach, und so ging es fort, bis alle Wagen abgefertigt waren. Der Schütter aber ging nach Abladen des Wagens sofort aufs Grethamt und meldete die Zahl der Säcke und die Fruchtgattung an, was nun verzeichnet wurde, worauf der „Grethzettel" dem Schütter eingehändigt wurde, der ihn dem Bauer brachte. Jetzt erst durfte die Frucht verkauft werden. Nach dem Verkauf wurde sie gemessen, bezw. gewogen, wie bereits bemerkt. So ging es fort den ganzen Tag. Denn der Markt währte von vormittags 9 Uhr bis abends 5 Uhr und manchmal noch länger. Allmählig aber wurde die Greth leer; Käufer und Verkäufer zerstreuten sich in der Stadt, besorgten ihre sonstigen Geschäfte und suchten Stärkung in den Wirtshäusern. Die Grethknechte aber mußten noch oft bei Laternenlicht arbeiten, ja sogar noch den folgenden Tag und länger.

Jeder Geschäftsmann, ob Händler oder Bauer, hatte sein bestimmtes Wirtshaus, wo er sein Fuhrwerk einstellte und Zehrung nahm, wo er also zu treffen war. Dahin begab sich nun der Schütter und brachte dem Bauer das

Geld für die verkaufte Frucht, nachdem er es vom Käufer in dessen Stammlokal geholt hatte. Oft aber wurde im Wirtshaus selbst bezahlt. Denn auf dem Überlinger Fruchtmarkt herrschte von jeher der Grundsatz: „Handel gegen Bar!“ Jedes verkaufte Quantum wurde sofort bar bezahlt. Diese Auszahlungen erfolgten häufig im unteren Lokal des Gasthofs zum „Löwen“, im sog. „Faulen Pelz“, wo namentlich die Schweizer zum Mittagskaffee sich sammelten. Hier war eine Art Fruchtbörse, Bauer und Händler, Schütter und Fasser kamen hier zusammen, hier wurde ausbezahlt und eingenommen, und das Nötige besprochen. Auch im „Schiff“, im „Anker“, im „Schäpfle“, im „Engel“, im „Wildemann“, in der „Sonne“ ꝛc., wie auch in den Bierhäusern war die Einkehr vieler Händler und dadurch lebhafter Verkehr an Markttagen.

So blieb es bis um die Mitte des vergangenen Jahrhunderts. Dann aber nahm Zufuhr und Besuch des Marktes mehr und mehr ab. Die Verkehrsverhältnisse waren andere geworden, von verschiedenen Seiten führten Eisenbahnen an den See, und lenkten den Verkehr von Überlingen ab. Vergebens suchte man durch neue Straßenbauten den Mißständen zu begegnen. Dazu kam noch, daß allmählig viel Getreide vom Ausland eingeführt wurde und der Körnerbau im Inland selbst zurückging. So wirkten allerlei Umstände, die wir hier nur kurz andeuten können, zusammen zur Schädigung des Überlinger Fruchtmarkts, so daß er heute nur noch ein Schatten seines ehemaligen Glanzes ist und über kurz oder lang wohl ganz eingehen wird.

---

3. Die Überlinger Schützengesellschaft.

Seit dem Mittelalter zeigte sich überall das Bedürfnis nach Vereinigungen, das Streben der unter gleichen Verhältnissen Lebenden, der im selben Berufe Wirkenden oder den gleichen Neigungen Huldigenden nach festerem Zusammenschluß. Wie schon in den frühesten Zeiten die nach frommem Wandel und enthaltsamem, beschaulichen Leben verlangenden Christen sich vereinigten und Mönchsorden gründeten, so verbanden nach deren Vorbild und auf sie gestützt sich auf weltlichem Gebiet die in gleicher Beschäftigung Lebenden zu Genossenschaften. Auf solche Weise entstanden wohl allenthalben die Zünfte, die Innungen, Gilden, Bruderschaften rc. In Überlingen gab es schon Anfangs des 13. Jahrhunderts 5 Zünfte und seit 1474 folgende 7 Zünfte: die „Rebleut“-, die „Bäcker“-, die „Schuhmacher“-, die „Küfer“-, die „Schneider“-, die „Metzger“- und die „Fischerzunft“. Hierzu kommt dann noch die „adelige Gesellschaft“. Jeder Bürger mußte einer Zunft angehören, einen Beitrag in die Zunftkasse zahlen und im Besitze der vorgeschriebenen Waffen sein. Denn damals herrschte in den Städten die allgemeine Wehrpflicht, jeder Stadteinwohner war wehrpflichtig; den Kern der städtischen Wachmannschaft aber bildeten gerade die Zünfte. So war es in Überlingen und in allen Reichsstädten. In einem Ratsprotokoll der Stadt Lindau vom Jahre 1450 heißt es: „Wer hier Bürger werden will und nichts hat, der soll doch Harnisch und Gewehr haben, das sein Eigen ist, deßgleichen soll man ihm nicht minder zum Raisgeld auflegen einen Gulden.“ Meist wohnten die Zunftgenossen in einer Straße beisammen und es war ihnen der ihrem Quartier zunächstgelegene Stadtteil mit seinen Mauern, Toren und Türmen zur Verteidigung übergeben. An der Spitze jeder Zunft stand ein Zunftmeister, dem auch die militärische Aufsicht über seine Zunftgenossen, ihre Waffen, Waffenübungen, militärischen Dienstleistungen wie Wachen rc. zustand. Selbstverständlich mußte jeder Bürger die Waffen richtig gebrauchen lernen, sich in den Waffen üben. Unter diesen Waffengeübten gab es gar manchen, der Lust und Freude an solchen Waffenübungen hatte und sich deshalb außer den vorgeschriebenen Waffenübungen auch noch freiwillig übte, dadurch eine größere Gewandtheit im Gebrauch der Waffen und namentlich im Schießen errang. Solche Schießliebhaber hatte wohl jede Zunft, und es ist selbstverständlich, daß aus allen Zünften diese Schützen sich zu sammentaten, gemeinsame Schießübungen hielten, sich so große Gewandtheit im Schießen erwarben und schließlich zu einer Schützenbruderschaft sich vereinigten. So entstanden aus den Zünften heraus die Schützengilden und organisierten sich nach dem Vorbild der Zünfte. Wie diese ihren Zunftmeister, ihre Zunftordnung, ihr Zunfthaus ꝛc. hatten, so auch die Schützenbruderschaft ihren Schützenmeister, ihre Schützenordnung, ihre Schießstätte, ebenso hatten sie wie die Zünfte ihre Wappen, Fahnen, ihren Schutzpatron; der hl. Sebastian, welcher unter dem römischen Kaiser Diocletian einst heidnischen Schützen zum Ziel ihrer Pfeile gedient hatte, galt als der Schutzheilige der Schützen und als Schirmer ihrer Gilde, welche sich nach ihm auch wohl die Bruderschaft St. Sebastian nannte, während die Schützen selbst St. Sebastiansbrüder hießen. Früher hatten überhaupt alle weltlichen Gesellschaften mehr oder weniger einen stark religiösen Charakter. So bestand auch zu Offenburg von Alters her unter dem Patronate des hl. Sebastian eine Schützengesellschaft, welche im Jahre 1451 veranlaßt war, sich zum Dienst der Stadt neu zu beleben; 1480 wurden wieder neue Satzungen gemacht, welche teils ökonomischer, größtenteils aber kirchlicher Natur sind. Hienach hat der Schützenmeister die Gesellschaftsordnung fleißig zu handhaben, jährlich am St. Sebastianstag „ehrbare Rechnung“ abzulegen, den Mitgliedern jeden Sterbfall in der Bruderschaft ansagen und sie zur „Todenmessen erbieten zu lassen“ ꝛc. Im Jahre 1459 errichteten die Schützen zu Villingen eine St. Sebastiansbruderschaft, sie gingen deshalb zu den Franziskanern daselbst und haben sie — laut Urkunde vom 8. März 1459 — „demutinclich gebetten, ein solich loblich sach mit vns zu vollbringen vns darzu vnd sich selbst mit göttlichem Dienst zu verainigen —“. Unter den Franziskanern zu Villingen befand sich damals auch Bruder Thomas Wäldner von Überlingen „vff die zitte des genannten vnsers Ordens Custor an dem Bodensee.“ Allmählich verloren jedoch die Schützengesellschaften ihren religiösen Charakter, namentlich als die Satzungen von den Stadtobrigkeiten gegeben wurden, und entwickelten sich mehr und mehr als städtische, bürgerliche Vereinigungen. So enthält die alte Lindauer Schützenordnung vom Jahre 1522 keine religiösen Vorschriften mehr, sondern bestimmt im Wesentlichen: daß die „Schießgesellen“ dem Schützenmeister stets gehorsam sein müssen, daß sie ihr „eigen Zeug, was ins Feld dient,“ haben müssen, daß der Einzelne „nur mit eigenem Rohr der Stadt Abendteuer (das beste) gewinnen kann“, daß stets „mit freiem schwebendem Arm geschoßen“ werden soll, daß sich jeder anständig benimmt; auch sind Bestimmungen für Gäste und Solche, welche keine eigene Büchse haben, vorgesehen 2c. Die Schützenordnungen galten aber überall, so auch in der Reichsstadt Überlingen, nicht nur für die Schützengesellschaften, sondern auch für die übrigen Bürger, wie für die Ausbürger und Bauern; denn die Schützengesellschaften hatten im Auftrag des Magistrats die wehrfähige Mannschaft, Bürger und Bauern, in den Waffen, namentlich im Schießen, einzuüben. Der Magistrat stellte die Schießstätte oder doch wenigstens einen zu Schießübungen geeigneten Platz zur Verfügung und befahl den Bürgern, sich bei der Schützengesellschaft einzuüben und im Schießen zu exerzieren.

Die Schießwaffe der Schützen war ursprünglich die Armbrust*), weshalb diese Schützen auch „Armbrustschützen“ hießen; im 15. Jahrhundert aber kam die Büchse auf und diejenigen Schützen, welche sie gebrauchten, waren

*) Es sollte eigentlich „Armrust“ heißen, denn das Wort entstand aus „Arm“ und „Rust“ und bedeutet soviel wie Armrüstung, d. h. Rüstung, Bewehrung des Arms. Den Namen „Armrust“ hat diese alte Waffe länger als drei Jahrhunderte geführt. Als dann gegen Ende des 15. Jahr-

die „Bürenschützen“. In manchen Städten gab es nun eine Gesellschaft der „Armbrustschützen“ und eine solche der Büchsenschützen, und es hatte jede ihre eigenen Satzungen und ihren besonderen Schießplatz. Allmählig aber hörten die Armbrustschützengesellschaften auf oder vereinigten sich vielmehr mit den Bürenschützengesellschaften. In Lindau fand 1521 die Vereinigung der Armbrust- und der Büren-schützen statt. Gegen Ende des 16. Jahrhunderts ab war die Armbrust durch die Büchse völlig verdrängt. So war es in allen Reichsstädten. Soviel über das Schützenwesen im Allgemeinen.

Wann nun in Überlingen die Schützen-Gesellschaft gegründet worden, das läßt sich urkundlich nicht mehr feststellen. Dagegen wissen wir, daß die alte Überlinger Schießstätte auf dem ehem. Judenkirchhof unterhalb St. Leonhard gewesen, in der Gegend, wo jetzt das Haus zum Frohsinn steht, welches Gelände noch heute die Gewann-Namen „Schießstätte“ und „Judenkirchhof“ hat. Wahrscheinlich wurde sie, nach Vertreibung der Juden, im 15. Jahrhundert errichtet, denn von dieser Zeit an berichten die Chroniken von Überlinger Schützenfesten und von Überlinger Schützen, welche auf auswärtigen Schützenfesten sich auszeichneten. Hieraus geht doch sicher hervor, daß die Überlinger Schützen eine große Treffsicherheit hatten, welche man sich eben nur durch regelmäßige Übungen auf einer Schießstätte erwerben kann. So gewann im Jahre 1434 auf einem Schießen zu Konstanz die erste Gabe (ein Silbergerät) ein Augsburger, die zweite Gabe (einen Ochsen) ein St. Galler, die dritte aber errang ein Überlinger Schütze (nämlich eine Silberschale), ein Arboner bekam die vierte (eine schöne Armbrust) ꝛc.

---

hunderts die sprachliche Unsitte einriß, an viele Wörter ein b anzufügen oder zwischen Doppelwörter einzuschieben (wie z. B. bei frumb, räumblich, umbgehen ꝛc.), da wurde aus Armrust eine Armbrust, ein Wort, dessen Sinn sich kein vernünftiger Mensch zu erklären vermag. (Vergl. „Straßb. Post“ Nr. 407 von 1899.)

Nur gelegentlich sei hier wegen des sog. „Plappartkrieges“ auch das Konstanzer Schützenfest von 1458 erwähnt, das anläßlich einer Neckerei schlimm endete; ein Konstanzer verweigerte nämlich die Annahme eines „Plappart“ (Zehnpfennig-Münze) und nannte ihn „Kuhplappert“, was zu blutigen Händeln führte, wobei die Schweizer den Kürzeren zogen, racheschnaubend die Stadt verließen, aus den anderen Kantonen Kriegsvolk sammelten und die Konstanzer Besitzungen verwüsteten; da zogen die von Überlingen mit 500 Mann den Konstanzern zu Hilfe, desgleichen die Buchhorner, Lindauer 2c., aber ohne Erfolg. Um Frieden zu bekommen, mußte Konstanz den Schweizern 5000 Gulden zahlen. Im Juni 1558 war ein Schießen zu Weinfelden, an dem sich viele Überlinger beteiligten. Im Jahre 1573, da gleich Anfangs Januar der ganze Bodensee zugefroren, haben Überlinger Schützen auf dem Eis vor der Stadt ein kleines Schießen gehalten: „am 5. Januar — heißt es in der Chronik — Nachmittags war es gar warm, und wiewohl das Eiß an vielen Orten mit Wasser überloffen, so haben doch etlich Bürenschützen auf dem Eiß vorm „Staad“ (ungefähr vor der jetzigen Anlandestelle) nach einem ihnen gemachten Zihl mit Pürschbüxen geschossen!“ Im Jahre 1578 veranstaltete die Gesellschaft der Überlinger Armbrustschützen ein Schießen auf Sonntag, den 2. August allhier, wozu sie die Konstanzer einluden. Diese kamen am genannten Sonntag in einem Schiff in ziemlich großer Anzahl hieher, wurden im Namen der Gesellschaft am See empfangen und in die Herberg „zur Cron“ begleitet, wo sie den „Imbiß“ eingenommen, hierauf hat die Überlinger Gesellschaft sie mit Trommeln und Pfeifen hinaus auf die Schießstätte geführt, ihnen verschiedene Festgeschenke verehrt und sie daselbst wie auf der Herberg kostenfrei und zu Gast gehabt. Die Konstanzer gewannen beim Schießen das Beste, und fuhren am Dienstag wieder heim. Ein größeres Schützenfest fand im

Überlingen statt am Sonntag nach Bartholome den 26. August 1607. Auf Ersuchen der Gesellschaft der Büchsenschützen gestattete nämlich der Magistrat zu einem solchen Schießen die Untertanen und Schützen der Überlinger Vogteien, wie auch des Grafen von Heiligenberg und des Abts zu Salem, desgleichen die von Bermatingen, Owingen und Pfaffenhofen, ferner die zu Immenstaad, Sipplingen und Bodman einzuladen. So kamen im Ganzen 236 Schützen zusammen. Der Hauptpreis war ein vom Magistrat gespendeter Ochs, den ein Bauer von Echbeck gewann, Urban Gomolff genannt, das ander best Conradt Maier Balbierer, und ein erb. Rat hat die fremden Schützen Sonntags, Montags und Dienstags kost- und gastfrei gehalten, dessen sie zu allen Teilen sehr dankbar gewesen.

Die „Armbrustschützen“ standen im 16. Jahrhundert auf der Höhe, mit dem Beginn des 17. Jahrhunderts hörte allmählig der Gebrauch der Armbrust auf, die Büchse, das „Rohr“, trat an dessen Stelle; von jetzt an gab es nur noch „Büchsenschützen“. Der 30jährige Krieg aber, welcher namenloses Elend und gewaltige Änderungen und Umgestaltungen herbeiführte, blieb auch nicht ohne Folgen für die deutschen Schützengesellschaften; ihre militärische Bedeutung nahm mehr und mehr ab, ebenso änderte sich auch ihre innere Organisation. Während früher in denselben der Charakter der mittelalterlichen Innungen vorherrschte, wurde jetzt die Organisation der Schützengesellschaften eine freiere, wie bei sonstigen Gesellschaften, und bloß zum Zwecke öffentlicher Umzüge bestand noch eine militärische Ordnung. Die gastlichen Freischießen wurden seltener und hörten da und dort, namentlich in Norddeutschland, ganz auf; überall aber war ihre Bedeutung und ihr Umfang seit dem Kriege unvergleichlich geringer geworden; die Schützenfeste der alten Zeit waren nur noch äußerliche Festlichkeiten mit anspruchsvollem Gepränge, aber nicht mehr Verbrüderungsfeste der deutschen Reichsstädte wie ehedem; Vornehmtun und hohe Preise waren die Hauptsache, das Schießen fast Nebensache. Manch alter Brauch hatte sich noch in Trümmern erhalten, aber allmählig wurden auch diese Erinnerungen aus einer kräftigen Zeit als veraltet und abgeschmackt ganz bei Seite gelegt.

Diesen Wandel machte auch die Überlinger Schützengesellschaft mit. Sie entwickelte sich seit dem dreißigjährigen Krieg mehr und mehr zu einer geselligen Vereinigung, welche das Schießen nicht mehr für den Ernstfall übt, sondern nur aus Liebhaberei treibt und zu Vergnügungen benützt. Immerhin aber blieb sie eine städtische Einrichtung und hatte noch die jüngeren Bürger in den Waffen zu üben. Auch die Schießstätte war durch den dreißigjährigen Krieg eine andere geworden. Die alte Schießstätte auf dem ehem. Judenkirchhof — welche aus 3 Schießständen und 3 östlich davon aufgestellten Schießscheiben bestand — war noch vorhanden, als die Schweden im Jahre 1634 die Stadt Überlingen belagerten, denn im Magistratsbericht an den Kaiser über diese Schwedenbelagerung heißt es: „... bald hierauf nähert sich das (schwedische) Fußvolk mit starken Kompagnien von 300 bis 400 Mann, welche bei der „Schießstätte" zu lagern beginnen." Allem nach wurde während der Belagerung diese Schießstätte von den Schweden zerstört, denn von jetzt an ist von ihr nicht mehr die Rede; dagegen wurde der Platz noch zu Schießübungen benützt. Nach einem Magistratsbeschlusse vom 10. Februar 1639 mußte „die Bürgerschaft wiederum im Schießen exerzieret und der „Judenkirchhof" bis auf weitere Verordnung hierzu gebraucht werden." Unterm 8. April 1641 bewilligte sodann „der Magistrat den Büxenschützen die gewöhnliche Gab nebst Pulver und Bley", woraus hervorgeht, daß Schießübungen noch gehalten wurden. Im Jahre 1683, als der Bodensee wieder überfroren war, wurde an der Fastnacht ein Freischießen auf demselben veranstaltet.

Der Chronist schreibt hierüber: „Anno 1683 ist der Bodensee wieder überfrohren, daß Roß und Schlitten so darüber fahren konnte, der Erste, so von Dingelstorff herübergegangen, war der Strohschneider, dem man allhie auf dem Rathhaus einen Trunk gegeben, daß er rauschig worden; hat im hinübergehen ein Loch gefallen. Ich selber bin von Konstanz mit Herr Andre Egenroth, einem Studenten von Dingelstorff, am Fastnacht Montag herübergegangen; da hat man allhier auf dem See ein Freyschießen gehabt."

Schon vorher — 10 Jahre nach dem dreißigjährigen Krieg, im Jahre 1658 — war eine neue Schießstätte an der Westseite der Stadt errichtet worden, vor dem Grundtor, welche vom See bis hinauf gegen die Molassewand beim Gallerturm reichte; unten am See standen die drei Schießstände, oben vor dem Felsen die Scheiben. Wie vor dem Kriege, so unterstand auch jetzt das Schützenwesen dem Magistrat, welcher nach seinem Ermessen jederzeit das Nötige verfügte, für den Fortbestand der Schützengesellschaft sorgte, die Vorstände und Beamten ernannte und entließ, überhaupt auf Alles bedacht war, so lang die Freie Reichsstadt bestand.

Die neue Schießstätte am Westende der Stadt vor dem Grundtor wurde, wie bereits oben gesagt, im Jahre 1658 erbaut, gleichzeitig mit der Bleiche und dem Turm St. Johann (Dischgerhof). Namens der Schützengesellschaft nahmen zugleich deren Pfleger bei der Spend 200 fl. Kapital zu 10 fl. Zins auf und versetzten hiefür ihren Schießplatz vor dem Grundtor. Die neuerstellte Schießstätte bestand — wie noch vor 60 Jahren zu sehen war — aus dem Schützenhaus, dem Schützengarten, und dem eigentlichen Schießplatz. Das Schützenhaus mit einer Wirtschaft, errichtet an der Südwestecke des Grundgrabens, der von nun an der „Schützengraben" heißt, bildete ein länglich viereckiges Gebäude, das auf Pfählen im See ruhte; nur die vordere Längsseite lag auf der Seemauer des betreffenden Geländes auf; die zwei Giebelseiten wurden von je 3 Pfählen getragen, die Seeseite dagegen von 5 Doppelpfählen. Diese hatte in der ganzen Länge eine Veranda mit Geländer und am Südwesteck einen kleinen Vorbau. Das Haus war zweistöckig, in jedem Stockwerk der Längsseite 5 Fenster, der Giebelmauern je 2 Fenster nebeneinander und ein einzelnes an der Spitze; auf jeder Dachseite 4 Mansardenfenster. Im unteren Stockwerk befand sich auf der Ostseite die Wohnung des Schützenwirts, auf der Westseite die Wirtschaftsräumlichkeiten, dazwischen der Hausgang mit dem Eingang auf der Gartenseite. Der obere Stock war, abgesehen von einem kleinen Wirtschaftszimmer, vom großen Schützensaal eingenommen, an dessen Wänden ringsum Schützenscheiben hingen und darunter kleine Kästen standen mit den Gewehren und der Munition der einzelnen Schützen. Vom Schützenhaus dehnte sich der Schützengarten in nördlicher Richtung bis gegen die Landstraße aus, östlich vom Schützengraben begrenzt, westlich von der Gartenmauer des ehem. Kapuzinerklosters; längs des Schützengrabens führte ein Fußweg durch den Garten. In diesem Schützengarten standen nun in einiger Entfernung westlich vor dem Haus drei gedeckte Schießstände, von welchen aus man nach den Scheiben schoß, die oberhalb des Geländes in der Nähe des Molassefelsens angebracht waren, und zwar 2 Stichscheiben (Hauptscheiben) und eine Probescheibe; von den Stichscheiben hieß die eine „Hansel" und die andere „Gretel", weil beim Haupttreffer jeweils die betreffende Figur emporsprang — ein aus Holz geschnitzter und bemalter Hansel (Hensele, Harlequin) mit weißen Hosen und weißem Halskragen, rotem Fracke, in der rechten Hand den spitzigen Filzhut haltend, oder die Gretel mit rotem Rock, weißem Schurz und gelbem Mieder, auf dem Kopfe ein Schützenhütchen und in der linken Hand einen Blumenstrauß emporhaltend. Zwischen den Schießständen und den Scheiben führte aus dem Grundtor die Landstraße Überlingen-Goldbach durch, weshalb eine hohe Mauer an der Nordseite des Schützengartens erstellt war, über die man hinüber schießen mußte. Auf solche Weise erlitt der Straßenverkehr keine Gefährdung und keine Störung.

Auf dieser Stätte übten sich nun die Schützen und es herrschte hier insbesondere an den Schießtagen jeweils ein rühriges Leben und Treiben. In den reichsstädtischen Zeiten überwachte der Magistrat wie auch früher die Einhaltung der Schießordnung und förderte überhaupt das Schützenwesen. Alljährlich wurde „der löblichen Schützengesellschaft die gewöhnliche Freygab grg. verwilligt.“ Überdies genossen die Schützen besondere Vergünstigungen — so laut Ratsbeschluß vom 9. April 1769 und vom 29. April 1773 bezüglich des Umgelds an Schießtagen und mußten nur an den übrigen Tagen für den Weinschank im Schützenhaus die gewöhnliche Steuer bezahlen. Unterm 29. Juni 1780 war der Weinschank auf der Schießstätte nur an Schießtagen und an dem darauf folgenden Tage erlaubt, zur übrigen Zeit aber durchaus verboten. Das Verbot hielt aber nicht lange an, denn es muß um jene Zeit sehr lebhaft im Schießen zugegangen sein. Weltlich wie auch Geistlich beteiligt sich eifrig daran. Am 29. Juli 1779 sah sich der Magistrat veranlaßt, folgendes Herkommen aufzufrischen: „Wie allherkömmlich, daß die Geistlichen Herren, sie seien Beneficiati oder nicht, sowohl bei dem Freye oder Ordinäri Schießen das erst und zweyt beste nicht zu gewinnen haben; also wird es auch für die Hinkunft lediglich dabey belassen.“ Wie sehr das Schießen geschätzt wurde, und der Magistrat die Schützenfeste pflegte, zeigt schon der Umstand, daß jeder Bürger, der heiratete, ein Freischießen geben mußte, sofern er mit eigenem Haus oder liegenden Gütern versehen war, d. h. die nötigen Mittel hatte; die ledigen Bürger und Satzbürger waren nicht hierzu verpflichtet. Der Magistrat sah stets darauf, daß die Bemittelten diesem Brauch nachkamen; so bestimmt er am 18. August 1794: „Diejenigen Bürger, welche Freyschießen zu geben schuldig, sollen solches noch in diesem Jahr, und zwar jeder mit 5 fl., geben. Namentlich wurden diejenigen, welche eine Frau von auswärts geholt, streng angehalten, ihr Freischießen zu geben, wie dies der Magistrat jeweils betonte, so unterem 29. August 1793, wo er unter anderem bestimmte: „Johannes Bergler Bannwart zu Aufkirch wird angewiesen, das wegen seiner Ehegattin schuldige Freyschießen noch dieses Jahr zu geben"; oder unterem 28. Juli 1795: „Karl Kaufmann wird schuldig erkannt, wegen seiner Ehegattin ein Freyschießen von 5 fl. zu geben." Aber auch sonst veranstaltete dieser oder jener Schütze ein Schießen, und lud seine Bekannten hiezu ein. So hat Amtsbürgermeister J. F. K. v. Mader auf 8. September 1775 ein Freischießen gegeben, und hierzu den ganzen Magistrat „invitieret mit dem, daß dessen Membra in beiden Scheiben doppelt frey belassen werden sollen, welches Magistratus mit geziemender Dankes-Erstattung zur besonderen Ehre aufgenommen."

Unter der Gesellschaft herrschte damals der Brauch, daß jeder neu eintretende Schütze eine Schützentafel (Schützenscheibe) stiften mußte, welche nach Gebrauch jeweils im Saale des Schützenhauses aufgehängt wurde. Eine solche Scheibe bestand aus einem viereckigen Brett, auf dem ein Kreis von 80—90 cm Durchmesser eingezeichnet war, in dessen Mitte das Zentrum innerhalb eines kleinen Kreises von etwa 12 cm Durchmesser sich befand. Das freie Feld zwischen dem großen Kreis und dem Zentrum zeigte nun allerlei bildliche Darstellungen ernster und heiterer Art ganz nach der Anordnung des Schützen, überdies noch kürzere oder längere Sprüche oder Verse in deutscher oder lateinischer Sprache, jeweils mit Beziehung zu dem betreffenden Bilde. An den Ecken der Scheibe waren die Anfangsbuchstaben des Vor- und Zunamens des Stifters und anderseits die Jahreszahl eingezeichnet. In diesem und jenem Bürgerhaus findet sich noch jetzt manche Scheibe, ins Kulturhistorische Kabinet wurden von alten Überlingern solche Scheiben gestiftet, im jetzigen Haus zum „Schützen" (F. X. Ullersberger'sche Druckerei) sind noch über 20 solcher Schützenscheiben zu sehen, allerdings nur einzelne noch vollständig erhalten.

Im „Kulturhistorischen Kabinet" befinden sich folgende 4 Schützentafeln: Die erste trägt oben die Jahrzahl 1786 und stammt aus dem Färber Gimmi'schen Haus am sog. Adlerbrunnen (jetzt Wachtmeister Wiedenmayer'sche Haus Nr. 10). Sie zeigt uns die Werkstätte eines Färbers des 18. Jahrhunderts, die nach hinten durch eine Steinmauer abgeschlossen ist. Links steht der Färbermeister hemdärmelig mit blauem Schurz, roter Weste, schwarzledernen Kniehosen, blauen Strümpfen und Schnallenschuhen am Farbkessel, in dem er mit einer Stange umrührt; ein Gesell in blauem, rotgefüttertem Schoßrock mit einer Reihe großer Knöpfe, Schoßweste von gleicher Farbe, schwarzen Kniehosen, weißen Strümpfen und Wadenstiefel überreicht dem Meister sein Wanderbuch, in der andern Hand hält er seinen Stock und einen schwarzen Dreispitzhut, an seinem Arme hängt an einem Riemen ein blauer, zugeknöpfter Sack (Felleisen) mit seinen Habseligkeiten. Eine Frau in dunkelblauer Haube mit schwarzem Ausputz, weißem Hemd mit Bauschärmeln, rotem Mieder mit Brustlatz, blauem Rock, weißer Schürze, rotem vorstehendem Unterrock, roten Strümpfen, Schnallenschuhen mit hohen Absätzen, bringt ein Kleidungsstück zum Färben. Am obern Rand der Tafel ist folgendes Zwiegespräch zu lesen:

Geselle: Ey Meister schaut, was steht darinnen?
Vielleicht könnt ihr das best gewinnen?
Meister: Ha, ha woher? Geselle: von Hagenau.
Meister: Was ist das best? Geselle: eine Frau.

Die folgende Scheibe hat oben links die Buchstaben M. M. B. B. und rechts die Jahreszahl 1792. Es ist hier eine Bleiche dargestellt, ein grüner Rasen, auf dem Leinwandstücke ausgebreitet sind, rechts befindet sich ein Hundstall mit einem Hund an der Kette, der Wächter der Bleiche. Auf dem Heimweg begriffen, schreitet der Bleicher hemdärmelig, mit braunem Filzhut, an dem ein Strauß, weißem Hemd und braunen Kniehosen, barfuß über den Rasen, im Munde ein hölzernes Tabakpfeifchen, über der linken Schulter eine Schapfe, welche zugleich die Scheibe bildet. Auf einem Spruchband über diesem steht der Vers:

„Ohnermiedet mus ich seyn,
Bis das Duch ist weys und rein.“

Die nächste Scheibe zeigt das v. Mader'sche Wappen, darüber auf der Krone zwischen der Helmzier die Scheibe, oben die Buchstaben H. v. M, zu beiden Seiten des Wappens militärische Emblemen, wie Kanonen, Gewehre, Fahnen, Trommeln, Kugeln ꝛc. Unten die Jahrzahl 1801.

Auf der vierten Scheibe ist in der Mitte eine Blumenvase im Empire-Stil gemalt, auf welcher das Zentrum eingezeichnet ist; darunter rechts das v. Schultheiß'sche und links das v. Haubert'sche Wappen. Im obern Eck links stehen die Buchstaben F. v. H., rechts W. v. S., unten die Jahrzahl 1811; den Hintergrund bildet eine Seelandschaft.

Von den im ehem. Wirtshaus zum „Schützen“ (jetzt Lachmann'sche Anwesen) noch vorhandenen Scheiben und Schützentafeln sei hier vor allem die noch wohlerhaltene Schützentafel des ehem. Schützenwirts erwähnt, die ein getreues Contrefei der ehem. Schießstätte von der Seeseite enthält: im Vordergrund der See mit einigen Fischerkähnen, worin sich einige Männer befinden, die rudern oder fischen und mit großen schwarzen Hüten, schwarzen Kniehosen und Jacken oder Röcken, die rot oder grün, bekleidet sind; in einem Schiff ist auch eine Frau mit schwarzem Hut, heller Jacke und schwarzem Rock; gegen die Mitte das alte Schützenhaus auf Pfählen im See, daneben der Schützengraben, auf der anderen Seite der Schützengarten und die 3 Schießstände im Hintergrund, der durch die Felsenpartie der jetzigen Anlagen abgeschlossen ist; in der Mitte der Tafel bildet ein Rad das Zentrum, ein Spruchband über demselben sagt:

Soll Wohlstand blüh'n in dieser Hütte,
Soll dieses Rad ein Glücksrad sein,
So höret Schützen meine Bitte:
Laßt euer Gunst mich neu erfreu'n!

Die Jahreszahl ist unleserlich, in den Ecken stehen die Buchstaben J. B. und H. M.

Wohl die älteste der noch vorhandenen Schützentafeln zeigt ein altertümliches grosses Wirtshaus aus Fachwerk mit einem Mansardenziegeldach und einer Reihe unregelmäßiger Fenster. Den Eingang bildet ein Rundbogenportal; an der Hausecke ist ein Wirtsschild angebracht, der wohl einen Löwen darstellt, der Schweif ist noch deutlich erkennbar. An der Längsseite des Hauses befinden sich zwei unbedeckte Kegelbahnen neben einander mit aufgesetzten Kegeln und einem Kegelbuben. Auf der Mitte der Kegelbahn ist ein Spruch, von dem noch die Worte: „ei Setzer es gilt ...“ lesbar sind. Am Eingang der Bahn steht ein hemdärmeliger Kegler, der gerade die Kugel geworfen hat, welche bereits das Riß erreicht; zu ihm eilt von der andern Seite ein zweiter Kegler hin. Neben dieser Doppelbahn ist eine gedeckte Trinkbude erstellt, die nach vorn offen ist, vier Personen stehen am Tische, deren eine aus einem Kruge trinkt, während eine andere — allem nach der Wirt — einen leeren Krug zu füllen im Begriffe ist; vor der Halle stehen drei Männer, von denen der eine sich über den Tisch beugend einen Trunk verlangt. Bekleidet sind diese Leute mit schwarzen Schlapphüten, roten oder grünen zugeknöpften Jacken, schwarzen Kniehosen, weißen Strümpfen und schwarzen Schuhen, einzelne tragen statt den Jacken einen grünen oder roten Rock. Der Kegler ist weißhemdärmelig und hat eine rote Weste. Die Scheibe befindet sich im oberen Dritteil der Tafel, an deren Rand der Vers:

Ich schüß Gewehr für jedermann,
Dem sonders gern, so schüeßen kann;

Doch ist kein Schüßer in der Welt,
Der schüeßen kann, daß keine fehlt.
Und ich schenk jedem Gast gern ein,
Der ehrbar trünkt und zahlt den wein.

Eine zweite wohlerhaltene Schützentafel mit der Jahreszahl 1806 und den Namen-Initialen J. N. B. de R. zeigt eine morgenländische Landschaft mit Palmen und einem schreitenden Löwen in der Mitte, der das Zentrum trägt, darüber im Spruchband die Inschrift: „Quis hunc impune lacesset?“ („Wer dürfte diesen ungestraft reizen?“); darunter das Frhr. von Rüpplin'sche Wappen.

Eine andere Tafel enthält zwei wohlerhaltene Wappen (Allianzwappen), darüber die Scheibe, Initialen ausgelöscht, Jahreszahl schlecht leserlich, wahrscheinlich 1790.

Auf einer weiteren Tafel ist ein Bauer hemdärmelig abgebildet mit roter Weste, schwarzen Kniehosen, weißen Strümpfen und schwarzen Schuhen, der gerade sein Feld betritt, während von der andern Seite, aus der Höhe die Sonne, die zugleich den Mittelpunkt der Scheibe darstellt, herniederstrahlt. Rechts oben ist die Jahrzahl 1792, am Rande oben und unten stehen folgende Verse:

„Ein achtsamer Baur erfreut sich des Tages Sonnen Blicke,
Jeder Schütz halt' fest darein, der Zweckschuß ist sein glücke,
Hier stehe ich, Betracht zuerst, was Gottes will, das Zeitlich mitgenommen,
Mein Schütz verschone mir, wo nicht hast Hoffnung ein harbeidel zu bekommen.“

Ein Gegenbild zu dieser friedlichen Szene bietet eine Schützentafel, auf der ein von Stürmen und Wellen gejagtes Schiff zu sehen ist, eine aus den Wolken herabreichende Hand hält es jedoch mit Ketten und Ankern fest und rettet es so vom Untergang. Auf einem Spruchband stehen die Verse:

„Durch Sturm gepeitscht droht hier das Schiff zu untergehen
Die Glückessonne wachet auf,
Das Schiff erneuert seinen Lauf,
Der Anker sichert es, die Hoffnung zu bestehen.“

In den Ecken oben und unten „Johann Ibele 1806“.

Von einem Schützen, dem Chirurgen Arnold — rührt eine Schützentafel her, auf der ein Wundarzt gemalt ist, der mit Hilfe seines Dieners einem Verletzten den gebrochenen Arm einrichtet; darunter steht der Spruch:

„Potz Blitz! Der Bruch sieht übel aus,
Doch laßt Euch nur nicht schrecken,
Die Splitter nimmt man nur heraus,
Die Balken läßt man stecken."

Darüber schwebt das Zentrum, oben in den Ecken J A., unten 1806. Das Kostüm des Chirurgen und seines Gehilfen besteht in langen Röcken, langen Hosen und schwarzen Schuhen.

Der ehemalige Karpfenwirt von Nußdorf, welcher sich in die Überlinger Schützengesellschaft aufnehmen ließ, schenkte derselben einen Kübel voll Schmalz und eine Schützentafel, auf der ein großer Kübel abgebildet ist, der von den Ratten geplündert wird, darunter der Spruch!

„Ratten! Ihr verhaßten Diebe,
Nein, für Euch ist nichts bestimmt,
Den Ueberlinger Schützen nur zu Liebe,
Weil man mich in den Bund aufnimmt."

Oben die Initialen E. E. und die Jahreszahl 1810. Unten Amann von Nußdorf.

Außer diesen mehr oder weniger gut erhaltenen Schützentafeln sind noch allerlei Reste und Bruchstücke vorhanden, aus denen Mancherlei zu ersehen ist; so u. a. eine Tafel, auf welcher eine Kirchenorgel gemalt ist und darüber im Spruchband die Worte: „Hoch lebe der eheliche Einklang". Der Spender, dessen Namen nicht mehr zu lesen ist, hat Allem nach in sehr friedlicher Ehe gelebt; wann dies war, ist jedoch nicht mehr festzustellen, da die Jahreszahl fehlt. Auf einem anderen Scheibenrest ist ein Garten im Rokoko-Stil gemalt mit viereckig zugestutzten Bäumchen und einer Balustrade, an der ein Violinspieler im Kostüm aus der Mitte des 18. Jahrhunderts steht. Ein weiteres Bruchstück zeigt einen Schäfer aus derselben Zeit, der das Alphorn bläst, während zu seinen Füßen Lämmer hüpfen; ein anderes Bruchstück zeigt ein Wildgehege, in dem Hirsche, Antilopen, Wölfe 2c. mittelst Ketten, die strahlenförmig von dem Scheibenzentrum ausgehen, gehalten werden, in den Ecken J. W· und 1788; auf einem Schützentafelrest sind Kinder gezeichnet, welche ein Wägelchen ziehen, und zwei weitere, welche eine kleine Kanone schieben. Von einzelnen Tafeln ist nur noch der untere und der obere Teil vorhanden, während der mittlere fehlt, so eine Tafel, auf der oben 1798, unten A. R. und M. D. und außerdem noch folgendes zu erkennen ist: von der Linken schreiten aus einer Höhle ein Greis mit weißem Bart und Haar, blauer Toga und rotem Überwurf, und ein Jüngling mit blonden Locken in grünem Gewand, beide mit bloßen Füßen und Sandalen; Ersterer deutet auf einen ihnen gegenüber auf einem Hügel stehenden Tempel mit Säulen und Kuppeldach, zu dem ein Treppenaufgang emporführt, an der Eingangswand ist rechts eine Figur mit Helm und Fahnen gemalt. Eine ebenso lückenhafte Tafel hat unten die Jahrzahl 1802 und oben die Worte, Ignaz Amann, Badinhaber. . . . . Sie stammt also vom Badinhaber Ignaz Amann, welcher im Januar 1802 die Badanstalt — nachdem sie im 18. Jahrhundert im Besitze der Stadt gewesen, jedoch vernachlässigt und stiefmütterlich behandelt, ganz herabgekommen war — um billigen Preis ankaufte und wieder zu heben suchte, aber nur mit vorübergehendem Erfolg. Die Tafel führt uns eine landschaftliche Szenerie vor: in einer von Gebüsch abgeschlossenen Seebucht sitzen auf bemoster Felsbank zwei Frauen im Badkostüm, vom klaren Wasser bespült, über ihnen schwebt ein beflügelter Genius, während eine antike Statue auf steinernem Piedestal den Raum nach Außen abgrenzt. Eine dritte Schützentafel dieser Art mit der Jahrzahl 1793 bringt ein komisches Intermezzo: in einer rot angestrichenen Chaise, bespannt mit sechs Mäusen, fahren zwei Katzen, deren eine kutschiert; rechts oben ist die Scheibe; das ganze vom Spruch eingerahmt:

„Du sollst Deinen Nächsten lieben,
Und so Deinen Feinden Gutes thun!“

Auf den übrigen Bruchstücken sind folgende Darstellungen noch erkennbar: ein Rebzweig von zwei Händen gehalten, mit der Überschrift „Ora et labora" in einem Spruchband, den Initialen J. J. und der Jahreszahl 1798; ferner ein Spruchband mit der Inschrift „Nuncia pacis" und der Jahreszahl 1799; endlich Wappenteile, Spruchbandreste 2c. Außer diesen Schützentafeln gab es noch da und dort in den Häusern manche Tafel, welche jedoch mit der Zeit verloren ging; so eine Scheibe des Apothekers Zobel, auf der ein Zobel gemalt war mit dem Vers:

Der Zobel ist ein edles Thier,
Wie schön schuf ihn der Maler!
Schieß ihn, den schönen Balg gieb mir,
Ich gieb vier große Thaler!

Eine weitere Scheibentafel stiftete der Landwirt Illmensee, auf der das Herbsten gemalt war, mit der Unterschrift:

Wo Eintracht, Liebe und Arbeit wohnen,
Wird Gott mit edlen Früchten lohnen.

Ein anderer Landwirt, dessen Haus abbrannte und Frau starb, nahm eine zweite Frau von auswärts und stiftete eine Schützentafel, worauf sein Haus abgebildet war mit dem Vers:

„Schlägt mich auch das Unglück nieder,
Tröstet mich die Hoffnung wieder."

Der Mann hat sich scheint's schnell zu helfen gewußt.

Doch nun genug von den Schützenscheiben. Wir sind etwas lange bei denselben verweilt, weil sie uns einen Einblick in jene Zeit, in das damalige Leben und Treiben, in die Anschauungen und Empfindungen, die damals herrschten, gewähren. Denn die verschiedensten Seiten der menschlichen Tätigkeit, die mannigfaltigsten Geistesrichtungen, Kunst und Natur, Ernstes und Heiteres, Altertümliches und Modernes, Familien- und Volksleben 2c. sind hier berührt. Auch für die Kostümkunde sind diese Bilder von Wert. Wie wir gesehen, stammen sie aus den letzten Dezennien des 18. und den ersten des 19. Jahrhunderts; später finden sie sich nicht mehr. Es hat also in den zwanziger Jahren des abgelaufenen Jahrhunderts dieser Brauch aufgehört.

Als zu Anfang des vorigen Jahrhunderts Überlingen seine Selbständigkeit als Freie deutsche Reichsstadt verloren und Großh. Badische Bezirksstadt geworden, änderte sich mit der Gemeindeorganisation auch das Schützenwesen. Die Überlinger Schützengesellschaft, die dereinst der wichtigste Bestandteil der reichsstädtischen Wehrmannschaft gewesen, seit dem dreißigjährigen Krieg jedoch den militärischen Charakter mehr und mehr abgestreift hatte, war von nun an keine öffentliche städtische Einrichtung mehr, sondern nur noch eine Privatgesellschaft für Unterhaltung und Vergnügen. Seit Beginn des 19. Jahrhunderts bildete sie den Mittelpunkt für Vergnügungen und gesellige Veranstaltungen, die Schießstätte bezw. das Schützenhaus und der Schützengarten die Räume, wo die vergnügungslustige Welt sich sammelte. Allerlei Festlichkeiten, Hochzeiten, Bälle, Schmausereien und dergleichen wurden im Saale des Schützenhauses abgehalten; auch der Nachbarschaftstrunk der Fischerhäuser-Vorstadt fand regelmäßig hier statt. Aber auch ohnedies herrschte im „Schützen" immer ein reger Verkehr und war immer etwas zu sehen; die Schiffleute, die ihre Segelschiffe im sicheren Schützengraben bargen, die Fischer, welche ihre Kähne an den Pfählen des Schützenhauses anbanden, sie alle stiegen dann die Treppe hinauf in die Schankstube und labten sich am kühlen Trunk. Mancher ehrsame Bürger suchte nach des Tages Arbeit seine Unterhaltung im Schützenhaus und gar oft kehrte ein durchreisender Wanderer im Pfahlbau der Schießstätte an. Selbstverständlich war es belebter an Sonn- und Feiertagen, namentlich aber bei Freischießen und anderen Schützenfesten; da strömte dann halb Überlingen hinaus zur Schießstätte: die Einen, um sich am Schießen zu ergötzen, die Andern, um auf der Kegelbahn — die längs der Westseite des Gartens errichtet war — am

Kegelspiel sich zu erfreuen, die Dritten, um mit Bekannten und Freunden bei einem Glas Wein oder Most sich zu unterhalten.

Ein wahres Volksfest war die Eröffnung des Schießens jedes Frühjahr. Sie fand jeweils um den „Jörgentag“ (23. April) statt. Da zogen dann nach der Vesper das Dorf herab von der Ganzen Gasse aus durch die obere Marktstraße und von hier die obere Seegasse und Christophsgasse hinaus nach der Schießstätte ein Trommler und Pfeifer, hemdärmelig, in Kniehosen, weißen Strümpfen, Schnallenschuhen und schwarzen Zipfelkappen, mit Sträußchen dran, und ein Hanswurst, halb gelb, halb rot, mit Schnallenschuhen und grauem spitzigem Filzhut, ebenfalls mit Strauß, statt einer Fahne an einer Stange ein buntseidenes Tuch — den ersten Preis — vorantragend. Nun wurde von Mittags 3 Uhr bis zu anbrechender Dunkelheit von den Schießständen aus über die Straße nach den unterhalb des Molassefelsens aufgestellten Scheiben auf eine Entfernung von etwa 200 Gängen geschossen. Die Mauer oberhalb des Schützengartens längs der Straße war an solchen Tagen jeweils festlich beflaggt. Scheiben waren es 4, zwei Stechscheiben — Hansel und Gretel — und zwei Probescheiben. Das Schießgeld betrug halbjährlich 48 kr., vor dem Schießen mußte jeder Schütze einen Legschein lösen, worauf er das Recht auf eine bestimmte Anzahl Schüsse hatte; ein Schreiber, der neben dem Schießstand ein Zimmerchen hatte, kontrollierte die Schüsse. Der Gesamtbetrag der Preise belief sich mitunter auf 100 bis 150 fl., die ersten Preise waren Kronentaler, die letzten Zinntellerchen. Der beste Schuß war selbstverständlich der Zentrumstreffer und hieß „Zweck“; der zweitbeste galt dem nächsten Kreis und hieß „Fünfer“, die folgenden „Vierer“, „Dreier“ 2c. Nach jedem Schuß trat der Hanswurst hinter der Scheibe hervor und gab mit dem Zeigerschlag die Nummer an; hatte einer einen guten Treffer gemacht, dann kam der Hanswurst tänzelnd und die Fahne schwingend hervor; war das Zentrum getroffen, so brachte er in Begleitung des Trommlers und Pfeifers die Scheibe dem glücklichen Schützen. Jeder Schütze hatte seinen „Büchsenspanner“, der jeweils das Gewehr lud und dem Schützen reichte; er war gewissermaßen der Diener, der seinem Herrn das Gewehr besorgte und trug, wie auch denselben zu auswärtigen Freischießen begleitete. Wie bei Eröffnung des Schießens, so wurde es auch am Schluß, in der Regel am Kirchweihsonntag, gehalten; ebenso an den sogenannten Freischießen, deren es in der Regel zwei bis drei gab, im Frühjahr und im August. Da wurden dann jeweils Einladungen nach Auswärts erlassen an die benachbarten Orte, dann nach Konstanz, in die Schweiz rc. und zum Schluß fand stets noch ein Schützenmahl statt.

Dieses fröhliche, ungezwungene Leben und Treiben auf der Schießstätte dauerte bis gegen die vierziger Jahre; dann lockerten sich allmählig die Bande, in der Gemeinde gab es Streitigkeiten und Zerwürfnisse, die alte Gemütlichkeit war zu Ende; auch die Schützengesellschaft löste sich auf. Mit dem Abbruch so mancher alten Tore und Türme der Stadt war auch der Verkehr freier geworden; eine neue Zeit war im Anzug. Das Schützenhaus selbst, das auch alt geworden, wurde im Jahre 1838 abgebrochen, der Schießplatz mit den Ständen und Scheiben war schon früher abgeräumt worden; denn das Schießen ward schon längst eingestellt. Mit den Abbruchmaterialien des alten Schützenhauses aber wurde durch Stiftungsverwalter F. X. Ullersberger an die Straße die neue Restauration zum „Schützen“ gebaut als letztes Erinnerungsmal an die alte Überlinger Schützenherrlichkeit.

Im Jahre 1863, als das Vereinswesen neu auflebte, vereinigten sich nach dem Vorgang anderer Städte des Seekreises auch die Überlinger Schießliebhaber zu einem Schützenverein, welchem 30 Mitglieder beitraten; Schützenmeister war der damalige Adlerwirt Freiheit, Rechner Stiftungssekretär M. J. Mayer; Schriftführer Stadtschreiber Albin Mayer; das Eintrittsgeld betrug 1 fl., der Monatsbeitrag 30 kr. Die Schießstätte wurde auf der „Zimmerwiese", wo jetzt das Schlachthaus steht, errichtet, die Scheibenstände in Entfernung von 500 Schritt rechtseitig des jetzt noch bestehenden Fußweges zwischen der „Eselswiese" und „Zimmerwiese". Die Beiträge der Mitglieder und die Erträgnisse der Freischießen — nämlich der Überschuß, welcher sich aus dem eingegangenen Schußgeld nach Abzug des für Schießpreise (bestehend in Kaffee, Zucker, Seife, Lichter 2c.) ausgegebenen Betrages ergaben — reichten jedoch nicht aus, um das zur Herstellung der Schießstätte und Schießstände aufgenommene Kapital zu decken, infolge dessen der Verein sich auflöste und die Schießstätte und Schießstände auf Abbruch verkauft wurden. Als 1870 der Krieg mit Frankreich ausbrach und man für alle Fälle sich bereit halten wollte, wurde hier unter Leitung des Ratschreibers A. Mayer eine Volkswehr errichtet, welche zu ihren Schießübungen noch diese Schießstätte benützte, die dann im folgenden Jahr abgebrochen wurde. Dies war das Ende des damaligen Schützenvereins.

Voriges Jahr wurde ein neuer Schützenverein gegründet, der jedoch noch keine Schießstätte erworben. Ob er lebensfähig ist, wird sich bald zeigen.

5. Die Überlinger Studenten.

Die Freie Reichsstadt Überlingen besaß außer der Volksschule (Normalschule) ein Gymnasium, das nach dem dreißigjährigen Krieg von den Franziskanern im Einverständnis mit dem Magistrat gegründet und bald darauf auf Wunsch des Letztern zu einem Lyzeum erweitert wurde. Wie alle andern Anstalten und Einrichtungen, so unterstand auch das Lyzeum dem Magistrat; er führte nicht blos die Oberaufsicht über dasselbe, wirkte mit bei Anstellung von Lehrern,

Anschaffung von Lehrmitteln, Handhabung der Schulzucht 2c., sondern griff auch je nach Erfordernis selbständig in den Betrieb ein; so ordnete er Visitationen des Lyzeums an, jährlich mindestens zwei, nahm Einsicht in die Zeugnisse der Studenten, bestimmte die Schulgeldbefreiungen und andere Unterstützungen, ja er bekümmerte sich sogar um die Kleidung der Schüler und erließ beispielsweis 1778 eine Verordnung „wegen Tragung der Mänteln bey den Gymnasisten“. So hatte der Magistrat auf Alles Bedacht, sorgte für's Kleinste und tat überhaupt Alles zur Hebung der Anstalt, wie es auch seitens der Franziskaner geschah.

Daß unter solch günstigen Verhältnissen der Besuch des Überlinger Lyzeums aus Nah und Fern mitunter sehr bedeutend gewesen, ist wohl selbstverständlich. Der Überlinger Chronist Reutlinger erzählt von Magister Offner, er habe „neben vil hundert gemainen Schülern mermalen bis in 40 und 50 Edler Knaben, auch Ghraven und Herren Kinder in der Kost gehabt.“ In den Schülerverzeichnissen finden sich viele Namen hervorragender Adelsgeschlechter, so der Grafen Eitel Friedrich und Karl von Zollern, der Freiherren von Bodman, von Lupfen, der Patrizierfamilien Enroth, Mercy, Haubert, Gschwender, Koler von Sanderberg, Reitlinger, Mader 2c. Welche Bedeutung diese Überlinger Schulanstalt hatte, beweist schon der Umstand, daß aus weiter Ferne, vom Schwarzwald, aus Württemberg, ja sogar aus Salzburg Schüler kamen. Unter dieser großen Zahl waren natürlich nicht lauter Grafen und Barone, sondern auch sehr viele unbemittelte und ganz arme. Diese hießen früher „fahrende Schüler“ oder auch „Bettelstudenten“ und nahmen bisweilen derart überhand, daß der Magistrat dagegen einschreiten mußte; so setzte er im Jahre 1552 die höchst zulässige Zahl dieser „fahrenden Schüler“ auf 60 fest. Die armen Studenten, auch die fremden, waren, wenn sie darum nachsuchten, von Entrichtung des Schulgeldes und des Holzgeldes frei. Ja der Magistrat gab sogar armen Studenten, die von auswärts waren, gerne die Erlaubnis, sich hier „um Kosttäge umzusehen.“ So genossen diese Studenten bei hiesigen Bürgern allerlei Unterstützungen, wofür sie dem Hausherrn, der im Rechnen und Schreiben weniger bewandert war, die Hausbücher und Rechnungen in Ordnung hielten oder auch dessen Kindern Unterricht erteilten. Auf diese Weise, wie auch mit Beihilfe von Stipendien, deren der Magistrat eine große Zahl zu vergeben hatte, brachten sich die unbemittelten Studenten gut durch.

Das Schuljahr begann jeweils Mitte Oktober, mit dem Lukastag (18. Oktober), daher das alte Sprichwort: „Lukas macht d' Auge naß!“ Eröffnet wurde der Schulbeginn mit feierlichem Gottesdienst, wie auch täglich vor Anfang des Unterrichts die hl. Messe von sämtlichen Schülern besucht wurde. Die Unterrichtsgegenstände waren, wie mehr oder weniger an allen derartigen Anstalten, vor allem Latein, dann Griechisch, Deutsch, Hebräisch, Religions- und Sittenlehre, Geschichts- und Altertumskunde, Länder-, Natur-, Vaterlands-, Staats- und Zahlenkunde, wozu nach Errichtung des Lyzeums noch zwei philosophisch-theologische Kurse kamen, worunter auch das kanonische Recht, Kirchengeschichte und Dogmatik. Allem nach konnte um diese Zeit das ganze Studium der Theologie hier beendet werden. Als Lyzeum hatte die Anstalt 9 Klassen, welche besondere Namen führten. Übrigens waren die Klassenbezeichnungen nicht immer die gleichen. So waren sie im Jahre 1769, wie wir einem Verzeichnis der bei einem Schuldrama mitwirkenden Schüler entnehmen, folgende: 1. Prinzipia; 2. Rudimenta; 3. Grammatica; 4. Syntax minor; 5. Syntax major; 6. Poetik; 7. Rhetorik; 8. Logik und Metaphysik; 9. Philosoph absolut. An anderen Anstalten hieß die 6. Klasse Humanitas, die 9. Physik und Mathematik u. a.

Das Hauptgewicht wurde auf das Latein gelegt, die damalige Sprache der Gelehrten; ihm wurde die größte

Unterrichtszeit gewidmet. Die übrigen Lehrgegenstände waren gewissermaßen nur Nebenfächer und nur mit wenigen Unterrichtsstunden bedacht. Ja es wurden sogar verschiedene dieser Gegenstände in Verbindung mit dem Lateinunterricht gegeben oder wechselten mit Latein. Letzteres war in allen derartigen Anstalten damals die Hauptsache; die Schüler sollten nicht blos gewandt und leicht aus dem Lateinischen ins Deutsche übersetzen und umgekehrt, mündlich wie schriftlich, sondern auch lateinisch sprechen lernen. Deshalb durften sie während des Unterrichts nur in dieser Sprache miteinander verkehren. Zu Sprechübungen wie auch zur Anspornung des Wetteifers dienten ferner Deklamationen und Disputationen der Studenten, welche monatlich 1—2 Mal stattfanden. Erstere bestanden in Vorträgen lateinischer und griechischer, von den Schülern verfaßter Reden und Gedichte, letztere in ebensolchen Gesprächen, in gegenseitigem Sich-abfragen und Verbessern.

Ein besondrer Brauch an den alten Gymnasien und Lyzeen, der allenthalben mit Vorliebe gehegt und gepflegt wurde als weiteres Bildungsmittel, waren die sog. Schuldramen (Schulkomedien), d. h. die Aufführung von Theaterstücken durch die Studenten, und zwar nicht blos von Lust-, Schau- und Trauerspielen, sondern auch von Operetten. Sie erfolgte während des Schuljahrs einige Mal, nämlich in der Fastnacht, im Lauf des Sommers, meist im Juni, und endlich am Schluß des Schuljahrs, bei der Schlußfeier. Die einzelnen Theaterstücke, welche jedes Mal dem Bürgermeister zur Genehmigung vorgelegt werden mußten und meist unter Leitung der Professoren (Franziskanerpater) eingeübt wurden, nahmen den Gegenstand ihrer Darstellung größtenteils aus der Bibel, der Kirchen- und Weltgeschichte, oder auch aus der Sagenwelt; der Zweck war ein religiös-erzieherischer, man wollte die Jugend durch erhebende Vorbilder zum Guten aneifern und durch abschreckende Beispiele vor dem Bösen warnen. Die Aufführungen fanden im großen Saale des Franziskaner-Klosters statt, der als Theater mit Galerie und Podium eingerichtet war und noch später — nach Aufhebung des Klosters und des Gymnasiums — als städtisches Theater diente. Die Zahl der mitwirkenden Schüler war jeweils sehr groß und betrug bisweilen mehr als 50; die Hauptrollen hatten selbstverständlich die Studenten der oberen Klassen. In das Stück waren meist noch Musikaufführungen, Chorgesänge, Pantomimen 2c. eingeflochten, welche ebenfalls von den Studenten gegeben wurden. Zur Bestreitung der Kosten wurde jeweils mit Genehmigung des Magistrats ein Eintrittsgeld erhoben und aus der Stadtkasse noch „das gewöhnliche Douceur mit einem Louisd'or oder Dukaten oder 5 fl." bewilligt. Das Publikum bestand aus den Professoren und Lehrern, den reichsstädtischen und kirchlichen Behörden, den Eltern und Verwandten der Schüler, sowie aus weitern Teilnehmern aus der Bürgerschaft. Die Zuschauer erhielten gedruckte Auszüge (Periochen) des Stückes, welche den Inhalt kurz angaben nach dem Verlauf der Akten und Szenen, und schließlich das Verzeichnis der Mitwirkenden. Es war also dies gewissermaßen das Festprogramm und vertrat den Theaterzettel.

Die Hauptaufführung war jedoch stets am Schluß des Schuljahrs und mit der Schlußfeier (Schlußakt) verbunden, die jeweils festlich gehalten wurde. Zuerst wurde das Theaterstück, „die Endskomedie" aufgeführt, dann fand die Preisverteilung statt, ungefähr in gleicher Weise wie noch heute an Gymnasien. Der Schluß des Schuljahrs war anfangs September, in der Regel am 8. September, dann begannen die Ferien.

Wie bereits gesagt, waren die „Schuldramen", — „Schulkomedien" — früher mehr oder weniger bei allen derartigen Bildungsanstalten üblich und sehr beliebt, so namentlich auch in Konstanz, St. Gallen, Freiburg, Villingen, Luzern, München, Salzburg 2c. Wir wollen deshalb noch näher auf diese Spiele eingehen. In der städtischen Leopold-Sophien-Bibliothek dahier finden sich mehrere „Periochen" (Schlußprogramme) nicht blos von Überlingen, sondern auch von auswärts, wie Villingen, Hall, Ingolstadt, Neuburg a. D., Regensburg, Salzburg &c., aus denen hervorgeht, daß diese Theateraufführungen sich überall fast auf gleiche Weise abspielten, sei es in deutscher oder lateinischer Sprache. In Überlingen waren anfänglich die deutschen Aufführungen üblich, später herrschten die lateinischen vor. In Konstanz wurden regelmäßig an dem von Jesuiten geleiteten Gymnasium in den Jahren 1607—1772 alljährlich am Schluß des Schuljahrs lateinische Schuldramen von den Studenten gespielt; in Villingen bald deutsche, bald lateinische; unter den ersteren wollen wir eines hervorheben, weil es wohl die Anregung zu Schillers „Gang nach dem Eisenhammer" gegeben hat. Es ist betitelt „Glorwürdiger Sieg der Frommkeit wider die falsche Anklag" und wurde in Villingen im Jahre 1672 durch „die studierende Jugend des Gottes-Hauses St. Georgen auff dem Schwarzwald, Benediktiner Ordens" gegeben. Der Inhalt ist in der „Perioche" folgendermaßen angegeben: „Nodocimus, ein Gottseliger Adelicher Jüngling kam an den Hoff Dionysij, Königs in Portugall, wegen seiner Frommkeit zu hochem Gunst und Ansehen, wurd aber von einem andern Hoffdiener Namens Pseudonis (dem seines Mitgesellens Glück ein Dorn in den Augen ware) bey dem König eines grossen Lasters fälschlich verklagt, damit er denselben möchte auß dem Weg raumen. Der König, ob solcher Anklag, so Er wahr zu sein vermeinte, sehr erbittert, befilcht heimlich seinem Kalchbrenner, daß er denjenigen, welcher zu ihm wurde geschickt werden, zu fragen: ob er den befelch des Königs verricht? in aller Eil ergreiffen, und lebendig in den Kalch-Ofen werffen solle. Bald darauff wurde der unschuldige Nodocimus zu dem Kalchbrenner abgeordnet: weilen er aber bey einer Kirchen vorbey gangen, allwo ein Zeichen zur hl. Meß gegeben wurde, ist er in die

Kirchen gangen, vnd dem Gottesdienst von Anfang biß zum End andächtig beygewohnt. Vnder wehrender Meß war der neidige Pseudonis (als welcher vermeinte, sein Mitgesell wäre allbereit vom Fewer verzehrt) sehr frölich, laufft zu dem Ziegler und fragt: ob er den Königlichen befelch vollzogen? worüber er, auß gerechtem Vrthail Gottes, ohn allen Verzug in den Fewer Ofen geworffen und verbrannt worden. Nach vollendter hl. Meß kombt auch der vnschuldige Nodocimus, vnd fragt gleichermassen den Kalchbrenner: ob man des Königs befelch vollbracht? hört mit Verwunderung, daß der befelch allbereit vollzogen, vnd Pseudonius verbrannt worden: erkennt dadurch und lobt Gottes Barmhertzigkeit: wie nit weniger der König und sein gantzer Hoff, als ihnen diser wunderbarliche Außgang der Sachen zu Ohren gekommen, die Göttliche Vorsichtigkeit augenscheinlich erkennt und geprisen, auch im Werck selbst erfahren haben; daß derjenige, so dem Andern selbst eine Grube zubereitet, selbsten in dieselbe gefallen. Sonsten hatte dieser König Dionysius zu einer Gemahl die h. Elisabetham, Königin in Portugall vnd ist gestorben im Jahr Christi 1325.“ Dasselbe Drama mit Chören wurde auch in Konstanz von den Studenten im Jahre 1738 aufgeführt.

Von den Überlinger Aufführungen nennt unser Chronist Reutlinger folgende: 1558 „Die zehn Alter“; 1566 „Josef von Ägypten“; 1570 „Johannis Enthauptung“; 1583 „David Urias“; 1588 „Die zehn Alter“; 1589 „Geburt Christi“; 1594 „Ollivier und Artus“; 1604 „Todtentanz“. Ferner wurde hier u. A. „ein Theaterspiel am 1. und 3. Herbstmonath 1733, die Wunderwürkende Hand Gottes, in Chromatio, einem ehemals fast hitzigem Verfolger Christi, vorgestellt von der studierenden Jugend deß Gymnasii F. F. Min. S. Franc. Conv. in der Löbl. Alt-Cathol. deß hl. Röm. Reichs-Stadt Überlingen.“ Der Inhalt ist nach der Perioche kurz folgender: „Die christliche Kirche, durch feindliches Anstürmen dem Untergang zugetrieben, ist durch Gottes

Gnade hiedurch nur mehr gestärkt und die Hoffnung des Sieges gekräftigt worden. Dies zeigte sich namentlich unter Diokletian, dessen Stadtpfleger zu Rom, Chromatius, bei Anfang von dessen Regierung die Christen aufs heftigste verfolgte, aber dann krank geworden und belehrt, daß Tranquillinus, der Vater der beiden Martyrer Marci und Marcellini, dem Hydenthumb abgesagt und nach der Taufe von seiner schmerzhaften Lähmung frei geworden, ebenfalls Christ wurde und so an Seele und Leib genas, sich hiebei aber nicht begnügte, sondern auch seinen Sohn Tiourtium samt seiner in 1400 Kopfen bestehenden Dienerschaft mit Widerstattung der edlen Freiheit und Übergebung seiner Güther dahin, daß sie gleich ihrem Herrn den wahren Christen-Gott bekenneten." Die Leopold-Sophien-Bibliothek besitzt noch folgende Perioche: „Yaus, Kaiser in China. Das ist: Der gerecht und gütige Vater in einem Herbst-trauerspiel vorgestellt von dem Löbl. Gymnasium F. F. Min. S. P. F. Conv. in der Löbl. uralt-Katholisch-Kaiserl. freyen Reichs-Stadt Ueberlingen, da ein wohllloblicher Magistrat der studierenden Jugend die gewöhnlichen Belohnungen ihres Fleißes ertheilt, den 1. und 5. Herbstmonat 1769. Mit Schriften des königl. eximiert- und befreyten Reichs-Stifts Salmansweiler." Der Inhalt ist kurz folgender: Im Jahre 3147, als Yaus Kaiser von China war, wurde dieses Reich von den Tartaren durch einen siebenjährigen Krieg beunruhigt, den endlich des Kaisers Schwiegervater Coankus als oberster Feldherr siegreich beendete, so daß die Tartaren durch Coankus um Frieden bitten mußten. Während nun Coankus sich zum Kaiser begibt, und das Oberkommando dem kaiserlichen Prinzen Xanthus mit dem ausdrücklichen Befehl, eine Schlacht zu vermeiden, übergibt, wurde Xanthus von Kampflust getrieben, mit dem Feind anzubinden, und schlug ihn glücklich aus dem Feld. Der Kaiser aber ergrimmte über den Ungehorsam seines Sohnes derart, daß er ihn zur Aufrechterhaltung der Kriegszucht dem Feinde ausliefern wollte, und dies nur auf dringendes Bitten seines Volkes unterließ. — Das Stück hat 3 Akten („Abhandlungen") mit je 4 bis 8 Auftritten, ein Vorspiel und einen Schlußakt; nach den ersten zwei Akten ist ein Singspiel („Singreyhe") eingeschoben, und Pantomimen im II. und III. Akt. Die darstellenden Personen („Actores") sind die Schüler des Überlinger Gymnasiums. Wir finden darunter Namen längst ausgestorbener Geschlechter neben solchen, die heute blühen. Die Hauptrollen sind in den Händen der Studenten der oberen Klassen, die Nebenrollen werden von den unteren Klassen gegeben. Vertreten sind hiebei die Patriziergeschlechter Enroth, Mercy, Finkele, Günzer, Schütz, Vanotti, Haubert 2c., ferner die bürgerlichen Namen Selb, Bayer, Hoffagger, Gimmi, Bannwarth, Stachel, Schiele, Bregenzer, Rueff, Winter, Popp, Degen, Schmid, Hörterich, Buser, Senfft, Ill, Hueber, Schneider, Bürkle 2c. In unserer städtischen Bibliothek sind auch derartige Werkchen über Theateraufführungen und andere Festlichkeiten in Villingen, Baden, St. Gallen, Kaufbeuren, Salzburg 2c. des 17. und 18. Jahrhunderts.

Die Ferien begannen in der Regel anfangs September und währten bis Mitte Oktober, daher das alte Sprüchlein:

„An Mariä Geburt (8. September)
Fliegen d'Schwalben und Studenten furt;
An Simon und Judi (8. Oktober)
Kommen wieder d'Studi."

Die auswärtigen Studenten zogen in ihre Heimat. Auf den Straßen der Stadt war es weniger lebhaft, da das geräuschvolle Treiben der Musensöhne verstummt war. Ein desto fröhlicheres Leben aber führten die Studenten auf ihren Vakanzreisen: einzelne oder auch mehrere mit einander wanderten sie unter dem Gesang lustiger Lieder in die Weite, das Ränzel auf dem Rücken, den Stock in der Hand — in früheren Zeiten auch den Degen an der Seite — durch Dorf und Stadt, besuchten namentlich die Pfarrhöfe, die

Klöster, wie auch wohlhabende Bürger- und Bauernhäuser, zeigten ihre Studienzeugnisse vor und baten um eine Wegzehrung mit den Worten: „Pauper studiosus peto viaticum!“ Sie erhielten dann einen Groschen oder Sechser, bisweilen sogar einen Sechsbätzner und noch mehr. Hatte einer der Viatizierenden ein schlechtes Zeugnis, so lieh er ein anderes von einem besseren Schüler. Wenn sie gefragt wurden, „was sie werden wollen“, so war die gewöhnliche Antwort: „Geistlich!“ Dies Zauberwort war darauf berechnet, den Geldbeutel der Pfarrherren und Klöster weiter zu öffnen, und versagte auch bei den Bauern selten. Manch gutmütiger Landpfarrer, der ehedem auch viatiziert hatte, lud sie wohl manchmal auch zu Tische oder setzte ihnen eine Flasche Wein vor; in den Klöstern aber erhielten die angehenden Theologen auf einige Tage Quartier. Kamen sie durch einen Ort, wo ein Studiengenosse seine Heimat hatte, so kehrten sie bei ihm ein und fanden in dessen Elternhaus freundliche Aufnahme und Unterkunft. Waren sie genötigt, in einem Wirtshaus zu übernachten, so unterhielten sie durch Gespräche und Späße wie auch durch Gesang und Musizieren die ganze Gesellschaft samt den Wirtsleuten und waren so meist recht gern gesehene Gäste. Manch armer Student brachte von solcher Vakanzreise zwanzig bis dreißig Gulden bares Geld nach Hause. Noch um die Mitte des vorigen Jahrhunderts konnte man solche Studenten treffen, die ein „Viatikum“ erbaten, aber jetzt hat dieses „Viatizieren“ längst aufgehört. Die neue Zeit mit ihren Eisenbahnen, Dampfschiffen und den übrigen modernen Verkehrsmitteln haben wie so vieles Andere auch diese poetische Seite des ehemaligen Studentenlebens vernichtet.

Wie alle derartigen jungen Leute trieben auch die Überlinger Studenten allerlei Mutwillen und machten mitunter lose Streiche. Alte Überlinger wissen noch heute von solchen zu erzählen, wie sie sie von ihren Eltern gehört; nur wenige seien hier angeführt. Einst fühlten sich Studenten von einer Meisterin beleidigt und beschlossen sich zu rächen. Mit einem an eine Stange gebundenen Faßreif, einem langen Maurerpinsel und einem Gefäß voll Tinte gingen sie bei anbrechender Nacht in aller Stille vor das Wohnhaus der betreffenden Frau. Dort hielt zunächst einer der Studenten den Reif an der Stange über das Schiebfenster — die damals gebräuchlich waren —, ein anderer läutete an der Hausglocke. Sofort öffnete sich das Fenster und ein Kopf schaute heraus, der aber gleich von dem rasch herabgezogenen Reif festgehalten wurde, worauf ein dritter Student mit dem in die Tinte getauchten Pinsel dessen Gesicht bestrich. Aber o wehe! Es war der Mann und nicht die Frau, weßhalb der Kopf wieder freigelassen wurde mit dem Bedeuten, „die Frau solle herausschauen." Der Philister war ein trockener Patron, der seiner Frau von Herzen den Schabernack gönnte und kaltblütig zu ihr sagte: „Es sind Herren drunten, sie wollen mit Dir sprechen," worauf sie voll Eifer ihr Gesicht herausstreckte, das nun gehörig beschmiert wurde. — Ein ander Mal hatten Studenten Lust nach einem feinen Braten, aber kein Geld, und fingen nun eine Schar Enten ab, die sie schlachteten und verzehrten. Ein einziges Stück hatten sie am Leben gelassen, dem sie um den Hals einen Zettel banden und es dann heimschickten. Auf dem Zettel aber war geschrieben:

„Mir armen Enten
Sind geraten unter die Studenten,
Nun komme ich noch allein
Und bring von den andern den Totenschein!"

Doch nun genug von dem Übermut der Studenten!

Mit dem Ende der Freien Reichsstadt Überlingen und dem Anfall an Baden kam auch das Ende unserer Anstalt. Zunächst wurden die oberen Klassen aufgehoben und die Schule auf den Umfang eines Gymnasiums beschränkt. Mit der Säkularisierung des Franziskanerklosters erfolgte auch die Aufhebung des Gymnasiums und seit 1814 gab es nur noch eine Realschule oder auch eine „Lateinische Lehranstalt". Vom ehemaligen Gymnasium blieben nur noch zwei „Lateinkurse", die in Verbindung mit der Normalschule als eine Art Fortbildungsschule noch eine Zeit lang fortbestanden.

Gegenwärtig hat Überlingen an Stelle des früheren Gymnasiums bezw. Lyzeums eine sechsklassige Realschule.

6. Die 7 jungen Schlemmer in Überlingen.

Im Jahre 1343 gaben sich 7 ziemlich junge, sehr verschwenderische und eingebildete Leute in der Stadt Überlingen das gegenseitige Versprechen, niemals von einander zu lassen, noch von ihrem Freundschaftsbund zu weichen, bis ihr ganzes Vermögen vollständig durchgebracht wäre. Es sollen ihrer einige 100 Pfund Konstanzer Denare aus ihrem väterlichen Erbteil gehabt haben. Sie legten dies zusammen und machten nun davon einen verwunderlichen Mißbrauch. Denn Alles, was nur immer Einem von ihnen oder auch Allen zugleich einfiel, ob es nun erlaubt oder nicht erlaubt sein mochte, ob es etwas Vernünftiges oder etwas ganz Widersinniges war, wurde sofort ausgeführt. Sie frönten mit unermüdetem Sinn nicht nur den Sinnenlüsten, den Fleischesverlockungen und der Ausgelassenheit, sondern benahmen sich auch fortwährend ganz als freche, zügellose und törichte Windbeutel, voll selbst in früheren Zeiten unerhörten Wahnwitzes. Als man nun dem Stadtrat diese Ausschreitungen zum Vorwurf machte und ihn fragte, warum er diese jungen Burschen gewähren lasse und sie nicht im Zaum halte, antwortete er: „Sie verbrauchen ihr eigenes Vermögen. Wer hat die Verpflichtung, sie daran zu hindern, oder wer kann auch Solches? Sie schaden Niemanden, und wenn sie es tun, so vergüten sie den zugefügten Schaden alsbald aufs Freigebigste." Obgleich der Stadtrat zu jener Zeit einen Beschluß erlassen hatte, wonach während der Messe kein Mensch einen Laut weder auf der Pfeife noch auf dem Horn hören lassen, noch irgend eine Art Musik selbst machen oder auch machen lassen dürfe, so nahmen sich jene Burschen doch heraus, in leichtfertiger Überhebung auf allerlei Arten denselben zu verletzen. Aber sie zahlten auch schnell die dafür festgesetzte und von ihnen eingetriebene Geldstrafe. Auf dem Markt kauften sie von dem zum Verkauf aufgestellten Geschirr, warfen es dann an die Wände und auf den Boden und zerschlugen es so; desgleichen zerbrachen sie Töpfe, welche sie auf dem Markt beim Hafner gesehen und um den verlangten Preis gekauft hatten. In ihren Wohnungen hielten sie Tanzbelustigungen. Als sich einmal Einer von ihnen der Ruhe und dem Schlummer überlassen hatte und dann von heftigem Durste gequält wurde, gab er einem Andern dafür, daß dieser ihm einen Schluck guten Weines, der neben ihm stand, reichte, Sachen im Werte von 9 Kg. zur Belohnung. Sowohl in Konstanz, wie hier in Überlingen erließen diese Schlemmer öffentliche Aufforderungen, ob jemand mit ihnen um 100 Pfund auf Einen Satz würfeln wolle. Solches und Ähnliches trieben sie vom Osterfest bis zum Tag des hl. Johannes des Täufers. Hatte Einer von ihnen nun sein ganzes Vermögen durchgebracht, so begleiteten ihn die Anderen mit Pfeifen und Pauken feierlich bis nach Lindau, von wo derselbe dann nach der Lombardei weiter reiste, um dort in Kriegsdienst zu treten.

Aus der Chronik des Minoriten Johannes von Winterthur, nach der Urschrift herausgegeben von G. v. Wyß im Archiv für Schweizerische Geschichte. Zu den Schweizer Chronisten gehört in erster Reihe der Minorit Johannes Vitoduranus, welcher um die Wende des 13. Jahrhunderts zu Winterthur geboren ist, wie sein Name sagt. Im 3. Jahrzehnt des 14. Jahrhunderts trat er in den Franziskaner-Orden ein. Im Jahre 1328 ist er zu Basel, später zu Schaffhausen, dann ebenfalls längere Zeit in Lindau oder in dortiger Gegend. Auch den Albgau und den Hegau hat er besucht, wie denn überhaupt häufigere Wanderungen bei seinem Stande nicht auffallend sind. Aus allen diesen schweizerischen und schwäbischen Orten und Gegenden weiß er allerlei Vorfälle und Begebenheiten zu erzählen, so von verschiedenen Orten am Bodensee und Umgebung, von Konstanz, Meersburg, Überlingen, Bodman, Bregenz, Rorschach, Schaffhausen, Dornbirn, Lindau, dann von Engen, Rottweil, Villingen, ferner von Zürich, Bern, Luzern, Winterthur 2c., desgleichen aus dem Breisgau, Albgau, Hegau, Elsaß, Burgund 2c. Was er nun berichtet, hat er teils selbst miterlebt, teils von zuverlässigen Ohren- und Augenzeugen gehört. Fehlen aber auch diese, so schöpft er seine Berichte aus Quellen, die er nennt. Auf solche Weise zeichnet er, wie er selbst sein Vorhaben eröffnet, die Geschichten seiner und der nächstvergangenen Zeiten auf, und hebt, wie er gleichfalls im Anfange seines Werkes sagt, seine Erzählung von Kaiser Friedrich II. an und führt sie fort bis Ludwigs des Bayern Zeit, also von 1212 bis 1342. Vitoduran hat sich wahrscheinlich im Jahre 1347 oder 1348 in ein Minoritenkloster nach Zürich oder Umgegend begeben, da er Dortiges aus dieser Zeit berichtet. Im Jahre 1348 aber bricht seine Chronik plötzlich ab und ebenso verschwindet jetzt jede Kunde von ihm, und man weiß nicht, ist er um diese Zeit — um das 50. Jahr seines Lebens — gestorben, oder hat er noch länger gelebt. — Die lateinische Originalhandschrift von Vitodurans Chronik befindet sich in der Stadtbibliothek zu Zürich. Von Überlingen enthält das Werk die Schilderung der Judenverfolgung im Jahre 1331, einer Überschwemmung im Juni 1340, und die Geschichte von 7 jungen Schlemmern vom Jahre 1343, welche wir hier in freier Übersetzung mitgeteilt.

---

7. Das Überlinger Bürgermilitär.

Bis zum Jahre 1848 hatte Überlingen, wie viele andere Orte, sein Bürgermilitär, gewissermaßen das Überbleibsel des ehem. reichsstädtischen Kontingents, wobei alle drei Waffengattungen vertreten waren, Infanterie, Kavallerie und Artillerie. Die Beteiligung war freiwillig und deshalb bald stark, bald schwach. Übrigens wurde es als Ehrensache betrachtet, dem Bürgermililär anzugehören, und so beteiligte sich Jeder, dem es nur einigermaßen möglich war. Der Kavallerie traten insbesondere die Wohlhabenden bei, welche ein Pferd halten konnten.

Den Stamm bildeten selbstverständlich die ehem. Soldaten, die sogenannten Veteranen; aber auch junge Leute von 18—20 Jahren fanden Aufnahme. Die Mannschaft wählte ihre Offiziere und Unteroffiziere.

Die Infanterie zählte 60—80, ja bisweilen sogar 100 Mann und darüber, und war in 3 Fähnlein (Züge) mit Zugführern eingeteilt. An der Spitze stand ein Hauptmann — so u. a. Oberzoller Müller, später Apotheker Anton Widmann — mit einem Leutnant, Kronenwirt Hemmerle, dann Lithograph Peter Mayer; Fähndrich war Wagner Kitt, nachher Glaser Mayer und Landwirt Degen. Die Uniform bestand aus Tschako, dunkelblauem Frack mit rotem Kragen und roter Einfassung, weißen Hosen, Seitengewehr und Patrontasche am weißen Bandelier, roten Epauletten, Feuersteingewehr mit dreischneidigem Bajonett. Die Kavallerie war 40—50 Mann stark unter Rittmeister Hofacker und Adjutant Hehl; Fähndrich war Färber Gimmi. Sie trug Dragoner-Uniform: schwarzen, hochgebauten Raupenhelm mit vergoldetem „U“ und weißem, aufrechtstehendem Federbusch, grünem Frack mit weißem Brustlatz und roter Einfassung, Epauletten weiß mit vergoldetem „U“, grüne Hosen mit breitem rotem Streifen, Reitstiefel, Karabiner und Schleppsäbel. Die Artillerie hatte zwei alte Schaffhauser Kanonen (Dreipfünder), welche noch das Schaffhauser Wappen zeigten; sie zählte 12 bis 24 Kanoniere unter Kommando des Frhrn. v. Ulm und dann des Apothekers Zimmermann, Flaschner Th. Kast war Sergeant und Maler E. Roys Oberkanonier. Als Uniform hatte sie Tschako mit hohen, roten Federbüschen, blaue rot ausgeschlagene Fräcke, weiße Epauletten, blaue Hosen, hohe Reiterstiefel, gerade lange Säbel und Patrontaschen am weißen Bandelier. Der Instruktor für die gesamte Mannschaft war der ehem. Polizeidiener und spätere Ratsdiener Andr. Beurer, als er vom Militär nach Hause zurückkehrte. Zum Bürgermilitär gehörte auch eine Musikkapelle —

sog. türkische Musik — welche anfänglich unter Lehrer Egle und später unter Kapellmeister Schäfer stand. Es waren 30 bis 36 Mann, welche auch abteilungsweise da und dort in Wirtshäusern konzertierten, ebenso bei Theateraufführungen, aber hier als Streichorchester. Als Militärkapelle trugen die Musikanten die Infanterieuniform, aber hohe Reitstiefel und statt des Tschakos sog. Schiffhüte. Außer dem Musikkorps hatte die Infanterie und Artillerie noch Tambouren mit einem Tambourmajor, dem Polizeidiener Kitt. Die höheren Offiziere trugen ebenfalls Schiffhüte (sog. Napoleonshüte), und zwar mit wallenden Federbüschen, und auf der rechten Hutseite eine an einer Goldborte befestigte rote Kokarde. Als Waffe hatten sie Degen. Der Kommandant des ganzen Bürgermiltärkorps war Badwirt Schuster, der den Tilel „Major" hatte und wie sein Adjutant Posthalter Steinam beritten war. Jede Waffengattung hatte ihre Fahne in den badischen Landesfarben. Diese Fahnen waren ursprünglich auf dem Rathaus aufbewahrt und wurden bei festlichen Veranstaltungen jeweils dort abgeholt; später nahm sie der Oberkommandant Schuster ins Badhotel.

Das derart eingerichtete Korps rückte bei festlichen Anlässen in Gala aus und trug so zur Erhöhung bürgerlicher und kirchlicher Festlichkeiten bei. Zu diesem Zwecke aber fanden jeweils vorher noch besondere Uebungen der Mannschaft statt, und zwar sowohl der einzelnen Waffengattungen als auch des Gesamtkorps, erstere meist auf der Zimmerwiese, die Kavallerie hielt mitunter ihre Übungen mit dem Karabiner im Birkenmayer'schen Saale. Die Korpsmanöver dagegen spielten sich zwischen St. Leonhard und Burgberg ab, oder im Gewann Degenhard, Lugenösch ꝛc. Die Einzelübungen wurden persönlich angesagt, die Korpsmanöver dagegen durch Ausrufen unter Trommelschlag in den Straßen der Stadt bekannt gemacht.

Die Festlichkeiten, an denen das Bürgermilitär sich

regelmäßig beteiligte, waren Neujahr, der Gedenktag der Schwedenbelagerung (16. Mai), das Fronleichnamsfest, der Großherzogstag (29. Aug.) und das Schutzengelfest. An diesen Tagen war zuerst Festgottesdienst, hierauf Parade auf der Hofstatt, und schließlich Umzug der Mannschaft mit Musik durch die Stadt. Am Neujahrsfest fand jeweils am Vorabend Zapfenstreich und am andern Morgen Weckruf der Musikkapelle statt, ebenso am Großherzogstag.

Besondere Bräuche wurden am Fronleichnamstag beobachtet. Früh 4 Uhr rückte die Kavallerie aus und zog nach St. Leonhard zur hl. Messe. Die Pferde wurden vor der Kapelle an Stangen angebunden. Nach dem Gottesdienst begab sich der Zug nach Burgberg in die Wirtschaft, wo das Frühstück gemeinsam eingenommen wurde. Alsdann erfolgte die Rückkehr in die festlich geschmückte Stadt: die Fenster waren mit Blumensträußen und Kränzen, mit Statuen und Heiligenbildern, die öffentlichen Brunnen mit Laubgewinden verziert, die Straßen mit frischem Gras und Blumen bestreut. Es war nun zuerst feierliches Hochamt im Münster, worauf die Prozession begann. Hieran beteiligte sich auch das Bürgermilitär, und zwar die Infanterie und die Kavallerie, während die Artillerie jeweils beim Segen Salven gab und deshalb mit ihren Kanonen auf Anhöhen in der Nähe der aufgestellten Altäre sich postierte, so auf dem Galler für die Station in der Fischerhäuser Vorstadt, auf dem Rosenobelturm für die Station beim Wiestor 2c. Auch die Infanterie gab beim Segen jeweils Salven, indem sie aus der Prozession austrat und sich an der Straße aufstellte. Die Ordnung war folgende: Voran gingen die Schulen, dann folgte das Bürgermilitär hierauf die Geistlichkeit mit dem Allerheiligsten und dem Himmel, ihr folgten die Spitzen der Behörden, die Staatsbeamten, der Magistrat, die Zünfte mit ihren Fahnen, und schließlich die übrigen Teilnehmer.

Die sog. Schwedenprozession und das Schutzengelfest

hatten früher sieben Stationen, und zwar beim Fahrtor (Grethgebäude), Grundtor (in der Nähe des Badhotels), in der Oberstadt, beim Gottesacker, beim Obertor, beim Heldentor und zuletzt auf der Hofstatt.

Mit der Parade und dem Umzug durch die Stadt war die offizielle Feier beendigt, der Zug löste sich nun auf und die Teilnehmer zerstreuten sich, um eine Stärkung zu nehmen, sei es im Wirtshaus oder im eigenen Heim. Die Artilleristen aber mußten zuerst noch ihre Kanonen versorgen, die sie im Zeughaus am See unterbrachten. Abends wurden dann an einzelnen Festtagen, so namentlich am Großherzogstag und am Fronleichnamstag, gesellige Unterhaltungen veranstaltet. An diesen Tagen wurde nämlich das Bürgermilitär für seine Beteiligung von der Stadt bezahlt, und zwar erhielt am Großherzogstag jeder Mann 20 Krzr., bei der Musik 40 Krzr. Auf der Zimmerwiese wurden Tische und Bänke aufgeschlagen und da versammelten sich die Mannschaften und taten sich gütlich bei Speise und Trank. Ein reges Leben und Treiben herrschte und fesselte die Teilnehmer lange. Manchmal aber wurde die Unterhaltung gar zu lebhaft und artete in Händel und Streit aus, so daß später diese Lustbarkeiten auf der Zimmerwiese von der Behörde verboten und in die Wirtshäuser verlegt wurde.

Wie Überlingen, so hatten auch andere Orte ihr Bürgermilitär, und bisweilen machten diese Korps sich gegenseitig Besuche. So fand in den dreißiger Jahren einmal eine Zusammenkunft der Bürgermilitärkorps in Stockach statt, an der die Überlinger, die Konstanzer ꝛc. teilnahmen. Übrigens schwand in den vierziger Jahren das Interesse für das Bürgermilitärwesen mehr und mehr, die Lust und Liebe zur Sache nahm ab und so löste sich hier aus Mangel an Beteiligung zuerst die Kavallerie und bald darauf auch die Artillerie auf. Die Infanterie hielt noch am längsten aus, die Stürme des Jahres 1848 machten ihr ein Ende.

Heute gibt es nur noch wenige Bürgermilitärkorps, in unserer Gegend noch zwei, nemlich in Sipplingen und auf der Insel Reichenau. Diese zwei Gemeinden hatten sich 1848/49 nicht an der Revolution beteiligt, sondern treu zu Fürst und Regierung gehalten, weshalb ihr Bürgermilitär ihnen verblieb, auf das sie stolz sind. Das Sipplinger Bürgermilitär trägt jetzt den blauen Waffenrock und Pickelhaube, und rückt regelmäßig zu besonderen Festlichkeiten in Gala aus, so am Großherzogstag, am Fronleichnamsfest, an der Kirchweih (Martinstag, dem Fest des Sipplinger Kirchenpatrons) 2c.

---

8. Der Überlinger Kuhreigen.

Noch anfangs der dreißiger Jahre des vorigen Jahrhunderts wurde in Überlingen von den jungen Burschen und Mädchen des sog. „Dorfes", d. h. der Oberstadt, alljährlich am Vorabend des 1. Mai oder auch am ersten Maitage selbst ein Spiel aufgeführt, das „Kuhreigen" hieß. Es war dies eine Maifeier, ein Fest zur Begrüßung des Frühlings. Beim Oberen Brunnen wurde ein „Maien" aufgesteckt, ein Tännchen, um das sich die jungen Leute aufstellten — ein Brautpaar hatte jeweils die Führung — der Bräutigam neben die Braut, die andern Jünglinge neben die Jungfrauen; dann faßten sie sich an den Händen und bildeten so eine Kette, einen großen Ring um den „Maien". Nun wurde ein Lied gesungen, während sich die ganze Gesellschaft im Kreise um den „Maien" bewegte. Das Lied, vom Brautpaar angestimmt, begann folgendermaßen:

Der Bräutigam: Scherz nicht, scherz nicht, Jungfräulein,
Du mußt mit mir zum Tanze!
Die Braut: Was soll ich mit Dir beim Tanze tun,
Hab' Dich noch nie gekannt!
Chor: Der Kukuk auf dem Zaune saß,
Aschenfarb und grün.

Mädchen setz' das Kränzchen auf
Im schönen Monat Mai.
Komm nur her, komm nur her, du schöne Braut,
Und setz' das Kränzchen auf!

Nun kniete die Braut nieder und ein Jüngling setzte ihr den Kranz auf's Haupt. Wenn das Lied beendet war — jede Strophe schloß mit dem Kehrreim:

„Jetzt wollt' ich nur, daß Maien wär,
Und ich bei meinem Schätzele   '" —

löste sich die Kette auf, jeder Bursch nahm sein Mädchen, die Paare stellten sich hintereinander auf, voran das Brautpaar, und es wurde nun rings um das Tännchen ein Tanz aufgeführt. Nach Schluß des Tanzes ging die ganze Gesellschaft in geordnetem Zuge mit dem Maien weiter und führte vor einem andern Haus in gleicher Weise das Spiel auf. Meist waren es Häuser hervorragender Persönlichkeiten, Patrizier, Magistratsmitglieder 2c., wo Solches geschah.

Die Tracht der Burschen war die der Schwerttänzer: Dreispitzhut, lange blaue Röcke, rote Westen, schwarze Kniehosen, weiße Strümpfe und Schnallenschuhe. Die Mädchen trugen auf dem Kopf schwarze Spitzenkappe, im Zopf einen Silberpfeil, dann sogenannte Mailänder Halstücher und seidene Röcke.

Wie es heißt, soll dieser Brauch aus Graubünden stammen; wenigstens wird behauptet, daß das hiebei gesungene Lied von dort zu uns gekommen sei.

9. Die Überlinger „Krippele".

Von jeher war in Überlingen der Brauch der Weihnachtskrippen — sog. „Krippele" — sehr verbreitet; es gab früher solche Krippen in gar manchen Häusern und Kirchen, und noch jetzt wird alljährlich an Weihnachten von Landwirt C. Merk dahier in der St. Jodokkirche eine Krippe aufgemacht, ebenso von Kaufmann Gottfr. Müller in seiner Wohnung; auch befindet sich im „Städtischen Kulturhistorischen Kabinett“ eine Weihnachtskrippe, welche ständig ausgestellt ist.

Eine solche Überlinger Krippe besteht aus einer Schaubühne mit mehr als 100 Figuren. Die Schaubühne stellt eine biblische Landschaft dar, welche nach hinten terassenförmig aufsteigt; Tannenzweige und Tuffsteine da und dort angebracht, und dichtes Moos, welches den grünen Erdboden vorstellt, schmücken das Landschaftsbild, auf dem Gebäude aus Holz oder Pappe, die Krippenhöhle, der Tempel, der Palast des Herodes, verschiedene Häuser und Hütten ꝛc. sich befinden; den Hintergrund schließt eine Wandmalerei des hl. Landes ab. In dieser Landschaft nun sind die Figuren aufgestellt; dieselben haben eine Höhe von 18—36 cm, sind aus Holz oder Wachs und entweder bemalt oder mit Tuchstoff bekleidet. Wir sehen da außer den Heiligenfiguren jüdische Hohepriester und Schriftgelehrte, eine Menge römischer Soldaten zu Fuß und zu Pferd, Musikkorps, Mohren, Hirten, Landleute und anderes Volk in allerlei Trachten und Kostümen. Ebenso ist auch der Kunstwert sehr wechselnd; einzelne Figuren sind feine Bildschnitzlereien, andere dagegen ganz rohe Arbeiten. Dasselbe gilt auch für die aus Holz geschnitzen Tiere, die Pferde, Kamele, Schafe, Rinder, Esel, Hunde ꝛc. Sämtliche Figuren sind geordnet aufgestellt und gruppiert, jede Figur hat ihren bestimmten Platz, ebenso werden die Gebäulichkeiten je nach dem darzustellenden Bilde eingefügt.

Denn die bildlichen Vorstellungen der Krippe bleiben nicht immer dieselben, sondern werden je nach dem Tage und darauf bezüglich biblischen Ereignis geändert. So wird auf den in Überlingen gebräuchlichen Krippen gewöhnlich dargestellt: 1. Am ersten Weihnachtstage „Die Geburt Christi“; hier steht im Vordergrunde die Höhle von Bethlehem mit dem Jesuskind in der Krippe, mit Maria und Josef, mit dem Ochs und Esel; abseits der Höhle sieht man bei den Herden die Hirten, denen der Engel das freudenreiche Ereignis verkündet. 2) Am Stefanstag „Die Anbetung der Hirten in der Höhle an der Krippe". Die Szenerie dieses Bildes ist dieselbe wie am ersten Tage, in der Höhle befinden sich außer den erstgenannten Figuren die anbetenden Hirten; als Nebendarstellung ist die Steinigung des ersten Blutzeugen Stefanus zu sehen. 3) Am 28. Dezember „Der Kindermord von Bethlehem". Den Vordergrund nimmt der Palast des Herodes mit Vorhof ein, in dem römische Soldaten den herbeigerufenen Müttern die Kinder entreißen und töten; als Nebendarstellung im Hintergrunde „Die Flucht nach Egypten". 4) Am Neujahrstag „Die Darstellung Jesu im Tempel". Diesmal steht im Vordergrund der Tempel von Jerusalem, worin das Jesuskind mit seinen Eltern, ferner der greise Simeon und die Prophetin Hanna. 5) Am Dreikönigstag „Die Anbetung der drei Weisen aus dem Morgenland." Hier ist die Szenerie wieder wie im ersten Bilde mit denselben Figuren, wozu noch die sog. Hl. drei Könige kommen, welche Geschenke darbringen; vor der Höhle stehen Kamele, welche dieselben hergeführt. 6) Am darauffolgenden Sonntag „Der zwölfjährige Jesus im Tempel". Die Szenerie ist die des zweiten Bildes. Im Tempel steht der Jesusknabe, umgeben von Hohepriester und Schriftgelehrten. 7) Am zweiten Sonntag nach Dreikönigstag „Die Hochzeit von Cana." Ein Festsaal mit dichtbesetzter Tafel bildet den Vordergrund. Unter den Gästen befinden sich Christus, Maria und Josef, einzelne Jünger usw. Der Tisch ist reich besetzt mit Speisen und Getränken, im Hintergrunde hat sich ein Musikkorps aufgepflanzt, in der Umgebung des Festsaales hat man einen Einblick in Küche und Keller, man sieht Metzger und Köche,

Aufwärter und Schenken beschäftigt, das Ganze ist sehr belebt.

Dieses sind im Wesentlichen die Bilder, welche zur Darstellung gelangen. Einzelne Krippen stellen außerdem noch dar: „Die Heimreise der hl. drei Könige“, das „Martyrium des hl. Johannes“, „die Verehrung des hl. Namens Jesu“, „den Märtyrertod des hl. Sebastianus“ u. a. m. als Nebenbilder. Die von B. Merk in der Jodokkirche aufgestellte Krippe war früher in der Franziskanerkirche gemäß einer noch in dessen Besitz befindlichen Stiftungsurkunde „dat. Überlingen, den 26. Herbstmonat 1824“, worin gesagt ist, daß „Maria Klara Notzin aus dem Kloster St. Gallen dahier . . . dem Rebmann und Bürger Johann B. Merk das Kriebbele geschenkt . . . für Ihn und seine Nachkommenschaft, da es allezeit, so lang die Franziskanerkirche bleibt, solle aufgemacht werden.“ In der St. Jodokkirche hatte früher Landwirt Fidel Heudorf ein „Krippele“ aufgestellt, und in der St. Luziuskapelle Landwirt J. Stübe. Nebstdem aber gab es noch vor 50 Jahren viele Privathäuser hier, in denen Weihnachtskrippen aufgemacht wurden, so im Rat Hofacker'schen Hause am krummen Berg, im Pfarrhof durch Dekan Dr. Müller, im Illmensee'schen Hause in der Oberstadt, ferner stellten in ihren Wohnungen Krippen aus Jos. Hoch beim Grundtor, Franz Jos. Beck in der Kanzleistraße, Josef Degen in der Kunkelgasse u. s. w. Diese Krippen erfreuten sich jeweils eines zahlreichen Besuchs, namentlich der Kinderwelt. Es war damals noch üblich, Etwas für die Krippen zu opfern; ein Opferstock stand bei der Krippe und Jedes gab nach Belieben; ein Zwang herrschte nicht. Trotzdem kam bisweilen durch die vielen kleinen Spenden ein Betrag von etwa 10 Gulden zusammen, der dann vom Besitzer zur Ergänzung und Verschönerung der Krippe jeweils verwendet wurde.

Wenn wir nun nach dem Ursprung dieses Brauchs der Weihnachtskrippen fragen, so erhalten wir verschiedene Antworten. Soviel ist aber gewiß, daß er sehr alt ist. Denn die Krippe, wo das Jesuskind gelegen, war von je ein Gegenstand besonderer Verehrung der Christen. Schon die ersten Gläubigen errichteten über der Krippe des Erlösers zu Bethlehem eine kleine Kapelle; die hl. Helena erbaute später an deren Stelle eine Kirche, welche allmählich immer mehr vergrößert wurde. Zahlreich war der Besuch der Krippe zu Bethlehem. Im 7. Jahrhundert wurden dann die Überreste der Krippe von Bethlehem nach Rom gebracht und in der Kirche „S. Maria Maggiore“ oder nun „Kirche unserer lieben Frau zur Krippe“ genannt, als kostbare Reliquie bis auf heute in einem silbernen mit Edelsteinen geschmückten Gehäuse verwahrt; am Weihnachtsfest wird dieselbe zur öffentlichen Verehrung der Gläubigen ausgestellt.

Der eigentliche Brauch nun, an Weihnachten solche Krippen mit dem Jesuskind zu errichten, wird vielfach auf den hl. Franziskus von Assissi, welcher 1182—1225 lebte, zurückgeführt. Wie erzählt wird, ließ dieser Ordensstifter in einem felsigen Tal mitten im Walde unweit Grecio am Christabend einen Stall mit Krippe aufstellen, ungefähr wie er es in Bethlehem gesehen; auch Ochs und Esel nebst Heu schaffte er hinzu; das Volk strömte mit brennenden Fackeln herbei, es wurde daselbst ein feierliches Hochamt abgehalten, wobei Franziskus gar lieblich von Jesu, dem Kinde zu Bethlehem, predigte. Während er bei der hl. Messe — fügt die Legende hinzu — das Evangelium sang, erschien das Christkindlein in der Krippe; die göttliche Mutter legte dasselbe öfter in dessen Arme. Nach Andern war jedoch die Ausstellung der Krippen in den Kirchen schon vor dem hl. Franz von Assissi volkstümlich und im Gebrauch (vergl. A. Birlinger „Sitten und Rechtsgebräuche“). Ja nach den Visionen der Klosterfrau Katharina von Emmerich, welche Clemens Brentano aufgeschrieben, wären die hl. drei Könige die Ersten, welche eine Krippe errichteten; sie bereiteten nämlich gleich nach ihrer Rückkehr aus Bethlehem nach

Arabien daselbst aus Gold ein Jesuskind mit einer Krippe und stellten es in ihrem Tempel hin. In der Krippenkirche zu Bethlehem hatte die fromme Kaiserin Helena mitten in der Höhle, welche für die Geburtsstätte Christi gilt, eine Krippe aus weißem Marmor errichten lassen. An anderen Orten stellte man zu Weihnachten goldene und silberne Krippen in den Kirchen hin. Nach und nach kamen dann in Deutschland nebst Frankreich und Italien die Krippen in den Kirchen und Klöstern, und später in den Privathäusern auf. Die ursprüngliche Form war jedenfalls die Ausstellung einer Krippe nach dem Vorbild einer Bethlehemischen Krippe. Allmählig kamen dann immer mehr Figuren und Ausstattung hinzu: zum Jesuskind noch Maria und Josef, die Hirten und Engel, zur Krippe noch der Stall und die Höhle, später die biblische Landschaft mit Bethlehem. Auch dieses genügte dann nicht mehr: der fromme Sinn des Volkes wollte, wie am ersten Weihnachtstage das Gedächtnis der Geburt Christi, so gleichfalls auch die nächstfolgenden biblischen Ereignisse an den daran erinnernden Festtagen feiern, und so knüpften sich an die Krippe eine Reihe von bildlichen Vorstellungen, so die „Opferung Jesu im Tempel", die „Anbetung der drei Weisen aus dem Morgenlande", die „Flucht nach Egypten", der „Bethlehemische Kindermord" usw. Schon die letztgenannten Bilder passen, streng genommen, nicht mehr in den Kreis der Krippen, noch weniger die bildliche Vorstellung des „zwölfjährigen Jesu im Tempel" und der „Hochzeit zu Kanaa", weil zeitlich zu sehr auseinanderliegend. Die Zahl der Bilder wurde dann immer größer und ging bis zu zehn und noch mehr. Auf solche Weise entwickelte sich aus der ursprünglichen Verehrung der bethlehemitischen Krippe im Laufe der Zeiten der Brauch der Weihnachtskrippe, wie er heutzutage wenigstens noch teilweise besteht. Immerhin ist der Brauch ein schöner, und es wäre zu bedauern, wenn er in Abgang käme.

10. Kreuze, Kruzifixe und Bildstöcke im Felde.

Da und dort trifft man an Wegen und Straßen, auf Feldern und Wiesen, oder auch im Walde manch altes Kruzifix aus Holz, oder auch ein kleineres Steinkreuz, hie und da auch sogen. Bildstöckle mit Heiligenstatuetten oder Darstellungen aus der Legende, öfters auch mit Abbildungen von besonderen Begebenheiten, von Unglücksfällen und dergl. Schon in frühesten Zeiten war es üblich, derartige Denkzeichen zu setzen; es geschah dies entweder durch Gemeinden oder durch Privatleute, oder auch durch Bruderschaften und sonstige Vereinigungen. In den Urkunden haben diese Feldkreuze und Kruzifixe eine dreifache Bedeutung. Als Grenzzeichen waren hölzerne Kreuze schon sehr frühe, schon zur Zeit der Franken im Gebrauch, weil sie als religiöse Zeichen nicht zerstört oder verrückt wurden. Eine weitere Art dieser Kreuze sind die Wetterkreuze oder Hagelkreuze (balcruce), welche meist an Feldwegen gesetzt wurden. Sie werden schon 1300 erwähnt. Als Sieges- oder Todeszeichen kommen Kreuze vor auf Schlachtfeldern, wozu der urkundliche Ausdruck „crucis trophaeum" die nächste Veranlassung gab. Es sind dies gewissermaßen Erinnerungskreuze, gesetzt zum Gedächtnis Verstorbener. So wurden auch an Orten, wo Jemand verunglückte, oder wo eine Mordtat oder ein Totschlag verübt wurde, zuweilen roh behauene Steinkreuze gesetzt und das Mordwerkzeug darauf abgebildet. Nach einer Urkunde von 1406 (bei Bodman rheing. Alt.) mußte sie der Totschläger setzen lassen. Statt der Kreuze wurden dann später in solchen Fällen Bildstöcke gesetzt mit bezüglichen Gemälden und Inschriften.

Als ein Grenzzeichen darf wohl das sogen. „Hochbild" angesehen werden, das nordöstlich vor der Stadt an der ehemaligen Grenze der Überlinger und Heiligenberger Gerichtsbarkeit steht; bis hierher ging die Gerichtsbarkeit der Reichsstadt Überlingen und hier fing zugleich der Gerichtsbarkeitsbezirk der Grafschaft Heiligenberg an. Das „Hochbild“ genannte Denkmal besteht im wesentlichen aus einem vier Meter hohen Steinkreuz, dessen Balkenenden in je drei hübsche gothische Blätter auslaufen; vorn trägt es eine bemalte Christusfigur mit drei vergoldeten Lilien im Haupt und vergoldetem Hüftentuch, und auf der Rückseite eine gleichfalls bemalte Madonnastatue, im Arm das Jesukind mit einem Apfel in der Hand; die Steinsäule hat ein achteckiger Profilkapitell und ruht auf dreistufigem Unterbau. Das Ganze steht unter einem von vier Holzpfosten gestützten Zeltdach. Dieses „Hochbild“ hat im Jahre 1330 der Überlinger Bürger Konrad Mistfürer gestiftet und zugleich dem Spital sein Wohnhaus vermacht, wogegen ihm die Zusicherung gegeben wurde, daß auf Kosten des Spitals das Hochbild in seiner ursprünglichen Gestalt erhalten werde. Hier beim Hochbild, nah bi siechen brugge, wurden jeweils die auf Überlinger Gebiet verhafteten, aber der Gerichtsbarkeit der Grafschaft Heiligenberg unterstehenden Übeltäter den Heiligenberger Amtleuten übergeben und umgekehrt, oder es wurden auch an dieser Stelle die in Überlingen bestraften Delinquenten aus dem Überlinger Jurisdiktionbezirk ausgewiesen. Diese Hoheitsgrenze war aber anderseits auch der Punkt, an dem hervorragende Gäste sich von Überlingen verabschiedeten, so Kaiser Ferdinand I., welcher am 21. Januar 1563 Überlingen besuchte. Als er andern Tags abreiste, wurde er — wie der Chronist berichtet — „von beiden Bürgermeistern unter Abfeuerung des großen und kleinen Geschützes bis zum H o ch b i l d begleitet und nachdem er sich noch einmal bedankt, machte er ein Kreuz über die Stadt und ritt Salmannsweil zu.“

Dieses Denkmal erlitt natürlich im Lauf der Zeit allerlei Beschädigungen und mußte deshalb wiederholt restauriert werden, so namentlich in den Jahren 1541 und 1606. Einer gründlichen Renovation wurde das Hochbild neuerdings nach dem Entwurf des erzbischöflichen Baudirektors Meckel unterzogen, indem Postament und Stufen vollständig erneuert werden mußten, wie auch die Bemalung der Figuren. Diese Arbeiten wurden durch die Gebrüder Mezger im Jahre 1899 aufs beste ausgeführt, so daß das Hochbild eine Zierde des Nordostens unserer Stadt und ein hervorragendes Kunstwerk Überlingens aus dem 14. Jahrhundert bildet.

Zu diesen Grenzzeichen können wir wohl auch St. Nikolaus bei Dingelsdorf rechnen. Dort steht auf einem Landvorsprung zwischen Dingelsdorf und Wallhausen, gerade gegenüber Überlingen, also auf der kürzesten Linie zwischen beiden Seeufern, ein altes, hohes, hölzernes Kruzifix am Strande. Es bezeichnete früher das Ziel für die Schiffer auf der Linie Überlingen-Dingelsdorf. Denn bis in die Mitte des vorigen Jahrhunderts war St. Nikolaus — oder wie die Leute sagen — „der Kloase", die „Anlände" (der Landungsplatz) für alle Schiffe, welche von Überlingen aus gegenüberliegende Gestade fuhren. Er war im Besitz der Stadt Überlingen und wurde von ihr erhalten. Das gleiche gilt bezüglich der von St. Nikolaus nach Dingelsdorf führenden Straße. Übrigens gehörte das ganze jenseitige Ufer mit den Orten Dingelsdorf, Oberndorf, Litzelstetten, Dettingen und Wallhausen der Deutschordenskommende Mainau. Über die beiderseitigen Ansprüche und Rechte gab es manchmal Streitigkeiten und Prozesse zwischen der Reichsstadt Überlingen und der Deutschordenskommende Mainau, so namentlich in den Jahren 1434 und 1473 wegen der Schiffahrt zwischen Überlingen und St. Nikolaus.

Ursprünglich stand nun hier auf diesem Landvorsprung — daher dann wohl der Name — eine kleine, dem hl. Nikolaus geweihte Kapelle und in der Nähe ein Lindenbaum. Schon zu Ende des 14. Jahrhunderts wird urkundlich eine Kapelle „Sant Niclauss" bei Dingelsdorf genannt. Ebenso berichtet der Überlinger Chronist Hau, daß er „am 5. Januar 1573 über den See bis zur Linde jenseits beym Capelle gangen", und desgleichen Jakob Reutlinger, daß „er den See von hier bis hinüber zu der Tür des gemelten Capellins hab helfen abmessen 1019 Klafter, in Summa 7387 Werkschuh". Noch vor 60 Jahren stand auch bei St. Nikolaus am See eine Statue, welche den Heiligen im Bischofsgewand mit der Mitra, dem Krummstab und den Attributen (Buch und drei Äpfel darauf) darstellt und wohl ursprünglich in der Kapelle war. Allem nach stammt diese Nikolausstatue aus dem 16. Jahrhundert. Wann nun diese Kapelle in Wegfall kam, ist nicht bekannt; wahrscheinlich zerfiel sie mit der Zeit und wurde nicht mehr aufgebaut. An ihre Stelle kam später ein Warthaus für die Schiffsleute. Als auch dieses zu Anfang des vergangenen Jahrhunderts dem Zerfall entgegenging, wurde „auf Anordnen Löbl. Magistrats im May und Juni 1820 das halb eingefallene Warthäusel bei St. Nicolaus überm See vollends abgetragen und auf die alte Stelle ein ganz neues gebaut". Dasselbe war ein einfacher Riegelbau mit Ziegeldach, welcher eine länglich viereckige Halle mit einem gemauerten Ofen bildete, der Eingang befand sich auf der Seite gegen Dingelsdorf, einige Fenster gegen den See. Hier warteten die Leute, welche über den See fahren wollten, bis zur Abfahrt des Schiffes, und hier fanden auch Schiffer und Fischer Unterkunft bei Sturm und Regen. Ein kleiner Damm, an dem die Schiffer anlegten, führte hier in den See hinein.

Von hier aus zog längs des Gestades eine Fahrstraße bis Dingelsdorf, welche jedoch häufig durch das Gewell beschädigt und sogar bei hohem Wasserstand und heftigen Stürmen ganz weggerissen oder überschwemmt wurde, so daß mit großer Mühe und vielen Kosten die Straße wiederhergestellt werden mußte; so in den Jahren 1729, 1757, 1761, 1803, 1819 und 1824.

Bis in die Mitte der dreißiger Jahre währte die Verbindung von Überlingen nach St. Nikolaus und der Verkehr war hier stets rege, denn Personen und Waren durften nur auf dieser Linie befördert werden. Gar oft standen Lastwagen mit vier und sogar sechs Pferden bespannt am Landungsplatz St. Nikolaus, und manchmal waren aus Dingelsdorf sechs Mann beordert, beim Ein- und Ausladen der Waren, Fässer, Säcke usw. mitzuhelfen. War dann der Wagen hochbeladen, so fuhr er auf der bereits bezeichneten Straße längs des Sees gegen Dingelsdorf; an der Stelle, wo jetzt das Haus des Schiffmanns Math. Hamm steht, bog die Straße rechts ab gegen die Höhe hinauf und mündete ins Dorf ein, in der Nähe des Bäcker Kudermannschen Hauses. Nur gelegentlich sei hier erwähnt, daß dies ein sehenswertes altertümliches Haus ist, ein interessanter Fachbau mit sehr reicher Holzskulptur in Spätrenaissance, mit hübschem Giebel und besonders gutem Portal. Ein ähnliches Gebäude steht noch im Dorf, links am Kirchweg, das ehemalige Zimmermann Fr. Baumannsche Haus.

Als nun der deutsche Zollverein gegründet wurde und auf dem Bodensee die Dampfschiffe aufkamen, da gab es gewaltige Veränderungen auch in den Verkehrsverhältnissen des Überlingersees. Der Staat löste allmählich die verschiedenen Schiffahrtsgerechtsamen ab, so auch die von Überlingen nach St. Nikolaus. Nach Dingelsdorf kam ein Zollamt und die Schiffe durften nicht mehr beim „Kloase“ anlegen, sie mußten in Dingelsdorf anlanden. Nun war es selbstverständlich mit der Landungsstelle St. Nikolaus zu Ende. Es war im Jahre 1835. Seitdem verödete der sonst so lebhafte, viel besuchte Platz gänzlich, das Warthaus zerfiel nach und nach, der Damm mit dem betr. Platz wurde versteigert, die seinerzeit mit großen Kosten hergestellte Straße ging ein, und heute sind kaum noch einzelne Spuren vorhanden. Dagegen war das „St. Nikolausbild“ — die St. Nikolausstatue — noch lange an der ehemaligen „Anlände“ zu sehen. Es stand am seichten Ufer in schützender Umrahmung auf einem Pfahl der Seehalde — dem sogen. „Haldenpfahl“ — da wo sie gegen die Tiefe abstürzt, und wurde nach Jahren bei heftigem Ostwind von einem Schweizer Segelschiff umgefahren und nicht mehr aufgestellt; die Statue kam dann in Privatbesitz und später ins Kulturhistorische Kabinet, wo sie noch jetzt zu sehen ist. Als letztes Überbleibsel der ehemaligen Verkehrsstätte St. Nikolaus steht noch das alte Kruzifix, das von Dingelsdorf pietätsvoll erhalten und erst voriges Jahr durch freiwillige Beiträge wieder restauriert wurde. Es ist namentlich an den Sonntagen nachmittags ein beliebtes Wallfahrtsziel für das Landvolk der Umgegend.

Das etwa acht Meter hohe Kreuz mit sockelartig verbreitertem Fuß ist rot angestrichen, die Christusfigur mit der Ueberschrift „Vater, verzeih ihnen, denn sie wissen nicht was sie tun“ Luk. 3, und darüber J. N. R. J. ist von einer fünfeckigen, innen blau bemalten, vorn vergitterten Holznische umschlossen. Am Fuß des Kreuzes breitet sich ein Blumenbeet mit Fliedergesträuch aus, vor dem zwei Betschemel und eine Ruhebank angebracht sind. Das Ganze ist umgeben von Tannen, Lärchen, Föhren und Weidengebüsch. Am seichten Strand blühen allerlei Wasserpflanzen und aus dem See streckt das Schilfrohr seine braunen Büsche hervor. Diese Baum- und Blumengruppe mit dem alten Kruzifixe am einsamen Seestrande, im Hintergrunde grüne Wiesenflächen, überragt von düsteren Wäldern, bietet ein liebliches, malerisches Bild und gewährt einen hübschen Ausblick auf See und das jenseitige Ufer, auf die Stadt Überlingen und die Überlinger Landschaft, und ist wohl wert eines Besuches Einheimischer wie auch Fremder.

Eine zweite Art von Kreuzen, die im Felde aufgestellt werden, sind die Wetterkreuze oder Hagelkreuze. Es sind dies in der Regel hohe, rot angestrichene Holzkreuze, am

Wege oder auf weit ausschauende Anhöhen gesetzt. Derartige Kreuze trifft man in unserer Gegend noch da und dort; in Überlingen standen früher sechs solcher Wetterkreuze, für deren Erhaltung die Gemeinde Sorge trug. So wurden laut städtischem Bauamtsbuch auf der Gemarkung Überlingen „anno 1691 den 9. Aprilis 5 Wädter-Creutz widerum frisch gesezet", und zwar auf dem Eglisbohl, unterhalb Aufkirch, auf dem Guldenberg, auf der Grethalden und auf dem Gaisberg. Bei dieser „Ersezung seindt 2 Hr. P. P. Capuziner geweßen, welche die Heilthümer darein gelegt und solche geweihen". Wiederum wurde 1720 eine „Renovation von 5 Wetter-Kreuz nach allweg Löbl. Gebrauch" vorgenommen. Am 12. Mai 1791 wurden „6 neye Wetter-Kreuz auf die angestellten Pläze wie von alters her angeordnet wahr — statt der Zerfallenen" gesetzt das sechste bei Nußdorf. Von diesen sechs Wetterkreuzen waren vor 40 Jahren bloß noch zwei übrig, eines auf dem „Guldenberg" (jetzt Friedrich-Luisen-Höhe) und eines auf der Grethalde; heute ist keines mehr vorhanden.

Nächst dem eine Viertelstunde von Deisendorf entfernten salemischen Kameralhof Ralzhof stand ehedem ein altes, morsches Feldkreuz, das anfangs des vorigen Jahrhunderts zerfiel. Es wurde ersetzt durch ein grosses, rot angestrichenes Kreuz, das die Leidenswerkzeuge Schwert, Leiter, Zange, Hammer, drei Nägel, Lanze und Rohr in Basrelief geschnitzt zeigt; die übrigen Schnitzereien sind nicht mehr erkennbar. Es wurde 1832 vom damaligen Gutspächter Johann Blaser gestiftet. — Der Ralzhof ist sehr alt; nach der Sage soll hier dereinst eine bis Tüfingen reichende Stadt gestanden sein, welche jedoch im 5. Jahrhundert von den Hunnen verbrannt und dann vollends noch um 1077 zerstört worden sein soll. Es blieb nur das Rathaus allein stehen, das nachher ein Hof wurde, den man Ratshof nannte, woraus im Volksmund Ralzhof wurde.

Schon mehrmals wurden in der Oberhalde am Weg nach Tüfingen Mauerwerk und Fundamente aufgedeckt, desgleichen in der Kiesgrube auf dem Birkbühl an der Straße nach Mendlishausen Menschenschädel und Skelette, in der Nähe vom Ralzhof selbst viele Waffen und Roßeisen, und in den Torfwiesen zwischen Ralzhof und Deisendorf vor einigen Jahren ein Steinbeil. Urkundlich wird schon 1222 Ralshoven genannt, 1283 ein Hermannus von Ralshoven und 1324 C. von Ralshoven.

Ein großes rot angestrichenes Feldkreuz wie beim Ralzhof befindet sich in Tüfingen am Ausgang des Dorfes an der Straße nach Deisendorf; auf der Spitze desselben ist ein Hahn; das Kreuz ist umgeben von Akazien- und Pappelbäumen. Ein anderes weiß angestrichenes Feldkreuz ist am andern Ende des Dorfes.

Oberhalb Maurach steht an der Straße, die von Deisendorf nach Seefelden durch den Wald führt, ein hohes Steinkruzifix zwischen zwei großen Bäumen. Man heißt dieses Steinbild Christi „Salvator“ und nach ihm hat der Wald den Namen Salvator erhalten. Von hier aus sieht man die Wallfahrtskirche Neubirnau. An diese Stelle wurde bei der Ueberführung des Altbirnauer Gnadenbildes der Jungfrau Maria in feierlicher Prozession von Salem nach Neubirnau am 20. September 1750 dasselbe auf einen hier aufgestellten und festlich geschmückten Altartisch niedergesetzt und dann von den Aebten Anselm II. von Salem und Robert von Raitenhaslach (im Salzburger Bistum) abgeholt und nach Neubirnau verbracht.

Bei Nußdorf standen früher Wetterkreuze in den Weingärten Neusatz gegen Deisendorf und Stättengarten am Ende des Unterdorfs gegen Überlingen; sie gingen jedoch im Laufe der Zeit zu Grunde und wurden nicht mehr erneuert.

Auf der Gemarkung Sipplingen befindet sich im Gewann „Bohmensbach“, an dem längs des Molassehügels von Sipplingen nach Süssenmühle hinziehenden Feldweg, an der Stelle, wo eine Abzweigung gegen Schwenkenthal hinaufführt, ein altes, hübsches Oeschkreuz zwischen hohen Obstbäumen. Das Kreuz ist rot angestrichen, die Christusfigur polychrom und nischenartig mit Rückwand umrahmt. Hier wird jeweils bei Oeschprozessionen ein Evangeliumabschnitt vom Geistlichen verlesen, weshalb solche Kreuze auch Oeschkreuze heißen. Eine besonders feierliche Dankprozession, von der das jetzige Geschlecht nur von den Eltern erzählen hörte, veranstalteten die Sipplinger im Jahre 1817, als nach dem vorausgegangenen Notjahre nun wieder Korn, Obst und Wein gediehen, zu diesem Kreuze. Unter Glockengeläute, Gebet und Gesang begab sich in festlichem Zuge, mit Kreuz und Fahnen, der Ortspfarrer an der Spitze, die ganze Gemeinde, Jung und Alt, Männer und Frauen am 31. August an diese Stätte und brachten inmitten des fruchtbaren Geländes, vor sich die prangende Uferlandschaft mit See, seitwärts das freundliche Dörfchen, im Hintergrund die vielverheißenden Rebenhügel und darüber der Molasseberg, von dem herab Böllerschüsse ertönten, dem Schöpfer ihren Dank dar. Sechszehn weißgekleidete Kinder mit Blumenkränzen ums Haupt trugen in Körbchen allerlei Früchte, welche sie zu Füßen des Kreuzes opferten unter Hersagen eines Versleins, so u. a.:

„Herr! gib dem Lande deinen Segen,
Gib Sonnenschein, fruchtbaren Regen,
Das Wachstum steht in deiner Hand.
Liebreicher Vater! Sieh, wir bitten
Durch Jesum, der am Kreuz gelitten,
Beschütze unser Vaterland!“

Im städtischen Kulturhistorischen Kabinett befindet sich ein Aquarellgemälde von Dürr, welches diese Festlichkeit getreu darstellt. Darunter ist geschrieben: „So dankten nach einer schrecklichen Teuerung die Einwohner Sipplingens voll Freude dem Allgütigen für die Erstlinge seines Vatersegens den 31. August 1817." Dieses Bild stiftete Altkronenwirt Martin Beirer von Sipplingen. — Außer dem ebengenannten Oeschkreuz war noch vor einigen Jahren ein uraltes, großes Wetterkreuz auf dem sogen. „Hauberg" (Homberg), einem an der Nordseite des Orts steil aufsteigenden Molassefels zu sehen. Als jedoch der Sturm dasselbe umgestürzt, wurde es nicht mehr aufgerichtet.

Nesselwangen hat noch zwei Feldkreuze: das eine steht zwischen zwei Linden, nächst der Landstraße Nesselwangen-Überlingen auf dem Wiesengelände im Gewann Espach, das andere südwestlich vom Dorf im Gewann Neuthal.

Im Salemerthal trifft man Feldkreuze und Kruzifixe da und dort, so links am Weg von Lippertsreuthe nach Bruckfelden unterhalb Ahäusle auf einem Acker am Erlengraben; im Dorf Altheim ein ebensolches hölzernes Kruzifix mit den Leidenswerkzeugen, drei Würfel, ein Schwamm an einer Stange, ein Spieß, dann der Kelch und darüber die hl. Hostie, oben war früher noch ein Hahn; ein ähnliches Kruzifix mit Kelch und Hostie ebenfalls in Altheim steht oben im Dorf an der Straße nach Hattenweiler.

Östlich von Meersburg befindet sich auf einer Anhöhe, rechts von der Straße nach Hagnau, ein hohes, altes Wetterkreuz, von welchem der ganze Bühl „Wetterkreuz" genannt wird. Man genießt hier eine prachtvolle Aussicht über einen Teil der Stadt, die gegenüberliegende Landzunge mit Staad, Loretto, Allmannsdorf, die Insel Mainau, den Überlingersee mit umliegender Landschaft, dann auf das Schweizerufer bis Appenzell, ferner auf Bregenz, Lindau und Langenargen, wie auf Kirchberg und Hagnau, dann endlich über die ganze Hochgebirgskette von den bayerischen bis zu den Berner Alpen. Ein ähnlicher Aussichtspunkt mit einem Wetterkreuz ist der Höhebühl bei Hagnau, nördlich vom Dorf über der Landstraße nach Friedrichshafen; hier übersieht man den See, das

Schweizer- und österreichische Seeufer, Langenargen und den ganzen Alpenkranz. Am Funkensonntag wird hier auf dem Höhebühl seitlich vom Wetterkreuz alljährlich der „Funken“ angezündet. Auf einer Anhöhe bei Berkheim liegt die Kapelle „Hochkreuz“, die ihren Namen wohl von einem Kreuze hat, das ursprünglich hier gestanden. Zwischen Kirchberg und Hersberg tritt gegen den See das Kippenhauser Hügelland vor, auf dessen Spitze ein hohes Wetterkreuz emporragt.

Im Bezirk Pfullendorf gibt oder gab es wenigstens noch vor einigen Jahren da und dort manch altes Feldkreuz; so namentlich bei Burgweiler im Oesch „Kreuzberg“ auf der Höhe, das allerdings in letzter Zeit vom Sturm umgestürzt und dann nicht mehr erneuert worden; desgleichen ein solches Kreuz mit den Marterwerkzeugen am Stamm, dem Christusbild, darunter die Muttergottesstatue, und ganz oben der Hahn, auf einem Straßenrain bei Kleinstadelhofen am Wege nach Pfullendorf; auch dieses Kreuz ging vor einigen Jahren zu Grunde und wurde nicht mehr aufgestellt. Ein weiteres Feldkreuz steht an der Straße Denkingen-Ochsenbach auf dem Felde, und eines bei Wattenreuthe an der Straße nach Pfullendorf, welches vor drei Jahren neu errichtet wurde und zwei Widmungstäfelchen hat.

Bei Bodman am See steht an der Ostseite am Ufergelände gegen die Marienschlucht ein hohes Kruzifix welches vom Volk der „Große Gott“ genannt wird. Es stand früher in der Feldkapelle beim „Adler“ und kam nach Abbruch der Kapelle in den Ösch. Im ältesten Haus von Bodman von 1505, welches der Witwe Rob. Batzer gehört, war früher eine Holzstatue von St. Veit (spätgotisch) jetzt im Kulturhistorischen Kabinett zu Überlingen). Von Alters her erhielt St. Veit am Veitstag bei gutem Wetter ein Glas Wein, war aber das Wetter schlecht, wurde ihm ein Glas Wasser hingestellt. Diese Statue und noch viel andere „Hoalgen“ sollen im (Kapuziner- ?) Kloster zu Langenargen gewesen, zur Zeit der Bilderstürmerei aber in den See geworfen, nach Bodman geschwommen sein. Nur gelegentlich sei hier erwähnt, daß in der Franziskanerkirche zu Überlingen an der Südwand ein großes Kruzifix hängt, dessen Christusbild einen Bart hat von natürlichen Haaren, welche nachwachsen sollen. Auch von diesem Kreuz wird erzählt, daß es um jene Zeit am Obersee ins Wasser geworfen worden und bei Überlingen gelandet sei.

Eine dritte Art von Kreuzen im Felde sind die Gedächtnis- oder Erinnerungs-Kreuze, die zum Andenken an Verstorbene gesetzt wurden, meist solcher, die plötzlich dahingeschieden, im Kriege gefallen, oder durch Unglücksfall oder Verbrechen umgekommen. Solche Denkkreuze gab es schon zu den ältesten Zeiten wie sie auch noch heute gesetzt werden.

Wie der Überlinger Chronist Kutzle mitteilt, haben anno 1403 die Überlinger, Konstanzer, Lindauer und andere verbündete Städte im Kriege gegen die Appenzeller 300 Mann verloren, worunter 22 Überlinger. „Die von Überlingen haben dann zu Bürnow (Altbirnau) einem jeden Erschlagenen ein steines Kreuz zum gedächtnus aufrichten lassen.“ Im Jahre 1617 wurden diese Kreuze durch die Überlinger Patrizier Reutlinger und Erleholz wieder erneuert oder vielmehr neu gestiftet und zwar als Kreuzwegbilder oder sogen. Stationskreuze, und von Altbirnau herab bis zur Stadt als Kreuzwegandacht gesetzt. Während der Überlinger Belagerung durch die Schweden im Jahre 1634 wurden diese Kreuze größtenteils zerstört. Jetzt sind nur noch drei derselben vorhanden, eines unterhalb des Birnauer Bühls zwischen Bäumen, ein zweites in der Nähe des ehemaligen Obertores am Wege nach dem Krankenhaus; das dritte fand Aufnahme im Kulturhistorischen Kabinett. Aber selbst an diesen wenigen Exemplaren ist die Schönheit des ganzen Kreuzwegs noch deutlich zu erkennen. Denn ein solches Stationskreuz aus Sandstein, 4,5 Meter hoch, „eine deutsche Renaissancearbeit, ist gleichschön im Entwurf wie in der Ausführung. Auf den einfachen Kreuzesstamm scheint die giebelgekrönte, von Konsolen getragene Stationstafel mit ihrem reichen Bildwerk aufgeheftet, ist aber mit diesem aus einem Stück gearbeitet. Das Kreuz trägt am Querbalken und in den Konsolen zwei Wappen, von denen das eine den Widder in Halbfigur, das andere den knieenden Jüngling zwischen zwei Bäumen führt — Wappen der Reutlinger und Erleholz." (Kraus: Die Kunstdenkmäler Badens.)

Westlich von Deisendorf befindet sich an der alten Straße, die gegen den Rengoltshauser Hof führt, und unterhalb des Bühls von einem Feldweg gekreuzt wird, eine kleine Feldkapelle, das „Aißenkapellele", so genannt, weil früher es üblich war, daß diejenigen, welche „Aißen" (Furunkel) hatten, hier Besen opferten, um von diesen Geschwüren geheilt zu werden. In der Nähe dieser Kapelle steht ein steinernes Kreuz; hier wurde nämlich im Jahre 1870 ein Mann von einem Blitzschlag getötet, worauf zum Gedächtnis an diesen Todesfall das Kreuz errichtet wurde. An der neuen Straße von Owingen nach Hedertsweiler steht rechts am Waldabhang ein Kreuz zur Erinnerung an einen Unglücksfall, der einen Landwirt beim Langholzführen vor etwa 30 Jahren betroffen: derselbe geriet unter die Räder und fand jählings seinen Tod. Auf dem Feld bei Altheim, an der Straße nach Hattenweiler, steht in der Nähe des Schulhauses ein etwa 1 Meter hohes altes Steinkreuz, das zum Gedächtnis erschlagener Franzosen (nach andern erschlagener Schweden) dort errichtet worden sein soll. Bei Frickingen ist ein Gewann, das den Namen „Bildstockäcker" führt. Nächst dem Ort Wittenhofen stand noch vor 30 Jahren ein ähnliches Steinkreuz (Straßenkreuz) zwischen dem Acker des Akzisors Schweitzer und dem des Wirts Keller, angeblich zur Erinnerung an die Tötung von Franzosen im Kriege auf diesem Platz; desgleichen stand ein solcher Kreuzstein bei dem zur Gemeinde Wittenhofen gehörigen Hof Hornstein und endlich steht noch ein solch steinernes Denkkreuz unterhalb Wattenberg, Gemeinde Homberg. Der Weiler Wattenberg ist sehr alt und erscheint urkundlich schon im 12. Jahrhundert; ein Geroldus de Wattinberc wird urkundlich zwischen 1151 und 1160 genannt, desgl. ein „Hainrich Waibel von Wattenberg ain freyer, lantrichter ze Schappuch" 1375. Im Finkenhauser Hölzle, Gemde. Leustetten, ist ein Kreuzweg Finkenhausen-Weildorf und Beuren-Leustetten, an dem ein Kreuz steht, bei dem es geisten soll. So erzählen die Leute, daß hier oft ein gespenstischer schwarzer Geißbock gesehen wurde.

Solche Denkkreuze (Sühnekreuze) trifft man da und dort, wie auch die dem gleichen Zweck dienenden Bildstöckle, welche jedoch mehr und mehr in Abgang kommen. Diese bestehen gewöhnlich aus einer mannshohen eichenen Säule, in deren oberen verbreiterten Teile eine etwa 20 Cm. große Nische eingehauen ist, welche eine Statuette, oder eine Blechtafel mit einem Bild enthält; dasselbe stellt entweder einen Kruzifixus dar, oder die hl. Familie, oder einen Heiligen u. drgl.; manchmal auch einen bestimmten Vorfall, der sich hier ereignete. Sie stehen meist an Wegen und Straßen, namentlich an Kreuzstraßen, oder auch an Orten, wo ein Unglücksfall vorgekommen, oder ein Verbrechen verübt worden, oder sonst etwas besonderes vorgefallen.

Auf Überlinger Gemarkung sind noch zwei Bildstöckle zu finden: das eine an der Straße Überlingen-Aufkirch unterhalb der alten Steige. Es enthält in der Nische ein kleines Gemälde, „die Kreuzabnahme", und wurde an Stelle eines alten, morschen Bildstöckles durch den betr. Grundeigentümer Georg Keller von Aufkirch vor einigen Jahren neu gesetzt. Auf dieser Stelle soll dereinst ein Mann durch ein Fuhrwerk umgekommen sein. Ein anderes Bildstöckle mit dem Bilde des „Ritters St. Georg“ steht im Gewann Längefeld an der Straße von Überlingen nach Nesselwangen, wo sie vom Feldweg Hödingen-Andelshofen gekreuzt wird. Es wird das „St. Jörgen-Ritter-Bildstöckle“ genannt: die Veranlassung zur Aufstellung ist jedoch nicht bekannt.

Ein ähnliches Bildstöckle mit dem „Ritter St. Georg“ stand ehedem auch auf Hödinger Gemarkung am Fußweg von Hödingen nach Aufkirch; es besteht aber jetzt nicht mehr. Ein anderes Bildstöcklein, das jetzt ebenfalls nicht mehr vorhanden ist, war am Wege von Hödingen nach dem Länglehof bei einer Linde. An dieser Stelle soll dereinst ein ermordetes Kind vergraben und von Hunden wieder herausgescharrt worden sein. Ein weiteres Bildstöckle steht jetzt noch in der Nähe des Hödinger Tobels; es zeigt auf der Bildtafel den kreuztragenden Heiland und die Jahreszahl 1802; der Platz gehört dem Landwirt Schmid; der Anlaß zur Errichtung dieses Bildstöckles ist nicht mehr bekannt. In dem zur Hödinger Gemarkung gehörigen Walde „Haslen“ ist an einer großen alten Eiche eine Holznische befestigt, in der eine Muttergottesstatue mit dem Jesuskinde aus Gips sich befindet. Um Marias Haupt schweben zu beiden Seiten Engel mit den Leidenswerkzeugen, das Jesuskind blickt ängstlich nach dem ihm zunächst befindlichen Engel empor, als ob es sich vor diesen Werkzeugen fürchte. Durch dieses ängstliche Umsehen ist ein Schuh vom Fuße Jesu gefallen. Unterhalb dieser Statuennische ist am Baum eine Bank zum Sitzen und Beten angebracht. Von frommen Leuten wird das Bild immer mit frischen Blumen und grünen Zweigen verziert. Wegen dieses Muttergottesbildes hat die Eiche den Namen „Fraueneiche“. Übrigens soll die Bildertafel schon an verschiedenen anderen Plätzen in diesem Walde gehangen sein. Wie glaubwürdig erzählt wird, haben schon oft Frauen in Geburtsnöten einen Besuch dieses Bildes versprochen und nachher für empfangenen Trost und

Hilfe einen Gang dorthin gemacht und der Mutter Gottes für ihre Fürbitte gedankt. Das Bild stellt, wie die Leute sagen, „Unsere Liebe Frau von der immerwährenden Hilfe" dar. Nach der Tradition verdankt dieses Bildstöckle sein Dasein einem Unglücksfall: ein junger, braver Mensch kam hier unter ein Holzfuhrwerk und verlor hierbei sein Leben. Zur Erinnerung an ihren so plötzlich dahingerafften Sohn stifteten dessen Eltern auf der Stelle, wo das Unglück geschehen, dieses Bildstöckle.

In der Nähe der Süßenmühle, am alten Weg nach Sipplingen, befand sich früher ein Bildstöckle mit der Statue des hl. Johann von Nepomuk.

Zwischen Bermatingen und Ittendorf stand früher mitten im Walde ein Bildstöckle wegen eines dort verübten Totschlags. Ferner steht ein solches bei Markdorf. Ebenso befindet sich ein Bildstöckchen zwischen Bergheim und Oberradrach östlich am Wege.

Wenn man von Baufnang nach Rickenbach geht, sieht man links am Waldrand bei einer alten Kiesgrube, wo dereinst ein Arbeiter verschüttet wurde, ein Bildstöcklein mit einer Blechtafel, auf der jener Unglücksfall dargestellt ist: ein Mann liegt unter einer Kiesmasse tot, nur der Kopf und eine Hand ist noch sichtbar, der Hut des Verunglückten befindet sich zur Seite desselben auf dem Geröll. Die Kiesgrube ist umsäumt von Tannenbäumen; über dem Ganzen schwebt auf Wolken die Madonna mit dem Jesukind.

Auf dem Wege von Tüfingen nach Salem sieht man gleich beim Eintritt in den Wald links an einer Eiche eine über ein Quadratmeter große Bildertafel hängen, auf der eine landschaftliche Szenerie dargestellt ist: im Vordergrund steht ein großer Eichbaum, an dessen Fuß eine Muttergottesstatue mit dem Jesuskind angelehnt ist; rechts zieht auf einem Waldweg ein Trupp französ. Reiter vorüber; den Hintergrund bildet Wald. Dieses Gemälde wird durch folgende Inschrift erklärt: „Anno 1642 den 26. Christmonat wurde (Alt-)Birnau auf Befehl Corvals, z. Zt. französischer Befehlshaber in Überlingen, angezündet, auch das Kirchlein verbrannt, jedoch ohne Verletzung des Altars. Johann Michael Jung (Klosterbruder), damals in Diensten zu Birnau, wollte das ehrwürdige Bildnis der gnadenreichen Gottes-Mutter Maria nach Salmansweiler flüchten; er kam auch wirklich schon in die Mitte des Weges zwischen Tüfingen und dem Kloster, als er unversehens auf eine französische nach Überlingen von Heiligenberg abgefertigte Bedeckung und etliche Hundert Mann stieß, welche gegen zweihundert Pferde in ihrer Mitte schlossen, die in Säcken geraubte Früchte nach gedachter Reichsstadt tragen mußten. Hier war er genötigt, seine fromme Bürde an eine Eiche zu lehnen und an dessen statt einen Sack Korn auf seine Schultern zu nehmen Da er in dem sogenannten Burgberger Höflein angelangt war, warf er seine Last von sich und kehrte zu dem verlassenen Mariabilde zurück; er fand es ganz unversehrt, ungeachtet viele Franzosen und Schweden vorüber gegangen waren. Diese Begebenheit in stetem Andenken zu erhalten und kindliches Zutrauen gegen die seligste Jungfrau in den Herzen der Christen anzufachen, wurde gegenwärtige Tafel zuerst an gemeldeter Eiche aufgehangen; nachdem aber sowohl die Eiche eingegangen, als die Malerei durch die Länge der Zeit unkenntlich geworden, hat man die Tafel erneuert und an diesem Ort aufgestellt 1802. — Renoviert 1836."

Zwischen Markdorf und Bermatingen lag ehedem das Franziskaner-Frauenkloster Weppach, das seine Entstehung einem Bildstock verdanken soll. Nach der Legende verirrte sich nämlich vor alter Zeit in dieser Gegend, die damals noch lauter Wald war, ein Reisender und fand keinen Ausweg aus der Wildnis. In seiner Not rief er die hl. Anna um Hilfe an, worauf er eine Stimme hörte, die ihm den rechten Weg wies, so daß er aus dem Walde heraus auf einen freien grünen Platz kam. Hier steckte er seinen mit einem silbernen Knopfe versehenen Stock in den Boden, ging dann weiter und kam nach Bermatingen. Anderntags kehrte er mit einem Mann von dort wieder zurück, um seinen Stock zu suchen und fand ihn richtig wieder auf dem bezeichneten Platze. Nun ließ er auf dieser Stelle einen gemauerten Bildstock mit dem Bilde der hl. Anna errichten. Bald darauf fingen die Bewohner der Umgegend an, hierher zu wallfahrten, und als in der Nähe des Bildstockes eine Quelle entdeckt wurde, nannten die Leute dieselbe „St. Anna-Brünneli", und gebrauchten sie gegen allerlei Krankheiten mit Erfolg, sodaß viele Kranke hierher kamen und Heilung suchten, worunter auch eine adelige mit dem Aussatz behaftete Frau aus dem alten — 816 urkundlich „Werinpertivilare" genannten — Schloß Wirmetsweiler nördlich von Markdorf an der Straße nach Roggenbeuren. Diese Edeldame ließ sich nicht weit vom „St. Anna-Brünneli" ein Haus bauen, wo sie dann dieses Wasser gebrauchte, bis sie gesund war und wieder in ihr Schloß zurückkehrte. Als dann die Zahl der hier Heilung Suchenden zunahm, kamen zu deren Pflege zwei Beginen aus Wespach bei Leutkirch hierher, denen sich später noch andere fromme Personen anschlossen, welche ein klösterliches Leben führten und 1400 von Jakob von Hagnau und Heinrich Sydin ein Haus „zur Wohnung um Gottes Ehre und ihrer Seelenheil willen" geschenkt erhielten. Hierzu kamen von frommen Wohltätern bald noch mehrere Stiftungen, so daß das „Gotteshaus Weppach" schon 1493 ein Kirchlein zu „Ehren der hl. Anna" mit drei Altären erbauen konnte. Auch im folgenden Jahrhundert mehrte sich der Besitz des Klosters durch allerlei Schenkungen. Im 17. Jahrhundert hatte das Kloster durch den dreißigjährigen Krieg viel zu leiden und erholte sich nur langsam wieder, bis Ende des folgenden Jahrhunderts die Franzosenkriege wieder Plünderungen, Brandschatzungen und allerlei Schrecknisse brachten. Im Jahre

1803 erfolgte die Säkularisation des Klosters zugunsten des Fürsten von Fürstenberg.

Bei Oberhomberg, am westlichen Abhang des Höchsten, befindet sich ein etwa drei Meter hohes gemauertes Bildstöckle an der Stelle, wo das kleine Frauenkloster Rubacker (Rugacker) dereinst gestanden, das anfangs des 15. Jahrhunderts errichtet, um die Mitte des 17. Jahrhunderts wieder eingegangen. Es unterstand der Überlinger Gerichtsbarkeit — welche jedoch Heiligenberg bestritt und für sich in Anspruch nahm, weshalb fortwährend Streitigkeiten — und hatte einen Überlinger Schirmvogt. Das Kirchlein enthielt die Reliquien der hl. Ottilie, welche später in die Pfarrkirche nach Oberhomberg kamen.

---

11. Spinnerei-Bräuche.

Der Hanf wird im Mai gesäet und blüht im August; sobald er verblüht hat, geht man ans „Hanfen", d. h. der „Fümmelhanf" (männliche Hanf) wird ausgenommen, nachdem Wege im Hanffeld gemacht worden durch Herausreißen der Hanfpflanzen in Handbreite auf Doppelarmlänge und in Parallelreihen. Dieser Fümmelhanf wird nun auf die „Ergete" (Ödland, schlechtes Wiesland) gestreut und bis zum Spätjahr dort gelassen, dagegen bleibt der „Samenhanf" (weibliche Hanf) stehen bis September zur Reife des Samens. Jetzt wird dieser Hanf in kleinen Büschelchen („Handvl", handvoll) kreuzweis aufs Feld gelegt, um den Samen vollständig ausreifen zu lassen, was in 8—14 Tagen geschehen ist. Nun schlägt man den Hanf über ein Zuber oder Salzfaß, damit die Samen ins Faß ausfallen, worauf er wieder auf die „Ergete" kommt, wo nun beide — Samenhanf und Fümmelhanf — liegen bleiben, bis sie dürr sind, d. h. bis im Spätherbst. Dann wird der Hanf in „Buscheln" gebunden, wozu jeweils gutes

Wetter abgewartet wird, und heimgeführt zum gelegentlichen Brechen. Vor dem Brechen kommt er jedoch noch auf die „Doarre“ (Dörre, Hanfröste). Es ist dies eine etwa 2 Kbm. große ausgemauerte Grube an einem Feldrand oder Rain, auf deren Boden mittelst Reisig usw. Feuer gemacht wird; über die Grube wird auf der Umfassungsmauer ein Holzrost mittels nebeneinander gelegten Stecken hergestellt, worauf der Hanf in Büscheln gelegt und durch das darunter befindliche Feuer geröstet wird, bis er brüchig geworden, was für die Gesamtmenge etwa einen Tag in Anspruch nimmt. Alle diese Arbeiten werden von einem Manne besorgt, während die folgenden größtenteils Sache der Mädchen und Frauen sind.

So zunächst das Brechen des Hanfs mittels der Hanfbreche. Diese besteht aus zwei aufeinandergelegte und durch ein Scharnier miteinander verbundene Holzrahmen, deren untere 3 oder 4, die obere 2 oder 3 etwa 50 Cm. lange und 3 Cm. hohe Holzmesser derart umfaßt, daß beim Zusammenklappen der zwei Rahmen die oberen Holzmesser zwischen die unteren eingreifen; am oberen Rahmen ist ein Holzblock zum beschweren und ein Handgriff zum Auf- und Zuklappen angebracht; der untere Rahmen ist auf einer Holzbank befestigt, während der obere mittelst des Scharniers beweglich ist. Die „Hanfbreche“ heißt „fünfschwingig“, wenn der obere Rahmen 2 und der untere 3 Holzmesser hat, und „siebenschwingig“ bei 3 bezw. 4 Holzmessern. Sie wird für den Gebrauch zur Hanfdörre gebracht und nun eine Schicht gerösteten Hanfs eingelegt; eine Spinnerin sitzt auf die Bank und zerschlägt denselben durch Auf- und Zuklappen der Rahmen. Hierdurch werden die äußeren harten Stengelteile vom weichen Bast in Splitter abgelöst; man heißt dieselben „Angeln“ oder auch „Granen“. Hierbei herrscht nun auch der Brauch des Vorspannens. Von den Hanfbrecherinnen wird nämlich den zufällig Vorübergehenden, von denen man eine Gabe erwarten kann, ein

Schurz voll „Angeln" vorgestreut, bis sie ein Trinkgeld geben. In Dettingen u. a. O. sagen sie hiebei den Spruch:

„Wir heben den Herrn auf in Ehren,
Er wird uns auch etwas ins Band verehren!"

Oder man sagt auch folgenden Spruch:

„Ich spann dem Herren vor mit Hanf und Angeln,
Ich nimm den Herrn gefangen
Bis er etwas spendet in die Handvol (Handvoll) hinein.
Spendet er nichts,
So wünsch ich dennoch Glück!"

Der gebrochene Hanf kommt nun auf den „Schwingstock". Es ist dies ein etwa 1 Meter hohes und 40 Cm. breites, auf einem Holzsockel (Sparren) befestigtes Brett in der Form eines gewöhnlichen, auf die hintere Kante gestellten Kinderschlittenlaufs, so daß der Bogen oben ist. Unter diesen Bogen, also auf die obere Kante, wird nun der Hanf derart gelegt, daß er auf der Breitseite herunterhängt, mit einem schwertähnlichen Stabe von oben nach unten geschlagen, so daß „die Angeln davonfliegen". Dazwischen wird er auch öfters mit der Hand in der Luft auf- und abgeschwungen wie die Schnur am Geißelstock. Ist er auf solche Weise von den „Angeln" größtenteils gereinigt, so kommt er auf die Hanfreibe, welche im wesentlichen aus einer Holzscheibe von etwa 2 Meter Durchmesser besteht, auf der eine etwa 1 Meter lange kegelförmige Steinwalze liegt, deren Spitze in der Mitte der Scheibe befestigt ist, so daß sie im Kreise auf derselben herumbewegt werden kann. Der Hanf wird nun strahlenförmig auf der Scheibe ausgebreitet, und der Steinkegel darüber hingetrieben und zerquetscht so die noch anhaftenden Rückstände der „Angeln". Dann wird der Hanf wieder geschwungen und schließlich gehechelt.

Das Hecheln des Hanfes geschieht mittelst der Hechel und wird in der Regel vom Seiler besorgt, der zu diesem Zweck „auf die Stör" geht, d. h in die Häuser kommt. Die Hanfhechel hat die Form eines kleinen eisernen Rechens mit kurzem Stiel oder eines eisernen Kammes mit Handhabe. Zum Hecheln wird dieselbe an die Wand festgeschraubt. Nun schlägt man einen Strang (Buschel, „Docke") Hanf in die Hechel und zieht ihn von oben nach unten durch und zwar so oft, bis alle noch anhängenden Unreinigkeiten entfernt sind, namentlich noch etwa anhaftende „Angelreste", und der Hanf glatt ist. Durch das Hecheln werden zugleich die Bastfasern der Länge nach geteilt, also feiner, und die nicht glattliegenden Fasern weggenommen; je öfter und mit je feinerem Werkzeug man den Hanf hechelt, desto feiner wird die Faser zerschlissen, desto glatter wird der Hanf. Es entsteht beim Hecheln viel Abgang (Abfall, „Abwerg", „Kuder"), der in der Hechel zurückbleibt und teilweise noch zum Grobspinnen benützt wird. Der gereinigte Hanf heißt „W e r g". Derselbe wird in kleinen Strängen auf dem Tisch ausgebreitet und dann eine Handvoll („ein Bürdele") zusammengefaßt, in der Mitte gedreht, wie ein Zopf gewunden und die beiden Enden zusammengebunden mittels einiger Hanffasern zu einem „K n u t e n" (Hanfknuten), d. h. „der Hanf wird geknutet". In solchen „Knuten" wird der Hanf aufbewahrt, bis die Zeit des Spinnens gekommen, oder wird in dieser Form auf den Markt gebracht und nach dem Gewicht verkauft. In Überlingen wird jeweils in der ersten Hälfte des Dezember ein Hanf- und Flachsmarkt in den unteren Räumen des Rathauses abgehalten, der aus der ganzen Umgegend zahlreich besucht und beschickt wird.

Nach Beendigung der Feldarbeiten — etwa um Martini — beginnt man mit dem häuslichen Spinnen. Zuerst werden die nötigen Geräte, die Kunkeln und Spinnräder, früher die Spindeln, wieder hervorgeholt, gereinigt und zugerichtet. Die K u n k e l, welche auf einer kleinen niederen dreifüßigen Scheibe befestigt ist, besteht aus dem „K u n k e l st o c k" (Fuß) und dem in diesen eingelassenen „K u n k e l h o p t" (Haupt); an dieser Stelle befindet sich das sogenannte „Netzgeschirrle“ aus Zinn, welches den Kunkelstock oben umfaßt und mit Wasser gefüllt ist, das zum Benetzen des Fadens dient. Die Spindel ist ein etwa fingerdickes, etwa 20 Ctm. langes Stöckchen aus Hartholz, das an beiden Enden zugespitzt ist und unter der Mitte von einem tönernen oder zinnernen Ringe (Spinnwirtel) umfaßt wird. Seit etwa 60 Jahren wird bei uns die Spindel nicht mehr gebraucht, statt ihrer hat man das Spinnrad. Die Hauptbestandteile sind das Rad, das von einem Gestell getragen wird, der Tritt, d. h. ein Brettchen am Fuße des Gestells, das mittelst eines Stängleins mit der Radachse verbunden ist und diese durch Auf- und Abbewegung umdreht; dann die Spule zum Aufwickeln des Fadens und endlich der Bügel, durch dessen zentrale Öffnung das „Tromm“ (Trumm), d. h. der Anfangsfaden, gezogen wird. Kunkel und Spinnrad sind mitunter sehr fein gearbeitet, mit Intarsien und allerlei Holzschnitzlereien verziert und bilden dann eine Zierde der Bauernstube. Bei keiner Aussteuer („Brautfutter)“ durften sie früher fehlen. Noch bis in die neueste Zeit prangten zuoberst auf dem festlich geschmückten Brautwagen Spinnrad und Kunkel samt aufgerolltem, von blauem Seidenband umschlungenem Werg, als Sinnbild des Feißes und der Häuslichkeit!

Sind nun die eben genannten Spinngeräte in Ordnung, so wird ein „Knuten“ Hanf zugerichtet, indem man den Hanf auf einem Tische auseinanderbreitet, dann Büschchen für Büschchen davon nimmt und durch die Hand zieht, damit Alles gerade und glatt wird, und nun zusammenfaßt, um das Kunkelhopt schlingt und mit einem Seidenband befestigt; man heißt dies ein „Werg anlegen“. Nun ist Alles bereit, und mit dem Spinnen wird derart begonnen, daß die Spinnerin einen Faden an der Spitze der Spindel befestigt, an diesen einen Faden aus dem Werg anspinnt, hierauf die Spindel in Drehung um ihre Achse versetzt und während derselben den Faden aus dem Werg weiterspinnt; ist dieser so lange gesponnen, daß die Spindel, die nur am Faden gehalten wird, den Boden berührt, auf dem sie sich fortwährend dreht, so zieht die Spinnerin die Spindel wieder an sich und wickelt den Faden oberhalb des Wirtels um die Spindel, befestigt ihn an der Spitze mit einem „Schlaufen“ (Schleife), beginnt nun eine neue Tour und macht so fort, bis alles Werg abgesponnen ist. Wird bei der Spindel der Anfangsfaden an der Spitze der Spindel befestigt, so geschieht dies beim Spinnrad am sog. „Tromm“. Dann wird das Rad durch Treten in Bewegung gesetzt und dreht nun die Spule zum Aufwickeln des Fadens, und zugleich den Bügel. Letzterer dreht sich meistens schneller als die Spule und durch diese Verschiedenheit wird die Drehung des Fadens bewirkt. Wenn eine Spule voll ist, so wird der Faden auf den Haspel gebracht und dort aufgerollt. Ein Umlauf um den Haspel erfordert etwa 5 Fuß Fadenlänge; 1000 solcher Fäden, also 5000 Fuß Faden, bilden einen Schneller, „25 Schneller“ bindet man mittelst den Überbleibseln vom Webtuch, sog. „Weberträmen“, oder mit einem Schneller zu einem „Boschen“ zusammen, nachdem man sie in Aschenlauge gekocht hat, was man „Buchen“ nennt Der „Boschen“ wird zum Trocknen in der Stube aufgehängt und ist dann fertig zum Weben. Eine fleißige Spinnerin kann während eine Tages einen „Schneller“ spinnen.

In der guten alten Zeit des Spinnens, welche etwa bis Mitte des vorigen Jahrhunderts währte, spannen während der kurztägigen Winterszeit wenn möglich alle weiblichen Hausangehörigen, und eine jede hatte Kunkel und Spinnrad vor sich, vor Allem die Bäuerin, wie auch die Großmutter, die Töchter und die Mägde, und waren dabei fröhlich und guter Dinge, und wenn dann der Bauer und seine Söhne und Knechte ihre Arbeiten im Stalle und in der Scheuer, im Holzschopf und auf der Tenne getan und zu

Nacht gegessen mit den andern, dann setzten sie sich ebenfalls zu den Spinnerinnen und die Hausfrau stellte den „Mannsbildern" einen großen Korb voll Bohnenkraut hin zum „Prätschen" (Bohnen enthülsen), während andere mit „Bandmachen" (Strohbänder zum Garbenbinden) und dergleichen sich beschäftigten. Da fiel wohl manchmal ein neckendes Wort von einem jungen Burschen zu den Mädchen hinüber, das aber in der Regel von einer mundfertigen Spinnerin zurückgeschickt wurde, was allgemeine Heiterkeit hervorrief. Oder es stimmte wohl auch Eines oder das Andere ein Lied an, in das bald alle einfielen, so daß lebhafter Gesang die Zwiegespräche ablöste. In der Gegend von Hagnau wurde damals ein Lied gesungen, das aus Schwaben herübergekommen und allem nach aus den Franzosenkriegen stammt. Es lautet folgendermaßen:

Nun kommt die längst gewünschte Stunde,
Sie ist und kehret bei uns ein,
Die Jünglingsjahre sind verschwunden,
Mich freut nicht mehr, Soldat zu sein.
So dank ich Gott und heb' die Hände
Vor dieser Gnad' zum Schöpfer auf,
Daß ich noch leb' — — — --
Und hab jetzt wieder frohen Lauf.

Wo sind die schönen Frühlingsstunden,
Wo sind die Jünglingsjahre hin?
Beim Militär sind sie verschwunden,
Als wie ein Rauch sind sie dahin.
Es ist ja nur ein Traum auf Erden;
O, glücklich ist, wer das vergißt.
Der Mensch ist Staub, muß wiedrum werden,
Was er zuvor gewesen ist.

Soldat heißt viel, wer es betrachtet,
Der setzt sein Leben hin ins Spiel,
Im höchsten Kreis wird er geachtet,
Er stürzt sich in das Mordgewühl.
Er muß im Rauch und Pulverdampfe,
Wie auch bei langer finst'rer Nacht

In blut'gem Schweiß und hartem Kampfe,
Bei Sturm und Regen auf die Wacht.

Auch viele meiner Kameraden,
Sie sind geblieben in Kampf und Streit,
Ich sah sie hier im Blute baden,
Jetzt sind sie in der Ewigkeit:
Sie lagen dort vor meinen Füßen,
Dem fehlt ein Arm, dem fehlt ein Fuß,
Ich sah die blut'gen Strömlein fließen —
Was der Soldat doch leiden muß.

Viel Tausend sind in Rußland blieben,
Und zu Prag auf der Brück,
Vor Hunger und Kälte aufgerieben,
Sie kamen ja nicht mehr zurück.
Da weint der Vater und die Mutter,
Weil sie ihr'n lieben Sohn verloren.
Die Schwester weint um ihren Bruder,
Weil er in Rußland ist erfroren.

Napoleon will's noch nicht achten;
Er sah sein ganzes Kriegesheer,
Was übrig blieb, sieht er noch schlachten,
Bei Leipzig ändert sich das Spiel!
Da ging sein ganzer Plan verloren,
Er sah sein ganzes Heeer vergeh'n.
Napoleon spitzt seine Ohren,
Diesmal ist es um ihn gescheh'n!

So verbrachten damals die Leute an den Spinnabenden die Zeit in Tätigkeit und Fröhlichkeit, und waren dabei nicht bloß häuslicher und deshalb wohlhabender, sondern auch glücklicher und zufriedener als das Geschlecht von heutzutage trotz seiner rauschenden Vergnügungen und weit höherem Verdienst.

Ein besonderes Vergnügen war es nicht bloß für die Spinnerinnen, sondern für das ganze Haus, wenn die Mädchen der Nachbarschaft zu gemeinsamem Spinnen zu Besuch kamen. Man hieß dies zur „Hostube“ (Hoamstube, Heimstube) und „Lichtstube“ gehen. Da versammelten sich nun nachmittags nach dem Essen etwa um 1 oder halb 2 Uhr nach erfogter Einladung die Mädchen mit ihren Kunkeln und Spinnrädern in einem befreundeten Hause, setzten sich in der Stube im Kreise herum, und spannen und spannen den ganzen Mittag unter traulichem Gespräch heiterer und ernster Art. Es wurde dann auch von der Hausfrau den Mädchen die sogen. „Netze" gegeben, nämlich Äpfel, Birnen, Dürrobst und dergleichen, und wenn es je vergessen wurde, mahnten die Mädchen wohl selbst: „Gent is au d' Netze" (Gebt uns auch die Netze). Bisweilen gingen sie dann in ein anderes Haus zur „Hostube" und verlangten dort ebenfalls die „Netze". In Hödingen sangen die Mädchen vor etwa 60 Jahrern beim Spinnen ein Lied, das sie in der Schule gelernt und das diese „Hostube" getreu schildert. Es lautet folgendermaßen.

Ich sitze und nähe
Und o! ich verstehe
Nun immer schon mehr.
Es rauschen die Bäume,
Ich sitze und säume
Und freue mich sehr,

Ich sitze und spinne
Mit fröhlichem Sinne
Schon reistenes*) Garn,
Schon dreht sich die Spule
Ich sitz' auf dem Stuhle
Und lasse sie knarr'n.

Ich stehe und winde
Geschwinde, geschwinde
Ein Knäu'lein von Zwirn,
Und bring' ich's nach Hause,
So gibt es zum Schmause
Wohl Äpfel und Birn'.

Und während wir stricken
Und nähen und flicken
Horcht leise das Ohr!

*) Reistenes Garn soviel als Hanfgarn im Gegensatz zu flachsenes Garn.

Da gibt es zu hören
Viel nützliche Lehren,
Man lernt wie zuvor!

Bis abends 5 oder halb 6 Uhr, d. h. bis eine Spule voll war, saßen die Mädchen beisammen, dann ging eines nach dem andern heim und blieb zu Haus, bis die „Abendkehr“ gemacht, d. h. die Hausgeschäfte besorgt waren. Um 7 oder halb 8 Uhr kamen sie wieder in gleicher Weise zusammen „z' Licht“ oder zur „Lichtstube“. Mitten im Kreis stand dann ein Kunkelstock mit brennender Unschlittkerze als Leuchter. Da ging es dann bald lebhafter zu, denn es gesellten sich allmählich die jungen Burschen hinzu, und nun wurde nicht bloß gesponnen und geplaudert, sondern auch gescherzt und geneckt, und namentlich der Sangeslust gehuldigt, Mädchen und Burschen sangen manch gemeinsames Liedlein, in das mitunter auch der Alt der Meisterin oder der Baß des Hausherrn einstimmte. So wurde auch ein altes Lied, das da und dort im deutschen Reich gesungen wurde — ist es doch in „Des Knaben Wunderhorn von Achim v. Arnim und Cl. Brentano“ aufgenommen — bei uns am See ebenfalls vielfach bei den Ho- und Lichtstuben gesungen und hat jeweils viel Spaß gemacht; es ist dies folgendes Spinnerinlied:

Spinn, spinn, meine liebe Tochter,
Ich kauf Dir ein paar Schuh.
Ja, ja, meine liebe Mutter,
Auch Schnallen dazu;
Kann wahrlich nicht spinnen
Von wegen meinem Finger,
Meine Finger tun wehe.

Spinn, spinn, meine liebe Tochter,
Ich kauf Dir ein paar Strümpf.
Ja, ja, meine liebe Mutter,
Schön Zwicklein darin.
Kann wahrlich nicht spinnen
Von wegen meinem Finger,
Mein Finger tut weh.

Spinn, spinn, meine liebe Tochter,
Ich kauf Dir einen Mann.
Ja, ja, meine liebe Mutter,
Der steht mir wohl an;
Kann wahrlich gut spinnen,
Von all meinen Fingern
Tut keiner mir weh,

Auf diese Weise, bei Gesang und Gesprächen, wurde gesponnen bis 9 oder 10 Uhr abends, wo dann allgemein Feierabend gemacht wurde. Da sagte dann in einem einfachen Bauernhaus der Bauer wohl zu seiner Frau: „Gang, Frau, hol 'n Schurz voll Äpfel 'rauf und nimm no a Glas Schnaps mit." Und nun wurde von den jungen Leuten Obst gegessen und mitunter ein Schluck Schnaps aus gemeinsamem Glas genommen, das die Runde im Kreis herum machte. Statt des Schnapses wurde auch manchmal ein Krug Most geholt oder Bier, und alles war fröhlich und guter Dinge. Wenn dann die Gesellschaft sich verabschiedete und Jedes heimwärts ging, dann trugen die Burschen ihren Mädchen Spinnrad und Kunkel bis vor das elterliche Haus.

Solche „Ho- und Lichtstuben" gab es in der Regel jede Woche, ja sogar zwei- bis dreimal in einer Woche, aber jeweils in einem andern Haus, und es kamen bisweilen 12—15 „Hostubernen" zusammen. Am ausgedehntesten wurde dieser Brauch in den Ortschaften jenseits des Sees, in Dingelsdorf, Dettingen, Litzelstetten usw. geübt. Dort war manchmal die Gesellschaft noch größer, denn es kamen nicht bloß Mädchen eines Ortes zusammen, sondern noch benachbarter Orte. Wenn in Dingelsdorf „Hostube" gehalten wurde, dann schlossen sich mitunter noch Spinnerinnen aus Dettingen oder Oberdorf, Wallhausen usw. an, oder umgekehrt wurden zu einer Ho- und Lichtstube in Litzelstetten oder sogar in Allmannsdorf die Spinnerinnen aus Dingelsdorf usw. eingeladen und fuhren dann bei guter Bahn in mondhellen Nächten auf Kinderschlitten, gezogen von den jungen Burschen, dahin. Das waren stets besondere

Festtage für die Jugend, wobei es in manchem wohlhabenden Bauernhaus hoch herging; denn da wurde dann wohl ein „Läffle" („Schäufele" — Schulterblatt eines Schweins) aufgestellt oder ein „Schinkle", ein „Streich Speck" oder „Sulz" (Gallerte mit Fleisch) und dergl., mit Most oder Bier oder sogar Wein. Manch Mädchen hatte wohl eine Guitarre mitgebracht oder ein Bursche eine Mundharmonika, ein anderer ein Klarinett, und nun wurde bei Instrumentalbegleitung ein Lied nach dem andern von der ganzen Gesellschaft gesungen.

Es seien, um den reichen Liederschatz des Volkes jener Zeit einigermaßen zu zeigen, nur einige der damals beliebtesten Lieder hier genannt, teils religiösen Inhalts, teils alte deutsche Lieder, teils Volkslieder, die noch heute vielfach gesungen werden. Von den erstern wollen wir einige anführen, die in den Ho- und Lichtstuben zu Dingelsdorf und dortiger Gegend in Übung waren, so das Lied:

„Maria, Himmelskönigin,
Du Braut vom heil'gen Geist,
Du bist der Trost der Sünderin,
Du bist die Allerreinst';
Dir gebühret Ehr' und Lob
Im Himmel und auf Erden,
Wer dir anrufen tut,
Der wird erhöret werden."

Ein anderes religiöses Lied ist folgendes:

„Wir wollen uns aufmachen: zum Reisen,
Fort, fort, gar weit fort!
Wohl an ein unbekanntes Ort,
Zu St. Jakob wollen wir reisen,
Wird es heißen,
Was haben's wir gefunden,
Ja gefunden?
Was wir gefunden haben,
Das ist Maria vom guten Rat.
Wir fallen ihr zu Füßen,
Sie zu grüßen;

Wenn es einmal kommt zu sterben,
Wird es heißen: Mußt verlassen
Gut und Geld,
Mußt zieh'n in eine andere Welt.“ ꝛc.

Ferner:

„Jesus geht in Garten
— Ex gloria dei —
Tut der Blümelein warten
— Ex gloria dei — ꝛc.

Auch der Wechselgesang:

„Bruder Johannes, ich frage dich!“
„Bruder Jakob, was fragst du mich?“
„Ich frage dich, welches das erste Gebot sei im Himmelreich?“
„Gott alleinig, der da lebt und schwebt und regieret die Welt!

„Bruder Johannes ich frage dich!“
„Bruder Jakob, was fragst du mich?“
„Ich frage dich, welches sei das zweite Gebot im Himmelreich?“
„Die zwei steinernen Tafeln Moses!“ ꝛc.

Endlich das Lied:

Die Nacht ist vor der Tür,
Und liegt schon auf der Erden.
Mein Jesus! Tritt herfür
Und laß es helle werden —
Bei dir, o Jesulein,
Ist lauter Sonnenschein.

Gib deinen Gnadenschein
In mein verfinstert Herze,
Laß in mir brennen sein
Die schöne Glaubenskerze,
Vertreib der Sünde Nacht,
Die mir viel Kummer macht.

Ich habe manchen Tag
In Eitelkeit vertrieben,
Du hast den Überschlag
Gemacht und aufgeschrieben,
Ich selber stelle mir,
Die schwere Rechnung für.

Sollt' aber meine Schuld,
Noch aufgeschrieben stehen,
So laß durch deine Huld
Dieselbe doch vergehen;
Denn du bist Tag und Nacht
Auf meinen Nutz bedacht.

Ich schlafe, wache du!
Ich schlaf' in Jesu Namen,
Sprich du zu meiner Ruh'
Ein kräftig Wort und Amen.
Ich selber stelle dich
Zum Richter über mich!

Von jenen weltlichen Liedern, welche früher gerne gesungen wurden, jetzt aber größtenteils vergessen oder höchstens noch vereinzelt in den Liederbüchern des vergangenen Jahrhunderts oder in „Des Knaben Wunderhorn" verzeichnet sind, wollen wir nur wenige nennen, so folgendes, damals sehr beliebte Jägerlied:

Der Jäger in d.m grünen Wald,
Der suchet seinen Aufenthalt.
:,: Er ging den Wald wohl hin und her :,:
Ob auch nichts, ob auch nichts,
Ob auch nichts anzutreffen wär'.

Mein Hündelein ist stets bei mir
In diesem grünen Wald, ja Strauch,
:,: Mein Hündlein jagt, mein Herz das lacht :,:
Meine Augen, meine Augen,
Meine Augen leuchten hin und her.

Es ruft mir eine Stimme zu
In diesem grünen Wald, ja Wald,
:,: Wie kommst du in den Wald herein :,:
Du strahlaugig Mädchen du,
„Wie kommst Du in den Wald herein?"

Er küßte sie so zärtlich,
Und nahm sie mit sich in sein Haus;
:,: „Bleib du bei mir als Jägerin :,:
Bleib du bei mir als Jägerin,
Bleib du bei mir als meine Frau!"

Hierher gehört auch das längst vergessene Lied:

Josefus der römische Kaiser,
Der weitberühmte Held,
Er mußt' mit dem türkischen Kaiser
Wohl ziehen in das Feld,
Tut sich der Welt empfehlen,
Seinen treuen Generälen,
Muß in den besten Jahr'
Schon auf die Totenbahr.

Josefus drückte dem Laudon
Zum letzten Mal die Hand,
Dem alten treuen Baron,
Der weit und breit bekannt,
Dankt ihm für seine Treue,
Dem ganzen Feldgeschreie,
Da weint der alte Greis,
Der wie der Schnee so weiß.

In einem Trauertone
Sprach er: „Wie hoch herab,
Wie hoch ist es vom Throne
Zur dumpfen Erd' ins Grab!“
Es sei Fürst, Kaiser, König,
Der Tod fragt darnach wenig,
Er nimmt den Herrn Baron
Als wie den Hirtensohn.

Nun ruht Josefus der Zweite,
Der römischer Kaiser war,
Theresia an der Seite,
Die ihn zur Welt gebar.
Es ruht in sanftem Schlummer,
Ohn' Leid und ohne Kummer,
Es ruht in einem Sarg
Josefus, der erste Monarch. *)

Ferner das alte Lied:

Nur noch einmal in meinem ganzen Leben
Möcht' ich meine Eltern wiederseh'n,
Was wollte ich dafür nicht alles geben,
Ach könnte dies nur einmal noch gescheh'n!

*) Dieses Lied war weit verbreitet; es findet sich auch in „Oberschefflenger Volkslieder und volkstümliche Gesänge, gesammelt von Augusta Bender“.

Ach Mutter, die du mich mit Schmerz geboren,
Ich weiß gewiß, du liebtest mich recht sehr;
Ich habe dich auf ewig nun verloren,
Und auch mein Vater lebt schon längst nicht mehr.

Du sorgtest stets für mich und meine Brüder,
Und zogest uns zu edlen Kindern auf;
Ach! wollte ich dafür nicht Alles geben!
Der liebe Gott nahm euch zu sich hinauf. *)

Hierher gehören noch die Lieder:

Warum soll's denn Jeder wissen,
Warum meine Tränen fließen
Und mein Herz so traurig ist:
Lebe wohl und vergiß meiner nicht! 2c.*)

Desgleichen:

Unsere Freundschaft soll nicht wanken
Bis der Lebensfaden bricht,
Bleib auch du bei dem Gedanken:
Lebe wohl, vergiß meiner nicht! 2c. *)

Ebenso die alten Volkslieder:

Spazieren wollt' ich reiten,
Der Liebsten vor die Tür 2c.

Minchen ging einmal spazieren
In den grünen Wald 2c.

Es sah eine Linde ins tiefe Tal 2c.

Endlich wurden schon vor 50 Jahren vom Volk Lieder gesungen, welche noch heute gesungen werden oder wenigstens noch heute überall bekannt sind, so:

Prinz Eugenius der edle Ritter 2c.
Andreas Hofer 2c.
Der Tiroler und sein Kind 2c.
Denkst du daran, mein tapferer Lagienka 2c.
In des Waldes finsteren Gründen 2c.
Wir winden dir den Jungfernkranz 2c.
Umsonst suchst du des Guten Quelle 2c.
Freund, ich bin zufrieden 2c.

*) Dieses Lied war weit verbreitet; es findet sich auch in „Oberschefflenger Volkslieder und volkstümliche Gesänge, gesammelt von Augusta Bender".

Da streiten sich die Leut' herum rc.
Auf Matrosen, die Anker gelichtet rc.
Guter Mond, du gehst so stille rc
Morgenrot! Morgenrot! rc.
Das Schiff zieht durch die Wellen, Fridolin rc.
Ein Schäfermädchen weidete rc,
Schier dreißig Jahre bist du alt rc.

Diese und noch viele andere Lieder wurden bei uns in den „Ho- und Lichtstuben" während des Winters von Alt und Jung gesungen. Wenn dann die Tage länger wurden und die Feldarbeiten begannen, etwa um Lichtmeß, dann hörte man mit dem Spinnen auf. Das den Winter über gesponnene Garn wurde jetzt zum Weber gebracht und ergab durchschnittlich etwa 200 Ellen Tuch. So viel wurde also in einem Hause zustande gebracht, wenn alle weiblichen Hausgenossen spannen. Vom Weber kam das Tuch auf die Bleiche, damit es hübsch weiß wurde. Es war dies nun die bessere Leinwand — das Linnen — aus der für die ganze Familie die Leib- und Bettwäsche hergestellt wurde. Nebstdem wurde auch noch der „Kuder" gesponnen, welcher aber eine grobe Leinwand — sogen. Zwilch — ergab, die jedoch nicht auf die Bleiche gebracht wurde, sondern zum Färber, und nun meist blau gefärbt wurde. Aus diesem blauen Zwilch wurden für die Frauen, Mädchen und Mägde Arbeitsschürzen, für die „Mannsbilder", die Fischer und Rebleute usw. Jacken und Hosen zu ihren Hantierungen geschnitten. Diese Kleidungsstücke aus Leinwand waren sehr solid und haltbar. Außer Hanf wurde auch Flachs gesponnen, aber kaum ein Zehntel so viel als Hanf. Der Flachs wurde in ähnlicher Weise zum Spinnen hergerichtet, wie der Hanf, jedoch waren die Geräte feiner und die Behandlung sorgfältiger; namentlich erforderte die Reinigung des Flachses auf der „Reibe" große Pünktlichkeit. Gesponnen wurde der Flachs ganz wie der Hanf und mit den gleichen Geräten, mit Kunkel und Spinnrad.

Bis um die Mitte des vorigen Jahrhunderts wurde

bei uns überall auf dem Lande und in der Stadt gesponnen. Dann aber kamen die Maschinen auf und die Handarbeiten wurden zurückgedrängt. Durch den Fabrikbetrieb konnten die Kleidungsstoffe in großem Maßstab billiger und rascher hergestellt werden, so daß das Spinnen nicht mehr rentierte. Zugleich wurde auch der Hanf- und Flachsbau durch die eingeführte Baumwolle ersetzt und deshalb mehr und mehr aufgegeben. So kam es, daß das Spinnen allmählig ganz aufhörte und Jahrzehnte lang vollständig ruhte. Als jedoch unsere Landesfürstin, deren Fürsorge für das Wohl des Volkes auf allen Gebieten fühlbar ist, in reger Weise dem Spinnen ihr Interesse zugewendet, scheint wieder im Volk der Sinn für das Spinnen neu aufzuleben. Denn es haben seitdem namentlich die Frauenvereine, aber auch einzelne Geistliche, Lehrer, Beamte, Ärzte usw. für Wiederbelebung und Erhaltung der Handspinnerei durch Veranstaltung von Spinnkursen und Spinnerei-Ausstellungen erfolgreich gewirkt. In vielen Gemeinden wurden Spinnvereine gegründet und in verschiedenen Volksschulen das Spinnen bereits als Unterrichtsgegenstand eingeführt. Daß es sich hierbei nicht um eine vorübergehende Begeisterung für eine Modesache handelt, das zeigt die geradezu großartig verlaufene Spinnerei-Ausstellung in Karlsruhe vom Sommer 1903, welche die größte Beteiligung fand und von mehr als 16,000 Personen besucht war. Ebenso geht aus den vom Großh. Ministerium des Innern veranstalteten Erhebungen hervor, daß die Handspinnerei wieder sich sehr verbreitet und gerade unter der Landbevölkerung neue Freunde gefunden hat. Und so steht zu hoffen, daß das durch die Anregung unserer edlen Großherzogin neu erwachende Handspinnen seine frühere Bedeutung wieder gewinnen wird, zum Heil und Wohl des ganzen Landes!

12. Handwerksbräuche.

Wie mehr oder weniger in allen Reichsstädten, so bestand auch in Überlingen früher die **Bürgerschaft aus den Geschlechtern** (Adeligen, Patriziern) und den **Handwerkerzünften**. Zuerst hatte die Geschlechtergesellschaft die Macht in den Händen und besetzte die Rats- und Gerichtsstellen; nachdem aber im Jahre 1298 die Stadt vom Kaiser Albrecht das Recht der Zunfteinrichtung erhalten hatte, gründeten die Handwerker Zünfte, erstarkten mehr und mehr, erlangten ein Recht nach dem andern und errangen endlich die Oberhand. Die Patrizier, an Zahl bedeutend schwächer als die Zünfte, mußten diesen größtenteils das Stadtregiment überlassen, wenn sie auch anderseits vermöge ihrer Intelligenz und ihres Reichtums gar häufig das Amt des Stadthauptes wie auch andere Ämter zu gewinnen wußten und in manchen wichtigen Fragen den Ausschlag gaben. Ob nun diese tief einschneidende Umwälzung — der Sturz der Adelsherrschaft und die Einführung einer demokratischen Verfassung — ganz ruhig und glatt von statten ging, oder ob sie unter heftigen Kämpfen erfolgte, wie in andern Städten, in Konstanz, Straßburg, Eßlingen, Speier, Augsburg usw., läßt sich nicht mehr feststellen, da bekanntlich 1279 eine Feuersbrunst den größten Teil der Stadt samt Rathaus, Archiven und Urkunden zerstörte. War vielleicht dieser Brand eine Folge der damaligen Kämpfe und Leidenschaften? Jedenfalls einigte man sich schließlich, man schloß zur Wiederherstellung des Stadtfriedens „die grossun ainunge“, und seitdem besaßen — mit einer kurzen Unterbrechung — die Zünfte die Regierungsgewalt und behielten sie bis zum Ende der Freien Reichsstadt, also über 500 Jahre.

Bekanntlich hatte Überlingen schon frühe den bedeutendsten Fruchtmarkt der Seegegend und besaß bis zum dreißigjährigen Krieg das größte Rebgelände am ganzen Bodensee. Es ist deshalb ganz selbstverständlich, daß die Rebleute und die Bäcker zuerst zu einer Zunft sich zusammentaten; bald aber folgten die andern Gewerbe und errichteten ebenfalls Zünfte, und von 1426 an hatte Überlingen sieben Zünfte. Es bildete jedoch nicht jedes Handwerk eine besondere Zunft, sondern meist traten mehrere Handwerke zu einer Zunft zusammen, und zwar mitunter ganz verschiedenartige, wie beispielsweise zur Küferzunft auch die Goldschmiede und Maurer gehörten, zur Schuhmacherzunft die Krämer und Spezereihändler (Mertzler), ferner bildeten die Fischer mit den Schiffern und Fuhrleuten die Fischerzunft usw. Letztere trat 1482 an Stelle der früher aufgehobenen Gerberzunft. Wie an Bedeutung, so waren auch an Mitgliederzahl die Zünfte der Rebleute und Bäcker allen andern überlegen, wobei noch zu berücksichtigen ist, daß diese zwei Zünfte nicht aus mehreren Berufsklassen zusammengesetzt waren. Bekanntlich war in den Reichsstädten jeder Bürger bezw. Zunftgenosse wehrpflichtig, und es wohnten häufig die Mitglieder einer Zunft beisammen in einer Gasse oder Stadtteil (Quartier) — wie in Überlingen die Rebleute im sogen. Dorf wohnten — und waren zugleich verpflichtet, im Kriegsfall die Mauern, Tore und Türme des betr. Stadtteils zu beschützen und zu verteidigen. Nach den Auszugsregistern von 1475 bezw. 1486 betrug die Zahl der waffenfähigen Zunftmitglieder im ganzen rund 600, und insbesondere von der Zunft der Rebleute 150, der Bäcker 50, der Küfer 130, der Schuhmacher 70, der Schneider 30, der Metzger 60, der Gerber bezw. Fischer 30; hinzu noch die „Löwenzunft" 40. Jede Zunft hatte ihr eigenes Zunfthaus, und wiederum zuerst brachten es die Rebleute zu einem solchen, nämlich im Jahre 1402 zu dem im Dorf gelegenen Haus „zum Wolf" genannt, 1410 die Bäckerzunft, und die übrigen Zünfte erwarben auch bald darauf eigene Häuser, die Geschlechtergesellschaft „zum Leu" wahrscheinlich erst ums Jahr 1474.

Die Zünfte bildeten die Grundlage der staatlichen Einrichtungen der Reichsstadt, denn sie wählten alljährlich am Pfingstmontag und darauffolgenden Dreifaltigkeitssonntag die Behörden und Beamten. Die Zunftgenossen kamen in ihren Zunfthäusern, die Patrizier in ihrem Gesellschaftshaus „zum Löwen" zusammen, wo sie nun zunächst die Wahl eines Ausschusses von elf Mitgliedern vornahmen, die man die „Elfer" hieß. Diese „Elfer" der acht Zünfte einschließlich der Geschlechtergesellschaft, zusammen also 88 Bürger, bildeten den „Großen Rat" der Reichsstadt, der den „Kleinen Rat" oder Magistrat wählte. Dieser bestand aus zwei Bürgermeistern, deren einer der regierende Amtsbürgermeister war, der andere der Waisenbürgermeister hieß; ferner aus zwei sogen. Löwenräten (Mitgliedern der Adeligen Gesellschaft), einem Syndikus und einem Konsulenten, und endlich aus 14 Zunftmeistern (von jeder Zunft zwei). Der Magistrat übte alle die hohen Rechte aus, welche Reichsständen zukamen; er war das eigentliche Regierungsorgan und hielt wöchentlich zweimal, am Montag und Donnerstag, seine Sitzungen. Der Große Rat war, wie bereits bemerkt, gewissermaßen Wahlmännerkollegium, und wirkte in der Gesetzgebung mit dem Magistrat zusammen, deshalb wurde er bei gewissen Geschäften, die das allgemeine Wohl der Reichsstadt betrafen, in die Magistratssitzungen zu gemeinsamer Beratung eingeladen. Aus der Zusammensetzung des Großen und Kleinen Rats geht klar hervor, welch' bedeutendes Übergewicht die Zünfte über die Geschlechter hatten.

Wie im Stadtregiment, so hatten auch im Heereswesen die Zünfte das Übergewicht. In den Reichsstädten herrschte — wie wir schon früher dargelegt, — die allgemeine Wehrpflicht, jeder Stadteinwohner war wehrpflichtig; den Kern der städtischen Wachmannschaft aber bildeten die Zünfte. Der Zunftmeister, der an der Spitze einer Zunft stand, hatte auch die militärische Aufsicht über seine

Zunftgenossen, über deren Waffen und Waffenübungen, Dienstleistungen, Wachen usw. Er war zugleich der militärische Führer und Befehlshaber seiner Zunftgenossen.

Jede Zunft hatte ihre Zunftordnung, d. h. ein Gesetz über die Rechte und Pflichten der Zunftmitglieder. Unter den zahlreichen Befugnissen der Zünfte sind hervorzuheben zunächst das Recht der Wahl der Zunftvorstände, ferner das Recht, Satzungen für die Zunftmitglieder aufzustellen, Versammlungen und Zusammenkünfte zur Besprechung von Zunftangelegenheiten zu halten, desgleichen die Ausübung des Zunftzwangs, das Recht des besonderen Gerichtsstandes für die Zunftgenossen, das Recht, Vermögen zu erwerben und selbständig zu verwalten usw. Von welcher Wichtigkeit die Wahl der Zunftvorstände war, geht schon daraus hervor, daß dieselben — wie bereits oben gesagt — die Behörden und Beamten der Reichsstadt wählten. Auf diese Weise besaßen die Zünfte nicht bloß einen überwiegenden Einfluß auf die Zusammensetzung des ganzen Stadtregiments, sondern hatten auch noch im Magistrat ständige Vertreter, nämlich von jeder Zunft zwei Zunftmeister. Einer derselben war im Amt und hieß deshelb der Amtszunftmeister, denn er hatte vornehmlich die Geschäfte der Zunft und Zunftangehörigen beim Magistrat zu führen, während der andere außer Amts war und Altzunftmeister hieß. Ihre innern Angelegenheiten besorgten die Zünfte in ihren Versammlungen und Zusammenkünften auf der Zunftstube.

Wie überall, so gab es auch in Überlingen in jeder Zunft oder vielmehr in jedem Handwerk — denn meist gehörten zu einer Zunft mehrere Handwerke — Meister, Gesellen und Lehrlinge. Wer als Meister ein Gewerbe in Überlingen treiben wollte, mußte der betr. Zunft beitreten. Zur Erlangung des Meisterrechts gehörte die zunftmäßige Erlernung des Handwerks, eine meist dreijährige Wanderschaft, Volljährigkeit, Bürgerrecht, Fertigung des

Meisterstücks und meist ein gewisses Vermögen. Über das erlangte Meisterrecht wurde eine Urkunde (Meisterbrief) ausgestellt, wobei der Betreffende ein Meisteressen nebst dem Meistergeld, d. h. die Gebühren für den Meisterbrief, gab. Wer sich als Meister irgendwo niederlassen wollte, mußte an dem betr. Ort eine Zeit lang gewohnt, gearbeitet, die Brüderschaft besucht und besondere Beiträge bezahlt haben. Diese Zeit hieß die „Mutzeit“ oder „Sitzzeit“. Außer den Meistern gehörte zur Zunft auch die Meisterswitwe, welche in die Rechte ihres verstorbenen Ehemanns eintrat — ohne jedoch Stimmrecht in der Zunft zu haben — und mit Hilfe von Gesellen das Handwerk fortsetzte. Die Gesellen standen zum Meister in einem ziemlich abhängigen Verhältnis; sie hatten zwar einige Sonderrechte, aber sehr harmloser Natur; sie mußten alle ihnen vom Meister auferlegten und zum Handwerk gehörigen Arbeiten unweigerlich leisten und in der Regel von Sonnenaufgang bis Sonnenuntergang mit Ausschluß der Essenszeiten schaffen. Die Kündigungsfrist war verschieden und schwankte zwischen 8—14 Tagen. Der Lehrling mußte nach den früheren Reichsgesetzen unbescholten, von ehelicher und ehrlicher Geburt und frei, d. h. weder hörig noch leibeigen sein. Er hatte zunächst eine Probezeit von etwa 14 Tagen zu bestehen und wurde dann in das Verzeichnis der Lehrlinge (Jungenbuch) eingeschrieben, worüber er einen „Aufdingebrief“ vor offener Lade von den Meistern im Beisein des Lehrmeisters und Vaters erhielt; zugleich wurde das Lehrgeld und die Dauer der Lehrzeit bestimmt. Nach Ablauf der Lehrzeit, die in der Regel drei Jahre währte, mußte der Lehrling eine Probearbeit — das Gesellenstück — machen, worauf das Lossprechen erfolgte.

Was nun den Zunftzwang betrifft, so durften nur Zunftgenossen ein Handwerk treiben und zwar nur das Handwerk ihrer Zunft nach den Zunftvorschriften; Personen, welche keiner Zunft angehörten, war der Betrieb jeglichen Handwerks verboten; aber jede Zunft sah auch strengstens darauf, daß kein Mitglied einer Zunft das Handwerk einer anderen Zunft betrieb; denn es herrschte eine feste Abgeschlossenheit der Zünfte gegen Nichtzünftige, insbesondere gegen Fremde, anderseits aber auch der einzelnen Zunft gegen andere. Jeder Übergriff wurde dem Magistrat angezeigt, welcher sofort einschritt. So verordnete — um nur einige Beispiele anzuführen — 1801 der Magistrat „auf Ansuchen des ehrbaren Schreinerhandwerks, daß keine Niederlage von Schreinerarbeit dahier geduldet und unter den Thoren derley Waaren, falls sie außer den gewöhnlichen Jahrmärkten und der hiebey bestimmten Zeit hereingeführt werden wollten, angehalten, dann den Altmeistern des Schreinerhandwerks angezeigt werden sollen.“ Ebenso wurde laut Ratsbeschluß von 1801 „der ledige Joh. Stempfel von Sigmaringen gegen Ausstellung eines Reverses, daß er seine erlernte Schneider-Profession nicht treiben werde, und gegen Beibringung der Manumission, auch baareu Erlag von 150 fl. ins hiesige Bürgerrecht grg. auf- und angewiesen.“ Dem Magistrat stand überhaupt die Oberaufsicht über sämtliche Zünfte zu, er bestimmte auch die Zahl der nötigen Handwerksmeister, er ordnete die Fleisch- und Brodschau an und bestimmte den Preis für Fleisch, Brod usw. So wurde vom Magistrat im Jahre 1801 das „Metzgerloos“ dahin reguliert, daß vier Metzgermeister zu Rindermetzgern“ und vier andere zu „Schmalmetzgern“ erklärt wurden, „die übrigen Meister mögen Kälber, Schafe und Schweine metzgen, auch Bratwürst fertigen, nach eigenem gefallen.“ — — — „Wenn die acht Rinder- und Schmalmetzger glauben, daß nur Sechse ihr Brod bei dieser Metzig erwerben können, so steht Magistratus nicht entgegen, daß zwei Meister von derselben entweder gütlich oder vermittelst Ausspielung austreten und sich der Schweinemetzig widmen.“ — — — „Bei Regulierung der Fleischtax wurde auf Relation der löbl. Fleischschau, daß alle Gattungen des Fleisches schön und gut seyen, das Mastfleisch zu 11, Schmalfleisch zu 10, Kalbfleisch zu 9, Schweinefleisch zu 14 kr. auf 14 Tage lang taxiert.“ Ähnlich wurde es bei den übrigen Handwerkern gehalten.

Zu den Rechten der Zünfte gehörte auch die Erwerbung und selbständige Verwaltung des Zunftvermögens. Die Zunftgenossen mußten regelmäßige Beiträge in die Zunftkasse zahlen, womit die Ausgaben bestritten und allmählich ein Vermögen (Kapitalien) angesammelt wurde. Die Verwaltung dieses Zunftvermögens besorgten zwei aus den „Elfern“ genommene Pfleger. Durch das Zunftvermögen waren die Zünfte auch in der Lage, eigene Häuser — „Zunfthäuser“ — sich zu erwerben, welche verschiedenen Zwecken dienten. Hier kamen die Zunftgenossen zusammen zur Beratung ihrer Angelegenheiten, hier waren die Schriften und Aktenstücke der Zunft aufbewahrt, hier war die Zunftlade mit den betr. Papieren usw. Ein „Hauspfleger“ wohnte in dem Haus, hatte die Aufsicht hierüber und führte die Wirtschaft. Denn wie in den eigentlichen Wirtshäusern der Stadt wurde hier Wein und Most ausgeschenkt, es wurde hier getrunken und gegessen, getanzt und gespielt. Die Bürger schenkten hier ihre eigenen Weine aus; beispielsweise sei hier nur angeführt, daß laut Ratsbeschluß von 1801 „den Bürgern, welche auf den Zünften diese Fasching Wein schenken, erlaubt wird, am Fastnachtdonnerstag, Sonntag, Montag und Dienstag Spielleute zu halten.“ In der Fastnacht herrschte überhaupt in den Zunfthäusern jeweils ein lustiges Leben und Treiben, nicht bloß mit Masken und Maskenscherzen, sondern auch mit Tanz und Spiel. Aber auch sonst wurden in den Zunfthäusern allerlei Festlichkeiten gehalten, so namentlich Hochzeiten von Zunftgenossen, desgleichen der Nachbarschaftstrunk der betr. Nachbarschaften usw. Aber sowohl bei Lustbarkeiten und Festlichkeiten, wie auch bei Versammlungen und Beratungen war stets für strengste Ordnung Sorge getragen;

die niedere Gerichtsbarkeit über Vergehen auf der Zunftstube stand den „Elfern“ zu, die Handhabung der Trinkstubenordnung vier Christafeln.

Einen Hauptbestandteil des Zunftvermögens bildeten die Zunfthäuser, welche größtenteils noch jetzt vorhanden sind, wenn auch außen und innen umgebaut, vielfach verändert und schon längst in Privatbesitz. Jede der sieben Zünfte hatte ihr eigenes Zunfthaus, und zwar war

1. das Zunfthaus der Rebleute das jetzt Bäcker Weckerlesche Haus Nr. 381 in der Neustadt; über dem hinteren rundbogigen Haustor ist ein steinernes Wappenschild mit einer Traube und der Jahrzahl 1582 ausgehauen; die Decke des oberen Ganges hat geschnitztes Balkenwerk;

2. das Zunfthaus der Bäcker an Stelle des jetzt Goldarbeiter Bernhardschen Hauses Nr. 168 in der Christophsstraße. Nebenan auf der Westseite bis zur Zeughausgasse war das Gasthaus zum „Wildenmann“. Vom ehemaligen Zunfthaus ist nichts mehr vorhanden;

3. das Zunfthaus der Schuhmacher war das jetzige Th. Blersche Haus Nr. 273. Ein stattliches Rundbogenportal führt in eine große, abgeteilte Halle, welche zwei Fenster mit Rundbogennischen enthält, deren Laibungsbogen einerseits von der Mauer, anderseits von einer gemeinschaftlichen viereckigen Sandsteinsäule mit Kapitell und Sockel getragen wird. Auf dieser Säule, welche vorstehende Kanten zeigt, ist oben das von einem Schildhalter getragene Zunftwappen mit einem Stiefel eingemeißelt, darunter ein Baumstamm mit Ästen, an dem ein Bär aufgerichtet steht. Das Balkenwerk des Erdgeschosses besteht durchweg aus starken Eichenstämmen. Zu erwähnen ist noch, daß im Treppenhaus ein steinerner Kragstein in der Mauer sich befand, welcher den hübsch gemeißelten Überlinger Adler mit Schildhalter zeigte. Derselbe befindet sich nun in dem Kulturhistorischen Kabinett;

4. das Zunfthaus der Küfer, ehemals zum „Schwarzen Mohren“ genannt, war das jetzt Altbürgermeister Steibsche Haus Nr. 135 auf der Hofstatt, ein stattliches Gebäude mit Zinnengiebel, das gegen den freien Platz vortritt;

5. das Zunfthaus der Schneider war das Strumpfwirker Wehrlesche Haus Nr. 134;

6. das Zunfthaus der Fischer war der jetzige Gasthof zum „Löwen“ Nr. 70. Es befinden sich in diesem Haus noch ein altertümlich getäferter Saal, sowie noch verschiedene altertümliche Möbel und Gemälde usw.;

7. das Zunfthaus der Metzger wurde abgebrochen; es stand neben dem alten Spital auf dem jetzigen Landungsplatz, ungefähr gegenüber dem Schuhfabrikant Fürstschen Haus.

Außer diesen sieben Handwerkerzünften hatte auch die Adelige Gesellschaft (Löwenzunft) ein Gesellschaftshaus, und zwar das jetzige Sparkassengebäude. Es ist dies ein dreistöckiger Bau, dessen untere Geschosse aus Stein sind, wogegen das obere übersetzte aus verputztem Fachwerk vor einigen Jahren hergestellt worden. Während das untere und obere Stockwerk umgebaut sind, ist das Mittelgeschoß größtenteils erhalten und zeigt noch vollständig den ursprünglichen Charakter; seine östliche Langseite und nördliche Schmalseite sind in eng aneinander gereihte, rechteckige, dreifach gekuppelte Fenster mit erhöhtem Mittelteil aufgelöst, welche horizontale Stürze und Steinkreuze mit Hohlkehlenprofilen haben, wobei noch zu bemerken ist, daß das zweite Fenster der Langseite oben bogenförmig abgeschlossen ist. Über der Eingangstür der schmalen Nordseite prangt, umrahmt von steinernem Rechteck in spätgotischem Wimperg, dessen Kielbogen mit Krabben und Gieblumen verziert ist, das Zunftwappen in Steinrelief: der vergoldete, schreitende, die rechte Vordertatze erhebende Löwe, beiderseits vergoldete Schilde, im linken der Doppeladler mit horizontalem goldenen Querbalken im Brustschild, im rechten der einköpfige Adler mit glattem Brustschild. Auf der Nordostecke des oberen Stockes ist ein Sechseckerker mit hohem Helmdach angebaut. Gedeckt ist das Haus mit einem Walmdach, das Mansarden und auf der Langseite einen Kniestock aus Fachwerk hat. Das mittlere Stockwerk enthält noch den schönen, etwa 9,5 Meter langen und 7,2 Meter breiten Gesellschaftssaal der Patrizier mit vier Fensternischen gegen die Hofstatt und drei Fensternischen gegen die Kanzleigasse, deren Laibungsbogen von schönen, frei von der Wand abstehenden Steinsäulen mit Sockel und Kapitellen getragen wird. Diese Fenstergruppen sind von guter architektonischer und malerischer Wirkung. Keine der Säulen gleicht der andern; eine derselben ist als Baumstamm mit abgehauenen Ästen gestaltet und deren Basis als Wurzelwerk; die übrigen Schäfte sind sämtlich glatt, deren Kapitäle und Sockel unter sich verschieden. Die Fenster selbst sind in ihrem erhöhten Mittelteil mit Glasmalereien geschmückt, während die Seitenfenster Butzenscheiben haben; die Glasmalereien von acht Fenstern enthalten je 25 Wappen von Überlinger Patriziern, während am mittleren Fenster das badische Wappen zwischen dem Reichs- und Stadtwappen dargestellt ist. Die Holzdecke des Saals, ursprünglich ein hübsches Werk gotischer Bildhauerkunst, ist durch zwei vertiefte Querfriese mit Bildschnitzereien in drei Hauptfelder geteilt, die wieder in je zwölf Füllungen zerfallen, deren jede durch aufgesetzte, an den Ecken sich kreuzende Rundstäbe umrahmt wird. Die Holzschnitzereien der Decke sind größtenteils zu Grunde gegangen und durch Malereien ersetzt; drei gotische Deckenbalkenfüllungen befinden sich im Kulturhistorischen Kabinett, wo auch noch zwei steinerne Ofenfüße — sitzende Löwen als Schildhalter — aus diesem Saal aufbewahrt sind. Erbaut wurde dieses Gesellschaftshaus der Überlinger Patrizier, diese sogen. „Löwenzunft“, um das Jahr 1474, während die anderen Zünfte längst ihre Häuser hatten, die „Wolfer" schon um 1402, dann die Bäcker um 1408, und bald darauf die übrigen. Zu Anfang des vorigen Jahrhunderts kam das Haus in Privathände, wechselte wiederholt den Besitzer und ging mehr und mehr dem Zerfall entgegen. Anfangs der sechziger Jahre wurde der untere Stock umgebaut und der zweite Stock renoviert. Eine gründliche und gelungene Restauration erfolgte jedoch erst in den Jahren 1891 bis 1892, als die Sparkasse das Gebäude erworben, denn jetzt wurde dasselbe dem ursprünglichen Charakter entsprechend wieder hergestellt, der dritte Stock gänzlich umgebaut aus Fachwerk mit Erker, der Saal des Mittelgeschosses von den unschönen Zutaten befreit, die Fenster mit Butzenscheiben und Glasmalereien ausgestattet, und das Ganze derart umgestaltet, daß es das Aussehen eines echten alten Patrizierhauses bietet.

Die Zunfthäuser bestanden als solche bis zu Beginn des vorigen Jahrhunderts. Als aber Überlingen mit Baden vereinigt wurde und damit alle Verhältnisse sich änderten, hörten auch die alten Zünfte in ihrer bisherigen Form auf und es gingen zugleich die Zunfthäuser ein. Die badische Regierung genehmigte unterm 24. Mai 1805 den „angesuchten Verkauf der Zunfthäuser mit Dem, daß Magistratus trachten solle, sich wegen Verwendung des Kaufschillings mit der Bürgerschaft zu vereinigen, daß solche zu einem, dem ganzen Gemeinwesen nützlichen Zweck verwendet werde." Hierauf schlug der Magistrat vor, die Zunftgebäude durch Meistgebot zu veräußern und aus dem Kaufschilling und den Zunftkapitalien einen Fonds zu gründen; hieraus soll dann, um bei den damaligen Kriegszeiten Quartier für das Militär zu beschaffen, eine Kaserne errichtet, ferner ein Straßenbaufonds gegründet, endlich Professionisten, die hier mangeln, und Söhne hiesiger Professionisten zur Erlernung eines hier mangelnden Gewerbes unterstützt werden. Da jedoch die Zunftgenossen auf diese

Vorschläge nicht eingingen und das Zunftvermögen als ein Privateigentum der Innungen betrachteten, so erklärte der Magistrat, daß dies keineswegs richtig, daß das Zunftvermögen vielmehr ein allgemeines, der ganzen Bürgerschaft gehöriges Vermögen sei usw. Die Verhandlungen zogen sich noch einige Zeit hin, während welcher von beiden Seiten weitere Vorschläge gemacht wurden. Unterdessen waren die Zunfthäuser, da Überlingen damals französische Einquartierung hatte, mit Kranken belegt, insbesondere die Bäcker-, Schuster-, Küfer- und Fischerzunft. Anfangs 1807 wurden die Zunfthäuser verkauft, und zwar das der Küfer um 1710 fl. an Mohrenwirth Karl Martin, der Schneider um 1801 fl. an Schmiedmeister B. Bregenzer, der Fischer um 1600 fl. an Josef Abbert, der Adeligen Gesellschaft um 2050 fl. an Tib. Hafen usw. Das Zunfthaus der Metzger erhielt das Spital wegen „geleisteter Frucht- und Weinabgaben bei Kriegszeiten".

Hiemit waren die Zünfte endgültig aufgelöst und deren Hinterlassenschaft geordnet. Fünf Jahrhunderte hatten sie bestanden und manches Gute gewirkt, indem sie bei der Verdorbenheit oder Auflösung der gemeinbürgerlichen oder staatlichen Verhältnisse des Mittelalters durch Bildung kleinerer Gemeinwesen ein vielgestaltiges politisches Leben, eine folgenreiche Regsamkeit politischer Kreise hervorriefen. Denn die Zünfte bildeten den Kern des freien Bürgertums, dessen Rechte sie streng wahrten, dabei den vaterländischen Gemeinsinn pflegten, die Ordnung handhabten, und insbesondere die Vervollkommnung der Gewerbe, Verhinderung des Betrugs und Erleichterung des Verkehrs erstrebten. Im Laufe der Zeit arteten jedoch die Zünfte in geschlossene Gesellschaften engherzigen Alleintriebes aus, mißbrauchten ihre Freiheiten und Rechte zur Bedrückung der Gesamtheit, unbekümmert um die Verbesserung ihrer Erzeugnisse, nur den gesicherten Absatz und hohe Preise durch schroffe Ausschließung Nichtzünftiger erstrebend und den Patriotismus dem egoistischen Zunftgeist unterordnend. So hatten sich die Zünfte längst überlebt und ihr Untergang war nur eine natürliche Folge der veränderten Verhältnisse einer neu anbrechenden Zeit.

Nach der Aufhebung der reichsstädtischen Zünfte suchten die Überlinger Handwerker unter der badischen Herrschaft sich den veränderten Verhältnissen anzupassen. Selbstverständlich hörten zunächst die politischen Vorrechte der Zünfte auf; alle Bürger, sie mochten einer Zunft angehören oder nicht, hatten das gleiche Wahlrecht; ein Zunftzwang wurde für die Ausübung eines Gewerbes noch beibehalten, insofern nur der Meister ein Handwerk betreiben durfte, jedoch war er hierin nicht weiter beschränkt, ebenso wenig in der Niederlassung. Behufs entsprechender Neubelebung und Neugestaltung der Zunfteinrichtungen traten die Überlinger Meister der verwandten Gewerbe in Verbindung mit den Handwerksmeistern des ganzen Bezirks zusammen und gründeten nach dem Vorbilde der alten Zünfte neue Vereinigungen, welche sie ebenfalls Zünfte nannten, aber nicht mehr nach dem hervorragendsten Gewerbe bezeichneten, sondern ganz allgemein nach der Reihenfolge als erste, zweite, dritte usw. Zunft. So bildeten beispielsweise die dritte Zunft diejenigen Gewerbe, welche hauptsächlich Holz verarbeiteten, die vierte Zunft die Metallarbeiter usw. Im Kulturhistorischen Kabinet befinden sich die Verzeichnisse von fünf Zünften (sogen. Zunfttafeln, Zunftschilder); hiernach gehörten zur ersten Zunft die Bäcker und Zuckerbäcker, Müller, Metzger, Bierbrauer, Gerber und Mechaniker; zur zweiten Zunft die Schneider, Hutmacher, Kürschner, Weber, Leinen- und Wollenweber, Zeugmacher, Tuchmacher und Tuchscherer, Strumpfwirker, Bleicher, Färber und Posamentier; zur dritten Zunft die Schreiner, Bildhauer, Drechsler, Küfer, Wagner, Siebmacher, Orgelbauer, Instrumentenmacher, Glaser und Maler; zur vierten Zunft die Schlosser, Flaschner, Schmiede und zwar Huf-, Messer-, Zeug-, Nagel-, Waffen- und Kupferschmiede, Feilenhauer, Schwertfeger, Büchsenmacher, Nadler, Gürtler, Zinngießer, Spengler, Gold- und Silberarbeiter, sowie Uhrenmacher; zur fünften Zunft die Maurer und Steinhauer, Pflästerer, Töpfer (Hafner), Ziegler, Schornsteinfeger und Zimmerleute; zu einer weiteren Zunft die Buchbinder, Buchdrucker, Kartenmacher, Kammacher, Lichtzieher, Pottaschezieher und Gärtner usw. Die stärkste Zunft war die dritte, welche 58 Meister zählte, worunter 22 auswärtige, nämlich 10 von Sipplingen, 6 von Bondorf, je 5 von Altheim, Hödingen und Owingen, 4 von Billafingen, je 3 von Bambergen, Deisendorf, Hohbodman, Lippertsreute, Nesselwangen und Taisersdorf, 2 von Ernatsreute, je 1 von Andelshofen, Mahlspüren und Seelfingen. Jede Zunft wählte einen Vorstand von drei Meistern, welche „Obermeister" hießen; einer derselben war der Vorsitzende, die anderen der Schriftführer und der Rechner. Statt der Zunfthäuser hatte jede Zunft ihre „Herberge", d. h. ein bestimmtes Wirtshaus, in welchem die Zunftgenossen zusammen kamen, sei es zur Beratung von Zunftangelegenheiten oder zur Unterhaltung und zu geselligen Vergnügungen. Der Wirt hieß „Herbergsvater". Hier erhielten die zureisenden Gesellen Unterkunft wie auch Arbeitsnachweisung. In Städten, wo es streng zünftig zuging, kam jeden Abend der Altgesell auf die Herberge und hielt Umschau. So mußte — um nur ein Beispiel anzuführen — noch in der Mitte des vorigen Jahrhunderts ein zugereister Zimmergeselle auf der Herberge ruhig am Tisch sitzend, die Hände aufs Knie unterm Tisch haltend, ohne etwas zu genießen, warten, bis der Altgesell kam, welcher dann bei seinem Eintreten den Herbergsvater fragte: „Ist Gesellschaft da?" Und erst nachdem er gesehen, daß der fremde Geselle zunftmäßig dasaß, und er ihm die Hand mit den Worten: „Mach dich kommod!" gegeben, erst jetzt durfte der fremde Geselle sich rühren und die Hände auf den Tisch legen und erhielt nun auf Zunftkosten das übliche Nachtessen mit einem Schoppen Wein.

In Überlingen hatte die fünfte Zunft, zu der auch die Zimmerleute gehörten, ihre Herberg im „Engel", später zogen sie in den „Wildenmann", welcher, wie früher bemerkt an der Stelle war, wo jetzt das Hafner Wilh. Neublesche Haus steht. Die Herbergen der anderen Zünfte waren in der „Sonne", „Traube", im „Mohren", „Anker" usw. Ein jedes Handwerk, das zu einer Zunft gehörte, hatte in der Herberg seinen Schild oder sein Handwerkszeichen, das oben an der Decke des Zimmers hing, so z. B. die Sattler einen Sattel, die Wagner ein Rad, die Zimmerleute Winkelmaß und Zirkel, die Schreiner einen Hobel, die Gerber ein Schabmesser usw. Ebenso hatte auch jede der Überlinger Zünfte eine zweifarbige Fahne aus Seidentuch, auf dem in Gold die betr. Zunft eingezeichnet war. Im hiesigen Kulturhistorischen Kabinett sind noch einige dieser Zunftfahnen aufbewahrt, so die weiß und gelbe der ersten Zunft, die weiß und grüne der fünften Zunft, die weiß und rote der Winzer, deren Inschrift mit einem Rebaub- und Ährenkranz umrahmt ist. Bei Festlichkeiten wie Großherzogs Geburtstag, Schwedenprozession, Fronleichnamsfest usw. beteiligten sich jeweils die Zünfte in corpore mit Fahnen. Ferner finden sich noch in der genannten Sammlung verschiedene Überlinger Lehrbriefe und Gesellenzeugnisse aus dem vorigen Jahrhundert, wie auch die Zunftlade der Schuhmacher von Heiligenberg von 1805, auf deren Deckel ein Stiefel in Basrelief geschnitzt ist. Endlich sind daselbst noch einige alte Zunftsiegel ausgestellt, und zwar das der Bäcker: ein eiserner Siegelstock, worauf ein Bretzel mit zwei Broten, gehalten von zwei Löwen, darüber eine fünfzackige Krone, ringsum die Inschrift: „Zunftsiegel der Bäcker in Überlingen" eingraviert sind; ferner ein Siegelstock mit der Inschrift: „Zweite Zunft Überlingen". Zugleich sei noch darauf aufmerksam gemacht, daß auf dem großen Gemälde der Überlinger Schwedenbelagerung von 1634 noch einige Zunftmeister angeführt sind, worunter ein Herr Richter Joh. Jakob Strigel mit einem Wappenschild, worauf ebenfalls ein Bretzel und darüber eine Bäckerbürste mit der Jahrzahl 1691 gemalt sind.

Die im Anfang des vorigen Jahrhunderts neu gegründeten Zünfte blieben bis 1862 bestehen, wo das neue Gewerbegesetz und die Freizügigkeit eingeführt wurden. Nun waren die Schranken gefallen, welche bisher die freie Bewegung auf dem Gebiete des Handwerks hemmte, nun war einem jeden die selbständige Ausübung jeglichen Gewerbes gestattet, es herrschte Gewerbefreiheit! Anfänglich wurde diese Errungenschaft von vielen als Beginn eines neuen Aufblühens des Gewerbewesens begrüßt, als Eldorado des Handwerkerstandes, und große Erwartungen daran geknüpft. Aber allmählich zeigten sich, wie bei allen menschlichen Einrichtungen, auch hier bedeutende Schattenseiten und Auswüchse, und nun ist die Gesetzgebung schon längst damit beschäftigt, die der Gewerbefreiheit anhaftenden Mängel zu beseitigen und die bewährten Einrichtungen der ehemaligen Zünfte wieder einzuführen. So entstanden jetzt die sogen. „Innungen“ als freie Genossenschaften.

Aus jenen Zeiten der Zünfte hat sich gar manches noch unter den Handwerkern, namentlich den Arbeitern und Gesellen, erhalten, was den Nichtgewerbetreibenden größtenteils unbekannt ist, aber doch der Aufzeichnung wert sein dürfte. Hieher gehören insbesondere die Handwerksgrüße und Gesellensprüche. Jedes Handwerk hatte seine besonderen Anreden und Sprüche, welche der reisende Handwerksbursche, der Arbeit suchte, oder einen Zehrpfennig erbat, genau wissen und hersagen mußte, so daß der Meister gleich beim ersten Worte wußte, ob der Geselle zur Zunft gehöre oder nicht; ja sogar beim Eintritt ins Zimmer war der Zünftige sofort zu erkennen, denn bei der einen

Zunft war es üblich, dreimal anzuklopfen und bei einer andern ohne anzuklopfen einzutreten, bei dieser Zunft hatte der Zureisende beim Eintritt die drei obern Rockknöpfe geschlossen zu lassen, den Stock in der rechten Hand und das Felleisen — den „Berliner" — unterm linken Arm zu tragen, bei einer andern dagegen Tornister und Stock draußen vor die Türe zu stellen usw. Wie gesagt, derartige, aus den alten Zunftzeiten stammende Bräuche sind bei einzelnen Handwerkern noch heute üblich und wir wollen nur einige derselben hier anführen.

Der Bierbrauer stellt den Stock links vor die Tür, nimmt die Mütze in die rechte Hand und tritt ein mit dem Gruß: „Gott gebe Glück und Segen herein! Ein fremder Brauer spricht zu um Arbeit. Gruß vom letzten Meister und Gesellen!" Nun gibt ihm der Bräumeister oder in dessen Abwesenheit der Oberbursch die Hand mit den Worten: „Grüß Gott, Kolleg! Sollst leben! Bedeck dich!"

Dieser setzt die Kappe auf und sagt: „Das Handwerk lebe hoch!"

Darauf der Oberbursch: „Setz dich!" und reicht dem fremden Brauer einen „Stein" (Literkrug) mit den Worten: „Zum Wohl, Kolleg!"

Dieser egreift den Krug, erwidernd: „Sollst leben, Kolleg!" (oder „Gesellschaft!" wenn mehrere Brauburschen im Lokal sind), hält den Krug empor und trinkt; dann stellt er den leeren Krug demjenigen hin, der ihn gebracht, und verabschiedet sich mit dem Gruß: „Glück und Segen Euerm Handwerk! Adje Kollegen, lebet wohl!" In größern Brauereien erhält er noch mehr Bier und mitunter auch noch einen „Zehrpfennig".

Wie jeder Stand, so hat auch jedes Handwerk seinen besondern Heiligen, Standesheiligen oder Standespatron, Schutzpatron. Der Standesheilige der Bierbrauer ist der hl. Florian (4. Mai), der als römischer Oberst den Martyrertod zu Lorch in Oberösterreich 297 erlitten. Er soll in seiner Jugend durch Gebet ein brennendes Haus vom Untergang gerettet haben. Später sei ein Köhler, der in einen brennenden Meiler gefallen, durch St. Florians wundertätige Hilfe schadlos den Flammen entkommen sein. Deshalb ist der hl. Florian auch Patron der Gewerbe, die Feuer brauchen oder dem Feuer wehren, so auch der Seifensieder, Kaminfeger, Feuerwehrmänner.

Der Buchdrucker (Schriftsetzer) tritt mit den Worten: „Gott grüß' die Kunst" in die Offizin, erhält dann 10—20 Pfg., sagt Dank und geht. Ein Schriftsetzer, der auch an der Maschine Bescheid weiß, heißt „Schweizerdegen". Der Schutzpatron der Buchdrucker ist der Apostel Johannes (27. Dezember), dargestellt als Jüngling wegen seiner Reinheit, mit Feder und Buch in den Händen, daher sein Patronat, zur Seite ein Adler als Sinnbild seines hohen Geistesfluges.

Der Drechsler geht mit dem Stock in der Hand, die drei oberen Rockknöpfe geschlossen, in die Werkstatt und sagt: „Glück zum Meister und Gesellen!" Nachdem er die Gabe erhalten, tritt er zu jedem Gesellen, schlägt mit der Linken auf die Bank und reicht einem jeden die Rechte mit dem Ausruf: „Hui Drechsler!" Der Schutzpatron der Drechsler ist der hl. Bischof Erasmus (2. Juni), welcher 303 unter Diocletian in Süditalien des Märtyrertodes starb. Zur Erinnerung an sein Martyrium wird er schon auf alten Bildern mit einer Winde oder einem Haspel dargestellt.

Beim Färber muß für das „Umschauen" der rechte Riemen seines Bündels („Berliners") um die linke Schulter gelegt, unter dem linken Arm ein Schnupftuch sichtbar sein und in der rechten Hand Stock und Hut — der erstere mit dem kleinen Finger am Riemen — gehalten werden. So tritt der Handwerksbursche herein und sagt seinen Spruch. Die Färber haben als Schutzpatron den

Apostel Simon (28. Oktober), der Sohn eines Purpurfärbers und selbst Färber war. Er soll in Persien und Armenien das Evangelium verkündet und den grausamen Tod durch Zersägen erlitten haben.

Der Gerber läßt seinen gelben „Berliner", d. h. sein in die gelbe Schürze eingewickeltes Reisegepäck, auf der Herberge und tritt in die Werkstatt, vor deren Tür er den Stock gestellt, indem er mit der rechten Hand „Honneurs" macht, mit den Worten:

„Meister mit Gunst?"

„Weiß nichts anderes!" erwidert der Meister, worauf der Geselle:

„Meister und Gesellen lassen Euch grüßen von wegen des Handwerks."

Dann sagt der Meister: „Ich danke dir, daß du den Gruß so freundlich ausgerichtet hast. Grüß mir Meister und Gesellen!", richtet dann noch allerlei Fragen an den Zureisenden, wohin er gehen wolle usw. und gibt ihm das Geschenk.

Der Standesheilige oder Schutzpatron der Gerber ist der hl. Bartholomäus (24. August), der mit einem großen Messer in der Rechten, dem Martyrerwerkzeug, abgebildet wird. Er soll nämlich grausam geschunden und dann enthauptet worden sein.

Der Hafner stellt sein Gepäck vor die Tür, tritt, in der Linken Hut und Stock haltend, in die Werkstatt und reicht dem Meister die Rechte. „Grüß Gott, Meister und Gesellschaft! Fremder Hafner spricht um Arbeit zu, Gruß von Meister und Gesellen in N. N." Dann erhält er die Gabe, gibt wiederum die Hand und wird mit „Gruß an die nächste Werkstatt" entlassen. Der Schutzpatron der Hafner ist St. Goar (6. Juli). Er war im 6. Jahrhundert ein eifriger Glaubensbote am Rhein und lehrte zugleich Aecker und Weingärten anlegen und Waldgründe ausroden. Dabei war er sehr gastfreundlich gegen Arme und Fremde und wird deshalb mit einem Topfe dargestellt, in dem er Speis und Trank darbot.

Der Hutmacher, einen Filzhut (nicht Strohhut) auf dem Kopf, drei Knöpfe des Rocks geschlossen, den Stock in der Hand, tritt ohne das Gepäck, das auf der Herberg zurückgeblieben, nach dreimaligem Anklopfen auf das „Herein" des Altgesellen in die Werkstatt mit dem Gruß: „Glück zu von wegen des Handwerks!" Der Altgeselle gibt ihm die Hand, fragend: „Hutmacher?" Zureisender: „Ja!" — Altgeselle: „Ich auch. Hui! Wo kommst Du her bei dem staubigen Wetter?" — Zureisender: „Von N. N." — Altgeselle: „Wo zuletzt gearbeitet?" — Nachdem der Fremdling diese Fragen beantwortet hat, reicht er jedem Gesellen die Hand. Nun wird manchmal Bier oder Wein aufgetischt, alle stoßen miteinander an, geben sich die Hand und machen „Honneurs". Dann frägt der Altgeselle: „Mit Gunst! Was bist du für ein Landsmann?" Der fremde Geselle sagt es und stellt die gleiche Frage an den Altgesellen, erhält dann sein Geschenk und geht mit den Abschiedsworten: „Adje! Wünsch' Glück, gute Werkstelle und gute Nebengesellen! Adje!"

Der Standesheilige der Hutmacher ist der Apostel Jakobus der Aeltere (24. Juli), der unter Herodes Agrippa in Jerusalem enthauptet wurde; seine Leiche wurde von seinen Schülern nach Spanien gebracht und befindet sich jetzt in der Apostelkirche zu Compostella. Nach der Legende zog er nach Christi Himmelfahrt nach Spanien, um dort das Evangelium zu verkünden, und trägt deshalb als apostolischer Wanderer auf Bildern Stab, Pilgermuschel und Hut. Die Hutmacher führen im Wappen einen Hut im blauen Feld.

Der Kaminkehrer hat einen Zylinderhut auf dem Kopf, den Stock am Arm, die drei oberen Knöpfe des Rockes geschlossen und sagt: „Ein fremder Kaminkehrer! Gruß von der Herbergsschwester in N." (Ort wo er zuletzt gearbeitet). — Der Kaminkehrer darf im Geschäft nicht sitzen. Wenn ihm z. B. in einem Haus, wo er arbeitet, ein Imbiß angeboten wird, muß er stehend essen und trinken. Er darf auch nicht auf den Boden spucken, sondern auf seinen Besen, den er zwischen seine Füße stellt. Zu Haus wird der Besen mit dem Stil nach unten gestellt. Stellt ein Kaminkehrer den Besen verkehrt auf, also mit dem Reisig nach unten, so weist ihn der Meister gleich zurecht mit den Worten: „Weißt Du nicht, was der Brauch im Handwerk?"

Kaminkehrer, Rot- und Weißgerber, Färber, Kupferschmiede, Hutmacher und Seifensieder begrüßen sich als Schwäger" und duzen sich, beim „Umschauen" erscheinen sie mit Zylinderhut und in vollem „Ornat". Nach der Tradition rührt dieses Verhältnis daher, weil dereinst sieben Gesellen zugleich — je einer aus den genannten Zünften — die Liebhaber der hübschen Tochter des Herbergswirt waren.

Die Kaminkehrer haben den gleichen Schutzpatron wie die Bierbrauer, nämlich den hl. Florian. (Siehe oben.)

Der Müller sagt beim Umschauen, wie noch manch andere Gesellen, kurz und gut: „Glück zu!" und erhält seine Gabe.

Die Müller haben die hl. Christine, Jungfrau und Märtyrin, als ihre Schutzpatronin. Sie wird dargestellt mit einem um den Hals gebundenen Mühlstein, dem Abzeichen ihres Martyriums 300.

Der Sattler läßt das Gepäck vor der Thüre und tritt mit zugeknöpftem Rock, in der Linken den Stock, mit der Rechten „Honneurs" machend, in die Werkstatt und sagt: „Glück zu wegen des Handwerks!" Der Meister fragend: „Fremder Sattler?" Nachdem dieser geantwortet: „Versehe mich!", sagte der Meister: „Sei willkommen! Wo hast Du zuletzt gearbeitet?" Der Handwerksbursche sagt es, worauf der Meister: „Wie lang schon auf der Reise?“ Nachdem auch diese Frage beantwortet ist, erhält der Fremde sein Geschenk und verabschiedet sich mit den Worten: „Danke schön! Adje!“ Der Meister wünscht ihm „Glückliche Reise! Baldige Arbeit!“

Der Schutzpatron der Sattler ist der hl. Georg (23. April), der als römischer Kriegsoberst unter Diokletian 303 den Märtyrertod erlitt. Er wird dargestellt zu Roß, einen Drachen durchbohrend und so eine Jungfrau rettend. Er ist Patron der Sattler, „weil er so fest im Sattel saß“.

Der Schlosser, den Rock zugeknöpft, den Stock in der Hand haltend, wird beim Eintritt vom Meister angesprochen: „Ein fremder Schlosser?“, worauf der Geselle: „Ein Stück davon!“ Dann erhält er das übliche Geschenk, sagt kurz „Adje!“ und gibt beim Abgehen jedem Gesellen der Werkstatt die Hand.

Der Schutzpatron der Schlosser ist der hl. Apostel Petrus als Träger des Himmelsschlüssels.

Der Schmied legt Stock und Felleisen, d. h. die Gerätschaften in Lederschurz gewickelt, vor der Werkstätte ab, tritt, den Hut auf dem Kopf, in der Hand den Beschlaghammer haltend, mit der anderen Hand wie ein Soldat salutierend, in die Werkstatt vor den Ambos und sagt: „Glück zu vom ehrsamen Handwerk für Meister und Gesellen!“ Dann erhält er das Geschenk und sagt: „Danke für das Geschenk nach Handwerksbrauch!“ und geht mit dem Gruß „Glückauf!“, was der Meister mit „Glück zu!“ erwidert.

Der Schutzpatron der Schmiede, wie überhaupt aller Handwerker ist der hl. Josef (19. März), der Nagelschmiede insbesondere die hl. Helena (18. August). Sie fand das Kreuz Christi und wird abgebildet mit den hl. Nägeln in der Hand. Das Zunftwappen ist ein purpurnes Herz mit drei Nägeln. Der Patron der

Kupferschmiede ist der hl. Vitus (15. Juni), welcher, noch nicht 12 Jahre alt, standhaft die grausamsten Qualen in einem Kessel siedenden Peches 303 erduldete.

Die Schuhmacher durften nicht immer bei jedem einzelnen Meister umschauen, sondern mußten sich zuerst nach der Herberge wenden, wo offene Stellen angemeldet wurden. Hier traten die Gesellen mit folgendem Gruß ein: „Guten Tag! Gott ehre das Reich; Gott ehre das Handwerk, das Gelage und die Brüderschaft; Gott ehre der Herr Vater, die Frau Mutter, Brüder und Schwestern und alle ehrbaren, frommen Schusterknechte, wie versammelt sein, es sei gleich, hier oder anderswo." Dann wandte sich der Ankömmling an die Gesellen mit der Frage: „Mit Gunst, liebe Brüder, wo oder welcher ist der Herr Vater von Handwerkswegen?" Ward ihm die Frage beantwortet, so ging er nochmals hinaus, klopfte wieder an, trat dann ein und sagte: „Mit Gunst, ich wollte den Herrn Vater und Frau Mutter von Handwerkswegen gebeten haben, sie wollten mich beherbergen. Ich will mich verhalten, wie es einem ehrbaren Schusterknecht geziemt." Jetzt erst lud ihn der Herbergsvater ein, das Felleisen, das er bis dahin noch immer auf der Schulter hatte, abzulegen, und die Zeremonie war beendet. Es gab auch einen besondern zünftigen Schuhmacherhandschlag, der darin bestand, daß zuerst die Kleinfinger der rechten Hände der sich Begrüßenden ineinander gehackt, fest gezogen, sodann beide Daumen gegeneinander gestemmt (bei noch ineinander gehäckten Kleinfingern) und erst hierauf beide Hände derb ineinander geschlagen wurden.

Der Schutzpatron der Schuhmacher ist der hl. Crispin und der hl. Crispinian (25. Oktober), welche Schuster in Gallien waren und dabei Verbreiter des Christentums; deshalb als Verführer des Volkes angeklagt, starben sie im Jahre 287 des Martyrertodes.

Der Steinhauer, Schneider, Bäcker usw.

sagt heutzutage den einfachen Spruch: „Ein fremder Steinhauer usw. spricht zu um Arbeit“ und nimmt dann seine Gabe in Empfang.

Der Schutzpatron der Steinhauer ist der hl. Reinold (Reinald) (7. Januar), ein Rittersmann und später frommer Mönch im Pantaleonskloster zu Köln, wo ihm die Steinmetzarbeit übertragen war, † 960.

Der Zimmergeselle hat beim zünftigen Zusprechen (Umschauen) den Zylinderhut unter dem Arm, die drei oberen Rockknöpfe geschlossen und tritt ein mit den Worten: „Mit Gunst und Erlaubnis! Ist der ehrbare Meister nicht zu sprechen?“ — Meister: „Löblich!“ Geselle: „Ein fremder, ehrbarer Zimmergeselle spricht bei dem ehrbaren Meister um Arbeit zu, auf acht oder vierzehn Tage, nicht auf acht oder vierzehn Tage, sondern auch weiter, wie es bei Meister und Gesellen Handwerksbrauch ist.“ Meister: „Es ist mir leid, dem ehrbaren Gesellen jetzt keine Arbeit geben zu können.“ Geselle: „So bitte ich den ehrbaren Meister um das jedem Fremden zustehende Geschenk.“ Der Meister gibt das Geschenk und wünscht „Glückliche Reise!“

Zimmerleute arbeiten zünftig mit dem Zylinderhut auf dem Kopf, aber hemdärmlig.

Der Patron der Zimmerleute ist der hl. Apostel Mathias (25. Februar), welcher hinauszog, um das Evangelium zu predigen und in Kolchis den Märtyrertod erlitten haben soll. Er wird abgebildet mit einem Beil zum Zeichen seines Martyriums, daher sein Patronat.

Glockengießer, Dekorationsmaler, Bildhauer, Orgelbauer usw. waren nicht zünftig; sie gehörten zur sogen. „Freikunst“, hatten auch keine Herbergen, sondern logierten nach Belieben in den Gasthäusern. Die Orgelbauer trugen früher Degen.

Außer diesen Gesellensprüchen und Handwerksgrüßen trifft man bei vielen Arbeitern noch die Sitte des Tätowierens.*) In der Regel wird die Tätowierung auf der Vorderseite des rechten Vorderarms nächst der Ellbogenbeuge vorgenommen, manchmal auch mitten auf der Brust, selten auf der Hand oder auf beiden Armen; in letzterem Falle aber kommen nicht die gleichen Darstellungen auf beide Arme. Zum Tätowieren benützt man zwei bis drei gewöhnliche oder auch Silbernadeln — für Schattierungen vier —, welche an ein dünnes Holzstäbchen gebunden und mitunter bis gegen die Spitze hin umwunden werden, damit sie nicht zu tief eindringen. Zunächst wird nun das gewünschte Bild mittelst Bleistift oder auch Farbe (Zinnober, Karmin) auf die Haut vorgezeichnet; dann werden die Nadeln in die betreffende Farbe getaucht und auf die vorgezeichneten Linien Punkt an Punkt eingestochen; wenn das Bluten aufhört, wird ein Farbstoff, meist Tusch, Ruß, Kohle, Tinte, Schießpulver oder dergleichen in die Stiche eingerieben, für rote Zeichnung Zinnober oder Karmin, für blaue Waschbläue. Nur mit diesen drei Farben wird tätowiert. Nach dem Einreiben derselben wird der Arm mit Milch oder in deren Ermangelung mit Wasser gereinigt. Manchmal entstehen leichte Hautentzündungen, Anschwellung des Armes, Schmerzen usw. Gewöhnlich wird schwarz tätowiert, seltener rot oder blau. Bisweilen werden zweifarbige oder auch dreifarbige Bilder gemacht; die Umrisse sind meistens schwarz, aber die einzelnen Figuren verschiedenfarbig, die eine rot, die andere blau; bisweilen ist auch dieselbe Figur zweifarbig, rot und blau, gezeichnet, wie wir unten sehen werden. Der-

*) Das Wort „Tätowieren" ist polynesischen Ursprungs und kommt her von „tatau", sollte also „tätauwieren" geschrieben werden. Dr. Krämer, welcher mit Unterstützung des Auswärtigen Amtes eine treffliche Einzelbeschreibung der „Samoa-Inseln" herausgibt, erklärt den Namen „tatau" aus dem Samoanischen als „richtig, kunstgerecht, ordnungsmäßig", und zieht das gleichlautende Maoriwort heran, das „zählen, abmessen" bedeutet. (St. „Straßb. Post" Nr. 131 v. 1904.)

jenige Arbeiter, der sich mit Tätowieren abgibt, — und solche sind nicht selten — betreibt dieses Geschäft aus Liebhaberei, als Nebenarbeit in freien Stunden, und erhält in der Regel für jeden Fall 50 Pfg. bis 1.50 Mk. Die Tätowierzeichnungen stellen meist die Abzeichen des betr. Handwerks dar, beim Militär, bei dem das Tätowieren ebenfalls häufig vorkommt, die Abzeichen der betr. Waffengattung, ferner religiöse Symbole, so das Kreuz als Zeichen des Glaubens, desgleichen Sinnbilder der Liebe — ein pfeildurchbohrtes Herz, verschlungene Hände und dergleichen, oder der Hoffnung — ein Anker usw. Hie und da sieht man auch obszöne Bilder. Manchmal findet sich ein Spruch, sehr häufig eine Jahrzahl, desgleichen die Anfangsbuchstaben des Namens oder der vollständige Namen. In der Regel besteht das Tätowierbild nicht aus einem Einzelbild, sondern aus einer Gruppe von verschiedenen passend zusammengestellten Gegenständen und umgeben von einem Kranze. Selbstverständlich ist zur Darstellung solcher Gruppen eine gewisse Gewandtheit erforderlich und man trifft deshalb unter diesen Tätowierern mitunter wahre Künstler oder wenigstens tüchtige Zeichner, welche für alle Fälle gewappnet sind. Sie tragen bisweilen ein Musterheft bei sich, worin Zeichnungen für alle Gewerbe und Militärgattungen, für den Feuerwehrmann, für den Turner usw. zu finden sind, und ein Jeder das Gewünschte auswählen kann. Wir wollen nur einige Tätowierbilder hier anführen: so vom Fischer einen Anker mit Laubgewinde, rechts und links die Anfangsbuchstaben des Vor- und Geschlechtsnamens, darunter die Jahrzahl; vom Hufschmied ein Hufeisen auf gekreuztem Eisenhammer und Zange, beiderseits die Anfangsbuchstaben des Vor- und Zunamens, unten die Jahrzahl; vom Küfer ein Weinfaß, hinter dem beiderseits ein Holzhammer hervorragt, auf dem Faß zwischen zwei Reifen die Vor- und Zunamens-Initialen, darunter die Jahrzahl; vom Schlosser zwei sich kreuzende Schlüssel auf einem Schlosserhammer; vom Schreiner die Säge, rechts und links die Initialen, darüber der Meßzirkel und der Hobel, unter diesem die Jahrzahl; vom Soldaten das badische Wappen mit Krone auf zwei sich kreuzenden Gewehren, rechts und links Regiments- und Bataillonsnummer, oben auf einem Spruchband „Gott mit uns!", unten ein Helm, die Jahrzahl und der Namen des Soldaten; beim Kavalleristen sind statt Gewehre zwei sich kreuzende Schleppsäbel eingezeichnet, beim Artilleristen zwei sich kreuzende Kanonenrohre. Von eigentlich symbolischen und allegorischen Darstellungen seien hier beispielsweise erwähnt: „Die drei göttlichen Tugenden": ein flammendes Herz mit Kreuz und Anker und der Inschrift „Glaube, Liebe, Hoffnung"; ferner „Rache": ein von sich kreuzendem Dolch und Pfeil durchbohrtes Herz mit der Umschrift: „Rache ist süß"; desgleichen „Memento mori": ein Totenschädel auf zwei sich kreuzenden Gebeinen, einerseits eine sich ringelnde Schlange, anderseits ein Schwert; „des Seemanns Hoffnung": über dem wogenden Meer schwebt ein Anker, umgeben von zwei Fahnen, darüber das Sprichwort: „Gott beschütze uns", dieses auf dem Arme eines Seemanns; ferner auf dem Arme eines andern Matrosen: „Des Seemanns Stern" in dreifarbiger Zeichnung: ein großer, achtstrahliger Stern, umringt von einem Kranze kleiner Sterne, darunter ein Anker, rechts und links die Namensinitialen und Jahrzahl, die Umrisse schwarz, der Anker rot, die kleineren Sterne blau, die Strahlen des großen Sternes halb blau, halb rot. Endlich sei noch eines Schiffers mit reicher Tätowierung auf beiden Armen nicht vergessen: auf dem rechten Vorderarm ein Kreuz mit Anker und Herz, einerseits eine fliegende Möve, anderseits ein Dolch, unter dem Anker ein achtstrahliger Stern; auf dem linken Arm ein Kreuzesstamm mit großem Kranz.

Die Tätowierungen bleiben in der Regel während des

ganzen Lebens auf der Haut, insbesondere die mittels Tusch und Kohle hergestellten; die mit Schießpulver, Bläue, Tinte usw. erbleichen manchmal, aber verwischen sich nie vollständig; am leichtesten verschwinden die mit Zinnober gefärbten Tätowierstiche.

Das Tätowieren ist eine alte Volkssitte, die bis in die graueste Vorzeit zurückreicht. Sie war schon bei den Egyptern, Assyrern und Phöniziern üblich, bei den Thrakern, Britanniern und Kelten usw. und ist es noch heute mehr oder weniger bei allen wilden Völkern, bei den Indianern, den Südseeinsulanern, Negern usw. Die Tätowierung ist eine Art Körperschmuck; neben dem Zweck des Schmuckes steht aber auch der, die Blöße der untern Teile des Körpers bedeckt erscheinen zu lassen, eine solche Verhüllung wenigstens vorzutäuschen, wie Dr. Krämer bemerkt. Nach andern Forschern bezeichnet die Tätowierung aber oft auch Rangverhältnisse oder die Tapferkeit des Betreffenden, soll auch als Schutzmittel gegen Unglück dienen, als Andenken an merkwürdige Erlebnisse usw. bei den betr. Volksstämmen.

Wie bereits kurz erwähnt, dauerte die L e h r z e i t bei den meisten Zünften in der Regel drei Jahre. Während dieser Zeit hatte der Lehrling bei seinem Meister Kost und Wohnung, stand unter dessen Aufsicht und wurde überhaupt als Familienmitglied behandelt. Lohn hatte er nicht anzusprechen, sondern mußte meist noch Lehrgeld zahlen oder auch statt dessen bei völliger Mittellosigkeit ein Jahr länger Lehrling bleiben. Da hatte er dann außer seinen Handwerksarbeiten noch allerlei Nebengeschäfte und Privataufträge des Meisters und der Gesellen zu besorgen, wie auch häusliche Dienstleistungen für die Meisterin, was vielfach zu großen Mißbräuchen führte. Dabei hielt sich ein jedes für berechtigt, dem Lehrbuben Schläge und Ohrfeigen nach allen Seiten zu geben auf die geringste Veranlassung oder auch oft aus bloßer Laune. So war die Lehrlingszeit selten sehr rosig. Bei manchen Meistern jedoch erhielt der Lehrling bei zufriedenstellendem Verhalten ein Taschengeld, jeden Sonntag nach dem Mittagessen, und zwar im ersten Jahre 1—4 Groschen, im zweiten Jahr 6—8 Groschen und im letzten Jahre bis zu 12 Groschen; manchmal auch von den Eltern noch einiges Geld.

Nach glücklich überstandener dreijähriger Lehrzeit mußte der Betreffende das „Gesellenstück“ machen, das dann „vor offener Lade“ den versammelten Meistern, dem Vater des ausgelernten Lehrlings und zwei Ratsherren zur Begutachtung vorgelegt, von denselben geprüft und schließlich für gut befunden wurde. Hierauf gelobte der Lehrling nochmals mit Handschlag an Eidesstatt, „ehrlicher Geselle und Meister zu werden von wegen des Handwerks“, worauf die feierliche Lossprechung erfolgte. Hiedurch war der Bursche wohl „Geselle“, er war aber noch nicht von den andern Gesellen als solcher anerkannt und mußte sich bei der „Bruderschaft“ erst mit einem „Gesellenbraten“ abfinden, wobei wenigstens drei Mitgesellen anwesend sein mußten. Der „Gesellenbraten“ wurde jeweils an einem Sonntag im Hause des Lehrherrn von diesem selbst aufgetischt, wobei selbstverständlich auch dem Trunk tüchtig zugesprochen wurde. Dann erhielt der „Junggeselle“ einen Gesellennamen, der meistens auf eine Gewohnheit des Betreffenden oder auf das Gewerbe Bezug hatte. Nach der Lossprechung blieb der Junggeselle mitunter noch einige Wochen im Hause seines Lehrmeisters, bevor er zu seinen Eltern heimkehrte, um dann in die Fremde zu ziehen.

Denn jeder Geselle, der sein Handwerk zünftig gelernt hatte und einst als Meister zu betreiben gedachte, mußte bekanntlich mindestens drei Jahre „auf die Wanderschaft gehen“ und zwar nicht in die Nähe der Heimat. Nur selten und nur in den dringendsten Fällen wurde dem Sohne eines Meisters oder einer Meisterswitwe von der betreffenden Zunft die gesetzliche Wanderzeit ganz oder teilweise nachgelassen, wofür übrigens je nach Umständen eine geringere oder höhere Summe Geldes an die Zunftlade zu bezahlen war. So hat — um nur einzelne Beispiele anzuführen — der Überlinger Magistrat unterm 18. April 1785 den Küferknecht J. B. Lutz angewiesen, „die dreijährige Wanderschaft zu machen," desgleichen sollte X. Weltin, Müllerknecht, die drei Wanderjahre in einer wenigstens zehnstündigen Entfernung von hier vollstrecken," anderseits wurde unterm 6. Juni „Siebmachergesell Jos. Geiger, der das Zeugnis als ein gut gesitteter und seiner Profession wohlkundiger Mensch hat, in dieser Rücksicht und aus anderen Bewögursachen gegen Erlag 7 fl. 30 xr. von der Wanderschaft dispensiert," ebenso der Sohn einer Küfermeisterswitwe, wenn er „noch 1½ Jahr lang bei seiner Mutter bleiben und ihre Kundsame fördern würde" usw.

Für jeden jungen Menschen hat die Wanderschaft einen eigentümlichen Reiz. Was dem Studenten nach dem eng gebundenen Leben der Lyzeen und Gymnasien die Universität mit ihren Freiheiten und ihrer Burschenherrlichkeit, das ist für den Handwerksgesellen nach der mühseligen und oft entwürdigenden Lehrzeit die Wanderschaft mit den farbenreichen Bildern eines neuen, freien Lebens. Was der Meister aus seiner Wanderschaft erzählt hatte, was der Lehrling in der Werkstätte nach dem Feierabend den Gesprächen der Gesellen abgelauscht, und welch andere Bilder aus der Fremde die Einbildungskraft des angehenden Wanderburschen beleben mochten, alle diese Dinge sollten jetzt in Wirklichkeit an seinem Auge vorüberziehen. Kein Wunder, daß der nach Handwerksbrauch zum Gesellen Gesprochene sehnsüchtig in die Ferne blickt und in der Fremde die ihm gewordene Freiheit in vollen Zügen zu genießen hofft.

13. Schifferbräuche und Segelschiffahrt.

In früherer Zeit, da es noch keine Dampfboote gab, bildeten die Segelschiffe die Hauptverkehrsmittel auf dem See. Es waren dies gewaltige Kolosse, welche mitunter eine Tragkraft von 1000 und mehr Zentner hatten; aus den stärksten und höchsten Tannen des Hochwaldes wurden die Segelbäume (Masten) gemacht, und zum Segel brauchte man mehrere hundert Meter starkes Leinenzeug. Diese Fahrzeuge besaßen deshalb einen bedeutenden Wert und waren gewissermaßen das Vermögen des Schiffmanns. Sie dienten nicht bloß als Verkehrsverbindung der gegenüberliegenden Seeufer, sondern unterhielten auch den Verkehr längs der Gestade; denn hier wurden sie bei großen Transporten gegenüber den Landfuhrwerken bevorzugt, da sie solche Lasten, welche auf der Landstraße viele Wagen beanspruchten, auf einmal führen konnten, also billiger und rascher beförderten. Sie besorgten früher alle größern Transporte von Waren aller Art, desgleichen von Frucht und Obst, Wein, Most, Holz, Stein, Lehm, Gips usw. Ja, die Segelschiffe wurden sogar nach Einführung der Dampfboote noch in vielen Fällen bevorzugt, da sie Plätze befuhren, welche von den Dampfern nicht berührt wurden. Gar mancher Uferort, wo kein Dampfer hinkommen kann wegen mangelnder Landungsstelle und niederen Wasserstandes, wird vom größten Segelschiff leicht befahren, da ein solches nicht so tief geht und so viel Wasser braucht als ersteres, und deshalb leichter ans Ufer gelangen kann. Schlimmstenfalls aber kann ein Segelschiff immer noch bei niederem Wasserstand sogen. „Überschlagskähne“ beim Ein- und Ausladen benützen, und wenn das Ladematerial entfernter abliegt, solches mittelst Karren herbeischaffen. Allerdings war das Anlanden früher oft mit Schwierigkeiten verbunden, da ein sicherer Hafen oder eine schützende Anlandestelle meist fehlte. In der Regel bestanden die Landungsplätze aus zwei Reihen starker Pfähle, zwischen welche Reisig, Steine usw. gebettet waren. Bisweilen waren auch nur einige Pfähle vorhanden, an welche die Schiffe „gehängt“ oder gebunden wurden. Kam ein Sturm, so schwebten die Schiffleute immer in Angst, das Schiff werde von den Wellen gefüllt und dann sinken. Beim Uhldinger Hafeneingang liegt jetzt noch, vom Schlamm bedeckt, ein auf solche Weise untergegangenes altes Segelschiff, das noch lauter Holznägel hat, auf dem Grunde des Sees. Es soll einst mit Salz geladen gewesen sein.

Die Arbeiten auf einem großen Segelschiff waren jeweils schwer und häufig mit großen Gefahren verbunden. Selbstverständlich erforderten sie nur kräftige Leute, und solche gab es denn auch stets auf den Segelbooten. Denn alle Schiffer mehr oder weniger waren wetterharte, „nervenstarke“ Männer, mit denen nicht jeder „landen“ oder „wechseln“ (es aufnehmen) konnte. Durch schwere Arbeit bei jedem Wetter waren sie abgehärtet und gestählt. Nicht immer jedoch war der Schiffsdienst schwierig. Wie überall wechselten strenge Tage mit leichten, so z. B. wenn das Schiff oft tagelang oder mitunter sogar 1—2 Wochen lang an einer Stelle „verweht“, d. h. vom Sturme festgehalten war, oder wenn die Schiffleute wegen bevorstehenden Sturmes nicht den Platz zu verlassen wagten. Die Schiffer haben für die verschiedenen Winde, die über den See wehen, besondere Namen; so „Ortwind“ für Nordwind, „Westerwind“ für Westwind, „Osterwind“ für Ostwind und „Oberluft“ oder „Pfäh“ für Föhnwind. Der letztere ist der gefürchtetste und namentlich im Obersee der gefährlichste Sturm, da er selten bestimmt vorausgesagt werden kann. Denn er weht oft über und auf den Schweizerbergen, ohne daß auf dem Bodensee das Geringste von ihm verspürt wird; aber plötzlich bricht er über den See heraus, im Nu die Wellen hoch aufwerfend. Oft aber verraten auch gewisse Zeichen seine Annäherung. So gilt bei den

Schiffern das baldige Ausbrechen des Föhns als ganz sicher, wenn aus heiterem Himmel herunter Laub auf den See fällt. Wie sehr der Föhn Respekt einjagt, zeigte ein alter Schiffer, der auf dem Totenbett gesagt haben soll: „Ich kann Allem verzeihen, nur dem Föhn nicht!" Wenn nun die Schiffsleute verweht sind, d. h. wegen Sturms nicht vom Platz können, dann vertreiben sie sich die Zeit mit Kartenspielen, Schlafen, Spazierengehen auf dem Verdeck, Plaudern, Späßen usw. Allerdings machen die „Meister" (Schiffsinhaber) schließlich saure Gesicher hiezu, und müssen in solchen Fällen tief in den Beutel langen, da manchmal mehr verzehrt als verdient wird.

In der Regel wurde frühmorgens die Fahrt angetreten. Bevor man jedoch von der Heimat abfuhr, und der Segel aufgespannt war, wurden noch fünf Vaterunser und der Glauben gebetet. In Unteruhldingen wurde jede Woche in der Kapelle eine hl. Messe gelesen, welche namentlich die Schiffer besuchten, um Glück für die Fahrten zu haben. War nun der Weg weit, also eine langdauernde Fahrt in Aussicht, dann wurde schon nachts 12 Uhr oder bald nach Mitternacht aufgebrochen. Bei gutem Wetter verließ man sich auf den von den Seeleuten „Überrinner" genannten Wind, der vom Land her über den See einbricht, daher der Name, und bis gegen Morgen um 8 Uhr anhält. So konnte dann durch Segelzug der größte Teil der Fahrt abgemacht werden, wobei einem Schiffer das Steuerruder überlassen war, und die übrigen sich dem Schlafe hingeben konnten, was in dem sogen. „Stabbank" — einem unter dem Verdeck, hinten im Schiff, gerade unter dem Platz des Steuermanns befindlichen Raum — geschah, der überhaupt das eigentliche Schlafgemach des Segelschiffs ist. Wenn jedoch der Wind sich änderte, so mußten auch die Segel darnach gerichtet, d. h. auf die andere Seite gelegt werden, wozu die Mannschaft vom Schiffleiter mit dem Ruf „Umbinden" geweckt wurde; oder wenn der Wind zunahm, heftiger wurde, dann mußten die Segel etwas heruntergelassen werden, was die Schiffleute „hängen“ heißen. Bei allen diesen Arbeiten sprang jeder, sobald der Ruf des Schiffführers erscholl, aufs schnellste an seinen Platz, auch bei der größten Finsternis, und besorgte das Seinige aufs pünktlichste. Wenn der See unruhig geworden, so durfte keiner mehr von seinem Posten. Denn bei schneller Fahrt — ein mit starkem Wind getriebener Segler würde mit einem Dampfer „laufen“ — bedarf es großer Geschicklichkeit und Gewohnheit, den gewaltigen Segel zu handhaben, aber trotz aller Gewandtheit ist es schon manchmal vorgekommen, daß bei Stürmen das Segel in Stücke zerrissen und der Segelbaum (Mast) gebrochen wurde, oder daß sogar das Schiff unterzugehen drohte, da es ein Spielball der Wellen geworden.

Von einem alten Schiffsmann wurde folgendes Sturmerlebnis erzählt: Anläßlich der Konstanzer Messe mußten die Marktgegenstände, Küfer- und Korbwaren usw. aus der ganzen Gegend nach Konstanz geführt werden, was natürlich eine ganze Schiffsladung gab. Bei der Abfahrt war kein Wölklein am Himmel; schon rechneten die Schiffer ihren Lohn aus. Aber zwei Elstern, die am Schiffe vorbei krähten, machten den Schiffsleuten etwas Bedenken, obgleich sie gerade nicht abergläubisch waren. Sie fuhren nun weiter, bis auf den halben See. Da brach ein Weststurm herein und sie mußten gegen Staad steuern und von hier wieder gegen das „Horn“ (Spitze der Halbinsel zwischen Überlingersee und Konstanzer Bucht, eigentlich „Eichhorn“ genannt), und kamen erst am andern Morgen um 10 Uhr nach Konstanz. Der Markt für diese Waren war bereits vorbei, die Küfer verlangten wegen erlittenen Schadens infolge Nichtverkaufs ihres Geschirres Entschädigung, drangen aber nicht durch. Dagegen fiel der Schiffslohn weg, da die Waren schließlich um geringen Preis doch noch verkauft werden mußten. Als Rückfracht hatte das Schiff wieder allerlei Geschirr, das die marktbesuchenden Leute der Umgegend zusammengekauft. Mit dieser Ladung kehrten noch zwei Maurer und eine Bötin nebst einer weiteren Frauensperson auf dem Boote zurück. Es war schon Nacht, als wieder ein Sturm hereinbrach, und zwar mit größter Heftigkeit. Vom Lorettowald herüber wurde ein Krachen gehört, wie wenn alle Bäume umgerissen würden. Da sagte der Schiffsführer zu seiner Mannschaft: „Wir wollen den Segel herunterlassen." Kaum gesagt, kam ein so starker Windstoß, daß das Segel oben vom Mastbaum abgerissen wurde und sofort ins Wasser fiel. Das schlimmste war nun, daß das Segel unter das Schiff geriet und sich um das Steuer wickelte. In dieser Lage wurde das Boot breitwegs über den See getrieben, welches bei den immer größeren Wellen derart schwankte, daß man fast glaubte, der Segelbaum schlage auf den Wellen auf. Zuletzt rissen noch die Mastbaumseile und die Mitfahrer gerieten in Gefahr, vom Segelbaum erschlagen zu werden; das Schiff selbst krachte in allen Fugen; dabei regnete es noch wolkenbruchartig. Die beiden Weibsleute krochen in Weinzüber; als das Boot aber immer ärger schaukelte, schlugen sie mit Köpfen und Ellbogen derart an die Zuberwände, daß sie „Mordio" schrien. Aber die Schiffsleute konnten nicht helfen, denn diese hatten genug Arbeit für sich. So ging es fort, dem Felsgestade Meersburgs zu, wo das Schiff zu zerschellen drohte. Die Schiffer mit den Maurern strengten alle Kräfte an, um wenigstens oberhalb der Felsen ans Land zu kommen, was denn auch mit knapper Not gelang; denn das Boot wurde in der Nähe von Haltnau an den Strand geworfen und die Insassen eilten nun durchnäßt, aber froh, der Gefahr entronnen zu sein, der Heimat zu.

Über eine „Rettung aus Wassernot" enthält die „Einsiedlische Chronik von P. Josef Tschudi" (Ein=

siedeln, Gebr. Benziger und Söhne 1823) folgenden urkundlichen Bericht: „Wir Endesunterzeichnete Schiffmeister und Schiffknechte bezeugen und tun kund öffentlich zu Gottes und Maria Ehre, daß, als wir den 1. Mai dieses laufenden Jahres vormittag um 10 Uhr von Keßwyl ob Konstanz auf dem Bodensee nach Lindau mit einer Last Wein von 18 Fudern abgefahren, so erhob sich mitten auf dem See, zwischen Buchhorn und Eriskirch nachmittags um 2 Uhr ein so gewaltiger und grausamer Sturm, daß uns die Steuertüre in Zeit von 4 Minuten von den gewaltigen und zweimal über das Schiff schlagenden Wellen abgebrochen, wir also in eine augenscheinliche Todesgefahr versetzt und gezwungen waren, 56 Faß Wein, um das Schiff wenigstens zu erleichtern, ins Wasser zu werfen. Da man uns überall für verloren hielt, wir selbst auch den gewissen Untergang vor Augen, so nahmen wir unsre Zuflucht zum Stern der Meere, nämlich zu Maria von Einsiedeln, und versprachen alle dahin eine persönliche Wallfahrt, wofern sie uns durch ihre mächtige mütterliche Fürbitte von diesen äußersten, eilf Viertelstunden anhaltenden Nöten befreien würde. Und sehet! Augenblicklich wurde uns geholfen. Ungeachtet des immer anhaltenden Sturmwindes und der aufbäumenden Wellen wurden wir sogleich von allem einschlagen wollenden Wasser ganz beschirmt, fuhren auch sodann, zwar querweise, doch sicher gegen Wasserburg zu, wo uns endlich 9 Mann zu Hilfe kamen und uns so wider alles Vermuten nach gesagtem Wasserburg bringen konnten. Zugleich haben wir auch die ausgeworfenen Fässer Wein, ohne einen einzigen Tropfen Wein zu verlieren, wieder unbeschädigt bekommen, und alles ist ohne weiteren Schaden erhalten worden. Für welche große Wundertat, die wir nach Gott einzig der milden Fürbitte Maria von Einsiedeln zuschreiben müssen, und um unser Gelübde treulich abzustatten, haben wir zum steten Andenken und kindlicher Dankbarkeit eine Votiv-Tafel verfertigen lassen, und selbe eigenhändig bei unser getanen Wallfahrt nach Einsiedeln dieser Gnadenmutter zu Füßen gelegt, mit dem innersten Wunsche, daß, gleichwie sie uns von diesem zeitlichen Schiffbruch befreit, also sie uns auch, als eine getreue Fürsprecherin bei ihrem Sohne, von fernerem Unglücke und besonders von dem ewigen Schiffbruche erlösen wolle. Zu dessen Zeugnisse haben wir diese Schrift eigenhändig unterschrieben am Tage unsrer Wallfahrt zu Maria Einsiedeln den 18ten Mai 1778. Ich Jos. Antoni Rimelli, Schiffmeister von Konstanz, bekenne wie obsteht. Ich Joh. Georg Hoch, Schiffmann von Konstanz, bekenne wie obsteht. Ich Meinrad Hamm, Schiffmann von Wallhausen, bekenne wie obsteht. Ich Mathias Scherer von Wallhausen, bekenne wie obsteht." (In Dingelsdorf lebt jetzt noch ein Enkel des obengenannten M. Hamm, der Schiffmann Math. Hamm.)

Von einem heftigen Sturmwind wurde im Jahre 1821 in der Nähe der Insel Mainau das Überlinger Zettelschiff überfallen. Ein Votivbild, das ehedem in der Hödinger Wallfahrtskirche sich befand und unserer kulturhistorischen Sammlung von Gemeinderat Nik. Bader geschenkt wurde, stellt die betr. Szene dar: Auf stürmischem, wildbewegten See schwebt das Schiff in großer Gefahr, der Mastbaum liegt gebrochen im Wasser, im Schiff befinden sich sechs Männer, von denen einer steuert, ein anderer betend die Hände faltet, während die übrigen vier das Segel und mit demselben den Mast wieder ins Schiff zu ziehen versuchen; drei Frauen sitzen schreckensbleich und die Hände gegen Himmel streckend auf der Schiffsbank; im Hintergrund das jenseitige Ufer mit Wald- und Wiesengelände, rechts die Insel Mainau; über dem Ganzen schwebt auf dem Wolkenthrone die Madonna mit dem Jesukinde im Strahlenkranze. Unten folgende Inschrift: „Er gebot dem Winde und dem See. Math. 8, 26. Dem Allerhöchsten bringen die Zettelschiffleute von Überlingen für ihre Rettung aus einem schreckvollen Sturm, der am 21. Dezember

1821 ihr Leben bedrohte, dieses kleine Opfer frommer Dankbarkeit." Im kulturhistorischen Kabinett ist noch ein Bild (Aquarellgemälde), gezeichnet von M. Walz 1829, das ebenfalls ein Schiff in Wassernot uns zeigt, und zwar in nächster Nähe der Stadt, östlich vom Mantel: Im wildwogenden See liegt ein Segelschiff umgestürzt, daneben der Segelbaum, auf dem ein Schiffbrüchiger sich hält; zur Rettung rudert eben ein Hilfskahn mit sechs Männern herbei; links im Vordergrund die Ufermauer mit einigen Häusern und Bäumen, im Hintergrund die Landschaft und darüber die Alpen.

Weniger die Stürme als vielmehr die ungünstigen Stromverhältnisse erschwerten die Schiffahrt auf dem Rhein. Der Warenverkehr aus Schaffhausen war deshalb sehr kostspielig und mitunter gefährlich. Hatte man Konstanz glücklich erreicht, so begann mit der Durchfahrt unter der Rheinbrücke die Stromfahrt. In Stein mußte wegen des dortigen gefährlichen Flußbettes ein erfahrener Schiffmeister als Lotse mitgenommen werden, welcher nebst guter Kost jeweils einen Kronentaler erhielt. Auf dem Rückweg von Schaffhausen nach Konstanz mußte das Schiff von mindestens acht hintereinander gehenden Pferden rheinaufwärts gezogen werden. Neben den Pferden gingen die Fuhrleute, mit Ausnahme der zwei letzten, welche ritten, da die Tiere manchmal vom Schiff in den Rhein gezogen wurden, so daß sie schwimmen mußten. In Dießenhofen und Stein wurde Rast gehalten. Die Leute nahmen eine Erfrischung und die Tiere wurden gefüttert. Bei großem Wasserstand konnten die Pferde nicht gebraucht werden, da mußten 16 starke Männer das Schiff ziehen. So war diese Fahrt stets mit großen Kosten verbunden; bis das Boot nur aus dem Rhein war, machten die Auslagen schon 100 Gulden.

Außer dem Waren- und Personenverkehr besorgten die Segelschiffe auch den Transport von Langholz, und zwar mittelst Flößens. An die Stapelplätze Uhldingen, Überlingen, Ludwigshafen (ehemals Sernatingen) usw. wurden aus dem Binnenlande, namentlich aus den ausgedehnten Forsten der Stadt und des Spitals Überlingen und Pfullendorf, der Standesherrschaft Salem, des Domänenamts Meersburg, der F. Hohenzollernschen Rentämter Wald usw. auf der Achse mächtige „Hochstämme", sogen. Holländer, geführt, wo sie dann in den See kamen und dort zu Flößen zusammengebunden wurden, oft mehrere hundert Stämme zu drei bis fünf Flößen, welche dann hintereinander einem Segelschiffe angehängt wurden. Ursprünglich mußten zum Flößen die Schiffleute bis an die Hüften im seichten Wasser herumwaten, selbst bei strengster Winterkälte, denn einige hundert Stämme zusammenfügen, erforderte strenge Arbeit stundenlang, wobei die Betreffenden gar oft Schaden infolge von Erkältung davontrugen, obgleich sie Stiefel anhatten, die bis auf den Leib hinaufreichten. Später übten sich die Schiffer darauf ein, stehend auf den einzelnen Stämmen diese zusammenzuführen und zusammenzubinden, wozu immerhin ein besonderer „Vorteil" gehört; allerdings durfte man hiebei aber durch ein unverhofftes kaltes Bad nicht zurückgeschreckt werden. Selbst bei starkem Segelzug ging ein Schiff mit drei bis fünf angehängten Flößen nicht sehr rasch, bei schwachem Wind glaubte man oft, es gehe gar nicht vorwärts, wenn aber kein Wind wehte und gerudert werden mußte, dann glich es einem wahren Schneckenzuge. Die Flöße wurden meist nach Konstanz oder in die Schweiz geführt.

Jeder Stapelplatz am See besaß ein bis mehrere Segelboote. Zu reichsstädtischen Zeiten und noch bis in die erste Hälfte des vorigen Jahrhunderts hatte Überlingen die sicherste Schiffslände am ganzen See, und einen guten Hafen, der ehemals durch eine Schanze gedeckt und nachts durch eine dicke Kette aus einem neben der Einfahrt stehenden Turm, dem sogen. Wasserturm, versperrt wurde. Die Überlinger Schifferei war ein bedeutendes Gewerbe. Die Schiffleute gehörten mit den Fuhrleuten zur Fischerzunft, welche ihr Zunfthaus im jetzigen Gasthof zum „Löwen" hatte, wo noch heute die ehemalige getäferte Zunftstube und mehrere altertümliche Gemälde aus jener Zeit zu sehen sind. Wie jedes Gewerbe unterstand auch die Schifferei dem Magistrat; der Stadt selbst aber stand die Schiffahrtsgerechtigkeit auf dem Überlingersee von Sernatingen bis Mainau zu, welche der Magistrat strengstens wahrte. Die Segelschiffahrten von Überlingen nach Konstanz, nach Rorschach, Steinach usw. waren Gerechtsame der Stadt und wurden vom Magistrat als Lehen vergeben, ebenso auch die Fahrten der Schweizer Schiffer von Steinach und Utwyl, welche wöchentlich den Überlinger Fruchtmarkt besuchten. Die ganze Ausfuhr durfte nur durch die Überlinger Schiffsleute besorgt werden; ja, es waren sogar die auswärtigen Schiffer, welche an Markttagen Frucht hier holten und nicht alle eingekaufte Frucht in ihren Schiffen unterbringen konnten, strengstens gehalten, die betr. Frucht nur durch Überlinger Schiffleute abführen zu lassen. Auch die Einfuhr aller Waren bedurfte der Genehmigung des Magistrates und wurde womöglich den Überlinger Schiffern zugewiesen, namentlich als Rückfracht. Auswärtige Boote bedurften zur Landung und Ausladung ihrer Fracht der Genehmigung des Magistrats, der auch die Fahr- und Frachttaxen festsetzte. Der Magistrat beanspruchte die Schiffahrtsgerechtigkeit nicht allein für Stadt und Gebiet Überlingen, sondern für den ganzen Überlingersee, von Sernatingen bis Mainau und Meersburg. Solche Verhältnisse mußten naturgemäß zu allerlei Unzuträglichkeiten und Streitigkeiten führen, so mit dem Deutschordensritterhaus Mainau wegen der Wallhauser und Dingelsdorfer Schiffahrt, mit der „hochfürstl. Regierung zu Mörsburg" wegen „unberechtigter Verführung der Früchte nach Konstanz zum Nachstand der hieseitig berechtigten Fruchtmarktstatt", mit der „Fürstlich Fürstenbergischen Regierung zu Donaueschingen in Betreff der vertragswidrigen Fruchtabfuhr von Unteruhldingen", ferner mit den Städten Konstanz, Buchhorn, Lindau, Bregenz usw., desgleichen mit den Schweizer Schiffern in Uttwyl, Höchst, Fußach, Rheineck usw.

In Überlingen gab es zweierlei Schiffer, die „Schiffleute am Fahr" für die Kleinschiffahrt, und die „Oberseeschiffleute", welche mit großen Segelschiffen den Obersee befuhren. Die „Schiffleute am Fahr" dienten mit kleineren Schiffen, Kähnen, hauptsächlich dem Verkehr von hier nach Dingelsdorf und umgekehrt. Es waren ihrer 9—10 Mann, welche ihren Standort am sog. „Fahr" hatten, nämlich am Landungsplatz, aber mehr gegen das Gretsch'sche Anwesen. Es war dort ein Tor in der Stadtmauer und ein Steindamm in den See hinaus zum Anlanden der Schiffe und Ausladen der Waren. Hier mußte stets ein Kahn zur Überfahrt bereit gehalten werden, ebenso auch ein Kahn auf der Anlandestelle St. Nikolaus am gegenüberliegenden Ufer. Von diesen „Schiffleuten am Fahr" führten jeweils drei einen Kahn, wovon der eine steuerte, die andern ruderten. Kehrten diese zurück, so kamen die nächsten drei Mann an die Reihe. Jederzeit mußte ein Boot mit drei Mann zur Verfügung sein, um Waren oder Personen über den See zu führen oder vom jenseitigen Ufer herüber zu führen. Damals wurde der Ort Dingelsdorf nicht direkt befahren, sondern die Anlandestelle St. Nikolaus, der „Kloase", etwa eine Viertelstunde westlich vom Ort. Nebst den Überfahrten Überlingen-Dingelsdorf und umgekehrt hatten die „Schiffleute am Fahr" auch noch Extrafahrten an verschiedene Uferorte auf Verlangen auszuführen; so mußten sie auch die Überlinger Badgäste und sonstige Ausflügler nach Mainau, Maurach, Sipplingen, Bodman usw. führen. Eine gewöhnliche Fahrt von Überlingen nach Dingelsdorf kostete

8 Kreuzer die Person, eine Extrafahrt 48 Kreuzer; außerdem hatte jede Person, die von Dingelsdorf nach Überlingen fuhr, noch 4 Kreuzer „Abfuhrgeld" zu entrichten, wogegen das „Abfuhrgeld" von Überlingen nach Dingelsdorf nur 2 Kreuzer betrug. Außer diesen Geschäften lag den „Schiffleuten am Fahr" auch die Beförderung der Post von hier nach Dingelsdorf ob, und zwar während des Sommers früh 6 Uhr, im Winter um 7 Uhr.

Die andere Art der Überlinger Schiffer, die „Obersee-Schiffleute", bildeten zwei privilegierte Gesellschaften, denen das ausschließliche Recht des Schiffsverkehrs zwischen Überlingen und der Stadt Konstanz, wie auch zwischen Überlingen und der Schweiz zustand. Dieses Recht war, wie bereits oben gesagt, ein Erblehen der Stadt, das der Magistrat den genannten zwei Gesellschaften verliehen hatte. Jede derselben besaß ein großes Segelschiff von einigen Tausend Zentnern Tragkraft; das eine hieß der „Zettel", das andere der „Kohle", wohl nach dem Namen der ursprünglichen Besitzer. Mit Frucht, Obst, Gemüse usw. beladen fuhr allwöchentlich letztgenanntes Schiff nach Rorschach oder Steinach, jeden Donnerstag aber das „Zettelschiff" nach Konstanz, wo Freitags Wochenmarkt war. Jedes Schiff hatte drei bis vier Mann Bedienung, bei Nebel und ungünstigen Winden mußte ein „Vorschiff" mitgenommen werden, d. h. ein Fischerkahn mit vier Ruderern mußte das Frachtschiff ins Schlepptau nehmen und ziehen. Die Bötinnen aus Überlingen und der ganzen Gegend, welche regelmäßig den Konstanzer Wochenmarkt besuchten wie noch heute, gaben damals ihre Körbe und Kisten auch dem „Zettelschiff" mit, während sie selbst am Freitag früh mit einem Kahn nach Dingelsdorf fuhren und von dort zu Fuß nach Konstanz gingen. Etwa 200 Jahre lang, bis um die Mitte des vorigen Jahrhunderts, besorgten diese zwei Segelschiffe den Verkehr von hier nach den andern Stapelplätzen am See. Damals war der

„Kohle“ im Besitz der Familie Beck wie der Schiffleute Brunner und Häberle, der „Zettel“ im Besitz der Familie Hofacker, wahrscheinlich seit 1741, wo ein Georg Anton Hofacker die Marie Elisabeth Zettlin heiratete. Als dann die Dampfschiffe aufkamen, trat 1833 die Stadt die Schiffahrtsrechte an den Staat ab und entschädigte die Lehensträger durch Pensionen von 400 bis 800 fl. Als das „Zettelschiff“ ausgedient hatte, wurde es auf den sogen. Schiffmacherplatz, östlich vom Mantel, gebracht, wo es in den 40er Jahren allmählich zerfiel. Der letzte Inhaber des Zettelschiff-Erblehens war Johann Georg Hofacker, ein angesehener, wohlhabender Überlinger Bürger, der nicht bloß ein großes Segelschiff hatte, sondern auch ein hübsches Landfuhrwerk. Wenn er mit seinem „Zettelschiff“ den Konstanzer Wochenmarkt besuchte, fuhr er gar manchmal auf dem Landweg mit seinen zwei Schimmeln nach Hause. Hofacker hatte in seiner Jugend höhere Bildungsanstalten besucht und übernahm dann das große, ökonomische Geschäft seines Vaters und die Zettelschiffahrt, wodurch er überall am Bodensee und besonders am nordöstlichen Ufer weithin landeinwärts bekannt wurde. Als die Konstanzer Dampfschiffahrts-Gesellschaft vertragsmäßig die Segelschiffe abgelöst hatte, stellte der „Zettel“ seine Fahrten ein und Hofacker suchte auf andere Weise tätig zu sein. Er wurde bald in den Gemeinderat und Stiftungsrat gewählt, und 1847 zum Bürgermeister. Er huldigte jederzeit dem Fortschritt und beteiligte sich an allen gemeinnützigen Unternehmungen; auch besuchte er als Ökonom fleißig die landwirtschaftlichen Vereine und Feste. Als Dragonerrittmeister des Überlinger Bürgermilitärs zog er mit seiner stattlichen Figur die Aufmerksamkeit aller auf sich. Im gesellschaftlichen Leben war er ein heiterer, jovialer Mann. Trotz herber Schicksalsschläge, die ihn im reiferen Alter trafen, behielt er sein heiteres Gemüt. Am Abend seines Lebens sah er wieder bessere Tage. Er brachte die letzten Jahre als Privatmann in Meersburg zu, wo er am 10. Mai 1869 starb.

Maurach war ebenfalls ein Stapelplatz, namentlich für Holz. Nächst der Schiffslände, anderseits an der Landstraße Überlingen-Meersburg, steht das ehemalige Wohngebäude des Holzhändlers und Schiffmanns Ill, ein Fachbau mit rotem Balkenanstrich. In der Nähe das sogen. untere Fischerhaus, jetzt Wohnhaus des Landwirts Beck, ebenfalls ein Riegelbau, jedoch mit schön und eigenartig geschnittenem Holzwerk. Diese zwei Gebäude gehören als Untermaurach zur Gemeinde Nußdorf, während Schloß Maurach und Obermaurach zu Oberuhldingen gehören. In Maurach waren früher vier Schiffslehen, welche Salem zu vergeben hatte. Eines derselben hatte Ill, welcher bei der Schiffslände von jedem Sack Frucht ein Abfahrtsgeld erheben durfte. Ill besaß ein mächtiges Segelschiff für seine Holzfuhren, das beim Volk „der große Muracher" hieß. Fahrten aus dem Überlingersee nach Rorschach nahmen im günstigsten Fall drei Tage in Anspruch. Öfters traf es sich, daß eine Holzlast hinaufgenommen wurde und eine Sandsteinlast herunter, was dann selbstredend zum Vorteil für den Schiffsinhaber war. Übrigens kostete eine Segelschiffracht nach Rorschach 100 Gulden.

In Unteruhldingen waren acht Schiffahrtsrechte oder vielmehr Lehen, welche dem Fürsten von Heiligenberg gehörten, wie auch acht Fischereirechte. Im 17. Jahrhundert soll die Schifferei am besten gewesen sein, da viel Frucht kam, auch aus dem Württembergischen. Am See stand ein besonderes Kornhaus, ein stattliches, festes Gebäude, das jetzt in ein Wirtshaus umgewandelt ist, das Gasthaus zum „Seehof". Dieses Kornhaus war oft vollgepfropft mit Frucht; es befanden sich drei Bühnen darin. Nach Aussage von alten Leuten hat einmal im Jahre 1817, zur Zeit der Hungersnot, ein Fruchthändler in der obern Bühne Korn aufgespeichert gehabt und hierbei gesagt, „er gebe es nicht her, bis es 100 Gulden gelte"; ganz unerwartet seien nun ganze Schiffsladungen Weizen aus Amerika eingetroffen, der Preis infolgedessen gesunken, und zudem sei wegen schlechter Behandlung die aufgespeicherte Frucht „lebendig geworden und zum Fenster hinausgeflogen". Im Kornhaus, das auch dem Fürsten von Heiligenberg gehörte, befand sich noch ein sogen. „Faßhäusle" zur Aufbewahrung von Wein, Öl usw., was damals viel nach Unteruhldingen kam; auch wurden in demselben die Segel untergebracht, die bei schlechtem Wetter stets unter Dach getragen wurden, ehe man etwas von Decken oder „Blahen" wußte. Es waren nämlich damals vier Segelschiffe in Unteruhldingen; das größte mit 1100 Zentnern Tragkraft welches „Peteribel" hieß, wurde meistens bei Fahrten nach Rorschach zum Fruchtführen benützt, wobei 20 Kreuzer für den Zentner bezahlt wurden, was für jene Zeit einen schönen Schiffslohn abwarf; wenn mehr als 1000 Zentner Frucht wöchentlich nach Rorschach kamen, durften es die Meersburger Schiffleute nach bischöflichem Recht holen oder erhielten von den Uhldingern Vergütung. Das zweitgrößte Schiff, das sogen. „Hägele", trug etwa 600 Zentner und diente zum Holzführen nach Konstanz. Das dritte, der sogen. „Segner", war das wöchentlich zweimal, am Dienstag und Freitag, nach Konstanz fahrende Marktschiff, und hatte 400 Zentner Tragkraft. Das kleinste Schiff war der sogen. „Wampele" und wurde nur zu kleineren Fahrten gebraucht; es hatte ungefähr 200 Zentner Tragkraft. Dasselbe mußte jeweils im Sommer für den Fürsten von Fürstenberg bereit gehalten werden, welcher es auch besonders herrichten ließ, mit Sonnendach und Fahnen, auf welchen das fürstliche Wappen sich befand. Später haben die Unteruhldinger Schiffleute dieses Schiff noch lange selbst unterhalten, und hatten dann auch die Ehre, unsern Großherzog nach Maurach führen zu dürfen, wie auch viele Jahre noch den Markgrafen Maximilian nach der Mainau, auch einmal den Bischof Ketteler von Mainz, der zur Tafel nach Mainau geladen war. Nebst diesen vier Segelschiffen hatten die Uhldinger Schiffleute noch kleinere Kähne für den Personenverkehr, und namentlich bei Wallfahrten viel zu tun, da oft bei Tag und Nacht gefahren werden mußte. Als die Dampfschiffe und Eisenbahnen aufkamen, wurden die Lehen für 1600 Gulden abgelöst, die Schiffergesellschaft aber löste sich auf, auch das Kornhaus brauchte man nicht mehr, es wurde verkauft und in das Gasthaus zum „Seehof" umgewandelt. Und als der Hafen gebaut wurde, fielen auch die übrigen Rechte und es mußten die umliegenden Gemeinden 400 Mark Entschädigung jedem Berechtigten zahlen.

In Meersburg war seit 1736 ein kleiner Hafen. In der Zeit von 1846 bis 1855 wurde der jetzige Hafen erstellt. Seit den ältesten Zeiten bestand hier ein lebhafter Überfahrtsverkehr nach Staad, ebenso eine regelmäßige Schiffsverbindung mit Konstanz. Jeden Dienstag und Donnerstag fuhr das sogen. „Postschiff", ein Segelboot von mittlerer Größe mit vier Mann Bedienung, nach Konstanz. Es gehörte der damaligen Meersburger „Schiffszunft" und befuhr auch nach Bedarf andere Stapelplätze. Das Fahrgeld nach Konstanz betrug für die Person 24 Kreuzer. Als im Jahre 1817 der See eine bisher noch nie gekannte Höhe erreichte und allenthalben Überschwemmungen verursachte, drang er auch in Konstanz über die Hafenmauer mitten in die Stadt ein, so daß Schiffe die halbe Marktstätte hinauffahren konnten und das Meersburger Postschiff am ehemaligen Mannhartschen, jetzt Hutmacher Zwickerschen Hause landete, wie folgende, auf eine Steinplatte gemeißelte Inschrift am genannten Gebäude meldet: „Andenken der außerordentlichen Wasserhöhe von 1817, indem das Meersburger Postschiff mit 30 Personen und 20 Zentnern beladen, vor meiner Haustüre gelandet hat. Theodor Zwicker." In unserm Kulturhistorischen

Kabinett im Steinhaus befindet sich eine Abbildung dieses Vorkommnisses.

Von den übrigen Stapelplätzen des Überlingersees hatten, abgesehen von Sipplingen, das nur ein einziges Segelschiff besaß, namentlich Ludwigshafen — das ehemalige Sernatingen — eine bedeutende Schiffahrt. Insbesondere entwickelte sich in den 1820er Jahren ein lebhaftes Speditionsgeschäft. Waren aller Art gingen aus Frankreich, Frankfurt am Main usw. über Ludwigshafen nach der Schweiz, und anderseits Manufakturwaren von dort und Italien wurden eingeführt. Kamen die Güter auf dem Landweg in Ludwigshafen an, so wurden sie von hier durch Schiffe weiterbefördert, und umgekehrt kamen die hier zu Wasser eingegangenen Waren dann auf Wagen. Für die Schweiz wurde auch hier viel Salz aus der Saline Dürrheim verladen; es wurde meist nach Schaffhausen geführt und als Rückfracht Gips gebracht. Zu diesem Zweck kamen auch Schiffe aus Gottlieben nach Ludwigshafen. In den Jahren 1824 bis 1826 wurde der Hafen und ein Lagerhaus erstellt und der Ort erhielt zur Erinnerung an Großherzog Ludwig, der sich besonders für das Aufblühen dieses Stapelplatzes interessierte, den Namen „Ludwigshafen". Mehr und mehr hob sich der Ort; nach Abschluß des Zollvereins wurde hier ein Hauptzollamt errichtet und der Hafen erweitert. Mit der Entwicklung des süddeutschen Eisenbahnnetzes nahm aber der Verkehr ab, die Speditionshäuser gingen ein und Ludwigshafen verlor seine Bedeutung als Hauptstapelplatz am See.

Bodman hatte zwei Segelschiffe, das größte mit einer Tragkraft von 1000 Zentnern, welche hauptsächlich Holz in die Schweiz, nach Rorschach, Romanshorn, Steinach usw. führten, wie auch Zuckerrüben nach Bregenz.

Auch in Wallhausen waren zwei Segelschiffe, welche den Familien Hamm und Meßmer, im ganzen vier Teilhabern, gehörten, die das Schiffahrtsrecht als Lehen der Kommende Mainau inne hatten. Von den zwei Schiffen hatte das eine, das „Große Schiff", eine Tragkraft von 500 Zentnern, das kleinere, sogen. „Segner", eine solche von 200 Zentnern. Sie führten zumeist Baumaterialien, Holz, namentlich auch Brennholz, Torf, Steine, Backsteine und Dachziegel, Obst, Wein, Most usw. nach Konstanz, Münsterlingen, Romanshorn, Rorschach usw.

In Dingelsdorf bestand ebenfalls ein Erblehen für die Schiffahrt, an dem drei Familien teilhatten: Stader und zwei Baumann. Sie hatten drei Schiffe von mittlerer Größe und 150 bis 300 Zentnern Tragkraft, und vermittelten vor allem die Überfahrt nach Überlingen, und zwar nicht bloß für Güter und Personen, sondern auch für Fuhrwerke, Vieh usw. Eine Chaise mit zwei Pferden bespannt wurde in einem größeren Segelschiff übergeführt, ein Einspänner in einem kleineren Boote. Nebst diesen Fahrten nach Überlingen übernahmen sie auch hie und da Transporte nach Konstanz und die benachbarte Schweiz, so nach Bottigkofen.

Was Dingelsdorf für Überlingen, das war Staad für Meersburg: es betrieb den Verkehr von Konstanz nach Meersburg auf dem kürzesten und billigsten Wege. Wer in früherer Zeit von Konstanz nach Meersburg wollte, begab sich auf dem Landweg nach dem ¾ Stunden entfernten Staad und fuhr von dort mittels Kahns oder Segelschiffs nach Meersburg. Auf gleiche Weise wurden auch Waren der verschiedensten Art, desgleichen Vieh, Fuhrwerke usw. befördert. Der Verkehr Konstanz-Staad-Meersburg war stets sehr lebhaft, was schon daraus hervorgeht, daß 18 Teilhaber am Schiffahrtsrecht in Staad waren.

Die Schiffereiverhältnisse der verschiedenen Stapelplätze änderten sich vollständig mit der Einführung der Dampfschiffahrten. Auf dem Bodensee hat die Dampfschiffahrt im Jahre 1824 begonnen, und zwar von Württemberg aus, welches das erste Dampfschiff auf dem Bodensee erstellte, den aus Eichenholz erbauten Dampfer „Wilhelm“ mit 21 Pferdekräften. In Konstanz bildete sich 1830 eine Dampfschiffahrtsgesellschaft, welche 1831 das erste badische Dampfboot erbaute, den „Leopold“, ebenfalls ein hölzernes Schiff, das jedoch bald aus dem Verkehr gezogen und 1840 durch ein eisernes ersetzt wurde, das Maschine und Namen des hölzernen erhielt. Die Konstanzer Dampfschiffahrtsgesellschaft übernahm nun den Verkehr auf dem Ober- und Untersee gemeinschaftlich mit den württembergischen, bayerischen und schweizerischen Gesellschaften, und den im Überlingersee allein. Die Lehen und Privilegien, überhaupt alle Schiffahrtssonderrechte wurden abgelöst vom Staat, bezw. von den betreffenden Gemeinden. Die Segelschiffahrt ging mehr zurück und büßte ihre frühere Bedeutung allmählich ganz ein. Denn heute befahren 34 Dampfschiffe den See nach allen Richtungen, nämlich 9 badische, 7 württembergische, 6 bayerische, 5 österreichische und 7 schweizerische, und überdies führt rings um den See die Gürtelbahn, und aus Norden und Süden, aus Osten und Westen schließen sich fünf Bahnlinien an dieselbe an.

Die Segelschiffe selbst aber sind auch anders geworden; sie haben die Segel eingezogen und fahren nun alle mittels Petroleummotoren. Den ersten Segelschiffmotor hatte ein Keßweiler Schiffmann um 1895, einige Jahre später war die Motorsegelschiffahrt allgemein eingeführt, und jetzt gibt es wohl kaum noch ein Segelschiff auf dem See, das keinen Motor hat. Wie die Dampfschiffe können jetzt die Segelschiffe mittels ihrer Motore bei jedem Wind fahren und die Zeit ihrer Fahrt bestimmen. Nur selten spannen sie noch ihre Segel auf. Und doch war es immer ein hübsches Schauspiel, wenn bei wehendem Ostwind auf dem lebhaft bewegten See die weißen, gewaltigen Segel auftauchten, scharf sich abhoben vom blauen Firmament, immer näher kamen und damit gewaltiger und imponierender hervortraten, trotzig und sicher mit Windeseile die hochgehenden Wogen durchschneidend. Jetzt sieht man meist nur das kahle Schiff dahinfahren und hört das eintönige, langweilige Gehämmer der Maschine. So ist wiederum ein Stück Poesie vom See verschwunden durch die Dampfschiffe und Motorboote. Hansjakob hat Recht, wenn er in seinen „Wilde Kirschen" sagt: „Unsere Neuzeit hat mit ihren technischen Erfindungen ein großes Stück Poesie aus der Welt geschafft."

14. Felchenfischerei und Fischerbräuche.

Seit den ältesten Zeiten beherbergt der Bodensee eine außerordentliche Menge von Fischen, dagegen nicht viele Fischarten; denn es gibt deren in unserem See nur etwa 28. Dagegen ist die Zahl der Individuen von den kleinsten bis zu den größten bedeutend. Nur der Wels („Weller", Silurus glanis), der größte Fisch des Bodensees, und der Aal (Anguilla vulgaris) kommen seltener vor. Einige Gattungen vermehren sich unglaublich stark. Von jeher wurden deshalb bei dem großen Fischreichtum des Sees eine Menge Fische gefangen, mitunter ganz erstaunliche Massen in einem Zuge. So wird berichtet, daß zu Konstanz im Jahr 1323 die Fischer in einem Zuge 46,000 Gangfische gefangen. Im Sommer 1588 hat nach dem Überlinger Chronisten ein Fischer bei Uhldingen in einem Zug 280 Felchen gefangen, und etliche Jahre vorher soll ein Überlinger Fischer gleichfalls in einem Zuge 400 Felchen erbeutet haben. Im Jahre 1599 hat man „im Bodensee unsäglich vil Felch gefangen; und in der Wochen nach Ulrici hat man mit Seginen alhie 8050 Felch gefangen. 1669 den 26. Januar soll Zm. Benedikt Eberle 50 Aymer Laugele gefangen haben." Derartige glückliche Fischfänge werden in den Chroniken noch gar manche mitgeteilt.

Für die Fischerei steht obenan die Familie der Lachse oder Salmen (Salmoniden), als deren bekannteste Vertreter und namentlich als charakteristische Fischgattungen im See zu betrachten sind die Forellen (Salmo) und zwar die eigentliche „Seeforelle" (Tonca lacustris) in der fortpflanzungsfähigen „Grundforelle" und der unfruchtbaren „Schweb-" oder „Silberforelle", und die „Rotforelle" oder „Röteli" (Saibling, Salmo salvelinus), und die Felchen (Coregonus) und zwar zunächst der „Blaufelchen" (Coregonus Wartmanni), der „Sand-" oder „Weißfelchen" (Coregonus fera, Salmo maraena), der „Kilch-" oder „Kropffelchen" (Coregonus hiemalis, acronius) und der Gangfisch (Coregonus macrophthalmus, Salmo maraenula). Sehr geschätzt sind ferner als Edelfische der Hecht (Esox lucius), ein sehr gefräßiger Raubfisch, die Äsche (Thymallus vulgaris, Salmo thymallus), die Trüsche (Lota vulgaris, Gadus lot.), der Barsch („Kretzer", Perca fluviatilis, „Egli") und der Karpfen (Cyprinus carpio); Fische geringeren Wertes sind der Brachsmen (Abramis brama), die Schleie (Cyprinus tinca, Tinca vulgaris) und die Barbe (Barbus fluviatilis, Cyprinus barba); noch geringer sind die Nase (Chondrostoma nasus, Cyprinus nasus) und der Alet (Squalius cephalus, Cyprinus cephalus), die Hasel (Squalius leuciscus Cyprinus dobula) und der Fürn (Scardinius erythrophthalmus, Cyprinus erythrophthalmus), die Rottel (Leuciscus rutilus, Cyprinus rutilus) und das Laugeli (Alburnus lucidus, Cyprinus alburnus); letzterer Fisch gehört schon zu den Köderfischen, wie auch die Gropp (Cottus gobio), die Grundel (Cobitus barbatula) u. a. m. Neu eingeführt in den See wurden in letzter Zeit der Zander (Lucioperca sandra), der Forellenbarsch (Gristes salmonoides) usw.

Bei dem Fischreichtum des Sees ist es sehr erklärlich, daß stets in allen Uferorten sich Leute fanden, die mit Fischerei sich beschäftigten, und daß die Zahl der gewerbsmäßigen Fischer sehr groß ist. In früheren Zeiten bildeten letztere in den Reichsstädten eine besondere Zunft. So hatte Überlingen seit 1474 neben den andern sechs Zünften eine „Fischerzunft", zu der auch die Schiffer und Fuhrleute gehörten; dieselbe wachte strenge über ihre Gerechtsame. Nach der Zunftordnung bestand der jährlich zu wählende Zunftvorstand aus dem Zunftmeister, dem ein alter Zunftmeister und ein Zunftausschuß von elf Zunftgenossen beigeordnet waren; er übte die Gewerbepolizei über die Zunftgenossen aus, wie auch die niedere Strafgerichtsbarkeit über Vergehen, die auf den Zunftstuben vorkamen. Die Verwaltung des Zunftvermögens besorgten zwei aus den Elfern genommene Pfleger, die Handhabung der Trinkstubenordnung vier „Christäfel" oder „Urtenmeister". Die Fischerzunft hatte ihr eigenes Zunfthaus wie die anderen Zünfte. Bei Aufhebung der alten reichsstädtischen Zünfte zu Anfang des vorigen Jahrhunderts war solches der jetzige Gasthof z. „Löwen", in dem noch heute ein getäferter Saal und verschiedene Gemälde aus jener Zeit vorhanden sind. Vielleicht stammt ein aus Stein gemeißelter großer Fisch mit der Jahrzahl 1570, welcher am Haus Nr. 131 der „Hofstatt" eingemauert ist, ebenfalls aus dem Fischerzunfthaus. Die Oberaufsicht über die Fischerei und über die Fischerzunft wie über die andern Zünfte stand dem Magistrat zu; dieser führte, — im Einvernehmen mit den Nachbargebieten eine allgemeine Fischerordnung ein — die letzte im Jahre 1790 —, bestimmte den Preis der Fische, genehmigte oder verbot, je nach Bedürfnis, das „Hausieren mit Fischen, den Vor- und Aufkauf der zu Markt kommenden Fische" usw.; desgleichen förderte er die künstliche Fischzucht; in den städtischen Rechnungen finden sich alljährlich Ausgabe- und Einnahme-Posten betr. die Fischzucht.

Seitdem sind die Zeiten andere geworden, die Verhältnisse haben sich gänzlich umgestaltet. An Stelle des Zunftwesens ist die Gewerbefreiheit getreten; jeder kann heutzutage gegen Entrichtung der üblichen Taxe und Lösung einer Fischerkarte fischen. Deshalb gibt es eine Menge „Dilettanten der Fischerei“ und sog. „Vergnügungsfischer“, welche vom Ufer aus mit der Angel fischen; andere aber fahren in der Gondel auf dem See hin und her, fangen mittels der Schwebschnur und verkaufen die gefangenen Fische; es sind dies die sogen. „Schweber“. Die eigentlichen Berufsfischer aber, welche hauptsächlich Felchen wie auch andere Fische oft massenhaft fangen, haben gewaltige Netze verschiedenerlei Art und besondere Fischerkähne. Sie treiben ihr Gewerbe in Gesellschaft von je vier Mann. Es sind diese Fischer — mit wenig Ausnahmen — starke, wetterharte Männer, bekleidet mit Hemd und Hose, mit ledernem Schurzfell vom Hals bis über die Knie hinab, auf dem Kopfe den breitrandigen Strohhut, barfuß und hemdärmelig, mit sonnenverbrannten Gesichtern, Armen und Füßen; im Winter noch eine Jacke und statt des Strohhuts eine blaue Kappe oder Filzhut, und an den Füßen Schuhe. Am Überlingersee allein gibt es 70 Fischerkähne mit 280 Fischern, und zwar in Überlingen und Meersburg je ein Kahn, in Allmannsdorf mit Staad und Egg 36, in Unteruhldingen 6, in Hagnau 8, in Nußdorf 2, in Dingelsdorf 14 und in Wallhausen (Gemeinde Dettingen) 9. Das Hauptgeschäft dieser Flottille ist der Felchenfang, insbesondere der Fang des „Blaufelchens“.

Unter allen Fischen des Bodensees ist der bei weitem wichtigste der Felchen. Was für das Nordmeer der Häring, das ist für den Bodensee dieser Felchen, weshalb wir vor allem den Felchenfang näher betrachten wollen. In mächtigen Scharen wird der Bodensee vom Felchen bevölkert, und zwar hauptsächlich vom „Blaufelchen", so benannt von seiner schönen, blauglänzenden Farbe, am Rücken dunkelblau, an der Seite himmelblau, am Bauche weiß. Er heißt im ersten Jahr „Hürling" (Heuerling), im dritten Jahr „Gangfisch", dann „Renken", „Halbfelchen" oder „Springer", dann „Dreyer" und erst im siebten Jahr, wenn er vollständig ausgewachsen ist, „Felchen"; er ist dann etwa 40—45 Centimeter lang und wiegt durchschnittlich drei Vierling (375 Gramm). Wegen seines vortrefflichen, schneeweißen und wohlschmeckenden Fleisches ist er bei Hoch und Nieder beliebt.

Die Blaufelchen kommen im Obersee und im Überlingersee vor und halten sich meist in der Tiefe auf, sind also im allgemeinen „Tiefenfische"; sie steigen nur bei milder Temperatur, bei warmer Oberströmung, bei ruhigem Wasser und besonders bei Nacht in höhere Schichten, indem sie den ihre Hauptnahrung bildenden kleinsten Krebschen und Wasserflöhen (Daphnia, Cyclops) folgen. Diese winzigen Tierchen, welche meist kaum einige Millimeter lang, dabei ziemlich farblos und wasserklar und nur bei starker Vergrößerung zu erkennen sind, leben in einer Tiefe von 10 bis 20 Meter und kommen bloß nachts an die Oberfläche. Es gibt nur wenig Arten dieser kleinsten Lebewesen, aber die Zahl der Individuen ist ungeheuer groß; sie müssen im See geradezu nach Myriaden zählen. Dabei leben sie nicht am Ufer, sondern suchen mehr die Mitte des Sees auf; sie verzehren tierische und pflanzliche Zersetzungsstoffe, also organischen Moder, und reinigen dadurch das Wasser von faulenden Stoffen. Von diesen kleinsten Wassertierchen nähren sich also, wie bereits gesagt, die Felchen, die selbst weder andere Fische noch Fischlaich fressen, also keine Raubfische sind, wie die meisten Fische, sondern „Friedfische", und auch nie die Angel fassen. Bei Kälte, bei Stürmen und im Winter ziehen die Felchen in die Tiefe.

Der für den Felchenfang bestimmte Kahn besteht aus 3—5 Centimeter dicken Eichenbohlen, ist etwa zehn Meter lang, hinten 40—50 Centimeter breit, in der Mitte am breitesten mit 1,85 Meter, und spitzt sich gegen vorn zu. Mitten im Schiff ist der 50—60 Centimeter breite Fischkasten zwischen beiden Wänden angebracht zur Aufbewahrung von lebenden Fischen, die neben Felchen gefangen werden. Die hintere Hälfte des Kahnes heißt „Wanne“, die vordere „Gras“; in der vordern sind noch zwei bis drei ungefähr 15—20 Centimeter breite Sitzbänke für die Fischer erstellt, daneben ist ein Brett in gleicher Höhe befestigt, der sogenannte „Felchentisch“, worauf die Felchen gelegt werden. In der „Wanne“ befindet sich über dem eichenen Boden ein zweiter tannener Boden. Dieser zweite Boden, die sog. „Briege“, reicht nicht ganz bis zum Fischkasten, sondern läßt einen 40—48 Centimeter breiten Raum frei, so daß hier eine Vertiefung ist, in welchem sich das vom Netz und den gefangenen Fischen abträufelnde Wasser sammelt und dann bequem ausgeschöpft werden kann; dieser Raum heißt deshalb die „Schöpfe“.

Das Felchengarn oder Klusgarn ist ein gewaltiges Netz von rund 120 Meter oder 160 Ellen Länge (unter Elle verstehen die Fischer nicht die ehemalige badische Elle zu 60 Centimeter, sondern die lange sogen. Konstanzer Elle) und 22—30 Meter Höhe oder Breite. Es ist gewissermaßen aus mehreren verschiedenartigen Netzen zusammengesetzt und hat allerlei Anhängsel und Zugehörden. Im wesentlichen besteht das Klusgarn aus zwei gleich großen Flügeln oder Wänden und dem zwischen ihnen befindlichen Sack. Außerdem aber befinden sich am Anfang wie am Ende des Felchengarnes lange Seile. Die Säume des Netzes heißen „Ähren“ und bestehen aus Seilen; an der „Oberähre“ befinden sich in bestimmten Abständen sog. „Flossen“, zylinderförmige, längsdurchbohrte, 12—15 Centimeter lange und 5 Centimeter breite Holzstücke, welche das Netz im Wasser tragen, während es an der „Unterähre durch 24—32 ca. 1—1½ Kilo schwere Steine nach abwärts gezogen wird. Auf diese Weise schwebt das ganze Netz senkrecht im Wasser, wobei der Sack durch eine oder mehrere Schweinsblasen — „Bladdern" — offen gehalten wird. Die Einzelteile des „Klusgarns" sind — von einem Ende, wie sie ausgeworfen werden, angefangen — folgende: 1. Die „Schwebe" („Bauchen", „Bojen"), drei bis vier vorderarmdicke und 8—10 Centimeter lange Hölzer, welche zusammengebunden und mittels eines langen Seiles mit dem Felchengarn verbunden sind. Diese „Bauchen" werden zuerst ins Wasser geschleudert und ziehen das Seil nach, an dessen Ende 2. der „erste Stab" geknüpft ist, eine 3 Meter lange, armsdicke hölzerne Stange mit daran hängendem, zwei Kilo schweren Stein zur Senkrechtstellung im Wasser. An dieser Stange ist nun das eigentliche Netz befestigt, das als sogen. „Stabnetz" („Stabgarn") anfangs die Breite der Stablänge hat und nun mehr und mehr an Maschen zunimmt, bis es 200 Maschen in der Breite (Höhe) hat und nun 3. „helle Wand" heißt, welche einschließlich des „Stabgarns" 320 Maschen von 13 Centimeter Weite hat, also eine Gesamtlänge von 41,6 Meter. Die Flossen der „hellen Wand" sind 30 Centimeter lang und stehen 50—60 Centimeter von einander ab. Nun folgt 4. der „Tuch" mit engern Maschen, und zwar 240 Maschen von 4,5 Centimeter Weite; es gehen hienach fast drei Tuchmaschen auf eine Masche der „hellen Wand", weshalb die Verbindungsnaht eine hühnerfußähnliche Gestalt hat und „Hennennaht" genannt wird. Auch die Flossen sind etwas kleiner und stehen näher beisammen als an der „hellen Wand". Die Länge des „Tuchs" beträgt 10,8 Meter. Der nächste Teil ist 5. das „Gestell" und hat wieder etwas kleinere Maschen, und zwar 170 mit einer Weite von 4 Centimeter; die Länge des Gestells ist 6,8 Meter. Am Gestell befindet sich 6. der „Sack“, welcher mit einem Umfang von 1000 Maschen von je 3,5 Centimeter Weite anfängt, 8,16 Meter lang und von kegelförmiger Gestalt ist, da die Maschen allmählig an Zahl und Weite abnehmen und der Sack sich daher bis auf 200 Maschen verengt. Vorn am Sack sind zur Erweiterung des Eingangs drei dreispitzige Einsätze eingestrickt — „Sprittel“ — deren mittlerer von 115 Maschen, die beidseitigen kleinern von 110 sich nach und nach auf einen Maschen zuspitzen. Oben am Eingang wird der Sack durch eine Schweinsblase offen gehalten und heißt hier „Oberafter“, während der untere Teil — „Unterafter“ — durch Steine abwärts gezogen wird. Der folgende Teil des Sackes mit den abnehmenden Maschen heißt „Röhrle“, das Ende „Zipfel“, der sich von 200 auf 100 Maschen verengert, 2,02 Meter lang und mit einer Schnur zugebunden ist. Sack und Gestell zusammen wird „Kopfgeschirr“ genannt. Vom Sack an hat die zweite oder linke Wand die gleichen Teile wie die erste, aber in umgekehrter Reihenfolge, nämlich: Gestell, Tuch, helle Wand, zweiter oder vorderer Stab und Bauchen oder Schwebe.

Zur Handhabung dieses gewaltigen Klusgarns oder Felchennetzes sind vier Mann in jedem Kahne nötig, deren jeder seine bestimmten Obliegenheiten und seinen besonderen Platz hat. Es sind dies der „Meister“, der „Garnzieher“ oder „Roaber“, der „Schwebeknecht“ und der „Graser“; die zwei ersteren haben ihren Platz in der „Wanne“, die übrigen im „Gras“. Der „Meister“ ist der Eigentümer des Kahns und der Fischereigeräte, führt das Steuerruder, bestimmt die Stelle, wo das Netz ausgeworfen werden soll, und nimmt den Erlös des Fischfangs ein, während die übrigen Fischer ihren Wochenlohn von 6—8 Mark und beim Meister Kost und Wohnung haben. Häufig sind zwei Fischer die Besitzer des Kahns und werden dann „Gemeinder" („G'moander") genannt und wechseln allwöchentlich in der Einnahme des Geldes ab. Der „Garnzieher" wirft das Netz hinaus, wozu, wie auch zum Netzeinziehen, eine gewisse Fertigkeit erforderlich ist, damit das Netz in richtiger Lage und Ordnung ins Wasser kommt und wieder heraus, weil es sich sonst verwickelt und verwirrt. Deshalb kann nur ein geschickter und erfahrener Fischer diese Stelle einnehmen und erhält auch den höchsten Lohn, bis zu 8 und sogar 10 Mark. Der „Schwebeknecht" oder „Fehrknecht" (von „fehren", rudern) hat zu rudern, bis man das Garn wieder einzieht, wobei er dann mithilft und dasselbe auf die Schiffswand richtig hinlegt, „das Garn aufmacht", so daß es sofort wieder geordnet ausgeworfen werden kann. Der „Graser", welcher ein ganz junger Bursch ist und 5—6 Mark Wochenlohn erhält, rudert vorn an der Schiffsspitze und hilft beim „Garnaufmachen" dem Schwebeknecht; auch hat er die Felchen, welche der Garnzieher tötet und auf den „Fischtisch" („Felchentisch") legt, auszuweiden und zu waschen. Werden sehr viele Felchen gefangen, so sind zum Ausweiden zwei und sogar drei Mann nötig.

Beim Auswerfen des Netzes kommt zuerst der rechte Flügel (rechte Wand) ins Wasser, zunächst mit der Schweb, dann das Seil, die helle Wand usw. bis zum Sack, dann die linke Wand zuerst mit dem „Gestell", dann „Tuch", „helle Wand" usw. Ist der zweite oder vordere Stab ins Wasser geworfen und damit das ganze Netz, so schließen die Fischer den Kreis, indem sie rasch nach den schwimmenden „Bauchen" fahren, dieselben aufheben und das Schiff quer vor das Garn stellen. Nun wird das Netz wieder eingezogen. Zwei Mann ziehen an den beiden Seilen die Stäbe ein, legen sie quer über das Schiff, ziehen dann die beiden Seitenwände ein und geben das Netz handvollweise den andern zwei Fischern, welche dasselbe geordnet auf die Schiffswand derart legen, daß die Steine außerhalb und die Flossen innerhalb der Wand zu liegen kommen. Beim Einziehen des Garns merken die Fischer alsbald, je näher sie dem Sack kommen, ob Fische darin sind oder nicht, denn wenn der Fisch nicht mehr herauskommt, so „läßt er Luft fahren“ und es kommen dann kleine Blasen — „Blädderle“ — an die Oberfläche; da wird stets aufgepaßt, ob es nicht „bläddert“; allgemein herrscht im Schiff Freude beim Ruf: „Es bläddert!“ Wenn der Sack eingezogen ist, werden die darin befindlichen Fische durch Aufbinden des Zipfels rasch herausgenommen, der sofort wieder zugebunden wird. Dann wird wieder ein neuer Zug begonnen, der durchschnittlich im ganzen eine Viertelstunde dauert. So können von früh 5 Uhr bis abends manchmal 50—60 Züge mit dem Garn gemacht werden.

Das Netz wird an einer Stelle ins Wasser geworfen, wo die Fischer Felchen vermuten. Die Felchen halten sich bekanntlich meist in der Tiefe auf, können also vom Kahne aus nicht gesehen werden, und die Fischer wissen nicht bestimmt, wo sie gerade zu finden sind; sie werfen deshalb das Klusgarn gewissermaßen aufs Geratewohl aus. Wo man am Abend gefangen hat, da „sticht man wieder an“ (fängt wieder an) am andern Morgen.

Beim Felchenfang unterscheidet man einen „Sommer-“ und einen „Winterfang“ oder auch „Laichfang“. Der erstere wird während des ganzen Sommers mittels „Klusgarns“ oder „Felchengarns“ hauptsächlich im Überlingersee und den angrenzenden Teilen des Obersees betrieben, der Winterfang dagegen bloß einige Wochen, in der ersten Hälfte des Dezembers, mittels des Schwebnetzes mitten auf dem Obersee. Wir betrachten nun zunächst den Sommerfang.

Der Blaufelchen ist ein Zugfisch und wandert Ende

Oktober aus dem Überlingersee in den Obersee, laicht dort im November und Dezember bis gegen Weihnachten auf der Oberfläche des Wassers und zieht dann im Januar ganz in die Tiefe hinab, wo er mit keinem Netz erreicht werden kann, und nun den Winter über bleibt. Wenn aber das Wasser wieder wärmer wird und der See wieder steigt, wenn es dem Frühling entgegengeht, dann kommen auch die Felchen wieder herauf; sie treten ihre Rückwanderung an und erscheinen zuerst bei Immenstaad und Hagnau und am jenseitigen Ufer zwischen Romanshorn und Konstanz, und vom Mai und Juni an im Überlingersee.

Auf diese Zeit haben unsere Fischer schon längst gewartet und alles darauf vorbereitet. Nun beginnt der Sommerfang. Bei günstiger Witterung gehen die Fischer vom frühen Morgen bis zum späten Abend dem Felchenfang nach. Man sagt auch, „man geht auf die Schweb", und so gibt es eine „Morgenschweb", eine „Mittags-" und „Abendschweb". Wenn während des Tages nichts gefangen worden, so zieht man andern Morgens früh 3 Uhr hinaus auf die „Morgenschweb", wenn es morgens und mittags nichts ist, dann fährt man heim, und abends halb 6 Uhr wieder hinaus auf den See zur „Abendschweb". Auch bei heißer Sommerszeit muß man in den See hinaus, bevor die Sonne aufgeht; denn „sobald die Sonne kommt, ist es dem Felchen zu heiß, und er geht wieder in die Tiefe"; aus gleichem Grunde kann man bei großer Hitze auch erst abends nach Sonnenuntergang Felchen fangen. Gewöhnlich aber ziehen die Fischer früh halb 6 Uhr nach dem Frühstück auf den Felchenfang, jeder Mann mit einer Flasche Most und einem Stück Brot, manchmal auch etwas Speck dazu, was dann gegen die Mittagszeit, etwa zwischen 10 und 12 Uhr, während einer Ruhepause auf dem Schiff genossen wird. Sind während des Fischens nach fünfmaligem Netzauswerfen 20 Felchen und mehr gefangen worden, so bekommen die Knechte 12 Pfg. Trinkgeld, das heißt man die „F l a s c h e“; hat man aber während eines Tages 100 und mehr gefangen, so erhält jeder Knecht 20 Pfg., das nennt man „B r a t e n“. Von zehn Pfund Forellen bekommen die Knechte auch je 20 Pfg. Selbstverständlich ist es dem Meister lieber, wenn er viel Trinkgelder zahlen muß. So lang Felchen gefangen werden, bleibt man auf dem See bis gegen 4 Uhr nachmittags, um welche Zeit man dann im nächstgelegenen Uferort ins Wirtshaus zum „Abendbrot“ sich begibt, Most oder Bier trinkt und Brot mit Käs oder Butter und Zieger oder Rettig dazu-ißt. Der Meister bezahlt die ganze Zeche; dies geschieht namentlich, wenn viele Fische gefangen werden; denn dann herrscht allgemeine Fröhlichkeit im Schiffe, alle Fischer sind guter Dinge und lustig und der „Meister“ geht jetzt auch gerne mit seinen Knechten zum Bier, das er stets bezahlt. Aber nicht alle erhalten gleichviel: der „Graser“ darf drei Glas trinken, der „Schwebeknecht“ vier, der „Garnzieher“ 5, der „Meister“ aber trinkt so viel ihm schmeckt. In der Regel wird dies jetzt nicht mehr so genau eingehalten, sondern es trinken alle meist mehr. Nach 1—1½ Stunden Erholung geht's wieder hinaus auf den See zur „Abendschweb“ bis Sonnenuntergang oder „Zunachten“. Die gefangenen Fische werden alsbald aus dem Netz genommen, getötet, ausgeweidet und reihenweise mit dem Rücken nach oben geordnet in den länglichen Fischkorb gelegt und mit Gras und frischen Kräutern bedeckt. Der Korb wird sofort dem Händler überschickt. Im Hochsommer hören die Fischer etwa abends 9 Uhr mit dem Fischen auf und fahren heim zum „Meister“, in dessen Haus sofort das Nachtessen mit Most und zum Schluß noch Kaffee genommen wird.

An günstigen Tagen ziehen die Felchenfischer in aller Frühe hinaus; von allen Uferorten des Überlingersees stoßen die Kähne ab und werfen ihre Netze aus, wobei sie stets acht geben auf die andern Fischer. Die gefangenen

Felchen werden alsbald aus dem Netz genommen und Stück für Stück vom Garnzieher mit einem Scheitchen Holz („Felchenprügel") durch einen Schlag auf den Kopf getötet. Von den andern Schiffen aus werden die Schläge gehört und gezählt und daher wissen dann die übrigen Fischer genau, wie viel Felchen der Betreffende gefangen. Auch auf das Ausweiden der Fische wird sorgfältig geachtet; wurden viele Felchen gefangen, so sind hierzu zwei und mehr Mann erforderlich und daraus ist auf reiche Beute leicht zu schließen. Hat nun ein Kahn einen reichen Fischfang gemacht, so fahren von allen Seiten die andern Schiffe, von denen aus solches sofort bemerkt worden, in die Nähe des glücklichen Kahns, und so sammelt sich oft eine Flottille von 40—60 Kähnen an und belebt den betreffenden Seeteil. Wenn nun die Kähne aneinander vorbeifahren, necken sich häufig die Fischer und rufen sich die üblichen Übernamen zu, was aber immer nur als Scherz aufgenommen und ebenso erwidert wird. So müssen sich die Hagnauer Fischer „Hagenmelker" rufen lassen, weil man ihnen nachsagt, daß sie einmal einen Farren für eine Kuh angesehen und zu melken versucht, die Meersburger „Subegler" (Saubügler), weil sie dereinst einem geschlachteten Schwein die Borsten mit dem Bügeleisen wegbrennen wollten, die Überlinger mit den Dingelsdorfern u. Wallhausern „Laugeligumper", weil sie die Laugele mittelst Gumpbrunnens aus dem Wasser herausholen wollten, die Egger heißen die „Hornisten", die Uhldinger die „Puper" usw. Kein Fischer fühlt sich durch die Rufe beleidigt.

Die Fischer beobachten immer sehr genau die Witterungserscheinungen — Winde, Temperatur, Wasserbewegung usw. — und richten sich darnach, denn von ihnen ist der Fischfang abhängig. Im allgemeinen werden folgende mehr oder weniger regelmäßige Luft- und Wasserbewegungen und andere Naturerscheinungen, welche von Bedeutung für die Fischerei sind, beobachtet: Das Rinnen oder den Rus, den Land- und Seewind, das An- und Auslaufen des Sees, und schließlich die Windzeichen.

Unter „Rinnen“ oder „Rus“ versteht der Fischer eine Strömung, ein Fließen im See, oder auch in der Luft, also einen leichten Wind, eine Brise. Wenn ein starker Ostwind oder Föhn tagelang weht, dann treibt er selbstverständlich die oberflächlichen Wasserschichten aus dem Obersee herunter gegen Konstanz und den Überlingersee. Hört nun der Wind auf, so tritt eine Rückstauung dieser Wassermassen ein, ein Wiederhinaufrinnen zur Ausgleichung des Niveaus. Dieses Zurückfließen heißt man das Aufwärtsrinnen, den „Uffirus“, wobei das Wasser kühl und fischarm ist. Anders sind die Verhältnisse beim „Abirus“. Wenn im Frühling der Schnee in den Alpen schmilzt, oder wenn in den Gebirgstälern heftige Sommergewitter mit wolkenbruchartigem Regen niedergehen, und sich in den Bodensee ergießen, so fließen sie aus dem Obersee herab als warmes, weißes Wasser, in dem die Felchen sich mit Vorliebe aufhalten und in das sie gerne emporsteigen. Deshalb sieht der Fischer den „Abirus“ gern, weil er „die Fische lupft“, in die Höhe treibt und mit sich führt. Der „Pfäh“ (Föhn) ist überhaupt „der beste Luft zum Fischen“. Der Fischer sieht es mit Freude, wenn die dunkelblaue Färbung der Schneeberge das Herannahen des Föhnes anzeigt, „wenn der „Pfäh“ bläket“, und weißschäumende Wogen herziehen, d. h. „der Pfäh zähnt“, und dann losbricht, „abikeit“. Das weiße Wasser des „Abiruses“ rührt von den durch die Flüsse, namentlich den Rhein, dann auch die Argen, Schussen usw. hereingeführten Schlammteilchen her. Das Wasser rinnt oft auch auf der „Boar“ (Oberfläche des Wassers) aufwärts und in der Tiefe abwärts oder auch umgekehrt. Es herrscht ja auf dem See eine beständige Bewegung, nie Stillstand. Schon die ungleichmäßige Erwärmung und Abkühlung von Wasser und Land bewirkt eine Strömung. Wenn die Sonne aufgeht, erwärmt sich zuerst das Land, und dadurch die darüber ruhende Luftschicht, welche sich dann ausdehnt und gegen die kleinere Luftschichte des Sees hinabfließt, wodurch deren Druck vermehrt wird, so daß sie gegen das Land ausweicht und so eine Luftströmung bewirkt, den Seewind. Abends ist es umgekehrt: Das Land und mit ihm die darüberliegende Luftschicht ist bälder abgekühlt als der See mit der auf ihm liegenden Luftmasse und es tritt nun das umgekehrte Verhältnis ein wie am Morgen, und damit der Landwind, der „Überrinner". Diese Winde haben keinen besonderen Einfluß auf die Ergiebigkeit des Fischfangs. Dagegen gibt eine andere Erscheinung ungünstige Aussichten: „Der See tut aus- und anlaufen, wir kriegen schlechtes Wetter!" sagen die Fischer. Bisweilen steigt nämlich das Wasser um 5—10 Centimeter, bleibt mehrere Minuten hoch, und fällt dann wieder, und zwar noch niederer als es gewesen; dies dauert im ganzen eine Viertel- bis eine halbe Stunde, nach einigen Minuten wiederholt sich die Erscheinung und tritt so noch mehrmals ein. Sie ist manchmal so auffallend, daß ein Kahn, der am seichten Ufer ringsum mit Wasser umgeben ist, nach einigen Minuten halb trocken liegt. Bald darauf, nach einigen Stunden, spätestens andern Tags, gibt es Regen, stürmisches Wetter und „macht so eine Weile fort, so daß auch der See wächst". (Franzöf.: „seiches".) Dieses „Aus- und Anlaufen" vergleichen die Fischer mit Ebbe und Flut. Wenn dagegen am Himmel „Windzeichen" beobachtet werden, dann kommt regelmäßig Westwind. Es sind dies farbige Flecken am Himmel, wie Teile eines Regenbogens, oft nur wenig über dem Horizont, welche einige Stunden sichtbar sind, und dann wieder allmählich verblassen. Sie sind an keine bestimmte Stelle gebunden, sondern es wurden deren schon in allen Himmelsrichtungen beobachtet. Stets ist aber nur ein einziges solches Zeichen zu sehen und zwar jeweils einen Tag vor dem Sturm.

Die Fischer wie auch die Schiffsleute (s. ob.) nennen den Nordwind „Ortwind“, den Südwind oder Föhn „Pfäh“, den Ostwind „Osterwind“ und den Westwind „Westerwind“. Starker Nordwind heißt „Ortpraschler“ (Nordprasseler), starker Föhn, der auf den Straßen Staubwolken aufwirbelt, „stubiger Pfäh“, rauher Südwest „kalter Thurgäuer“, wenn von Nebel begleitet „Nebelrus“, weißschäumende Wellen eines Sturms „Federwiße“ (weiße), ein plötzlicher Windstoß „Schwicke“ usw. Wenn es bei Ostwind regnet, dann sagen die Fischer: „Der Osterwind hat wieder d' Wassergelte (Kübel) am Fiedle hänge, drum hört der Regen nit glei wieder auf.“ So haben die alten Fischer für alles ihre bezeichnenden Sprüche.

Im allgemeinen kann man bezüglich der Witterungsanzeichen sagen: Zur Sommerszeit ist das Wetter günstig für den Felchenfang im Überlingersee, wenn frühmogens von 1 bis 2 Uhr ein leichter Nordwestwind als sogen. „Morgenwind“ weht, und im Obersee zu gleicher Zeit aus dem Rheintal, von Bregenz her, ein Föhnwind kommt bis gegen Friedrichshafen, um 8 Uhr dann der Nordwest abflaut und der Südwind oder Föhn das Übergewicht erhält bis gegen Abend etwa um 5 Uhr und jetzt im Obersee ein schwacher Nordwestwind, der sogen. „Gutwetterwind“, sich erhebt bis nach Sonnenuntergang, wo alsbald auf dem ganzen See nur Ostwind zu spüren ist. Eine solche Witterung hält manchmal wochenlang an und da werden Tag für Tag viele Felchen gefangen. Leider sind solch günstige Wochen immer nur Ausnahmen.

Durchschnittlich fängt während des Sommers die Mannschaft eines Felchenkahnes täglich 25—30 Stück, im ganzen Halbjahr 2800—3000, und die 70 Kähne zusammen über 200,000 Felchen, welche jeweils an die Fischhandlungen in Konstanz, Überlingen, Reichenau und Staad, Friedrichshafen und Langenargen, Lindau, Bregenz, Ermatingen usw. abgeliefert und sofort Tag für Tag versendet werden, meist nach Karlsruhe, Straßburg, München, Stuttgart, Basel, Zürich usw., sowie in die Badeorte Südwestdeutschlands. Es gibt aber mehr schlechte Fischjahre als gute, wo dann ein Kahn während des ganzen Sommers kaum so viel fängt, als sonst in einer Woche. Da vergehen oft drei bis vier Wochen, ohne daß ein Felchen im Garn „bläddert", und dann herrscht Trauer im Kahn, die Fischer sind niedergeschlagen und mißmutig.

Ist der Sommerfang der Felchen vorüber, so wird der Kahn ans Land gezogen und bleibt da vom November bis März, wo er zunächst wieder hergerichtet, geflickt und beteert wird. Das Felchengarn wird den Winter über gewöhnlich in einem Bretterschuppen an Nägeln aufgehängt, wohin es von den vier Mann auf den zwei Netzstäben getragen wird. Während des W i n t e r s beschäftigen sich die Fischer mit Netzstricken, Flicken, Garnrichten usw. Viele derselben verdingen sich aber als Holzarbeiter im Walde, fällen Bäume, machen Holz usw. Andere Fischer treiben auch im Winter ihr Gewerbe, soweit es geht; denn wenn die Felchenscharen fort sind, gibt es immer noch Hechte, Forellen, Barsche, Aale und dergl. Edelfische oder mindestens Karpfen und Brachsmen, welche letztere oft massenweis gefangen werden.

Der W i n t e r f a n g der Blaufelchen findet wie oben bemerkt im Dezember mitten auf dem Obersee, wo die Felchen des Laichens wegen massenhaft heraufkommen, statt, und zwar mittels des Schwebnetzes, nicht des „Klusgarns". Die eigentlichen „Klusgarnfischer" stellen nämlich mit Schluß des Sommerfangs die Fischerei ein, wie wir bereits gesehen. Dagegen betreiben die „Schwebnetzfischer" während des ganzen Jahres den Fischfang; gibt es keine

Blaufelchen mehr, so fängt man andere Fische, welche sich gerade finden, mittels des Schwebnetzes. Dieses ist 120 Meter lang, 1,2 Meter hoch und hat lauter gleiche Maschen von 0,4 Centimeter Weite, vorderarmsdicke Bauchen aus 30 Centimeter langen Korkstücken an Seilen der „Oberähre“; an der „Unterähre“ sind Bleiplättchen statt der Steine angebracht. Ein solches Netz wird nun ca. sechs Klafter (12 Meter) tief versenkt und durch die Bauchen wie eine senkrechte Wand schwebend gehalten. Die Nacht über bleibt es im See, am fogenden Morgen wird es wieder herausgezogen mit den darin haftenden Fischen.

Der Winterfang beginnt am 1. Dezember und währt nur kurze Zeit. An diesem Tage kommen sämtliche Schwebnetzfischer des ganzen Bodensees auf genanntem Jagdgebiet zusammen in großen, mit je drei Mann besetzten Gondeln, und werfen ihre Netze aus. Jeder Fischer hat mindestens 30 solcher Netze, welche dann „verstrickt“ (aneinander gebunden) werden, und zwar geschieht dies auf dem See während des Auswerfens, indem jedes ausgeworfene Netz mit dem nälchstfolgenden sofort mit einer Schnur verknüpft wird. Ein solch zusammengeknüpftes Netz hat eine Länge von 3600 Metern und heißt „Satz“; jeder Fischer hat zwei „Sätze“. Die Netze werden geradlinig in der Richtung vom deutschen zum Schweizer Ufer in den See gelegt, jedoch in entsprechenden Abständen vom „Satz“ der andern Fischer, und verbleiben dann bis zum folgenden Morgen. So liegen viele Tausende von Netzen im See; denn alle Felchenfischer haben ihre Netze hier ausgebreitet. Damit aber jeder Fischer seinen „Satz“ wieder herausfindet, sind besondere Merkmale — „Signale“ — angebracht, entweder ein auf zwei kreuzweis über einander gelegten Brettchen befestigtes Tännchen oder Fähnchen, „Wiefen“, oder ein Faß, oder ein Blechgefäß, verschiedenfarbig angestrichen. So zeigen die Fähnchen beispielsweise einen weißen Mond auf schwarzem Grund, oder weißes Tuch mit schwarzen Flecken, oder zwei und drei farbige Streifen, ganz nach der Wahl des Fischers, um sie von den andern Signalen zu unterscheiden. Ein „Satz" hat in der Regel fünf solcher Signale, zwei Fähnchen und drei Fässer, welche noch den Namen des Besitzers tragen; ebenso ist jedem Tragbauchen der Name eingebrannt, er hat seinen „Stampf". Sind nun sämtliche Netze in richtiger Ordnung im See, so fahren die Fischer ans Land zum Übernachten, die deutschen nach Langenargen, Nonnenhorn, Wasserburg und Friedrichshafen, die Schweizer in ihre nahen Heimatsorte. Am andern Morgen um 8 Uhr fahren sie wieder hinaus mit neuen Netzen, welche sie wie am vorhergehenden Tage umgeschlagen auf beiden Schiffswänden liegen haben und nun mit dem „Netzhaken", d. h. einem passenden Baumast, aufnehmen und in gleicher Weise in den See legen wie den ersten „Satz". Vorher aber müssen sie die noch im Wasser liegenden Netze einziehen, d. h. „die Netze bieren", indem der Meister die in den Maschen haftenden Felchen herausnimmt und seinem Gehilfen, dem „Bäucheleкönig", gibt, der den Laich in einen Blecheimer ausstreift, dann den Felchen tötet und in den Fischkorb wirft. Nun wird ans Land gefahren, wo die Fische ausgeweidet, verpackt und an die Fischhandlungen geschickt werden, der Laich dagegen an die Fischzuchtanstalten in Überlingen und Radolfzell, Friedrichshafen, Lindau und Starnberg, Hard, Arbon und Romanshorn. So geht es Tag für Tag bei günstiger Witterung.

Ganz anders aber gestaltet sich die Sache bei schlechtem Wetter. Wenn sich nachts ein Wind erhebt, der See unruhig wird und Wellen aufwirft, dann geraten die Netze in Unordnung und werden verweht. Hält nun das Unwetter tagelang an und steigert sich der Wind zum heftigen Sturm, so werden die Netze durch- und untereinander geworfen und oft meilenweit auf der ausgedehnten Wasserfläche umhergetrieben als eine unentwirrbare Masse. Da haben die Fischer ihre liebe Not, die Netze wieder zu finden, und haben sie nach stunden- und oft tagelangem Spähen und Suchen sie endlich gefunden, so gelingt es ihnen gar oft trotz aller Mühe und Geduld nicht, die Netze zu entwirren und zu lösen, so daß diese mit dem Messer getrennt werden müssen, was mitunter zu Streit und Händeln führt, wobei die Fischer sich gegenseitig mit Flinten und andern Waffen schon bedroht haben. Nicht selten jagt auch der Sturm die Netze gegen die Rheineinmündung, wo alsbald die Strömung sie mit Sand und Kies überschüttet und so für immer in der Tiefe vergräbt; ebenso werden sie mitunter in das Buschwerk am Ufer, in die Reiser, zwischen die Pfähle getrieben und dort derart ineinander verstrickt, daß man sie nicht mehr ganz losbekommen kann; da reißen eben die Fischer „bis es läßt". Bei Sturmwetter aber gibt es auch sonst gefährliche Lagen für die Fischer, welche die Fahrt riskieren, so lang noch Dampfschiffe fahren. Gar oft gefährdet dann der Sturm die mit den Netzen schwer beladene Gondel auf der Heimfahrt. Vorigen Winter wurde eine solche Gondel vom Sturm umgeworfen, wobei 25 Netze zu Grunde gingen und die Schiffbrüchigen vom bayrischen Dampfer „Rupprecht" gerettet wurden. Aber auch ohne Sturm kann der Fischer schwere Zeiten haben. Denn bisweilen herrscht tagelang bei ruhigem See ein so dichter Nebel, daß die Netze nicht mehr zu finden sind, und Tage und Nächte lang draußen gelassen werden müssen. Weicht dann der Nebel, und kommt der Fischer zu seinem Netz, so sind gewöhnlich die darin befindlichen Fische zu Grunde gegangen.

Der Ertrag des Winterfanges ist verhältnismäßig ergiebiger als der Sommerfang; denn es werden von einem Fischer durchschnittlich jeden Tag 80—100 und noch mehr Felchen gefangen, also während des ganzen

Winterfanges innerhalb 6—12 Tagen 800 Stück, und von etwa 90 Felchenfischern rund 100,000 Felchen. Hieraus ist der große Reichtum des Bodensees an Blaufelchen deutlich zu ersehen, zumal man bedenkt, daß das Ergebnis des Sommerfangs, das noch bedeutender, hier nicht eingerechnet ist. Ein Felchen wird in der Regel mit 60—70 Pfennig bezahlt, im Sommer dagegen mit 80 Pfennig bis 1 Mark.

Und nun zum Schluß noch einige Eigentümlichkeiten von Fischen nach Beobachtungen alter Fischer! Mit den Blaufelchen geraten manchmal auch andere Fische vereinzelt ins Klusgarn, so namentlich Sandfelchen, Hechte, Forellen usw. Hierbei ist das Verhalten der Fische ganz verschieden. Die stolze Forelle sucht mit größter Anstrengung sich zu befreien und schnellt sich in mächtigem Schwung aus dem Wasser empor, um aber sofort wieder in das Netz zurückzufallen oder auch ins Schiff, während der unbändige Hecht durchs Garn selbst durchbrechen will, sich dabei aber immer mehr darein verwickelt. Ganz anders der Sandfelchen. Dieser ist ein sehr geriebener und schlauer Patron und sucht durch List zu erreichen, was andere durch Gewalt. Scheinbar ruhig schwimmt er längs der Oberähre hin und her, um ein Loch zu erspähen. Manchmal legt er sich auch rücklings über eine Flosse und läßt sich vom Gewell hinübertragen. Selten schnellt er sich hinaus wie der Hecht. Wegen seines klugen Benehmens wird er von den Fischern der „Student“ genannt. „Es ist oft, als ob er nachstudierte, wie er hinauskommt; ja man könnte glauben, der „Siech“ sei auf der Universität gsi (gewesen), weil er gar so usfindig (erfinderisch) ist,“ sagte ein alter Fischer, der einem solchen Sandfelchen voll Verwunderung zusah. So hat jeder Fisch seine Eigenheiten, welche den Fischern wohlbekannt sind.

Vom Hechte behaupten alte Fischer, er habe in seinem

Schädel die Leidenswerkzeuge Christi, und wissen aus einem gekochten Hechtkopf leicht die Knochen derart herauszupräparieren, daß jedermann mit etwas Phantasie dieselben als Kreuz, Kelch, Lanze, Schwert, Nägel, Leiter, Hahn, Schwamm usw. erkennen kann. Nach der Legende soll das daher rühren, daß Christus bei seinem Gang nach Golgatha unversehens auf einen zufällig am Wege liegenden Hechtkopf getreten sei.

Es erübrigt uns jetzt noch, eines alten Fischerbrauchs zu erwähnen, der früher allgemein in allen Fischerorten geherrscht, jetzt aber nur noch in einzelnen geübt wird. Es ist dies die sog. „Fischerkirbe“, welche am Tage des Apostels Petrus — des Schutzpatrons der Fischer — oder jetzt gewöhnlich am zweiten Pfingstfeiertag gehalten wird. An diesem Tag gehen die Fischer am Morgen einige Stunden hinaus auf den See zum Fischfang, verteilen dann, was sie gefangen, unter sich im Schiffe und verkaufen die ihnen zugeteilten Fische, worauf sich die Knechte jeweils freuen. Jetzt „machen sie frei“, gehen im nächsten Uferort ins Wirtshaus, wo sie vom Meister regaliert werden; den ganzen Tag bis in den Abend leben die Fischer nun in Freuden. In Staad wird diese „Fischerkirbe“ jetzt noch gehalten.

15. Hochzeitsbräuche.

Am Überlingersee heißt überall die Erkorene eines Burschen seine „Liebste“, er ist ihr „Liebster“; bei Dienstboten ist mehr der Ausdruck „Schatz“ gebräuchlich. Die Bezeichnung: „Diese ist sein Mensch“, oder „Dieser ist ihr Kerle“ wird nur von rohen Leuten der untersten Volksschichten gebraucht und deutet auf ein ganz unlauteres Verhältnis hin. Eine feierliche Verlobung, wie vielfach in der Stadt üblich, findet auf dem Lande nicht statt; ein langer Brautstand ist auch nicht beliebt, meist wird rasch zur Hochzeit geschritten. Aber sonst ist während des Liebesverhältnisses oder der „Bekanntschaft“ das Benehmen zwischen den Liebenden mehr oder weniger wie überall. Wohnen beide im gleichen Ort, so besucht der Bursche seine „Liebste“ abends nach getaner Arbeit; wohnt das Eine in einem entfernten Hofe oder in einem benachbarten Dorf, so macht der Liebhaber wenigstens ein- bis zweimal in der Woche seiner „Liebsten“ einen Besuch. Ist Tanzmusik, so holt er seine „Liebste“ ab, welche in Begleitung des Vaters oder eines Bruders mit ihm geht; nur wenn die Hochzeit ganz nahe, gehen die Brautleute bisweilen auch ohne weitere Begleitung; im Tanzsaal sitzen sie beisammen. Der Bursche hält seine „Liebste“ frei, zahlt aber nicht für die andern, die noch mitgegangen; den ersten Tanz tanzt er mit seiner „Liebsten“, welche er auch später noch einigemal holt. Bei Damentouren — denn auch solche gibt es auf dem Lande — holt das Mädchen ihren „Liebsten“ zum Tanz; er zahlt jedoch die Tour, wie überhaupt bei Damentouren es jeder generöse Tänzer tut; ist der Tänzer jedoch knickerig, so überläßt er das Zahlen der Tänzerin, was für diese aber immer „schenierlich“ ist. Schlägt die Uhr 10 oder 11, dann geht das Mädchen mit den Ihrigen nach Haus und wird vom „Liebsten“ bis an die Haustüre begleitet. Wenn Jahrmarkt in der Stadt ist, dann bringt der Bursche seiner Liebsten ein „Krämle“ mit, sei es ein weißseidenes Halstuch mit rotem Rand, oder einen Hut, oder — wenn es hoch geht — eine „Brosch“, oder einen Fingerring oder dergleichen vom Goldschmied; sie aber macht ihrem Liebhaber eine Zigarrentasche zum „Präsent“, oder eine Zigarrenspitze, einen Schlips, vielleicht auch eine Uhrenkette oder ähnliches. Ist das Liebespaar aber nicht bemittelt, so tuts auch ein Lebkuchenherz mit einem Verschen, oder ein mit farbigem Stroh umsponnenes Ei, in dessen Innern ein langer Papierstreifen mit allerlei „verliebten Sprüchen“, was dann die „Liebste“

mit einigen Zigarren erwidert. Am Namens- und Geburtstag erhält die „Liebste“ eine mit einem gemalten Blümchen verzierte Gratulationskarte durch die Post von ihrem Geliebten, nachdem er schon am Vorabend mündlich gratuliert. Blumensträuße, Rosen oder sonstige Blumen zu überreichen, ist nirgends üblich. Wenn der erste Mai herannaht, dann setzt der Bursche seinem Mädchen einen „Majen“: er schneidet am Vorabend einen „Grünen Boschen“ im Wald, ein belaubtes Buchen- oder Birkenstämmchen, oder auch ein Tannenstämmchen und setzt es in der Nacht der Liebsten vors Haus, oder bindet es an die Haustüre oder steckt es ans Fenster ihres Schlafzimmers oder an das Küchenfenster, überhaupt möglichst dahin, wo sie es beim Aufstehen gleich sieht. Gern wird auch ein blühender Schlehdorn oder Weißdorn genommen. Manchmal setzt aber auch ein verschmähter Liebhaber dem betreffenden Mädchen als „Majen“ einen „Boschen mit dürrem Laub“ oder mit alten Lumpen, Schlotzern usw. behangen; das gleiche macht bisweilen ein verlassener Liebhaber einer Ungetreuen aus Rache.

Wie überall kommt es auch auf dem Lande vor, daß zwei junge Leute lange Zeit „Bekanntschaft haben“, daß sie lange „zusammengehen“, und das Verhältnis sich wieder auflöst, und die Betreffenden dann oft ihnen früher ganz unbekannte Personen zur Ehe nehmen. Sind nun die Eltern gegen das Verhältnis, und sind aber Liebe und Treue stärker, so halten die Liebenden ihre „Bekanntschaft“ geheim und vermeiden alles, was ihre Liebe verraten könnte. Beim Tanz holt der Bursche seine „Liebste“ nur einmal, denn wenn er mehrmals mit ihr tanzte, würde es gleich heißen: „Schau! Schau! Die zwei haben es miteinander!“ Deshalb kommen sie auch nur heimlich zusammen und finden in der Regel „Unterschlupf“ (Unterkunft) im Hause eines Verwandten oder Freundes.

Erhält ein Bursche im Dorfe keine ihm passende

Partie oder auch umgekehrt das Mädchen, so gibt es überall „Kuppler“, welche Leute und Verhältnisse weithin kennen und die Sache einleiten. Es geht nun zunächst der Bursche zur „B'schau“ in die Heimat des Mädchens, wo er — bereits angemeldet — freundlich empfangen und auch bewirtet wird. Gefallen sich die jungen Leute, so machen nach einigen Tagen die Eltern des Burschen einen Gegenbesuch, sehen sich alles im Heim des Mädchens an und besprechen das weitere. Ist der Besuch zu beiderseitiger Befriedigung ausgefallen, so macht das Mädchen mit ihren Eltern einmal einen Gegenbesuch und besieht das Anwesen des Burschen. Oder es gehen die Eltern gleich mit dem Sohn bezw. der Tochter „zur B'schau“ ins Haus der Betreffenden, besichtigen Hab und Gut, auch Vermögen und Schulden werden gemustert. Selbstverständlich wird in erster Reihe auf den eheluſtigen Teil gehört, ob ihm das Anwesen mit dem übrigen gefalle oder nicht; insbesondere aber gibt die Persönlichkeit, das Aus- und Ansehen desselben, den Ausschlag. Sind nun die beiden jungen Leute und die beiderseitigen Eltern einig, so wird alles in der Hauptsache gleich festgemacht und die Vorbereitungen zur Hochzeit besprochen. Die jungen Leute sind nun „Hochzeiter“ und „Hochzeiterin“.

Wenn keine besonderen Gründe, wie ein Trauerfall in der Familie oder dergleichen dagegen sprechen, so gibt es eine „lustige Hochzeit“, d. h. mit Musik und Tanz. Eine „stille Hochzeit“ wird stets in „geschlossenen Zeiten“ gehalten, wo die Kirche öffentliche Lustbarkeiten verbietet; dann darf nicht getanzt werden, die Musik spielt nur während des Essens als Tafelmusik.

Zunächst gilt es nun noch, den jungen Leuten ein eigenes Heim zu schaffen. Zu diesem Zweck ist vielfach „Vermögensübergab“ der Eltern nötig, d. h. die Eltern übergeben dem Sohn bezw. der Tochter ihren Hof mit allem Zugehör, Liegenschaften und Fahrnissen samt der „Hab" (Viehbestand), jedoch unter solchen Bedingungen, welche ihren eigenen ferneren Haushalt sicher stellen. Die „Übergab" bezw. „Übernahm" wird durch den Notar mittels eines sogen. „Leibrenten- und Pfründvertrags" geordnet, in dem alles bis ins Kleinste festgesetzt ist. Wir entnehmen einem solchen im Jahre 1875 abgeschlossenen notariellen Vertrag, laut welchem die Witwe X. auf das ihr gehörige Spital Konstanzsche Erblehen W. zu Gunsten ihres Sohnes N. N., welcher nun als Lehensträger ernannt worden, verzichtet, Nachstehendes:

§ 1. ..... N. N. verpflichtet sich hiemit, seine Mutter, die S. Witwe, lebtäglich und unentgeltlich in ihren Lebensbedürfnissen zu unterhalten, ihr eine gute und nahrhafte Kost an seinem eigenen Tische, wie er sie genießt, zu verabreichen, ihr die nötige Kleidung zu beschaffen und solche in gehörigem Stande zu halten, zu reinigen und zu flicken, ihr täglich den üblichen Haustrunk zu geben, sie in gesunden und kranken Tagen gehörig zu verpflegen und ihr abzuwarten, den Arzt zu holen und die Arzney herbeizuschaffen und für eine etwaige besondere Abwart zu sorgen, auch in Krankheitsfällen den Arzt und die Apothekerkosten zu bezahlen, sowie die Leichenkosten. § 2. Die Mutter ist zu jeder Zeit berechtigt, die Kost am Tische des Sohnes N. N. aufzugeben, und es muß ihr dann der Sohn N. N. in guter Beschaffenheit und richtigem Maße folgende Leibgeding vierteljährigerweise mit Ausnahme der Milch, welche täglich abzugeben ist, verabreichen: 5 Malter Kernen tax. 90 M., 2 Zntnr. Schweinefleisch, darunter 2 vordere Schinken 60, ein Zentner Rindfleisch 30, achtzig Pfund Rindschmalz 40, zwanzig Pfund Schweineschmalz 9.20, Sechs Maß Speisöl 4.48, Zehn Maß Brennöl 6, Einhundertfünfzig Eier 2, Gemüse nach Bedarf 10, Sechs Doppelsester Kartoffeln 6, Drei Ohm Wein alter heffreiner 54, Drei Ohm Obstwein 30;

Zum Wein und Obst müssen noch die nötigen Faß mit 24 Eimer nutzungsweise abgegeben werden; fünf Liter Zwetschgenwasser 5; fünf Liter Obstbranntwein 5; ein Viertel Äpfel 4; ein Doppelsester gedörrtes Obst, Birnen, Äpfel und Zwetschgen durcheinander 4; fünf und zwanzig Pfund Kochsalz 2; vier Pfund Unschlitt 1.30; täglich von Georgi bis Martini eine Maß, von Martini bis Georgi eine halbe Maß Milch täglich 30. Zusammen angeschlagen zu 400.38; in Reichswährung 686 M. 80. Die Mutter ist berechtigt, anstatt in Natura den dafür ausgeworfenen Anschlag in Geld zu verlangen, und es muß ihr dann der Betrag vierteljährig bezahlt werden, und zwar jeweils ein Vierteljahr zum voraus, so daß der Mutter, wenn sie die Kost am Tische des Sohnes aufgibt, alsbald das erste Vierteljahr des Leibgedings in Natura oder Geld gegeben werden muß. § 3. Zur ausschließlichen und unentgeltlichen Bewohnung und Benützung erhält die Mutter in dem zum Erblehen gehörigen Wohnhause des Sohnes N. N. beide Kammern im oberen Stock ob der Küche; der Sohn N. N. muß in diese Kammer, und zwar, wie es die Mutter verlangt, einen irdenen Ofen und ebenso an diese Kammer eine Küche mit eisernem Herde zur alleinigen Benützung der Mutter herrichten lassen. Diese Wohnung muß der Sohn N. N. auf seine eigenen Kosten in gehörigem Stande erhalten und auch jene Ausbesserungen besorgen, welche einem Mieter zustehen; er muß diese Wohnung für die Mutter täglich reinigen und säubern lassen, auch sie im Winter täglich heizen. Im Falle die Mutter das Leibgeding bezieht, muß der Sohn N. N. ihr alljährlich 8 Ster buchenes Holz kostenfrei vor das Haus liefern und klein spalten, ihr auch einen tauglichen Platz zum Aufbewahren des Holzes im Holzschopf überlassen. Im Keller behält sich die Mutter einen tauglichen Platz zur Lagerung des Getränkes und der Kartoffeln vor. Die Mutter kann diese Wohnungs- und Nutzungsrechte zu jeder Zeit aufgeben und es muß alsdann der Sohn N. N, zur Bestreitung einer Mietwohnung alljährlich 60 fl., in Reichswährung 85 M. 71 Pfg. bezahlen. § 4. Der Sohn N. N. muß der Mutter auf jedes Verlangen ein zweispänniges Fuhrwerk mit Chaise unentgeltlich stellen. § 5. Der Sohn N. N. macht sich verbindlich, seiner Mutter außer der oben bedungenen Pfründe oder lebenslänglichen Unterhaltung in Kost, Kleidung und Wohnung noch alljährlich und lebtäglich eine Leibrente in Geld zu entrichten im Betrag von 400 M. usw. § 6 enthält besondere Bestimmungen für den Fall, daß die Mutter eine eigene Haushaltung führt usw. § 7. Die Schlußbestimmungen und Pfründe-Annahme-Erklärungen und dergl.

Ist auf solche Weise die Übernahme des elterlichen Anwesens durch den „Hochzeiter" (bezw. die „Hochzeiterin") erfolgt, so wird der „Ehevertrag" gemacht, und nun kann die Hochzeit in 4—6 Wochen stattfinden. Der Schreiner wird bestellt, die Näherin kommt ins Haus und bleibt oft wochenlang auf dem Hofe, namentlich wenn sie aus der Stadt ist. Acht Tage vor der Hochzeit werden die Einladungen besorgt. Zu Bekannten und ferner stehenden Verwandten im Dorf und Umgegend wird der „Hochzeitlader" geschickt, deren es in jedem Ort gibt. In der „Sonntagsmontur", mit einem Strauß von künstlichen Blumen im Knopfloch geht dieser umher und lädt nun etwa folgendermaßen ein: „Eine schöne Empfehlung vom Hochzeiter N. N. und der Hochzeiterin X. X. und sie lassen Ihnen einladen, zu ihrer Hochzeit zu kommen am (Datum) zu den Hochzeitsleuten zur Morgensuppe, in die Kirche, zum Essen und zum Tanz." Wenn der Geladene nun nicht an der ganzen Festlichkeit teilnehmen kann, so verspricht er, wenigstens „am Abend zu kommen". Gewöhnlich erhält der „Hochzeitlader", welcher auf einem Zettel die Namen der zu Ladenden hat und darauf auch diejenigen notiert, die am Essen sich beteiligen, in jedem

Haus Most oder Schnaps mit Brot und manchmal noch Speck, so daß er bis am Abend selbst ziemlich „geladen" hat; meist muß er einige Tage auf seinen Auftrag verwenden, was er aber gerne tut, da er auch noch von den Hochzeitsleuten ein Trinkgeld bis zu 7 Mark erhält. Die nächsten Verwandten werden vom Brautpaare selbst eingeladen; dieses besucht dieselben und beschenkt sie mit einem seidenen Halstuch oder einem feinen Nastuch. An einigen Orten, wie in Dingelsdorf und Dettingen, erfolgt die Hochzeitseinladung durch „Ehreng'sell und Jungfer G'spiel" mit folgendem Spruch: „Ein freundlicher Gruß vom Herrn Hochzeiter N. N. und seiner Braut X. X. und Sie sind freundlichst eingeladen zur Hochzeit am nächsten (Donnerstag, Montag usw.) in die Kirche, zum Essen und zum Abend." Machen die Eingeladenen keine bestimmte Zusage, dann heißt es: „Wenn es nicht möglich ist, dann werden Sie doch zum Abend kommen!" Die Hochzeitlader nehmen ein „Zeinle" (Körbchen) mit, in das sie die Geschenke gleich hineintun, z. B. Werg zum Spinnen, Koch- und Küchengeschirr, wie Platten, Kannen, Gläser, Schüsseln usw. In Allmannsdorf laden „Hochzeiter" und „Ehreng'sell" zur Hochzeit ein, in Wollmatingen die „Jungfer G'spiel" allein.

Einige Tage vor der Hochzeit kommt die Aussteuer, „Brautfahrt", „Brautfuhr", „Brautfutter" ins Haus des Hochzeiters. Zum „Brautfutter" gehören zum mindesten zwei Betten, zwei Kästen, Nachttische, Tische und mehrere Stühle, Weiß- und Leinenzeug usw. Ist die Hochzeiterin nicht aus demselben Ort, so wird das „Brautfutter" auf einen vierspännigen Leiterwagen gepackt, der an jedem Eck mit einem Tännchen oder einem Kranz samt farbigen Bändern geziert ist. Zu oberst auf dem Brautwagen prangte früher die Kunkel mit Hanf umwunden, dabei Haspel und Spinnrädchen von geringerer oder feinerer Qualität, manchmal mit eingelegter Arbeit und Holzschnitzereien versehen, je nach dem Vermögen der Braut, mit blauem oder rotem Seidenband um den Hanf; wenn jedoch die Hochzeiterin nicht mehr Jungfrau ist, dann mit grünem Band. Auch der kommenden Kinder wird schon gedacht, denn hinten auf dem Wagen ist noch eine Wiege befestigt. Auf dem Wagen sitzen heutzutage der Schreiner und manchmal auch die Näherin, welche dann das Auspacken und Aufstellen der Gegenstände besorgen. Meist fährt jetzt die Näherin mit der Braut in einer Chaise hinter dem Aussteuerwagen. Ist die Aussteuer sehr reichlich, so sagen die Leute: „Die hat aber eine große Brautfahrt!" In jedem Dorf, durch das der festlich geschmückte Wagen fährt, gibt es „Vorspann", d. h. Alt und Jung, Mädchen und Knaben, spannen ein Seil oder einen „Bändel" (Band) über die Straße und lassen ihn nur gegen ein Lösegeld von 5—20 Pfg., das jeweils der Schreiner auslegt, frei. Noch vor 40 Jahren gehörte zur Aussteuer bei bemittelten Eltern noch eine Kuh, die sogen. „Brautkuh", welche mit einem Kranz um den Hörnern hinter der „Brautfahrt" hergeführt wurde. Sie wurde dann zuvörderst in den Stall des jungen Ehepaars gestellt und war stets der Stolz desselben, denn die Eltern wählten für die Tochter das schönste Stück Vieh aus. Jetzt hat dieser Brauch, welcher dem jungen Haushalt gleich die nötigste Nahrung lieferte, und überhaupt ganz praktisch war, vollständig aufgehört. In Dettingen, Amt Konstanz, und dortiger Gegend, hielt er sich am längsten.

Das „Brautfutter" wird, wenn die Hochzeit im Dorf statfindet und am Montag abgehalten wird, gewöhnlich am Samstag fortgeführt; wenn es jedoch nach auswärts kommt, dann am Montag oder Dienstag, in welchem Fall die Hochzeit am Donnerstag ist. Am Freitag wird keine Aussteuer fortgeführt, „weil dies kein glücklicher Tag ist". Ebensowenig wird die Hochzeit am Freitag gehalten, auch nicht am Samstag — an diesen Tagen

u. a. nicht wegen des Fastens — aber auch nicht am Mittwoch, denn da „heiraten die Ungeschickten“. Ängstlich wird darauf gesehen, daß am Hochzeitstage keine „Leiche in der Kirche ist“, denn solches deutet auf Unglück, auf baldigen Tod des Hochzeiters oder der Hochzeiterin, je nach dem Geschlechte des Verstorbenen. In solchen Fällen wird die Hochzeit lieber verschoben. Früher sah man auch viel darauf, daß der Hochzeitstag nicht auf ein ungerades Datum fiel, d. h. auf den 3., 5., 7. usw. Tag eines Monats.

Am Vorabend des Hochzeitstages wird das „Kranzen“ gehalten: auf Einladung des „Ehrengesellen“ kommen die ledigen Burschen und Mädchen im Haus der Braut zusammen, um zu kranzen“; aus Faßreifen und Tannenreisig machen sie Kränze, welche sie noch mit künstlichen, weißen und roten Rosen ausschmücken. Dabei werden sie bewirtet und sitzen in fröhlichster Stimmung bis gegen Mitternacht beisammen; die Braut schenkt ein, die Mädchen trinken Kaffee, die Burschen Most oder Bier, manch Lied erschallt im heiteren Kreis, wie: „Wir winden Dir den Jungfernkranz“, oder „In der Heimat ist es schön“, oder auch „Von meinen Bergen muß ich scheiden“, oder „Wo ein kleins Hüttle steht“ usw. Mit den Kränzen werden dann die Portale der Kirche und des Rathauses, die Häuser der Hochzeitsleute, das Wirtshaus, in dem das Hochzeitsessen genommen wird, geschmückt; außerdem werden noch vor dem Eingang einige Tännchen gesetzt. „Gekranzt“ wird jedoch nur, wenn die Hochzeiterin ihre Jungfräulichkeit bewahrt hat.

Da und dort wird noch am Hochzeitsvorabend eine kleine Festlichkeit im Hause des Hochzeiters veranstaltet, wozu dieser seine Kameraden und Jugendgenossen einlädt, mit denen er nun zum letztenmal als lediger Mann noch beisammen sein will. Die jungen Burschen verbringen den Abend in gemütlicher Unterhaltung bei einem Faß Bier und dem Gesang von Liedern. Es ist dies gewissermaßen der Abschied des Hochzeiters von der Jugend, vom ledigen Stande, denn andern Tags gehört er zu den Verheirateten, zu den Männern.

Am Hochzeitsmorgen kommen nun zunächst die Verwandten und näheren Bekannten der Hochzeitsleute in deren Häusern zur „Morgensuppe“ zusammen, d. h. man trinkt Kaffee, wozu häufig noch Wein, oder Bier, Most, Bratwürste, Schinken usw. kommen, denn in reichen Bauernhäusern und auf großen Höfen wird ein Schwein geschlachtet und es dauert die „Morgensuppe“ vom frühen Morgen bis zum späten Abend. Wenn das Hochzeitspaar mit Eltern und Verwandten zur Trauung geht, dann wird in manchen Orten bei reichen Leuten die „Morgensuppe“ zur allgemeinen Festlichkeit, das ganze Dorf nimmt daran teil, jedermann hat Zutritt; häufig werden auch die „Schuler“ (Schulkinder) eingeladen. Den ganzen Tag dampft der Kessel auf dem Feuer und läuft die Hauswirtin — meist eine ältere Verwandte der Hochzeitsleute — mit Speisen und Getränken hin und her und wartet den Gästen auf; wie im Wirtshaus beim Hochzeitsschmaus, geht es auch hier mit Essen und Trinken und Fröhlichkeit zu; ein jeder, der kommt und gratuliert — sei's auch ein Landsfremder — erhält sein Stück Fleisch und seinen Trunk. So ist die „Morgensuppe“ gewissermaßen das Hochzeitsessen für die Armen und Kleinen des Dorfes, wie auch für die Dienstboten des Hauses, welche an der Hochzeit selbst nicht teilnehmen können.

Kommt der „Hochzeiter“ von auswärts, so wird er wohl manchmal von seinen Kameraden in festlichem Zuge zur Hochzeit begleitet. So heiratete vor mehreren Jahren ein Bauernsohn aus Hödingen ein Mädchen in Billafingen und übernahm zugleich das Hofgut seines Schwiegervaters. Als er seine Heimat verließ, und sich zur Hochzeitsfeier nach Billafingen begab, wurde er von seinen Kameraden, acht Hödinger Bauernburschen, im

„Sonntagsstaat“ und hoch zu Roß nach Billafingen begleitet. Vor der Kirche stellten sich dann die Burschen auf und der Führer derselben hielt an das Brautpaar, sobald es mit dem Hochzeitszuge vor dem Portal angekommen, folgende Ansprache: „Wertgeschätztes Brautpaar! Um in den schönsten Stand, in den Ehestand, Euch vor allem unsere Wünsche aus aufrichtigem Herzen zuzurufen, eine kleine Lobrede zu halten, — dazu sind wir hier versammelt. Schon zum ersten Mann hier auf dieser schönen Welt, zu Adam, sprach Gott der Herr: Es ist nicht gut, daß der Mann allein sei! Und um ihm das Leben zu verschönern, führte er ihm Eva als holdes Weib entgegen. Und was Gott so schön, so hold vereint, das soll der Mensch nicht trennen. Zu Dir, geschmückte, o holde Braut, zu Dir richt' ich zuerst mein Wort! Sei Deines Mannes, Deines Hauses schönste Zierde, sei ihm eine keusche Gattin, sei eine fromme Mutter, und wie Dein Anzug rein und keusch, so sei auch stets Dein Herz! Und Du, geschmückter Bräutigam, sei Deines Hauses größter Stolz; treu sei Deinem Weibe, weiser Führer Deiner Kinder; Dein Wort sei wahr, dem Eide gleich, so bist Du Mann und Bürger. Nun laßt uns jetzt zur Kirche geh'n, mit Freuden vor dem Altar steh'n, vor Gott, der uns die Eh' erschuf, und Euch zum reichsten Glücke ruft. So möge es geschehen! — Wir wünschen Euch Glück und Segen, und ein friedliches, frommes Eheleben!“

Der Zug aus der Kirche nach vollendeter Trauung erfolgt in gleicher Ordnung wie in die Kirche, nur gehen jetzt die Brautleute — da sie „zämme gea“ (zusammengegeben) sind — mit einander und der Ehrengesell — „Brautführer — mit der G'spiel — „Ehrenjungfer“. An einigen Orten ist der Vorspann beim Austritt des Hochzeitszuges aus der Kirche üblich, so in Dettingen, Dingelsdorf usw., wo die ganze Schuljugend vorspannt, je zwei Kinder halten ein Band vor die Kirchenpforte, das eine rechts, das andere links, Hochzeiter und Ehrengesell teilen nach beiden Seiten aus und so erhält jedes Kind eine Gabe, was natürlich lauten Jubel unter der Schar der Kleinen hervorruft. Auch in anderen Orten wird noch Vorspann gemacht, so in Bonndorf, wo die Ministranten dem Pfarrer die Stola in aller Eile abnehmen und mit derselben zum Kirchenportal springen, wo sie sie dem Brautpaar vorhalten mit dem Spruch:

„Wir spannen den Hochzeitsleuten vor in Ehren,
Und hoffen, Sie werden uns Etwas in den Stol verehren,
Verehren Sie uns aber nichts,
So wünschen wir Ihnen doch noch Glück!“

In Uhldingen bestand früher die Sitte, daß die ärmste Frauensperson allein vorspann, indem sie einen „Bändel“ einerseits an der Kirchentüre oder am Weihwasserbecken befestigte, am anderen Ende in der Hand festhielt, und so dem Hochzeitspaare den Ausgang aus der Kirche versperrte ebenfalls mit einem Spruch, bis sie ihr Scherflein erhielt. So war auch für die Ärmste des Ortes jeder Hochzeitstag ein Freudentag. Von der Kirche aus besucht das Hochzeitspaar mit den Verwandten zunächst die Gräber der verstorbenen Eltern und anderer Angehörigen auf dem Friedhof und betet dort fünf Vaterunser und den Glauben. Dann geht die Hochzeitsgesellschaft mit Musik zum Wirtshaus. Vor dem Eingang stellt sich das junge Ehepaar nun auf und empfängt die Glückwünsche. Ehrengesell und G'spiel gratulieren zuerst, dann die Eltern, die Paten und die übrigen Hochzeitsgäste, welche in der Kirche waren. Mit den Worten: „Ich wünsche Glück und Segen!“ reicht man den Neuvermählten die Hand, welche kurz sagen: „Ich danke!“ oder „Vergelt's Gott!“ Als gute Vorbedeutung für eine glückliche Ehe wird betrachtet, wenn bei der Begrüßung zwei oder mehrere Paare der Hände sich kreuzen.

Im Wirtshaus wird nun zunächst der sog. „Brauttanz“ oder die „drei Ehrentänze“ aufgeführt, an denen sich jedoch der Hochzeiter nicht beteiligt. Dagegen tanzt die Hochzeiterin, die G'spiel und die „Ehrenmutter" „Hochzeitsmutter", „Schlottermutter" —, gewöhnlich eine Schwester oder Schwägerin der Hochzeiterin; die Tänzer sind drei vorher bestimmte Burschen, meist Freunde oder Verwandte des Hochzeiters als sog. „Brauttänzer", welche im Wirtshaus des herankommenden Hochzeitszugs harren und dann am Portal („Vorzeichen") ihre Tänzerinnen abholen und in den Tanzsaal führen, wo sofort der Tanz beginnt, und zwar tanzt die Hochzeiterin mit ihrem Brauttänzer voran, dann die G'spiel und die Hochzeitsmutter mit ihren Brauttänzern. In den meisten Orten ist der Knecht des Wirtshauses der erste Brauttänzer, d. h. derjenige, der das Recht hat, mit der Hochzeiterin zu tanzen; ist er zu tanzen verhindert, so ist der Wirtssohn oder der Wirt selbst sein Stellvertreter. Beim zweiten und dritten Tanz wechseln in der Regel die Tänzer mit ihren Tänzerinnen. Die übrigen Hochzeitsgäste schauen dem Tanze zu; der Hochzeiter aber geht mit der Weinflasche umher, schenkt ein und stoßt mit denselben an. An einigen Orten schenkt die Kellnerin ein. Ist dieser Brauttanz beendigt, so wird die Hochzeiterin durch ihren Tänzer dem Hochzeiter zugeführt. Überall am Überlingersee sind diese Ehrentänze heute noch üblich, aber sie werden da und dort anders ausgeführt. Noch vor 50 Jahren wurde z. B. in Deisendorf der Brauttanz vom Kutscher der Brautchaise mit der Hochzeiterin allein getanzt, ohne ein weiteres Paar. In Tüfingen und andern Orten tanzt der Hausknecht hemdärmelig den ersten Ehrentanz mit der Braut, in Herdwangen der Roßknecht, während an beiden Orten der Ehrengesell mit der G'spiel und ein drittes Paar noch mittanzen. In Dettingen tanzt die Braut mit ihrem Bräutigam zuerst allein, bald aber schließt sich alles, was Lust hat, an und tanzt mit; in Nesselwangen tanzen die zwei ersten Ehrentänze Hochzeiterin und Ehrengesell und G'spiel mit Brauttänzer, den dritten alles. In Uhldingen hält die Hochzeiterin während des Tanzens ein weißes Sacktuch, und den ganzen Tag das ihr vom Taufpaten am ersten Kommunionstage geschenkte silberne „Nuster" in der rechten Hand. Ersteres bekommt dann der Tänzer als Geschenk; auch die zwei andern Brauttänzer erhalten von ihren Tänzerinnen je ein Sacktuch. In Nußdorf tanzen den ersten Ehrentanz Hausknecht mit Hochzeiterin, Ehrengesell mit G'spiel, Ehrenfrau mit Brauttänzer, den zweiten und dritten dieselben Tänzer, aber wechseln mit den Tänzerinnen; nach Schluß dieser drei Tänze tanzen noch die Kinder — die Vorgänger mit den Vorgängerinnen — drei Tänze. In Sipplingen führt der Ehrengesell die Hochzeiterin, der Hochzeiter die G'spiel zum ersten Ehrentanz, sonst tanzt niemand; dann übergibt der Ehrengesell die Hochzeiterin dem Hochzeiter, welche nun den zweiten Tanz tanzen; beim dritten tanzt alles mit.

Sind die Ehrentänze beendigt, dann begeben sich die Hochzeitsgäste nach Haus, wo sie bis Nachmittags 1 Uhr bleiben. In manchen Orten aber geht nach dem Brauttanz die ganze Gesellschaft oder wenigstens die „Mannsleut" in andere Wirtschaften, um diesen „auch etwas zukommen zu lassen". Die Eltern aber gehen unterdessen in das Haus der Neuvermählten, wo der Pfarrer die „Einsegnung der Ehebetten" vornimmt. An einzelnen Orten, wie in Dingelsdorf, geschieht die Betteinsegnung in einer Pause während des Hochzeitsessens im Beisein aller Hochzeitsgäste. Früher wurden hiebei ein Kruzifix und ein brennender Wachsrodel auf das Kissen jedes Bettes gestellt und das Bett mittels eines „Buchsstüdeles" mit Weihwasser („Ostertauf", „Pfingsttauf", „Dreifaltigkeitstauf) besprengt und gesegnet. Durch den brennenden Wachsstock entstand manchmal Feuersgefahr, weshalb das Anzünden der Wachsrodel jetzt unterlassen wird. Man wartet dann, bis das Hochzeitspaar vom Brauttanz zurückkehrt, und werden diese dann ebenfalls gesegnet. Auf Wunsch der Hochzeiterin „präsentiert" die Mutter dem Pfarrer ein Glas Wein. Gegenwärtig wird die Einsegnung der Ehebetten — was nicht mehr überall der Brauch ist, aber jedenfalls dann, wenn ein neues Haus bezogen wird — gewöhnlich ein bis zwei Tage vor der Hochzeit, „wenn das Brauthaus vollständig eingerichtet ist", vorgenommen; die Kruzifixe bleiben dann auf den Kissen liegen, bis abends die jungen Eheleute kommen. In einigen Orten des Salemertales, z. B. in Lippertsreuthe, nimmt die Näherin während des Hochzeitsessens die weißen Bettüberzüge weg und vertauscht sie mit farbigen (geblümter Kölsch, gestreifter Pers oder dergl.); die weißen Überzüge werden sorgsam im Kasten verwahrt. Sind die Betten aber mit farbigem Stoff überzogen, so bleibt er liegen.

Um 1 Uhr beginnt im Wirtshaus das „Hochzeitsessen". Jeder geladene Gast erhält einen Strauß, und zwar die Frauen ein Rosmarinzweigchen, die Männer und Burschen einen Strauß von künstlichen weißen Blumen. Dieser Strauß wird von der Näherin entweder schon vormittags bei der Morgensuppe angeheftet, oder jenen, welche erst zum Essen kommen, vor dem Essen, und gilt gewissermaßen als Berechtigungszeichen zur Teilnahme; die Näherin erhält hiefür 10—20 Pfg. Trinkgeld, wodurch sie mitunter eine schöne Einnahme erzielt. Wer einen solchen Strauß hat, darf auch bei jedem Tanz sich beteiligen, ohne zu zahlen. Nun verteilt sich die Gesellschaft an die verschiedenen Tische: am Ehrentisch sitzen das junge Ehepaar, die Eltern, Geschwister, die Paten, Vettern und Basen usw. Die übrigen Gäste setzen sich unterschiedslos an die andern Tische. In Dingelsdorf, Dettingen usw. sitzen oben am Ehrentisch die Braut und G'spiel, dann die Eltern und Verwandten; der Hochzeiter und Ehrengesell sitzen dagegen nicht am Ehrentisch, sondern ganz hinten im Saal an einem Nebentisch; erst nach dem Braten darf der Hochzeiter neben die Hochzeiterin am Ehrentisch sitzen. Auch in Uhldingen sitzt der Bräutigam während der ganzen Festlichkeit nicht zur Braut, sondern zur „Ehrenjungfer", zur Hochzeiterin aber der Ehrengesell. Doch kommt dieser Brauch allmählig in Abgang; so hat man es bereits in Dingelsdorf „abtun" (abgetan, abgeschafft), daß der Hochzeiter abseits von der Hochzeiterin sitzt. In Dettingen wird jede Person, die in den Saal tritt, und sei sie auch ganz landsfremd, vom Hochzeitspaar als „Herr Vetter", bezw. „Frau Bas" begrüßt.

Das Essen besteht aus sechs bis neun Gängen, nach jedem Gang wird getanzt. Die einzelnen Gänge sind: 1. Suppe, und zwar Sago- oder Gerstensuppe, oder auch gebähte Weißbrotschnitten in Fleischbrühe. 2. Das sogen. „Voressen", nämlich Geröstetes, namentlich Kutteln oder dergleichen, auf den Ehrentisch kommt ein Kalbskopf. Nun folgt ein Tanz; dann geht man wieder zu Tisch und setzt das Essen fort, und zwar 3. gesottenes Ochsenfleisch mit allerlei Beilagen, wie Randich, Rettig, geriebene Kartoffeln in Essig und Öl, zugleich Nudeln in der Fleischbrühe, alles zusammen auf den Teller. Nun wiederum Tanz; hierauf 4. Speck und Sauerkraut, oder auch Schweinebraten oder Schweinekotelettes mit Kraut oder Kohl. 5. Sogen. „Saueressen", d. h. eingemachtes Kalbfleisch („Brühfleisch") mit Butterteig (Pastetchen), oder auch gebeiztes Rindfleisch in brauner Sauce und hiezu geröstete Kartoffeln oder Maccaroni, in früheren Jahren Waffeln oder viereckige Butterteigblättchen. Nach diesem Gang bringt der Wirt den „Speisezettel", d. h. er stellt einen Teller auf den Tisch mit der Rechnung, auf der die Zahl der Speisenden und der Preis des Gedeckes — 2 M. 80 bis 3 M. 50 für jede Person — verzeichnet ist, worauf ein Tischgenosse, Frau oder Mann, der den Teller zunächst hat, den Kassier macht, d. h. das Geld einsammelt und die

Gesamtsumme dem Wirt überbringt. An jedem Tisch wird es so gehalten, mit Ausnahme des Ehrentisches, für den das Hochzeitspaar bezw. dessen Eltern zahlen. Ist so der Speisezettel berichtigt, so kommt der zweite Teil des Hochzeitsessens, beginnend mit Gang 6: Bratwürste und gedörrte Zwetschgen; 7. Kalbsbraten mit Salat; 8. Schinken (ohne Beilage); 9. Süße Platte, meist Schwarzbrot- oder Biskuit-Torte. — Früher wurde überall beim Essen nur Zinngeschirr gebraucht, heute serviert man allgemein in Porzellan. — Abends 6 oder 7 Uhr ist das Hochzeitsessen beendet und damit auch der offizielle Tanz, der nach jedem Gang abgehalten wird. Beim Tanzen wird auch darauf gesehen, daß der Hochzeiter, wie der Ehrengesell, eine jede der Tänzerinnen abwechselnd holt; würde eine umgangen, so würde sie sich beleidigt fühlen. Wer nicht tanzt, benützt die Essenspausen zur Besichtigung der Aussteuer, der Betten, Kästen, Schränke und insbesondere der Brautgeschenke, welche in einem Glaskasten geordnet zur Schau ausgestellt sind. Namentlich Frauen gehen oft den ganzen Tag im „Brauthaus" ab und zu, betrachten alles, untersuchen und kritisieren. „Wunderfizige Weiber" ziehen aus Kasten und Kommode Stück für Stück, schauen's genau an und zählen's ab. Es ist dies jedoch für die Hochzeitsleute und deren Angehörigen nicht angenehm, weshalb jetzt häufig Kästen und Schränke geschlossen werden.

Nach Beendigung des Hochzeitsessens brechen die Gäste allmählich auf und verabschieden sich. Das Hochzeitspaar aber muß noch bis zum allgemeinen Schluß ausharren und die noch später kommenden Gäste begrüßen. Denn nun beginnt das allgemeine Tanzvergnügen, das „Freitanzen", an dem ein Jeder sich beteiligen kann, der die Tour bezahlt; mitunter wird auch noch ein Extratanz für ein oder mehrere Paare, die besonders tanzen wollen, eingeschoben, was jeweils durch ein Trompetensignal angekündigt wird. Diese Extratänze werden jedoch nicht immer gerne gesehen, da sie häufig Anlaß zu Raufereien und blutigem Streit geben; denn die nicht zugelassenen Paare fühlen sich zurückgesetzt. Den Schluß des Abends bildet der sogen. „Kehr ab“ oder „Kehr aus“, d. h. es tanzt den letzten Tanz noch das Wirtschaftspersonal, Kellner und Kellnerinnen, Mägde und Knechte. Die Neuvermählten begeben sich nun — es ist 11 oder 12 Uhr — nach ihrem Heim und werden von der Musik noch eine Strecke weit begleitet. Oft gehen noch die Eltern und nächsten Verwandten mit den Neuvermählten, trinken bei ihnen noch Kaffee und bleiben so bis 1 oder 2 Uhr nachts sitzen. Erst jetzt sind die Brautleute zum erstenmal mit sich allein. Sehr fromme Neuvermählte beobachten noch die sogen. „Drei Tobiasnächte“ (S. Tob. IV, 18), heutezutage soll dieser Brauch aber sehr selten mehr geübt werden.

Noch vor 20 Jahren wurde bei uns überall die sogen. „Nachhochzeit“ gefeiert. Dieselbe bestand in allgemeiner Tanzbelustigung bei gutbesetzter Musik am nächsten Sonntag nach der Hochzeit, und begann in der Regel nachmittags 3 Uhr. Jedermann hatte hiezu Beitritt und es wurde gewöhnlich durch Ankündigung im Lokalblatt öffentlich hiezu eingeladen. Ein allgemeines Essen fand nicht statt; doch nahmen die jungen Eheleute, deren Eltern und nächsten Verwandten, welche beisammen an einem Tische, „Ehrentisch“, saßen, hier ein gemeinschaftliches Nachtessen. Jetzt sind diese Nachhochzeiten, welche in der Regel bis nachts 12 oder 1 Uhr währten, vom Amte untersagt. Sie wurden meist gehalten, um auch den andern Wirtschaften ein bene zu tun, und fanden deshalb nicht bei dem Wirte statt, der die Hochzeit gehabt.

---

16. Ortsneckereien.

Von jeher ist es unter den deutschen Volksstämmen üblich gewesen, sich mit Spott und Neckereien eins anzuhängen und gegenseitig sich Dummheit, Trägheit und allerlei andere Untugenden vorzuwerfen. Die Schwaben waren als dumm verschrieen, die Bayern als ungeschlacht, räuberisch und gefräßig, die Hessen als blind, die Franken, Sachsen, Westfalen usw. sagten einander wieder andere Liebenswürdigkeiten nach. Und wie unter den Volksstämmen, so war es auch unter den einzelnen Städten und Landorten. Ebensogut als man z. B. den Memmingern aufbrachte, daß sie lange Zeit geglaubt hätten, es schiene ihnen ein eigener Mond, der Memminger Mond, ebensogut sagt man den Kemptern nach, daß einer ihrer Bürgermeister, dem eine Meise entkommen, durch Trommelschlag befohlen habe, die Stadttore zu schließen und gemeinsam nach dem entflohenen Vogel zu fahnden. In dieser Art ließe sich noch vieles erzählen. Denn was sagt man nicht alles diesem und jenem Ort nach. Aber auch hier gilt das Sprichwort: Die schlechtesten Früchte sind es nicht, an denen Wespen nagen. Denn gar oft ist Neid gegen den bessergestellten Nachbar die Ursache des Spotts und der Neckerei.

Auch am See gibt es wohl kaum einen Ort, dem Mißgunst und Spottlust nicht etwas aufgehängt hat, und wäre es nur ein Übername oder Spitzname. So heißt man die Überlinger, Wallhauser und Dingelsdorfer „Laugeligumper“. Sie wollten nämlich einmal die Laugelen (kleinere Fische), statt sie im Netze mühsam zu fangen, mittels eines in den See gestellten Gumpbrunnens mit dem Wasser herauspumpen. Die Dettinger sind die „Sonnendiechler“, weil sie die Sonne, die sehr spät bei ihnen sichtbar wird, in einem Deichel fangen und nach Dettingen bringen wollten.

Die Nußdorfer bezeichnet man kurzweg mit „Schnecken“. Dieser Spitznahme rührt von folgendem Begebnis her. An der alten Straße nach Salem befand sich bei der sogen. „Bettelbuche“, die ein beliebter Lagerplatz des fahrenden Volkes war, ein Hügel. In den Franzosenkriegen lagerten hier auch einmal französische Soldaten, die jedoch plötzlich von den Nußdorfern überfallen, niedergemacht und daselbst begraben wurden; bald nachher aber zogen die Nußdorfer mit Kreuz und Fahnen nach der Begräbnisstätte, um die Erschlagenen und deren Schätze wieder auszugraben, fanden jedoch nur einen Haufen leerer Schneckenhäuschen, die von dem fahrenden Volk dort vergraben worden waren.

Die Bamberger heißen „Kuckukseinhager“, weil sie einmal einen Kuckuck, den sie gefangen, mit einem Hag einschlossen, und nicht wußten, daß er darüber hinausfliegt. Die Deisendorfer sind die Katzentappenschleifer“, denn sie haben dereinst einer Katze die Krallen an einem Schleifstein abgeschliffen, damit sie nicht mehr kratzen könne. Die Ahauser heißen „Brotmauser“, sie rufen aber ihren Nachbarn nach: „Bermatinger, Stecklspringer! Hont (habt) 'n Haufen Dreck am Finger!“

Die Staader nennt man „Quaker“, die Staader Fischer „Hamochen“, die Immenstaader „Hennenschlitter“, weil sie unter der Mainauschen Herrschaft die Fastnachtshühner auf Schlitten zur Mainau führten, die Uhldinger „Puper“.

Die Pfullendorfer haben den Spitznamen „Stegstrecker“. Sie machten nämlich einst über den Andelsbach einen Steg, der jedoch zu kurz war. Da ließ ihn der Magistrat ins Wasser legen, um ihn aufzuweichen, dann an beiden Enden je vier Spitalpferde anspannen, welche nun nach entgegengesetzten Richtungen angetrieben wurden, um den Steg auseinanderzuziehen, zu „strecken“.

Die Bewohner der Landschaft Illmensee heißt man „Zokler", ebenso die Volzer, überhaupt alles um den Volzer See. Einmal war eine Abordnung von „Zocklern" beim Fürsten von Fürstenberg in Heiligenberg und mußte, da der Fürst gerade nicht Zeit hatte, warten. Da sagte der Fürst: „Gebt den „Zocklern" einweilen ein Büschel Heu." Im Deggenhauser Tal heißt die Wittenhofer Gegend das „Tierreich", und der Wirt Keller von Witten-hofen, welcher als der Reichste auch alles dirigierte, der „König des Tierreichs".

Die Bewohner von Egg oberhalb Staad nennt man „Hornabsäger". Ein Egger sagte dereinst: Wenn man das Horn (Bergrücken) zwischen hier und Konstanz absägte, könnte man von hier direkt nach Konstanz.

Die Meersburger haben den Übernamen „Sau-begler" (Saubügler). Weil sie ein Schwein beim Schlach-ten verbrühten, nahmen sie ein heißes Bügeleisen und bü-gelten die Haare weg. Die Bodmaner schimpft man „Lierenkübel". (Liere ist mit Wasser angemachter Treber, überhaupt ein fades Getränk.) Wenn man die Espa-singer necken will, ruft man ihnen nach: „Deckel drauf!" Die Wahlwieser heißt man „Vieh", vermutlich we-gen ihrer bekannten Derbheit; die Bonndorfer „Knie-stöck", wegen ihrer Schwerfälligkeit bezw. Begriffsstutzig-keit. Die Stahringer führen den Spottnamen „Brunnengräber". Bei der Grabung eines Brunnens wußten sie keinen Platz für den ausgehobenen Schutt; da schlug der damalige Bürgermeister vor: „Man macht ein Loch und wirft diesen Schutt hinein."

Den Sipplingern wird viel nachgesagt. Vor alten Zeiten, als es noch wenig Kalender gab, wußten eines schönen Tages die Sipplinger nicht, welche Fest-zeit es gerade sei. Deshalb schickten sie einen Mann nach Überlingen, um sich zu erkundigen. Als der Sipp-linger Bote in die Stadt kam, hielten die Überlinger gerade den Umzug mit den Palmen, denn es war Palmsonntag. Da dies der Sipplinger sah, fragte er nicht lange, sondern sprang eilends heim nach Sipplingen und rief: „Die Überlinger haben holops Fastnacht.“ Alsbald maskierten sich die Sipplinger und hielten Fastnacht anstatt des Palmsonntagsfestes. — Weiter wird erzählt, auf dem Kirchturm in Sipplingen sei einmal viel Gras gewachsen und die Sipplinger wollten dasselbe nicht verderben lassen. Sie berieten nun, wie es anzufangen sei, daß man Nutzen von diesem Gras habe. Da kam ein Bürger auf den Einfall, man soll den Gemeindefarren (soll wohl heißen „Gemeindebock“, denn zu jener Zeit hat es noch keine Gemeindefarren gegeben) auf den Kirchturm ziehen, um ihn das Gras abfressen zu lassen. Der Gemeindefarren wurde nun herbeigeholt und an einem Strick um den Hals aufgezogen. Etwa in halber Höhe angekommen, streckte der Farren die Zunge heraus. Da rief einer der Untenstehenden: „Ziehet, ziehet! Er streckt schon die Zunge aus nach dem Gras!“ Als jedoch der Farren oben ankam, war er erstickt. — Es war einmal ein Mann in Sipplingen, welcher beim Holzschlitten an den steilen Abhängen mehrmals umwarf. Da erinnerte er sich, daß er ein altes, holzgeschnitztes Bild, sogen. „Herrgottsbild“, auf der Bühne liegen habe. Er nahm nun dasselbe mit sich in den Wald und band beim Hinabfahren dieses Bild hinten auf den Schlitten und fuhr den Berg hinunter. Während des Fahrens sagte er zu dem Bilde: „Halte Dich fest, Alter! oder Du kommst unter den Schlitten!“

Von Nesselwangen wird erzählt: Die Bewohner wollten einst den sogen. „Biblis“, einen vor dem Orte befindlichen Hügel, mit starken Winden wegheben und etwas weiter gegen den Walddistrikt Schnorrenberg verlegen, um eine bessere Aussicht in die Überlinger Gegend zu bekommen. Um nun zu sehen, ob sich der Berg bei den

Hebungsarbeiten auch bewege, legten die Nesselwanger hinten dran einen Mantel. Während nun die Mannen vorn am Arbeiten waren, kam ein Handwerksbursche und stahl den Mantel. Nach einiger Zeit gingen die Nesselwanger wieder hinter den Berg, um zu sehen, ob er etwas weiter gerückt sei. Da sahen sie, daß der Mantel nicht mehr da war, und glaubten nun wirklich, der Berg habe ihn zugedeckt, und arbeiteten weiter an der Wegschaffung des Berges.

---

17. Aberglauben, Hexerei, Bauernregeln, Lostage u. dergl.

Die unglücklichen und verworfenen Tage des Jahres sind:

der 1., 2., 6., 11., 17. und 18 Jänner,
der 8., 16. und 17. Hornung,
der 1., 12., 13. und 15. März,
der 3., 15., 17. und 18. April,
der 8., 10., 17. und 30. Mai,
der 1. und 7. Juni,
der 1., 5. und 6. Juli,
der 1., 3., 18. und 30. August,
der 15., 18. und 20. September,
der 15. und 17. Oktober,
der 1., 7. und 11 November,
der 1., 7. und 11. Dezember.

Hierbei ist zu bemerken, daß nur fünf Tage sehr unglücklich sind, als der 3. März, der 17. August, der 1., 2. und 30. September. Drei Tage sind noch unglücklicher und von Gott ganz verworfen: den 1. April ist Judas, der Verräter, geboren; den 1. August ist der Teufel vom Himmel geworfen worden; den 1. September ist Sodoma und Gomora versunken. In diesen ersten 41 Tagen geschieht sehr gern Unglück, und man soll sich besonders in den

Schutz Gottes befehlen. In den fünf unglücklichen Tagen sollte man nicht reisen, nichts kaufen, keinen Bau anfangen, nichts aussäen, kein Tier aufziehen, wenn es an diesen Tagen geschlofen ist. Kinder, welche zur Welt kommen, sterben sogleich oder werden arm; man erlebt an ihnen nichts Gutes und sterben eines schlimmen Todes; Personen, die sich verheiraten, leben beständig in Streit, geraten in Armut und Schande. Wer in den letzten drei Tagen etwas anfängt, heiße es was es wolle, wird den plötzlichen Schaden verspüren, denn es ist alles schon in Erfüllung gegangen. (Aus einer alten Handschrift. Nach andern gibt es 36 verworfene Tage, worunter namentlich der 1. April, weil an diesem Tage Luzifer vom Himmel verstoßen wurde und Judas sich erhängte.

* * *

Wenn bei einem Gewitter der Blitz einschlägt, so fährt ein Stein herab, welcher Bäume, Balken, Bretter, überhaupt Holzwerk zerreißt; trifft er aber auf einen Nagel, oder überhaupt auf einen eisernen Gegenstand, so zündet er. Einen solchen Stein heißt man „W e t t e r st e i n“. Derselbe fährt zehn Klafter tief in den Boden und kommt jedes Jahr wieder ein Klafter weit empor, so daß er nach zehn Jahren wieder auf der Oberfläche gefunden wird. Wenn man einen „Wetterstein“ im Haus hat, so schlägt der Blitz nicht ein. Auf einem Acker bei G e b h a r d s w e i l e r wurde ein solcher Stein gefunden und ist aufbewahrt im ehemals Landwirt Stefanschen Haus. Dieser Stein hat ein Gewicht von 205 Gramm; es ist ein Bergkristall, teilweis abgeschliffen, verwittert, geritzt, abgebröckelt. Auch Steine von auffallender Form, seltsame Versteinerungen wie Belemniten (Donnerkeile), oder auch Steingeräte, Steinbeile usw., wie manchmal auf dem Feld gefunden werden, nennt man Wettersteine. (Mündlich.)

* * *

In einer Scheune zu Hödingen spuckte früher ein Geist. Nachts war oft in der Knechtskammer ein furchtbares Gepolter und Gerassel, so daß die Knechte sich mit Säbeln und Pistolen versahen; es geschah ihnen jedoch nichts. Aber einzelnen Pferden im Stalle wurde in manchen Nächten Schwanz- und Kopfhaar gezopft und die Pferde selbst schwitzten dann am ganzen Körper, ohne daß man eine Spur des Täter wahrnehmen konnte. Nach Angabe von Geisterbeschwörern mußte ein schwarzer Geisbock im Stalle gehalten werden, wodurch der Geist gebannt wurde; auch mußten Stallbesen und Gabel im Stall kreuzweis aufgestellt werden. (Mündlich.)

Zu Wahlweiler bei Homberg befand sich in einem Pferdestall ehedem ein schwarzer Geisbock. Als er dann geschlachtet wurde, ging es in dem Stall nicht mehr recht zu: das Fohlen hatte jeweils am Morgen geflochtene Mähne oder geflochtenen Schwanz und zitterte heftig, ebenso auch die anderen Pferde. Deshalb wollte der Bauer wieder einen schwarzen Geisbock herschaffen; er hatte aber lange zu suchen, bis er einen passenden fand, denn ein solcher durfte kein weißes Härchen haben. Als er endlich einen richtigen gefunden, blieb im Stalle wieder alles in Ordnung.

In einem andern Stalle wurde oft nachts eine Tageshelle beobachtet, ohne daß man jemand sah und ohne daß man in den Stall eindringen konnte. Die Tiere waren aber dann immer sehr unruhig. Oft war es mehrere Nächte hintereinander sehr hell, ohne daß man eine Ursache hiefür finden konnte, und dann war wieder längere Zeit nichts mehr hievon zu bemerken. (Mündlich.)

* * *

Oft kommt es vor, daß die Pferde am Morgen regelmäßige Zöpfe an der Mähne haben, daß sie schwitzen und zitternd dastehen. Sie sind dann verhext worden. Um den Spuck aus dem Stall zu treiben, läßt der Bauer den „Hexenbanner" kommen. Dieser nimmt Späne von Erlenholz, geht nachts in den Stall, wobei ihm der Bauer leuchten muß, schlägt in die Stallpfähle die Erlenholzstückchen, worauf der Bauer das Licht löschen und so rasch als möglich aus dem Stalle springen muß. Dann ist der Spuck gebannt.

* * *

Wenn eine Kuh keine Milch gibt, dann ist sie verhext, und die Hexe sitzt in ihrem Haus an der „Handzwehle" (Handtuch) auf einem Schemel, milkt die zwei Zipfel und bekommt so die Milch. Um die Hexe zu finden, muß man Milch von der betreffenden Kuh in einer Pfanne aufs Feuer setzen und mit einer Haselrute solange „fitzen", bis alle Milch herausgeschlagen ist. Dann kommt die Hexe ins Zimmer, d. h. die erste Frau, die jetzt ins Haus tritt, ist die betreffende Hexe.

* * *

„Der Butter" ist verhext, wenn man ihn nicht ausrühren kann. Die Hexe oder den Hexenmeister findet man dadurch, daß man das Rührfaß in das Kamin hängt; dann wird die Hexe oder der Hexenmeister krank und bleibt es, so lange das Rührfaß im Kamin hängt, und stirbt zuletzt. Ein Bauer machte es einst auf diese Art; sofort wurde bekannt, daß ein verdächtiger Nachbar krank geworden. „Tu das Faß wieder herunter!" sagte die Bäuerin. „Nein, hin muß er sein!" war die Antwort, und das Faß blieb im Kamin. Der Nachbar kam aber doch davon.

* * *

Wenn die Pferde während der Fahrt plötzlich stille stehen, keuchen und nicht vorwärts zu bringen sind, dann ist etwas Unrechtes im Wege. Das kann dadurch gebannt werden, daß der Führer absteigt und vor den Pferden mit der Geisel in Kreuzesform auf den Boden schlägt. Ist dies geschehen, dann gehen die Pferde wieder leicht weiter.

Damit die Hühner viele Eier legen und nur „Henneneier" und keine Hahneneier ausbrüten, setzt die Bäuerin einen Schlapphut auf, zieht ihren Kittel verkehrt an und setzt die Henne auf die Eier mit dem Spruch:

'ſ gont alle Wiber in d' Kirch' bis auf ein Mann,
Will's Gott, daß es lauter Hennen git und nur ein Gulemann!

So machte es die alte Wirtin in Hödingen und hatte immer am meisten Hühner.

* * *

Wenn man ein Roßeisen (Hufeisen), das noch alle Nägel hat, findet und an die Haus- oder an die Stalltüre hängt, dann schlägt das Wetter nicht ins Haus.

* * *

Am Freitag soll man nicht reisen.

* * *

Wenn Raben sich auf ein Dach setzen, wird in Bälde jemand im Haus sterben.

* * *

Spinnen am Morgen — Kummer und Sorgen!
Spinnen am Mittag — Bald ein kühles Grab!
Spinnen am Abend — Glück mit Gaben!

* * *

Es bedeutet Verdruß, wenn Morgens beim Ausgehen einem ein altes Weib begegnet, oder wenn einem ein Has über den Weg läuft, oder wenn Elstern (Kägest), Raben usw. auf dem Dach sitzen.

Es bedeutet Glück, wenn eine Schafherde einem begegnet.

* * *

(Wahrsagen mit Schlüsseldrillen.) Wenn man einen Schlüssel in die Bibel legt, auf das Evangelium Johannis: „Das Wort ist Fleisch geworden", dann das Buch zubindet und den Schlüssel zwischen den zwei

Zeigfingern dreht, dann erfährt man: Wie lang man noch lebt, wie lang man noch ledig bleibt, wie viel Kinder man noch kriegt usw. Auch über andere Personen kann man das gleiche erfahren.

* * *

Am Andreasabend gießen die Jäger sogen. Freikugeln, welche stets treffen.

Wenn man mit dem rechten Fuß in den Wald eintritt, dann hat man große Aussicht auf gutes Ergebnis beim Schießen.

Wenn ein Jäger sicher treffen will, dann muß er an einem gewissen Abend eine Fledermaus fangen, ihr das Herz herausnehmen und dasselbe an den rechten Arm, welcher das Gewehr hält, binden; das macht, daß der Schütze sicher trifft. „Du hast ein Herz von einer Fledermaus", sagt man zu einem Schützen, der stets trifft.

* * *

Der „Andreastag" (30. November), und namentlich die „Andreasnacht", ist überhaupt ein Mittelpunkt altdeutscher Volksbräuche. Der hl. Andreas war ein Apostel Jesu, Petri Bruder und stammte aus Betsaida am See Genezareth. Er soll, nachdem er den Skythen das Christentum gepredigt, in Griechenland gekreuzigt worden sein und zwar an einem schrägen Kreuz (sog. „Andreaskreuz", auch „burgundisches Kreuz" genannt). Die vielen Bräuche, die sich an den Andreastag knüpfen, stammen jedoch nicht aus dem Christentum und haben überhaupt mit dem hl. Andreas nichts zu tun; sie datieren vielmehr aus dem Heidentum und hängen mit dem altgermanischen Gott „Fro" oder „Freyr", dem Bruder der Göttin „Freyja", zusammen. Dieser war bei den alten Germanen der Gott der Liebe und des Friedens, der Ehe und der Fruchtbarkeit, der das Leben der Sterblichen zu einem frohen und beseligenden machte. Er war zugleich Sonnen=

gott, sein Sinnbild ein neunspeichiges Rad. Insbesondere galt er auch als Beschützer des Viehstandes; bei Seuchen entzündete man ihm ein Feuer — „Notfeuer" genannt — und trieb das Vieh hinzu. Die ihm geheiligten Tiere waren Pferde und Rinder, und namentlich der Eber. An seinem Feste wurde seine Bildsäule auf einem heiligen Wagen, den ein Eber zog und eine Priesterin geleitete, im Land umhergeführt; da gab es frohe Tage; geschmückt waren alle Besuchsstätten, Krieg und Waffen ruhten. „Freyr" war der Hauptgott des germanischen Winterjulfestes („Wintersonnenwende", jetzt Weihnacht). Mit dem 30. November ging nämlich das alte germanische Jahr zur Neige und nun folgten drei Wochen der Rüste oder Vorbereitung, welche das „Winterjulfest" einleiteten, wo die kürzesten Tage sind und das Volk darnach seufzte, daß die Tage wieder hell werden. Drum brannte man zum „Winterjulfest" große, hölzerne, strohumwundene Räder an und ließ sie glühend und sprühend bergab sausen. Man verknüpfte dann nach Einführung des Christentums die altgermanischen Bräuche, von denen das Volk nicht lassen wollte, mit christlichen Festen, um ihnen das Heidnische abzustreifen; so auch die Bräuche, die früher dem Germanengott „Freyr" oder „Fro" galten, mit der Feier des Andreastages, die in diese Zeit fiel. Daher die Volksbräuche des Andreastags bezw. Andreasabends, die noch jetzt da und dort gehalten werden.

Der Andreasabend wird besonders von den Mädchen beachtet, um einen Blick in die Zukunft zu tun, den Namen des dereinstigen „Liebsten" zu erfahren oder ihn im Traume zu sehen. Das Blei- und Wachsgießen wird an diesem Abend vielfach noch jetzt, wenn auch nur aus Scherz, geübt, um Näheres über den Erwarteten zu erfahren. Eine Schüssel oder ein Glas mit Wasser wird auf den Tisch gestellt, in einem Blechlöffel Blei geschmolzen und in das Wasser gegossen. Je nach der sich bildenden Bleifigur wird der Stand des Zukünftigen erraten, so aus einer Ringform (Rad) ein Wagner, aus einem Halbring (Hufeisen) ein Schmied, oder wenn mehr schiffchenförmig ein Weber 2c. Auch mittels Apfelschalenwerfen am Andreasabend glaubte man den Namen des Künftigen zu erfahren: man schälte einen Apfel vollständig derart, daß die ganze Schale ein Band bildete, warf sie rückwärts über den Kopf auf den Boden, und in der so entstandenen Figur suchte man den Anfangsbuchstaben des Namens. Ebenso riefen in verschiedenen Orten in der Mitternachtsstunde manche Mädchen den hl. Andreas an und hofften dann, im Spiegel ihren künftigen Ehemann zu sehen; hat er in der Hand einen Besen, so bekommen sie einen Kaminkehrer, hat er einen Säbel, dann einen Soldaten, hat er einen Hobel, dann einen Schreiner, hat er ein Tintengeschirr, dann einen Gelehrten 2c. Vielerorts war es noch vor 50 Jahren der Brauch, daß am Vorabend des Andreastags bei einbrechender Dunkelheit junge Burschen durch die Straßen liefen und Erbsen an die Fenster warfen, um die Hausbewohner zu erschrecken, oder daß sie an Fenster und Fensterläden oder Haustüren klopften, und wenn Jemand heraussah, diesen mit Wasser oder auch einer schmutzigen Flüssigkeit bespritzten, und dann hohnlachend davonsprangen. Man hieß deshalb diese Nacht auch „Klöpflesnacht".

Die Andreasnacht galt überhaupt früher beim Volke als nicht geheuer, als unheimlich, von der allerlei Gespenstergeschichten erzählt wurden. Desgleichen ging die Sage, daß Hexen und solche Leute, die sich dem Teufel verschrieben haben, in dieser Nacht auf Kreuzwegen zusammenkommen. Ebenso wird von Manchen der Andreastag zu den „verworfenen Tagen" gezählt.

Die Zimmernsche Chronik berichtet, „wie vor Jahren der Brauch gewesen, sich auf St. Andreasabend in dieses Heiligen Namen ohne Essen und Reden mit besonderen Reimen und Reden schlafen zu legen; alsdann sei im Schlaf dem oder der, diese oder jener, so ihn hat heiraten sollen, erschienen; der junge Graf habe ein Jahr vor dem Heiratsabend es auch probiert, und es sei ihm Fräulein v. Eberstein, das ihn hernach geheiratet, im Schlaf erschienen. Auch Truchseß Jörg v. Waldburg habe in seiner Jugend die Sprüche auf St. Andreasabend gebraucht. Da seien ihm nachts zwei Frauen erschienen, von denen die eine ganz freundlich zu ihm gegangen, die andere aber habe das Angesicht vor ihm verborgen und sich nicht wollen sehen lassen. Das hat sich hernach wahrhaftig gezeigt: denn nach dem Tod seiner ersten Gemahlin, des Grafen Hans von Sonnenberg Tochter, nahm er Graf Joachim von Öttingers Tochter."

Wenn man am Barbaratag (4. Dezember) Zweige von Kirschen- oder Pflaumenbäumen schneidet und ins Wasser stellt, dann gehen sie in der hl. Nacht auf und tragen die schönsten Blüten. (Die hl. Barbara lebte unter Kaiser Maximin und war die einzige Tochter eines vornehmen Mannes, namens Dioskorus, der ihr eine ausgezeichnete Erziehung gab und sie, um alle verderblichen Einflüsse fern zu halten, in einen Turm einschloß. In dieser Einsamkeit aber bekannte sie sich zum Christentum und wurde deshalb von ihrem Vater, welcher ein fanatischer Heide war, nicht bloß dem römischen Landpfleger, der sie schrecklich martern und namentlich auch mit Fackeln brennen ließ, überliefert, sondern sogar selbst geköpft, worauf er sofort vom Blitzschlag getötet wurde. Deshalb wird sie als Schutzpatronin der Artillerie, der Minenarbeiter, der Bergleute, überhaupt jener Gewerbe verehrt, welche zu ihrer Arbeit Schießpulver brauchen oder solches fabrizieren. Ihr Bild prangt über den Zeughäusern, die Pulverkammer auf französischen und spanischen Kriegsschiffen heißt heute noch St. Barbara. Obengenannter Brauch mit den Blütenzweigen rührt wohl daher, weil die hl. Barbara in der Jugendblüte den Martyrertod erlitten.)

* * *

Viele Bräuche und Sitten knüpfen sich an das Weihnachtsfest. Noch jetzt wird da und dort am Vorabend des Christtages die Witterung des kommenden Jahres erforscht, und zwar auf folgende Weise: man schneidet eine große weiße Zwiebel auf und nimmt die einzelnen Schalen so auseinander, daß man 12 Teile erhält, schreibt dann auf das Gesims oder den Tisch die 12 Monatsnamen oder wenigstens deren Anfangsbuchstaben, legt nun auf jeden Namen eine der 12 Zwiebelschalen mit etwas Salz, und läßt sie während der Nacht liegen. War andern Morgens in einer Schale das Salz zerflossen, so wird der betr. Monat naß, andernfalls mehr oder weniger trocken. Das Gesamtergebnis wird dann im Kalender eingetragen.

Ebenso wurden am Weihnachtsvorabend aus einer Kornähre 12 Kerne entnommen, für jeden Monat ein Kern, dann wurde ein Licht angezündet, über dasselbe ein Blechlöffel mit einem Kern gehalten für Monat Januar bis Dezember je ein Kern. Wurde sodann der Kern durch die Hitze aus dem Löffel geschleudert, so sagte man, „die Frucht schlägt (in diesem Monat) auf", d. h. sie wird teuer; blieb der Kern im Löffel liegen, so werden die Preise nieder; ging der Kern ein wenig in die Höhe, dann galt es als mittel. Auch dieses Ergebnis wurde im Kalender bei den betr. Monaten eingetragen.

Auch die „Tage zwischen den Jahren", d. h. von Weihnachten bis Dreikönig, sind Lostage, da nach ihnen die Witterung des ganzen Jahres bestimmt wird. Der erste dieser 12 Tage ist maßgebend für den Januar, der zweite für den Februar usw., und wenn der betr. Tag trüb oder hell, warm oder kalt ist, wird es auch der entsprechende Monat sein.

Wenn man in der hl. Nacht zwischen 11 und 12 Uhr unter der „Urbete" (Obertenne) „firbt" (kehrt), dann hat man am andern Morgen in der „Urbete" alle Arten Frucht.

* * *

Wer am letzten Tage des Jahres, am Silvestertage, zuletzt aufsteht, wird Silvester genannt und ausgelacht. In manchen Orten ist es sogar üblich, daß er ein Faß Bier oder sonst Etwas bezahlen muß. Deshalb bemüht sich am genannten Tage jeder Hausbewohner, frühzeitig aus dem Bett zu kommen.

* * *

Am Dreikönigstage die Buchstaben C. M. B. (Caspar, Melchior, Balthasar) mit einer „Dreikönigskreide" (d. h. am Dreikönigstag geweiht und ins Salz gestellt) an die Zimmertür geschrieben, bewirkt, daß keine Krankheit ins Haus kommt und kein Wetter einschlägt.

* * *

An Gertraud (17. März) soll man Kraut säen. (St. Gertrud geb. 626 aus dem fürstlichen Geschlecht Pipins von Landen, entschloß sich schon im zarten Alter, in gottgeweihter Jungfräulichkeit zu verharren, führte ein Leben voll Bußübungen und starb am 17. März 659 als Aebtissin des von ihrer frommen Mutter Itta gestifteten Klosters Nivelles in Brabant. Abgebildet wird sie als Aebtissin mit fürstlichen Abzeichen, in der Hand die Lilie der Jungfräulichkeit; ihr vorzüglichstes Kennzeichen aber ist die Maus, deren oft mehrere an ihrem Aebtissinnenstab auf- und ablaufen; sie soll nämlich durch ihr Gebet solche von den Feldern vertrieben haben. Sie ist Patronin der Garten- und Feldfrüchte und heißt deshalb im Volksmund „Gertrud die Gärtnerin". Mit ihrem Tag pflegen die Gartenarbeiten zu beginnen.)

* * *

An St. Benedikt (21. März) muß man Zwiebeln stupfen, dann gedeihen sie gut.

St. Benedikt
Macht Zwiebeln dick!

* * *

Eine Hauptrolle in unserem Volksglauben spielen die drei letzten Tage der Charwoche, insbesondere der Charfreitag. Wenn man am Charfreitag um die Mitternachtsstunde in den Stall geht, hört man die Kühe miteinander schwätzen.

Wenn man am Charfreitagmorgen vor Sonnenaufgang Holz schneidet und daraus einen Bündnagel zum Garbenbinden macht, dann geht keine Maus mehr ins Korn.

Wer einen Schatz heben will, muß am Charfreitag unter einem „Weißdornboschen", der „Böttele" trägt, einen „Klammerhaufen" (Ameisenhaufen) ausgraben und immer tiefer graben; sobald es 12 Uhr läutet, ist man an der rechten Stelle angelangt, wo der Schatz liegt.

Am Charfreitag Mittags zwischen 11—12 Uhr müssen die Essiggeschirre gereinigt und wieder Neuansatz von Essig gemacht werden, was aber nur durch Mannspersonen geschehen soll. Der alte Landwirt Paul Auer in Hödingen tat das immer selbst solang er konnte.

Ferner soll an diesem Tage auch zwischen 11—12 Uhr Blumensamen gesäet werden, um verschiedenfarbige Blumen zu bekommen.

Ein Charfreitagsei (das am Charfreitag zwischen 11—12 Uhr gelegt worden) gibt man den Kindern, sie lernen dann leicht sprechen.

Wenn man mit einer Haselnußgerte, die man am Charfreitag zwischen 11—12 Uhr geschnitten, ohne daß es Jemand gesehen, zu Haus schlägt, dann trifft man Denjenigen, den man nicht mag.

An Ezechiel (10. April) soll man Erbsen säen, dann kommen keine Würmer darein. (Ezechiel ist der 3. der großen Propheten des Alten Testaments und lebte in der Zeit des zerstörten Jerusalems und der babylonischen Gefangenschaft. Sein Buch enthält eine Reihe von Weissagungen über den nahen Untergang des jüdischen Staates und die Wiederherstellung seines Volkes, sowie eine Vision über die Auferstehung der Toten. Berühmt ist die von Rafael dargestellte „Vision des Ezechiel“: Zwischen den Fittichen der 4 evangelischen Symbolen schwebt Jehovah im Weltraum und breitet mit erhobenen Armen segnend seine Hände über die tief unten in der Ferne sichtbare Erde aus.)

* * *

Am Dreifaltigkeitssonntag (Sonntag nach Pfingsten) soll's nicht regnen, sonst regnet's 30 Tag.

* * *

Mucki Möhrli (1. Juni)
Sitzt auf 'm Knörrle,
Und wascht 's 'n ab,
So regnet's 30 Tag.

* * *

Wenn's an Mariä Heimsuchung (2. Juli) regnet, dann gibt's schlechtes Heu.

* * *

Wenn an Jakobi (25. Juni) Oberluft (Ostwind) geht, dann gibt's Regen und es geht dann den ganzen Winter Oberluft und bringt Schnee. Wenn an Jakobi „Unterluft“ (Westwind) geht, dann bringt Jakobi das gute Wetter vom Westwind. Wenn's an Jakobi gut Wetter ist, dann muß der „Beck“ den ganzen Winter um Wasser schauen, ist's an Jakobi schlecht Wetter, muß er den ganzen Winter um Mehl schauen. (Apostel Jakobus der Aeltere predigte zuerst in Palästina und pilgerte dann nach Spanien, um dort das Evangelium zu verkünden.

Zurückgekehrt wurde er von Herodes Agrippa in Jerusalem vor dem Osterfest enthauptet. Sein Leichnam wurde von seinen Schülern nach Spanien zurückgebracht und später im Wallfahrtsorte Compostella beigesetzt. Sein Festtag fällt in die Erntezeit und hieß im Mittelalter „Jakobitag im Schnitt“. Der Heilige wird als Pilger abgebildet, mit Pilgerstab, Pilgermuschel und Hut. Er ist der Patron der Hutmacher, welche im Zunftwappen einen Hut im blauen Feld führen.)

* * *

Vor Laurentiustag (10. August) muß man Rüben säen.

„Vor Laurentius Rüben,
Nach Laurentius Rüble.“

Wenn man am hl. Laurentiustag gräbt, findet man Kohlen. Wer diese Kohlen sammelt, zermalmt, zerreibt und unter die Aussaat mischt, hält seine Frucht vom Brand frei, macht, daß seine Früchte nicht brandig werden. (Der hl. Laurentius, Diakon und Märtyrer, war ein Schüler des Papstes Sixtus II., welcher bei der Christenverfolgung des Kaisers Valerian (257 bis 258) zu Rom den Martyrertod starb. Seinem Diakon Laurentius, der mit ihm zu sterben wünschte, weissagte er den Tod nach 3 Tagen. Und so geschah es. Der römische Stadtvogt ließ nach 3 Tagen den Diakon Laurentius auf einem Roste über glühenden Kohlen im wahren Sinn des Wortes braten. Dargestellt wird der Heilige mit Rost, Palme und dem Diakonenkleid.)

* * *

Dreißig'nerst Eier (Dreißiger Eier) heißen diejenigen Eier, welche zwischen Mariä Himmelfahrt (15. August) und Mariä Geburt (8. September) gelegt werden und als die besten und haltbarsten gelten; sie halten solang, bis es wieder Dreißig'nerst-Eier gibt, also den ganzen Winter.

* * *

Am **Bartholomäustag** (24. August) muß man Spinat säen, wenn man vorher säet, schießt er auf.

Bartholomai
Legt 's Oehmd auf's Heu!

In der Bartholomäusnacht und Klausennacht sollen Geister umziehen, es sollen also gefährliche Nächte sein.

Bartholome
Bringt 'n Kratte voll Schnee.

Bartholeme schür',
In 14 Tag kommt's zu Dir.

(Der Apostel Bartholomäus bekehrte das innere Asien und wurde zuletzt in Armenien gekreuzigt, geschunden und enthauptet. Allgemein wird vermutet, daß Nathanael (unter dem Feigenbaum) und Bartholomäus ein und dieselbe Person gewesen seien. Er wird mit einem Messer in der Rechten, dem Martyrerwerkzeug, dargestellt, und ist der Schutzheilige der Metzger, Gerber und Winzer.)

---

18. Das Neujahrstrommeln in Meersburg.

Noch in der ersten Hälfte des vorigen Jahrhunderts zogen in Meersburg in der Frühe des Neujahrstages zwei Trommler und ein Pfeifer durch die Straßen und spielten vor den Häusern drei Stücke auf. Dieser Brauch soll vom Aufhören der Pest um die Mitte des 17. Jahrhunderts herrühren. Es seien nämlich um diese Zeit zufällig ein Trommler und ein Pfeifer aus Markdorf und Ravensburg, welche als die einzigen Personen der ganzen Gegend noch am Leben geblieben, auf der Straße zwischen den beiden Städten einander begegnet, und nun gemeinsam von Ort zu Ort gewandert, um unter Trommeln und Pfeifen das Ende des „schwarzen Todes" zu verkünden.

In den 30er Jahren des vor. Jahrhunderts hat dann die Polizei diesen Brauch abgeschafft.

Derartige Bräuche sind vielleicht noch Ueberreste des altgermanischen Sonnenwendfestes, wo in den „Zwölften" (den 12 Nächten von Weihnachten bis Dreikönigstag) Umzüge mit Gesang und Tanz und darauf folgenden Zechgelagen gehalten wurden. (S. „Sitten und Gebräuche am Bodensee" von Oberstaatsanwalt Haager-Konstanz in Schriften des Bodenseevereins, IV.)

---

19. Die Hunderteinser in Meersburg.

Seit alter Zeit besteht in Meersburg die „ehrbare Gesellschaft der Hunderteinser", welche jeweils am Neujahrstag ihren Gesellschaftstrunk im Rathaus hält. Ueber den Ursprung der Gesellschaft wird Folgendes berichtet: Infolge der Pest sollen alle Bürger bis auf 101 gestorben und diese aus Furcht vor Ansteckung nicht mehr zusammengekommen sein. Um nun wieder Geselligkeit einzuführen und brüderliches Zusammenhalten der ganzen Bürgerschaft überhaupt zu hegen und zu pflegen, gründete in der Mitte des sechzehnten Jahrhunderts ein Bader namens Kaspar Müller die „Gesellschaft der Hunderteinser" und begabte sie mit einem Fonds, der im Jahre 1570 von Pfarrer Joh. Buhlmann vergrößert wurde und gegenwärtig noch etwa 3200 Mk. beträgt. Nach einer älteren Urkunde ist der Zweck der Gesellschaft: das zeitliche Wohl ihrer Mitglieder zu befördern, Eintracht und christliche Liebe zu stiften und zu erhalten, auch Zucht, Ehrbarkeit und erbaulichen Lebenswandel zu heben, zugleich aber zur leiblichen Erquickung und Geistesermunterung beizutragen; oder — wie die Statuten von 1823 und 1830 lauten — die Ehre Gottes zu befördern, Frieden und Eintracht, Sittlichkeit und Ordnung unter dieser Gesellschaft zu erhalten und zu befördern; endlich bei Not und Teuerung, Krieg und schlimmen Gemeindeverhältnissen, gegenseitigen Streitigkeiten und Zerwürfnissen usw. mit Rat und Tat einzuschreiten. Die Hunderteinser sind auch Mitglieder der St. Anna-Bruderschaft, welche 1510 gestiftet wurde zur Beförderung der geistigen Wohlfahrt und des Seelenheils der Verstorbenen.

Die ursprünglichen Satzungen der Gesellschaft der Hunderteinser sind verloren gegangen. Am St. Johann des Täufers-Tag 1599 wurden neue Satzungen aufgestellt und auf 15 Punkte vermehrt, welche noch auf einer Pergament-Urkunde vorhanden sind. Am St. Johann des Evangelisten-Tag, 27. Dezember 1823, und dann am gleichen Tag 1831 wurden die Satzungen wiederum erneuert und verbessert. Hiernach liegt die oberste Leitung der Gesellschaft in der Hand des Oberpflegers, dem ein Unterpfleger zur Seite steht, welcher das Vermögen verwaltet und Rechnung stellt. Ein Ober- und ein Unter-Irtner (Ordner) haben für Handhabung der Satzungen und der Ordnung bei Festen und Versammlungen zu sorgen. Der Unterirtner wird von der Gesellschaft gewählt, im folgenden Jahr wird er Oberirtner, im dritten Unterpfleger, im vierten Oberpfleger und im fünften tritt er ab. Jährlich versammelt sich die Gesellschaft am Tag Johannes des Evangelisten (27. Dezember) im Rathaus zur Rechnungsabhör, Wahl eines Unter-Irtners, Aufnahme neuer Mitglieder usw. Die Mitglieder zerfallen unter sich in Gesellen und Meister; die Gesamtzahl der Mitglieder darf 101 nicht übersteigen. Stirbt ein Mitglied, so tritt der älteste Sohn an dessen Stelle, welcher als Aufnahmsgebühr 3 Mk. zu bezahlen hat, während sie sonst 6 Mk. beträgt; andere Beiträge werden nicht erhoben. Nur volljährige Bürger von untadeligem Lebenswandel werden in die Gesellschaft aufgenommen. Am Jahrestag des Stifters Kaspar Müller sowie bei den Seelenmessen für die verstorbenen Mitglieder muß jeder Geselle teilnehmen oder Jemand aus der Familie dazu beauftragen. Gemeines, rohes Benehmen wird mit Ausschluß aus der Gesellschaft bestraft, Ungehorsam gegen die Vorsteher (Meister), ungebührliches Benehmen in Versammlungen usw. mit einer Strafe von 15 Pfg. oder Verlustigerklärung des Gesellschaftstrunks geahndet. Ebenso wird des Trunks verlustig erklärt, wer ohne triftige Ursache beim Gesellschaftstrunk ausbleibt.

Früher wurde jährlich zweimal — am 1. Januar und am Fest Johannes des Täufers (24. Juni) — der Gesellschaftstrunk gehalten, seit 1859 wegen der hohen Weinpreise nur noch am erstgenannten Tage. Da kommen nun am Abend des Neujahrstages die Hunderteinser im Saale des Rathauses zum festlichen Gesellschaftstrunk zusammen. Ein Jeder erhält 6 Schoppen ($1\frac{1}{2}$ Ltr.) Wein mit Brot. Die neu aufgenommenen Gesellen haben für Beischaffung des Weinfasses und der Gläser in das Versammlunglokal zu sorgen. Früher gab es ein vollständiges Nachtessen, wobei noch silberne Gabeln und Messer gebraucht wurden. Seit dem dreißigjährigen Krieg gibt es kein Nachessen und keine silbernen Bestecke mehr, weil das Gesellschaftsvermögen bedeutend geschmälert war. Dagegen wird noch jetzt (seit 1632) ein aus Holz geschnitzter, aufrecht stehender Bär — der in den Bratzen ein Schild mit den Wappen des Bistums Konstanz, der Stadt Meersburg und des Stifters Kaspar Müller hält und auf dem Kopf einen Apfel aufgespießt trägt — beim Gesellschaftstrunk herumgereicht, wobei jedes Mitglied ein Geldstück in den Apfel eindrückt als Trinkgeld für die Bedienung. Vor Allem aber wird des Stifters der Gesellschaft gedacht; der Oberpfleger bringt den Manen desselben ein Hoch aus („auch die Toten sollen leben") und läßt einen von demselben gestifteten silbervergoldeten Becher von Mund zu Mund der Gesellen herumgehen, wobei Jeder sagt: „Nach des Stifters Meinung!" Alsdann hält er eine kurze Ansprache an die Gesellen, empfiehlt Liebe und Eintracht in der Gesellschaft, sucht Versöhnung unter den feindlichen „Brüdern“ zu stiften und andere auf den Weg der Sittlichkeit zurückzuführen. Am Dreikönigstag findet dann das sog. „Säckeln“ Abends ½8 Uhr in einer Wirtschaft statt. Es ist dies ein gemütliches Beisammensein zu Ehren des ausscheidenden Oberpflegers, und es nimmt hieran die gesamte Pflegschaft teil, nämlich der Ober- und der Unterpfleger, der Ober- und der Unterirtner, nebst mehreren Frauen; denn ein Jeder hat das Recht, seine eigene Frau und noch zwei weitere Frauen hiezu einzuladen. Die Gesellschaft liefert den Wein, dagegen hat das Essen Jeder selbst zu bezahlen; aber Kaffee, Glühwein und dergl. zahlt gewöhnlich der ausscheidende Oberpfleger. Auch hier wie bei der Hauptversammlung muß jede anwesende Person aus dem Stiftungsbecher trinken mit dem Spruch: „Nach des Stifters Meinung!“

Die Gesellschaft der Hunderteinser war früher im Besitz eines eignen Gesellschaftshauses, des Gasthauses zum „Bären“. Als im Jahre 1599 der alte „Bären“ — in dem der Stifter Kaspar Müller geboren worden — abgebrochen wurde, verlegte man die Gesellschaft in das Traubenwirtshaus vor dem Tor und erneuerte bei dieser Gelegenheit die Satzungen. Als im Jahre 1605 der „Bären“ wieder neuerbaut war — wie diese Jahrzahl über der Haustür bekundet —, da zog die Gesellschaft schon aus Pietät für ihren Stifter wieder dahin, und wurde dann auch die „bürgerliche Gesellschaft zum neuen Bau“ genannt. Im Jahre 1768 kaufte die Stadt den Bären um 4000 fl. für das Spital und behielt sich dabei einen Keller vor; 1798 übernahm die Stadtgemeinde selbst den Bären und seitdem werden die Versammlungen der Hunderteinser auf dem Rathaus gehalten. Um die Mitte des vor. Jahrhunderts kam der Bären endgültig in Privathände und besteht noch jetzt als Gasthaus.

Schließlich sei noch als Beispiel der ersprießlichen Tätigkeit der Hunderteinser für das Wohl der Gemeinde folgender Vorfall angeführt: Von Alters her hatten die benachbarten Thurgauer das Recht, in der Greth (Schranne) ihren Bedarf an Früchten vor den Einheimischen einzukaufen. Als nun in den 1770er Jahren infolge mehrjährigen Mißwachses eine große Teuerung, ja beinahe Hungersnot entstanden, da machten die Schweizer von ihrem Vorrecht so rücksichtslosen Gebrauch, daß sie fast alle Früchte aufkauften. Die Bürger erhoben dagegen Einsprache, es kam zu Streitigkeiten und schließlich wurden die Thurgauer gewaltsam zum Kornhaus hinausgejagt. Der damalige Landesherr, Fürstbischof Kardinal Konrad v. Roth, hierüber aufgebracht, ließ die schuldigen Bürger sofort ins Gefängnis werfen. Der Magistrat hatte nicht den Mut, bei dem gestrengen Landesherrn sich für die Bürger zu verwenden. Da ließ der Oberpfleger der Hunderteinser die Gesellschaft zusammenrufen, und es wurde nun beschlossen, für die verhafteten Mitbürger beim Fürstbischof Schritte zu tun. Die Abgeordneten gingen ins Schloß, wo der Bischof höchst aufgeregt sie fragte, in wessen Namen und Auftrag sie kämen? „Im Namen und Auftrag der ehrbaren Gesellschaft der Hunderteinser", war die Antwort. Der Fürstbischof mäßigte sich, ließ die Sache untersuchen, dann die Verhafteten in Freiheit setzen, und hob das Vorrecht der Schweizer für immer auf. In neuerer Zeit war die Gesellschaft nicht mehr in Gemeindeangelegenheiten tätig.

Im Jahre 1902 wurde auf Anregung des Agenten Karl Stadelhofer von Meersburg, der auch bedeutende pekuniäre Opfer hiefür brachte, dem Stifter ein Steindenkmal mit der Inschrift: „Die Gesellschaft der Hundertein Bürger ihrem edlen Stifter, Kaspar Müller 1510, errichtet 1902" auf dem freien Platz an der Südseite der Stadtpfarrkirche gesetzt.

Die Gesellschaft der Hunderteinser gleicht in mancher Beziehung den Überlinger Nachbarschaften, wie auch der Konstanzer Neujahrsbruderschaft.

20. Die Kästräger in Hagnau.

In Hagnau bestand bis zum Jahre 1798 eine Gesellschaft von 24 ledigen Burschen mit eigenen Ordensgesetzen, welche die „Kästräger" hießen. Ueber Ursprung und Entstehungszeit der Verbindung ist nichts bekannt, auch sind keine schriftlichen Satzungen vorhanden. Ihr Name aber rührt von einem eigentümlichen Brauche her.

Am Neujahrstag wurde nämlich von der Gesellschaft in aller Frühe vor dem Pfarrhof ein „Maien" (Tannenbaum) gesetzt. Nachher rückte die gesamte Mannschaft, gut bewaffnet mit Ober- und Untergewehr und geführt von einem mit Hellebarde ausgerüsteten Obern, aus und wohnte zuerst dem Gottesdienst an. Dann zog die Gesellschaft vor das Pfarrhaus, wo sie nach altem Herkommen vom Pfarrer eine Kässcheibe (Käslaib) erhielten, den sie auf einer Stange, die oben ein rundes Brett hatte, befestigten und im Dorf herumtrugen, wobei sie vor den Häusern, insbesondere dem Pfarrhof und den Wohnungen des Ortsvorstandes, der Gemeinderäte usw., als Neujahrswunsch ein Lied sangen, das ungefähr folgendermaßen gelautet haben soll:

> Eja, Eja, voll der Freuden Cunctis, cunctis laudibus
> Lätamendo wir uns zeigen Initio anni honoribus,
> Hochdenselben anzusingen ein fröhliches Jahr sine termino
> Alle Gaben von dem Himmel Gratulamur saeculo.

Während dies Lied gesungen wurde, hob der Träger der Kässcheibe dieselbe vor die Fenster der Häuser und erhielt die Geldgabe der Bewohner. Auf der Kässcheibe war zu diesem Zweck auf einer Spindel ein Apfel aufgesteckt, in den nun die Geldstücke eingedrückt wurden, und zwar mitunter reichliche Gaben. Später kam auch noch eine

Menge Eßwaren dazu, Brot, Fleisch, Wurst, Speck, Mehl, Butter usw., was Alles dann bei einem großen Gastmahl, an dem alle ledigen Burschen und Mädchen teilnahmen, unter Gesang und Tanz verzehrt wurde. Oft fielen die Geschenke so reichlich aus, daß auch die gesamte Schuljugend und die Armen bewirtet werden konnten. Die Gesellschaft hatte einen zweiten Festtag mit Tanz und Spiel an Fastnacht, einen dritten am 1. Mai und den vierten am Johannestag. Jedesmal durfte die ganze ledige Welt des Dorfes sich beteiligen, war aber den Satzungen der Gesellschaft unterworfen. Es war z. B. Sitte, daß bei Schluß der Tanzbelustigung der Obere seine Taschenuhr auf den Tisch legte und die Minute bestimmte, wo der Bursche, der seine Tänzerin heimbegleitete, wieder im Saale sein mußte. Versäumte er die festgesetzte Zeit, so wurde er zur Strafe von den nächsten Zechgelagen ausgeschlossen. Gefallene Mädchen, sowie deren Liebhaber waren überhaupt von den Festlichkeiten ausgeschlossen. Wenn ein Genosse heiratete, so wurden die Brautleute von den Kästrägern mit Flinte und Degen, und unter Trommel- und Pfeifenschall zur Trauung begleitet. Vor der Kirche wurde auf das Kommando des Oberen „State et cursum inhibite" Halt gemacht und alsdann eine Salve abgefeuert, worauf die Mannschaft rief:

„Soviel Körnlein wir abschießen,
Soviel Jahr sollen den Hochzeitleuten zufließen."

Wenn das Hochzeitspaar aus der Kirche kam, traten zwei Kameraden vor dasselbe mit einem farbigen Band, das sie an ihre gezogenen Degen geknüpft auseinander hielten, während der übliche Glückwunsch ihm dargebracht wurde.

Im Jahre 1798 wurde das Neujahrsfest der Kästräger zum letzten Mal gehalten, die Gesellschaft hörte dann auf.

21. Der Dreikönigstag.

Das Fest der hl. drei Könige beschließt die hohe festliche Zeit. Der betr. Tag ist zugleich der letzte der 12 Lostage, welche mit Weihnachten angefangen und die Witterung der 12 Monate des beginnenden Jahres anzeigen. Die jetzige christliche Bedeutung der 3 Weisen aus dem Morgenland mit dem Stern, den sie gesehen haben, fällt zusammen mit der altgermanischen, da der Stern das „Sonnenrad" bedeutet, das von nun an merklich zu steigen beginnt, die Nacht besiegt — „am Dreikönigstag ist der Tag um einen Hahnenschritt länger", sagt das Volk — und die Hoffnung auf künftiges Wachstum wach werden läßt. Die Personifikation der Sonne war Frau „Berchtha", darum heißt dieser Tag in manchen Gegenden Deutschlands heute noch „Berchtag" oder „Berchteltag". Der Brauch, mit dem Stern herumzuziehen, hat sich da und dort in Deutschland erhalten.

In unserer Gegend war es noch vor wenigen Jahren üblich, daß 3 Knaben oder manchmal auch erwachsene Burschen die 3 Könige darstellten und den Umzug in den Ortschaften von Haus zu Haus hielten. Sie trugen meist schwarze Hosen, über der Kleidung weiße Hemden, durch ein mit Goldpapier umwundenes Seil um den Leib gegürtet, auf dem Kopfe eine mit Goldpapier verbrämte Krone aus Pappendeckel. Derart kostümiert zogen sie entweder bei Tag oder Abends umher. In der Hand trug der erste König einen Stab mit oben angebrachtem goldenen Stern, der gedreht wurde wie ein Rad, der andere ein kleines Laternchen und der dritte eine Geldbüchse zur Empfangnahme milder Gaben für die Darsteller. Einer dieser hl. Dreikönige hatte ein geschwärztes Gesicht; dieser stellte Melchior, den König des Mohrenlandes, vor. Sobald sie ins Zimmer eingetreten und sich nebeneinander aufgestellt, trugen sie ein Lied gemeinsam vor; während des Vortrages wurde der Stern gedreht. In Überlingen und Umgegend lautete das Lied — mit unwesentlichen Abweichungen — folgendermaßen:

„Wir kommen daher in aller Gefahr
Und wünschen Euch Allen ein gutes Neujahr!
Ein neues gut's Jahr, eine fröhliche Zeit,
Die uns Gott Vater vom Himmel 'rab geit (gibt).
Gott Vater, Gott Sohn, Gott heiliger Geist!

* * *

Die heil'gen drei König mit ihrem Stern,
Sie suchen den Herrn und fänden ihn gern.
Da gingen all' Drei das Berglein hinauf.
Herodes schaut zum Fenster heraus.
Herodes sprach mit falschem Bedacht:
Wie ist der hinterste König so schwarz!
Er ist nicht schwarz, er ist nicht weiß,
Er sieht dem König vom Mohrenland gleich.
Bist du der König vom Mohrenland,
So biete mir die rechte Hand!
Die rechte Hand, die biet' ich nicht,
Du bist Herodes, Dir trau' ich nicht!
Es fliegt ein Vöglein über's Feld,
Wir nehmen nichts als Fleisch und Geld;
Es fliegt ein Vöglein über den Boschen (Busch),
Wir nehmen nichts als Sechser und Groschen.
Wenn Ihr uns gern gebt, so gebt uns bald,
Wir müssen heut' Nacht noch durch den finsteren Wald,
Durch den finstern Wald, durch den tiefen Schnee,
Wie tut's den hl. drei König so weh! O je!"

Vielfach ist es gebräuchlich, mit den Worten zu schließen:

„Glückseliges neues Jahr!"

Hierauf erhielten die Knaben eine Geldgabe, 5 bis 10 bis 20 Pfg. Dann gingen sie in ein anderes Haus, wo das Gleiche aufgeführt wurde. Manchmal trugen sie auch eine Glocke mit sich, und kündigten ihr Nahen durch Läuten an, namentlich auf dem Lande. Bisweilen zogen auch die Darstellenden in das Nachbardorf und hielten dort den Umzug.

In Markdorf, Meersburg, Hagnau u. a. O. sangen die Darstellenden auf der Straße vor den Häusern folgendes Lied:

Wir Weisen aus Morgenland kamen gezogen,
In allerschnellster Eil',
Als wären wir wirklich in Lüften geflogen,
Gleich wie ein fliegender Pfeil.
Wir haben zugebracht
Drei ganze Tag und Nacht,
Einmal vierhunderthalb Meil'!
Wo ist unser König, der Heiland geboren?
Im Morgenland scheinet der Stern.
Saget an, saget an, wo finden wir den gütigen Herrn?
In Jerusalem ist er nirgends zu erfragen,
Wir müssen uns gleich nach Bethlehem schlagen!
So bringt uns der König den Bericht.
Es weiset der Stern zur Krippe des Herrn,
Wir fielen darnieder und beteten gern.
Gold, Weihrauch und Myrrhen haben wir geben,
Dem Herrn zur fürstlichen Gab'!
Weihrauch bedeutet das ewige Leben,
Myrrhen das menschliche Grab,
Gold: Scepter und fürstlichen Stab.

Nach Beendigung des Liedes wurde den Darstellenden die Geldgabe, in Papier gewickelt und angezündet, aus dem Fenster zugeworfen.

22. Fastnachtsbräuche.

In Überlingen ging es während der Fastnacht von jeher sehr lebhaft zu; in früherer Zeit war sogar ein noch lustigeres Leben und Treiben als heutzutage.

Vor 100 Jahren, als Überlingen noch Freie Reichsstadt war, fanden nicht bloß in den Tafernwirtschaften, sondern auch in den Zunfthäusern Tanzbelustigungen und Maskeraden statt, und zwar oft lange vor der eigentlichen Fastnacht. So hat — um nur einige Beispiele anzuführen — am 11. Januar 1798 der Magistrat dem Mohrenwirt erlaubt, „während der gegenwärtigen Faschingszeit alle Woche einmal, jedoch ohne Masquen, öffentliche Bälle zu halten; auf die 4 lezten Täge hingegen mag jeder Taffernwirth sowie jede Zunft Musik und Tanz halten lassen“; und am 11. Januar 1802 hat der Magistrat dem Ochsenwirt „gestattet, während der Faschingszeit 6 masquirte Bälle geben zu dürfen“. Bisweilen sah sich auch der Magistrat veranlaßt, dem allzu tollen Treiben Einhalt zu gebieten oder dasselbe wenigstens zu beschränken, so namentlich durch Maskenverbote. Manchmal aber war er wieder genötigt, besonders auf Drängen der Wirte, das Verbot zurückzunehmen und dem Faschingsleben den Lauf zu lassen. So wurde Mitte Januar 1796 vom Magistrat „den Tafernwirthen sowol als den Zünften Spielleute in den letzten 4 Fastnacht-Tägen zu halten erlaubt, auch mögen die Studenten diese Faßnacht hindurch in der hiesigen Stadt wo immer aufspielen; die Masqueraden hingegen werden verboten.“ Aber schon nach einigen Tagen werden „auf Ansuchen mehrerer Zunftwirthe während der innstehenden Faßnacht und bei Abhaltung der Bähle Masqueraden erlaubt, die sog. Hänselen aber werden nur in den 4 lezten Faßnacht-Tägen, und zwar bis zum Betläuten Abends geduldet, wobei das Löbl. Bauamt für gute Ordnung und besonders auf Wegschaffung der masquirten Jugend den sorgsamen Bedacht zu nehmen hat.“ Aehnlich war es 2 Jahre später. Im Januar 1798 erschienen nämlich mehrere Bürger auf dem Rathause und stellten persönlich beim Magistrat die „gehorsamste Bitte, daß die Masqueraden während der gegenwärtigen Faschingszeit verbotten werden möchten“; da beschloß „Magistratus, daß ihrer Bitte in so weit entsprochen sein solle, daß die honetten Masqueraden hieseits (d. h. in der Stadt Überlingen), sowie in all anderen Ortschaften (nemlich des Gebiets der Freien Reichsstadt Überlingen, in den Vogteyen und Aemtern Hohenbodman, Ramsberg, Bambergen, Ernatsreuthe, Deisendorf, Rickenbach, Sohl, Denkingen, Ebratsweiler, Seelfingen, Nesselwangen, Bondorf und Sernatingen), wo Bälle gegeben werden, bei den Bällen bis auf den Fastnachtsdonnerstag einschließlich erlaubt bleiben sollen." Schon nach einigen Tagen läßt aber „auf wiederholtes Bitten und Ansuchen der Zunftwirte Magistratus endlich gleichwohl geschehen, daß honette Masquen während der letzten 4 Faschingstägen, jedoch in der Nacht, und zwar allein bis 12 Uhr, auf den Zünften auftreten mögen." Ebenso werden „honette Masquen, welche bei der Nacht mit Laternen versehen sein sollen, auf den Bällen gestattet", und endlich wird „den ledigen Rebleuten der gewöhnliche Schwerdtanz mit dem gestattet, daß sie statt des sog. Hänsele eine andere masquierte Person beiziehen sollen." Auch gegen das unsinnige Tanzen wurde am 14. Januar 1802 folgendes Verbot erlassen: „Das der Gesundheit so sehr nachtheilige sog. Langaus-Danzen wird hieseits durchgehends und bei Straf eines Guldens für jede Person in der Art verbothen, daß der Würth, welcher solches duldet, ebenfalls um 5 Reichsthaler unnachsichtlich gestraft werden solle."

Wie man sieht, trifft das Maskenverbot den H ä n s e l e in erster Reihe. („Hänsele", „Hansel" kommt her vom Namen „Hans" d. h. Johannes und ist durch den Johanniterorden nach dem Abendland gekommen; es wurden damit vielfach geringe Leute und seit dem 15. Jahrhundert dumme Leute und Narren bezeichnet.) Der Hänsele war in Überlingen stets eine beliebte Volksmaske mit eigentümlichem Kostüm: weiter Kittel und Hose an einander als e i n Gewand, und eine Kaputze, sämtlich aus weißem Zwilch oder Baumwollzeug, welcher reihenweise, von oben bis unten mit kleinen, länglichen Tuchfleckchen besetzt ist, die abwechselnd schwarz, rot und gelb, manchmal auch blau und grün. Die Kapuze hat ausgeschnittene Augenlöcher, eine lange, herabhängende Nase aus schwarzem oder rotem Tuch, und hinten einen echten Fuchsschwanz. Auf beiden Nahtseiten des Gewands sind 4—6 Schellchen angebracht. In der Hand trägt der Hänsele eine Peitsche (Karbatsche), womit er einzeln oder gemeinsam mit 2 bis 3 anderen Hänselen im Takte knallt, ähnlich dem Dreschen mit Dreschflegel in der Scheune. Er ist die lustige Person, welche das Volk mit Witzen und Sprüngen unterhält und bei keinem Umzug oder Fastnachtsspiel fehlt; er wirft der Jugend Brezeln, Nüsse, Würste usw. zu und bringt seine Späße auch in den Häusern an, denn er hat überall Zutritt. Er tritt am rücksichtslosesten auf und macht von der Narrenfreiheit den ausgedehntesten Gebrauch.

Denn in der Fastnacht herrschte von jeher die Narrenfreiheit, d. h. jede Maske darf die Leute foppen, ihnen ihre Schwachheiten und Fehler vorhalten, ohne Rücksicht auf Stand und Würde, auf Alter und Geschlecht. In Überlingen wurde früher diese Narrenfreiheit so weit getrieben, daß die Masken bei Bäckern und Metzgern, ja sogar in Privathäusern Eßwaren wegpraktizierten, woraus dann ein Gastmahl bereitet wurde, zu dem auch die Bestohlenen eingeladen wurden. Es bestand sogar eine Stiftung, woraus die Bestohlenen Entschädigungen erhielten.*) Die Narrenfreiheit wurde mitunter so miß-

*) Auch anderwärts herrschten früher ähnliche Volkssitten, so namentlich der Brauch, Gegenstände der Landwirtschaft, die von saumseligen Bauern über Winter draußen im Feld gelassen worden, für vogelfrei zu erklären und zur Fastnachtszeit lustig zu verschmausen. Noch in den dreißiger Jahren holten in Bodman junge Burschen einen Sägeklotz, um ihn in der „Linde“ zu vertrinken. Es wurde ihnen aber erklärt, die alten Privilegien hätten aufgehört und das Fastnachtsrecht sei außer Kraft. Eine handschriftliche Chronik erzählt Ähnliches aus Hintschingen in der Baar. Bauernweiber, darunter die Vögtin selbst, holten am Aschermittwoch einen im Feld stehen gebliebenen Pflug und hielten auf Kosten des Eigentümers einen Schmaus im Wirtshaus. (S. „Die Insel Mainau und der badische Bodensee“ von Lucian Reich.“ Karlsruhe 1856.)

braucht, daß die Masken sich alle Frechheiten und Grobheiten gegen das Publikum erlaubten. Es wurden deshalb schon im 16. Jahrhundert durch besondere Verordnungen des Magistrats alle Ungehörigkeiten aufs Strengste untersagt, und besonders verboten, Jemanden „in den Brunnen zu werfen“, die Mädchen zu beleidigen, noch „an Klaydern zu beschädigen“ usw. Ebenso soll Niemand eine Büchse gebrauchen noch daraus schießen, „wann man mit pannern, pfeyffen und trummen in der Statt umbher zuecht oder gat“, dagegen „freüntliche und gute gesellschaft halten“ usw.

Ein alter Brauch waren die Fastnachtsküchle. Fast in jedem Haus wurden solche gebacken und nicht bloß den Familienangehörigen, sondern auch den Nachbarn, Freunden und Bekannten, der Kundschaft usw. gegeben. Die Sache artete aber mit der Zeit derart aus, daß Mancher sein Küchle holte, wo und wann er wollte. Diesem Mißbrauch zu steuern, bestimmte der Magistrat, daß Keiner bei Einem „das Küechlin holen soll, er sey im dann gefreundt.“ Der Magistrat selbst aber holte sich sein Fastnachtsküchle auf der Mainau beim Deutsch-Ordensritter-Komthur als Naturalgrundzins, welchen der Orden an die Reichsstadt Überlingen für das Mainauer Amtshaus, das er hier besaß, zu entrichten hatte. Jeweils in der Fastnacht begab sich eine Abordnung des Rats nach der Mainau, um vom Komtur das Fastnachtsküchle in Empfang zu nehmen, womit ein großes Gastmahl verbunden war. So lesen wir in der Chronik, daß Anno 1580 in der Fastnacht die Herren des Rats von Wernher Schenk v. Stauffenberg, Commenthur zu Mainaw „zum Fastnachtsküechlin geladen worden“, und daß anno 1586 Donnerstags den 2. Februar die Herren Räte bei Herrn v. Gemmingen, Ordenskomtur zu Mainau, „das Fastnachtsküechlin“ geholen“; ebenso, daß Anno 1601 der Komtur von Mainau, Herr Jakob Gremblich v. Jungingen, der Überlinger Ratsdeputation „altem Geprauch nach

2 Kälbern, 21 Hennen und ein Reeh zu einem Fastnachts-küechlin verehrte."

Fastnachtszüge veranstalteten in früheren Zeiten die Zünfte. So meldet die Chronik, daß im Jahre 1554 „der Burgerschafft allhier ein Umbzug vergennt worden." Ein großer Zug fand im Jahre 1611 „Montags nach der Herrenfaßnacht den 14. Februar" statt, wobei gegen 900 Mann sich beteiligten, „denen Jedem hatt man 1 qrt. Wein und umb 1 kr. Broth verehrt". Die adelige Gesellschaft z. Löwen, die Wolfer (Rebleute), die Bäcker und Schuhmacher haben ihre Verehrung gleich den folgenden Dienstag, die übrigen 4 Zünfte, nämlich die Küfer, Schneider, Metzger und Fischer, am Sonntag „ustrunken". Die Schwerttänzer führten ihren Umzug jeweils am Fastnachtsdonnerstag Vormittags auf und erhielten ebenfalls eine Freigabe.

Nicht unerwähnt wollen wir lassen, daß schon vor 400 Jahren der Häring eine beliebte Faschings- und Aschermittwochsspeise und ein bedeutender Handelsartikel auch in Überlingen war, so daß sogar der Magistrat sich der Sache anzunehmen veranlaßt sah. Im Archiv zu Konstanz ist eine Überlinger Urkunde vom 10. Februar 1502, worin Bürgermeister und Rat zu Überlingen dem Rat zu Konstanz schreiben, „daß sich die Ueberlinger Häringsschauer darüber beschweren, daß in den Tonnen fast die Hälfte fauler und verdorbener Häringe seien, und fragen an, was der Rat zu Kostentz in solchen Sachen thue."

Zum Schlusse fügen wir noch die Beschreibung einer Überlinger Fastnacht bei, welche nach einer Chronik der ehem. Bibliothekar Prof. Eitenbenz, in den Schriften des Bodensee-Geschichtsvereins veröffentlicht hat. Sie lautet folgendermaßen:

„Althergebrachtem Brauche gemäß verehrte der neu gewählte Kommenthur der Mainau, Herr Jak. Gremblich, anno 1603 dem ehrsamen Rathe der Stadt Überlingen als Fastnachtsküchlein 2 Kälber, 20 Hämmel und 2 Rehe. Solches verzehrten des Rathes Glieder am Fastnachtsonntag gemüthlichen Sinnes. Den feinen Braten roch der gnädige Herr Abt Peter von Salem, und stellte sich sammt etlichen Fratres ungeladen zur Mahlzeit ein. Damals waren die sonst ernsten Cisterzienser fröhlich und guter Dinge, sie trieben Muthwill und Scherz mit dem allzeit bedächtigen Rathe. Ja, Seine Gnaden vergaßen selbst der Heimkehr und schauten am Montag und Dienstag der Harnischschaar und dem Umzuge der Bürgerschaft mit Verwunderung zu. Beim Abschiede verehrte der Prälat als Fastnachtstrank einer Bürgerschaft 32 Eimer guten Alten de anno 1599, „alldieweil er nach langem Suchen endlich rechte Narren gefunden“. Der Bürgermeister der Reichsstadt ließ sich nicht foppen, er versammelte seinen Rath. Wie nicht zu jeder Zeit waren sie hier nach kurzer Beratung einig. „Sintemalen,“ diktierte der Bürgermeister dem Stübleschreiber in die Feder, „die Bürgerschaft in Anwesenheit des gnädigsten Prälaten unfürtrefflichen Gehorsam an Tag gelegt, sind ehrsamen Bürgern eine Maaß Neuen und eine Maaß Alten als Trank, als kräftiger Imbiß zwei Pfund gut gebackenen Brodes zu verabreichen.“

Hans Hager, so einer der Ratsherren und gezeichnet war mit Kupfer an der Nase, schüttelte sein teures Haupt: „Bitte Hern Bürgermeister unserem Beschlusse beizufügen, daß am Sonntag Invocavit die Gesellschaft zum „Löwen“, die Bäcker, Schuhmacher, am folgenden Montag die übrigen Zünfte ihren Part trinken sollen, damit nit zuviel trunkene Leut zumal allhier wären.“ Und alle insgesamt nickten und lobten Hans Hagers verständige Ansicht.

So ging es in reichsstädtischen Zeiten in der Fastnacht zu. Als dann Überlingen an Baden kam, brachte dies keine wesentliche Änderung in die Fastnachtslustbarkeiten. Bälle, Tanzunterhaltungen, Maskeraden, die Hänsele mit ihrem Karbatschenknallen, Umzüge und allerlei Aufführungen, Getrubel aller Art, ein tolles Leben und Treiben auf den Straßen usw. gab es nach wie vor. Die Umzüge mit einer Menge Masken und Gruppen, zu Fuß und zu Wagen, mit Reitern und Musikkorps, mit Trommlern und Pfeifern, bewegten sich jeweils durch die Straßen der Unter- und Oberstadt nach der Hofstatt, wo dann eine Aufführung stattfand. Der Gegenstand derselben wurde vielfach einem Zeitereignis entnommen, so dem russisch-türkischen Krieg die Darstellung der Einnahme von Sebastopol im Jahre 1855, dem amerikanischen Freiheitskrieg eine Darstellung von Kämpfen amerikanischer Truppen und Indianer mit einem Indianerlager im Jahre 1865 usw., oder der Sagenwelt und Ortsgeschichte, so im Jahre 1856 die allbekannte Sage von der „Überlinger Pistole", 1889 eine große historische Aufführung „Einbringung gefangener Schweden in Überlingen nach beendeter Belagerung von 1634" usw. Auch gar manche närrische Aufführungen wurden veranstaltet, so 1873 „Das Einfangen der Sonne", 1885 „Der Schah von Persien auf Besuch beim Riedlinger Gol", 1886 „Taufe Sr. närrischen Hoheit des Erbprinzen Carneval", 1893 „Überlingen einst und jetzt", 1895 „Türkischer Jahrmarkt", 1898 „Ankunft des Erbonkels aus Amerika mit seinem Gefolge in der närrischen Vaterstadt Überlingen", 1900 „Ankunft des weltberühmten amerikanischen Zirkus Buffalo Bill", 1903 „Überlingen soll und muß Großstadt werden", 1905 „Die internationale Weltmesse in der uralten Reichs-, See- und Narrenstadt Überlingen" usw.

Die Tanzbelustigungen, welche früher meist in den Zunfthäusern stattfanden, wurden nun in gleicher Weise in den Gasthäusern abgehalten, so vor Allem im „Badhotel" und im „Löwen", ferner im „Wildenmann" (ehemalige Bäckerstube, jetzt „Zähringerhof"), im „Mohren" (ehem. „Zunfthaus der Küfer"), im „Engel", im „Schiff", in der

„Krone", „Sonne" usw. Bis zu Anfang dieses Jahrhunderts herrschte bei diesen Tänzen folgende Tanzordnung: Wer tanzen wollte, löste bei der Musik für 24 Kr. (72 Pf.) eine nummerierte Karte und erhielt dadurch das Recht, 3 Tänze zu bestimmen, welche die Musik nun rasch nach einander in einigen Minuten aufspielte; hiezu konnte er einladen, wen und soviel er wollte, so daß oft der ganze Saal voll von Tanzpaaren war. Manchmal aber tanzte auch Einer allein seine 3 Tänze ab. In der Regel lösten dann die Eingeladenen auch wieder Tanzkarten und gaben Revanche. Vor dem Tanze wurde jeweils die betr. Nummer mit den bestellten Tänzen ausgerufen: „Jetzt kommt Nummer . . ., wer hat diese Nummer . . ."? War der Besteller nicht gerade anwesend, so wurde die nächste Nummer ausgerufen; die ausgefallenen Nummern kamen dann später an die Reihe. Auf solche Weise wurden an einem Abend oft bis zu 100 und mehr Karten gelöst. Denn diese Tänze, an denen sich auch Masken beteiligten, währten an den Faschingstagen am „Schmutzigen Donnerstag", am Fastnachtssonntag und Montag oft bis gegen anbrechenden Morgen, nur am Fastnachtsdienstag hörten die Tänze stets um 12 Uhr auf, aber auch dann blieben die Teilnehmer noch lange in lebhafter Unterhaltung beisammen.

Aber nicht bloß in der Stadt, sondern auch auf dem Lande gab es fast in jedem Ort in der Fastnacht Tanzvergnügen, gar häufig noch Umzüge und Fastnachtsspiele, so 1894 in Nußdorf „Eulenspiegel", Bermatingen „Der Feldtrompeter", Beuren „Ritter Blaubart", Wintersulgen „Flotte Burschen", Höchsten „Über den Löffel balbiert" usw.

Eine eigentümliche Maske in der Meersburger Fastnacht bildet der sogenannte „Schnabelgyri", meist ein farbiger Domino mit Storchenkopf und gewaltigem Storchenschnabel, der auf- und zugeklappt werden kann. Mit einem großen Sack voll Obst durchzieht nun der Schnabelgyri an den Fastnachtstagen die Straßen der Stadt und wirft Äpfel, Birnen und Nüsse usw. unter die Volksmenge, die ihm mit dem Rufe: „Schnabel-Schnabelgyri, Schnabel-Schnabelgyri" folgt, und das Obst aufhebt, wobei es oft zu Streit und Balgereien kommt und sich ein wirrer Menschenknäuel auf den Straßen wälzt. Dann stürzen die Hänsele mit ihren Pritschen und andere Masken mit aufgeblasenen und an Stöcken befestigten Schweinsblasen auf die Streitenden und treiben sie auseinander. Dieser „Schnabelgyri" ist die volkstümlichste und beliebteste Figur der Fastnacht in Meersburg und findet stets ein großes Gefolge. Hie und da durchwandern auch 2 und sogar 3 Schnabelgyri die Straßen.

---

23. Das Narrengericht in Stockach.

Am lebhaftesten in der ganzen Seegegend ist es zur Faschingszeit in Stockach, dem ehemaligen Hauptort der österreichischen Landgrafschaft Nellenburg. Denn hier befindet sich seit 600 Jahren eine fürstlich gestiftete und privilegierte Narrenzunft mit Narrengericht, die aus folgender Veranlassung entstanden: Die Kaiserwahl von 1314 hatte zu einem langen Krieg zwischen den beiden Thronbewerbern Ludwig von Bayern und Friedrich von Österreich geführt. Unter den Gegnern Friedrichs waren auch die Schweizer Lande Schwyz, Uri und Unterwalden. Um sie hiewegen zu strafen, überzog Herzog Leopold von Österreich, der Bruder Friedrichs, die Schweiz mit Krieg und hielt im Aargau Kriegsrat, wie man am besten ins Land Schwyz kommen könnte. Nun hatte Herzog Leopold einen Hofnarren, Kuni von Stockach, den der Herzog scherzweis fragte: „Kuni, wie g'falt dir die Sach?" Der Narr gab zur Antwort: „Es g'falt mir nit, Ihr hant alle geraten, wie ihr in das Land wollent kommen; aber keiner hat geraten, wie ihr wollet wieder herauskommen."

Herzog Leopold zog mit seinem Heer nach Morgarten, und wurde am 16. November 1315 geschlagen, so daß sein Pferd ihn kaum retten konnte. Er zog nach Winterthur zurück, wo er sich seines Hofnarren kluger Rede erinnerte und ihm eine Belohnung versprach. Kuni erbat sich das Privilegium zur Haltung des Narrengerichts in seinem Geburtsort, was Herzog Leopold bewilligte und später dessen Bruder Herzog Albrecht der Weise bestätigte. Hans Kuni, der die letzten Jahre seines Lebens in Stockach zubrachte, starb daselbst 1355 und dessen Geschlecht ist in der ersten Hälfte des vorigen Jahrhunderts erloschen.

Die Stiftungsurkunde vom Jahre 1351 (Hauptbrief, Narrenbrief) wurde in der Brunnensäule des mittleren Brunnens, der zugleich als Grenze das Hegau und Madach scheidet, aufbewahrt; sie ging aber längst verloren. Eine Abschrift ist noch in der Narrenlade niedergelegt. Die Urkunden des Narrengerichts werden jetzt im Stadtarchiv aufbewahrt. Das Narrengericht selbst besteht aus einem Narrenvater (Präsidenten), einem Narrenschreiber (Gerichtsschreiber), 20 Gerichtsnarren und dem Narrenbüttel. Die übrigen Narren werden eingeteilt in Laufnarren, gewöhnliche Narren und Ehrennarren. Alle diese Narren werden in das Narrenbuch eingetragen, welches auch das Bild des Stifters Kuni und die Geschichte des Narrengerichts nebst den Satzungen enthält, sodann eine Geschichte der wichtigsten Zeitereignisse, namentlich der Stadt Stockach. Früher wurden auch alle dummen und törichten Streiche und Geschichten, welche im Lauf des Jahres in Stadt und Umgegend vorgekommen, eingetragen und an der Fastnacht vorgelesen.

Das öffentliche Narrengericht wird alle Jahr an der Fastnacht abgehalten. Am Sonntag nach Dreikönig versammeln sich die Narren in einer Wirtschaft (Narrenwirtschaft) zur Beratung über die Aufführungen, Verteilung der Rollen, Wahl des Narrenrats usw. Am

Sonntag vor dem Fastnachtssonntag wird nachmittags die Fastnacht verkündet mit den Aufführungen durch den Präsidenten in Begleitung der Narrenväter, sämtlicher Narren usw. in feierlichem Umzug. Am schmutzigen Donnerstag wird der Narrenbaum gesetzt, wobei wiederum ein feierlicher Umzug stattfindet: voran der Narrenbüttel mit der Schellenkappe, die Stadtmusik und die ganze Narrengesellschaft. Der Narrenbaum besteht aus einer hohen Tanne, deren Äste bis zum Dolden abgehauen sind; sie trägt eine Tafel mit der Inschrift „Stammbaum aller Narren". Am Fastnachtmontag wird für die Verstorbenen in der Pfarrkirche eine hl. Messe gelesen, der alle Mitglieder der Narrenzunft anwohnen müssen.

Der Fastnachtdienstag ist der Hauptnarrentag mit Festzug und Aufführung von Fastnachtsspielen, Theaterstücken usw. Der Zug wird mit Musik eröffnet. Hinter ihr ziehen die Narren auf Wagen oder Schlitten, zu Fuß oder zu Pferd, früher auch auf Böcken und Eseln, in allerlei Maskenanzügen, jedoch ohne Larven, her. Hiebei wird die Narrenmutter herumgeführt, d. i. eine monströse weibliche Figur mit weiten Kleidern, welche eine Zunge von rotem Tuch herausstreckt und aus deren Schoß oft 20 Paare junger Narren herausschlüpfen. Gewöhnlich wird mitten in der Stadt ein Theater errichtet, wo eine Fastnachtsposse gespielt, das Gericht abgehalten und in früheren Zeiten auch die Zuseher durch verborgene Wind- und Staubmühlen geneckt wurden. Am Aschermittwoch abends zwischen 6—7 Uhr wird die Fastnacht begraben. Die Narren eröffnen einen Trauerzug in schwarzen Kleidern mit gedämpfter Musik; der Zug bewegt sich vom Narrenwirtshaus aus, voran geht der Narrenbüttel, dann kommen 2 Schulbuben mit der von einer Schellenkappe zugedeckten Narrenkasse, nun folgt die Schuljugend und unter Vorantragung der Narrenabzeichen, der Narrenlade, der Narrenschlüssel usw., die ganze Narrenzunft. Der Zug geht dreimal um den Narrenbaum herum und dann in das für das nächste Jahr bestimmte Narrenwirtshaus, wo jetzt die Narrenlade aufbewahrt und ein Trunk gehalten wird. Am Sonntag Lätare wird der Narrenbaum in aller Stille entfernt. Zu diesem Narrenfest strömten ehemals aus nah und fern Leute aller Stände herbei.

In den Fastnachtstagen werden die neuen Mitglieder in die Narrenzunft aufgenommen. Jedes Mitglied muß den Narrenschwur leisten, indem es die linke Hand auf das närrische Herz legt und die rechte Faust zum Stammvater der Narrenzunft, dem (vom Salemer Meister Feuchtmeyer aus Mimmenhausen gemalten) Bildnis Kunis, emporhebt und die Worte spricht: „Ich verspreche, so wahr Hans Kuni ein großer Narr gewesen, und bei meiner Narrenehre, daß ich, so lange mir Bier und Wein, Schnaps und Schinken schmecken, als wirklicher Vollblutsnarr bis an mein seliges Ende bleiben und verharren will, damit ich würdig werde meiner Vorfahren närrischen Angedenkens. Ebenso gelobe ich, die Satzungen und Ordnungen eines grobgünstigen Narrengerichts treu und fest zu halten und zu handhaben, auch das Interesse der Narrenzunft nach Kräften zu fördern, den Narrensamen gehörig zu ziehen, damit das Institut des Narrengerichts stets in Floribus sei. Amen." Alsdann muß der Neuaufgenommene das Bild des Hans Kuni küssen, worauf er vom Präsidenten mit der Pritsche zum Narren geschlagen wird. Jedes Mitglied hat eine Aufnahmetaxe (früher 48 Kr.) zu bezahlen und erhält ein Narrendiplom.

In der Zeit von Mariä Lichtmeß (2. Februar) bis Sonntag Lätare (4. Sonntag nach Fastnacht) hat nach der Stiftungsurkunde von 1351 ein Jeder, der keine amtlichen Verrichtungen hat, dem Narrengerichte Gehorsam zu leisten, oder einen halben Eimer Wein bezw. dessen Geldwert zu entrichten. Das Narrengericht darf alle widerspenstigen Narren oder alle Anderen, welche die Narren beschimpfen oder benachteiligen, entweder mit der Pritsche oder dem Brunnenwerfen strafen, ebenso alle Juden, welche in den letzten drei Fastnachtstagen nach Stockach kommen, mit der Strafe des Brunnenwerfens zu belegen, wovon sie sich mit dem Geldbetrag für einen Eimer Wein loskaufen können. Die Strafe eines Bürgersohnes, der sich nicht in die Narrenzunft einkauft, ist ebenfalls die Eintauchung in den Narrenbrunnen, sobald er sich verehelicht. Wer vor das Narrengericht vorgeladen wird und nicht erscheint, wird durch Laufnarren eingefangen und mit einer Strohkette gebunden vor das Gericht geführt und sofort mit dem Bad bestraft. Diese und manche anderen Bestimmungen werden jetzt nicht mehr so streng oder auch gar nicht mehr gehandhabt. Das Siegel des Gerichts ist ein sprechendes Wappen; es enthält das Brustbild eines Narren mit der Schellenkappe.

Die Gelder der Narrenkasse wurden früher zum Vertrinken verwendet. Im Jahre 1840 wurde beschlossen, das Geld zu gemeinnützigen Zwecken, z. B. als Beitrag für Kinderfeste, Auswanderer, Brandverunglückte usw., zu verwenden. (Nach A. Birlinger „Sitten und Rechtsbräuche", und Oberstaatsanwalt Haager in Konstanz, Heft V der Schriften des Vereins für Geschichte des Bodensees „Sitten und Gebräuche am Bodensee".)

---

24. Der Funkensonntag.

Der erste Sonntag nach Fastnacht heißt der „Funkensonntag", weil am Abend dieses Tages nach altem Brauch auf den Anhöhen Feuer angezündet werden, die man „Funken" heißt. Diese Feuer sind ringsum am See, auf den Bergen des deutschen wie auch des Vorarlberger und des Schweizer Ufers weithin sichtbar und bilden stets ein hübsches, malerisches Bild. Das

Brennmaterial zum „Funken" — Holz, Reisig, Stroh und dergleichen — wird meist von Knaben und jungen der Schule entlassenen Burschen gesammelt, indem sie im Dorf mit einem von einem Pferd oder jungen Leuten gezogenen Wagen von Haus zu Haus ziehen. Oft liegt das betreffende Material, meist ein Reisbüschel, schon vor dem Haus bereit und darf nur eingeladen werden. Manchmal wird auch das Holz, wenn es nicht freiwillig gegeben wird, mit Gewalt oder List genommen. Das so gesammelte Brennmaterial wird nun unter allgemeinem Jubel auf eine bestimmte Anhöhe, einen Bühl oder Berg in der Nähe des Dorfes, von wo aus das Feuer weithin gesehen werden kann, geführt und nun folgendermaßen hergerichtet: eine hohe Stange, oben mit Stroh umwunden, wird auf dem Boden befestigt und um sie herum das Holz, die Reisbüschel und dergleichen über Manneshöhe aufgeschichtet, und das Stroh namentlich unten im Holzstoß verteilt, damit dieser leicht angezündet werden kann. Die mit Stroh umwundene Stange heißt „Hex", denn früher wurde noch eine Strohpuppe mit Weiberkleidern auf der Spitze der Stange befestigt und als „Hexe" getauft. Alle diese Vorarbeiten geschehen entweder am Funkensonntag selbst, oder am Vorabend, oder auch am Aschermittwoch. Dann kehrt Alles ins Dorf zurück, und es werden nun bis zum Anzünden des Funkens noch Scheiben von Buchen- oder Tannenstämmen abgesägt, in der Mitte durchbohrt und an Haselruten — „Funkenstecken" — gesteckt. Denn am Funkensonntag ist noch da und dort das sogenannte „Scheibenschlagen", „Scheibenwerfen" üblich. Die hergerichteten Scheiben, deren ein Bursche oft 20 und mehr an einer Schnur umhängen hat, werden nun, eine nach der andern an die Funkenstecken gesteckt und ins Feuer gehalten, bis sie brennt; dann wird die brennende Scheibe in der Luft herumgeschwungen und endlich auf einem schiefen Brette mit größter Kraft geschlagen und fortgeschleudert, daß sie wie ein glühendes Rad den Berg hinabrollt. Währenddem wird vom Scheibenwerfer in einem Verse verkündet, wem die Scheibe gilt. Hiebei spielt die Liebe eine Hauptrolle und die Scheiben werden meist zu Ehren der Geliebten geschlagen. Mit diesem Scheibenschlagen wird fortgemacht, bis die „Hexe“ verbrannt ist und von der Stange herunterfällt. Ihr Fall ist bedeutungsvoll: in der Richtung, wo sie hinfällt, sollen das ganze Jahr die Gewitter hinziehen ohne jeden Schaden. Ist der Holzstoß größtenteils zusammengebrannt, so begibt sich Alles, die Burschen meist mit Fackeln, ins Dorf zurück, wo die Burschen in den Wirtshäusern oder in den Wohnungen ihrer Geliebten „Funkenringe“ bekommen. Es sind dies aus Hefteig mit Milch, Butter und Rosinen hergestellte Bretzeln. Statt der Funkenringe, wozu auch noch Brenz aufgestellt wird, erhalten in einigen Orten die Gäste Apfelküchle oder gebackene Schnitten.

Auf diese Weise wurde früher Funkensonntag mehr oder weniger in allen Orten unserer Gegend gefeiert. Allmählich aber streifte sich Dies und Jenes vom alten Herkommen ab, und heute ist fast nur noch der „Funken“ übrig geblieben, und auch dieser nicht mehr überall. Am treuesten hat bis jetzt an diesem Brauche Hagnau festgehalten. Dort wird jeweils auf dem „Buchenbichel“, oder bei niederem Wasserstand auf der sogenannten „Burg“ am Seeufer, wo ehedem ein Pfahlbau gestanden, dessen Überreste noch jetzt sichtbar, der „Funken“ gemacht und während des „Betläutens“ angezündet, wobei von den Anwesenden der „englische Gruß“ gebetet wird. Nun werden die Scheiben geschleudert mit dem Spruche:

„Scheib hin, Scheib ab,
Scheib auf der Bahn;
Gehst krumm, gehst grad!
Ach Gott! Wem soll die Scheibe sein?
Die Scheib' soll sein dem N. N. und der N. N.“
(d. h. ein Liebespaar wird genannt.)

Zum Schluß „bromen“ die jungen Leute, das heißt sie machen ihre Hände an den Kohlen schwarz und streichen den Mädchen damit über die Gesichter, um sie zu schwärzen. Ist der Funken ausgebrannt, so geht man allgemein ins Wirtshaus. Auch in Hödingen war noch vor einigen Jahrzehnten neben dem „Funken“, der jeweils mit drei „Hexen“ auf der „Fähhalde“ (Spetzgarter Bühl) errichtet wurde, das Scheibenschlagen üblich und zwar mit diesem Vers:

„Scheib auf, Scheib ab,
Geht sie krumm, geht sie grad,
Geht sie recht, geht sie schlecht?
Wem geht denn die Scheibe so recht? —
Den Eheleuten N. N.
(oder dem Jüngling N. N. und der Jungfer N. N. ꝛc.

In Sipplingen wird der Funken unterhalb der Ruine Hohenfels gemacht, in Owingen auf der sogenannten „Rebhalde“ oberhalb des Gasthauses zum Engel, überall jeweils auf einem hervorragenden Punkt der Gegend, so auch in Deisendorf, Hohenbodman, Uhldingen, Immenstaad, Ittendorf, Kluftern, Altheim, Leustetten, und im ganzen Salemertal, wie auch über dem See in Dingelsdorf, Liggeringen, Allmannsdorf usw. Desgleichen in den Bezirken Pfullendorf, Stockach, im benachbarten Hohenzollern und Württemberg usw.

Diese „Funken“, welche bei uns am See und in Schwaben, in der Schweiz, wie auch da und dort in Mittel- und Norddeutschland, ja bis Schweden üblich sind, stammen unzweifelhaft aus der heidnischen Vorzeit, und wurden von unsern Vorfahren, den Germanen, der wiederkehrenden Sonne, dem nahenden Frühling zu Ehren angezündet, und die glühenden Scheiben und flammenden Räder sollten die Sonne versinnbildlichen. Und so möge denn dieser Brauch fröhlich fortleben als Erinnerung an die längst entschwundene Jugendzeit der germanischen Völkerschaft und zum freudigen Zeichen der baldigen Ankunft des holden Lenzes.

25. Der Palmsonntag.

Am Sonntag vor Ostern feiert die Christenheit den triumphierenden Einzug Christi in Jerusalem, wobei er vom Volke mit Palmen empfangen wurde. Deshalb heißt der Tag „Palmsonntag“, und zur Erinnerung werden an diesem Tage in den katholischen Kirchen „Palmen“ geweiht und eine feierliche Prozession mit geweihten Palmen gehalten.

In der Seegegend macht man diese sog. „Palmen“ auf mehr oder weniger künstliche Weise aus einem Tännchen, einer Hasel- oder Salweidenstaude, einem Birkenstämmchen oder dergl. Einem Tannenbäumchen wird der Vorzug gegeben, und womöglich ein solches gewählt, das 4 rechtwinklig abstehende Zweige an einem Knotenpunkte hat; sind nur 3 Zweige vorhanden, so wird ein vierter künstlich eingefügt. Sämtliche Zweige werden geschält und an jeden zunächst 3 Aepfel gesteckt und dann 3 „Kreuzhölzchen“ — aus Hollunderstäbchen kreuzweis zusammengefügt —, dann wieder 3 Äpfel, und so weiter bis der Zweig voll ist; ebenso wird es mit den übrigen Zweigen gemacht. Sind die Zweige kurz, so werden nicht abwechselnd je 3 Äpfel und 3 Holzkreuzchen angesteckt, sondern abwechselnd nur je 1 Apfel und 1 Holzkreuzchen, stets bis der Zweig voll ist. Diese 4 so zugerichteten Zweige werden nun aufgerichtet, deren Spitzen gegen einander geneigt und nebst etwas Buchs, oder Cypresse oder Thuja usw. mittels Seidenbands am Stamm zusammengebunden. Dies Gebilde nennt man eine „Laterne“. Nun wird aus den nächsten 4 Zweigen auf gleiche Weise eine weitere „Laterne“ darüber gemacht, und so fort bis alle Zweige verbraucht sind. Je größer das Tännchen ist, desto mehr „Laternen“ können selbstverständlich gebildet werden und desto größer ist dann auch der „Palmen“. Die Spitze desselben heißt „Krone“ und wird mit farbigem Papier,

Fähnchen, Bändern usw. verziert. Der untere Teil des Palmens, der Griff oder die Handhabe, ist mit farbigem Papier umwunden. Wird als „Palmen" ein Birkenbäumchen gewählt, so wird dies zunächst durch Versetzen in ein warmes Lokal, in den Keller usw. zum Grünen gebracht, dann werden wie beim Tännchen Äpfel und Kreuzchen an die Zweige gefaßt und um das Birkenstämmchen gebunden und daraus „Laternen" gemacht. Bei einer Haselstaude spaltet man die Aeste und bildet aus ihnen ebenfalls „Laternen". Alle diese „Palmen", sie seien aus Tännchen oder Birken oder Haselstauden, sind mehr oder weniger einander gleich, nur ist der eine etwas größer und reicher geschmückt als der andere. Manchmal werden auch in einem Haus zwei und mehr „Palmen" gemacht, denn jedes Kind, das einen „Palmen" tragen kann, will einen solchen, und je größer und geschmückter er ist, desto stolzer ist es auf seinen „Palmen".

Am Palmsonntag tragen nun die Kinder, Knaben wie Mädchen, vor Beginn der hl. Messe ihre Palmen in die Kirche und stellen sich, wenn der Pfarrer aus der Sakristei tritt, vor dem Altar nebeneinander auf, worauf die Palmen vom Priester geweiht werden. Alsdann werden die Palmen nach Haus zurückgebracht. In verschiedenen Landorten, namentlich in Hödingen, war es üblich, daß das betreffende Kind die Palmen zuerst dreimal ums Haus trug und dabei jedesmal ein Vaterunser betete, „zur Abwendung von Blitzgefahr". Dann wird der „Palmen" am Haus aufgesteckt, gewöhnlich an der Stalltüre oder am Scheunentor in einer Ecke; im folgenden Jahre wird nun der neue „Palmen" in der anderen Ecke angenagelt, im dritten Jahr wird der älteste „Palmen" weggenommen und auf der Bühne verwahrt; an dessen Stelle kommt nun der diesjährige Palmen, und so geht es weiter. Von den Äpfeln des Palmens erhält jedes Familienglied, wie auch die Anverwandten, welche keine Palmen haben, desgleichen die

Dienstboten ein „Schnitzchen", das gegessen wird, ebenso das Vieh, „damit Alles gesund bleibt". Bei heranziehendem Gewitter wird mancherorts ein Stück vom „Palmen" im Herdfeuer verbrannt, „damit das Wetter nicht ins Haus schlägt". In Überlingen gingen die Kinder am Palmsonntag zu ihrem Paten, und baten um den „Eselespfennig"; sie erhielten dann einen Groschen oder Sechser nebst einem Brotring, ähnlich einer großen „Bretzel" als Kaffeebrot. An Stelle dieses Eselespfennigs traten dann später die Ostereier am Ostermontag. Am Neujahrstage aber hatten die Kinder von ihren Paten jeweils als Kaffeebrot einen großen Kranz und ebenfalls Geld erhalten.

In früherer Zeit wurde an vielen Orten Oberschwabens, im Elsaß und der Schweiz, in den Kirchen selbst der Einzug Christi in Jerusalem dramatisch dargestellt und der sog. „Palmesel" mit dem Heiland — aus Holz geschnitzt und von natürlicher Größe, auf einem Rädergestell — in Prozession herumgeführt. So in Konstanz bis zum Jahre 1784, ferner in Meßkirch, Villingen, Gengenbach, desgleichen in Ulm, Tübingen, Augsburg usw. In Überlingen wurde noch im Anfang des vorigen Jahrhunderts der „Palmesel" auf dem „Kirchhof" (jetziger Münsterplatz) herumgeführt. Dann kam dieser Brauch in Abgang und der Palmesel auf die Laube des alten Münsterpfarrhofs und endlich in den Münsterturm, wo er jetzt noch ist.

Weil Christus auf einer Eselin in Jerusalem einzog, hieß der Palmsonntag beim Volk früher der „Eselestag" und galt noch zu Anfang des letzten Jahrhunderts bei den alten Überlingern als der „Tag" oder „Namenstag der Weibsleut", während dem gegenüber der Sonntag „Lätare" der „Tag der Mannspersonen" war, „Lätare" — „Latschare". Noch in der ersten Hälfte des abgelaufenen Jahrhunderts war es in Überlingen allgemein üblich, daß am Palmsonntag, dem „Eselestag“, der Mann mit seiner Frau ins Wirtshaus ging. Wenn aber einmal der Mann nicht an den alten Brauch dachte, so erinnerte ihn — wie alte Überlinger erzählen — die Frau selbst daran und sagte: „Den alten Brauch darf man nicht ausgehen lassen; man muß den Esel zur Tränke führen!“ — „Ja!“ erwiderte dann der Mann, „es ist ja heute Dein Tag.“ Denn die Überlinger waren von jeher Liebhaber eines guten Trunks und benützten jede Gelegenheit, einen solchen zu sich zu nehmen, was sie jeweils mit einem alten Spruch zu begründen wußten. So war am Neujahr der „Nachtwächtertrunk“. Am Dreikönigstag hieß es: „Heut muß man für drei trinken!“ Am ersten Fastensonntag mußte man die „Fastnacht begraben“. Am Josefstag wurde mit der Frau „Stärke und Liebe getrunken“. Am Palmsonntag aber galt wie bereits gesagt — der Spruch: „Man muß den Esel zur Tränke führen“. Am Ostermontag gingen Mann und Frau „nach Emaus spazieren“ zu einem Glase Wein. Auf Johannes des Täufers Tag fällt bekanntlich der „Nachbarschaftstrunk“. Nach der Ernte war jeweils die Sichelhenke mit Trunk. Zur Kirchweih ging man früher nach „Altbirnau“, wo es mit Essen und Trinken und anderen Lustbarkeiten hoch herging; und an Johannes Evangelist ließ man Wein weihen und trank den „Johannissegen“.

---

26. Das Eierlesen an Ostern.

An Ostern wird noch jetzt in verschiedenen Orten der Seegegend der alte schwäbische Brauch des Eierlesens abgehalten, gewöhnlich am Ostermontag, manchmal auch am darauf folgenden Sonntag. Im Wesentlichen besteht dieses Spiel, das von jungen Burschen und Mädchen aufgeführt wird, in Folgendem. Am Vorabend oder auch am Festmorgen selbst werden von jungen Burschen die

Eier von Haus zu Haus gesammelt, 100—200 Stück, und dann auf dem Festplatz, einer Wiese oder einem freien Platz im Ort selbst längs einer ausgespannten Schnur etwa 1—3 Schritte von einander entfernt auf den Boden gelegt; bei einem Eierritt dagegen, bei dem die Eierleser zu Pferd sind, auf Pfähle, welche, mit Reisig umwickelt, so hoch sein müssen, daß der Reiter auf dem Pferde die Eier bequem langen kann. Nach dem Nachmittagsgottesdienst zieht nun Alles unter Vorantritt der Musik auf den mit Fahnen geschmückten Festplatz. Ein Jeder, der am Eierlesen teilnimmt, erscheint im Festanzug — weiße Hosen mit schönen roten Hosenträgern, über dem Rock ein weißes Hemd; die Hemdärmel mit Bändern geziert, um den Leib eine rote Gurt, über die Achsel eine Schärpe in den Landesfarben, auf dem Kopf ein weißes Käppchen mit rotem Band. „Der Festredner" trägt schwarzen Anzug mit Zylinder. Er begrüßt von der Tribüne aus die Gäste. Alsdann beginnt das Eierlesen: Während ein Bursche nach einem etwa ½ Stunde entfernten Nachbarort eilt, von dem er irgend einen Gegenstand, wie einen Baumzweig, eine Brezel oder dergleichen, mitbringt, als Wahrzeichen, daß er dort gewesen, und noch ein Ei an ein Scheuertor wirft als Beweis seiner Anwesenheit, liest ein anderer Bursche auf dem Festplatz die Eier der Reihe nach auf und wirft sie einem andern Burschen zu, der sie in einer mit Spreu gefüllten Wanne auffängt, wobei aber auch manchmal ein Ei das Ziel verfehlt und zerbricht. Wird nun der Eierleser, was gewöhnlich der Fall, mit dem Einsammeln der Eier fertig, bevor der Andere zurückgekehrt ist, so hat er gewonnen, andernfalls der Läufer, und es geht nun die ganze Festversammlung mit Musik dem Rückkehrenden entgegen, worauf sich alles ins Wirtshaus begibt, wo der Sieger einen Preis erhält, und die Burschen und Mädchen die Eier gemeinschaftlich verzehren und erst spät in der Nacht das Fest mit Jubel und Tanz schließt.

Besonders festlich wurde das Eierlesen zu Pferd in Hödingen im Jahre 1896 gehalten. Der ganze Ort prangte im Festgewande, von Fahnen und Tannengrün, an den Ortseingängen waren Triumphbogen errichtet mit folgenden Inschriften:

„Willkommen Gäste aus Fern' und Nah',
Nehmt teil an unserm Freudentag!

* * *

„Hab' Dank mein Gast, daß Du gestellt Dich ein,
Dafür sollst Du ewig unvergeßlich sein!“

* * *

„Durch diesen Bogen
Kommt geflogen
So manches bunte Ei
Drum aufgepaßt,
Frisch angefaßt,
Daß keines geht vorbei.“

* * *

„Reiter! bleibet fest auf euren Fritzen!
Ruhig Blut und fest gezielt,
Jedes Ei muß sitzen!“

Eingeleitet wurde die Festlichkeit durch einen Festzug, an dessen Spitze ein Reiter mit dem schön verzierten Maien, dann folgten Musik, die Festjungfrauen und Festreiter, der Graf und die Gräfin, die Fahne und 15 Reiter. Auf dem Festplatz angekommen, betrat der „Graf“ als Festredner die Tribüne und sprach über die Bedeutung des Festes und die Entstehung des Eierlesens, anknüpfend an die bekannte Erzählung Christofs v. Schmid, „Die Ostereier“, wonach auch die Titel „Graf“ und „Gräfin“ für die Hauptpersonen des Spiels herrühren. Dann folgte namens der Gesellschaft die Begrüßung der Teilnehmer mit dem Dank für die Spenden und die Unterstützung der Gemeinde. Ein Hoch auf die Ortsvorsteher bildete den Schluß. Namens der Jungfrauen Hödingens sprach die „Gräfin“ über das Fest als ein Fest des Frühlings und dadurch ein Fest der Jungfrauen, und knüpfte hieran Mahnungen zur Wahrung des jungfräulichen Kranzes. Nach dem Eierlesen begab sich Alles in das Gasthaus „Zum Kreutz“, wo bald die fröhlichste Stimmung herrschte und das Abends folgende Tanzvergnügen die junge Welt noch lange fesselte. Auch das Eierlesen in Dingelsdorf am Ostermontag 1904 wurde in hervorragender Weise gefeiert. Der Festplatz war die obere Ortsstraße vom Dorfbrunnen bis zum Kudermann'schen Hause, vorn und hinten abgeschlossen durch Triumphbogen, auch am Landungsplatz war ein solcher errichtet. Die Häuser waren vielfach mit Fahnen und Tannenreisig geschmückt. Eröffnet wurde das Fest durch die Begrüßungsrede eines Eierlesers, eines angehenden Soldaten, dann ging's an's Eierlesen, währenddem ein anderer Bursche nach Wallhausen lief. Bevor dieser jedoch zurückkam, waren die Eier eingesammelt, und es zog ihm nun die Musik entgegen, worauf die ganze Gesellschaft in die Brauerei Voller sich begab, wo noch ein Theaterstück „Die Ritter von Rabenstein" aufgeführt wurde.

In ähnlicher Weise fanden solche Eierlesen in Bondorf statt, in Ludwigshafen, Wollmatingen, 1891 in Owingen, Nesselwangen, Taisersdorf und anderen Orten der Seegegend.

27. Der Heiligkreuztag in Oberndorf.

Eine halbe Stunde von Dingelsdorf liegt einsam am Walde auf der Höhe, von der man eine prachtvolle Aussicht auf den See und das schwäbische Ufer genießt, der Weiler Oberdorf, der schon 1165 urkundlich genannt wird, Filial von Dingelsdorf ist und bis 1805 der Deutschordenskommende Mainau gehörte. Auf freiem Rasenplatz steht ein kleines einfaches Kirchlein mit einem Türmchen auf dem vordern Dachfirst und darunter eine nach außen gerichtete Kanzel. Es ist dies die „Heiligkreuzkapelle", so genannt nach einem alten Prozessionskreuz, das auf dem Altar hinter Glasverschluß aufgestellt ist.

Nach der Sage wurde dieses „Heiligkreuz von Oberdorf" vor alter Zeit auf wunderbare Weise gefunden: auf dem Platze, wo jetzt die Kapelle steht, weidete eine Herde

Vieh; da wühlte ein Stier mit den Hörnern den Boden auf und scharrte aus der Erde ein seltsam geformtes, etwa 1 Mtr. grosses Kreuz heraus, von dem Niemand vorher etwas gewußt. Das Volk erblickte hierin ein Wunder und verehrte das Kreuz wie ein Heiligtum. Auf der Stelle, wo das Kreuz gefunden wurde, baute man eine Kapelle und stellte das Kreuz darin auf, zu dem nun viele Leute wallfahrteten. Die Dingelsdorfer wollten das Kreuz in der Pfarrkirche aufstellen, da dort mehr Platz für die Leute sei; eines schönen Tags holten sie deshalb mit Kreuz und Fahnen aus der Oberdorfer Kapelle das „Heiligkreuz" und verbrachten es in die Dingelsdorfer Kirche; andern Tags aber war dasselbe wieder wie bisher auf dem Altar der Oberdorfer Kapelle, wo es von nun an unbehelligt blieb. Nur zu Prozessionen, die von der Mutterkirche Dingelsdorf ausgehen, wird das „Heiligkreuz von Oberdorf" dahin gebracht und geht mit der Prozession, nach deren Beendigung es wieder an seine alte Stelle kommt. Übrigens sollen — nach andern Mitteilungen — weder die jetzige Kapelle, noch das Kreuz die ursprünglichen sein; die alte Kapelle soll schon längst zerstört und an deren Stelle die jetzt bestehende erbaut, und das ursprüngliche Kreuz dereinst geraubt und statt dessen das jetzige hergestellt worden sein.

Sei dem wie ihm wolle! Das „H e i l i g k r e u z v o n O b e r d o r f", wie es noch jetzt auf dem Altar der Kapelle steht, ist ein altertümliches Kreuz in Deutsch-Renaissance, etwa 1 Meter hoch und breit und 2 Zentimeter dick, mit Messingblech überzogen und mit Ranken-ornament-Silberbeschläg eingefaßt. Die Vorderseite trägt an der Kreuzung ein grosses Ornamentmedaillon und darüber wie auch an den Kreuzarmen kleine Medaillon aus farbigen Glasperlen; die Rückseite hat auf dem Kreuzmittel ein kleines Silberrelief „Madonna mit dem Jesukind auf der Mondsichel", desgleichen geflügelte Engelsköpfchen in den Kreuzenden, und dazwischen wieder allerlei Glasperlenmedaillon. Das Kreuz ruht auf breiter Holzbasis, deren obere schwarz angestrichene Hälfte hohlkehlenartig geschnitzt ist, während die untere braunfarbige karniesförmig. Das Ganze ist in einem Rokokoschränkchen aufbewahrt. Zum Mitführen bei Prozessionen usw. ist ein besonderer Tragapparat vorgesehen.

Von jeher stand dieses Kreuz in Dingelsdorf und Umgegend in großer Verehrung, und es wurde deshalb der „Heiligkreuztag" — 3. Mai, Kreuzerfindung — früher hochgefeiert und war stets in Oberdorf ein echter Volksfesttag, an dem aus der ganzen Umgegend sich eine Menge Leute beteiligten. Am Vormittag ging man in Prozession von Dingelsdorf nach Oberdorf, wo in der Kapelle Festgottesdienst stattfand mit Predigt, welche von der Turmkanzel aus an das im Freien versammelte Volk gehalten wurde. Nach Schluß des Gottesdienstes wurde der „Wettersegen" mit dem „Heiligkreuz" erteilt. Von nun an wurde — wie überall — jeden Tag der „Wettersegen" gespendet, aber nicht mehr mit dem „Heiligkreuz von Oberdorf" in dortiger Kapelle, sondern in der Pfarrkirche zu Dingelsdorf, bis zum letzten Kreuztage — 14. September, „Kreuzerhöhung" — wo wieder wie am ersten Kreuztage in Oberdorf die Feier war mit Prozession, Festgottesdienst und Predigt, und zum letzten Mal der Wettersegen mit dem Heiligkreuz.

In Oberdorf herrschte am „Heiligkreuztag" ein sehr bewegtes Leben und Treiben: am Vormittag die kirchliche Feier, zu der noch in Prozessionen die Einwohner von Wallhausen, Dettingen, Litzelstetten, Wollmatingen usw. kamen. Nachmittags fand dann jeweils Markt und allerlei Volksbelustigungen statt. Auf dem Rasenplatz rings um die Kapelle waren 8—10 Marktstände aufgeschlagen, wo man Gebäck, Würste und andere Eßwaren, Gebetbücher und Volksschriften, „Nuster"

(Rosenkränze), „Hoalgle“ (Bildchen und Statuetten von Heiligen) und dergleichen kaufen konnte. In den Häusern wurde gewirtschaftet wie in Wirtshäusern, wozu dann gewöhnlich die Tische und Stühle, Gläser und Krüge usw. entlehnt werden mußten. Meist wurde noch ein leerstehender Schopf zu einem Tanzsaal umgestaltet, wo sich nun die jungen Paare munter drehten. Überall war Freude und Fröhlichkeit! Und wie am ersten Kreuztage, so war die Feier am letzten Kreuztage, so daß diese Tage stets Freudenfeste für das Landvolk waren. So wurde es abgehalten bis zum Anfang des 18. Jahrhunderts, und heute wissen nur noch die ältesten Leute von diesem Volksfesttag das zu erzählen, was sie dereinst von ihren Eltern gehört.

Das „Heiligkreuz von Oberdorf“ wird aber noch immer mit den Prozessionen umgetragen und mit demselben wird dann vom Geistlichen der Segen gegeben, wie in alten Zeiten. Noch jetzt kommen mitunter in der Bitt- oder Kreuzwoche, oder am Marxtage (25. April, Markustag) auch von auswärts, namentlich von Litzelstetten, Wollmatingen, Dettingen usw. nach Oberdorf Prozessionen, mit dem Geistlichen an der Spitze, welcher dann in der Kapelle eine heilige Messe liest und am Schluß mit dem „Heiligkreuz“ den Segen gibt.

Schließlich sei hier noch eines eigentümlichen Brauchs erwähnt, der früher vielfach geübt worden sein soll: hier wurden nämlich Kehrbesen geopfert; sie mußten zur Kapelle gelegt werden, ohne daß Jemand es bemerken durfte. Der Meßner nahm dann die Besen weg und benützte sie zum Kirchenkehren. Diese geopferten Besen sollen gegen allerlei Übel geholfen haben, so gegen das Bettnässen der Kinder, gegen „Räudigsein“ (Krätze) usw.

Nicht vergessen dürfen wir das „Gotteslaible“. Auf dem Lande wird nämlich an einem bestimmten Wochentage das Brot für die ganze Familie und „Ehehalten“

(Dienstboten) gebacken. Da war es nun früher in Oberdorf Sitte, außer den für den Haushalt nötigen Brotlaiben noch weitere für die Armen zu backen, die diese dann regelmäßig holten. Man nannte dieses Brot „Gotteslaible". Jeder Arme hatte sein bestimmtes Haus, wo er das Brot holen durfte. Reichte zufälligerweise der Teig nicht mehr für das „Gotteslaible", so wurde ihm statt dessen Mehl, Schmalz, „Kleinmus" (Mehl in Schmalz geröstet und in Wasser abgekocht) usw. gegeben. Dieser schöne Brauch herrschte noch im vorigen Jahrhundert.

28. Die erste Ausfahrt aufs Feld und die Menebuben in Hödingen.

Vor dem ersten Ausfahren ins Feld, wenn im Frühjahr die Feldarbeiten beginnen, wird noch heute in vielen Landorten, namentlich auch in Hödingen, von den Hausgenossen ein gemeinsames Gebet verrichtet, 5 Vaterunser und der Glauben gebetet. Früher stellte man einen brennenden Wachsstock auf den Tisch und die ganze Familie mit dem Gesinde versammelte sich um ihn in der Stube und betete. Dann gab man, wie auch noch jetzt, jedem Stück Vieh und jedem Pferd etwas Brot und geweihtes Salz. Erst dann geht's mit dem Vieh aufs Feld hinaus. Man gibt überhaupt jedem Vieh, das zum ersten Mal aus dem Stall geführt wird, ein Stück „gesegnetes Brot" („Agathen-Brot"). Kein Vieh wird jedoch an einem Freitag zum ersten Mal hinausgeführt, denn dann gedeiht es nicht. An manchen Orten wurde jeweils am 1. März zum „Haberen" (Habersäen) ausgefahren. Vorher ging der Bauer mit brennender geweihter Wachskerze in den Stall und träufelte jedem Stier drei Tropfen Wachs auf Kopf, Rücken und Schwanzfeder, nachdem er mittels einer Schere an den betreffenden Stellen das Haar abgeschnitten, damit der Wachstropfen direkt auf die Haut komme. Dann kamen die Familienangehörigen mit den „Ehehalten“ (Dienstboten) in den Stall und verrichteten beim Vieh das übliche Gebet — 5 Vaterunser und den Glauben —, worauf jedes Stück „Hab“ geweihtes Salz und Brot erhielt. Nun gings hinaus aufs Feld. So wurde es noch zu Anfang des vorigen Jahrhunderts in Deisendorf gehalten.

In Hödingen bestand noch vor 40 Jahren ein besonderer Brauch unter den „Menebuben“. Das Antreiben des Viehs beim Pflügen heißt man „Menen“*). Dies besorgt in der Regel ein Knabe, der mit der Geißel in der Hand neben dem Vieh hergeht; in Ermangelung eines Knaben („Menebuben“) muß ein Mädchen dies Geschäft übernehmen. Wurde nun zum ersten Mal „auf den Acker gefahren“, dann machten früher die größeren Schulkinder („Schuler“) unter sich aus: „Jetzt gehen wir und holen das „Menebrod“, und gingen nun zu jedem Bauer im Ort und zu den zur Gemeinde gehörigen Bauernhöfen in Spetzgart, Höllwangen und Länglehof, beteten überall einen Rosenkranz und erhielten ein jedes ein großes Stück Brot. Die Kinder gingen jeweils in geordnetem Zuge paarweis, sowohl Knaben als Mädchen; zwei Knaben waren die sog. „Steckli manen“, sie hatten einen Stecken und hielten damit die Ordnung aufrecht, der eine bei den Knaben, der andere bei den Mädchen; war eines unartig, so erhielt es einen Schlag mit dem Stecken. Später wurden statt des Rosenkranzes nur noch 5 Vaterunser gebetet. Ende der sechziger Jahre hörte dieser Brauch ganz auf. Er soll auch an anderen Orten, so ganz ähnlich in Mühlingen A. Stockach bestanden haben. Nach alter Überlieferung hat einmal ein Bauer diese Brotgabe verweigert, indem er vorgab, „es sei ihm zuviel, eine ganze

---

*) **Mene** (altdeutsch), **meni** (f) heißt ein kleiner zweirädriger Karren und ist wälschen Ursprungs; der Ausdruck kommt vom Bodensee bis an die Mosel vor.

„Bachete“ (einen Backtrog voll) Brot zu verschenken.“ Als er aber mit 2 Ochsen zu Acker fuhr, sollen dieselben auf dem Feld sofort verendet sein. Das nächste Jahr gab er dann den Kindern das Brot wieder.

29. Die Felderbenediktion am Auffahrtstage und die Kinderprozessionen.

In vielen Gemeinden am See, wie auch in anderen Gegenden, wurde früher und wird da und dort noch jetzt an der „Auffahrt“, am „Auffahrtstag“ — Christi Himmelfahrtstag — die Felderbenediktion gehalten. Im Wesentlichen bestand die Feier des Tages in Festgottesdienst und Prozession „um den Oesch“, wobei an 4 verschiedenen Plätzen der Gemarkung vom Geistlichen geeignete Verse aus je einem der 4 Evangelien gelesen und die Felder und das Vieh gesegnet wurden.

In Dingelsdorf wurde zu dieser Feier jeweils, wie noch jetzt, das „Heiligkreuz von Oberdorf“, das für diesen Anlaß noch besonders mit Blumen und Laubgewinden verziert wurde, in Begleitung der Oberdorfer Einwohnerschaft unter Gebet in die Pfarrkirche hinabgebracht, wo der Festgottesdienst stattfand. Nach Beendigung desselben begann unter allgemeiner Beteiligung der Pfarrangehörigen und Auswärtigen die Prozession, wobei Kreuz und Fahnen von Gemeindebürgern, das „Heiligkreuz von Oberdorf“ von 2 Oberdorfern getragen wurden; sie bewegte sich von der Pfarrkirche aus durch den oberen Teil des Orts auf der alten Straße gegen Litzelstetten bis zum ehemaligen „Roten Kreuz“ oberhalb der Feldkapelle, wo nun vom Pfarrer bezügliche Schriftstellen aus dem 1. Evangelium verlesen wurden. Zu diesem Zweck trugen die Ministranten ein Tischchen und Schemelchen mit, welche nun hier aufgestellt wurden; auf ersteres legte der Meßner das Evangelienbuch und die Oberdorfer Kreuzträger stellten das „Heiligkreuz von Oberdorf" darauf. Nachdem der Geistliche die Schriftstellen verlesen, und die Felder gesegnet, setzte sich der Zug wieder in Bewegung nach Oberdorf, wo bei der „Heiligkreuzkapelle" oder auf dem Langenberg wiederum das Evangelium verlesen und der Segen gespendet wurde; dann zur dritten Station im Gewann „Schmiedsreuthe", und zur letzten im Gewann „hohe Riederen", da wo jetzt das Kriegerdenkmal steht. Bei einer dieser 4 Stationen geschah jeweils die Segnung des Viehs und zwar stets im „Brachösch".

In früherer Zeit herrschte nämlich überall bei uns die „Dreifelderwirtschaft": ein Drittel des urbaren Geländes wurde alljährlich mit Sommerfrucht (Sommer-Gerste, -Roggen, -Weizen, Haber, Mohn und Wicken usw.) angepflanzt und hieß deshalb „Sommerösch" oder „Haberösch"; das andere Drittel mit Winterfrucht (Winter-Gerste, -Roggen, -Weizen, Korn, Ölsamen, Reps, Dickrüben usw), es war dies der „Winterösch" oder „Kornösch", und das letzte Drittel wurde gar nicht angepflanzt als der „Brachösch". Jedes Jahr wechselte man nun mit der Ansaat, so daß alle 3 Jahre wieder die gleiche Fruchtart jedes Gelände traf.

Am „Auffahrtstage" wurde nun, sobald die Prozession nahte, das Vieh auf dem „Brachösch" von der Weide zusammengetrieben und am Waldsaum auf der „Vähstelle" (Viehstelle) von den Hirtenbuben in Ordnung aufgestellt: zunächst die Pferde, dann die Ochsen und Kühe, und zuletzt die Ziegen. Nach Verlesung des Evangeliums sind vom Pfarrer die Tiere mit Weihwasser besprengt und gesegnet worden. „Die Buben sind dann mit dem Vieh heimgefahren (nach Haus gegangen), die, welche Rosse hatten, sind auf ihnen heimgeritten." Schließlich ging die Prozession zur Kirche zurück, wo noch eine Litanei gebetet wurde. So wurde es gehalten bis Anfangs der vierziger Jahre, dann hörte allmählich die Viehsegnung auf; denn es ist dies keine kirchliche Einrichtung, sondern bloß ein von der Kirche geduldeter und von dem jeweiligen Ortspfarrer freiwillig übernommener Volksbrauch. Als um jene Zeit der Dingelsdorfer Pfarrherr den Leuten erklärte, „Stier und Kühe dürfe man ihm nicht bringen", da hat man diesen Brauch selbstverständlich „abthun". Im Hause des Landwirts A. Maier in Dingelsdorf befindet sich noch als Erinnerung an diese Viehsegnung ein altes Votivbild, auf dem eine Viehherde auf der Weide, gehütet von 2 Landleuten, abgebildet ist; darüber schwebt das „Heiligkreuz von Oberdorf" mit Nimbus, darunter die Inschrift „Ex voto 1799."

Ähnlich wie in Dingelsdorf wurde der Tag auch in Dettingen, Wiechs usw. gehalten. In Dettingen bewegte sich die Prozession über Rohnhausen, dann durch den Wald zur Burg, hierauf zum Ziegelhof; eine Station war bei der Burg; der hiebei verwendete Altar befindet sich noch im Burghofgebäude. In Wiechs, Amt Stockach, waren die vier Stationen auf der Wies Hinterloh am Kreuz, an der Straße nach Langenstein, nach Steißlingen und zuletzt im Dorf am Kreuz; nachher wurde das Vieh an den Ortsbrunnen geführt, wo der Pfarrer dasselbe unter Gebet mit Weihwasser besprengte, worauf man eine Litanei betete und in die Kirche zurückkehrte.

Anläßlich dieser Oeschprozession seien hier noch die Kinderprozessionen erwähnt, die noch heute nach altem Herkommen in einigen Orten unserer Gegend gehalten werden. So gehen in Nußdorf alljährlich am Pfingstmontag Nachmittags sämtliche Schulkinder in Prozession um den Oesch: Voran wird ein Kreuz von einem Schüler getragen, dann kommen die Schüler paarweis, zuerst die kleinsten, zuletzt die ältesten, in gleicher Ordnung folgen die Schülerinnen; Niemand der Erwachsenen geht mit; nur der Polizeidiener begleitet diese Kinderprozession, um die Ordnung aufrecht zu erhalten.

Dieselbe währt von halb 2 Uhr bis 3 Uhr. Zum Schluß erhielt früher jedes Kind 2 Brot und Wein aus dem Gemeindekeller; auf Anordnung des Großh. Bezirksamts wird seit etwa 15 Jahren statt des Weines Geld (je 20 Pf.) gegeben. Außerdem aber erhält noch jedes Kind vom Meßner 60 Pf. (die jüngeren 20 Pf.), nachdem es während des ganzen Jahres jeden Donnerstag der hl. Messe in der Kapelle angewohnt und mit den Andern die üblichen Gebete laut gebetet hat. Die Kinder holen diese Geldbeträge jeweils nach der Pfingstmontagsprozession beim Gemeinderechner und dann beim Meßner. Diese Gaben rühren von einer Stiftung der „Adelheita Schneiderin Hansen Schneiders sel. Eheliche Wittwe, säßhaft zue Nußdorf“ her, welche im Jahre 1470 der „Cappelle zu Nußdorff“ ihr Vermögen testamentarisch vermacht hat. Auch in Uhldingen wird eine solche Kinderprozession gehalten, Nachmittags am 20. April nach der Öschprozession.

Nur gelegentlich sei hier noch angeführt, daß bis in die Mitte des abgelaufenen Jahrhunderts im Münster zu Überlingen an jedem Himmelfahrtstag eine Christusstatue durch eine runde Öffnung an einem Seil zur Decke emporgezogen wurde, um die Himmelfahrt Christi dem Volke anschaulich zu machen. Wenn nun die Figur während des Emporziehens nach einer bestimmten Richtung sich drehte, dann hieß es, dort gehen dieses Jahr die schwersten Gewitter nieder.

30. Die Viehfeiertage im Linzgau.

In einigen Gemeinden des Linzgaues wird noch jetzt ein sog. „Viehfeiertag“ („Vähfiertig“) gehalten, welcher mit einer kirchlichen Feier eingeleitet, früher ein Ruhetag für Menschen und Vieh war. Solche Viehfeiertage wurden nach der Tradition meist eingeführt infolge eines frommen Gelöbnisses bei einer Viehseuche oder zum Dank für deren Erlöschen; deshalb finden sie nicht gemeinsam statt, sondern es hat jeder Ort seinen besonderen Tag. Wir wollen hier nur einige Beispiele anführen:

In Überlingen treiben namentlich die Bewohner der Oberstadt, des sog. „Dorfes", Landwirtschaft, und halten noch heute ihren Viehfeiertag am 28. August, am Pelagi- und Augustini-Tag. Dieser Tag wird aber besonders hochgehalten in dem ebenfalls zum Dorf gehörenden Hauloch, dem ältesten Stadtteil Überlingens. Niemand arbeitet an diesem Tage. Morgens 7 Uhr versammeln sich die Haulocher beim Wiestor und ziehen dann in Prozession unter Gebet nach der Kapelle St. Leonhard, wo eine hl. Messe gelesen wird. Eine halbe Stunde später kommen die übrigen Landwirte des Dorfs zusammen und gehen nach St. Leonhard, wo eine zweite hl. Messe für sie gelesen wird, nachdem die Haulocher bereits wieder auf dem Heimweg begriffen sind. Letztere, welche eine besondere Nachbarschaft im Dorfe bilden, halten nach dem Gottesdienst eine Besprechung beim Gassenpfleger, einem als Vorstand gewählten Hauseigentümer im Hauloch, wobei das Programm für die Abendfestlichkeit aufgestellt, und namentlich ausgemacht wird, welcher Wein hiezu genommen werden soll. Zu diesem Zwecke muß ein Rebmann von seinem Wein mitbringen, der dann verkostet und geprüft wird. Abends ist dann beim Gassenpfleger wieder Zusammenkunft, wo jeder Bewohner mit Frau und Kind teilnimmt und 3—4 Maß Wein — bezahlt aus der Nachbarschaftskasse — erhält, aber das Essen — Brot, Käs, Wurst usw. — selbst mitbringt. Von Abends 7 Uhr bis nach Mitternacht bleibt die Gesellschaft fröhlich beisammen unter Sängen und Scherzen, die Kosten werden aus einer Stiftung bestritten, die Zinsen an diesem Tage ausbezahlt und dann Abends verwendet. (S. S. 193.)

Der Ursprung dieses Viehfeiertags ist, wie bereits bemerkt in einer Seuche zu suchen, welche nach alter Überlieferung einmal den ganzen Viehstand Überlingens vernichtete mit Ausnahme desjenigen des Haulochs. Dieser wurde gerettet, weil er aus dem Wasser, das den Bachkanal des Haulochs durchfließt, getränkt wurde. Deshalb halten noch heute die Haulocher und die übrigen Dorfer den Viehfeiertag nicht gemeinsam, und Erstre mit besonderen Festlichkeiten. Ursprünglich soll die Prozession nach der Kirche von Altbirnau gegangen sein, aber auch schon damals von beiden Teilen getrennt; als jedoch das Gnadenbild von dort nach der neuerbauten Kirche von Neubirnau verbracht worden, war das Ziel eine Zeit lang die Kapelle von Spetzgart, und dann endlich St. Leonhard, wie noch heute. Der Tag des hl. Pelagius, des Patrons von Konstanz, wurde zur Feier bestimmt, weil um jene Zeit der Konstanzer Bischof Salomo den Körper dieses Heiligen, den er nebst vielen Reliquien vom Papst geschenkt erhalten, nach Konstanz gebracht haben soll.

In dem 3/4 Stunden von Überlingen entfernten Nußdorf wird am 14. Mai Viehfeiertag gehalten. Morgens 1/2 7 Uhr ist Gottesdienst in der Kapelle, an dem die ganze Einwohnerschaft sich beteiligt. Nachmittags geht man in Prozession um den Ösch unter Litanei-Gebet, aber ohne Pfarrer; da Nußdorf zur Pfarrei Seefelden gehört, nur mit dem Meßner, der vorbetet. Den ganzen Tag wird nicht gearbeitet, das Vieh bleibt im Stall. In ähnlicher Weise wird in Deisendorf, das ebenfalls zur Pfarrei Seefelden gehört, ein Viehfeiertag gehalten, jedoch einige Wochen früher.

In Owingen ist der Sebastianstag der Viehfeiertag. Frühmorgens wurde von Menschen und Vieh gefastet, erst nach dem Gottesdienst wurde gefrühstückt und das Vieh gefüttert; der ganze Tag war ein Ruhetag, an dem nur die notwendigsten häuslichen Geschäfte und die Fütterung des Viehs besorgt wurden. So wurde es bis

Ende der vierziger Jahre gehalten. Dann hörte dieser Brauch allmählich auf. Als jedoch in den letzten Jahren unter dem Vieh die Maul- und Klauenseuche wiederholt grassierte, führte man an Stelle des Viehfeiertags eine Wallfahrt nach Salem ein, die jetzt jeden Sommer vor der Ernte gemacht wird und an der aus jedem Haus sich wenigstens eine Person beteiligt.

Auch im Salemertal werden von verschiedenen Gemeinden noch Viehfeiertage gehalten, so in Neufrach jeweils am Mittwoch nach Pfingsten, wo ebenfalls nicht gearbeitet wird und eine Wallfahrt nach dem „Hochkreuz" stattfindet, wo der Pfarrer von Bergheim dann eine hl. Messe liest.

In Ernatsreuthe, Gem. Bambergen, zur Pfarrei Lippertsreuthe gehörig, wird am 13. März der Viehfeiertag gehalten. Zuerst wird eine Prozession mit Kreuz und Fahnen in die Pfarrkirche nach Lippertsreuthe gemacht und dort dem Gottesdienst angewohnt. Dann zieht man wieder in Prozession mit Gebet nach Hause, und jetzt erst wird gefrühstückt und auch jetzt erst das Vieh gefüttert. Den ganzen Tag wird nicht gearbeitet, Niemand geht aufs Feld, kein Fuhrwerk wird eingespannt usw. Früher fasteten die Leute an diesem Tage gänzlich. — Einst herrschte in Ernatsreuthe eine Viehseuche und alles Vieh — mit Ausnahme einer Geiß — fiel in wenigen Tagen um. Infolge dessen gelobten die Leute die Prozession. Derartige Prozessionen wurden früher am Samstag vor Kirchweih von Wintersulgen nach Lippertsreuthe gehalten, und noch andere da und dort; so auch von Lippertsreuthe nach Seefelden usw.

31. Johannisfeuer.

Zur Feier des Festes Johannes des Täufers (24. Juni) wurden früher in Überlingen vor allen Toren die sog. „Johannesfeuer" gemacht. Nach

Schluß der Schule zogen jeweils am Vorabend des Festtages die Kinder durch die Straßen der Stadt und heischten von den Einwohnern das nötige Material, Holz, Reisig usw., mit folgendem Spruch:

Morgen ist Johannestag!
Machet mer au e Füer an!
'❜s ischt e füeriga Ma im Hus,
Wirft e Buschel Rebe us,
Hab höre, höre rolle,
Hab g'moant, ma wöll is holla,
Hab höre, höre klinge,
Hab g'moant, mer wöll is bringe:
Spitzige Schuh und Rolla d'ra,
D' Frau ist Moaster und it der Ma
O Galle, was ischt das?
Scheitle her, Scheitle her,
Oder en alta Recha,
Oder mer tont 's Hus abbrecha.
Scheitle rus, Scheitle rus,
Oder mer schlaget e Loch ins Hus!

Das gesammelte Holz wurde dann auf Karren geladen und vor das Stadttor geführt, dort ein Holzstoß errichtet und nach Betläuten angezündet. Dann sprangen nicht bloß Kinder und die liebe Jugend beiderlei Geschlechts über die lodernden Flammen, sondern auch Erwachsene machten mitunter den Spaß mit. Vor jedem Tor wurde ein solcher Holzhaufen errichtet, oft auch mehrere, große und kleine, für große und kleine Leute. Auch die Goldbacher hatten ihr Johannisfeuer jeweils beim Hohlweg am Westeingang des Weilers. Ueberall aber herrschte die ungetrübteste Heiterkeit und freudiges Leben und Treiben. Selbstverständlich bot diese nächtliche Festlichkeit auch manchem Liebespaare erwünschte Gelegenheit zu Zusammenkünften.

In Überlingen hat diese Johannesfeier schon längst aufgehört. Kaum die ältesten Leute wissen noch davon. Allem nach führte sie allmählich zu Mißbräuchen und Ausschreitungen, weshalb der Magistrat dagegen auftreten mußte und sich veranlaßt sah, vorübergehend die Feier zu verbieten, so auf 26. Juni 1793, weil „die Burgermeisters- und bauamtl. Befehle nicht befolgt, sondern respektlose Antworten erteilt worden". Dagegen wird dieser alte Brauch der Johannesfeuer noch jetzt da und dort in der Umgegend geübt, so in Sipplingen, wo im Jahre 1896 auf der Straße an der „Untern Steig" — Gewann Längerach — ein Johannesfeuer aus Holzbüschele, welche die halbgewachsene Jugend von Haus aus mitbrachten, bei einbrechender Nacht gemacht. Dann sprangen die jungen Leute darüber. Bisweilen machten auch die Kinder auf einem hohen Berge, dem sog. „Hauberg", auf dem früher ein altes Holzkreuz stand, ihr Johannisfeuer, über das sie dann sprangen.

Ähnlich ist es auch in Hödingen, Stahringen u. a. O.

Regelmäßig wird in Markdorf noch alle Jahre wie von jeher eine Johannisfeier veranstaltet, und zwar am Johannistag selbst. Da kommen Mittags 12 Uhr die Schulkinder der 3 Stadtteile, der Oberstadt, der Stadt und vom Dorf, auf dem Hauptplatz des betr. Stadtteils zusammen, nämlich auf dem Marktplatz, „in der Auen" und im Dorf, ein Jedes mit einigen Scheitlein Kochholz, das sie von Haus aus mitnehmen, und ein leinenes Säckchen umgehängt; hier beigen sie nun das mitgebrachte Holz auf einen Haufen und zünden es Mittags 12 Uhr an. Wenn der Scheiterhaufen brennt, bilden die Kinder einen Kreis um denselben, indem sie sich die Hände reichen, und so im Reigen um denselben herumgehend, beten sie den „engl. Gruß". Kaum ist das Gebet zu Ende, so stürzen die Kinder, nachdem noch das eine und andere über das Feuer gesprungen, in aller Hast zum nächsten Haus, vor dem sie sich aufstellen und gemeinsam folgenden Spruch hinaufrufen:

Hansen, Hansen, Füratle
Gent is au e Schüratle
O glo — ri — a!
D' Frau ist Moaster und it der Herr
Mir went a Fäßle klöpfle,
Ma gibt is Nuß und Äpfel!

Dann wird aus den Fenstern Dürrobst, Nüsse, oft auch Geld den Kindern zugeworfen, welche diese Sachen nun eifrig vom Boden auflesen und in ihr Säckchen tun! Manche balgen sich auch hierwegen herum, die Knaben stoßen oft die Mädchen weg oder nehmen ihnen auch aus ihren Säckchen, was sie gesammelt, so daß sich die Betreffenden nachher in der Schule beim Lehrer beschweren. Alle Kinder aber, ob reich oder arm, beteiligen sich an diesem Spiele und haben ihre Freude daran, wenn sie auch manchmal, wie bei Regenwetter, die Gaben aus dem Gassenschmutz herauslesen müssen. Kommt nun das eine oder andere Kind beim Auffangen zu kurz, dann ruft es an das betr. Fenster hinauf: „Mir her, mir her", oder „da her, da her", worauf in der Regel eine Handvoll Obst ihm zugeworfen wird. Hört der Gabenregen auf, so rufen die Kinder zu den Fenstern hinauf: „Vergelts Gott! Vergelts Gott! Vergelts Gott!" und eilen zum nächsten Haus, wo sich das gleiche Schauspiel wiederholt. Wirft der Hausherr die Gaben aus, so wird der Spruch folgendermaßen geändert: „Der Herr ist Moaster und it d' Frau." Gar mancher Ehemann, der nicht als Pantoffelheld gelten will, bestellt vorher bei den Kindern diese Variation und wirft ihnen dafür Geldstücke hinunter, neue Kupfermünzen. Ganz selten ist der Fall, daß nichts gegeben wird und die Kinder leer abziehen müssen. Dann rufen sie am knickerigen Haus hinauf:

„Es hanget a Gäbele an der Wand,
Es isch a Spott und isch a Schand."

Dieser Spruch wird allgemein gescheut, und deshalb bringen manchmal Kinder, welche wissen, daß sie zu Haus kein Dürrobst und dergleichen haben, ihre gesammelten Gaben rasch den Eltern, damit diese Etwas zum Verteilen haben, wenn der Zug zu ihnen kommt.

Wie in Markdorf, so feiert noch jetzt in verschiedenen Orten Schwabens die Schuljugend ihr Johannisfest, so besonders in Biberach. Da stehen am Johannistage schon nach Schluß der Vormittagsschule in verschiedenen Straßen Wagen parat. Rasch werden nun diese umringt, die Kleinen spannen sich vor die Wagen, während die Großen sich auf die Wagen begeben, um das eingesammelte Holz — Brennholz, alte Fässer, Kisten, abgängige Möbel usw. — zurecht zu legen. So durchfahren sie alle Straßen der Stadt, kein Gäßchen wird verschont und von allen Seiten hört man die kleinen Kehlen ertönen:

„Heut ist Sankt Johannistag,
Keiet mer au a Scheitle ra,
Land a Scheitle fliaga,
Land es it verdriaßa,
Mer müasset heut no weiter gau
Mit Stanga und mit Scheitar.“

Überall, wo die Kleinen hinfahren, — und das geschieht tagsüber öfters — wird ihnen Holz gegeben und mit Dank entgegengenommen. Die Polizei sorgt der Jugend für einen günstigen Platz, wo das gesammelte Holz aufgebeigt und dann in Brand gesetzt wird. Da tummelt sich nun die liebe Schuljugend bis gegen Abend vergnügt um ihr Johannisfeuer herum.

Dieser Brauch der Johannisfeuer ist sehr alt, und zwar bringt man ihn mit der Sonnwendfeier in Verbindung. Hienach stammt er aus der ältesten Vorzeit unseres Volkes, und die Freude der Deutschen an Naturfesten hat diese Sitte seit Jahrtausenden bis ins Volksleben der Gegenwart frisch erhalten. Bei allen uns urverwandten Völkern wurde die Zeit, wo der lichte Sonnengott oder die Allmutter Sonne, die im jungen Frühling mit ihren belebenden Strahlen die Natur zu neuem Leben geweckt, jetzt den Höhepunkt ihrer Himmelswanderung erreicht und dadurch Alles zur höchsten und größten Entwicklung gebracht, dankbar gefeiert, und deshalb leuchteten überall auf den Höhen Freudenfeuer. An der heidnischen Gottheiten Stelle trat nun später der christliche Heilige, Johannes der Täufer, die christliche Kirche übernahm die Feier in anderer Bedeutung, die altgermanische Sonnwendfeier wurde zur Johannisfeier, und so sehen wir jetzt in der Sonnwendzeit die Johannisfeuer lodern.

32. Das Pfingstspiel in Altheim, Ebratsweiler und Meersburg.

Ein in ganz Schwaben und einem großen Teil Bayerns wohlbekanntes und viel aufgeführtes Pfingstspiel ist der „Pfingstritt“ oder „Pfingstbutz“, auch „Pfingstdreck“ (wohl richtiger „Pfingstreck“), „Pfingstlümmel“, im Bayerischen „Wasservogel“ usw. genannt. Es ist dies ein uralter Überrest aus dem germanischen Heidentum und stellt den Kampf zwischen Sommer und Winter mit dem schließlichen Sieg des Sommers dar, wobei der „Pfingstbutz“ als Winter mit Rinden umkleidet ist und ins Wasser geworfen wird.

In unserer Gegend wurde dieses Pfingstspiel öfters in Altheim im Salemertal aufgeführt, zuletzt im Jahre 1872. Etwa 30 junge Burschen auf Pferden sammelten sich nach der Vesper im Dorfe zu diesem „Pfingstritt“, hier „Pfingstlen“ genannt, und ritten unter Führung des „Platzmajors“ zuerst auf die benachbarten zur Pfarrei Altheim gehörigen Weiler und Höfe, wie Bernweiler, Gailhöfe, Pförendorf, Heimatsweiler usw., wo sie ihre Sprüche sagten und hierauf eine Geldgabe erhielten. Nachdem alle auswärtigen Besuche erledigt waren, ritten sie in geordnetem Zuge — voran als Kommandant der „Platzmajor“, dann der „Fähndrich“ mit Fahne, der „Maienführer“ mit einem „Maien" in der Rechten, hierauf die übrigen Reiter, die einen mit Säbel, die anderen mit Spieß usw., sämtliche im Festgewand und mit badischen Schärpen, in den mit Grün, Fahnen und Triumphbogen geschmückten Ort mit Musik ein, empfangen von den Festjungfrauen in weißer Kleidung und rotgelben Schärpen. Der Platzmajor sprengte vor und machte freie Bahn mit folgendem Spruch:

„Ab Platz, ab Platz, ihr Hofgesind,
Ab Platz, ab Platz mit Weib und Kind,
Den Platz, den muß ich haben geschwind,
Den Platz, den muß ich räumen.
Denn es werden gleich andre Herren und Soldaten kommen
Mit Fahnen, Flügel und auch mit Trommen &c."

Unterdessen haben sich die Reiter auf dem freien Dorfplatz aufgestellt, und es sagt nun ein Jeder seinen Spruch her, so der Maienführer folgenden:

„Maienführer, Maienführer bin ich genannt,
Den Maien trag' ich in meiner rechten Hand,
Den Säbel an der Seiten;
Mit den Türken muß ich streiten,
Mit den Franzosen allzugleich,
Wie der Engel im Paradeis.
Schlagt man mich, daß der Maien fällt,
So reit ich, daß der Boden schnellt,
Schlagt man mich, daß der Maien wieder aufersteht,
So reit' ich, daß mein Pferd keinen Schritt mehr vorwärts geht.
Papier ist mein Acker,
Drum bin ich so wacker.
Die Feder mein Pflug,
Drum hab' ich genug,
Die Tinte mein Samen,
Womit ich schrieb meinen ehrlichen Namen,
Und ist der Namen nicht recht geschrieben,
So ist der beste Dreck in der Feder geblieben."

Unter den Sprüchen gab es auch Fragen und Antworten. So fragte ein Reiter den anderen:

„Woher treibt Dich der Wind,
Daß Deine Stiefel und Sporen so staubig sind?"

und erhielt die Antwort:

„Von Sixen und von Sachsen,
Wo die schwarzbraunen Mädchen auf den Holzbirnenbäumen wachsen." &c.

Die spaßhafte Person des Spiels war der sogenannte „Stumpennägele", der den gewöhnlichen Werktagsanzug mit schwarzer Zipfelkappe hatte und auf einem alten Pferd ritt. Er saß wechselnd auf und ab, machte mit Allen seine Witze und Späße, namentlich mit den Mädchen, redete unter die Sprüche der Reiter allerlei Unsinn hinein, stellte dumme Fragen und gab verkehrte Antworten, seinen eigenen Spruch aber konnte er nicht sagen, so daß er allgemein Heiterkeit und Lachen hervorrief. Zur Sühne seines Benehmens wurde er in den Brunnen geworfen, was auf Anrufen des Kommandanten der „Scharfrichter" besorgte. Nachdem er wieder herausgekommen, erhielt er frische Kleider, um sich umzukleiden. Hierüber war das Festspiel zu Ende.

Den Schluß des Tages aber bildete Tanzvergnügen, das die Gesellschaft noch lange fesselte.

Im Linzgau wurde dieser Pfingstritt letztmals aufgeführt in Ebratsweiler um die Wende des Jahrhunderts unter großem Zulauf von Fern und Nah. In Meersburg wurden noch zu fürstbischöflichen Zeiten im Schloßhof unter anderen Volksspielen wie „Schwerttanz", „Reifspringen", „Ringelrennen" usw. auch der „Pfingstritt" abgehalten: da ritten in wohlgeordnetem Zug die Bauernburschen, voran die Maienführer mit Tannenbäumchen in der Hand, in die Stadt ein, wo nach den herkömmlichen Sprüchen der in Rinde gehüllte „Pfingstbutz" ins Wasser geworfen wurde, die ganze Gesellschaft aber dann, vom fürstlichen Hof und den Bürgern reichlich mit Gaben bedacht, den Tag im Wirtshaus bei Schmaus und Tanz beschloß. Das mögen dann für Meersburg angenehme, der Erinnerung werte Zeiten gewesen sein, umsomehr, da sie dem Ort nicht wenig Wohlstand brachten, indem die Anwesenheit des Hofes stets zahlreichen Besuch von Hoch und Nieder in die Stadt zog.

33. Das Eulogifest (Eulogiusritt) in Aftholderberg.

Drei Stunden nordöstlich von Überlingen, 3/4 Stunden von Pfullendorf, liegt am Südabhang der Pfullendorfer Hochebene auf einer Anhöhe das kleine Dorf Aftholderberg, Gemeinde Großschönach A. Pfullendorf, das mit Adriatsweiler, Egg, Großstadelhofen, Lautenbach und Sohl seit 1824 eine eigene Pfarrei bildet. Es ist ein sehr alter Ort, der früher auch ein Adelsgeschlecht hatte; urkundlich wird schon 1180 ein Ritter Walther von Affaltirberc genannt. Bis 1803 war Aftholderberg im Besitz der Reichsstadt Überlingen und bildete mit den umliegenden Höfen und Ortschaften das Überlinger Amt Sohl. Die Kirche, dem hl. Eulogius geweiht, ungefähr mitten im Ort, umgeben von großem Baumgarten, ist ein sehr einfacher, einschiffiger, spätgothischer Bau; der Turm zeigt Mauerschlitze, was auf ehemalige Befestigung und Verwendung als Wachtturm deutet, wozu dessen weitausschauende Lage auf hohem Bergkamm ihn wohl geeignet machen durfte.

Alljährlich am letzten Sonntag des Monats Juni wird nun hier das Fest des Kirchenpatrons, das sog. „Eulogifest" (der „Eulogiusritt") mit der Pferdesegnung gefeiert, das aus alter Zeit — nach Einigen aus dem 11. Jahrhundert — stammen soll und als echtes Volksfest stets eine große Menge Teilnehmer und Gäste anzieht.

Am Sonntag vor dem Feste wird dasselbe, nachdem der „Rittmeister", der Kommandant der Reiter, die Sache mit dem Ortspfarrer besprochen, durch diesen auf der Kanzel verkündet mit Angabe der Stunde und des Versammlungsortes der Teilnehmer. Nun geht man in Aftholderberg und in der weiten Umgegend an die Vorbereitung zum Fest. Der Festort schmückt sich mit Fahnen und Kränzen, am Eingang wird eine Triumphpforte errichtet; die Landwirte, Männer und Burschen, im Umkreis von mehreren Stunden, richten ihre „Montur“ (Festkleidung) und das Sattelzeug für ihre Pferde. Auch die Chargierten beginnen ihre Tätigkeit; es sind dies der Rittmeister, der Fähndrich und die 3 Zugführer. Diese Beamten werden alle 6 Jahre gewählt. Sie leiten das Ganze und ordnen Alles an. Ihre Hauptarbeit aber kommt am Feste selbst. Ist nun der Festtag angebrochen, so wird er schon in aller Frühe mit Glockengeläute und Böllerschüssen begrüßt, und bald ziehen nun von allen Seiten und auf allen Straßen und Wegen, zuerst nur einzeln, aber bald mehr und mehr, und endlich scharenweis, zu Fuß und zu Wagen, die Schaulustigen herauf und besetzen die Wege und Plätze, die der Zug passieren muß, und harren stundenlang des festlichen Schauspiels.

Unterdessen haben sich die Reiter, welche ebenfalls aus allen Richtungen der Windrose, meist aus den Bezirken Pfullendorf und Überlingen, wie auch aus dem benachbarten Hohenzollern, herbeigezogen, an dem ihnen bezeichneten Sammelpunkt eingefunden. Es war dies früher der Wohnort des Fähndrichs, wo auch die Fahne aufbewahrt wurde. Diese hatte auf grünseidenem Fahnentuch die goldene Inschrift: „Heiliger Eulogius bitt für uns!“ Im Jahre 1901 wurde durch freiwillige Beiträge eine neue Fahne nach dem Entwurf des Pfarrers Hummel von Herdwangen angeschafft: auf blauseidenem Tuch ist ein sich aufbäumender Schimmel gemalt, die weißseidene Rückseite hat die Inschrift: „St. Eulogius bitt für uns.“ Sie wird im Pfarrhof zu Aftholderberg aufbewahrt und von dort am Festtag durch einen Trupp Reiter nach dem Wohnort des Rittmeisters verbracht, dem jeweiligen Sammelpunkt der Reiter. Hier wird nun die große Schar der Reiter — 150 bis 250 und mehr — von den Zugführern gemustert und in 3 Züge eingeteilt; der erste Zug besteht aus den verheirateten Männern der Kirchspielsgemeinde, vor Allem den Gemeindevorstehern, Bürgermeister, Stabhaltern, Gemeinderatsmitgliedern usw. Den zweiten Zug bilden die ledigen Bürgerssöhne und Knechte der Kirchspielsgemeinden. Die Reiter des 1. und 2. Zuges tragen Zylinder, schwarze Kleidung und rotgelbe Schärpen. Zum dritten Zug kommen die Auswärtigen, die nicht zum Kirchspiel Aftholderberg gehören, und Alle, welche keine schwarze Kleidung, sondern das gewöhnliche Sonntagsgewand haben, aber noch Schärpen, den Schluß bilden auch Reiter ohne Schärpen. Alle Chargierten tragen selbstverständlich Zylinder und schwarze Kleidung, der Rittmeister eine Goldborte um den Hut, eine rotgelbe Schleife und Kokarde auf der Brust und um den Leib die badische Schärpe mit zwei Quasten, ferner weiße Handschuhe; sein Pferd trägt einen Efeukranz um den Hals, ebenso auch die Pferde der andern Chargierten.

Ist die Mannschaft aufgestellt und Alles zum Abmarsch bereit, so übernimmt der „Rittmeister" das Kommando und unter seiner Führung bewegt sich nun der gewaltige Zug unter Vorantritt der Großschönacher Musikkapelle in streng militärischer Ordnung, je 2 Reiter nebeneinander und in gemessenem Schritt nach dem Pfarrorte Aftholderberg. Hier wird er am Eingang des Orts, wo eine Triumphpforte errichtet ist, vom Ortspfarrer mit Kreuz und Fahnen und der Büste des hl. Eulogius, welche von Jünglingen getragen und von weißgekleideten Jungfrauen umgeben ist, empfangen und hinauf zum Festplatz bei der Kirche geführt, wo eine Kanzel für den Prediger und ein Tisch zum Aufstellen der Eulogiusbüste errichtet ist, und wo auf weitem Rasenplatz sich nun die Reiterschar aufstellt, zuvorderst der Rittmeister, der Fähndrich und der erste Zugführer, dann der erste Zug, hierauf der Zugführer des zweiten Zuges mit seinen Reitern, und zuletzt der dritte Zug. Unterdessen hat der Geistliche die Kanzel bestiegen und hält nun an die vor ihm aufgestellte Reitertruppe und die aus weitem Umkreis herbeigeeilte Volksmenge die Festpredigt. Nach Beendigung derselben steigt der Pfarrer herunter und tritt unter die dort errichtete Triumphpforte. Währenddem kommandiert der „Rittmeister": „Stillgesessen! Richtet euch! Achtung zum Gebet!" und sprengt längs der Front zur Besichtigung der Mannschaft hin, worauf feierliche Stille eintritt und der Geistliche wieder mit Kreuz und Fahne zur Reiterschar schreitet und unter Gebet die Segnung der Pferde beginnt und mit Besprengung der Pferde mit Weihwasser die feierliche Handlung schließt. Jetzt erteilt der Rittmeister das Kommando zum „Absitzen", die Reiter übergeben ihre Pferde den hiezu bestimmten jungen Burschen zum Halten, und nun begibt sich Alles in feierlichem Zuge, der Geistliche mit Kreuz und Fahne und der Musik an der Spitze, dann die Reiter mit ihren Führern und ihrer Fahne, und weiteren Teilnehmern, soweit sie noch Platz finden, zum Festgottesdienst in die Kirche, unter dem Geläute der Glocken und dem Spiele der Musik. Mit dem Schluß des Gottesdienstes ist auch der erste Teil des Festes, die kirchliche Feier, beendigt, was in der Regel gegen Mittag der Fall ist. Wenn die Reiter aus der Kirche herauskommen, treten sie zunächst zur Eulogiusstatue, die — wie oben bemerkt — auf einem Tische des Kirchenplatzes steht, und legen in einen Teller ein Geldstück; mit diesem Geld werden die Kosten des Festes bestritten. Nun bewegt sich nochmals die gesamte Reiterschar in geordnetem Zuge um das ganze Dorf bis zum Wirtshaus, wo sie sich auflöst. Denn nun ist die offizielle Festlichkeit zu Ende. Nach kurzem Frühschoppen zerstreut man sich allmählich, die Reihen lichten sich, denn es ist bereits Mittag, Zeit zum Essen. Truppweise ziehen nun die Reiter zu ihren Höfen und Ortschaften. Die Chargierten nehmen je 3—6 Bekannte und Verwandte mit sich zum Essen. Um 2 Uhr kommen, während die entfernt Wohnenden zu Haus bleiben, die noch Anwesenden wieder beim Wirtshaus zusammen und begeben sich mit Musikbegleitung in die Vesper. Nachher bringt die Musik dem Ortspfarrer ein Ständchen, während der Rittmeister in den Pfarrhof geht und den Pfarrer zu einem Glas Bier einlädt. Nun gibt sich Alles gemütlicher Geselligkeit hin, die eigentliche weltliche Feier kommt jetzt zu ihrem Recht, wobei nicht bloß die Wirtschaft und die Musik mithelfen, sondern auch allerlei Krämer und Zuckerbäcker, die hier auf dem Rasen ihre Buden aufgeschlagen haben. Die Kinder kaufen sich hier allerlei Zuckerbrot, Kirschen und Kirschenkuchen, die Mädchen und Frauen handeln Nuster und „Hoalgele" (Heiligenbildchen, -Statuetten) ein, und gehen dann auch dahin, wo die Andern sind und wo sich allmählich Alles ansammelt, zur Wirtschaft, die nicht bloß im Wirtshaus, sondern auch rings um dasselbe, im Grünen und auf der Straße betrieben wird, denn die Tausende von Leuten, die zum Feste heraufgekommen, fänden unmöglich in den beschränkten Wirtshausräumen Platz, deshalb müssen noch eine Menge Tische, Bänke und Stühle im Freien, auf dem Vorplatz und sogar auf der Straße aufgestellt werden, um der großen Zahl Gäste nur einigermaßen zu genügen. Da entwickelt sich nun ein heiter bewegtes Leben und Treiben, verschönt durch Reden und Toaste, durch Gesänge und die Musik, bis der hereinbrechende Abend dem Festjubel und der Festtagsfreude allmählich ein Ende gebietet und die Gäste heimziehen mit der Erinnerung an das schöne „E u l o g i f e s t i n A f t h o l d e r b e r g!"

Der hl. Eulogius wird im Linzgau vielfach verehrt. Da und dort trifft man in Kirchen und Kapellen Bilder von diesem Heiligen. So ist an der alten Wallfahrtskirche zu H ö d i n g e n rechts vom Eingang in der Mauer eine vergitterte Nische mit einer Figurengruppe angebracht, welche eine Szene aus dem Leben des hl. Eulogius darstellt: in der Mitte ein Schmied mit dem Hammer in der Rechten, während die Linke den abgehauenen Fuß eines danebenstehenden Pferdes hält, den er mit einem Hufeisen beschlägt; zur Seite schaut staunend ein Landmann der wunderbaren Arbeit zu. Das Kulturhistorische Kabinett in Ü b e r l i n g e n besitzt ein Votivbild, welches diese Szene darstellt.

In der Kapelle zu Bruckfelden, Gemeinde Frickingen, befand sich früher eine Statue des hl. Eulogius, der ein Pferd beschlägt. Auch hier wurde früher das Eulogiusfest abgehalten wie noch jetzt in Altholderberg. Die Geschichte des hl Eulogius wird bei uns vom Volke folgendermaßen erzählt: Vor alten Zeiten lebte ein Schmied, der die wunderbare Gabe besaß, beim Beschlagen eines Pferdes demselben den Fuß abzunehmen, das Hufeisen anzubringen und dann den Fuß wieder anzusetzen. Durch solche Kunst wurde der Schmied jedoch hochmütig und meinte, Niemand könne ihm was anhaben. Nun kam einmal ein fremder Jüngling in die Schmiede, erkundigte sich nach Arbeit, da er gehört habe, „der Schmiedmeister sei sehr geschickt", schaute erstaunt demselben bei der Arbei zu, da er gerade ein Pferd beschlug und dessen abgenommenen Fuß in der Hand hatte, und fragte, „was er denn mache"? Der Meister aber glaubte, der Fremdling wolle ihn ausspotten, sagte deshalb grob zu ihm; „das gehe ihn nichts an; denn" — fuhr er fort — „ich bin der Meister aller Meister und kann diesen Fuß wieder anbringen, wohin er gehört." Darauf erwiderte der Jüngling: „Du hochmütiger Schmied! Du wirst den Fuß nicht mehr an seine Stelle bringen!" Auf dieses wurde der Schmiedmeister sehr aufgebracht, jagte den Jüngling zur Schmiede hinaus und warf ihm den Schmiedhammer nach. Nun wollte der Schmied dem Pferde den Fuß wieder ansetzen, was ihm aber trotz aller Mühe nicht gelang. Sofort eilte er hinaus, um den Jüngling zu bitten, er möge helfen, traf ihn jedoch trotz allen Suchens nicht mehr; das Pferd mußte geschlachtet werden. Der Schmiedmeister aber ging jetzt in sich, war von nun an ganz demütig, gab bald sein Handwerk auf, zog sich in die Einöde zurück, wo er nun als Büßer lebte, seinen Hochmut bitter bereute, und eines seligen Todes starb.

So erzählt das Volk die Geschichte des hl. Eulogius, anders, als die Legende. Denn diese berichtet blos, daß im 9. Jahrhundert, zur Zeit der Herrschaft der Sarazenen in Spanien, zu Kordova, der Hauptstadt des Reichs, ein frommer und sehr gelehrter Priester, Eulogius mit Namen, lebte, welcher als Erzbischof von Toledo wegen seines Glaubenseifers von den Muhamedanern enthauptet wurde. Er steht in gar keinen Beziehungen zu unserer Eulogiusdarstellung. Dagegen berichtet die Legende von einem hl. Eligius, Bischof von Noyon. Er kam in seiner Jugend zu einem Goldschmied Abbo in die Lehre, und dann an den Hof des Königs Chlotar II. von Neustrien und dessen Sohns Dagobert, deren Vertrauen er durch Geschicklichkeit und Redlichkeit erwarb. Er wurde dann Priester, 640 Bischof und starb 659. Dargestellt wird er meist als Bischof mit Buch oder Bischofsstab in der einen Hand, Hammer und Zange in der andern, oder Ambos, Hammer und Blasbalg zu seinen Füßen. Inocenz da Imola (1494—1450) stellt ihn in einem Bilde im Berliner Museum (S. Detzel Christl. Ikonographie) auf der Erde stehend mit ledernem Schurze dar, das Schmiedwerkzeug zu seinen Füßen; im Hintergrund eine Landschaft, darin der Heilige, wie er einem störrischen Pferde das Bein abschneidet, auf dem Ambos das Hufeisen anlegt und dann den Fuß dem Pferde wieder ansetzt.

Hienach wäre also der hl. Eligius der Schutzpatron der Pferde. Aber bei uns hält das Volk am hl. Eulogius fest, und so wird auch das Eulogiusfest in Aftholderberg fortbestehen und nicht in ein Eligiusfest umgewandelt werden.

34. Die Nußdorfer Dorfwache.

Am Bergabhang bis gegen den See hinab zieht sich der ausgedehnte Ort Nußdorf; der obere Teil des Dorfes wird von der Landstraße Überlingen-Meersburg durchzogen, während die Häuser des unteren Dorfes zerstreut zwischen Reben, Wiesen und Äckern liegen.

Nußdorf, schon im 12. Jahrhundert urkundlich genannt, gehörte bis 1803, wo es an Baden fiel, zum Gebiet des Reichsstiftes Salem; es besitzt eine Kapelle und ist Filial der großen Pfarrei Seefelden.

An Sonn- und Feiertagen strömt die ganze Bevölkerung, Mann und Weib, alt und jung, Alles, was gehen kann, nach dem ½ Stunde entfernten Weiler Seefelden zum Gottesdienst in der alten Pfarrkirche; nur kleine Kinder, alte und kranke Leute bleiben zu Haus. Nun ist der Ort wie ausgestorben, die Straßen menschenleer und öde, man sieht und hört Niemanden. Jetzt tritt die Dorfwache in Tätigkeit: von Vormittags 9 Uhr bis 11 Uhr patrouillieren regelmäßig 2 Nußdorfer Bürger, mit alten Hellebarden ausgerüstet, das Dorf ab, der eine den oberen Teil, der andere den unteren und haben Acht auf Alles, sie beobachten namentlich scharf die Fremden, die das Dorf betreten, und lassen sie nicht aus den Augen, bis sie den

Ortsetter wieder verlassen haben. Auch Feuersgefahr, Feldfrevel und dergleichen zu verhüten, ist Aufgabe der Dorfwache. Sobald dann die Leute aus Seefelden heimkommen, zieht die Dorfwache ab, die Wächter stellen ihre Hellebarden in das benachbarte Haus, deren Besitzer nun an die Reihe kommen, die also den folgenden Sonntag die Wache übernehmen. Und so wird es jeden Sonn- und Feiertag getreulich gehalten. Höchst selten kommt es vor, daß eine Rüge wegen Nachlässigkeit erteilt werden muß.

Wie in Nußdorf, so bestand früher eine Dorfwache auch in anderen Orten in gleicher Weise, so in Unteruhldingen. Als aber hier eine Grenzaufseher-Station errichtet wurde, hielt man eine weitere Wache nicht mehr für nötig. Auch Deisendorf hatte ehemals seine Dorfwache.

35. Die Kräuterweihe und andere Weihen.

An Mariä Himmelfahrt findet überall in der ganzen Gegend die Kräuterweihe statt. Jeweils am vorhergehenden Sonntag gehen Knaben und Mädchen aufs Feld und sammeln die Kräuter. Sie nehmen von jeder Fruchtart 3 Stücke, — 3 Kornähren, 3 Roggenähren, 3 Kleestengel usw. — und binden sie um eine „Kerze" („Königskerze" Verbascum Thapsus Wollblume); um diesen Strauß herum werden noch Blätter („Blatten") aus dem Garten, vom Krautkohl, Rüben usw. gelegt, auch noch allerlei Blumen, das Ganze dann mit Hanf zusammengebunden und schließlich mit buntfarbigen Bändern befestigt, „um — wie die Leute sagen — unsere liebe Frau zu erfreuen". Am Himmelfahrtstage werden die „Boschen" (Büschelchen) von den Kindern in die Kirche gebracht, daselbst vom Pfarrer geweiht und dann zu Haus auf der „Bühne" aufgehängt, nachdem von den umgebundenen Krautblättern jedes Stück Vieh etwas zum Fressen erhalten, „damit es gesund bleibt". Bricht ein Gewitter aus, dann wird ein Teil des Kräuterboschens auf dem Herd verbrannt, „dann schlägt der Blitz nicht ins Haus". In manchen Bauernhäusern trifft man oft eine ganze Reihe von solchen Büschelchen aus mehreren Jahrgängen.

In Hilpensberg warf einmal die Bäuerin während eines Gewitters ein Stück Kräuterbüschel ins Herdfeuer, da schlug der Blitz ins Haus, tötete die Frau mit 2 Kindern und einige Pferde.

Am Charsamstag wird in vielen Orten die sogenannte Hausbrandweihe (auch Weihbrand) abgehalten, so namentlich in Hödingen, wo auf dem alten die Kirche umgebenden Kirchhof Morgens 7 Uhr ein Feuer angemacht, in demselben zunächst das noch übrige Öl, die etwa abgängigen Kirchengeräte und dergleichen verbrannt und das Feuer gesegnet wird. Aus jedem Haus wird nun ein Stück Holz, etwa 20—30 Zentimeter lang, von den größeren Schulkindern gebracht und solange ins Feuer gehalten, bis es etwas angebrannt ist. Dieses Holz wird während eines Gewitters als Schutz gegen Blitzschaden in den Herd gelegt.

Salz wird jährlich mehrmals geweiht und jedes Mal etwas davon jedem Stück Vieh gegeben.

36. Die Sichelhenke, die Flegelhenke und das Bohnenfest.

Wenn der Bauer mit den Feldarbeiten, der Ernte und dem Dreschen, wie auch den Gartengeschäften fertig war, dann gab er den Leuten etwas zum Besten, er veranstaltete ein ländliches Fest; es war dies die Sichelhenke, die Flegelhenke und das Bohnenfest. Das waren stets Freudenfeste für die Dienstboten und Taglöhner, welche geschnitten und gedroschen; manchmal wurden auch die im gleichen Ort oder in der Nachbarschaft wohnenden Eltern der Dienstboten hiezu eingeladen.

Die Sichelhenke wurde nach der Ernte abgehalten. Die Hauptsache hiebei war wie überall ein guter Schmaus. So wurde den Leuten nach dem Sonntagsgottesdienst ein gutes Mittagessen vorgesetzt, zuerst Brotsuppe, dann Rindfleisch mit Beilagen, Speck mit Kraut, Braten mit Salat — also dreierlei Fleisch — und zum Schluß Küchle. Zum Trinken erhielten sie Bier, und zwar wurde das Fäßchen schon Vormittags angestochen, Mittags wurde dann weitergetrunken und auch Abends nicht aufgehört bis kein Bier mehr da war. Oft wurde noch ein Tanz gemacht, wozu ein Dienstbube oder anderer Arbeiter mit einer Mund- oder Handharmonika die Musik machte. Außer diesem Festessen erhielt noch jeder Dienstbote und Drescher ein Trinkgeld im Betrag von ½—2 fl. (jetzt 1 bis 5 Mk.), je nach Rang, Leistungen und Wohlverhalten.

Die Flegelhenke fand nach Schluß des Draschs meist vor Lichtmeß statt, und zwar in ähnlicher Weise wie die Sichelhenke. Aber die Art und Weise des Dreschens war früher anders. Als man noch keine Dreschmaschinen kannte, wurde das Getreide überall mittels Dreschflegeln in der Scheune gedroschen. In der Regel waren es vier Drescher, welche zusammen im Takte droschen, manchmal nur 2—3, bisweilen aber auch 6—8, welche dann in 2 Abteilungen — „Schenkel" — neben einander droschen. Der erste der Drescher — der Bauer oder ein Sohn oder der Altknecht — heißt „Schenkelmeister" und kommandiert; er steht gegenüber der Scheunenwand am rechten Eck; zwei Drescher stehen an der Scheunenwand und heißen „Wanddrescher", der vierte steht links vom „Schenkelmeister" und heißt „Vordrescher". Der „Schenkeldrescher" führt den ersten Schlag, dann folgt der ihm kreuzweis gegenüberstehende „Wanddrescher", hierauf der letzterem gegenüberstehende „Nachdrescher" (oder „Schenkeldrescher") und zuletzt der zweite „Wanddrescher" (oder „Vordrescher"). Jeder Drescher hat noch seine besonderen Obliegenheiten:

die „Wanddrescher“ holen die Garbe und legen sie auf den Scheuneboden, die „Nachdrescher“ binden sie auf, breiten sie zum Dreschen aus, und kehren sie, wenn die obere Seite gedroschen ist, auf die andere Seite um. Ist die letzte Garbe fertig ausgedroschen, so erhebt plötzlich der „Schenkelmeister“ den Flegel, was sofort die andern Drescher auch tun; wer zuletzt den Flegel erhebt, heißt „Garbensau“ (oder wenn es eine Roggengarbe war „Roggensau“, wenn Habergarbe „Habersau“ usw.) und muß den andern Dreschern etwas „wichsen“.

In manchen Gegenden, wie z. B. auf dem Heuberg, ist es Brauch, daß die Flegel an einen Nagel in der Scheune gehängt werden; derjenige, der den Flegel zuletzt aufhängt, ist die „Garbensau“. Manchmal werden auch die Flegel nur auf das untere Scheunentor geworfen; wer seinen Flegel zu weit wirft, d. h. über das Tor hinaus, oder zu kurz, daß er vor dem Tor zu Boden fällt, ist die „Garbensau“, wird dann von den Andern noch gewürgt und geplagt, und muß außerdem Jedem einen Schoppen zahlen.

Heutigen Tags wird meist nur noch mit der Dreschmaschine gedroschen, höchstens soviel mit Flegeln, als man Stroh zum Binden braucht. Söldner und Kleinbauern, welche nur wenig Frucht haben, dreschen zu 1 und 2 Personen mit Flegeln ihre Garben.

Die Sichel- und Flegelhenken wurden noch vor wenigen Jahren im Bezirk Überlingen überall — jetzt nur erstere — gefeiert, im Hegau noch heute.

Das Bohnenfest, ein Fest der weiblichen Dienstboten und Arbeiterinnen, findet im Herbst statt, wenn die Gartenarbeiten zu Ende sind. Dann wird ein Apfelkuchen oder eine Torte, mancherorts auch nur eine „Dünnete“ gebacken, worin eine Bohne steckt. Der Kuchen wird in so viel Stücke zerteilt, als Personen am Tische sind; wer das Stück mit der Bohne erhält, muß die Zeche für Alle bezahlen. Zum Gebäck wird natürlich Kaffee getrunken.

37. Herbstbräuche.

„Seit den ältesten Zeiten hatte die Stadt Überlingen das größte Rebwerk am Bodensee". So berichtete im Jahre 1644 der bayerische Kommissär an den Kurfürsten Maximilian. Und in der Tat gehörte im 15. und 16. Jahrhundert der Weinbau zu den hauptsächlichsten Erwerbsquellen der Einwohnerschaft. Dicht um die Stadt lag damals Rebberg an Rebberg, Ackerbau wurde nicht getrieben, kein Pflug war vorhanden. Die ganze Gemarkung bestand, abgesehen von einzelnen nächst den Stadtmauern gelegenen Gärten und den wenigen entferntern Walddistrikten, nur aus Rebgütern. Für die hohe Wichtigkeit der Überlinger Rebkultur zeugen auch die zahlreichen Ratserlasse, die sich mit Weinbau und Weinkauf befassen; es existierte eine eigene Beamtengruppe nur für den Weinbau, und alljährlich wurden nach der Weinlese sachkundige Bürger auf Kosten der Stadt in die Bodenseestädte, an den Oberrhein und Kaiserstuhl, in den Breisgau und ins Elsaß, wie in die schwäbischen Weingegenden geschickt, um über den Weinbau und den Herbst, die Weinpreise und den Weinhandel usw. an den Magistrat zu berichten, der dann unter Benützung der hiedurch gemachten Erfahrungen, für das kommende Jahr die nötigen Vorschriften erließ. Die Oberaufsicht über die Reben und den Rebbau aber hatten die städtischen Rebbau- und Umbauschauer, welche regelmäßig das ganze Rebgelände zu begehen und für den richtigen Anbau, namentlich auch die geeignetsten Rebsorten, zu sorgen hatten. Auf erstattete Anzeige erfolgte unnachsichtlich Strafe des Lässigen; auf gewisse Rebfrevel war sogar nach dem Stadtrecht bis ins 17. Jahrhundert die Todesstrafe gesetzt. Mit seiner Weinbaupolitik hatte der Überlinger Magistrat sehr gute Erfolge sowohl bezüglich der Güte der Weine, — welche im 17. Jahrhundert selbst über die gesuchten roten

Meersburger gestellt wurden und den besten Seeweinen, denen von Hagnau, gleich galten, — wie auch des Ertragsumfangs der Reben, welcher gegen Ende des 16. Jahrhunderts ungefähr 1200 Überlinger Jauchert (745 altbadische Morgen oder 268 Hektar 31 Ar) war und jährlich etwa 2292 Überlinger Fuder (17 603 altbadische Ohm oder 26 404 Hektoliter) ergab. Für den Weinverkauf bot der Überlinger Markt Gelegenheit, und zwar nicht bloß der Wochenmarkt am Mittwoch, wo außer Viktualien hauptsächlich Frucht und Wein verkauft wurden, sondern auch die 3 Jahrmärkte am St. Nikolaus-, St. Ulrichs- und St. Urselentag. Die Preise setzte der Magistrat jeweils fest. Ferner wurde viel Wein umgesetzt durch das sog. „Gässelieren", indem jeder Überlinger berechtigt war, seinen übrigen Wein jeweils im Herbst in seinem Haus auszuschenken, wobei die freundnachbarliche Sitte herrschte, daß Freunde, Verwandte und Nachbarn sich einfanden. Auf das Gässelieren und die „Zunfttrinkstuben" war wohl damals das eigentliche Wirtshausleben beschränkt, wogegen die „Schildwirtschaften" mehr die Gasthäuser, die Absteigequartiere der Fremden, waren. Was nun an Wein nicht verkauft, nicht ausgeschenkt oder nicht im Haus verbraucht wurde, lagerte in den weiten Kellerräumen, die heute noch unter fast jedem älteren und namentlich Patrizierhaus zu finden sind. Hiedurch sollen kapitalkräftige Bürger, die sich nicht selbst mit Rebbau beschäftigten, in kurzer Zeit ein bedeutendes Vermögen gewonnen haben, indem sie ärmeren Bürgern Geld liehen und im Herbst sich mit Wein bezahlen ließen, den Wein dann im Keller ablagerten und, wenn die Preise hoch standen, verkauften. Dieser Brauch existierte in Überlingen seit Jahrhunderten; auch in den Satzungen des 17. Jahrhunderts ist dieses private Kreditgeschäft, diese „Geldleihe auf Wein", schon gesetzlich anerkannt: „es mag auch einer einem Bürger wohl auf Wein leihen und denselben an

Schulden empfahen.“ Aber schon um die Wende des 16. Jahrhunderts scheint der Weinhandel nicht mehr so sehr rentabel gewesen zu sein. Übrigens war durch die weise Politik des Magistrats stets dafür gesorgt, daß die Preise nicht zu hoch wurden und daß der Überlinger Markt seinen alten Ruf der Solidität und Trefflichkeit behielt. Zu letzterem Zweck diente die Marktgesetzgebung, welche einerseits die fremde Konkurrenz zu verdrängen suchte durch eine Art von Einfuhrverbot, indem fremde Weine doppelten Zoll zahlen mußten, nur von Fremden angekauft und nicht in Überlinger Kellern gelagert werden durften; anderseits wurde das Weinpantschen, worunter sogar das Verschneiden älterer Weine mit jüngerem fiel, das Feilhalten verdorbener Weine und dergleichen, mit hohen Geldstrafen und im Rückfall mit Freiheitsstrafen gebüßt. Durch solche Maßregeln wahrte sich Überlingen ein sicheres Absatzgebiet für seine Weine bis auf die rauhe Alb, an die Donau, ins Allgäu, sogar bis nach München, und damit eine günstige Finanzlage des Überlinger Winzerstandes.

Diese erfreulichen Verhältnisse währten bis ins 17. Jahrhundert; dann begann der 30jährige Krieg und brachte unsägliches Elend über alle deutschen Gauen, insbesondere auch über unsre Gegend. Überlingen wurde fast zu Grund gerichtet, die benachbarten Orte ringsum verbrannt, die ganze Gegend war eine Wüste, der Weinbau vernichtet, nirgends mehr ein Rebstock noch ein Rebstecken. Jetzt waren die Ueberlinger gezwungen, Landwirtschaft zu treiben, welche bälder Früchte bringt als der Rebbau, nun galt es, die Äcker mit Korn zu besäen, um das nötige Brot beizuschaffen. Denn mit den Reben mußte man von vorn anfangen, und „um die Weinberge wieder anbauen zu können — schreibt der Salemer Mönch P. Seb. Burster in seinen Annalen und Collectaneen — war man genötigt, zu den wohlfeilsten Reben zu greifen, wodurch der sonst so edle und köstliche Seewein auf lange Zeit seine Berühmtheit verlor." Seitdem erreichte auch der Überlinger Weinbau nicht mehr seine frühere Bedeutung; neben ihm breitete sich der Feldbau und die Viehzucht aus. Immerhin aber waren noch im vorigen Jahrhundert wenigstens zwei Drittteile der Gemarkung mit Reben bepflanzt. Wer nur einigermaßen bemittelt war, hatte ein kleines Stück Reben, eine „Hofstatt", neben seinen Äckern und Wiesen. Denn eigentliche Rebbauern gab es nicht mehr; ein jeder trieb neben dem Weinbau noch Feldbau oder ein Gewerbe. Wohlhabende Bürger aber, namentlich Wirte, besaßen mehrere Morgen Rebland, am meisten wohl das Spital. Da gab es dann fast das ganze Jahr im Rebberg zu arbeiten; wenn noch Schnee lag, wurde Dünger aufgeführt, zerklopft und zerstreut; dann kam im März das „Falgen", d. h. Umgraben des Bodens und Untergraben des Mistes; nachher das Anbinden der Reben, wobei zugleich die alten halbverfaulten „Stecken" herausgenommen und durch neue ersetzt wurden; mit dieser Arbeit wurde auch das „Schneiden" — Abschneiden der dürren Äste und Zweige — verbunden. Bei Beginn der warmen Jahreszeit wurde der ganze Rebberg gehackt, umgeschaufelt, dabei gejätet, was Alles auch während des Sommers mehrmals geschehen mußte. Wer nun wenig Reben hatte, verrichtete diese Arbeiten mit den Seinigen; von den größeren Weinbergsbesitzern aber hatte jeder seine besonderen Rebleute, welchen die Reben zur Besorgung für das ganze Jahr anvertraut waren; der betr. Rebmann war meist ein Taglöhner oder unbemittelter Landwirt, der von Kindsbeinen auf in den Reben gearbeitet und nun mit seiner Familie auf Jahreslohn den Weinberg seines Brotherrn bebaute.

Nahte nun der Herbst heran und begannen die Trauben zu reifen, was meist im September geschah, so wurden „die Reben geschlossen"; der Magistrat machte bekannt, daß bei Strafe Niemand mehr einen Weinberg betreten dürfe. Zugleich sperrten die Besitzer der an Wegen und Landstraßen gelegnen Rebgelände diese durch eine Reihe in den Boden getriebener und durch Weidgeflecht verbundener Rebstecken ab. So blieb es bis zur Weinlese. Unterdessen bereiteten sowohl die Gemeindebehörde wie die Privaten Alles hierfür vor: Erstere sorgte für Instandsetzung der Wege und Stege, für die Feldwacht, für die Eichung der Gefäße usw. So heißt es im Überlinger Baubuch u. A.: „. . . 1751 d. 5. Sept. sindt wegen bevorstehenden Herbst die Bruggen visitirt, das abgängige reparirt und in brauchbaren Stand gestellt worden;" „. . . den 15. u. 16. Sept. sindt die Aymer geeychet worden." „. . . d. 22. Sept. Zur Trauben- und Feldwacht sindt dis Jahr vom Bauamt 12 Mann aufgestellt worden usw." Auch im Torkelgebäude wurde Alles gerichtet, der Torkel, der Karren, die Zuber usw. Desgleichen richteten die Rebleute die Fässer und Butten, die Kübel und das sonstige Geschirr usw.

Das Torkelgebäude — deren es nicht mehr viele gibt — ist meist ein einfacher, länglich viereckiger, einstöckiger Rohbau aus Riegelwerk oder Steinmauern mit Ziegeldach und bildet eine geräumige Halle, die bisweilen durch Säulen abgeteilt ist. In einem kleinen Anbau oder auch in einem ummauerten Raum in der Halle selbst ist die sog. „Torkelstube" angebracht, die einen Ofen, einen Tisch und mehrere Stühle enthält und zum Aufenthalt des Arbeitspersonals während des Essens dient, ferner zu Besprechungen der Rebbesitzer vor der Weinlese, desgleichen zum Aufbewahren einzelner Geräte usw. Den größten Raum im Gebäude nimmt der Torkel (Traubenpresse) ein, welcher entweder mitten in der Halle, oder längs der großen Wand steht; mitunter sind auch 2 Torkel da, der eine an der einen Längswand, der andere in entgegengesetzter Richtung an der andern. Der Torkel besteht aus dem gewaltigen, 10 Meter langen, 0,6 bis 0,8 Meter dicken, eichenen Torkelbaum, der zwischen 2 etwa 3 Meter hohen Doppelsäulen liegt und gegen das Ende sich in eine Gabel spaltet, welche die „Spindel“ umfängt. Für die wuchtige Schwere und Stärke eines solchen Torkelbaums spricht schon die Tatsache, daß bei der Schwedenbelagerung im Jahre 1634 zur Verbarrikadierung der Straßen und Gassen Überlingens Torkelbäume gebraucht wurden. Statt eines Torkelbaums sind oft zwei vorhanden, welche gleich stark und gewichtig sind und aufeinanderliegen, jedoch ist der obenliegende kürzer und reicht bloß bis zur Gabel. Das 4 Meter hohe und 0,6 Meter breite vordere Säulenpaar heißt „Schloßsaul“ und ist am oberen Ende durch Zange und Querbalken unter sich verbunden; die andere 3 Meter hohe und 0,4 Meter breite Doppelsäule ist etwa in der halben Länge des Torkelbaums angebracht und in Drittelhöhe durch einen Querbalken unter sich verbunden, auf welchem ein 2 Meter langes, 30 Zentimeter hohes und 15 Zentimeter breites, viereckiges Holzstück mit Handgriff liegt, das durch viereckigen Einlaß der Doppelsäule eingeschoben bezw. herausgezogen werden kann. Dieses Holzstück trägt nun den Torkelbaum, heißt deswegen der „Esel“ und das betr. Säulenpaar „Eselssaul“. Am Ende des Torkelbaums befindet sich die 4 Meter hohe „Spindel“, ein senkrechter, unten achtkantiger Eichenbalken, dessen obere Hälfte eine Gewinde bildet und durch die auf den Gabeln des Torkelbaums mittelst Holzzangen befestigte Schraubenmutter geht, während der Fuß der Spindel auf 2 mit gewaltigen Steinen beschwerten, gekreuzten Querbalken — „Schragen“ — eingelassen ist, die frei in einer runden Bodenvertiefung — „Schragengrube“ — liegen. Die Spindel wird mittels einer in halber Mannshöhe angebrachten Stange — „Bündelstange“ — gedreht, und dadurch der Endteil des Torkelbaums emporgetrieben oder herabgelassen. Zwischen den beiden Säulenpaaren ist unter dem Torkelbaum ein Holzboden von 4 Meter im Geviert mit Einrahmung — „Torkelbett" — wo die Trauben zum Auspressen aufgeschüttet werden und von wo der Saft durch einen Holzschnabel in die darunter in einer Vertiefung — „Torkelgrube" — befindliche Stande abfließt. Neben dem Torkel werden die Zuber aufgestellt; der betr. Raum ist bisweilen mit einem erhöhten Bretterboden versehen und heißt die „Zuberstelle". Wenn das Torkelgebäude zweistöckig ist, dann wird der obere Stock als Bühne zu verschiedenen landwirtschaftlichen Zwecken, wie zum Aufbewahren der Frucht als „Schütte" (Fruchtschütte) usw. benützt, mitunter auch zu Zusammenkünften, Festlichkeiten und dergleichen und ist dann hübscher ausgestattet, wie im ehem. Sipplinger Torkelgebäude.

Ein Torkelgebäude mit allem Zubehör war nicht bloß für Private, sondern auch für Gemeinden, Klöster, Herrschaften usw. ein wertvoller Besitz. Letztere hatten ihre eigenen Torkel in jedem Ort, wo sie Rebgüter besaßen. So kaufte im Jahre 1548 Hans Wolf von Bodman zu Bodman von Mich. Rausch genannt Lautenschlager von Sipplingen ein Torkelhaus mit Hof und Krautgarten zu Sipplingen um 350 Pfund Pfg. Im Anschlag des Bodmanschen Gutes zu Espasingen vom 29. Dez. 1643 ist u. A. angeführt „der Torgel zu 2250 fl.", im „Auszug aus dem Inventar der Bodman'schen Herrschaft Bodman-Möggingen vom 25. April 1773 zwei Weintorgel mit Einrichtung in Möggingen, und der „Weintorgel" in Liggeringen," ferner im „Inventar der Herrschaft Bodman vom Jahre 1775 zwei Weintorgel usw." Hiezu kommt noch, daß die Bodman'schen Untertanen verbunden waren, „ihre Trauben in den beiden Herrschaftstorgeln pressen zu lassen; von jedem Eimer Most entrichteten sie eine Maaß, wie das landläufig ist. Die drei Wirtschaften in Bodman durften nur Wein der Herrschaft ausschenken, blos in der Zeit vom Herbst bis St. Andreas können sie auch eignen Wein verzapfen. Außer diesen 3 Wirten darf Niemand im Flecken Wein ausschenken ohne Genehmigung der Herrschaft" (Vergl. Hoheitsrechte des Hauses Bodman nach dem Urbar von 1620). Ähnliche Verhältnisse herrschten bei den Stiften und Klöstern und teilweise auch bei den Städten.

Selbstverständlich gab es in den Städten eine große Anzahl Torkel, welche jeweils von den Nachbarn, Freunden und Bekannten benützt wurden. So waren in Überlingen noch um die Mitte des abgelaufenen Jahrhunderts 20 große Torkel vorhanden, ganz abgesehen von den kleinen Privattorkeln. Es befanden sich nämlich in allen Straßen oder vielmehr Stadtteilen ein bis mehrere Torkel. So hatte in der Unterstadt, in der Nähe des Sees, in der Kunkelgasse einen Torkel Appert zum Löwen (im sog. Walderhaus Nummer 73), in der unteren Seegasse Basil Sachs (später W. Beck jetzt Drechsler Haas Haus Nummer 61), in der Christophstraße von Haubert (jetzt Christophskeller Haus Nummer 161), am krummen Berg Landwirt Häberle (jetzt Barths Haus Nummer 314), weiter oben Hofacker (jetzt Spitalstallung Nr. 315), am Luzienberg Zimmermann Boll („Zehnttorkel", jetzt K. Flach's Haus Nummer 366a), in der Nähe Reichlin-Meldegg'sches Patrizierhaus (jetzt Birkenmayer'sche Brauerei Nummer 359), im Dorf ehemaliges Waibel'sches Patrizierhaus (dann Felder-, jetzt Werkmeister Stefans Haus Nummer 464), am Gallergäßchen ehemaliger Bäcker Stadler (jetzt Metzger Waldvogl'sche Scheuer Nummer 395), in der Ganzen Gasse Landwirt Konrad Kitts Haus Nummer 454, gegenüber Johann Brendle (Küfer Ruthers Haus Nummer 421), auf der anderen Seite Martin Schreiber (dann Nik. Bader, jetzt Stefan Walter's Haus Nummer 408), in der Wiestorstraße im „Raben Nummer 504, bei den Mühlen hinter der Spendmühle (Haus an der Landstraße gegen Nußdorf, jetzt abgebrochen), in Goldbach sogenannte Spitäle am See, (jetzt Wirtschaft zu den Heidenhöhlen von John usw.

In den Landorten war in jeder Gemeinde wenigstens ein Torkel, so in Dettingen, in Wallhausen, in Hödingen, wo ein spitälisch Konstanz'scher in Dingelsdorf, wo ein aus dem Jahre 1667 stammender herrschaftlich Maynau'scher — erst kürzlich abgebrochen —, usw., in manchen Dörfern aber waren mitunter 3 und 4 und noch mehr, so in Wollmatingen 6, wovon der älteste im „Rößle" aus dem Jahre 1670, in Hagnau ebenfalls 6 usw.

Manches Torkelgebäude war ein stattlicher monumentaler Bau mit allerlei Verzierungen außen und innen. So zeigen die Eckbalken des Überlinger Torkelgebäudes Holzschnitzlereien in maureskenartiger Bandverschlingung des 18. Jahrhunderts, die Vorderseite über dem Portal einen Holzfries; auch die Doppelsäulen des Torkelbaums haben einzelne Zieraten; ebenso die Einfassung des Torkelbetts, nämlich vorn eine Figurengruppe in Basrelief: 2 Füchse mit einer Ente, darüber Laubgehänge, darunter die Jahrzahl 1790. Ein hervorragendes Torkelgebäude besaß Sipplingen, wie man noch heute an dem allerdings jetzt ganz verbauten, früheren Schiffswirtshaus sehen kann. Es ist in den „Kunstdenkmälern des Kreises Konstanz" folgendermaßen beschrieben: „Der Schlußstein des Torbogens zeigt das Überlinger Wappen und die Jahreszahl 1719. Der oblonge Raum war durch 2 Reihen von je 6 Holzsäulen in 3 Schiffe abgeteilt und bietet in den gut erhaltenen rückwärts liegenden Abteilungen noch ein interessantes Bild des Innern eines alten Torkelhauses, das in der Anlage und in der formalen Durchbildung seines Holzwerks bei den gleichen Gebäuden der Bodenseestädte beinahe gleichlautend wiederkehrt. Die hohen Holzständer sind aus 30 Zentimeter dicken Pfosten geschnitten, unten vierkantig gelassen, weiter oben kreisrund und stark verjüngt abgedreht, mit feinen Basen, Reifen und Capitellgliederungen verziert, in einer viereckigen Schere endigend, in welche die mächtigen Unterzüge mit ihren Sattelhölzern und kleinen ausgeschnittenen Bügen eingesetzt sind und darüber die schlichte Holzbalkendecke mit ihrem Bretterbelag. Im Geschoß darüber ist eine Zimmerdecke aus Holz, durch Fugenleisten in quadratische Felder geteilt, mit besonders ausgebildetem Mittelfelde aus einer Quadratfüllung mit 4 Halbrund bestehend."

Doch nun genug vom Torkel und wieder zurück zum „Herbsten"!

Der Gemeinderat bestimmte jeweils die Zeit der Weinlese und schrieb dann aus, an welchem Tage der Anfang gemacht werden solle. Zugleich lud er Käufer von Nah und Fern hiezu ein. Nun trafen die Rebbauern die nötigen Vorbereitungen. Da nicht jeder Winzer einen eigenen Torkel hatte, so benutzte er denjenigen eines Nachbars oder Verwandten, und so traf es sich, daß oft eine größere Anzahl den gleichen Torkel brauchten. Deshalb kamen am Sonntag vor Beginn des Herbstens die betreffenden Rebenbesitzer in der Torkelstube ihrer Straße zusammen, wo die Reihenfolge der Benützenden festgesetzt wurde, und zwar wurde durch Losziehung bestimmt, wer den ersten „Stock", wer den zweiten „Stock" usw. zum „Ausdrucken" erhalte, d. h. wer am ersten, am folgenden, am dritten Tag usw. den Torkel zum Auspressen der Trauben benutzen dürfe. Es hieß dies die „Stockverlosung". Unter „Stock" verstand man die Traubenmasse, welche die Trotte (Torkelbett) voll macht und innerhalb 24 Stunden ausgepreßt wird. Derjenige Rebbesitzer, welcher gerade den Torkel benützte, war der „Stockherr", der Eigentümer des Torkels dagegen der

„Torkelherr", welcher als Vergütung vom Eimer Wein eine Maß anzusprechen hatte; dieser Wein hieß „Baumwein" oder „Lohnwein", er war die Abgabe für das Pressen und kam in ein besonderes Faß; die Abgabe für das Heimführen hieß „Karrenwein". Der Torkelherr stellte auch die nötigen Fahrnisse, so eine Anzahl Zuber, deren er oft 50 und mehr hatte, während der Stockherr vielleicht einige 10 beibrachte. Zu diesen Fahrnissen gehörte auch der Karren, auf dem die Zuber mit den Trauben aus dem Weinberg in den Torkel geführt wurden. Dieser Karren, mit 2—4 Pferden bespannt, je nachdem 6 oder 10 Zuber aufgeladen waren, war ein schmaler Leiterwagen mit senkrecht aufgesetzten Leitern, zwischen welchen die Zuber mittels Seilen und Ketten festgehalten wurden. Der Führer hieß „Karrer", sein Gehilfe, welcher hinter dem Wagen war, „Karrenheber"; beide erhielten Verköstigung und Lohn vom Stockherrn. Der Lohn des „Karrers" bestand in ½ Eimer Wein vom Stock, des „Karrenhebers" oder des „Zuknechts" in ¼ Eimer Wein.

Die Hauptperson im Torkel war der Torkelmeister, in der Regel ein älterer erfahrener Rebmann, welcher vom Torkelherrn aufgestellt wurde. Er war beeidigt, hatte die Aufsicht im Torkel und die Leitung des Auspressens; seinen Anordnungen hatte Jeder unbedingt Folge zu leisten. Er führte das Verzeichnis der Fahrnisse, revidierte das Inventar bei der Uebernahm und Abgabe, und war in erster Reihe für Alles verantwortlich. Beim Auspressen der Trauben war sein Platz vorn am Torkel, von wo aus er seine Befehle erteilte. Er mußte ausharren Tag und Nacht, solange das Auspressen dauerte. Als Lohn bezog er bei freier Verköstigung ebenfalls ½ Eimer Wein vom Stock. Der Torkelmeister leitete auch die Stockverlosung und heftete dann das Verzeichnis der Berechtigten an die „Schloßsaul" zu Jedermanns Einsicht. So wußte ein Jeder, wann er an der Reihe war. Da kam dann auch mancher Gläubiger, schaute sich die Liste an und fragte seinen Schuldner: „Krieg ich dies Jahr auch einen Wein?“ Eine Mahnung, welche jeweils beherzigt werden mußte.

War nun am Sonntag verlost, so wurde am darauffolgenden Montag mit dem „Wimmeln“ begonnen. Sobald die Sonne am Himmel stand, wurden die Weinzuber hinausgeführt und unten am Rebgelände in einer Reihe aufgestellt, so daß man mit dem Wagen bequem hinfahren konnte. In der Regel waren 6—8 bis 10 Leute — die Eigenen und Taglöhner — mit dem Wimmeln beschäftigt, was etwa 1—3 Tage dauerte, bei der Weinlese des Spitals in der Regel 14 Tage, wobei alle einigermaßen brauchbaren Spitaliten helfen mußten. Ein Jeder hatte einen Handkübel und ein Rebmesser, sogar Kinder halfen mit kleinen Kübeln mit. An jeder Rebenreihe schnitt ein Arbeiter die Trauben und schritt von einem Rebstock zum nächsten weiter, bis die ganze Reihe leer war. Sobald die Kübel der neben einander wimmelnden Arbeiter voll waren, kam der „Buttemann“, ging von einem zum andern und leerte die Trauben in seine Butte. In großen Rebbergen waren oft 2 „Buttemänner“ nötig. Aus der Butte kamen nun die Trauben in die Zuber. Jeder Buttemann hatte einen „Stecken“ (Stab), auf dem für jede Butte, die in den Zuber entleert wurde, ein Einschnitt gemacht und dem „Zehntmann“ vorgezeigt werden mußte. Für jedes Gelände war nämlich ein Zehntmann bestellt; die 10. Butte kam jeweils in den „Zehntzuber“; bei großen Geländen waren mitunter 2 „Zehntzuber“ wie auch 2 „Zehntmänner“. Wurde man bis Abend nicht fertig, dann ließ man die Zuber mit den Trauben über Nacht draußen; ein Mann mußte dabei Wache halten, legte sich aber manchmal in ein leeres Zuber zu gemütlichem Schlafe. Am andern Morgen wurde dann weiter gewimmelt. Bei kalter Witterung suchte man oft an einem Feuer sich zu erwärmen. Insbesondere machten aus dürren Rebästen, Buschwerk usw. die Kinder gar manchmal Feuer an, sprangen darüber, einzeln oder paarweis, und trieben allerlei Kurzweil.

In Sipplingen wird noch heute bei Beginn der Traubenreife mittels Ausschellens durch den Gemeinderat bekannt gemacht, daß an einem bestimmten Tag der „Reb-Ösch geschlossen werde; wer noch Gemüse usw. im Ösch habe, könne es in der betr. Frist holen.“ Nach 8 bis 10 Tagen wird wieder ein Tag zum Abräumen der späteren Gemüse, wie Bohnen, Krautköpfe, Dickrüben usw. bestimmt, was noch 2—3 Mal geschieht. Dann darf nur mit Erlaubnis des Bürgermeisters der „Rebösch“ betreten werden. Ist die Reife so weit vorgeschritten, daß in den nächsten Tagen geherbstet werden kann, dann beruft der Gemeinderat durch Ausschellen eine Bürgerversammlung auf nächsten Sonntag; an diesem Tage selbst wird noch nach dem Vormittagsgottesdienst durch den Meßner mit der „Frühmeßglocke“ das Zeichen gegeben, worauf die Bürger sofort ins Rathaus zur Versammlung gehen, wo nun der Beginn der Weinlese mit Stimmenmehrheit beschlossen wird. Tritt einmal während der Weinlese Regen ein, so wird sie unterbrochen; mit der gleichen Glocke wird dann „aus dem Ösch geläutet“, worauf die Rebleute den Weinberg verlassen; heitert sich das Wetter wieder auf, so wird sofort wieder „in den Ösch geläutet“, und es kann nun ein Jeder wieder in die Reben.

War das Wimmeln beendet, so lud man Zuber und Geschirr auf den Karren und fuhr in Begleitung des ganzen Arbeiterpersonals zum Torkel, in dem nun die mit Trauben gefüllten Zuber aufgestellt wurden. In Meersburg werden noch jetzt im Herbst an den Torkelgebäuden sogen. „Briegen“ (Bretterhütten, Buden) aufgeschlagen, die aus Holzböcken in der Höhe von Traubenwagen bestehen, auf welche Dielen gelegt, mit Brettern eingezäunt und mit einem Schutzdach versehen werden. Solche „Briegen“ dienen nun zur Aufbewahrung der Traubenzuber, welche im Torkelgebäude selbst nicht mehr Platz finden, und unmittelbar vom Wagen in die „Briege“ geschoben werden; hier bleiben sie solange stehen, bis sie in den Torkel geschafft werden können. Eine „Briege“ hat Raum für 40—60 Zuber. An allen großen Torkeln werden solche „Briegen“ aufgeschlagen und bleiben, bis das Auspressen der Trauben zu Ende ist.

Wurden die Traubenzuber Abends in den Torkel verbracht, so fand andern Tags das Auspressen statt. Es begann Morgens 6 Uhr mit dem Aufschütten und währte bis andern Morgens 6 Uhr — also 24 Stunden — bei einem „ganzen Stock“; war aber die Traubenmenge nur so groß, daß sie in 12 Stunden ausgepreßt werden konnte, so nannte man es einen „halben Stock“. Auf das Torkelbett (die Trotte) konnten etwa 12—15 Zuber Trauben auf einmal aufgeschüttet werden; dann wurde der „Stock angesetzt“, d. h. die Trauben werden gleichmäßig auf das ganze Bett verteilt und in dem viereckigen Raum regelmäßig auseinandergebreitet. Alsdann wird je eine Stange — „Ruten“ — auf den vordern und hintern Rand der ausgebreiteten Traubenmasse gelegt, gewissermaßen als Grenzlinie des Auszupressenden, und zwischen sie die Torkelbretter — „Deckbretter“ — nebeneinander, so daß die ganze Traubenmenge gedeckt ist; quer darüber kommen nun vierkantige lange Sparren — „Durchriegel“ — und darauf noch stärkere vierkantige lange Holzstücke — „große und kleine Bracken“ — so daß die Deckung allmählich bis an den Torkelbaum hinaufreicht; der noch freibleibende Raum wird mit kleinen, keilförmigen Brettchen — „Schuben“ — ausgefüllt. Nun ist alles zugerichtet und es kann mit dem Pressen begonnen werden. Dies geschieht zunächst dadurch, daß 2 Männer durch Drehen der Spindel mittels der „Bündelstange“ den hinteren Teil des Torkelbaums emportreiben, wodurch der vordere zwischen der „Schloßsaul“ abwärts rückt. Die hiedurch entstehende Lücke wird mit „Schuben“ ausgefüllt. Durch diese Manöver ist die Mittelsäule, welche nun bereits auf der gedeckten Traubenmenge aufliegt, vollständig entlastet worden, und jetzt wird der „Esel“ ganz herausgezogen, eine Hantierung, die man zum Spaß einem Neuling mit der Aufforderung: „Zieh doch das Holz dort heraus!“ überläßt, worauf man ihm sofort unter allgemeinem Gelächter das Schmeichelwort „Esel“ zuruft. Nun wird der hintere Baumteil herabgedreht, wodurch die volle Last des ganzen Torkelbaums auf die Trauben drückt und deren Saft auspreßt, welcher nun aus dem Schnabel des Torkelbetts durch einen vorgehaltenen Korb — „Rennzaine“ — in die in der Torkelgrube befindliche Holzstande abfließt und aus derselben von Zeit zu Zeit durch Butten entleert wird. Wenn das Abfließen schwächer wird und gänzlich zu versiegen droht, dann kommandiert der Torkelmeister das Einstellen des Pressens, und nun wird der ganze Stock wieder frisch zugerichtet: Zuerst wird mittels der Spindel der Torkelbaum wieder emporgetrieben, dann der „Esel“ in die „Eselssaul“ eingeschoben, die „Schuben“ in der „Schloßsaul“ weggenommen und jetzt die Traubenmasse abgedeckt, letztere selbst mittelst des Spatens geradlinig zu einem viereckigen Haufen zugehauen, und das außen Abgeschnittene auf denselben gelegt, worauf die so zugerichtete Traubenmasse wiederum mit Ruten, Brettern, Durchriegel, Schuben usw. wie ursprünglich gedeckt und zum zweiten Mal der Pressung auf gleiche Weise wie erstmals unterworfen wird. Solches geschieht dann noch 6—8 Mal innerhalb 24 Stunden, worauf der „Stock“ vollständig ausgepreßt ist. Während des Auspressens wird der Wein aus der Stande in Butten geschöpft und in den Keller des „Stockherrn“ oder des Wirts, der ihn gekauft, durch die Buttenträger oder den Zuknecht getragen und dort in die Fässer geleert. Die Menge des Weins hat der Torkelmeister jeweils vor der Abfuhr mittels sogen. „Viertelkübels“ (1/4 Eimer, 1 Eimer 25 Maß, 4 Eimer 1 Ohm) zu messen und auf einer Schiefertafel zu notieren mittels Kreidestrichs für jeden Eimer, beim 4. Eimer jeweils ein langer Strich.

Die ausgepreßten Traubenhülsen — „Trester“ — werden wieder in die Zuber geschüttet und, nachdem sie „rappiert“, d. h. mittels Siebes von den „Rappen“ (Stielen) gelöst sind, „angestellt“, d. h. man vermischt sie mit Wasser und überläßt sie der Gärung, infolge deren sich ein schwaches alkoholhaltiges Getränk bildet, das mit dem „Nachdruck“ — dem zuletzt ausgepreßten Saft — den sog. „Tresterwein“ bildet, der als Haustrunk oder „Erntewein“ benützt wird. Öfters wird auch aus den Trestern sog. „Tresterschnaps“ gebrannt.

Das Essen während des Pressens ist für alle Beteiligten dasselbe und wird gemeinsam eingenommen: Morgens Kaffee, Suppe, Kutteln, Wein oder Schnaps; um 9 Uhr Wein und Brod; Mittags Nudelsuppe, Rindfleisch mit Beilagen, Braten und Salat, und Wein, soviel man will; um 4 Uhr Herbstkäs, Wein und Brot; Nachts Nudelsuppe, Rindfleisch, Braten und Salat (oder Aepfelschnitz) und Wein. Wenn der Stock fertig, d. h. das Auspressen beendigt war, dann wurde aufgeräumt und geputzt, das Geschirr, die Kübel, Butten usw. sauber gemacht, die Zuber liegend aufeinandergebeigt, die Trotte gereinigt und überhaupt Alles derart in Stand gesetzt, daß der nächst Berechtigte sofort mit seinem Stock beginnen kann.

Selbstverständlich herrschte jeweils während des Herbstens ein reges Leben und Treiben im Weinberge und im Torkel, namentlich aber bei guten Herbstjahren. Da wurden Fahnen und Wimpel in den Reben aufgepflanzt und die Winzer und Winzerinnen zogen mit Kränzen und Blumen geschmückt, zum „Wimmeln". Überhaupt erhielt ein Jedes, das mitarbeitete, einen Strauß von Astern, Dahlien und dergleichen angeheftet. Im Torkel selbst aber ging man ab und zu, denn gar mancher Nachbar und Freund wollte den süßen Wein verkosten, was bei einem reichen Herbst gern gewährt wurde. In Hagnau gehen die Rebleute von Torkel zu Torkel, wo jeweils ein großer Krug voll Neuwein und ein Glas auf dem Tisch steht. Da gilt dann der alte Spruch:

„I bin von Hangen (Hagnau),
Wer will, der soll langen!"

Wie überall am See, hielt man auch in Hagnau viel von einem guten Trunk und huldigte solchem gern. Noch jetzt erzählt man sich von einem alten Küfer, der einen Eimer während eines Tages austrank und nachher das Faß an der Sonne trocknete.

In Meersburg wird noch jetzt die Heimfahrt aus dem „Rebstall" (Weinberg, Rebgelände) bei reichem Erträgnis festlich begangen, so namentlich im Jahre 1893. Als man den letzten Traubenwagen Abends zur Trotte führte, wurde er von vielen geschäftigen Händen mit Fahnen, Inschriften, Blumenkränzen, Symbolen und allen möglichen Produkten der Landwirtschaft geschmückt und nach eingetretener Dunkelheit setzte sich ein Festzug in Bewegung, begleitet von Fackeln und farbigen Lampions, voran die badische Landesfahne, dann eine landwirtschaftliche Standarte, hierauf die Schuljugend beiderlei Geschlechts, auf Tellern, Schüsseln und Körbchen die Erzeugnisse des Herbstes, wie Trauben, Obst und alle übrigen Feldfrüchte, vor sich hertragend, dann folgte die Stadtkapelle, hernach der obenbeschriebene Traubenwagen, bespannt mit 4 Pferden, und den Schluß bildeten die Winzer und Winzerinnen mit ihren Butten und Kübeln, bekränzt mit Rebenlaub, singend und jubelnd in langer Reihe. Auf dem Marktplatze wurde „Halt“ gemacht, worauf die Musik das Lied: „Großer Gott, Dich loben wir“ anstimmte und das überaus zahlreich versammelte Publikum entblößten Hauptes mitsang; von hier aus bewegte sich der Zug in die Unterstadt, woselbst beim neuerbauten Kellereigebäude des städtischen Spitals wieder Halt gemacht wurde. Hier hielt Bürgermeister Raither eine kurze Rede über die Bedeutung dieses festlichen Abends, worauf Gemeinderat Stadelhofer im Namen der weinbauenden Bevölkerung der Großh. Regierung den Dank aussprach für die tatkräftige Förderung der Interessen des Weinbaues, besonders bei der Bekämpfung der so schädlichen Blattfallkrankheit, und neuerdings wieder durch die so reichliche Unterstützung der Winzervereine aus Staatsmitteln, und mit einem begeistert aufgenommenen Hoch auf unsern geliebten Großherzog endete. Bengalische Feuer in verschiedenen Farben beleuchteten magisch die ganze Umgebung, wobei die Verteilung eines Trunkes süßen neuen Weines an die liebe Schuljugend erfolgte, und damit die in allen Teilen gelungene Feier zu Ende ging.

---

38. Altbirnau und die Altbirnauer Kirchweih.

Nordöstlich von Überlingen befindet sich der sog. Altbirnauer Bühl, auf welchem ehedem eine Kapelle mit einem wundertätigen Marienbild, zu dem früh gewallfahrtet wurde, gestanden. Altbirnau ist sehr alt, urkundlich kommt es schon 1222 vor und 1227 werden „Schwestern von Birnowe“ genannt, die also hier auf dem Berge gewohnt und vielleicht den Anfang zur berühmten Wallfahrt gemacht: sie sollen später nach Seefelden und dann nach Baindt bei Weingarten gezogen sein. Die ursprüngliche Kapelle nebst einem nahe gelegenen Maierhof gehörten den Herren v. Bodman und v. Stoffeln, und wurden von ihnen um 1230 an das Kloster Salem abgetreten. Im Jahre 1241 kaufte die Stadt Überlingen vom Kloster Salem unter Abt Berchtoldus den Birnauer Bühl. (Der Original-Kaufbrief befindet sich im Stadt-Archiv.) Nach dem Apiarium Salemitanum überließ dageg.n Abt

Berchtold laut Vertrag vom 5. Mai 1241 der Stadt Überlingen unter Schultheiß Wernher auf ihr inständiges Ansuchen den Maierhof Birnau zum Gebrauch und Nutzung der Hutweide um 75 Mark, die Kapelle aber samt Einkünften und zugehörigem Platz verblieb dem Kloster, welchem auch das Patronatsrecht und die Besorgung des Gottesdienstes daselbst zustand. Nun ließ das Kloster die Kapelle erweitern und ein Priesterhaus daran bauen. Birnau war bereits einer der besuchtesten Wallfahrtsorte Schwabens geworden; weither strömten eine Menge Pilger zum Gnadenbilde, infolge dessen im 15. und 16. Jahrhundert mehrmals Vergrößerungen der Kapelle nötig wurden und endlich aus der bescheidenen Kapelle allmählig eine geräumige Kirche entstand, die als Gnadenort viel besucht war, so daß an Festtagen oft zwanzigtausend Andächtige auf Birnau versammelt waren, Im Schwedenkrieg kamen nun die Greuel der Verwüstung über den Wallfahrtsort: der französische Kommandant Corval zu Überlingen brannte nebst Nußdorf und den anderen umliegenden Orten auch Birnau 1634 nieder, wobei wunderbarerweise nur die kleine mitten in der Kirche stehende Kapelle mit dem Gnadenbild erhalten blieb. Der damals in Birnau anwesende Klosterbruder Jung wollte dasselbe nach Salem flüchten, stieß aber unterwegs im Tüfinger Wald auf einen Trupp französischer Reiter, welche die in der Umgegend geraubten Früchte nach Überlingen bringen sollten und ihn sofort zwangen, die Statue an eine Eiche zu stellen und statt derselben einen Kornsack zu nehmen. Im Burgberger Wäldchen gelang es ihm zu entrinnen; er kehrte zurück und fand zu seiner großen Freude das Marienbild unversehrt wieder. Zur Erinnerung an diese Begebenheit wurde später eine Tafel mit der Abbildung und Beschreibung desselben an genannter Eiche angebracht. Nach dem dreißigjährigen Kriege wurde die Wallfahrtskirche wieder aufgebaut und das Gnadenbild an seine alte Stelle gebracht. Aber bald nachher entstanden Mißhelligkeiten mit Überlingen, das Anspruch auf den Platz der Kirche machte und überdies neben die Kirche ein Wirtshaus gebaut hatte. Um nun für alle Zeit Zwistigkeiten zu begegnen, beschloß Abt Stefan II. von Salem, die Wallfahrt auf eigenes Gebiet zu verlegen, und ließ zunächst das Gnadenbild trotz Protests des Überlinger Magistrats — nach Salem verbringen und eine neue Wallfahrtskirche „Neubirnau“ oberhalb Maurach im Renaissançestil erbauen, welche 1750 unter großen Feierlichkeiten eingeweiht wurde; gleichzeitig wurde in feierlicher Prozession das Gnadenbild von Salem dahin verbracht. Trotzdem konnte die Wallfahrt nicht recht emporkommen und Neubirnau nicht zu dem Ansehen von Altbirnau gelangen. „Gnaden- und Wallfahrtsorte“ — schreibt P. Benvenut Stengele in seiner **Linzgovia sacra**, der wir diese Notizen entnehmen — „lassen sich nicht so von Außen her machen, sie müssen aus sich heraus entstehen." Infolge der Säkularisation kam dann Salem mit Birnau an Baden, die Wallfahrt an letzterem Ort wurde aufgehoben und die Marienstatue in das Salemer Münster gebracht, wo sie noch heute auf dem Altar gegenüber der Kanzel steht und immer noch von Andächtigen besucht wird. Die Kirche Neubirnau wurde geschlossen und steht nun, ein Prachtbau seltener Art, leer und verödet auf dem Rebenhügel am Ufer, weithin sichtbar am See, und noch heute viel besucht und bewundert von Kunstfreunden und Geschichtskundigen.

In Altbirnau ließ nach Verlegung der Wallfahrt das Kloster Salem die Kirche und die übrigen salem'schen Gebäude abbrechen; es blieb also nur noch das der Reichsstadt Überlingen gehörige Wirtshaus auf dem Altbirnauerbühl stehen. Dasselbe war ein großes zweistöckiges Gebäude, in dessen Erdgeschoß die Wirtschaftsräumlichkeiten und im obern Stock der Tanzsaal sich befanden. Angebaut waren die Ökonomieräume, Stall, Scheune und Remise. Vor dem Haus war eine Linde, etwa 300 Schritte entfernt gegen den Kätzleberg ein Schöpfbrunnen. Die Altbirnauer Wirtschaft wurde nun allmählig ein beliebter Ausflugspunkt für Überlingen und Umgebung. Aus der ganzen Gegend wurde Altbirnau gern besucht, denn in dem abgelegenen Wirtshaus lebte man freier und ungebundener als in der Stadt unter den Augen der Polizei. Im Sommer namentlich zog Altbirnau sehr viele Spaziergänger an, aber auch in der rauhen Jahreszeit kam noch mancher Besuch. Erzählt doch ein Chronist, daß man im Januar 1804 zu Altbirnau unter der Linde, also im Freien, gesessen sei — ein Beweis des milden Winters. Wenn dann an hohen Festtagen das Überlinger Bürgermilitär zur Parade ausrückte, dann machte in der Regel die Kavallerie Nachmittags einen Ausritt nach Altbirnau in corpore und vergnügte sich bei einem guten Glase, bei Spiel und gemütlicher Unterhaltung bis zum Abend. Am lebhaftesten aber ging es beim Kirchweihfest zu.

Obgleich auf Altbirnau Kirche und Kapelle längst abgebrochen und das Marienbild nach Neubirnau verbracht war, blieb doch noch das Wirtshaus stehen, und da wurde noch alljährlich um Mariä Geburt die Altbirnauer Kirchweih (Kirbe) gefeiert und zwar bis in die dreißiger Jahre des vorigen Jahrhunderts. In den reichsstädtischen Zeiten dauerte das Fest drei Tage lang, jeweils bis abends 10 Uhr. Als aber dann im Anfang des abgelaufenen Jahrhunderts Überlingen an Baden gefallen und im zweiten Jahrzehnt die schlimmen Kriegszeiten vorüber und eine Befestigung der staatlichen Verhältnisse eingetreten waren, da erwachte die Lebenslust wieder neu und die Vergnügungssucht war bald größer als vorher. Das zeigte sich namentlich bei der Altbirnauer Kirchweih. Sie begann jeweils am Sonntag nach Mariä Geburt und währte bis Donnerstagnacht; ja auch noch an den folgenden 2 Tagen war der Bühl von Vergnügungssüchtigen besucht, so daß man sagen konnte: 8 Tage lang dauerte die Altbirnauer „Kirbe"! Da kamen nicht blos die Überlinger herauf, sondern auch die Nußdorfer und Andelshofer, die Uhldinger und Deisendorfer, ja aus der ganzen Umgegend fanden sich Leute ein, welche die Kirchweih mitmachen wollten. Es war aber auch für alle möglichen Arten von Zerstreuungen und Lustbarkeiten gesorgt, für Musik und Tanz, für Kegel- und Kartenspiele, für Würfel und andere Hazardspiele, für Scheibenschießen und dergleichen mehr. Auch einige Spielbuden und Marktstände waren auf dem freien Platz errichtet, wo überhaupt ein Leben und Treiben und ein Gewühl herrschte wie auf dem Jahrmarkt. Vor dem Wirtshaus befanden sich im Freien zwei Kegelbahnen, aber ohne Halle und Dach, die sehr lange Bahn bildete der Sandboden, welcher mit Dielen abgegrenzt war. Mit drei Kegeln, die einige Schritte von einander entfernt waren, wurde gekegelt und zwar von der Wand aus, das heißt „gerandelt". Meist wurden Schafböcke ausgekegelt, häufig aber kegelte man auch um Kronentaler, wobei bisweilen ein Kegler 80 und 100 fl. verlor und Geld entlehnen mußte, um weiter zu kegeln und dann manchmal das Glück hatte, ebensoviel wieder zu gewinnen; „ring g'wonne, ring verthon" hieß es dann, wenn ein solcher Spieler in einer Nacht all sein Geld verjubelte. Ein anderes Spiel war das sogenannte „Reiterspiel", „Reiteren", eine Art Billardspiel. Am meisten Zulauf aber fand das sogenannte „Gitterle-Spiel“, und zwar nicht blos von Männern, sondern auch von Weibern und sogar von Kindern. Dasselbe wurde in einer Bude, meist unter der Linde, betrieben und bestand aus einem runden Tisch mit erhöhtem Rand, dessen Platte in 24 Felder eingeteilt war; auf jedem Feld war eine Figur eingezeichnet, zum Beispiel ein Hanswurst, ein Adler, Löwe, Jungfrau, Zwillinge, überhaupt die Zeichen des Tierkreises und andere Bilder. Der Einsatz war ein „Schweitzerbatzen“, der auf eine Figur gelegt wurde. Mitten auf dem Tischbrett war ein Türmchen mit einem Wendelgang angebracht, durch welches der „Krämer“ (Unternehmer) eine Kugel hinabrollen ließ, die dann auf irgend einem der 24 Felder stehen blieb. Wer auf dieses Feld gesetzt hatte, war der Gewinner, die übrigen Setzer hatten verloren. Der „Krämer“ zog nun natürlich sämtliche Einsätze ein und gab dem Gewinner den gebührenden Preis, der in der Regel aus einem hübschen Glas oder Porzellangefäß, wie Käntchen, Teller, Tasse usw. oder auch aus einem silbernen Löffel, überhaupt aus einem Haushaltungsgeräte bestand. Öfters waren 2 solcher Gitterle-Spiele unter der Linde aufgestellt, bei ungünstigem Wetter im Schopfe. Der Schützenstand für die Schießlustigen war am Abhang gegen den Kätzleberg errichtet. Während nun hier die Büchsen knallten, auf den Kegelbahnen die Kugeln rollten und bei den Hazardspielen gar Mancher sein Geld verlor, wurde im Wirtshaus gegessen und getrunken, was gut und teuer war, und ertönte im Tanzsaal rauschende Musik, bei der sich die junge Welt in munterem Reigen drehte. Es wird erzählt, das manches Mädchen, das an einem solchen Werktage von seinen Eltern aufs Feld geschickt worden zur Arbeit, heimlicherweise in einem Bündelchen seinen „Sonntagsstaat“ mitgenommen, sich in den Reben umgekleidet habe und zum Tanz auf den Birnauer Bühl gegangen sei.

Der Besuch der Altbirnauer Kirchweih war die ganze Woche mehr oder weniger gleich stark, doch kamen nicht jeden Tag dieselben Gäste, sondern sie wechselten je nach Beruf und Rang; an dem einen Tag kamen die Handwerksleute, an dem andern die Rebleute und Landwirte, am dritten die Patrizier und Honoratioren usw. So hatte jeder Stand seinen Tag, und die betreffenden Standesgenossen kamen dann zahlreich in Altbirnau zusammen, Mann und Frau, und feierten aufs Vergnügteste die Kirchweih, während die nicht zugehörigen Volksklassen an diesem Tage wegblieben. Denn zu jener Zeit herrschte noch ein gewisser Kastengeist, eine feste Abgeschlossenheit der Stände gegeneinander.

Mit der Zeit kam die Altbirnauer Wirtschaft mehr und mehr herunter, und die Vergnügungen arteten gewaltig aus; gar manche Familie kam dort um ihr Vermögen; das Wirtshaus war zu einer ganz gewöhnlichen Kneipe geworden, wo viel Unfug getrieben wurde, so daß der Überlinger Gemeinderat oft einschreiten mußte und große Verdrießlichkeiten hatte. Unter diesen Umständen beschloß er, die Altbirnauer Wirtschaft gänzlich aufzuheben, oder vielmehr sie nach St. Leonhard, einem etwa ¼ Stunde südwestlich von Birnau und 20 Minuten nordöstlich von Überlingen befindlichen anmutigen Bühl mit Kapelle, zu verlegen, das dieselben Vorzüge hatte wie Altbirnau, es war ebenfalls ein beliebter Spaziergang der Überlinger und bot eine ebenso prachtvolle Aussicht wie Altbirnau, dagegen war es weniger abgelegen und nur etwa 20 Minuten von der Stadt entfernt.

St. Leonhard ist ebenfalls sehr alt. In den frühesten Zeit, da Alles noch ringsum größtenteils Wald war, soll der Sage nach hier nur ein Waldbruder in einer Klause gelebt haben. Urkundlich wird schon 1360 sanctus Leonhardus extra muros (Überlingen) genannt; dann 1424 „sant Lyenhartz Capelle vor Überlingen gegen Birnow wert gelegen". Die eigentliche Kapelle soll von Ursula Besserer, einer Tochter des Nikolaus Besserer und Witwe des Hans Hödorf, im Jahre 1323 gestiftet worden sein; erst 1437 aber wurde sie vom Magistrat erbaut. Von jeher wohnte ein frommer Klausner (Eremit) hier, welcher die Aufsicht über die Kapelle hatte und zugleich den Meßnerdienst versah. Alljährlich wurde die Stätte von zahlreichen Pilgern besucht, denen durch päpstliche Bullen Ablässe verliehen wurden. Als 1800 in Überlingen eine Viehseuche großen Schaden anrichtete, gelobten die Landwirte der Neustadt, alljährlich am Tage des hl. Pelagius eine Wallfahrt nach St. Leonhard zu machen und in der Kapelle zwei hl. Messen lesen zu lassen. Diese Wallfahrten werden noch jetzt am genannten Tage regelmäßig gehalten. Am Feste des hl. Leonhard (6. Nov.) wird ebenfalls in der Kapelle eine hl. Messe gelesen, und jeden Sonn- und Feiertag Nachmittag versammeln sich die Bewohner der Umgegend daselbst und beten einen Rosenkranz. Als zur Zeit der französischen Revolution die Orden vertrieben wurden, fanden verschiedene Trappisten hier eine Zufluchtsstätte und einzelne liegen auch hier begraben. Im Jahre 1869 wurde wegen Baufälligkeit die Wohnung des Eremiten, der in letzter Zeit ein Spitalpfründner war, abgebrochen und 1870 die Kapelle restauriert. Dieselbe hat einen Altar und ist ein einfacher, länglichviereckiger Bau mit Satteldach und einem Türmchen mit einem Glöcklein; an der westlichen Giebelseite, wo der Eingang sich befindet, ist eine auf Holzsäulen ruhende gedeckte Vorhalle angebracht. Beiderseits des Eingangs sind vergitterte Nischen mit Statuen, links Christus, rechts Maria, über dem Eingang die Statue des heiligen Leonhard.

Südöstlich von der Kapelle steht ein zweistöckiges Wirtshaus, welches im unteren Stock 4 Zimmer und Küche enthält, im oberen Stock einen Tanzsaal mit zwei

Nebenzimmern. Östlich von diesem Gebäude befinden sich das Ökonomiegebäude und das Waschhaus mit Backofen. Auch ein Brunnen ist hier, welcher 70 Fuß tief ist und gutes Wasser liefert. Die zum Wirtshaus gehörigen Grundstücke, der Garten und das Feld, betragen etwa 2 Morgen. Das Wirtshaus mit den anderen dazu gehörigen Baulichkeiten ließ der Gemeinderat, nachdem er vom Großh. Ministerium die Genehmigung zur Wirtschaftsverlegung erhalten, im Jahre 1834 durch Werkmeister Fleig von Überlingen um 4000 fl. erstellen, das nötige Holz hatte das Spital geliefert. Im Jahre 1835 wurde die Wirtschaft in St. Leonhard eröffnet. Der erste Pächter und Wirt war Rentmeister Zwick. Das alte Wirtshaus von Altbirnau war schon vorher abgebrochen worden, damit hörte auch die „Altbirnauer Kirbe" auf. Statt nach Birnau machten die Überlinger nunmehr ihre Sonntagsspaziergänge nach St. Leonhard; auch das Überlinger Bürgermilitär hielt in dortiger Gegend oft seine Übungen. Im Kulturhistorischen Kabinett wie auch in Privathäusern sind noch Bilder aus jener Zeit mit Darstellungen des Bürgermilitärs um St. Leonhard.

Die Wirtschaft St. Leonhard erfreute sich nie eines so starken Besuchs, daß sie rentierte und ein Pächter sein Fortkommen finden konnte. Es schien vielmehr, daß das Anwesen in fester Hand besser prosperiere. Deshalb verkaufte die Gemeindebehörde am 20. Mai 1867 an den damaligen Pächter Karl Müller bezw. dessen Sohn Eduard um 4000 fl. das ganze Anwesen, die Kapelle nebst der Meßnerswohnung wurde vom Spitalfonds vorbehalten. Im Jahre 1869 wurde auch die Meßnerswohnung abgebrochen und das Kirchlein wieder ausgebessert unter Dekan Stöhr. Karl Müller trieb unter dem Namen seines Sohnes die Wirtschaft noch einige Jahre um, bis am 22. Januar 1873 der Wirt Chr. Fr. Lang von Theningen, damals in Paris, dieselbe samt 3 Grundstücken von Bierbrauer Ed. Müller von hier, jetzt in Newyork, für 11 825 fl. erwarb. Hiemit hörte die Wirtschaft St. Leonhard gänzlich auf, denn der neue Käufer führte sie nicht weiter fort, ebensowenig nach dessen baldigem Tode die Witwe Lang, welche umliegende Felder dazu erwarb und bloß Landwirtschaft trieb. Durch das Eingehen der Wirtschaft St. Leonhard hatte Überlingen einen beliebten Ausflugsort verloren, was um so unangenehmer empfunden wurde, da die in nächster Nähe gelegene Wirtschaft Burgberg ebenfalls schon längst eingegangen war. Dem Bedürfnis nach einem Ausflugspunkt im Osten der Stadt mit Aussicht auf See und Alpen entgegenzukommen, entschloß sich Witwe Lang auf vielseitiges Drängen verschiedener Überlinger, auf dem Bühl oberhalb St. Leonhard eine neue Wirtschaft zu erstellen; im Jahre 1896 wurde daselbst ein schloßähnliches Gebäude, von Türmen flankiert, aufgeführt, das eine prachtvolle Aussicht bietet und nicht bloß Restaurations- und Gesellschaftslokale enthält, sondern auch eine Anzahl Gastzimmer zum Beherbergen der Fremden, mithin ein vollständiges Hotel und Pensionat ist. Allein das Unternehmen war zu großartig angelegt und erfüllte die gehegten Erwartungen nicht; die erhofften Gäste stellten sich nicht ein, der Besuch war schwach. Unterdessen starb die Gründerin und das ganze Anwesen wurde zum Verkauf ausgeschrieben, aber es fand sich kein Abnehmer, und heute steht das imposante Gebäude öde und leer auf der Höhe, weithin sichtbar am See. Was wird sein künftiges Schicksal sein? — Doch nun genug von St. Leonhard. Wir wollen wieder zu Altbirnau zurückkehren, oder vielmehr zu den alten Kirchweihfesten unserer Gegend.

Wie in Altbirnau, so wurde bis in die Mitte des vorigen Jahrhunderts die Kirchweih an vielen Orten Schwabens viel ausgedehnter und lebhafter gefeiert als heute, in der Regel dauerte sie 2 Tage, wie denn überhaupt damals solche Feste die wahren Volksfeste waren, aber nicht immer im besten Sinne des Wortes. Dabei ist noch zu bemerken, daß die verschiedenen Ortschaften ihre Kirchweih nicht an dem gleichen Tage hielten, sondern jede Kirchspielsgemeinde beging ihr Kirchweihfest am Tage des Kirchenpatrons bezw. am darauffolgenden Sonntag. So kam es, daß an gar manchem Sonntag in der Umgegend ein Kirchweihfest war und hierdurch Gelegenheit zu Tanz und Lustbarkeit. Da zog nun das lebenslustige Volk an dem einen Tag nach Nußdorf zur „Kirbe", am darauffolgenden Sonntag nach Altbirnau, an einem der nächsten Sonntage nach Hödingen usw. Im November fand dann, wie noch jetzt, die Sipplinger Kirchweih um Martini statt. In jener Zeit wurden sogar noch die Kirchweihfeste der benachbarten Hohenzollernschen Orte wie Neumühle und Schernegg, zahlreich aus unserer Gegend besucht.

Namentlich in Neumühle bei Seelfingen war früher die Kirchweih ebenfalls ein großes und aus der ganzen Gegend vielbesuchtes Freudenfest wie in Altbirnau. Neumühle liegt nächst der Landstraße von Seelfingen nach Mahlspüren, am Fuße des Schlosses Neuhohenfels, und ist eine stattliche Mühle mit Wirtschaft. Sie gehört zur Hohenzollernschen Gemeinde Kalkhofen und damit zur ehemaligen Herrschaft Neuhohenfels, welche im Besitz der Deutschordenskomturei Altshausen war und im Jahre 1806 mit Achberg bei Lindau und Mainau an den Fürsten von Hohenzollern-Sigmaringen kam. Die ehem. Deutschordensherrschaft bestand aus dem Schloß und Amtssitz Neuhohenfels, den Pfarrorten Liggersdorf und Mindersdorf, den Dörfern Kalkhofen, Deutwang, Oberndorf und Selgetsweiler, den Weilern Waldsteig, Höllsteig und Breitenörle, sowie noch aus mehreren Höfen, wie Neumühle; sie enthielt im Jahre 1792 auf 8455 Quadrat-Jauchert 877 Menschen, die 165 Familien ausmachten. Die Herrschaft hatte eigene Gerichtsbarkeit, welche durch einen Obervogt — der letzte war Hofrat Widmann — verwaltet wurde. Neumühle war Herrschaftslehen und besaß bedeutende Privilegien (Gerechtsame, „Zwangsgerechtigkeiten"), so durfte aus allen hohenfelsischen Ortschaften kein Brautpaar die Hochzeit mit Tanzmusik in einer andern Wirtschaft als in Neumühle halten, jeder hohenfels'sche Bauer mußte seine Früchte (Veesen) in Neumühle gerben lassen, geschah dies auf einer andern Mühle, so wurde er gestraft und der Neumüller hatte überdies das Recht, das betr. Mehl wegzunehmen usw. Unter diesen Umständen hatte die Neumühle stets großen Zulauf, denn wer in der Neumühle etwas zu tun hatte, benützte die Gelegenheit zu einem Trunk. Aber auch sonst wurde sie stets stark frequentiert, denn die Wirtschaft genoß ein großes Renommee weit umher. Gar oft wurden auch von Überlingen Ausflüge und im Winter Schlittenfahrten dahin gemacht, da in der Neumühle Küche und Keller stets gut bestellt waren. Besonders stark besucht war die Wirtschaft bei Festlichkeiten, Hochzeiten, Fastnacht usw. Das hervorragendste Fest aber war die Kirchweih, die 2 Tage dauerte und das Leben und Treiben eines Jahrmarkts bot: im Wirtshaus wurde gegessen und getrunken, getanzt und gejubelt; vor dem Wirtshaus unterhielt man sich mit Kegel- und Kartenspiel, in der Nähe waren Schießstände für Freischießen, ebenso Krämerbuden und Marktstände, wo Allerlei gekauft werden konnte, weiter unten auf der Landstraße saßen an aufgestellten Tischen die Spieler, welche bei Würfelbaschet und anderen verbotenen Hazardspielen um hohe Einsätze spielten; kamen dann die badischen Gendarmen herbei, so begaben sich die Spieler auf die sigmaringische Seite des Grenzbaches, wenn aber die sigmaringische Polizei in Sicht war, auf die andere, und spielten weiter. So ging es alljährlich an der „Kirbe" zu, bis in die Mitte des vorigen Jahrhunderts. Dann hörten die Privilegien auf und die Glanzzeit der Neumühle ging allmählich unter, und heutzutage wissen nur noch Wenige Etwas von dem fröhlichen Leben und Treiben in der Neumühle.

39. Das Fischrecht „Huno" der Freiherren von Bodman.

Seit unvordenklichen Zeiten besaßen die Herren von Bodman ein eigentümliches Fischereirecht auf dem Bodensee, die sog. „Huno", das sie früher in folgender Weise ausübten:

Alljährlich am St. Andreastag, wo der Fischfang, insbesondere der Gangfischfang im Untersee, am besten ist, fuhren sie nachmittags in einem Jagdschiff von Bodman aus und durchstreiften den See nach ihrem Gefallen mit großem Jubel und Geschrei und dem lauten Ruf: „Huno! Huno!" Dies geschah zur Warnung, damit Jeder, der auf dem See war, sich flüchten konnte. Denn sie hatten, wie sie sagten, Gewalt, zu fangen und zu ertränken, was sie fanden. Wer von ihnen ergriffen ward, wäre ihnen mit Leib und Gut verfallen und sie könnten ihn nach Belieben strafen. Wenn aber Einem Gnade geschah, so warfen sie ihn aus einem quer in den Rhein gestellten Schiff in den fließenden Strom unter das Schiff; kam er unter demselben durch und konnte sich selbst oder mit Hilfe Derjenigen, die im Schiff waren, in das Schiff retten, so hatte er gebüßt. Sie hatten auch das Recht, Alles, was sie von Schiffen oder Waren auf dem See antrafen, wegzunehmen und deren Loskauf zu erzwingen. Ebenso durften sie alle Fische, die sie unterwegs in Fischerkähnen oder andern Behältern fanden, wegnehmen. Sodann gehörten auch alle Fische, die selbigen Abend mit Netz und Angel gefangen wurden, ihnen zu. Doch sollten sie denen, welche den Beren gesetzt, drei Laib Brot und eine Maß Wein aus ihrem Faß geben. Selbstverständlich flohen auf den Warnungsruf „Huno" alle Fischer vom

See und Niemand ließ sich mehr sehen. Mit sich führten die Bodmaner in ihrem Schiff ein halbfudriges Faß voll Wein, etliche Brot, jedes 18 Pfd. schwer, und ein Schwein, nicht weniger als 4 Gulden wert. Wein, Brot und Schwein erhielten sie gemäß ihrer Lehenschaft von ihren Lehnsleuten. Wenn sie auf ihrer Fahrt nun zum Eichhorn oberhalb Konstanz kamen, so landeten sie an, banden das Schwein an eine Haselstaude und schlugen nach dem ihnen zustehenden Recht in dem Komturei Mainau'schen Wald so viel Holz, als sie in der Nacht zum Kochen und sonst brauchten. Begegneten sie dem Bannwart, so banden sie ihm beide Hände zusammen, knüpften ihn an einen Baum, gaben ihm einen Knebel in den Mund, steckten ihm unter den einen Arm 3 Laib Brot, unter den andern eine Kanne voll Wein, was Alles ihm dann, wenn er von den Seinigen befreit ward, zum Besten verblieb. Hatte sich unterdessen das Schwein losgerissen, so gehörte es dem Bannwart, andernfalls nahmen es die Bodmaner bei ihrer Abfahrt wieder mit sich und verehrten es dem Stadtvogt zu Konstanz; dagegen mußten der Stadtvogt und die Konstanzer den Bodmanern ein halb Fuder besten Weins, der nach eidlicher Versicherung in der Stadt zu haben war, verehren, und ebenso ein halb Viertel des schlechtesten Weins der Stadt, gleichfalls eidlich als solcher bezeugt. Mit ihrer Beute fuhren sie dann bis gegen Konstanz zur Rheinbrücke. Wenn sie zum Paradies und nach Gottlieben kamen, so wurde nach Recht und Brauch bekannt, daß sie diese Nacht Herren über die Fischerei seien. Alsdann fuhren die Fischer mit ihnen auf den See, und so viel jeder Fischer Beren gesetzt hatte, so viel Maß Wein mußten sie ihm geben. Nachdem sie vom See gekommen, setzten sie sich zusammen und zechten. Bei der Rückkehr begaben sie sich mit ihrem Raub, den sie bekommen hatten, in die Stadt Konstanz und gastierten den Tag darauf den ganzen Konstanzer Stadtrat.

* * *

Das ist im Wesentlichen das Fischereirecht „Huno“ der Herren von Bodman, wie es die Zimmern'sche Chronik und der Konstanzer Chronist Mangold, wie auch Hans Georg von Bodman, der 1592 den Zug selbst mitgemacht, beschrieben haben. Wie nun die Herren von Bodman zu diesem Recht gekommen, ist nicht bekannt. Zimmern und Mangold bringen dieses Lehen in Verbindung mit den Raubzügen der Hunnen bezw. Ungarn im 10. Jahrhundert und sagen, daß die Hunnen von den Herren von Bodman und Friedingen am St. Andreasabend zu Land und zu Wasser angegriffen und glänzend besiegt worden seien, wodurch Konstanz und das Bodenseegebiet vor Überfall und Verderben gerettet wurden. Und daher rühre dieses Fischereirecht. Auch der Geschichtsschreiber Buzelin (geb. 1599 im Thurgauer Städtchen Dießenhofen unterhalb Stein a. Rh., Benediktiner in Weingarten, gest. 1681 als Professor in Feldkirch, Verfasser einer deutschen und einer rhätischen Geschichte) berichtet von diesem Siege der Bodmaner, wofür Kaiser Heinrich I. „ihnen und ihren Erben das Recht des Fischfangs, die „Huno“ genannt, im Rhein unterhalb der Konstanzer Brücke zum ewigen Lehen übertragen mit der Befugnis, daß der Älteste dieses Geschlechts von Bodman vorbesagtes Recht gewissen Fischern weiter verleihen könne, welche Lehensleute noch auf den heutigen Tag als jährlichen Zins eine bestimmte Anzahl von Gangfischen den zu Bodman weilenden Herren zu entrichten schuldig seien“.

Alle diese Erzählungen sind nicht beglaubigt; auch Buzelin gibt, wie gar oft, keine Quelle für seine Behauptungen an. Selbst der Bodman'sche Berichterstatter, der den Fischzug ausgeführt und den Ruf „Huno“ verzeichnet, sagt einfach ohne allen Bezug auf den Ungarn- oder Hunnenkrieg, „die von Bodman haben vor unvordenklichen Zeiten diese Gerechtigkeit“. Schwer läßt sich einsehen, wie die Herren von Bodman Siege ihrer Ahnen über die

Ungarn und die hierdurch bewirkte Befreiung des Seegebiets damit gefeiert haben sollen, daß sie, das feindliche Heer vorstellend, an ihre eigenen Landsgenossen Hand anlegten. Allem nach stehen überhaupt die Hunnen mit dem sogenannten Huno-Zug in gar keiner Beziehung, sondern sind erst später irrtümlich durch den Ausdruck „Huno" damit in Verbindung gebracht worden. Das Wort „Hunn" bedeutet die feierliche Handhabung der zur Reichspfalz gehörenden Fischereigerechtsame durch den „Hunnen" (d. h. centurio [Führer, Hauptmann], judex [Richter]), dessen Ausfahrt der warnende Ruf „Hunno" (wie das spätere „Hilfio", „mordio", „feurio") verkündet. (S. Uhland: „Zur schwäbischen Sagenkunde: Bodman in Pfeifers Germania IV, S. 40 ff.) Es sagt also der Warnungsruf „Hunno!" soviel wie etwa: „Gebt Acht! der Herr kommt!"

Sicher ist dieses Fischrecht der Herren von Bodman sehr alt. Urkundlich wird schon 1360 im Gefäll-Einzugsrodel des Ritters Johann des Jüngern von Bodman der Ertrag aus der Ausübung des Hunnorechts erwähnt, bald darauf — am 24. Mai 1367 — wird in dem zwischen Johann von Bodman dem Ältern und seinem Vetter Johann von Bodman dem Jüngern abgeschlossenen Güterteilungsvertrag als gemeinschaftlicher Besitz u. a. die Fischenz bei Konstanz angeführt, „daz vischen so wir umb Costentz vnd in dem se habent, dem man sprichet die Hyno uff sant andres abende . . ." Desgleichen ist in einem Bodman'schen Teilzettel von 1389 das Hunfischrecht berührt, und eine deutsche Pergamenturkunde (Lehenbrief) von 1418, wie auch von 1424, enthält die Hunfischerei. Ebenso ist in einem Lehenbestätigungsbrief vom 1. August 1559 für Joh. Konrad von Bodman und seinen Vetter Joh. Wolf von und zu Bodman „die Fischenz in dem Rhein auf St. Andreasabend, die man nennt die Huno, so vom Reich zu Lehen rührte", u. a. aufgezählt. Auch

Kaiser Ferdinand (1558—1564) bestätigte die Königslehen (Regalia), „worunter die vischenz zu Constanz im Rhein, die Huno genannt". An der Spitze der hier aufgezählten Pfand- und Lehensbriefe steht die Urkunde von 1277, welche den in Bodman gelegenen Königshof selbst betrifft, und wirklich sind die in anhaltender Folge von den Königen erteilten und bestätigten Rechte solche, die von der Reichsgewalt ausgehen mußten und darum einst der kgl. Pfalz anhafteten: Freigericht, Blutbann, Fischregal.

Dieses Recht der Herren von Bodman währte bis Anfangs des vorigen Jahrhunderts. Im Jahre 1813 wurde dann die Gangfisch-Abgabe, mit welcher das Reichsprivilegium des freien Fischfangs am St. Andreasabend — die sogenannte Huno — verbunden war, abgelöst und in eine Abgabe in Geld umgewandelt. Die Fischer im Paradies bei Konstanz hatten jährlich 1546, jene zu Gottlieben 1432 Stück zu liefern.

Fassen wir schließlich die eigentümlichen Verhältnisse dieses alten Fischprivilegs der Herren von Bodman kurz zusammen, so dürfte sich Folgendes ergeben: Das Fischrecht „Huno" war ursprünglich ein Königliches Hoheitsrecht (Regal), das der königlichen Pfalz in Bodman anhaftete, welche um 917 einging. Ende des 13. Jahrhunderts bezog Hans v. Bodman, der auf dem alten Stammsitz zu Bodman saß, die alte längst verlassene Königspfalz und richtete sie zu seinem Wohnsitz ein; dadurch übernahm er wohl auch die Rechte und Privilegien, die mit der Pfalz verbunden waren; im Jahre 1277 vollzog dann König Rudolf der Habsburger durch eine zu Wien ausgestellte Urkunde die Pfandverleihung des in Bodman gelegenen Kaiserlichen Hofes für 870 Pfd. Heller an den lieben getreuen Johann von Bodman. Bestätigt und namentlich auf das Freigericht ausgedehnt wurde diese Pfandschaft von allen nachfolgenden Königen und Kaisern bis auf Kaiser Sigismund. (O. Schönhut: „Die Burgen, Klöster, Kirchen und Kapellen Badens und der Pfalz.“)

41. Der Tugendpreis von Hagnau.

Alljährlich am Thomastag (21. Dezember) wird in Hagnau der sog. Tugendpreis verteilt. Es ist dies ein alter Brauch, welcher aus einer Stiftung des Kaplans Ehrat vom Jahre 1790 herrührt. Dieser stiftete 6000 fl. zur Unterstützung armer Bürgerstöchter und Ortsarmer überhaupt. Aus dieser Stiftung werden nun jedes Jahr 2 sogenannte Tugendpreise von je 100 fl. (171 Mk.) vergeben. Berechtigt sind nach dem Stiftungsbrief nur unbemittelte und unbescholtene Mädchen. Am Sonntag vor der Preisverteilung wird jeweils vom Pfarrer von der Kanzel aus die Aufforderung an die Bürger gerichtet, die betreffenden 15jährigen Bürgerstöchter zum Tugendpreis anzumelden. Wenn sie im Alter von 15 Jahren nicht angemeldet werden, haben sie später nicht mehr das Recht, an der Losziehung sich zu beteiligen; diejenigen Mädchen, welche sich einmal angemeldet haben, dürfen sich jedes Jahr so lange beteiligen, bis sie einen Preis gewinnen, dann nicht mehr. Findet nun die Preisverteilung statt, so wird zuerst der Gottesdienst besucht, dann versammelt man sich im Rathaus, wo die Verlosung in der Regel in Gegenwart des Großh. Amtsvorstandes, des Ortspfarrers, des Bürgermeisters und des Rechners vorgenommen wird. In der Urne finden sich soviel Zettelchen als Gemeldete; auf 2 Zettelchen steht je „Hundert Gulden“, die andern sind leer. Dann zieht jedes der Gemeldeten ein Zettelchen, und diejenigen, welche die „Hundert Gulden-Zettelchen“ ziehen, haben die Preise gewonnen. Das Geld wird nun angelegt und das betreffende Mädchen erhält alljährlich den Zins, falls es ledig und unbescholten bleibt. Wenn es heiratet, erhält es

180 Tage nach der Hochzeit den Preis ausbezahlt; kam sie jedoch vor dieser Zeit nieder, so erhält sie nichts; ebenso geht selbstverständlich ein Mädchen, das nicht unbescholten bleibt, des Preises verlustig. Ein jedes Mädchen, das sich an der Losziehung beteiligt und nicht gewinnt, erhält aus der Stiftung einen halben Gulden. Einem Mädchen, das den Preis schon gewonnen, aber nicht heiratet und unbescholten bleibt, wird im Alter das betreffende Geld ausbezahlt. Stirbt eine solche Jungfrau früher, so vererbt sich der Tugendpreis auf die Verwandten.

41. Der Klausentag.

Wie die Legende erzählt, war der heilige Nikolaus im 4. Jahrhundert zu Patara in Kleinasien von reichen Eltern geboren; von Jugend auf sehr wohltätig verteilte er sein Vermögen unter die Armen. Einer seiner Mitbürger hatte 3 schöne Töchter, die er wegen Armut nicht ausstatten konnte und die in Gefahr waren, auf schlimme Wege zu geraten. Nun warf der Heilige ihnen in dunkler Nacht durchs offene Fenster 3 volle Geldbörsen zu und sorgte so für deren eheliche Ausstattung. Überhaupt war er sehr beliebt bei den Kindern, die er, wo er ging, mit kleinen Geschenken erfreute, weshalb er der Patron der Kinder ist. Auf einer Reise nach Palästina rettete er durch sein Gebet während eines Sturmes das Schiff vom Untergang. Deshalb ist er auch Patron der Schiffer. Auf der Rückreise von Palästina wurde er zum Bischof von Myra gewählt. Während einer großen Hungersnot in Myra erschien er einem Kaufmann in Sizilien und gebot ihm ein Schiff mit Getreide nach Myra zu bringen. Die Bäcker wählten ihn drum zu ihrem Patron. Dargestellt wird der heilige Nikolaus als Bischof mit einem Buch in der Hand, worauf 3 Brode. Eine solche Statue befindet sich auch im hiesigen kulturhistorischen Kabinet. Sie stand früher vor der Schiffslände St. Nikolaus bei Dingelsdorf auf einem Pfahl im See.

Der Nikolaustag (6. Dezember) war früher allgemein das, was heute die Christbescheerung ist. Er war der Tag der Bescheerung der Kinder und Dienstboten, wie auch für die übrigen Familienmitglieder. Aber wenn auch der Christbaum den St. Nikolaus zurückgedrängt hat, so wird der Vorabend des 6. Dezember doch noch vielfach als ein Tag der Bescheerung gefeiert, und zwar nicht blos in Landorten, sondern auch in der Stadt. In Überlingen kommt noch jetzt um die genannte Zeit alljährlich in manches Haus der „Kloase“ oder „Kloasema“. Es ist dies ein Bekannter der betreffenden Familie, welcher aus Gefälligkeit die Rolle übernomen, oder auch sonst ein Kinderfreund, welcher gegen eine Vergütung von 30 bis 50 Pfennig aus Liebhaberei und Freude an Mummenschanz den „Santikloase“ spielt und 15—20 Häuser auf vorherige Bestellung besucht. Sein Kostüm ist entweder das eines Klausners mit Pelzmantel und Pelzmütze, oder gewöhnlich eines Bischofs im Bischofsornat mit Mitra und Krummstab, Perücke und lang herabwallendem Bart, weißen Handschuhen und Schnallenschuhen; in der Hand trägt er ein kleines Tannenbäumchen (Christbäumchen), über dem Rücken einen Sack voll Nüsse, Äpfel, Birnen, Dürrobst, Brotwaren, Konfekt usw. Manchmal kommt mit dem „Santikloas“ noch sein Knecht Rupprecht in schwarzem Domino mit Kapuze, in der Hand eine Ruthe und Kette für die bösen Buben. Er wird auch „Letzpelz“, „Sparmundi“ usw. genannt.

So ausgestattet tritt der „Santikloas“, nachdem er vor der Tür mit der Glocke geläutet, in das Zimmer, wo die Kinder versammelt sind und entweder an einem Tische sitzend oder auf dem Boden knieend ihn erwarten, mit dem Gruß „Gelobt sei Jesus Christus“, worauf diese antworten: „In Ewigkeit!“ Er fragt nun, ob sie beten können, und ein Jedes sagt was es kann, das Vaterunser, oder ein Schutzengel- oder St. Nikolausgebet, oder sonst ein frommes Sprüchlein. Dann fragt er, ob sie folgsam, fleißig usw. gewesen und verweist ihnen ihre Fehler, worüber er selbstverständlich schon vorher von den Eltern aufgeklärt worden war. Mitunter erzählt er ihnen auch in gemütlicher Weise von seiner Reise und wohin er gehe usw., was die Kleinen gerne anhören. Schließlich ermahnt er sie nochmals zum Bravsein, schärft ihnen ein zum Christkindlein zu beten, daß es auch zu ihnen komme, nimmt ihnen das Versprechen ab, daß sie ihre Fehler verbessern, worauf er Jedem die Hand gibt und dann geht.

Auf dem Land ist es an manchen Orten üblich, daß am Vorabend des „Kloasetags“ auf dem Tisch für jedes Kind ein Teller oder eine Schüssel gestellt und dann mit Obst, Backwerk usw. gefüllt wird. Jedes Kind hat schon Wochen vorher ein sogenanntes „Kloasehölzle“ angelegt, um den Santikloas zu zeigen, wie viel es gebetet. Es ist dies ein 15—20 Centimeter langes viereckiges Stäblein, an dessen Kanten dann das Kind für jedes Vaterunser eine Kerbe macht; je mehr Vaterunser desto mehr solcher Einschnitte. Dieses „Kloasehölzle“ legt das Kind jeweils zu seinem Teller. Nebst den Kindern erhalten namentlich auch die Dienstboten auf dem Land ihren „Kloasen“, und zwar Eßwaren und Kleidungsstücke.

---

42. Überlinger Redensarten und Sprüche.

„Fünf e ist grad!“ Ein alter Überlinger Spruch, der sich auf den ehem. Christofstortum bezieht, der am Westeingang der Christofsstraße stand und an jedem der vier Dachecken ein Türmchen hatte, ein fünftes war auf der Westseite zwischen zwei Ecktürmchen derart angebracht, daß es von entfernterem Standpunkte aus gar nicht gesehen werden konnte. So waren also meist nur vier Türmchen zu sehen, obgleich fünf vorhanden waren, daher der Spruch. Das Tor wurde 1831 wegen Baufälligkeit abgebrochen, womit auch das alte Überlinger Wahrzeichen „Fünfe ist grad" verschwand. Eine Abbildung dieses ehem. Christofstors befindet sich im kulturhistorischen Kabinett.

*

„Der lauft wie ein Garnbettler!" — sagte man von einem, der lange Schritte machte und rasch ging. „Garnbettler" hieß man die ehem. Kapuziner, welche auf ihren Gängen nicht bloß Garn, sondern bekanntlich auch allerlei Nahrungsmittel wie Fleisch, Brot, Butter usw. für ihr Kloster einsammelten.

*

„Der schwätzt wie ein Wimmler", d. h. dummes Zeug. Die Wimmler (Rebleute, welche beim Herbsten die Trauben einheimsten) nahmen bei ihrer Arbeit gar häufig einen Schluck und gerieten dadurch allmählich in eine angeheiterte Stimmung, in der sie sehr gesprächig wurden und allerlei durcheinander, ohne jeden Zusammenhang redeten. — „Schwatzbabel" (Bärbele) hieß man früher Frauen, die viel und dumm schwätzten. — Von Skandalgeschichten heißt es: „Man schwätzt von der Sach, bis wieder eine andere Sau durch d' Stadt rennt." — „Narren bauen Häuser, gescheite Leute kaufen sie." — „Ich werd' jetzt wohl Schnaps kriegen", d. h. ich werde jetzt wohl getadelt werden. — „Der ist recht futterniedig" (neidisch) sagt man von einem schlimmen Konkurrenten. — „Der macht einen noch stiegelefitzig" — heute sagt man hiefür „nervös".

*

„So arm wie ein Zonkeler!" Noch im 15. Jahrhundert soll in Überlingen eine angesehene Patrizierfamilie v. Zonklar gelebt haben, welche im Lauf der Zeit immer mehr herunter kam und schließlich gänzlich verarmte. — „Baselman", auch „Herrenwedeler" ist ein Mann, der sich nirgends etwas zu sagen getraut, der sich überall „duckt". — „Dilpetritsch" ist ein einfältiger Mensch, der alles ungeschickt in die Hand nimmt. — „Den wollen wir tüchtig drischaken", d. h. verprügeln. — „Runkunkel" heißt man ein altes, runzeliges, unsauberes Weib. — „Du bist dem Teufel aus der Butte g'juckt, wo (als) er mit Ungezieser gehandelt hat", sagt man zu einem, der aller Bosheiten voll ist. — „Dieser kommt vor dem Profit heim", d. h. er hat ein schlechtes Geschäft gemacht. — „Du schaffst wie ein angebundenes Stück Vieh", d. h. tust nichts. — „Der schafft wie ein Mann ohne Kopf." — „Du bist versehen wie ein Dorf mit einem blinden Pfarrer." — „Du geschirrst das Roß am Schwanz an", d. h. du tust das Hintere vor dem Vorderen. — „Der wachst unterse (unter sich) wie ein Kuhschwanz", d. h. er scheint kleiner zu werden. — „Das ist windsch", d. h. schief. — „Wir sind gräa" — d. h. fertig. — „Der ist auf sein Geschäft versessen wie der Teufel auf eine arme Seel'". — „Schau mal, der ist wäh!"*) galt früher Leuten, die hübsch gekleidet, sehr herausgeputzt daherkamen. — Ein anderes altes Wort ist „Kräuterer" für einen Menschen, der alles zusammenspart, der Schätze aufhäuft und die kleinste notwendigste Ausgabe scheut. — „Hat man schon solchen Gispel gesehen!" sagt man von einem jungen unsteten Menschen, den alles aufregt, der auch bei der kleinsten freudigen Veranlassung sich höchst auffällig gebärdet, auf-

*) „wäh'" ist ein altes, gutdeutsches Wort (ahd. wahi) und bedeutet „schön, fein, kunstreich," als Hauptwort „Schönheit, Zierlichkeit". Es kommt schon in einem Liede des Minnesängers Heinrich von Tettingen 1295 vor. (S. „Der Minnesang im Lande Baden". Friedr. Pfaff. Neujahrsblätter der bad. histor. Kommission 1902, Heidelberg.)

springt, umherhüpft usw. „Er hat Quecksilber im Leib", sagt man dann auch, oder „er ist ganz aus dem Häusle!" — „Die ist ein rechtes Daudele", d. h. ein eingebildetes und beschränktes, ganz oberflächliches und kindisches Mädchen, das zu keiner ernsten Arbeit zu brauchen ist. — Ein „Dur' Älles" (durch alles) ist ein Mensch, der sich zu allem brauchen läßt, der alles tut, was andere nicht tun wollen, der sich alles aufladen läßt, der „durch alles durchgeht". — „Die ist 'ringsinnig", d. h. sie nimmt alles leicht (gering) auf, es drückt sie nicht schwer, sie hat einen guten Humor. — „Hoagarte goa" (Heimgarten gehen) oder auch „Lichtstuben goa" sagte man früher, wenn man beim Nachbar abends einen Besuch machte. — „Am St. Nimmerle's Tag tust's dann!" sagt man zu einem, der immer alles verspricht und sein Versprechen nie hält. — „Dammglonker" sind Leute, die nichts Besseres zu tun wissen, als den ganzen Tag am See längs der Stadt hin und her zu schlendern, am Landungsplatz (Damm) dem An- und Abfahren der Boote zuzusehen, und hie und da auch mit der Angelrute zu fischen. — „Jetzt gang i ins Bett, dann fahrt doch kein Wagen über mi", d. h. dann bin ich gut aufgehoben, sagte die Magd, als sie abends zu Bette ging. — „Wie der Acker, so die Ruben, wie der Vater, so die Buben!"

*

„Jetzt ist's Galle,
Do darf man ralle!"

hieß es im Herbst, wenn das Obst von den Bäumen „genommen" war — in der Regel auf St. Gallustag — und nun die wenigen Äpfel und Birnen, die noch auf den Bäumen übrig geblieben, von jedermann geholt werden durften.

*

„Gacken" oder „Butzen" sind die Samengehäuse („Kernhäuser") der Äpfel, „Gackenmesser" die

Messer, die man zum Schälen der Äpfel und Aushülsen der Kerne braucht.

*

„Wenn das Feld ä b e r“ ist, kann man die Schafe antreiben“, d. h. wenn die Feldfrüchte eingeheimst sind, darf man die Schafherde auf die Weide führen.

*

Von einem eingebildeten, aufgeblasenen Menschen sagt man: „Der stellt sich wie 3 E i e r i m K r ä t t l e!“ oder auch: „Der ist g e s c h e i t e r a l s S a l o m o n s K a tz.“ Diese ist nämlich rückwärts den Baum hinaufgestiegen, um den Hintern nicht sehen zu lassen. — „'s M u ß geht über die Suppe“, d. h. was nötig ist, das muß getan werden. — „Ein gut's R ü h e l e geht über ein gut's Brühele“, d. h. Ruhe ist oft mehr wert als essen. — „Den hab' ich k r o t t e n f a l s c h gemacht!“, d. h. sehr geärgert. — „Du bist ein Kerl wie ein P f u n d L u m p e n“, d. h. ein Nichtsnutz.

*

Einem alten S c h n a p s t r i n k e r, der um alles gekommen, wurde der Spruch nachgesagt:

„Schnapsgläsle,
Du bist mein Bäsle.
Alle meine Äcker und Wiesen
Sind mir de Hals äbikriese!“ (hinabgekrochen).

Von einem anderen Trinker sagte man:

„P r o s t und Se-P r o s t (Selbst-Prost)
Haben mei'm Vater 's Häusle kost“ (gekostet).

Im Hauloch befand sich noch um die Mitte des vor. Jahrh. im Haus Nr. 483 die sog. „S c h n a b e l w i r t s c h a f t“, deren Schild, getragen von einem blechernen Vogelkopf mit aufgesperrtem Schnabel, die Inschrift hatte:

„Wein und Most und Branntewein,
Alles geht zum Schnabel 'nein.“

*

„G a s s e n l ä c h l e r, H a u s k r ä c h l e r!“ sind solche Menschen, welche ihre Angehörigen roh und lieblos behandeln, aber gegen Fremde die Liebenswürdigen spielen. Man nennt solche auch „Gassenengel, Hausbengel!" — „Die Geschwister stoßen beim Streiten einander bis an den Graben, aber nicht hinein."

*

Beim Niesen sagte man ehedem: „Helf dir Gott in Himmel 'nauf und nimmer 'runter, bis d'Mutter Küchle backt!" — An Weihnachten wünschte man „Glückselige Feiertag und 's Christkindle ins Herz!" — Noch jetzt gilt beim Volk folgender Glückwunsch zum Namenstag (wie auch zum Neujahr):

„Ich wünsch' Euch Glück zum hl. Namenstag,
Und wünsche, was mein Stand vermag,
Nichts als Glück und Heil
Und den Himmel zum besten Teil!
Sollt ich nicht recht gewunschen haben,
So bitt' ich ab und wünsche noch einmal
Glück zum Namenstag!"

„Mit dem Alten muß man das Neue behalten!" d. h. man soll alte Sachen, Kleider usw., recht ausnützen, man soll sparen. — „Wer lang rutscht, verrutscht d' Hose!" will sagen: wer bald dies, bald jenes treibt, nicht bei seinem Geschäft bleibt, kommt schließlich um seine Sach. — „Der schafft wie der Käfer im Dreck!" sagt man von einem, der unpraktisch ist und es deshalb zu nichts bringt. — „'s hat noch bschnotte g'langt", d. h. es hat gerad noch gereicht. — „Der meint gar, er tue ein Kind ins Kloster!", d. h. er schätzt eine ganz unbedeutende Gefälligkeit oder Wohltat, die er andern erwiesen, ungebührlich hoch. — „Wenn der Kopf ein Narr ist, muß es der Magen büßen", sagt man zu einem widerspenstigen Kind, das nicht essen will. — „Wenn unser Herrgott einen Narren sehen will, dann läßt er einem alten Mann das Weib sterben", d. h. der Alte wird dann ein junges Mädchen heiraten. — „Wartet nur, euch wird bald geläutet werden!"

sagt man zu verschwenderischen Leuten, die vor dem Bankerott stehen, d. h. deren Zwangsversteigerung mittels Ausschellens öffentlich verkündet wird. Es kann aber auch heißen: Euch wird man den Meister zeigen oder euch wird man zum Rechten zwingen. — „Man soll nicht allen Dreck aufrühren", d. h. man soll andere Leute in Ruhe lassen. — „Der Teufel sch.... immer auf einen großen Haufen", oder auch „immer dahin, wo's schon dumt (gedüngt) ist", sagt man von einem Reichen, der eine Erbschaft macht oder in der Lotterie einen Gewinnst zieht.

*

„Die ledige Zeit ist die goldene Zeit, die Ehe, wenn sie geraten, die silberne Zeit, fällt sie aber schlecht aus, die rostige Zeit." — „Das sind Gottesackerrosen! Das ist ein Gottesacker-Jodler!" nennt man die geröteten Wangen und den Husten Schwindsüchtiger. —

Die Lebensalter:

„Fünf Jahr ein Kind,
Zehn Jahr ein Knab,
Zwanzig Jahr ein Jüngling,
Dreißig Jahr ein Mann,
Vierzig Jahre wohlgetan,
Fünfzig Jahr fängt 's Alter an;
Sechzig Jahre Stillstand,
Siebzig Jahr ein Greis,
Achtzig Jahre schneeweiß,
Neunzig Jahre Kinderspott,
Hundert Jahre Gnad' bei Gott!"

*

Ein alter Pfarrer im Linzgau, dem die Bauern unter die Zehntgarben allerlei Unkraut mischten, schlug an die Kirchtüre folgende Mahnung an:

„Klubre, Ratten, Vogelwicken
Soll man nicht als Zehnten schicken,

Ich lehr' das Wort Gottes voll und rein,
So soll auch mein Lohnfrucht sein."

*

In einem bei einer Überlinger Familie vorgefundenen Manuskript eines „Arzneimittelbuchs" von Johannes Christianus Wachter, Barbiersgesell Arnstadt 1705, steht folgender Reim:

„An Gottes Segen Ist Alles gelegen;
Wer den nicht hat, Kombt fiel zu spaht
Gott ist der Artz, ich bin der Knecht,
So der mir hilft, so heyl ich recht."

*

In einem Lesebuch für die Reichsstadt-Überlingischen Normalschulen 1789 ist folgender Spruch eingeschrieben:

„Dieses Buch hab ich gekauft,
Johanna bin ich getauft,
Beurerin bin ich genannt,
Überlingen ist mein Vaterland.
Ich leb und weiß nicht wie lang,
Ich Sterb und weiß nicht wann,
Geh ich aus oder ein,
So steht der Tod und wartet mein. (1806.)
Liebes Buch, ich dur's dir sagen
Wenn Dich einer hinweg will tragen,
Sag, laß mich in Ruh,
Ich Gehör der Johanna Beurerin zu. (1819).

Auf der andern Seite steht von anderer Hand geschrieben:

Und wenn Du Wisen willst
wiefil das Büchlein gekostet hat,
so schau an das hindre Blat,

Auf der letzten Seit steht:

Nar, was schaust Du lang,
Gelt hat es gekoschdet.
1821.

Und nun zum Schluß noch einige Kinderreime, die früher beim Spielen gesungen wurden, aber nach und nach ganz in Abgang gekommeu sind:

Blauer, blauer Fingerhut
Steht den Mädchen gar so gut,
Mädchen, Du sollst tanzen
In dem grünen Kranze,
Mädchen, Du sollst knieen
Sollst Dir Eine ziehen!

*

Reihen, Reihen, Rosen,
Schöne Aprikosen,
Rosen und Vergißmeinnicht,
Alle Kinder setzen sich.

*

Zinn-Zinntellerlein,
Wer sitzt in diesem Kämmerlein?
Des Königs, Königs Töchterlein!
Wir wollen sie beschauen.
Der Turm, der Turm ist gar zu hoch,
Man muß ein' Stein abhauen!

(Dieses Spiellied findet sich mit einigen Abweichungen auch in „Des Knaben Wunderhorn".)

*

Wir wollen durch die goldene Brücke fahren.
Sie ist zerbrochen.
Wir wollen sie machen lassen
Aus Gold, Silber und Edelstein.
So fahret hin, so fahret hin,
Die Letzte muß bezahlen,

*

Die Anna saß auf einem Stein,
Da kämmt sie ihr goldnes Haar.
Und als sie damit fertig war,
Da sing sie an zu weinen.
Da kam ihr Bruder Karl:
Ach Anna! warum weinest Du?
Weil ich heut Abend sterben muß.
Da kam der stolze Fähnerich
Und stach die Anna in das Herz.
Da kamen beide Eltern rein
Und fragten: Was tat der stolze Fähnderich?
Er stach die Anna in das Herz!
Die Anna kam zum Leben,
Der Fähnderich wird aufgehängt,

(Dieses Kinderlied ist weit verbreitet und namentlich in ganz Schwaben bekannt, aber nicht überall gleichlautend.)

Nachträge und Berichtigungen.

S. 48 Z. 1 v. o. lies Spuk; ebenso S. 51 Z. 15 v. o.

S. 214 Z. 5 v. u. 3 lies 4.

S. 319 Z. 1 v. u. Der Schutzpatron der Bäcker ist St. Nikolaus, welcher Bischof v. Myra war. Während einer Hungersnot in Myra erschien er einem Kaufmann in Sizilien und gebot ihm, ein Schiff mit Getreide nach Myra zu bringen; deshalb ist er der Schutzpatron der Bäcker und wird dargestellt als Bischof mit einem Buch in der Hand, auf dem 3 Brode liegen. Bischof Nikolaus war ein großer Kinderfreund und beschenkte die Kleinen, wo er sie traf; deshalb ist er auch der Patron der Kinder. Durch sein Gebet rettete er einst auf einer Reise nach Palästina bei einem Sturme das Schiff vom Untergang und ist deshalb auch der Patron der Schiffer. (S. S. 502 Nr. 41 der Klausentag; vergl. auch „St Nikolaus bei Dingelsdorf" S. 263.)

S. 446 Z. 16 v. u. Hier sei noch eines alten Brauchs gedacht, der sich jewels bei zugefrorenem Bodensee zwischen den Ortschaften Hagnau und Münsterlingen abspielt als sog. Eisprozession oder auch Seeprozession. Jedesmal, wenn nämlich der Bodensee vollständig zufriert, — was alle 100 Jahre 1—2 Mal, höchstens 3 Mal vorkommt, — wird ein Bild des hl. Johannes des Evangelisten von Hagnau über die Eisfläche des Sees nach dem gegenüberliegenden etwa 2½ Stunden entfernten schweizerischen Dorf Münsterlingen (oder auch umgekehrt) in feierlicher Prozession mit Kreuz und Fahnen von der Schuljugend, an der Spitze die kirchlichen und weltlichen Ortsvorsteher, gebracht, wo es dann im Rathaus aufgestellt wird und solang bleibt, bis wieder der ganze See zugefroren ist. Ist dies nach vielen Jahren wiederum der Fall, so wird das Bild wieder von Hagnau nach Münsterlingen (oder umgekehrt) auf dieselbe Weise zurückgebracht. Letztmals fand diese Eisprozession am 6. Februar 1830 statt, wo die Hagnauer das Bild in Münsterlingen holten und nach Hagnau brachten. Schweren Herzens gaben die Klosterfrauen damals das Bild her. Trotzdem aber dachte im Jahre 1880, wo der See wiederum vollständig zu war, Niemand daran, das Bild nach Münsterlingen zu holen.

Denn die Klosterfrauen waren nicht mehr da, das Kloster war in ein Spital umgewandelt, überdies aber die Eisdecke nicht sehr fest, und so blieb das Bild in Hagnau, wo es noch im Chor der Kirche zu sehen ist. Es ist ein bemaltes Brustbild Johannes des Evangelisten in flach erhabener Holzschnitzlerei von etwa ½ Meter Höhe und Breite. Die Tafel hat folgende Inschrift: „Dieses Bildniß ist anno 1573 den 17. Februar als der Bodensee überfroren war, von Münsterlingen nacher Hagnau übertragen und dort auf das Rathaus gesetzt worden. Nach 100 Jahren wurde es bei überfrornem See wieder hieher gebracht; anno 1796 aber zur Zeit des französischen Krieges das zweitemal zurückgestellt und renoviert von F. X. Faivre." Darunter steht: „Am 5. Februar 1830 wurde dasselbe bei überfrornem See von Münsterlingen in Begleitung der geistlichen und weltlichen Vorgesetzten, sowie der Schuljugend nach Hagnau getragen."

S. 456 Z. 17 v. o. Im Linzgau wurde dieser Pfingstritt (Pfingstbutz) letztmals aufgeführt am Pfingstmontag 1891 in dem 2 Stunden von Überlingen entfernten zum Amt Pfullendorf gehörigen Dorf Herdwangen-Ebratsweiler durch eine Gesellschaft von 28 jungen Männern aus den genannten Ortschaften, welche sich in Ebratsweiler sammelten und von dort in festlichem Zug zu Pferde sich nach Herdwangen begaben, wo die Aufführung stattfand. Die Hauptrollen waren der Kaiser, der Sultan mit seinem Prinzen, die Kaiserin von Rußland, Gesandte, Staatsmänner, der Maienführer mit dem Maien, der Fähndrich, der Platzmajor, dann allerlei Soldaten, wie Husaren, Dragoner, Türken 2c. Die komische Figur war der sog. Pfingstbutz als Hofnarr, welcher durch drollige Einfälle und derbe Gegenreden die Spielenden vielfach unterbrach und wesentlich zur Belustigung wie auch zum Gelingen des Ganzen beitrug; am Ende wurde der Pfingstbutz in einem Zuber gebadet und untergetaucht, was große Heiterkeit erregte. Mit Musik, welche das Fest eingeleitet, wurde es auch geschlossen, worauf Tanzbelustigung im Gasthof zum Adler folgte. Dieser Pfingstritt ist ein alter Volksbrauch, welcher namentlich in Schwaben und Bayern noch da und dort erhalten ist. Man sieht hierin einen Ueberrest aus dem germanischen Heidentum, und zwar die Verherrlichung und den Sieg des Sommers über den Winter; der Unansehnlichste, der Pfingstbutz, welcher meist in alte Gewänder oder noch mehr in Laub, Reisig, Rinden 2c. gekleidet ist, während die andern Personen in hübschen Kostümen prangen, wäre hienach die Personifizierung des Winters.

S. 494 Z. 10 v. u. streiche „und Mainau".

Ort-, Sach- und Namen-Verzeichnis.

G. = Gewann, Bergteil; M. = Mundart, Volksbrauch, Dialekt; Patr. = Patrizier.

A

Aachbrücke 135
Aacher Steg 119
Abbo Goldschmied 462
Abende, entweihte 133
Abendkehr M. 288
Abendschweb M. 356
äber M. 508
Abfuhrgeld 338
Aberglauben 390
Abikriese M. 508
Abirus M. 359
Abladstange 211
Ablässe 491
Abred M. 194
Abtsberg G. 90
abtun M. 383
Abwerg (Hanf) M. 282
Ach (Aachen) Heiligthumb zu 20
Achberg 494
Adelheid, Amme auf Bodman 73 2c.
Adelheid v. Blumeneck, geb. v. Bodman 76
Adriatsweiler 457
Affaltirberc, Walter v. 457
Aftholderberg 457 2c.
Adelsherrschaft 297
Agathenbrod 441
Ahausen 103, 387
Ahäusle 135, 270
Ähre (Fischnetz) 351
ainung, die grossun 296
Alb, rauhe 470
Albgau 248
Albsteig 131
Alemannengräber 175
Allemannenherzog Gunzo 32
Allgäu 470
Allgäuer, Schulz 54
Allmannsdorf 289, 374, 430
Altbadischer Morgen 469
Altbadisches Ohm 469
Altbirnau 268, 277, 434, 440 2c.
Altbirnau und die Altbirnauer Kirchweih 485 2c.
Altbirnauer Bühl G. 485
Altbirnauer Kirbe M. (Kirchweih) 485
Altbirnauer Wirtschaft 490
Altenbeuren 146, 149
Altgeselle (Zunft) 310
Altheim 129, 270, 273, 430, 454
Altknecht 466
Altlichteneck 186
Altshausen, Deutschordenskomt. 494
Amelang von der Vils 192
Amann v. Nußdorf 230
Amann Ignaz, Bad-Inhaber (Schützentafel) 231
Amme, die treue auf Bodman 73
Amtsbürgermeister 299
Andelshofen 488
Andreas, Apostel 395
Andreasabend 396
Andreaskreuz 395
Andreastag 395
Angel (Fischen) 349
Angeln (Hanf) M. 280
Angelreste (Hanf) 282
Anker, Gasthof z. 214
Anlände M. 265

Anlaufen (des Sees) 300, 360
Anna v. Schellenberg geb. v. Bodman 76
Anselm, Abt v. Salem 90
Anselm II., Abt v. Salem 268
Apfelschalenwerfen 397
Apiarium Salemitanum 485
Appert z. Löwen 475
Arbon 35
Armband 58
Armbrust 217 Anm
Armbrustschützen 216 ꝛc.
Armensünderstraße 106
Arnold, Chirurg 229
Artillerie 250
Auer Paul v. Hödingen 401
Aufdingebrief 301
Aufkircher Harthölzle, der Spuk im 488
Aufschütten (Trauben) 481
Augsburg 6, 218, 433
Aurbacher Ludwig (Geschichte der 7 Schwaben) 22
Ausfahrt, erste aufs Feld 441
Auslaufen (des Sees) 300
Aussatz 52
Aussteuer 374 ꝛc.
Autenweiler 102
Auwiesen G. 139
Aymer geeychet 472
Azenweiler 112

B

Bäche 153
Bachete M 443
Bachfrauele 147
Bachkatze 135
Bachtier, Bachtierle 147
Bäcker- und Müllerzunft 41
Baden 244
Bader Nik. 333, 475
Bagnato 209
Baindt bei Weingarten 485
Baitenhausen 101
Ball, unsittl. 165
Bambergen 155, 157
Bändel M. 375, 378
Bandmacher 285
Bannwart 497
Bannwart Student 244
Barbaratag 398
Bären, Gasthaus z. 408
Barfüßer Kirchhof 41
Bartholomäus, heil. Schutzpatron 315
Bartolomäustag 404
Barths Haus 475
Basel 248
Basilisken 61
Baselma M 505
Batzer Rob. Wwe. 271
Bauamt 472
Bauchen (Netz) M. 352
Bäuchelekönig M. 364
Bauernkrieg 67 Anm.
Bauernregeln 390 ꝛc.
Baufnang 139, 276
Baumann Clemens, Schiffsmann in Dingelsdorf 344
Baumann Franz, Zimmermann Haus in Dingelsdorf 265
Baumann Gertrud geb. Wocheler 53
Baumwein 478
Bayern 23, 386
Bayernherzog Feldhauptmann 25
Beck Familie 339
„ Fr. J. (Krippele) 258
„ Wilh. 475
Beehalde G., Hödingen 170
Beirer Mart. Sipplingen 270
Benediktiner 498
Berchtoldus Abt v. Salem 485
Beren (Netz) M. 496
Bergheim 104
Berghof 140, 185
Bergler Joh. Bannwart 225
Bergwerk 117
Berkheim 106, 271
Berliner (Felleisen) M. 313
Bermatingen 99 ꝛc., 220, 276, 278, 387, 422
Berufsfischer 349
Beschwören (Geist) 98
Besserer Hans. 51
„ Jak. 51
„ Nik. 490
„ Ursula 491
Besserersbild 51
Bestlemühle 32
Bettelstudenten 237
Beuren 152, 153, 274, 422
Beurer Andreas (Instruktor) 250
Beurer Konrad in Brünnensbach 50
Beurerin Johanna 511

Biberach 12, 453
Biblis G. 389
Bierbrauer 313
Bieren M. 364
Bilbach 96
Bild, das geschossene 151
Bilderstürmerei 271
Bildhauer 320
Bildnuß der Jungfrau Mariä 45 Anm.
Bildstöckle 135, 171, 184, 185, 274
Bilharz Theod. 84
Billafingen 155, 164, 377
Birkbühl G. 267
Birkenmayer'sche Brauerei 475
Birnau 486
Birnauer Bühl G. 489
Bischofshaus 177
Blädderet M. 362
Blädderle 355
Blahen M. 341
Blatten M. 464
Blätter, goldene 175
Blaufelchen 347 2c.
Bleiche 226
Bleigießen 396
Blitzschwab Jergli 5 2c.
Blumeneck Heinr. v. 76
Blutbann 500
Boar M. 359
Bockmünster 98
Bodeholz G. 184
Bodemännle 184
Bodensee 1, 222
Bodenseegebiet 498
Bodman 72, 220, 474, 485, 496, 498
" Adelheid, Amme 73
" " geb. v. 76
" Amme, die treue auf 73 2c.
" Anna geb. v. 76
" Burg 70, 72, 73, 78
" Catharina geb. v. 76
" Fischrecht 496 2c.
" Freiherren v. 237, 496
" Hans v. 73–75
" Hans Georg v. 498
" Hans Wolf v. 474
" Hausarchiv 69
" Herren v. 485, 490, 496, 498
" Johann v. 78, 499, 500
" " Konrad v. 76, 499.
" " Wolf v. 499
Bodman Konrad v. 76, 499
" Maid v. 84 2c.
" Möggingen 474
" Nebelmännlein das von 67 2c.
" Ritter v. 67, 75, 499
" Rosina v. 188 Anm.
" Rudolf v. 71
" Schiffahrt 343
" Schloß 73, 75
" Schützen 220
" Volkssitte 417 Anm.
Bodmaner 388, 497, 498
Bohmersbach G. 268
Bohnenfest 465 2c.
Boll Zimmermann 475
Bonndorf 379, 388, 437
Bopern M. (Klopfen) 17
Bopfingen 3 2c.
Bot, Bopfinger, Beitli 3 2c.
Boschen M. (Busch, Büschel) 284, 369, 464
Brachösch 444
Bracken M. (am Torkel) 481
Braten M. (Fischerei) 357
Brautchaise 381
Brautfahrt 374
Brautfuhr 374
Brautführer 378
Brautfutter M. (Aussteuer) 283, 374
Brauthaus 383
Brautkuh 375
Brauttanz 379
Brauttänzer 380
Breama M. (Bremsen) 46
Bregenzer Lyzeist 244
Breisgau 468
Breitenbach 91
Breitenörle 494
Brendle Joh. 475
Brezel 433
Briegen M. (Kahnboden, auch Buden) 351, 480
Briel G. 66, 67
Brietz M. (Schnittfutter) 124
Brotmauser (Brotstehler) 387
Bruckfelden 135, 137, 462
Brüder, die feindlichen von Kirchberg 89
Bruderschaft (der Gesellen) 325
Bruggen M. (Brücken) 472
Brühele M. (Brühlein) 508
Brunnen, der bodenlose 164

Brunnengräber 388
Brünnensbach 50
Brunnisaach 109
B'schau M. (Beschau) 370
B'schnotte M. (kaum, gerade noch) 509
Buchdrucker 314
Buchen M. (Spinnerei) 284
Buchhorner 45, 219
Büchsenschützen 220 2c.
Büchsenspanner 234
Buchsstüdele M. (Buchsstäudchen) 381
Bullen, päpstliche 491
Bund, schwäbischer 25
Bündelstange (Torkel) 473, 482
Burcardus v. Oberriedern 123
Bürdele M. (Bürdelchen) 282
Burg 32, 96
Burgberg (Wirtschaft) 493
Burgberger Höflein 277
" Wäldchen G. 486
Bürgermilitär, das Überlinger 249 2c.
Burggäßchen 39
Burggeist 169, 186, 187
Burggraben 96, 130
Burghalde 61
Burghof 66
Burgweiler 271
Burgstall 101
Burgundisches Kreuz 395
Burkart, Abt v. St. Gallen 188
Burkharde, Herzoge von Allemannien 178
Bürkle, Lyzeist 244
Burster Seb. 470
Buscheln M. (Buschel) 279
Buser Student 244
Büßer 462
Buttemann 479
Bygoscht M. (Bei Gott!) 6
Byxenschützen 217 2c.

C

Castell Walter v. 123
Catharina geb. v. Bodman 76
Centurio, Führer, Hauptmann 499
Charfreitagsei 401
Chargierte 457
Chetzer M. (Ketzer) 14
Chlotar v. Neustrien 462
Christine hl. 317
Christendiakon 35
Christophskeller 475
Christophsstraße 475, 504
Christophstorturm 475, 504
Chronik 75
Churrätien 35
Cisterzienser 420
Clareta 87, 92
Columban 36
Compostella 403
Corval, französ. Befehlshaber in Überlingen 277, 486
Costentz 499
Crispin hl. Schutzpatron 319
Crispinianus hl. Schutzpatron 319
Cyprian v. Arelat 37

D

Dachtel M. (Schlag) 9
Dagobert 462
Daisendorf 94
Dame, weiße 148
Dammglonker M. (Schlenderer) 507
Dampfschiffahrten 344 2c.
Dankprozessionen 269
Darstellung, ursprüngliche der 7 Schwaben 21
Daudele M. 507
Deckbretter 481
Degen Jos. (Krippele) 258
Degen, Lyzeist 244, 250
Degensprung (Schwerttanz) 204
Deisendorf 267, 268, 380, 464, 488 2c.
Dekorationsmaler 320
Denare, Konstanzer 247
Denkingen 271
Denkkreuze (Sühnekreuze) 274
Dettingen 281, 289, 374, 476 2c.
Detzel, christl. Ikonographie 463
Deutschordensritter 169, 418
Deutwang 494
Dießenhofen 498
Dilpetritsch M. (ungeschickter Mensch) 506
Dingelsdorf 25, 82, 289, 290, 344, 475
Dixbach 108
Domino 503
Domkapitelstorkel 88
Donau 470
Donnerkeile 391

Doppelsäulen 473
Dorf, (sog. Neustadt) Dorfer 210
Dorfwache 463
Drache 162
Drache, feuriger 131
Drachenstein 131
Drängser 113
Drasch 466
Dreschen 466
Drechsler 314
Dreifaltigkeitssonntag 402
Dreifaltigkeitstauf 381
Dreikönigsaltar 32
Dreikönigstag 412, 434
Dreißig'nerst Eier 403
Drischaken M. 506
Druiden (Götzenpriester) 179
Dumt M. 510
Dünnete M. 467
Dur Älles M. (Durch Alles) 507
Durchriegel 481
Dürr, Maler 269

E

Eberle Bened. Zunftmeister 316
Ebratsweiler 454 2c.
Echbeck 220
Efrizweiler 106
Egg b. Heiligenberg 153
„ „ Konstanz 388
„ „ Sohl A. Pfullendorf 457
Egglisperger Andr., Postvokt 29
Egle, Lehrer 251
Eglisbohl G. 267
Ehebach 119
Ehehalten (Dienstboten) 440
Eheleute, die feurigen 181
Ehevertrag 375
Ehrat Kaplan 501
Ehrengesell 374
Ehrenjungfer 378
Ehrenmutter 380
Ehrentänze 379
Ehrentisch 285
Eichhorn G. bei Konstanz 330
Eichung der Gefäße 472
Eier, dreißig'nerst 403
Eierlesen 434 2c. zu Pferd 436
Eierritt 435
Eigentümlichkeiten (von Fischen) 366
Einöde 171
Einöden machen 181
Einrichtung, staatl. (der Reichsstadt) 299
Einsatz 489
Einsegnung (der Ehebetten) 381
Einsiedeln 80
Einstand (Nachbarschaft) 194, 196
Eisenholz (G.) 59
Eitenbenz, Dekan in Biethingen 99
Eitenbenz, Professor in Überlingen 419
Elfer 299, 303
Eligius hl. 462 2c.
Ellwangen 78
Elsaß 433
Elstern 394
Emaus 434
Emerius aus Trier 191
Endskomedie (Lyzeum) 240
Engel Gasthof in Überlingen 214
Enroth Patr. 237, 244
Enßißhaimb 29
Erasmus Bischof 314
Erblehen 371
Erbsenwerfen 396
Ergete M. (Oedland) 279
Erinnerungskreuze 261, 272
Erlaubnis zu sterben 156
Erlengraben G. 270
Erlenholz Patr. 272
Erlösung (Geister) 137, 153
Ernatsreuthe 449
Erscheinung (Geister) 96, 103, 137, 148, 160, 161, 170
Eschenbrückle 95
Eschengraben 95
Esel M. (Torkelbaum) 473
Eselespfennig 433
Eselsaul 473
Eselestag 433 2c.
Eselswiese G. 236
Espach G. 270
Espan G. 188
Espasingen 388, 474
Eulogiusfest (Eulogiusritt) in Aftholderberg 457
Eulogiusfest (Eulogiusritt) in Heggelbach 167
Eulogiusbild in Bruckfelden 462
„ „ Hödingen 461
Eulogiuslegende 462
ewiglich verloren 98
Exorzismus 110
Ezechiel 402

F

Fähhalde G. 430
Fähndrich 207 (Schwerttanz), 458 (Eulogiusritt)
Fahne (Schwerttanz) 203
Fahr M. 337
Fahrender Schüler 190, 237
Färber 314, 319
Faß, das große 125
„ feuriges 131
Fässer 211 2c.
Faßhäusle Unteruhldingen 341
Fastnachtsbräuche 414 2c.
Fastnachtsküchle 418
Fastnachtszüge 419
Faulental G. 154
Fauler Pelz 214
Faxenmacher M. 7
Federwiße M. 361
Felchen 347 2c.
Felchenfischerei 346 2c.
Felchengarn 351 2c.
Felchenprügel 358
Felchentisch 354
Felderbenediktion 443 2c.
Felder's Haus 475
Feldkirch 498
Feldwacht 472
Feldmesser 171, 172
Feldsiechenhäuser 52
Felix hl. 192
Ferdinand, Kaiser 500
Feuersäule 130
Feurige Pferde 94
Feuriger Wagen 90
Feurio 499
Finkenhausen 141, 151, 274
Finkenhauser Hölzle G. 274
Finkele Patr. 244
firbt M. 400
Fische 346 2c.
Fischenz im Rhin 499
Fischer 322 2c.
Fischerbräuche 346
Fischereigerechtsame 499
Fischerkörbe 367
Fischerordnung 348
Fischerzunft 348
Fischprivileg 500
Fischrecht Huno 496 2c.
Fischregal 500
Flach K. 475
Flachsmarkt 282
Flasche M. 357
Flegel 467
Flegelhenke 465
Fleig Werkmeister 492
Florian St Schutzpatron 313, 317
Flossen 351
Flößen 335
Föhn 328, 359 2c.
Franco Stifter der Abtei Ellwangen 78
Franken 336
Franziskaner 236
Franziskanerkloster 249
Franzosen 133
Franzosengrab 135
Frauenberg 74
Fraueneiche 275
Frauengestalt 185
Frauenlicht (bei Röhrenbach) 185
Fräulein, das von Kargegg 79
Freiburg 240
Freigab 224
Freigericht 500
Freiheit zum Adler, Schützenmeister 235
Freikugeln 395
Freikunst 320
Freischießen 221 2c.
Freitag 394
Freitanzen 384
Frey, der Rotgerber 40
Freyja 395
Freyr, Altgerm. Gott 395
Frickingen 120, 273
Friedeburga 33, 178
Friedfische 350
Friedingen Herren v. 498
Fro, Freyr, altgerm. Gott 395
Fruchtbörse 214
Früchte, glatte 212
„ rauhe 212
Fruchtmarkt 206 2c.
Fruchtmesser 211 2c.
Frühmeßglocke 480
Frühschoppen 460
Fuchstobel G. 115
Fuder 469, 497
Fümmelhanf 279
Fünfe (ist grad) M. 505
Fünfschwingig M. (Hanfbreche) 280
Funken 425
Funkenringe 429
Funkensonntag 425 2c.

Funkenstecken 428
Futterniedieg M. 505
Fürstenberg, Fürst v. 341
Fürstenbühl G. (bei Höllsteig) 168

G

Gabholz 58
Gabelmännle 114
Gacken M. 507
Gackenmesser M. 507
Gailhöfe, 133, 137 ꝛc.
Gailhöfer Tobel G. 131
Galgenbühl G. 112, 146
Galgenwiese G. 105
Gallergäßchen 475
Gallus 34.
gang M. (geh') 289, 507
Gang, unterirdischer 88, 107, 161, 183, 186
Gangfisch 347
Gangfischfang 496, 498
Gangolf, Graf 178
Gangolf hl. Schutzpatron 180
Gangolfiusbad zu Wochentschwende 180
Ganze Gasse 475
Garbensau 467
Garnbettler 505
Garnzieher 353 ꝛc.
Gässelieren 469
Gassenlächler M. 508
Gassenpfleger 194
Gassenmeßmer 194
Gebhardsweiler 123, 391
Gebhardus v. Oberriedern 123
Gedächtniskreuze 272 ꝛc.
Gefällseinzugsrodel 499
geheimnisvolle (Trauung) 99
geheuer 123, 177
Geiger, Siebmachergesell 326
Geiß, feurige 139
Geißbock, schwarzer, 392
Geist 38, 90, 108, 121, 173, 175, 184
geistet, es 87, 122, 150
Geisterbeschwörer 122, 153
Geister, böse 112, 117, 132
Geisterhand 154
Geistertöbele 183
Geißelschlinge, geweihte 183
Gelbfüßler 3 ꝛc.
Geldkessel 120
Geldkiste 114
Geldleihe (auf Wein) 469
Gemeindebock 389
Gemeindefarren 389
Gemmingen H. v., Ordenskomtur zu Mainau 418
Gengenbach 433
Georg, hl. Schutzpatron 318
Gerber 315
Gerboldsweiler, Konrad v. 123
Gerechtsame 495
Gerichtsbarkeit 304
Gerichtsnarren 424
Gerichtsstelle (Schattbuch) 112
Germanen 395, 430
Germania 499
G rold v. Bussen 188
„ v. Wattenberg 110
Geroldseck, Graf v. 40
Gertraud, die Gärtnerin 400
Gertrud, d. hl., Gärtnerin 53
Gerum, Dr. Pfarrherr 41
Geschlechter, Überlinger 297
Gesellen 301
Gesellenbraten 325
Gesellensprüche 312
Gesellenstück 325
Gesellschaftshaus der Adel. Gesellschaft 305
Gesellschaftshaus der Hunderteinser 408, 409
Gesellschaftstrunk der Hunderteinser 407
Gespenst 92, 106, 113, 125
Gestalt, schwarze 185
Gestalt, unheimliche 172
Gestalten, feurige 183
Gestell (Felchennetz 352
Gewanne, verrufene 65
Gewerbefreiheit 312
G.b Sorg' M. (gib Acht) 31
Gimmi 214, 250
Gispel M. 506
Gitterle-Spiel 489
Glänzen, wunderbares 168
Glashütte 114
Glaswagen 151
Glocke, versenkte zu Illmensee 190
Glockengießer 320
Glockenläuten ruft zum Eintritt ins Kloster 78
Glöckler G. 167
Glorwürdiger Sieg der Frommkeit (Schuldrama) 241
Glückbedeutung von 394

glühender Wagen 94
Goar St. Schutzpatron 315
Göhrenlochner 94
Goldbach 475
Goldenes Kegelspiel 60, 96
Goldhäusle 118
Goldkäfer 127
Goldminen 117
Goldmünzen 166
Goliathsberg 177
Gomolff Urban Bauer von Schbeck 220
Gottesacker G. 122
Gottesackerjodler 510
Gottesackerrosen 510
Gotteslaible 440
Gottfried Herzog 188 Anm.
Gottlieben 497
Grab des Hunnenkönigs 48
" " Riesen Goliath 177
Grabs (Quaradaves) 35
Graf, Gräfin (Eierlesen) 436
Granen (Hans) 280
Gras (Kahn) 351
Graser 353 2c.
Gremblich Jakob von Jungingen 418
Grenzsteine 113
Grenzzeichen 261
Gretel (Schützenscheibe) 222
Greth 206 2c.
Grethalden G. 267
Grethamt 211
Grethgebäude 209
Grethglocke 212
Grethknecht 210 2c.
Grethlaube 209
Grethmeister 209
Grethordnung 207
Grethschein 211
Grethschreiber 209
Grethzettel 213
Grieß, Edler v. 124
Grimm Gebr. (Märchen) 22
Grimold 78
Große Gott, der (Wetterkreuz) 271
Großherzog 341
Großkellner Pater 126
Großschönach 181, 457
Großstadelhofen 188, 457
Gründten 15
Gründung der Nachbarschaften 196
Gschwender Patr. 237
G'spa M. (Gespann) 211
G'spiel M. (Gespiel) 374, 378
Guldenberg G. 262
Guleman M. (Hahn) 394
Günzer Patr. 244
Gunzo 32 2c. 178
Güterverteilungsvertrag (Bodman) 499
Gute Ulrich, Geschichte des 41 2c.
Güttingen 92
Gutwetterwind 361
Gymnasisten 237
Gymnasium 236 2c.

H

Haas Drechsler 475
Haasen Panner 25
Hab, die M. 371
Haben mit einander M. 369
Haberen M. 441
Habergreth 209
Häberle 339, 475
Habermarkt 212
Haberösch 444
Habersau 467
Hafner 315
Hägele, Schiffmann in Uhldingen 341
Hagenmelker 358
Hager Hans, Ratsherr 420
Hagnau 87, 92, 270, 285, 410 414, 429, 469, 476, 484, 501
Hahnenbank G. 135
Hahnenschritt 412
Halbfudrig 496
Haldenburg 61
Haldenpfahl b. Dingelsdorf 266
Hall (Stadt) 241
Hallendorf 98
Halten, Wendelgart v. 89
Haltnau 89
Hamm Wallhausen 343
Hamm Math., Schiffmann in Dingelsdorf 333
Hamm Meinrad, Schiffmann in Wallhausen 333
Hamochen 387
Han Chronist 264
" Georg 28
Handharmonika 466
Handspinnen 296
Handvl M. 279
Handwerksbräuche 271

Handwerksgrüße 312
Handwerkszeichen 311
Handzwehle M. 393
Hanfbrechen 280
Hanfen 279
Hanfhechel 281
Hanfreibe 281
Hangen G. 65
Hangen M. (Hagnau) 484
Hängen (Segel) 330
Hannes M. (Seehas) 2
Hans Abt 81
Hans v. Bodman 500
Hansel 222, 223
Hänsele 202, 223, 416 2c.
Hanswurst 234
Häring 419
Hariolf 78
Harlacher Mühle 91
Härleholz G. 123
Hartwald G. 142
Hartwäldle G. 171
Hartweible 141 2c.
Hasardspiele 489
Hase, der feurige 185
Hase, der gespenstische 168
Haselnußgerte 401
Hasenjagd der 7 Schwaben 22
Haslemann 91
Haslen G. 175, 275
Haspel 284
Hattenweiler 181
Hau hau, hurle hau 21
Hauberg G. 270, 451
Haubert v. Patr. 237, 244, 475
Hauloch 447
Hauptnarrentag 425
Hausbengel M. 509
Hausbrandweihe 465
Hauskrächler M. 509
Häuslemaierhof 162
Hauspfleger 363
Hecheln (Spinnen) 281
Hechingen 2 2c.
Heereswesen der Zünfte 299
Hefhäusle b. Bambergen 158
Hegau 248, 467
Heggelbach 164, 167
Hehl Adjutant 250
„ Nepomuk 33
Heidenhöhlen Wirtschaft z. 476
Heidenlocher Weiher 159
Heidenschloß 106, 108
Heiland, schwäb. 19
Heiligenberg 87, 141, 177, 192, 220
Heiligkreuz v. Oberdorf 82, 438
Heiligkreuzkapelle Oberdorf 437
Heiligkreuztag 437 2c.
Heiligtagkind 171
Heimathsweiler 183
Heimfahrt vom Rebstall 484
Heimgartner Mich. v. Daisendorf 102
Heimsuchung Mariä 402
Heinrich I. Kaiser 498
Heinrichsquelle 118
Heldenbuch, das schweizerische 77
Hellebarden 463
Helena hl. Schutzpatronin 318
Helene Kaiserin 191
Helwane 174
Hemmerle Kronenwirt, Leutnant 250
Henker 106
Hennenbach 160
Hepsack 154
Herberge 310
Herbergsschwester 316
Herbergsvater 316
Herbergswirt 317
Herbstbräuche 468
Herdwangen 380
Hermannsberg 183
Herrenfestmahl 419
Herrentisch 201
Herrenwedler M. 505
Herrgott, der große in Schaffhausen 19
Herrgottsbild 389
Herrschaftslehen 495
Herrschaftsorgel 474
Hersberg 271
Hertbachweg 94
Heudorf Fid. (Krippe) 258
Heuglin 66 u. Anm.
Hewstaffel 111
Hexe 53, 65, 393, 428
Hexenbann 109
Hexenmeister 383
Hexerei 390
Hiesel, der bayrische 115
Hieseltafel 116
Hildegard, Kaiserin in Großstadelhofen 187, 188
Hildegard von Hohenfels 56
Hilfio 499
Hilpensberg 465
Himmelfahrt Mariä 464

Himmelfahrtstag 446
Hintschingen 417 Anm.
History, eine von 7 Schwaben 20
Hoagarte goa M. 507
Hoalge G. 123
Hoalgele M. 461
Hoalgen M. 271
Hoalgle M. 440
Hoamstube M. 286
Hoch J. G. Schiffmann in Konstanz 333
Hoch Jos. (Krippe) 258
Hochbild 261
Hochgericht 112
Hochgerichtsacker G. 106
Hochkreuz (Kapelle) 271, 449
Höchsten 96, 422
Hochzeit, lustige 370
" stille 370
Hochzeiter, Hochzeiterin 370
Hochzeitessen 383
Hochzeitlader 373
Hochzeitsbräuche 367 ꝛc.
Hochzeitsmutter 380
Hochzeitsvorabend 376
Hödingen 170, 171, 275, 277, 387, 392, 394, 397, 430, 436, 441, 475, 494 ꝛc.
Hödorf Hans 490
Hofacker 250, (Rittmeister) 258 (Zettelschiff), 339, 475 (Krippe)
Hofagger Stud. 244
Hofgärtle G. 173
Hofler Tobel 131
Hohbodman 155, 430
Höhebühl G. 270
Hoheitsrechte (Bodman) 475
Hohe Mark G. 177
Hohenadel Fr. J. von Markdorf 99
Hohenfels 57, 79, 169, 495
" Walter v. 59
Hohentwielische 160
Hohenzollern 430
Hohenzollern Graf Carolus v. 29
Hohenzollern-Sigmaringen 169 458, 494
Höhlen von Bermatingen 99 ꝛc.
Hohe Riedern G. 444
Holder G. 66
Holge G. 123
Höllsteig 494
Höllwangen 171
Holops M. 389
Holzacker G. 150
Hölzlegeist 136
Holzmacher gespenstischer 185
Holzmacher der im Walddistrikt Tiergarten 184
Homberg 110, 112
" Konrad v. 130
Honoratioren 490
Honeurs machen 315 ꝛc.
Hopp (Göhrenlöchner) 94
Hornabsäger 388
Hornstein Hof 274
Hörterich Student 244
Hostube, Hoamstube M. 286
Hott oder Hist M. 11
Hott! Wist! M. 13
Hueber Student 244
Hufschmied 222
Hummel, Pfarrer von Herdwangen 458
Hund schwarzer 114, 159
" weißer 175
Hunderteinser in Meersburg 404
Hundsgestalt mit feurigen Augen 183
Hüneberg 61
Hunfischerei 499
Hunfischrecht 499
Hungerbrunnen in Raithaslach 81
Hunn 499
Hunnen 498, 499
Hunnorechte 499
Hunnozug 499
Huno 496
Hutbrücke 65
Hutweide 486
Hyno 499

J

Jäger, der schwarze 139
Jahrmarkt Überlinger 469
Jakob von Hagnau 278
Jakobi 402
Jakobitag im Schnitt 463
Jakobus der Ältere, Standesheiliger 316, 402
Jauchert Überlinger 469
Ibele Johann 229
Jesuiten 241
Ill Student 244
Iller 12
Illmensee 190, 232, 258 (Krippe) 388
Immenstaad 87, 93, 220, 382, 430

Infanterie (Überlinger Bürgermilitär) 250
Ingolstadt 241
Innungen 312
Inocenz da Imola 463
Inventar (Bodman'sches) 474
Jockele (Seehas) 2 2c.
Jodokkirch 44
Johann der Ältere v. Bodman 499
Johann der Jüngere v. Bodman 499
Johann v. Nepomuk Statue 276
Johannes Apostel 314
Johannes des Täufers Tag 434
Johannes v. Winterthur Minorit 248
Johannisfeuer 449 2c.
Johannissegen 434
Johle (Jodler) 104, 108
John, Wirtschaft 476
Jörgentag 234
Josef hl. Schutzpatron 318
Josefstag 434
Ittendorf 94, 108, 276, 430
Juden 40 2c.
Judengräber G. 108
Judenkirchhof 218 2c.
Judex (Richter) 499
Jung, Klosterbruder 277, 486
Jungenbuch 301

K

Kahn (Fischerkahn) 351
Kaien G. 177
Kaiserstuhl 468
Kalb gespenstisches 46
Kalkhofen 57, 494
Kaltbrunnhalden G. 120
Kaminkehrer 316 2c.
Kapelle u. d. Frauenberg 74, in St. Leonhard 491
Kapf 155
Kapitelshof 88
Käppele M. 103, 162
Kappellinz (Burg) 161
Kapuziner 33, 305
Kapuzinerkloster 223
Kargegg 74 (Hof) 50
Karpfenwirt in Nußdorf 230
Karren 472, 478
Karrenheber 470
Karrenwein 478
Karrer 478
Kaspar, der schwarze 132
Kast Th. Flaschner, Sergeant 230
Kastengeist 490
Kästräger von Hagnau 410 2c.
Katharina v. Emmerich 259
Katze, schwarze 156, 182
Katzentappenschleifer 387
Katzenwein 55
Kätzleberg G. 489
Kau G. 108
Kaufbeuren 244
Kaufmann Karl 225
Kaujodler 108
Kavallerie 250, 487
Kegelriß, goldenes 107
Kegelspiel, goldenes, 60, 161, 166, 168
Kehr aus, Kehr ab 385
Kehrbesen opfern 440
Keller G. in Aufkirch 274
Keller in der Harlacher Mühle 91
Keller, Wirt in Wittenhofen 273, 388
Kellmeyerhölzle G. 135
Kempten 386, (Stift) 90, (Kloster) 188 Anm.
Kerze, Königskerze 464
Kessel, kupf. 73
Kesselbrunnen 120
Kessering Jak. 41, 67 Anm.
Kessinger Ziriak 62
Keßler'sche Bauernhof 174
Ketteler, Bischof v. Mainz 342
Keßweil 92
Killbach 171
Kilbegeist 170, 172
Killben G. 170, 171
Killiberg 90
Killiweiher 120, 127, 149
Kimmacher Jos. 33
Kinderprozessionen 445
Kinderreime 512
Kind im Löwenrachen 39
" " irdenen Topf 165
Kippenhausen 271
Kirbe M. 487, 488, 494
Kirchberg 89, 90, 271
Kirchenbau 128, 130
Kirchenpatron 494
Kirchspiel 117
Kirchspielsgemeinde 459, 494
Kirchweih 485, 487, 493, 494
Kirnbach 181, Ulrich v. 181
Kiste, eiserne 166, 186

Kitt Konrad 475
Kitt Polizeidiener, Tambourmajor 251
Kitt Wagner, Fähndrich 250
Klammerhausen 401
Klause 490
Klausenburg 64
Klausentag M. 502
Klausner 491
Kleinstadelhofen 271
Kloase M. 265, 327, 503
Kloasehölzle M. 509
Kloaseman ꝛc. 503
Kloasetag 504
Klöpflesnacht M. 397
Klotz'sche Schmiede 156
Klosterkeller 125
Kluftern 94, 430
Klusgarn 353 ꝛc.
Klusgarnfischer 362
Knaben, des Wunderhorn 292
Knabenlöcher 117
Kniestöck 388
Knöpfleschwab (Hans) 4 ꝛc.
Knorrenschloß 65
Knuten (Hanf) 283
Kogenbach 51
Kogenhäule G. 119
Kohle, Schiff 338
Kohler v. Sanderberg Patr. 237
Kohlreiter 112
Kolleg 313
König des Tierreichs 388
König Rudolf der Habsburger 500
Königkerze 464
Königshof (Bodman) 500
Königslehen (Regalia) 500
Konstanz 46, 89, 218, 240, 241, 244, 346, 433, 497, 498
Konsulent 299
Kordova 462
Kornösch 444
Krähen, Gottfried v. 76
Krämer 324, 489
Kramer'sche Haus in Wallhausen 50
Krämle M. 368
Kranzen M. 376
Krättle M. 508
Kräuterboschen M. 465
Kräuteren M. 506
Kräuterweihe M. 464
Krebschen 350
Kreuzberg G. 271
Kreuze, Kruzifixe und Bildstöcke im Felde 261 ꝛc.
Kreuzweg 272, 397
Krieg, dreißigjähriger 470
Krieger, Scharfrichter 140
Krippele 255
Kröte 168
krottenfalsch M. 508
Krummbergstraße 32, 475
Kuder, M. 282, 295
Kudermann, Bäcker in Dingelsdorf 265
Küfer 322
Kugelgeist 103
Kuhplappert 219
Kuhreigen, der Überlinger 254, 255
Kukukseinhager 387
Kunemanns Hermersberg G. 163
Kuni von Stockach 423 ꝛc.
Kunkel 282
Kunkelgasse 475
Kunkelhopt 282
Kunkelstock 282
Kupferschmied 318, 319
Kuppler 370
Kurfürst Maximilian 468
Kutsche, gespenstische 171
Kutzle, Chronist 51, 196, 272

L

Läffle M. 280
Laichfang 355
Lalenburg 24
Landgebiet der Reichsstadt Überlingen 206
Landrichter 111
Landwind 360
Lang Chr. F. von Theningen 492
Lang Witwe von St. Leonhard 493
Lang-aus-Danzen 416
Langenargen 272
Langenbühl G. 142
Längenfeld G. 170, 171, 275
Langenstein, Ritter v. 81
Längerach G. 451
Länglehof 275
Lätare 433
Laterne (am Palmen) 431
Latschare M. 433
Laufnarren 424
Laugeligumper 358, 386
Laurentiustag 403

Lausburger G. 64
Lautenbach 457
Lautenschlager von Sipplingen 474
Lechfeld 4
Lehen 499
Lehenbrief 499
Lehenschaft 497
Lehensleute 497
Lehensträger 371
Lehranstalt, lateinische 247
Lehrling 301 2c.
Lehrzeit 325 2c.
Leibgeding 371 2c.
Leibrente 373
Leibrenten- und Pfründnervertrag 371 2c.
Leiche in der Kirche 376
Leidenswerkzeuge Christi im Hechtkopf 366
Leimbach 109
Leopold-Sophienbibliothek 241
Leprosenhäuser 52
Letzpelz M., 503
Leu (Löwe), Zunfthaus z. 298
Leustetten 274, 430
Lichter sehen 177
Lichterscheinungen 185
Lichtstuben (z'Licht) 286
Lieder 285, 287, 288
Liederschatz 290, 291
Liere M. 388
Lierekübel 388
Liggeringen 430, 474
Liggersdorf 57, 494
Limpach 155
Lindau 215 2c. 248
Lindenösch G. 154
Linzer Aach 137 2c.
Linzgovia sacra 486
Lipbach 95
Lippertsreute 137
Litzelstetten 289
Lohnwein 478
Lombardei 248
Lossprechung (der Lehrlinge) 325
Lostage 390
Löwen, Gasthof z. 214, 348
Löwenrachen, Kind im 39, 40
Löwenräte 299
Löwenzunft 305
Ludwig Großherzog 343
Ludwig v. Bayern 423
Ludwigshafen 62, 65, 343, 437
Luise, Großherzogin v. Baden 296
Lupfen Frhr. v. 237
Lustspiel des Herzogs v. Braunschweig 21
Lutz J. B., Küferknecht 326
Luzern 240
Lyzeum 236

M

Mader, Amtsbürgermeister J. F. K. v. 225
Mader Patr. 237
„ Wappen 227
Magd, die faule in Überlingen 47
Magistrat 236, 299
Mahlspüren 57, 494
Maien 254, 255, 369
Maienführer 455
Maier A., Landwirt 445
„ Conradt, Balbierer 220
„ (Sipplingen) 56
Maierhof (Birnau) 486
Mainau 83, 86, 209, 410, 418, 494, 497
Major (Bürgermilitär) 251
Mammeli M. 14
Mangold, Konstanzer Chronist 498
Mannhart'sche Haus in Konstanz 342
Mann, feuriger 161
„ ohne Kopf 119, 149, 169
„ schwarzer 119, 167, 169
Männer, drei am Mauerpfeiler 174
Männer, drei weiße 172
Mallgericht 106
Mallstätte 112
Märchen 19
Mardelle 30
Marienbild 486
Markdorf 14, 96, 276, 404, 414, 451
Markensetzer 95
Markt (in Oberdorf) 439
Marktgesetzgebung 470
Marktordnung 209
Marktprivileg 206
Marodeure 134
Marpach von Trier 191
Martell Karl 87
Maschen (Fischnetz) 352 2c., Schwerttanz 204

Mathias Apostel, Schutzpatron 320
Matt Joh. 103
Mau M. (Mond) 9
Maurach 341
Mauracher, der große (Schiff) 340
Maximilian Kaiser 101
" Markgraf 341
Mayer Albin, Ratschreiber 236
" Glaser 250
" M. Jos. Stiftungssekretär 236
" Peter 250
Meckel, Baudirektor 263
Meersburg 87, 88, 89, 192, 209, 342, 388, 404, 414, 422, 456, 469, 480, 484
Meister 300 (Schiffer), 329 (Fischer) 353
Meisterbrief 301
Meisteressen 301
Meisterrecht 301
Meisterstück 301
Meitingen 4
Memmingen 9, 386
Menagerie 40 Anm.
Mendlishausen 267
Mene M. 442 Anm.
Menebrod 442
Menebuben 441, 442
Mennwangen 148
Mercy 237, 244, 245
Merk Bapt. (Krippe) 258
Mertzler 298
Messen (Frucht) 211 2c.
Meßkirch 433
Meßmer von Wallhausen 343
Metz 37
Metzger Waldvogel 475
Metzgerlos 302
Mezger Gebrüder 263
Mimmenhausen 127
Mindelheim 7
Mindersdorf 494
Mink M. 158
Minkreiter 158
Minkweg 158
Mistführer Konrad 262
Mittagsschweb 356
Mittelgreth 209
Mitteldeutschland 430
Möggingen 474
Mönch, vermummter 125
Montanus 21
Montfort Grafen von 125
Montur M. 458
Mordio M. 499
Morgenschweb 356
Morgensuppe 373, 376
Morgenwind 361
Mosel 21
Moserin Urs. 51
Mucke Möhrle 402
Müederle 133 Anm.
Mühlingen 442
Mulde bei Hepbach 109
Müller 317
Müller Dr., Dekan (Krippe) 258
Müller Eduard von St Leonhard 492
Müller Gottfried 256
Müller Karl, Pächter von St. Leonhard 492
Müller Kaspar 404
Müller Oberzoller 250
München 22, 240, 470
Münchhof 103
Musikkapelle 250, 459
Muttergottestritt 44
Mutzeit 301
Myra Bischof von 502

N

Nachbarschaften, die 193 2c.
Nachbarschaftsbücher 197
Nachbarschaftsmeßner 194
Nachbarschaftstrunk 193, 201, 434
Nachdrescher 466
Nachdruck (Wein) 483
Nachhochzeit 385
Nachtwächtertrunk 434
Nagelbächle 136
Nagelschmiede 318
Nägelestal (Dieterle) G. 167
Nahenhart G. 99
Narr 423
Narrenbaum 425
Narrenbrief 424
Narrenfreiheit 417
Narrengericht (in Stockach) 423 2c.
Narrenlade 424
Narrenmutter 426
Narrenschwur 426
Narrenzunft 423
Nebel 76
Nebelmännlein 67 2c.
Nebelrus M. 361

Nebengesellen 316
Nella 179
Nellabach 180
Nellenburg 178 (Landgrafschaft) 177
Nesselwangen 48, 176, 270, 380, 389, 437
Nestle M 3
Nestleschwab (Marli) 3
Netze (Hostube) M. 287
Netzgeschirrle 283
Netzhaken 364
Neubauernhof 102
Neubirnau 268, 487
Neubodman 75
Neuburg a. D. 241
Neufrach 449
Neufracher Wiesen G. 151
Neuhohenfels 164, 169, 494
Neujahrstrommler (Meersburg) 404
Neumühle 494, 495
Neusatz G. 268
Neustadt a. d. Schwarzwald 98
Neuthal G. 270
Niedersachsen (Krähwinkel) 24
Nikolaus, der hl. 502
Nikolausgebet 503
Nimmerles Tag M. 507
Nodocimus 241
Norddeutschland 430
Nördlingen 25
Notfeuer 390
Notzin, M. K. a. d. Kloster St. Gallen (Krippe) 258
Noyon 462
Nürnberger flieg. Blatt 22
Nußdorf 268, 381, 387, 422, 445, 448, 468, 476, 488, 494
Nußdorfer Dorfwache 463
Nuster M. 381, 439

O

Oberähre 351, 363
Oberbursch 313
Oberdorf 82, 289, 437
Oberndorf 494
Oberhalde G. 267
Oberhomberg 279
Oberirtner M. 406
Obermeister 310
Oberpfleger 406
Oberradrach 106, 276
Oberrhein 468
Oberriedern, Gebhard v. 123
Obersachsen (Schilda) 24
Oberschwaben 433
Obersee-Schiffleute 338
Oberuhldingen 120, 121
Obervogt 495
Obmann 209
Ochs, der schwarze in Kleinstadelhofen 189
Öchsle Kaspar, Abt 90
Ochsensprung vom St. Katharinafelsen 49
Offenburg 216
Offner Magister 237
Ordnungsbuch für die ledigen Rebleith 205
Orgelbauer 320
Ortpraschler M. 361
Ortsetter 464
Ortsneckereien 386 2c.
Ortwind 328, 361
Ösch 480
Öschkreuze 269
Öschprozession 445
Oschwald Dr. Joh. Probst 196
Ostermontag 434
Ostertauf 381
Ostracher Gegend 210
Ottilie hl. 279
Ovaltingen 117
Owingen 155, 220, 273, 430, 437, 448

P

Palmen 431, 433
Palmesel 433
Palmsonntag 431, 432, 434
Paradies G. 497
Patera in Kleinasien 502
Patron der Bäcker 502
" " Kinder 502
" " Schiffer 502
Patrizier 490
Patrizierhaus 469
Patronatsrecht 486
Pelagius hl. 491
Pergamenturkunde 499
Periochen 240 2c.
Personal, städt. des Fruchtmarkts 208 2c.
Peter, Abt von Salem 420
Peteribel, Schiff in Unter-Uhldingen 341
Petrus Apostel, Schutzpatron 318

Pfä M. 328 2c., 359, 361
Pfaffenhofen 126, 220
Pfalz kgl. in Bodman 500
Pfand- und Lehensbrief 500
Pfandschaft 500
Pfandverleihung 500
Pfeifer, Schütze 239
Pfeifer's Germania 499
Pferdesegnung 457
Pfingstbutz 456
Pfingstritt 456
Pfingstlauf 351
Pfründe 373
Pfullendorf 181, 271, 387, 430, 458
Pipin König 78
Pistole, die Überlinger 30
Plappertkrieg 219
Platz z. Lindenbaum G. 106
Platzmeister 202
Poltergeist, der ermordete 125
Popp Lyzeist 244
Postschiff in Meersburg 342
Potz Blitz M. 9
Prätschen M. 285
Preise (Schützen) 234
Priesterhaus 486
Privilegien 495
Prül G. 66
Pudel, schwarzer 175, 186
Puper M. 358, 387

Q

Quaker M. 387
Quaradaves (Grabs in Churrätien) 35

R

Raben 394, Gasthaus z. 476
Radrach 104, 106
Ragenörle M. 21
Raithaslach 81
Raither Bürgermeister in Meersburg 485
ralle M. 507
Ralshoven 268, Hermanus v. 268, C. v. 268
Ralzhof 267
Ramsberg 182, Rudolf v. 162
Rank G. 103
randeln M. 488
Rappen M. 483
rappieren M. 483
Rath 299
Ratshof 267
Rausch Mich. 474
Ravensburg 12, 93, 404
Realschule 247
Rebbau 468 2c.
Rebbauschauer 468
Rebberg 468 2c.
Rebfrevel 468
Rebgelände 297
Rebhalde 430
Rebleute 298
Reböschi 480
Rebsorten 468
Rebstall 484
Rebwerk 468
recht im Kopf M. 51
Regenscheit Konrad (Sipplingen) 56
Regensburg 241
Regula hl. 192
Reibe (Flachs) 295
Reichenau (Bürgermilitär) 254
Reichlin-Meldegg'sches Patrizierhaus 475
Reichsgewalt 500
Reichspfalz 499
Reifspringen 456
Reihen 512
Reinald, Reinold, hl. Schutzpatron 320
reistenes Garn M. 287
Reiter, der und der Bodensee 26
Reitern 488
Reitersmann, unheiml. 112
Reitpferd, verkehrt beschlagen 165
Rekrutenwein 55
Reliquien (Christi) 191
Rennzaine 482
Restauration z. Schützen 235
Rettung aus Wassernot 331
Reuthehof 167
Reutlinger 26, 41, 196, 237, 244, 264, 272, 273
rhätische (Geschichte) 498
Rheinbrücke in Konstanz 497
Richtplatz 106, 146
Richtschwert 140
Rickenbach 276
Rickertsweiler 184
Ried G. 87
Riedbach 136
Riedwiesen G. 105
Ries G. 4 2c.
Riether, Bürgermeister von Ittendorf 108.

Rillen (an der Jodokkirche) 44
Rimelli, Schiffmeister von Konstanz 333
Rindermetzger 302
Ringelrennen 45
Ringburg 130
Ringwall 48, 76, 165
ring g'wonne M. 488
ringsinnig M. 507
Rinnen (im See) 359
Ritter, geistender von Oberriedern 123
Ritterburg 169
Ritterfräulein 160
Rittmeister (v. Eulogiusritt) 457
Riuhle, Ritter 100
Roaber 353
Robert Abt von Raithaslach 268
Robert Kriegsmann von Pfullendorf 188 Anm.
Roder, Professor Dr. 61
Roggenbeuren 154
Roggensau 467
Rohr (Büchsen) 220
Röhrenbach 185
Röhrle (Felchengarn) 353
Rohrspatz 5
Rorschach 209
Rosenkranz 491
Rosenobel 33
Roßeisen M. 394
Roth Konrad v., Fürstbischof 409
Roys E., Maler 250
Rubacker 147, 279
Rueff Student 244
Rugacker 147, 279
Rühele M. 508
Rundbühl G. 96
Runkunkel M. 506
Ruodpert v. Argengau 188
Ruoff Lyzeist 244
Rüpplin von, Wappen 229
Rupprecht, Knecht 503
Rus (See) M. 359
Ruten 481
Ruther, Küfer 475

S

Sachs Basil 475
Sachen, schreckliche 181
Sachsen 23, 386
Sack (Netz) 353
Säckelmeister (Schwerttanz) 202
Säckeln M. 408
Sakerlott M. 6
Säkularisation 487
Sage 19
Sägegeist 152
Sailer, Volksdichter 22
Salem 90, 220, 463, 485
Salemertal 124, 270, 430
Salmannsweiler 277
Salvator (Feldkreuz) 268
Salvatorwald G. 122
Salz (geweiht) 465
Salzburg 237, 240 ꝛc.
Samenhanf 279
Sanctus Leonhardus 490
Sankt Andreastag 496, 498
" Anna-Bruderschaft 404
" Anna-Brünnele 278
" Benedikt 401
" Gallen 218, 240, 244
" Gallus 35
" Georg, Ritter 167, 275
" Jodokkirche 255
" Johannturm
" Johann Sonnenwende 76
" Jörgen-Bildstöckle 275
" Jörgenbühl 167
" Jörgenritt 167
" Katharina-Felsen 49
" Katharina-Kapelle 50
" Leonhard 218, 490
" Nikolaus 263, 337
" Ottmarssand 128
" Ulrichs-Kapelle 40
" Veit-Statue 271
Santikloase M. 503
sant Lyenharts Capelle 490
Sarazenen 462
Sattler 317
Satz (Netz) 363
Saubegler 388
Saumichel 163
Schäfchen, schneeweißes 182
Schäfer, Kapellmeister 251
Schaffhausen 248
Schäpfle, Weinstube z. 214
Schappuch 146, 274
Scharfrichter 139, 456
Schattbuch 111
Schatz 97, 114, 166, 181, 182
" der gehobene 94
" sonnt sich 182
" unter Dornbusch 173, 174
" unterirdischer 32, 96, 97

Schätze 124, 161
Schatzgräber 64, 65, 94, 130, 156
Schäufele M. 290
Schaufrucht 211
Scheibenschlagen 428
Schellenberg, Ritter Hans v. 76
Schelmenwinkel G. 66
schenierlich M. 368
Schenk v. Ittendorf 100
Schenk Werner von Stauffenberg 86
Schenkel 466
Schenkeldrescher 466
Schenkelmeister 466
Scherer Math., Schiffmann von Wallhausen 333
Schernegg 494
Schiele, Student 244
Schießen 216, 218, 221, 222, 234
Schießgeld 234
Schießgesellen 217
Schießstände 223
Schießstätte 216, 218, 221, 222
Schiff, Gasthof z. 214
Schiffahrt (auf dem Rhein bis Schaffhausen) 234
Schifferbräuche 327 ꝛc.
Schiffsleute (a. Fahr) 337
Schiffslehen 340
Schiggendorf 100 ꝛc.
Schildburg 24
Schildwirtschaften 469
Schiller's Gang nach dem Eisenhammer 241
Schimmelreiter 137 ꝛc.
Schinbein 23, 28, 29
Schlaufen M. 284
Schlemmer, die 7 jungen 247
Schlicher G. 96
Schloßberg 100
Schloßbrand (Bodman) 77
Schloßbühl 155, 161, 176
Schlosser 318, 322
Schlößle (Ludwigshafen) 62
Schloßsaul M. 473, 478, 482
Schlottermutter M. 380
Schlupf, Pfarrer in Überlingen 67 Anm.
Schlußakt 240
Schlüsseldrillen 394
Schlußprogramm 241
Schmalmetzger 302
Schmalzgreth 09
Schmid, Student 244
Schmid, Landwirt von Hödingen 275
Schmied 318
Schmiedsreuthe G. 444
Schnabelgyri M. 422
Schnabelwirtschaft 508
Schnaps 505
Schnecken 387
Schneiden (Reben) 471
Schneider 319
" Student 244
Schneiderlein, das leichte 80
Schneiderin Adlheit 456
Schneller (Spinnen) 284
Schnorrenberg G. 58, 389
Schönhut Ottmar 501
Schragen 473
Schragengrube 473
Schreiber Mart. 475
Schreiber Schnapphahn 132
Schreiner 323
Schriftsetzer 314
Schuben M. 481
Schuhmacher 319
Schuhmacher-Handschlag 319
Schuldrama 239 ꝛc.
Schuler M. 377, 442
Schüler, fahrender 131, 237
Schuljahr 238
Schulkomödien 239
Schultheiß Patr. 227
Schuster Badwirt, Major 251
Schustershöhle 118
Schusterknecht 319
Schütten 209, 474
Schütter 211, 212
Schütz Patr. 214
Schützenbruderschaft 216
Schützenfest 219
Schützengraben 223
Schützengarten 223
Schutzengelgebet 503
Schützengesellschaft 214 ꝛc.
Schützengraben 222
Schützenhaus 222 ꝛc.
Schützenmahl 235
Schützenmeister 216 217
Schützenordnung 216, 217
Schützenscheiben 225
Schützentafel 225
Schützenverein 235
Schützenwirt 227
Schutzpatron 3 3 ꝛc 463
Schwaben 23, 386, 430

Schwaben, Geschichte der 7 1
Schwabenstreiche 24
Schwab Gustav 28
schwäbischer Bund 25
schwäbische Tafelrunde 21
Schwäger (Gerber, Färber ꝛc.) 317
schwarze Brunnen, der 60
" Haus, das 42
" Hund, der 90, 163
" Peter, der 92 ꝛc.
" Tod, der 404
Schwazbabel M. 505
Schwebe 352
Schwebeknecht 353 ꝛc.
Schwebenetz 363 ꝛc.
Schwebenetzfischer 362
Schweber 349
Schwede, der dankbare 55
Schweden 86, 430
Schwedenbelagerung 473
Schwedenkreuz, bei der Mainau 86
Schwedenkrieg 486
Schwedenprozession 45
Schwedenschanze 130
Schweizer 14, 430, 433
Schweizer, Accisor in Wittenhofen 273
Schweizer Batzen 489
Schweizer Chronik 87
Schwellinger von Hödingen 175
Schwerttanz 44, 202, 416, 456
Schwestern (von Birnow) 485
Schwicke M. 361
Schwingstock (Hanf) 281
Sebastian hl. Schutzpatron 216
Sebastiansbrüder 216
Seefelden 117, 463, 485
Seehas 2 ꝛc.
Seehof (Unteruhldingen) 340
Seelfingen 57, 169, 494
Seewein 54, 468
Seewind 360
Seegasse, untere 475
Segelschiffe 345 ꝛc.
Segelschiffahrt 327 ꝛc.
Segner, Schiff in Unter-Uhldingen 341
Seifensieder 319
Selb Student 244
Selgaier 144
Selgetsweiler 494
Senft 244
Sennberg G. 154
Sennische Einöde G. 35
Sennwald 35
Seraph, Träne des 83
Sernatingen 62, 66, 67, 343
Sichelhenke 434, 465 ꝛc.
siebenschwingig 250
Siebenmännerwein 55
Siegebert 342 ꝛc
Siegel (des Narrengerichts) 427
Sieges- oder Todeszeichen 261
Sigismund, Kaiser 501
Signal 363
Silvester 400
Simon Apostel, Schutzpatron 315
Simonshof 163
Simrock, Volksbücher 22
Sipplingen 55, 57, 220, 254, 268, 276, 343, 381, 388, 389, 430, 451, 474, 476, 480, 494
Sissenmühle 276
Sitzzeit 301
Sixtus II. Pabst 403
Soldaten 323
Söldner 467
Sommeranfang 355
Sommerösch 444
Sonne, Gasthof z. 214
Sonnendiechler M. 386
Sonnenrad 412
Sonnenwendfest 405
Sonntagsstaat M. 378, 489
Sonnwendfeier 453
Späne, feurige 184
Spanien 462
Sparmundi M. 503
Spendmühle 476
Spiegelschwab 5 ꝛc.
Spiegler, Student 33
Spindel 283, 473
Spinnen 283, 394
Spinnereibräuche 279
Spinnerin, die und die Maus 52
Spinnrad 283
Spinnvereine 276
Spinnwirtel 283
Spitäle am See 476
Sprichwörtersammlung 22
Sprittel M. 352
Spuk 51, 102, 105, 108 110, 118, 121, 123, 149, 186
Spukgestalten 173
Staad 219, 344, 366, 387
Stab, der erste am Fischnetz 352
Stabbank 3-9

Stabgarn 352
Stachel, Student 241
Stadelhofer, Gemeinderat 485
" Karl 409
Stader von Dingelsdorf 344
Stadgun Rittergeschlecht 156
Stadler, Bäcker 475
Stadtrecht 468
Stadtvogt 497
Stahringen 388, 451
Stammburg (Bodman) 160
Stampf M. 364
Standesheiliger, Standespatron 313 ꝛc.
Stange'ma' M. 211
Stättelberger, der 63
Stättelgarten G. 268
Steckle (Nestle) M. 3 ꝛc.
Stecklespringen 387
Stecklemanen 442
Stefan II., Abt von Salem 486
Stefan, Werkmeister 475
Stegstrecker 387
Stein M. (Krug) 313
Stein a. Rh. 498
Steinam Posthalter (Adjutant) 251
steinernes Kreuz (zum Gedächtnis) 272
Steinhauer 319
Steinkreuz 111, 122, 128
Steitzemann 149
Steitzen G. 150
Stempfel Joh. von Sigmaringen 302
Stengele P. Benvenut 486
Sterbender 98
Sterbendt, der große 196
Stetten 91
Stichscheiben 223
stiegelefitzig M. 505
Stiftung 125
Stock (Trauben) 477, 481
Stockach 178, 423, 430
Stockherr 477
Stockverlosung 477
Stöhr Dekan 492
Strafgericht Gottes 135
Straßburg, Bischof v. 40
Streich M. (Speck) 290
Streit (wegen Grenze) 170
Streuried G. 118
Strohwelle, feurige 173
Strumpfwein 55
Stübe J. (Krippe) 258
Stube, vergüldete 75
Student 12
" (unter den Fischen) 360
Studenten, die 236 ꝛc.
Stumpennägele M. 456
Stumpf (Chronik) 57, 87
Subegler M. 358
Sulz 290
Süpple M. 57
Süßenmühle 276
Sydin Heinrich 278
Syndikus 299

T

Tafelrunde, schwäb. 21, 25
Taffernwirt 415
Tag der Mannspersonen 433
" " Weibsleut 433
Täge zwischen den Jahren 399
Taisersdorf 437
Taisersdorfer Tobel G. 138
Taland, Stiefbruder Karls des Großen 189 Anm.
Tätowieren 320, 321 Anm.
Taufzug 150
Teilzettel (Bodman'scher) 499
Tettnang 92
Teufel, sich dem verschreiben 163, 397
Teufelsküche 138
Teufelsmühle 111
Theater, städt. 240
Theningen 492
Theologie (am Lyzeum) 238
Thurgauer 469
Thurgäuer, kalter M. 361
Tiefenfische 350
Tiergarten G. 185
Tiergespräch 91
Tierreich 388
Tisch, gemeiner der Nachbarschaft 201
Tobel, Spetzgarter M. 171, 174
Tobelwiesen G. 138
Tobiasnächte 385
Todesstrafe 468
Toledo, Erzbischof v. 462
Tor, das zugemauerte 87
Torgel 474
Torkel 472, 475, 477 (Hödinger) 175
Torkelbaum 473
Torkelbett 474, 477

Torkelgebäude 472, 476
Torkelgrube 474
Torkelherr 478
Torkelmeister 478
Torkelstube 472, 477
Totenfeier, heidnische 179
Totengasse (bei Deisendorf) 22
Totengässele (b. Bambergen) 157
Totenhand (bei Gailhöfe) 133
Trachten 226 ꝛc.
Trappisten 491
Treibschnur, geweihte 145
Trester M. 483
Tresterwein 483
Trier, unsers Herrgott Rock zu 20
Tromm (Trumm) M. 283
Trommler 202, 234
Trotte 477
Tschudi, Einsiedl. Chronik 331
Tübingen 433
Tuch, der (Felchengarn) 352
Tüfingen 268, 276, 277, 380
Tugendpreis, der von Hagnau 501
Turmgäßchen 39

U

Übergab (des Vermögens) 371
Überlingen 1, 218, 277, 386, 433, 449 (Bürgermilitär) 487
Übernahm (des Vermögens) 371
Übernamen 358, 413
Überrinner 329, 360
Überschlagskähne 327
Überschwemmung (in Konstanz) 342
Uffirus M. 359
Uhland 499
Uhldingen 328, 346, 378, 381, 383, 387, 430, 446, 488
Ullersberger Stiftungsverwalter 235
Ulm Frhr. v. 250
„ Reichsstadt 433
Ulrich, Herzog von Württemberg 25
Ulrich von Buchhorn 188
„ „ Haltnau 89
„ „ Linzgau 188
„ „ Oberriedern 123
Umbauschauer 468
Umbinden beim Segeln 329
umgehen M. 52, 63, 90, 120, 124, 137, 139, 143, 149, 155, 158, 160, 169, 175, 176, 182
Umgeld 224
umschauen (um Arbeit) M. 314
Ungarn 498
Ungelöster M. 51
Ungeschickte (im Heiraten) 376
Unterähre (am Fischnetz) 352, 363
untere Steig G. 451
unterirdischer Gang 96
Unterirtner M. 406
Unterluft 402
Unterpfleger 406
Unterrichtsgegenstände 238
Unterschlupf 369
unterse M, 506
Untersee 496
Unterstadt 475
Unterwald G. 108
Urbar (von Bodman) 475
Urbete M. 400
Urnau 115
usfindig M. 366

V

Vähfiertig M. 446
Vähstelle M. 444
Vakanzreisen 244
Vanotti Patr. 244
Veesen M. 495
Verbarrikadierung 473
Verbascum Thapsus 461
Verdruß (Bedeutung) 394
Verfassung (von Überlingen) 297
Vergnügungsfischer 349
Verhext 109, 392, 393
Verließe 166
Vermögen (der Nachbarschaften) 200
Vermögensübergab 370
verrutschen M. 509
Versöhnungsfest (der Nachbarschaften) 196
verstrickt M. 363
verweht 328
verworfene (Tage) 390
Viaticum 244, 245
viatizieren 245
Viehfeiertage 446
Viehseuche 491
Viertelkübel 483
Villingen 216, 240, 241, 244, 433
Vischenz (zu Konstanz) 500
Vision (des hl. Ezechiel) 402
Vitoduranus (Minorit) 248

Vitus hl. Schutzpatron 319
Vogelwicken 510
Völkerburg 48, 155
Volksschule 236
Volzer 388
Vordrescher 466
Vorgänger 381
Vorspann (beim Brautfutter) 375
vorspannen (beim Brautfutter) 375, 378 (beim Hanf) 280
Vorzeichen 380
Votivbild 333, 334, 445, 461

W

Wachsgießen 396
Wachter Barbiersgesell 511
Wachtturm 457
Wage'ma' M. 211
Wagmeister 212
Wagschein 211
wäh M. 506
Wahlweiler 392
Wahlwies 388
wahrhafte (History) 51
Wahrsagen 394
Wahrzeichen (Überlinger) 500
Waibel Konrad 110
Waibel'sches Patrizierhaus 475
Waisenbürgermeister 390
Wald, der verzauberte 184
Waldburg 101
Waldbruder 490
Walderhaus 475
Waldgeist (in Hepsack) 154
Waldgrein G. 104
Waldkreuz 151
Wäldner Thomas 217
Waldschütz 2
Waldsteig 474
Waldstern (im Faulentobel) 154
Waldteufel (im Waldgrein) 104
Wallfahrt 25, 112, 401
Wallfahrtskirche 101, 170, 486
Wallfahrtsort 486
Wallhausen 50, 289, 343, 386, 476
Walter Stefan 475
Walz M. (von Überlingen) 334
Wampele (Schiff in Unter Uhldingen) 341
Wand, helle (am Fischnetz) 352 ꝛc.
Wanddrescher 466
Wandeln (der Bäume) 184
Wanderschaft 325 ꝛc.
Wanne (im Kahn) 351
Wappen, das Heiligenberger 177
Wappen, das der Ritter von Oberriedern 124
Wappen, das von Österreich 177
Warten 211
Warth, Gertrud v. 111
Wartburg 111
Warthaus (bei Dingelsdorf) 264
Wartturm (röm.) 178
Wasser, weißes 359
Wasserflöhe 350
Wasserturm 325
Wattenberg 110, 111, 274
Wattenreute 271
Waydmarx 29
Weberträmen M. (Webtuch) 284
Wechseln M. 318
Wegkürzer (Schwankbuch) 22
Weihbrand 465
Weihen 464
Weihersau G. 177
Weihnachtsfest 399
Weinbaupolitik 468
Weinberg 106
Weinfelden 219
Weingarten 89, 91, 498
Weinlese 477, 480
Weinpantschen 470
Weintorgel 474
Weinverkauf 469
weiße Fräulein, das 96
Weißdornboschen M. 94, 401
Weltin X., Müllerknecht 326
Wendelgard (von Halten) 89 (v. Linzgau) 188
Wendelin hl. 182
Wendlingen 154
Wendunmuth (Schwankbuch) 20
Weppach 102, 277, 278
Werg 282 ꝛc.
Werinpertivilare 278
Werner, Schultheiß von Überlingen 486
Wernher Schenk von Stauffenberg 118
Wespach 278
Westerwind M. 361
Westfalen 24, 386
Wette 135
Wetterhexe 109
Wetterkreuz 261, 270
Wettersegen 439
Wetterstein 391
Widmann Ant., Apotheker 250

Widmann, Hofrat 495
Wiechs 445
Wiedenhorn Friedr. 56
Wiedemanns Haus 161
Wiesen M. 363
Wien 22, 500
Wiesbaum, feuriger 174
Wiese, lange G. 131
Wiestorstraße 475
Wilddieb 104
Wildemann, Gasthof z. 214
Wilderer 120, 159, 160
Wilhelm, Markgraf v. Baden 162
" Prinz v. Baden 90
Willimar hl. 35
wimmeln 479
Wimmler 505
windsch M. 506
Windzeichen 360
Winter, Student 244
Winteranfang 355, 361
Winterbach 111
Winterjulfest 396
Winterösch 444
Wintersonnenwende 396
Wintersulgen 422
Winterthur Joh. v. (Chronik) 248
Wirmetsweiler Schloß 278
Wirtshaus St. Leonhard 491
" z. Schützen 227
Wittenhofen 388
Witterung (des kommenden Jahres) 399
Witterungserscheinungen 358
Witterungszeichen 361
Wocheler Fr. X., Dekan 53
Wolf, Zunfthaus z. 298
Wolfer 419
Wolke, schwarze 174
Wollblume 464
Wollmatingen 374, 437, 476
Wucherer 121
wunderfitzig M. 384
Wunderhorn, des Knaben 21
Wünschelrute 161
Wuotesheer 131
Würfelbaschet M. 495
Württemberg 25, 439

Z

Zämme gna M. 378
Zauber 107
Zauberformeln 109
Zehe (des Gehenkten) 13
Zehnten 510
Zehntgarben 510
Zehntmann 479
Zehnttorkel 475
Zehntzuber 479
Zehrpfennig 313
Zeinle M. 374
Zeiten, geschlossene 370
Zettel 339
Zettelschiff 333 2c.
Zettlin Marie Elis. 339
Ziegel (werden zu Gold) 102
Ziehlbühl G. 118
Zimmermann Apotheker, Kommandant der Artillerie 250
Zimmergeselle 320
Zimmern'sche Chronik 81, 398
Zimmerwiese G. 236
Zipfel (am Fischnetz) 353
Zobel Apotheker 232
Zockler M. 388
Zollern, Graf Eitel Friedrich und Karl v. 237
Zonklar Patr. 505
Zonkeler M. 505
Zötteli 401
Zuberstelle 473
Zugfisch 355
Zugöhren M. 166
Zuknecht 478
Zündstrick 20
Zünfte 215 2c. 297
" neue 309
Zunfthaus (der Fischer) 348
Zunfthäuser 304 2c.
Zunftmeister 299 2c.
Zunftordnung 300
Zunftvermögen 303, 307
Zunftwirte 416
Zunftzwang 301
Zwangsgerechtigkeit 495
Zwerglöcher 117
Zwick Rentmeister 492
Zwicker'sche Haus (in Konstanz) 342
Zwingburg 186
Zwingenburg 164 2c.
Zwingherren 165 2c., 186
Zwingtor 87
Zwölf Tage, die zwischen Weihnachten und Dreikönigstag 399

Druck der Fr. X. Ullersberger'schen Buchdruckerei, G. m. b. H.,
Überlingen am Bodensee.